本书由上海文化发展基金会图书出版专项基金资助出版

本书获上海交通大学党史校史专著出版基金资助

【晚清以来人物年谱长编系列】

刘桂秋 ◎ 编著

唐文治年谱长编

下卷

上海交通大学出版社
SHANGHAI JIAO TONG UNIVERSITY PRESS

内容提要

本书是"晚清以来人物年谱长编系列"之一,"上海交通大学党史校史专著"之一。

唐文治(1865—1954),字颖侯,号蔚芝,近现代著名教育家、工学先驱和国学大师。曾任上海高等实业学堂(上海交通大学前身)及邮传部高等商船学堂(大连海事大学、上海海事大学前身)监督(校长),执掌私立无锡中学(无锡市第三高级中学前身)及无锡国专(苏州大学前身)校政。著有《茹经堂文集》《茹经先生自订年谱》等。

本书以记述唐文治生平为主,兼收与其活动有关的文献。文献征集包括旧谱、日记、信札、文录、诗词、奏折以及回忆录等大量第一手资料。谱后附录唐文治主要著述、人名索引、征引文献等。书中对谱主有关资料、事迹多有考证,并引述学界成果,是研究唐文治完整的编年资料。

图书在版编目(CIP)数据

唐文治年谱长编/ 刘桂秋编著.—上海:上海交
通大学出版社,2020
ISBN 978 - 7 - 313 - 20963 - 4

Ⅰ.①唐… Ⅱ.①刘… Ⅲ.①唐文治(1865 - 1954)
一年谱 Ⅳ.①K825.46

中国版本图书馆 CIP 数据核字(2019)第 034148 号

唐文治年谱长编

TANG WENZHI NIANPU CHANGBIAN

编　　著:刘桂秋
出版发行:上海交通大学出版社　　　　　地　　址:上海市番禺路 951 号
邮政编码:200030　　　　　　　　　　　电　　话:021 - 64071208
印　　制:苏州市越洋印刷有限公司　　　经　　销:全国新华书店
开　　本:710 mm×1000 mm　1/16　　印　　张:80.5
字　　数:1438 千字　　　　　　　　　　插　　页:8
版　　次:2020 年 6 月第 1 版　　　　　　印　　次:2020 年 6 月第 1 次印刷
书　　号:ISBN 978 - 7 - 313 - 20963 - 4
定　　价:498.00 元(上下卷)

1921 年(辛酉　民国十年)　57 岁

2 月 26 日(正月十九日)　先生被推定为交通大学第一届董事会董事。

　　交通部前曾将合并上海、唐山两工业专门学校,北京铁路管理、邮电两校,改组交通大学计划,提出国务会议议决,并将办法呈请大总统批准。旋于部内设立交通大学筹备处,派次长徐世章及各司长暨四校校长等十余人为筹备员,曾在部内开筹备会数次,议决交通大学大纲草案八条。此项大纲,大约须经过一种手续,方能颁布施行也。部中对于此事,现正赶速进行,曾由筹备员推举交通大学临时董事,由临时董事于二月二十六日,先举定严修、唐文治、张謇、梁士诒、叶恭绰、徐世章、陆梦熊、沈洪、刘成志、邝孙谋、关赓麟、郑洪年、凌鸿勋、孙鸿哲、刘景山、黄霭如、钟锷等十七人为正式董事。此十七人中,除南北教育泰斗、交通界重要人物及工程机械老前辈外,所可注意者,为本埠工业专门学校毕业生凌鸿勋(土木科毕业、现代理该校校务)、钟锷(电机科毕业,现任交通部技正并邮电学校教务主任)二人,及唐山工业专门学校毕业生黄霭如,此三人所以代表该两校旧同学者也。闻将于日内在北京召集董事会,推举大学校长,然后委派各校主任。至各改组之实行,总系暑假后之事也。

(《交通大学组织中之消息》,见《申报》1921 年 3 月 4 日第 10 版)

2 月 27 日(正月二十日)　无锡国学专修馆正式开馆上课。先生亲自为学生授课,每日二节,讲授《论语》《孝经》《孟子》等。此时专修馆的教职人员,除先生外,还有教习朱文熊、助教陆修祜和职员沈炳焘、王保謘等。除教学外,先生还兼顾总务。因先生此时双目基本失明,助教陆修祜始终随班协助其上课,此外还协助其处理校务,并兼司笔札等事。

　　十年一月,行开馆礼。

(《无锡国学专修学校概况·大事记》)

　　正月,新生陆续来见。二十日开馆,余亲自上课,每日二节,讲《论语》《孝经》《孟子》。请朱君叔子为本馆教习,并请门人陆生景周名修祜为助教。景周于前数年处馆余家,授庆诒等课,兼司笔札,深资得力。

(唐文治《茹经先生自订年谱·辛酉五十七岁》)

· 645 ·

癸亥,余辞大学校长,改就无锡国学专修馆馆长,延君(按:指朱文熊)教授,君欣然来。南洋诸生开会送别,皆恋恋不能舍也。

(唐文治《朱君叔子墓志铭》,见《茹经堂文集三编》卷八)

按:上文中"癸亥"当为"庚申"之误。庚申为1920年。

在民国成立以后见过唐文治先生的人,都知道唐先生有一位诚笃的秘书陆景周先生。1921年起,唐先生主持无锡国学专修学校三十年,陆先生始终在校,任校长秘书,凡聆听唐校长亲自讲课的学生,都曾接受过陆先生辅导。唐校长的晚年著述,都由他笔录或校订……唐先生双目完全失明后,主持无锡国专,开办时教师只有唐校长和朱叔子先生二人,陆先生屈居助教。这时陆先生已经四十三岁,而且学有专长,一般地说,到了这样的年龄是不大愿意当助教的,而陆先生毅然接受下来。后来班级多了,陆向学生讲授《孟子》研究、《春秋三传》研究、孙吴兵法研究等课,但仍旧担任秘书。抗战前,唐校长每周讲课四节,陆始终随班协助。抗战期间,唐校长因年老体衰,在校内的课少了,但校外的讲座和定期登门听课的人士(每次少则五六人,多则十人左右),有增无减,也离不开这位老秘书协助。从唐先生的学术著作来说,自从有了这位秘书,数量远远超过以往。在工业专门学校时期,可能还有别的学生(如担任中文系主任的李颂韩等)协作,但从1921年主持无锡国专以后,虽由会计员高涵叔等协助,或由学生搜集资料,但没有一部著作、没有一篇文章不经过陆秘书之手和口(修改过程中,不论第几稿,总是陆氏读给唐校长听的)。

(黄汉文《甘当绿叶衬红花——记陆景周先生》)

至1920年,唐先生右目也完全失明,苦于眼疾带来莫大不便,唐先生对这位忠诚的秘书更是不可或缺。凡署名唐文治的著作、信札、公文、题词、祭文、寿序、墓志铭等的起草、修改、誊写、审校、书写等,基本上都经过陆景周的手和口,只要读给唐先生听,没有修改意见,便对外正式发表。

(鼎龄《唐文治和陆氏三兄弟》)

2月(正月) 先生与施肇曾商议,开始刻印《十三经读本》,期以三年竣工。

与施君省之议刻《十三经》。近时吾国学生皆畏读经,苦其难也。爱搜罗《十三经》善本及文法评点之书,已十余年矣。自宋谢叠山先生至国朝曾文正止,凡二十余家,颇为详备。施君闻有此书,商请付梓。余因定先刻《十三经》正本,冠以提纲,附刻先儒说经世鲜传本之书,而以评点文法作为札记,谨作叙文,并请陈太傅弢庵名宝琛撰序,命上海刻字铺朱文记经刊。分校者,太仓陆君蓬士、王君慧言、李君慰农、徐君天劬及陆生景周，期以三年竣工。

（唐文治《茹经先生自订年谱·辛酉五十七岁》）

3 月 11 日（二月初二日）　苏社于无锡梅园召开第二届大会，先生被推定为理事会理事。

苏社第二届大会，昨日（十一日）在无锡梅园开会。原定时间十点钟，因天阴雨，由城至乡，不免稍迟，至十一点钟始开会。共到社员一百六十余人，内新社员四十余人。公推韩紫石主席，由黄伯雨报告上年度社务概况，并提议本年度进行事项：（甲）请设筹备自治机关。议决以调查户口测量土地为最重要之点，宜提前办理，就省中设立总机关，以利进行。（乙）清理各县财政。议决函请省议会建议，凡地方款产，悉由地方士绅经理，不假手于官厅。（丙）筹办全省道路。议决由理事会决定，请省中通令各县，设立省道事务局或交通事务局，由局组织委员会，详列图表及计划书。议至此，时已二钟，主席遂宣告休息。午餐后，三时继续开会：（丁）各社员提议事项。张一鹏代表张一麐提议，设立沿太湖长途汽车案，议决交交通委员会审核办理。方还提议对外发表意见，应以理事名义；朱绍文谓因会章限制，故对外不能以理事会名义。朱翼云主张修改第六条理事名额（十九人）及任期（一年）。朱绍文主张任期延长至三年，抽签改选理事三分之一。张援主张增加理事名额，于是宋铭勋、郭炳文、王开疆、张曾璧、华堂等相继起立发言，讨论多时。主席以修改第六条章程付表决，否决王开疆提议。拟订省自治法及澄清吏治，请理事会注意。四时半发选举票，互选理事。六时开票，计：张謇一百五十九票，荣宗铨一百五十六票，韩国钧一百五十五票，方还一百五十三票，沈恩孚一百四十三票，钱崇固一百三十八票，黄以霖一百三十二票，黄炎培一百三十二票，张一麐一百三十票，张孝若一百二十六票，王清穆一百零九票，马士杰九十八票，穆湘瑶九十七票，唐文治七十七票，储南强七十票，吴兆曾六十九票，孙儆六十五票，朱绍文六十票，张察五十二票，均当选为理事。开票毕，即振铃散会。晚膳毕，各社员均乘船遄回旅社，大约今明日将多数离锡云。

（《苏社第二届大会纪》，见《申报》1921 年 3 月 13 日第 8 版）

约 3、4 月（约二月）　先生等苏社理事呈请北洋政府总统、国务院及陆军部参谋部，请求裁减江苏军费。

苏社前经理事会议决，呈请中央裁减江苏军费，曾志本报。兹录其呈文如下：

为请裁江苏军费，以抒财困事。窃江苏军费，岁支千有余万，实占全省收入三分之二,而上海两师不与焉。江苏赋额,甲于各省,而中央政费,未由取给;江苏税率,重于各省,而地方事业,未由发展。既背国家理财之原则,亦非人民纳税之本意。查财政厅所管,本年不敷之数逾二百万,历年积欠逾四百万,入夏而即借冬漕,交秋而又押春税,以致迢迢半载,几无税收,卒有事变,何以应之?况兵之生活,仰给于饷,有饷则安,无饷则溃,宜昌、保定等处,实为前车。江苏军费月近百万,举债为常,势处必穷。现值屡丰之后,且犹如此,脱遇水旱,其何能支?方今民力竭于供亿,国用匮于饷糈。外债既屡议无成,内债亦信用失坠;中央固抵押殆尽,各省更罗掘俱穷。是昔日之裁兵,为节国用之虚糜;今日之裁兵,为救国家之破产。顷闻中央决定裁兵,计划锐意实行,又悉江苏江北新编之陆军第一、二师,业已各裁四分之一,足征当局诸公实能当机立断,本省官吏亦能令出惟行。属在国民,同深感佩。惟江苏军费,远过襄时,财政恐慌,又达极点,断非岁减数十万元所能救此奇厄。况淮海为盗匪出没之区,交通梗塞之地,尚能核减军额,措之裕如,其它若宁、扬、苏、松、常、镇各有要塞可防,且极交通之便,自无庸留兹多额,坐耗饷糈。援江北两师之例,并非事实所难,能救本省财政之穷,当为军人所共谅。睿等远鉴各省饷穷兵变之惨祸,近怵本省兵多债重之危机,谨合词恳祈钧座钧院大部,饬下江苏齐署督军,迅照新裁江北两师之例,将其他所属军费普减四分之一,以抒财困。除公推本社理事张一麐面陈外,用特备文,呈请鉴核施行。谨呈大总统、国务院、陆军部参谋部公鉴。苏社理事张睿、韩国钧、王清穆、唐文治、张察、黄以霖、沈恩孚、马士杰、黄炎培、钱崇固、荣宗铨、穆湘瑶、方还、张孝若、孙徵、储南强、吴兆曾、朱绍文

(《苏社请减江苏军费》,见《申报》1921 年 4 月 15 日第 10 版)

春 先生偕私立无锡中学、无锡国学专修馆诸文士于惠山尊贤祠,为私立无锡中学校务主任江衡及邑绅陶世凤祝七十寿。

敢劳折简抵柴扃,高谊云天聚德星。阅世自怜头半白,论交难得眼全青。客中鸿雪成良会,劫后虫沙已惯经。醉里不须筇竹倚,春风座上被吹醒。

好傍山祠敞绮筵,入门端合礼先贤。朱樱荐夏尊瞻地,翠柳摇春薄暖天。怀葛遗民归栗里,欧苏文脉接荆川。惭余秃尽生花笔,输与诸君鼎盛年。

(江衡《辛酉,侨居锡山,与陶丹翼同年值七十初度。唐蔚芝侍郎约同人觞
于惠山之尊贤祠,诗以谢之》,见《溉斋诗存》卷三)

山阁祥云乍起局,欢然迎到老人星。介眉斟酒新醅绿,抵掌谈文古简青。渺渺脩途期共赴,茫茫沧海记曾经。名山万卷增豪兴,一笑诗翁醉眼醒。

　　芳园桃李敞华筵,醉月飞觞步昔贤。笔慕生花参化境,门瞻垂柳拂晴天。文章几辈堪名世,舟楫当时共济川。愧我雕虫诗句拙,缘情绮靡让英年。

　　(唐受祺《春日,锡山中学校、国学专修馆诸文士为校中主任江霄纬衡、邑绅陶丹翼世凤两君祝七十寿,治儿与焉。越日,两君以诗谢,余依韵和之》,见《浣花庐诗钞》卷四)

　　约4月上中旬(约二月下旬)　为组织沪太长途汽车公司购地筑路事,先生等呈请太仓县知事。

　　沪太长途汽车公司唐文治等呈太仓县知事文云:

　　呈为组织长途汽车公司,购地筑路,呈请核准协助事:窃文治等鉴于地方交通之不便,发起组织沪太长途汽车公司,自宝山县之闸北起,经过大场、刘行、罗店,而抵太邑之刘河镇,暂以刘河为终止点,建筑路线,通行汽车,以利交通,按照公司条例股份有限公司之规定办理。拟定股本总额国币五十万元,先集半数二十五万元,现已认招足额,拟即日筑路兴工。除按照长途汽车公司条例第一条之规定,备具附属书类,呈请督办吴淞商埠局转咨交通部立案给照外,查是项路线,计长华里七十二里,阔四丈;属于宝邑者计长六十八里,属于太邑者计长四里。属于宝邑段落,已由县核定,归入县道以内。太邑县道,现虽尚未规定,而是项长途汽车路线,属于太邑之段落,交通冲要,自在尽先修治之例。兹文治等既经创办长途汽车,则是项购地筑路事宜,拟由公司担任。如须使用民有土地者,其购地办法,拟比照宝邑办法,按亩给原主购买费银圆五十元,归公司收用。理合抄具呈请商埠局原文及附属各件,备文呈请鉴核。仰祈查照长途汽车公司条例第十一条之规定,迅赐核准,并晓谕路线经过地方一带人民,一体知照,实为公便。谨呈。

　　太仓县知事批云:来牍暨附抄呈文书件及路线车辆图说均悉。贵绅等鉴于内地交通不便,发起组织公司,创办长途汽车,自沪直达本县,暂以刘河为止。既经呈请督办吴淞商埠局转咨立案,则属于太邑之车路,自应同时修治。至筑路使用民地,拟照宝山办法,按亩给予地价银洋五十元,归公司收用,尚属妥洽。现已印发布告晓谕,一俟开工,当再照例协助,希即知照。此覆。附件均存。

　　(《组织沪太长途汽车之呈批》,见《申报》1921年4月13日第10版)

　　按:《上海公路运输史》(第一册　近代部分)一书载:"民国九年(1920年)十二月,太仓县人洪伯言、项惠卿等提议,由华商集资建设沪太汽车路,以改变太仓、宝山、嘉定三县与上海之间的交通落后状况,促进沿线地区的经济繁荣。次年二月,沪太路筹备事务所成立,着手筹组沪太公司。"据此,则知先生等向太仓县知事递交呈文时,沪太长途汽车公司仍在筹备阶段。至本年 5 月 15 日,沪太长途汽车公司始开创立会,见后文。

约 4 月中旬(约三月上旬)　先生等人致函江苏省长,催促其办理江苏吴县等十三县援照浙西减轻赋则一案。

唐蔚芝等近致省长函,略云:"查江苏吴县等十三县,援照浙西减轻赋则一案,已由内务财政部核议,呈请大总统鉴核,于九年九月二十九日奉指令呈悉,予分别量减,以抒民力等因。按原呈内吴县等十三县米则,援照浙西减赋成案,分为三等:将征米在一斗以上者,减至一斗;九升五合以上者,减至九升;九升以上者,减至九升。仍以每亩银米并计,不逾银元五角为限。并于定案后,应由该省长通饬该十三县,将应行核减各项田地顷亩多少暨减米数目,详查具报,以免遗漏各等语。省署奉到指令后,自已通饬各属办理,刻已时逾半载,尚未闻各属若何办法,有无详查应减各项田地顷亩多少暨减米数目详册呈报到省,某等未能周知。查浙西应行减赋之嘉兴等六县,已由该六县会商,已照奉颁册式,赶速造送;于经费一层,亦有所筹备,似属妥善可行。应请仁台再饬各该县,恪遵大总统指令,赶紧仿照浙西,从早议定办法,俾完手续,庶几可与浙西统于十年分冬漕按照减定之额启征,俾两省人民同邀旷典。曷胜感盼之至! 唐文治、邵松年、费树蔚同启。"

（《唐蔚芝等催办减赋》,见《申报》1921 年 4 月 18 日第 10 版）

5 月 15 日(四月初八日)　沪太长途汽车公司于上海虹口爱而近路(今安庆路)纱业公所召开创立会,先生被选为公司董事。

沪太长途汽车公司昨日午后二时,假虹口爱而近路纱业公所开创立会,并选举董事监察人。计到会股东洪伯言、沈润挹、朱恺侪、项惠卿、张纶卿、周石僧等共三百余人。于二时半振铃开会。首由筹备主任洪伯言登台,报告经过情形,继为筹备员周石僧君报告收支账略毕,即经众公推项惠卿君为临时主席。遂向众宣读会章。逐条通过后,即依照开会秩序,投票选举董事及监察人,计开匦揭晓。到会股东人数共三百六十五人,得五千三百十五权,选出董事十一人、监察员二人。由主席宣告名单毕,即振铃散会。兹将当选董事监察人录后:董事:朱恺侪、张纶卿、项惠卿、洪伯言、唐蔚芝、沈润挹、汪博如、张玉墀、吴挹峰、陈慕欧、朱六宜;监察:李剑雄、项甘伯。

（《沪太长途汽车公司开创立会》,见《申报》1921 年 5 月 16 日第 10 版）

5 月 17 日(四月初十日)　《新无锡》刊出《无锡中学之改良计划》,报道先生与高阳所筹商之无锡中学改良计划。

　　无锡中学自去年开办以来，学生尚称发达。近该校校长唐蔚芝君又与校主高践四君商定建筑校舍，现已从事筹备。闻寄宿舍之设备尤审慎周详，务使卫生适宜，管理便利，运动场亦惟求宽广。教务亦拟革新，现正物色人才，下学期必有改良办法。校务主任一席，请精明强干之人担任，以资改良云。

　　（《无锡中学之改良计划》，见《新无锡》1921 年 5 月 17 日第 2 版）

5 月 26 日（四月十九日）　沪太长途汽车公司召开董事成立会，推选董事长、经理及董事各部职员，先生请人代表参加。会上先生被选为董事长，因任无锡国学专修馆馆长，无暇兼顾，乃由洪锡范任代理董事长。

　　沪太长途汽车公司于本月十五日，假纱业公会开创立会并选举董事、监察人等情，已纪前报。兹悉该公司于昨日午后二时，在事务所开董事成立会，推选董事长、经理及董事各部职员。全体董事除唐蔚芝请人代表外，余均列席。公推洪伯言为临时主席，通过董事会章程，继即选举董事长，洪伯言得九票当选；复选公司经理朱恺俦，得九票当选；又次公推董事分部职员，计：（一）会计张纶卿、项惠卿；（二）文牍吴挹峰、陈慕欧；（三）交际沈润挹、张玉墀；（四）庶务兼调查朱亦宜、汪博如。推选毕，讨论公司进行事宜，如筑路、建桥等各计划。后因时间已晚，遂改订下星期三继续开会磋议云。

　　（《沪太汽车公司开董事成立会》，见《申报》1921 年 5 月 27 日第 10 版）

　　沪太公司创建于 20 年代初期。当时先父项惠卿在沪经营棉纱商业，并任该业同业公会会长，一心要实现开辟沪太公路的夙愿，常与旅沪同乡唐文治、洪伯言、朱恺俦、张纶卿、吴挹峰等商议，得到他们赞同，先设临时办事处于纱业同业公会内，办理筹股事宜。经过分头推动，首先得到太仓旅沪同乡会沈润挹、王伯勖、严味运及纱厂中薛文泰、毛鉴青等的支持认股，嗣后又有太仓洪景平、吴仲裔、蒋用蕃、蒋育仁、汪季章、陈士勤、宝山朱亦宜、张玉墀、陈典煌、李剑雄、潘瑞阶等认股，筹建工作有了一定基础。1921 年在卡德路（今石门一路）泰德里正式成立筹备处，邀请洪景平、吴仲裔、汪季章、周石僧、杨新如、朱端父、郁霆武、管纯一等参加，决定股本为银元五十万元。除发起人认定股金外，同时登报公开招股。结果未能达到定额，乃定股本为银元四十二点五万元，每股十元，总共四点二五万股，先父和先兄甘伯合认总股金的百分之十。公司名称定为"沪太长途汽车股份有限公司"，选出唐文治、洪伯言、项惠卿、朱恺俦、吴挹峰、张纶卿、朱亦宜、张玉墀、沈润挹、陈典煌、汪恩溥十人为董事，唐文治为董事长（当时任南洋公学校长，无暇兼顾，由洪伯言代理），李剑雄、项甘伯为监察人。朱恺俦为经理,洪景平为副经理,吴仲裔具体负责筹备事宜。

（项仲川《回忆沪太长途汽车公司》）

按:本年中,先生已出任无锡国学专修馆馆长,故上文中云唐"当时任南洋公学校长,无暇兼顾","南洋公学校长"应为"无锡国学专修馆馆长"。

6月12日(五月初七日) 南洋公学附属小学举行学校二十周年纪念会,陈观杓代表先生致辞。(据《申报》1921年6月14日第10版《南洋公学附属小学祝典四纪》)

7月1日(五月二十六日) 因无锡中学主任江衡、教务长周熙辞职,先生乃改请高阳为主任,唐锡恩为教务主任。(据《茹经先生自订年谱·辛酉五十七岁》)

无锡中学改良大概,日前曾志本报。兹访悉该校名誉校长唐蔚芝君,已聘请现任南京暨南学校中学主任兼商业科英文教员、东吴大学文学士唐桐侯君为教务主任。其他教职员,除已订定续任外,更添请交通大学土木工程科学士章质甫君为物理、几何教员,又东吴大学理学士姜尚瑜君为英文教员。而校务主任一席,则属诸硕士高践四君。高君游美回国后,历任暨南学校教务长兼商业科主任,经验丰富,必有改良能力。兹录唐校长布告于下:

本校主任江先生因年高事剧,业经三次辞职,现已请定高践四先生为校务主任。高先生原系英国康奈耳大学教育专修科毕业,才长学裕。所有下学期一切进行事宜,已请其详细筹画,切实办理。特此宣布。校长唐。七月一日。

（《无锡中学近闻》,见《新无锡》1921年7月2日第3版）

7月(六月) 留学欧洲的长子唐庆诒学成归国。不久唐庆诒由外交部派为华盛顿会议中国代表团秘书,于10月4日(九月初四日)启程赴美。

七月,庆诒由欧洲回国,吾父甚慰。旋由外交部派为华盛顿会议秘书。十月间复赴美。

（唐文治《茹经先生自订年谱·辛酉五十七岁》）

民国十年,二十四岁……六月廿五日,抵香港。七月十一日,抵上海。即回无锡,四弟在车站迎候。祖父、外祖母、双亲均康健,惟吾父已失明。余离家七载,声音笑貌均有变易,家人几不复相识。祖父暨李师颂韩等均赋诗志其事。九月初旬,暨南大学教务长高君践四,邀余担任英文、历史等功课。未及半月,忽接外交部聘书,委余为华盛顿会议中国代表团秘书。盖因施肇曾先生与吾父友善,介绍余于外交部颜惠庆总长,可感也。余乃向校方荐贤自代,匆匆北上,见颜总长,接洽一切,即返沪。于十月四日启程赴美……

（唐庆诒《忆往录》）

同月 编订《茹经堂文集》初编六卷、二编九卷。

六月,《茹经堂文集》定初编为六卷,二编为九卷。

(冯)振谨案:先生文集已刊者,有《茹经堂文集》六卷,卷一为经说类,共十七首;卷二为杂著类,共五首;卷三为论辨类,共五首;卷四为序类,共二十二首;卷五为家乘类,共十四首;卷六为杂记类及碑铭哀祭类,共十五首。有贯串百氏、牢笼万汇之概。前四卷多发挥圣贤微言大义;第五卷家乘多至性至情之文,尤足感人;第六卷载庚子拳匪乱状,关系国故,而为文博大精深,实能于八家外,别树一帜。又有《茹经堂文集》二编九卷,卷一为经说类,共二十首;卷二为杂著类,共七首;卷三为论说记文类,共八首;卷四为书类,共八首;卷五为序跋类,共三十八首;卷六为传类,共二十三首;卷七为赠序寿序类,共九首;卷八为碑铭类,共二十二首;卷九为哀祭类,共十一首。较初编别有擅胜之处,盖初编较谨严,二编更为豪迈,经说淹贯汉宋,杂文本源经子,出入韩欧。至于唤醒世道人心,尤有裨益。其三编亦已编定为八卷,正待付刊云。

(唐文治《茹经先生自订年谱·辛酉五十七岁》)

9 月 1 日(七月二十九日)　上午,上海棉纱交易所开幕,洪锡范代表先生以太仓同乡会会长身份致颂词。(据《申报》1921 年 9 月 2 日第 15 版《上海棉纱交易所开幕纪》)

同日　因洪水致江苏大部受灾,江苏省议会议员张福增致电先生等人,请求筹办义赈。

北京庄思缄先生、张仲仁先生、董绶经先生、颜骏人先生、赵剑秋先生暨江苏旅京全体同乡,宝应冯梦华先生,南通张退庵先生、张啬庵先生,泰县韩紫石先生,南京段少沧先生、仇徕之先生,无锡唐蔚芝先生,苏州王丹揆先生、王胜之先生,扬州马隽卿先生,上海黄伯雨先生、姚子让先生、沈信卿先生,及江苏全省父老公鉴:民国十稔,变乱频仍。吾苏当南北之冲,同处于忧危之境。年来幸免兵革,岁未洊饥。说者谓人和感召天和,固无关于地利也。乃者淮泗之□,匪氛迭起,抢劫烧杀,十室九空;大江南北,则淫雨暴风,入秋尤甚。湖河并涨,堤溃圩崩,牲畜田庐,漂没无算,洪水之灾,为数十年来所仅见,势猛于虎,民叹其鱼。统江苏六十县报灾者,已有五十余县之多,闻有十县灾情最重。值此民穷财尽,救济何从?虽官厅已请发帑赈灾,究属车薪杯水。事关救恤,国民应有互助之心,若徒责望于官厅,窃恐因噎以废食。现在赈务固成弩末,劝募为难,然苏人救灾恤邻,每为首倡。今兹本省受灾,度必有闻而悯之者,只须实事求是,当蒙中外赞同。从来集腋成裘,悉赖众擎易举。诸公德高望重,轸爱乡邦,敢祈速作登高之呼,克期会商各慈善机关,筹办义赈,以纾民困,而救沉灾。迫切请命，仁盼施行。张福增叩。东。

(《张福增请筹办义赈电》，见《申报》1921 年 9 月 2 日第 14 版)

按：在代日韵目中，"东"为 1 日。

9 月 25 日(八月二十四日) 太仓旅沪同乡会召开十周年纪念大会，李联珪代表先生读颂词。此前，先生与吴挹峰提出辞去正、副会长之职，会上经众公议，仍挽留之。

太仓旅沪同乡会，于前日在邑庙萃秀堂开十周纪念大会。午后三时开会，公推洪景屏为临时书记。先由副会长吴挹峰报告开会宗旨。次由李颂韩代表唐蔚芝会长读颂词。次洪伯言演说同乡会成立以来之事实，现拟联络嘉宝崇同乡，改组太属四邑同乡会，以厚团力。次提议正副会长辞职事，经众公议，唐会长暨吴副会长仍挽留，朱副会长既无暇兼顾会务，应许辞职，公推洪伯言继任。次省议员许九畴报告本乡水灾，各乡田庐淹没，灾民流离失所，待赈孔殷情形，当场由项惠卿慨助一千元外，余拟设立筹赈会，会同本乡绅商，由李颂韩撰就募捐启刷印后，请各同乡分头劝募，设法救济。议毕，全体合摄一影，以留纪念。晚间复开聚餐会于太和园，畅饮尽欢而散。

(《太仓旅沪同乡会之十周纪念会》，见 1921 年 9 月 27 日《申报》第 15 版)

10 月 1 日(九月初一日) 无锡国学专修馆由惠山锡商山货公所址迁入学前街学宫左侧新建之尊经阁内。尊经阁建于明代成化年间，后毁于兵燹。又无锡在清朝分为无锡、金匮两县，辛亥革命后合并为无锡县。学宫左侧原有金匮县学训导署，已很破旧，本年中，无锡士绅孙鹤卿、杨翰西捐资于训导署旧址重建尊经阁，建新楼五楹，先生作《无锡重建尊经阁碑记》。不久陆起又筹款建宿舍楼五楹，延请专修馆迁入。迁入后，本拟举行落成礼，但因该馆自建之新宿舍尚未竣工，训导署房屋亦未修葺完竣，故延期举行。

十月，国学专修馆迁居本邑文庙旁尊经阁。先是，本馆请邑绅孙君鹤卿名鸣圻为馆董。孙君因旧时金匮县训导署废弃可惜，锡邑原有尊经阁，为明成化时所建，毁于兵燹，乃捐资于训导署旧址重建尊经阁，修理余屋，由十七乡公呈县署立案，旋经县署知照，请本馆迁入。邑绅杨君翰西名寿楣，复助成之。旋陆君勤之复筹款，建宿舍楼房五楹，至是迁入。余为立碑，以纪孙、杨二君之德。

(唐文治《茹经先生自订年谱·辛酉五十七岁》)

宋明故事，诸行省、郡、邑于学宫旁皆建置尊经阁，庋藏经籍，所以齐道德、兴庶民，甚盛典也。无锡尊经阁为有明成化间府同知谢庭桂所建，咸丰十年庚申之变，庠序讲堂，废圮殆尽。迨同治改元，稍稍修葺，次第经营，而尊经阁迄未规复。今岁辛酉，钱唐施君肇曾创设国学专修馆于锡邑，延文治讲学于惠山之麓。当是时，邑绅孙君鸣圻、杨君寿楣，慨焉发卫道之诚，特捐巨赀，就金匮训导旧廨后隙地重建尊经阁，复改缮廨宇，俾馆生肄业其中。

（唐文治《无锡重建尊经阁碑记》，见《茹经堂文集初编》卷六）

唐蔚老欲觅校舍，无人可托，乃托四乡总董孙鹤卿的房侄孙朓香。其人迂拙，觅得惠山祠堂，招些学生开课。蔚老每日乘二人肩舆至惠山上课，常常受阻于十里街。因此地是冬季出殡之处，道子很长，颇以为苦。事为鹤卿所闻，大骂朓香。偌大的无锡城觅校舍而远至惠山，未免说不过去，遂自任其事。适无锡县立实业学校登报出售织布机，鹤卿承受下来。实业学校之址是从前儒学老师的官廨，东面是教谕的，西面是训导的，实业学校教室设在西面，织布厂设在东面。鹤卿既承其买织布机，连东西的房屋亦收回了……鹤卿遂将东西学老师的官廨拨归国学专修馆为馆舍。随时拨款建图书馆五大间，楼房半洋式，征求及购买古本书籍万余卷，楼下作讲堂，其明年一并建五间楼作教室。孙鹤卿物故后，蔚老取名为怀鹤楼，竖匾额、刻石，永垂纪念。又后一年建前面头一进五开间楼房一座。

（吴溉亭《记私立无锡国学专修学校》）

邑人孙君鹤卿等于学宫旁重建尊经阁，并修葺旧时金匮训导房屋，欢迎国学专修馆馆生迁入等情，业经迭志前报。兹闻尊经阁业已落成，孙君特具呈赵知事，请转知馆长唐蔚芝君，即于十月一日将全馆迁入。唐君奉函后，至为欢洽，当即照办。唐君本拟将同孙鹤卿君订期，行落成礼，并请各机关莅临演说，以志盛举，惟因该馆自建之新宿舍尚未竣工，而训导旧署房屋亦未修葺完竣，诸多未便，拟俟一切工程完毕后，再定期举行云。

（《国学专修馆迁入尊经阁》，见《新无锡》1921 年 10 月 2 日第 3 版）

10 月 24 日（九月二十四日）　先生与苏绅费树蔚致电北洋政府外交、内务两部，请求将华北赈捐存部余款改充南赈，以赈济江苏灾民。

苏绅费树蔚会同太绅唐文治等，前电外交、内务两部，请拨北方赈捐余款，改充南赈。兹已去电多日，部中尚无覆音。昨又电催，其文如下：前呈计达钧鉴，江南苏、松、常、太各属，水灾奇重，待赈孔急，前请拨华北赈捐存部余款，改充南赈，未奉明文指拨，用再电恳照准，以救眉急，无任激切待命之至。江苏费树蔚、唐文治等叩。

（《续电催拨北赈余款》，见《申报》1921 年 10 月 25 日第 11 版）

10 月 28 日（九月二十八日）　先生等致电北洋政府大总统及国务院，因听闻政府将"大借外债一千万，以被灾省分带征作抵"，故请"速寝此议"。

北京大总统(国务院)鉴:自中央特设振务处,成立以来,人言藉藉,云将以防灾基金名义,提拨海关附捐,供种种作用。文治等正深骇怪,不图最近所闻,复有人条陈当轴,请大借外债一千万,以被灾省分带征作抵。舆论哗然,以为此直系海关附捐,尚未餍心,巧立名目,图分巨款,兼为地丁抵押外债之先声。要知被灾省分父老昆弟,具有心肝,不能坐待砧俎;即饥鸿遍地,亦决不敢受此口惠。迩来大局阽危,人心日去;天灾人祸,相逼而来,乃当事者竟因以为利。倘此事果确,窃恐剥肤之惨,不旋踵而至矣。务望严饬振务处,速寝此议,为民国稍留命脉,勿为自杀之计。并请迅赐答复,以释群疑,而安众心。不胜迫切待命之至。唐文治、邵松年、王清穆、宗舜年、丁祖荫、费树蔚等。俭。

（《唐蔚芝等电》,见《申报》1921 年 10 月 31 日第 10 版)

按:在代日韵目中,"俭"为 28 日。

10 月(九月)　先生主持编订之《王文贞公文集》刊行,先生并作《王文贞公文集跋》。

先师王文贞文集,都文三百六十一首,初无编次,与年积成汇钞五巨册。先生既殁之后,其哲嗣慧言世弟以编订遗集见属。文治谨本先生平日之意,拟定分类目录,复经同学陆君礼南、王君炜甫、季君调卿先后参酌,定为文集十卷、别集四卷、制义一卷,由慧言校刊。自庚申孟春,迄辛酉季秋竣事。助刊资者,同学陆君勤之为首倡,次则毛君艾孙、王君炜甫、黄君伯雨、朱君盥薇、陆君景周暨文治等,俱稍竭棉薄。而不敷尚巨,则由慧言自行出资,以董成之。

（唐文治《王文贞公文集跋》,见《茹经堂文集二编》卷五)

本月　聘请陈柱为无锡国学专修馆教习。

十二月,聘广西陈生柱尊名柱为本馆教习。柱尊本任梧州中学校长,辞之来助余,其文学宏博,可喜也。

（唐文治《茹经先生自订年谱·辛酉五十七岁》)

余自民国十年秋九月旅居无锡,应唐蔚芝先生之召讲学于国学专修学校……国学专门学校,原名国学专修馆,在学前街,孔圣庙之左。圣庙之右,为无锡工艺小学。门前有小溪,可行小船,名束带河,经荷花荡,出西水关,为无锡河,可行轮船矣。圣庙之前,过石桥,为师范学校。圣庙之北,为竞志女学,四旁皆学校,而圣庙宅其中焉。固无锡城中一学区也……予民国十年来无锡,同来者为大儿一百、族侄实夫。予讲学国学专门学校,而儿侄则肄业私立无锡中学。未几,实夫转入国学;又未几,予兼私立无锡中学主任,由是吾桂青年来两校肄业者日众。迨十四年,同邑冯君振心主持国学校务,来学者益盛。长女松英、侄女荔英，后亦次第肄业国学。

（陈柱《忆无锡》）

按：上文中提到的陈柱族侄陈实夫（名拔彰）为无锡国专第二届毕业生；长女松英为第十五届毕业生；侄女荔英为第十六届毕业生。此外还有第三届毕业生陈起予（字千钧），是陈柱的族孙；五年制 1944 年夏届毕业生陈二百是陈柱的次子。

又按：陈柱来国学专修馆任教时间，上引《茹经堂自订年谱》云"十二月"，陈柱《忆无锡》中云："余自民国十年秋九月旅居无锡，应唐蔚芝先生之召，讲学于国学专修学校。"《无锡国学专修学校概况·大事记》则云："十年十月，聘请陈柱尊先生为教授。"此姑从后者。

自此至 1927 年以前，国学专修馆教授只有朱文熊、陈柱两人。先生亲授经学与理学，督教学生甚严。而学生"受教于唐先生者至深且大，经学理学外，尤深得于其论文及读文、作文之法"。

专修馆时期，教授只有朱、陈二先生，唐先生自己任课，由陆景周先生助教，共四人，教七十二位学生。教书各有专长，唐先生善于疏通大义；朱先生分析细致，循循善诱，语多启发；陈先生的本事主要显在讲义上，讲课随便。陆先生帮助唐先生教学生读古文，校内书声琅琅，与唐、陆的示范是分不开的。朱先生对学生在课外的请教，以及学生把课外的笔记、诗文请他批改，从不拒绝，均一一细心批阅。师生关系十分融洽。

（钱仲联《无锡国专的教学特点》）

自此唐先生亲授经学与理学，朱、陈二先生授子史及文学。唐先生督教严，经文必以能背诵为度。常面试，一差误，则续续试不已，必无误乃已。经义不拘汉宋，唯其是。理学重朱子，兼及阳明，谓虽相反，亦相成。考核尤重月试，不限于经、史、子，亦重文学。等第分超、上、中，每发表，唐先生中坐，秘书在左唱名，遂起立致敬听评语。评有眉评与总评，如解牛，无不中肯，听者忘倦。尤喜奖假。我尝作《观浙潮赋》，拾古人江海赋之辞采，以蛟螭鼋鼍喻军阀之内战，翻江倒海，民不聊生。唐先生书其后曰："极挥霍离奇之能事，物无遁形，木玄虚、郭景纯应避其出一头地。"又曰："写此题，不能再好矣！"一堂皆惊。虽明知溢美过情，然经此鼓舞，令人感奋不能已已。又吴其昌于天中节作《吊屈灵均文》，纚纚数百言。唐先生奇赏之，效杜老语曰："吴生吴生歌莫哀，我能拔尔抑塞磊落之奇才。"吴为呜咽流涕。朱、陈二先生虽亦尝有之，然无此动人也。亦有极风趣者，某同学作《游五里湖记》，有"载沈载浮"句。唐先生眉批云："春游佳事，奈何忽遭灭顶之灾。"某同学愧甚。唐先生招其独谈作文之法数次,自此心窍大开,向晓即于庭院朗诵,不一年而大进……我在国学馆时,受教于唐先生者至深且大,经学理学外,尤深得于其论文及读文、作文之法,其论文云:"文学者,经天而纬地者也,吾日求古文之线索,则知古书之经纬与其命意。于是我之精神与古人之精神沂合而无间,乃借古人之精神,发挥我之精神,举并世之一切可惊可骇可喜可悲之事,宇宙间之形形色色,怪怪奇奇,壹见于文章。于是我之精神,更有以歆动后人之精神,不相谋而适相感。奋乎百世之上,百世之下,闻者莫不兴起也。吾道一以贯之,无非求之经纬而已。且夫人之居处适其宜,而筑室,始有结构之法。乃左乃右,乃疆乃理,执事之法度也;殖殖其庭,匠氏之秩序也。入其门,堂奥显于前,余屋廥于外,其不知法度可知也;登其堂,非三楹,非五轩,茅茨以为墙,几筵以为户,其不知秩序可知也。惟一区一径一庭一闉一草一木,皆得其所,而后谓之胸有丘壑。若是者何也?经纬而已矣。如是而推之于文,则读《易》可以悟《书》也,如是而读《书》可以悟《诗》也,如是而读《礼》可以悟《春秋》也。孔子五十学易,作十翼,传注无一同者,经纬之变化也。《论语》二十篇,都凡数百章,篇法章法无一同者,经纬之变化也。《左传》《史记》之文,经纬千端,牢笼万有,而每篇体制面貌,亦无一同者,变化多也。韩、柳、欧、苏诸子,则具体而微。下焉者,当以经纬之多寡,辨其所造之等次。晋以下之史书,宋以后之文集,几于千篇一律,览其前面[而]即知其末者,变化少也。近世以来,桐城、阳湖号为宗派者,颇能学古人之经纬,稍稍运用于其间,而其气体或苶弱而不能振。天资耶?人事耶?抑时代为之耶?学者欲穷理以究万事,必读文以究万法,又必先潜研乎规矩之中,然后能超出乎规矩之外。而又扶之以浩然之气,正大之音。格物致知,所以充其用也;阅世考情,所以广其识也。至于化而裁之,从心所欲不逾矩,所谓过此以往,未知或知也。由是而成经成史,成子成集,成训诂家,成性理家,成政治家,成大文学家,岂非通乎经纬之道而然哉?"其论读文云:"学者读文,务以精熟背诵,不差一字为主。其要法,每读一文,先以三十遍为度。前十遍,求其线索之所在,画分段落,最为重要;次十遍,求其命意之所在,有虚意,有实意,有旁意,有正意,有言中之意,有言外之意;再十遍,考其声音,以求其神气,细玩其长短疾徐抑扬顿挫之致。三十遍后,自不知手之舞之足之蹈之也。"

(王蘧常《自述》)

11月11日(十月十二日) 先生等致电北洋政府内务部、财政部,请将上年为西北旱灾所发行义赈奖券之余款改作江苏赈灾之用。

北京内务部、财政部均鉴:本年江苏水灾,遍及五十四县,为从来所未有。

不早设法救济，弱者尽填沟壑，强者铤而走险，后患不堪设想。文治等目击心伤，欲筹款放振，而东南之民力已竭。百计张罗，仍属杯水车薪，无济于事。查得上年西北旱灾，曾由大部议准发行义振奖券，每月在上海开奖，已有十余期。所集之资，大半皆吸收苏民之脂膏。今西北之振务早告结束。坐使此项奖余，屯膏莫逮，而苏省嗷嗷待哺之民，转不得稍分余润，殊失情理之平。应请饬下办理义振奖券处，速将此项奖券余款改归苏振之用，以北振之余，补南振之绌，即以苏人输出之资，还以救苏人之命。想大部衡情酌理，必能俯如所请，无任急迫待命之至。唐文治、汪凤瀛、王清穆、邵松年、费树蔚等。真。

（《唐文治等请将奖余振苏电》，见《申报》1921 年 11 月 14 日第 14 版）

按： 在代日韵目中，"真"为 11 日。

约 11 月下旬　先生与美国教育家孟禄（Paul Monroe）见面。孟禄谓中国"亟宜造就领袖人才"，先生"深服其所见之远"。

昔年美国孟禄、塞娄来华考察学务，皆谓吾国亟宜造就领袖人才，吾深服其所见之远也。

（唐文治《学校论》，见《茹经堂文集三编》卷二）

今日为本校庚午级诸同学毕业之期。承校长盛意殷拳，一再函招鄙人到校演讲。鄙人从前忝长本校，历十四年，现在离校已届十年，甚愿与诸同学讨论一堂，藉尽切磋之谊。忆鄙人十年以前，见美国教育家孟禄、塞娄两博士，均殷勤相告，谓中国最要者在造就领袖人才。后访他国教育家，亦多持此论。

（唐文治《上海交通大学第三十届毕业典礼训辞》，见《茹经堂文集三编》卷一）

按： 孟禄是美国教育家。1913 年，孟禄首次访问中国。至 1941 年，他共 14 次来华，对中国教育状况和社会发展等方面进行了较为深入广泛的考察研究。1921 年 9 月，孟禄偕女儿来华参加北京协和医院落成典礼，并应世纪教育调查社邀请，来中国进行大规模教育调查与讲学。这次调查为期三个多月，调查区域分为四区：北京、保定、太原、开封为第一区；南京、无锡、上海、杭州、南通为第二区；福州、厦门、广州为第三区；济南、曲阜、天津、奉天为第四区。据王卓然辑《孟禄在华日记》（见《新教育》第 4 卷第 4 期）记载，1921 年 11 月 26 日，孟禄参观无锡市立第一国小、县立第二高小、私立竞志女学、市立第十一国小、县立乙种实业、公益工商中学等学校。晚 8 时在省立第三师范公开演讲，题目为《好的教育》。11 月 27 日上午，与无锡教育界人士开教育讨论会。先生与孟禄见面，或即在此期间。但据各种文献资料记载，这次并没有一个叫"塞娄"的人和孟禄一起在华考察教育。塞娄其人之生平事迹，他与先生何时会面，皆待考。

1922 年(壬戌　民国十一年)　58 岁

1月1日(辛酉年十二月初四日)　无锡国学专修馆补行新馆址落成开幕典礼,由先生主持并殷勤招待来宾。

该馆于去年开办,因馆址设于惠山,不甚便利,本年移入学前尊经阁,由馆长唐文治君与邑绅孙鹤卿君集资修建。现已柬请各界于今日下午补行开幕礼。

(《国学专修馆》,见《新无锡》1922 年 1 月 1 日第 2 版)

前日为国学专修馆开幕之日,到会来宾为县知事赵汝梅,三科主任许少仙,县视学秦颂石,邑绅孙鹤卿、杨翰西、蒋遇春、蔡兼三、窦叔英诸君,学界顾述之、辛柏森暨外埠来宾姚明晖、李颂韩诸君,共到百余人。由馆长唐蔚芝君殷勤招待,于下午二时开会,由孙鹤卿、唐蔚芝两君陈述经历情形及国学专修馆开办之原委,继由来宾晋颂词,暨赵知事、姚明晖、李颂韩诸君相继演说。礼成,已钟鸣五下矣。散会后,唐会[馆]长又款待来宾以茶点,宾主尽欢,颇极跻跄之盛。兹赘录颂词数篇于后:

(县署三科主任暨县视学颂词)民国十有一年一月一日,尊经阁落成暨国学专修馆补行开幕典礼,谨致词曰:巍巍师表,衡宇朝宗。起之荆榛,不世之功。曰则古昔,宫墙是崇。经之营之,于焉附庸。山水清佳,二泉之侧。洽比香塍,厥初相宅。有邻不孤,适此是择。所宝惟何? 有粹则国。峨峨高阁,复我尊经。斯文在兹,实当其名。泰山梁木,得此不倾。多士济济,循墙以兴。杜厦既勤,欢颜以启。升堂入室,道在是矣。其阳文星,杰阁并峙。名山不朽,于是乎始。仰瞻美富,近圣人居。吾道其南,欲坠黾扶。藏书之富,天禄石渠。润色宏业,其在斯乎。许械、秦铭光谨颂。

(县立第二高小辛校长颂词)民国十一年元旦,为无锡尊经阁落成,并国学专修馆补行开幕典礼之日,邑人辛干谨掇辞以颂之曰:物之存亡,系其精气,咸所自己,莫或致之。方其亡也,虽务存而犹亡;及其存也,若既亡而仍存。非人之能为存,乃人之不能为不存也。夫帖括讲章,向之家唔咿而户揣摩者,其于亡,古文辞乃尤亟耳。然而自宋历明以至于今,彼古文辞未尝亡也。以向之未尝亡，则后之必有存，固可决也，此侯官严先生之说也。新学既昌，旧学日就淹没，孰于故纸堆中觅取生活？然名为中国人，断无抛弃其国故而仍称国民者，此后闽县林先生之说也。方今世变大异，旧学寖衰，而道德日益晦蒙，于是爱国之士有国学专修馆之设，以图国粹之保存，迨严先生所谓以向之未尝亡，而决后之必有存焉也耶；抑又林先生所谓断无抛弃国故而仍称国民者，于以谋所以为国民之道也耶。抑先辈论文，首崇经术，今馆中专修，以经学为先，则国学保存，其在斯乎？且馆长唐先生，通于经者也，而又深于文者也，本其所得，以道诸子，吾知其必有合也。异日人文郁兴，经明行修，倘不负唐先生创辟兹馆之意也夫。邑人辛干敬呈稿。

　　（国学专修馆馆生谢孙、杨两先生词）巍巍高阁，孰经营之。惟孙及杨，实克成之。鸟鸣嘤嘤，求我友生。绸缪牖户，风雨以宁。乃启讲堂，讲堂孔阳。旅进旅退，济济跄跄。我徒得所，琴瑟斯张。彼君子兮，惠我无疆。惠我无疆，我道之光。何以报之，无球与琅。昔我无居，何以游翔？今我万舞，或招我房。昔我无依，何以彷徉？今我读书，坐我于堂。肆诵肆习，莫敢或遑。堂斯房斯，莫敢或忘。国学专修馆全体馆生敬谢。

　　　　　　　（《国学专修馆开幕记》，见《新无锡》1922 年 1 月 3 日第 2 版）

2 月（正月）　　无锡国学专修馆开馆上课。先生为学生讲授《左传》《礼记》《大学》《中庸》。上课未及旬日，因积劳而患寒热病甚剧，课务请朱文熊、陈柱、陆修祜三人分别担任。先生疾患至农历三月底方始痊愈。（据唐文治《茹经先生自订年谱·壬戌五十八岁》）

　　本月　　无锡县县长赵汝梅，嘱无锡县署三科拟具呈稿，详述先生在无锡国学专修馆的成绩及孙鹤卿、杨翰西捐资恢复尊经阁事，拟请江苏督军、省长会衔转呈大总统，分别颁给勋章。

　　　　江苏督军齐抚万上将，与现居本邑唐绅蔚芝有师生旧谊，闻赵知事每至督署晋谒，谈次辄殷殷垂询唐绅起居及国学专修馆状况，颇具敬师礼贤之诚。赵知事仰承意旨，返署后即嘱三科拟具呈稿，详叙唐绅在馆讲学成绩，并以孙绅鹤卿、杨绅翰西捐赀恢复尊经阁事插叙呈内，拟请督军、省长会衔转呈大总统，分别颁给勋章，以崇师儒而扬国粹，其呈即于日内发出云。

　　　　　　　（《侨绅尊经讲学》，见《新无锡》1922 年 2 月 25 第 2 版）

按：齐燮元，字抚万，时任江苏督军。

又按：后于 1924 年 3 月 29 日准其所请，由大总统发布指令，给予先生等教育部奖章。见该年事中。

3月11、12日（二月十三、十四日） 苏社第三届第二次大会于上海静安寺路爱俪园举行，先生仍当选为理事。(据1922年3月13日《申报》第14版《苏社第三届第二次大会记》)

3月12日（二月十四日） 先生长子唐庆诒于华盛顿会议闭幕后回国抵沪。不久，即回无锡探望祖父及双亲。

三月，庆诒华盛顿会议竣事，回国。

（唐文治《茹经先生自订年谱·壬戌五十八岁》）

民国十一年，二十五岁。二月内，华盛顿会议闭幕……华盛顿会议闭幕后，余与庆棠于二月十八日赴西雅图，乘松树号（Pine Tree State）船起程回国……三月十二日抵沪。凤宾兄至船上迎接。与庆棠阔别已近三年，兄妹重逢，欣喜可知。余回无锡省祖父及双亲，略住数日，即起程赴北京。

（唐庆诒《忆往录》）

4月（三月） 高燮至无锡国学专修馆访谒先生，欲请先生为其邑人黄继曾撰写碑文。因先生上课而未见。六月，高燮就请撰碑文事再致函先生。

蔚老先生阁下：四月间游锡，曾趋访先生于国学专修馆，适在上课。晤王君慧言，并参观馆中各教室，令人穆然起仰至之思。鄙邑黄君公续，办学先觉，又大慈善家也。今殁后十余年，而称诵之声不衰。其平生斥产为公益事业，几二十余万金。本已早合奖例，然而不欲遽请者，盒以君生前遗弃虚荣，此恐不足以重君也。今以邑中同人之公意，拟为黄君建立一碑，树之邑里，更宜得当时能文有道之大君子如先生者，以之为文，庶足以传世而行远，是以有前日之造谒。王君转述先生命，允为撰文，同人不胜感幸。惟此碑定名，颇有商榷。若但云某某人碑而不加名称者，如郭有道碑、陈太邱碑、曹成王碑之类，考之皆墓碑也。其非墓碑而只称某某人碑者，惟李翱之高愍女碑，罗隐之梅先生碑，其他则不多见。大抵碑志之属，墓碑及祠碑外，则有纪功碑、颂德碑、去思碑、殉难碑、遗爱碑等。然于今者黄君之碑，皆不甚合。同人之意，拟名为纪念碑。惟纪念二字非古也，应请先生再为酌定。或但称某某人碑，或即就纪念之意，别易名称，俾臻典雅，统希卓裁。高燮顿首。壬戌六月十日。

（高燮《与唐蔚芝书》，见《高燮集》）

按：后先生应其请，撰写《黄君公续碑》，见《茹经堂文集二编》卷八，碑文中提及："君（按：指黄继曾）既殁，越十有二年，友人高君燮等以君善行不可无纪，来征文于余。"

5月14日（四月十八日） 先生长子唐庆诒与俞庆棠结婚。

四月十八日,娶长媳俞氏庆棠,奉吾父命,所有聘礼、衣服、首饰,以五百元为度,此后娶妇,不得溢出此数,并告坤宅,勿备妆奁。其兄凤宾欣然允诺。庆棠来归后,贤而孝。吾父甚喜,曰:"吾不啻得一贤孙女矣!"

(唐文治《茹经先生自订年谱·壬戌五十八岁》)

唐蔚芝先生公子庆诒硕士,与俞凤宾博士之妹庆棠学士缔有婚约。昨日庆诒君由无锡来沪行亲迎礼,晚间俞宅家宴宾客,济济一堂,甚为尽欢。今日即赴锡之西溪唐府结婚矣。

(《唐庆诒君俞庆棠女士之婚礼》,见《申报》1922年5月14日15版)

6月7日(五月十二日)　交通大学学生代表胡瑞祥、顾谷同赴无锡面谒先生。此前,自本年5月起,交通大学爆发"董事会风波",故学生代表来锡,请求先生声援。先生表示"对于此次学生举动,表示赞成。惟切诫须守秩序。自愿为学生帮忙,但所处地位,甚难声助"。

交通大学上海学校主任张铸,被校长陆梦熊撤任,以代理副主任张贡九接任,张覆电辞职。六日,张接陆氏来电云:"张贡九主任鉴:江电敬悉。沪校关系重要,绝难另易外人。执事才学俱优,多士信仰,务请即行视事,弗再固辞。至学生误会之处,全因路远,传闻失实。沪报所载各节,更属无据。真相一见,自必冰消。祈为学生详切开导,务以维持学校为前提。至个人进退,所关甚小。叔逵先生为总长所器重,校务可与商酌而行。副席容互商定。近日学校情形,盼电示是荷。梦熊。支。"张贡九当覆电云:"北京陆校长钧鉴:支电敬悉。总长关心教育,校长爱护母校,意重情恳,令人心感。昨日学生开会,议决罢课,并派代表八人入京,金曾痛切开导,反对此等举动。午后开全体教职员会,讨论维持办法,公举委员五人,与学生评议会联席谈话,详切解释。学生明知罢课无益,但势成骑虎,一发难收。金事前不能弭学潮之发生,事后又无镇压之力,滥厕其间,益滋罪戾。惟有再沥下情,渎申前请,务恳开去正副主任职务,速派贤员,维持校务。廷金。鱼"当晚七时半,学生会召集全体学生,开全体大会,议决各项如下:(一)副会长茅以新提出辞职,经多数赞成,准其辞职。(二)吴某起立,宣布吴采人为陆氏党羽,应请吴先生暂时离校,当场通过。(三)前校长唐蔚芝先生久主校务,评议部已议决派代表二人敦请,为吾校声援。当即通过,并举出胡瑞祥、顾谷同二人为代表,定七日赴锡。(四)罢课期内,必须有人维持秩序。议决每班举纠察员一人,组织纠察部。(五)去年学生膳余,共一千六百四十余元,现已提出七百元,五百元已作代表路费,学生会尚余二百元。但现在用费浩大,必须全数收回,以便随时取用。(六)通过某君提议,派人联络本校从前毕业生之有望者,以资声助,而维现状。

七日九时,又开大会,为讨论昨晚未决事宜。议决四项办法,至十时散会。(一)推定代表六人联络旧同学。(二)对教员声明,所缺功课及考试,罢课期后当即补足。(三)举出委员九人,组织董事会组织法研究委员会,讨论董事会恢复后如何组织之法。(四)学生教职员合组临时机关,维持校务,派代表四人与教职员商量一切。

八日上午十时,学生会又开全体大会,由学生会会长主席报告:(一)学生会议决,因吴采人与陆氏有关系,请彼暂时离校,吴氏已不在学校。(二)学生会副会长汤天栋当选。(三)董事会组织法研究委员会委员九人,赵景沄、陈裔彝、王鲁新、茅以新、汤天栋、陈广沅、胡瑞祥、高尔松、魏诗塘九君当选。(四)此后大会议决案,列席者皆知悉,不必抄出公布。后请赴无锡代表及列席南洋同学会董事会代表报告情形。胡瑞祥报告,略谓:"唐先生对于此次学生举动,表示赞成,惟切诚须守秩序。自愿为学生帮忙,但所处地位,甚难声助云。"高尔柏君报告,略谓:"南洋同学会七日下午五时开会,黄任之先生主席,议决:(一)由同学会董事列名,电呈交部总次长,请仍召集交通大学董事会,解决此次学潮。公举黄任之、穆杼斋、胡敦复为起草员。(二)同学会推举代表三人,带同董事会列名函件,请唐慰芝发起,会同张季直、严范荪等,公电召集董事会,解决此次学潮,公举胡敦复、张松亭、穆杼斋三人为代表。(三)由同学会备函,向母校同学劝导上课,各董事及同学列名,推举张叔良、胡敦复二君起草云。"后又议决:(一)报载北京学校专科生捏名学生会来函,语多荒谬,应请文牍科备函辩驳。(二)今日教职员开会,应派代表四人赴会。(三)再致电赴京代表力争,电云:"沪同学会及教职员,皆已同情电争,请力争董事会。沪庚。"(四)致部电云:"虞电诵悉,请速示根本办法,生等仍罢课待命。"

(《交大驱陆风潮三日纪》,见《申报》1922 年 6 月 9 日第 13 版)

按:1921 年 4 月底,第一次直奉军阀混战爆发,直系取胜,亲奉系的"交通系"梁士诒内阁随之倒台,交通总长兼交通大学校长叶恭绰被迫流亡国外。至本年 5 月,直系高恩洪署理交通总长后,借口清除"交通系"宿弊,大批裁撤原班人马。又以交通大学系部属学校,制定教育方针、校长任用、筹划经费等权力应该属于交通部为由,将原设董事会制度撤销,并把《交通大学大纲》中的"董事会"一节删除,直接任命交通部参事陆梦熊兼任校长,前后持续近一年的"董事会风波"由此爆发。

6 月 11 日(五月十六日) 张謇与先生联名致电交通部总长高恩洪,表达对交通大学沪校学潮的关注,吁请尽快恢复董事会,并称"似应博采众议,速定方针,以维学务,而慰群望"。

　　南洋同学会前派赴唐文治先生处代表穆杼斋等三人,现已回沪。得唐先生允许,会同张季直、严范荪诸先生一同致电交部,力争董事会。现该同学会已派代表赴南通张季直处接治,并闻昨晚(十一日)将在穆抒斋家内再行开会,讨论进行一切事宜云。

　　　　　　　　　　(《交大学潮之昨讯》,见《申报》1922 年 6 月 12 日第 13 版)

　　交通大学上海学校因力争董事会,自五日罢课后,各界皆与以帮助。张季直、唐慰芝、王清穆均致部电,力争董事会。电云:(一)北京交通部高总长赐鉴:沪校学潮,舆论极为注意。闻大部正图根本解决,甚佩。惟未有切实办法,群情仍复惶惑。前闻解散董事会,未奉知照,谅尚未决定。现弟等以董事资格,会同同学会,设法维持劝导。惟目前事机危迫,非空言所能收效,似应博采众议,速定方针,以维学务,而慰群望。是否有当,乞电示。张謇、唐文治。真。

　　　　　　　　　　(《交大学潮之昨讯》,见《申报》1922 年 6 月 14 日第 13 版)

按:在代日韵目中,"真"为 11 日。

6 月 16 日(五月二十一日)　在见到张謇与先生致交通部电后,已被任命为交通大学校长的关赓麟致电张謇及先生,阐述自己对交大学潮的有关看法,认为"诸生等以争董会之故,甚至指部派校长为非法……是皆一偏之谈,未敢附和"。

　　交通大学全体学生职教员等以大学频于政潮,力争董事会以固基础。张季直、唐蔚芝亦曾电交部,主张恢复,原电已见前报。兹得关赓麟复电,声辩此事。原电如下:

　　上海校张贡九主任转张季直、唐蔚芝先生鉴:顷读两公致交通部真电,备见热心教育,主持正谊,群言淆乱,衷诸老成。赓麟亦列名董事,忝长校务,公义所在,未忍以避嫌不言,敬为两公陈其一得。大学组织董事会,本为力避专断营私之渐,不意物议反目良制为党派之团体,事之不可测,可叹可怪。董事会开会,仆皆在座,利害症结,颇能尽言。窃谓前届董事,以被举资格言,允多上选;以分配额数言,亦复适宜。所可议者,独在权限。而尤为铸错者,乃在推选现任总长为校长。由是部员意思,不克自由发舒,政局多故,累月不能开会,皆坐此也。设使当日选非叶氏,则部员无嫌于稍多,政变何涉于开会?今执此为制度之咎,是知一不知其二,因果倒置,岂可谓平?海内贤达,主张校事脱离政治潮流,实为破的之论。仆前日以不兼官职为言,已得高总长之采纳,此后职员任用之保障,顷部长复有郑重之声明,虽根本办法如何确定、董会设否、权限如何,均未分明,而博采众议,俾成良制度,必有以慰诸公之望。董会组织权限,宜先监督财政,规定方针,核定规章,固其应有之权责。至推举校长,是否当属之董事,颇滋疑义。就常理言,国立大学,其部署为其监督机关,经费既悉出部帑,本无设董事会之必要,特本校规定之初,原拟劝捐巨款,此后自不妨仍有董事会,以为招徕投资之地。而款项必泰半出之部库,断不容并此用人之权而无之。将来董事会职权之规定,此必为首先注意之点。所望高明虚心平情,出而主持之也。然此第推论事理,期得其平。至于个人,绝无依恋,幸勿误会。诸生等以争董会之故,甚至指部派校长为非法,此亦不能无辩。国会规定法律,而政府以命令变更之,斯谓违法。交通大学大纲乃成立于阁议,阁议即得而取消之,修正以后,在未经阁议再行恢复之先,由部呈请令派,皆合法之校长也。行政张弛,至极寻常,果使阁议再更,在令手续,自当循新制而又变。诸生等因不惬于修正之阁议,则为校长非法之语,或自圆其说,有改称代理之请求,是皆一偏之谈,未敢附和。目下部长已有表示,正急图研究善后之时,所有董事会或其它组织应如何厘定权限制度,两公关怀校事,必有良谟,敬请不吝指导,俾资广益之助,至所感企。关赓麟。谏。

　　　　　　(《关赓麟对交大学潮之主张》,见《申报》1922年6月24日第14版)

按:在代日韵目中,"谏"为11日。

6月20日(五月二十五日)　南洋公学同学会致电先生等人,告知交通大学沪校学生已经复课。

　　　南洋公学同学会……致张南通等电云:

　　　南通张季直先生、无锡唐蔚芝先生、苏州王丹揆先生均鉴:母校学潮,昨偕福开森先生赴校恳切演说,学生勉从劝告,已于今日起一律上课。惟切恳诸先生俯鉴学生诚意,速电交部,务为母校谋根本稳固办法。同人已推穆君抒斋、赵君敦复、赵君晋卿专赴北京,代达一切。敬启。南洋公学同学会。

　　　　　　(《交大上课后之消息》,见《申报》1922年6月21日13版)

6月25日(闰五月初一日)　先生参加私立无锡中学新校奠基典礼,并作颂词。

　　　(民国十一年)六月廿五日,教职员率学生至新校址行奠基礼。是日天雨甚,校长、校主及薛君南溟均直立雨中行礼。

　　　　　　　　　　　　　　　　　　　　(《无锡中学校大事记》)

按:据《无锡中学校大事记》载,私立无锡中学创办后,先租赁无锡西水关马宅为校址,后校主高阳"以校务日渐发达,四方来学者众,赁屋终非持久计,爰白其继母张夫人,商建校舍。张夫人慨然以二万元与之。遂请邑绅薛君南溟(翼运)在羊腰湾购地十六亩有奇",于民国十一年 6 月 20 日绘图动工,25 日行新校址奠基礼。

本邑无锡中学,为邑人高君践四秉承先志所创办,迄今已届两年。校长唐君蔚之悉心经营,成绩斐然。上年于南城外购地二十亩,建筑新校舍,近已次第兴工。所有新校舍图样,早经先事绘就,规模宏壮,房屋宽大。日昨上午十二时为该校举行奠基典礼之期。先期由唐校长束邀本邑绅商参与大典。到者绅商学界不下百余人。邑人薛南溟、孙鹤卿、蔡兼三诸君均冒雨前往,颇极一时之盛。由薛君南溟、唐君蔚之先后致颂词,礼毕始散。兹将颂词录下:

薛君南溟颂词

无锡中学者,高君践四禀承其尊甫秋泉先生遗命所创建者也。吾邑小学盛行,中学甚尠,青年学子,每苦毕业后升学匪易。高君亟亟注意及之,承先志,惠来学,甚盛举也。主校政者为蔚之唐先生,学粹品端,人尊之如泰山北斗。赁屋试办者二年,新校址在城南附郭,滨临运河,购地近二十亩。谨詹于民国十一年六月二十五日行奠基礼,举凡课堂宿舍,不日次第启工。翼运得与观礼,窃叹时当叔季,世道陵夷,人心浇薄,由于教育之不克普及,倘得尽人能如高君,以兴学为先务之急,异日移风易俗之成效,有不难操券得者,其所造就,奚止限于一乡一邑而已哉! 乃为颂曰:功哉首基,造端宏大。学有阶梯,中道弗废。前光耿汤,后学津逮。巍乎焕乎之无锡中学,即始基而知有孟晋不已者在。薛翼运谨颂。

唐君蔚之颂词

本日为无锡中学校舍行立础礼良辰,嘉宾莅止,茂典式隆,诚盛事也。溯自本校创办迄今两载,高君践四承其尊人秋泉先生之遗命,始终殚虑,不渝初志。邑绅薛南溟、蔡兼三诸位先生笃于桑梓,乐育为怀,又复尽力襄助,俾校舍赖以观成。饮水思源,曷其有极。文治念高君之能继志述事,益佩南溟、兼三诸位先生盛德光辉,洋溢于无外焉。爰作颂曰:龙山巚嶪,毓秀钟灵。太湖溁沇,原隰带襟。相彼阴阳,建兹堂楹。菁莪肇化,巚扑蔚桢。莘莘祁祁,炳炳麟麟。宏开讲宇,式玉式金。焕乎人文,历世弥新。唐文治谨颂。

(《无锡中学举行奠基礼之盛况》,见《锡报》1922 年 6 月 26 日第 3 版)

7 月 16 日(闰五月二十二日) 无锡中学招考新生,先生为学生讲述国文题《裁兵论》大义。

本月十六号,无锡中学招考新生,投考者共有四十余人。上午试验修身、国文,下午试验英文、数学。午前八时,考生齐集,首由唐蔚芝校长讲述国文题

《裁兵论》之大义,云"现在群倡裁兵,呼声甚高。但投考诸君不可但言裁兵之必要,以合时尚;而当详陈裁兵之办法,以济实用"等语,后由各教职员将新生一一口试。试验结果,共录取梁鸿鸣等二十二人。闻该校因一年级尚未足额,将于八月二十日再招生一次云。

（《各校新生之揭晓·无锡中学》,见《新无锡》1922年7月18日第3版）

7月(闰五月) 编成《洪范大义》。

六月,编《洪范大义》成,分传注、政鉴、析疑为三卷。上契尧舜之心传,下开周礼之统绪。本治己以治人,政治之学,莫精于此矣。

（唐文治《茹经先生自订年谱·壬戌五十八岁》）

余撰《洪范大义》分部居凡三:一曰传注。注者解其字,传者释其义,仿先儒故训传例,列注于前,列传于后。《尚书》之学,阎、江、王、孙诸家精矣,顾略嫌琐碎。是篇所采,以先太夫子黄薇香先生《尚书启蒙》、吴挚甫先生《尚书故》二书居多,杂缀而成,故不录姓氏。传义则以黄石斋、李榕村二先生之说为主。盖二先生之说,实能探性命之本原,提政学之纲要,自来为《洪范》学者,未有能过之也。二曰政鉴。《洪范》为我国政治学之权舆,由之则治,背之则乱,百不失一。窃尝掇其精蕴,并参以阅历所得,著之于篇,剥极而复,或在兹乎?三曰析疑录。先儒解皇极为大中,朱子辟之,训为标准,而后天下之表定。故首录朱子之说。董、刘五行之学,为汉以来古义,惟牵于其说,则本经之义转觉狭隘。故次录苏氏说以正之。王船山先生《尚书引义》所见卓然,埽尽支离之说,爰并录焉。自金仁山、胡一中二家有脱简之疑,而改定本遂夥。不知古经文字,参互错综,自有精义,若绳以后代文法,则毫厘千里矣,故次录《四库提要》语以正之。

（唐文治《洪范大义后序》,见该书卷末）

按:《洪范》是《尚书》篇名。旧传为箕子向周武王陈述的"天地之大法"。今人或认为系战国后期儒者所作,或认为作于春秋时期。《洪范大义》后收入《十三经读本》中。

刻《陆文慎公年谱》。

刻《陆文慎公年谱》。公自编年谱仅至中年,同学江阴陈君慕周名宗懿续成之,其世兄芝田寄余稿本已数年矣,谨作叙刊印之。

（唐文治《茹经先生自订年谱·壬戌五十八岁》）

先师太仓《陆文慎公奏议》,文治于辛亥夏既为印而传之,其长公子芝田复寄年谱二卷来。上卷为公所自订,下卷则同门江阴陈君慕周考公日记而踵成之。公之言行宦迹粗具于是。客冬商诸同门王君丹揆同任剞劂；今夏请同乡王君慧言校正，授之梓人。不揣梼昧，谨为之序。

（唐文治《陆文慎公年谱序》，见该书卷首，又见《茹经堂文集初编》卷四）

按：《陆文慎公年谱》二卷，民国十二年刊本。来新夏《近三百年人物年谱知见录》（增订本）云："是谱上卷由道光三十年至光绪二十年（45 岁）止，系谱主于光绪二十三年所自编；下卷由光绪二十一年至谱主之卒，系弟子陈宗彝据谱主日记所辑成。是谱记仕历及家事，间涉及近代史事，如咸丰时记小刀会周立春之攻嘉定，英法联军之攻北京，光绪时记中法、中日战争，戊戌变法及义和团等事，惟均列纲目而无详细记事，其下卷虽有双行小字附列日记原文，亦均无关理要。"

8 月（六月） 先生为原私立无锡中学教员江衡的《七十述怀》作跋。

辛酉孟秋，元和江霄纬先生七十悬弧之庆，诸同人均赋诗设宴以寿之。今夏，先生以《七十述怀》语见示，谨读数过，渊然以思，而知其康强寿考之有由来也。先生淹贯经学，精研数理，洞达时务，以名翰林起家，出宰陕西，政绩炳然，上游器重，下民讴思。泪〔泊〕旋珂里，经营地方教育事业又垂十年。政变而后，不与闻世事，怀元城之芳躅，跂白云之遗风，高尚其事，廉洁自持，至偕吾辈课徒自赡，宜乎濩落而无聊矣。乃读其语，天怀澹定，无丝毫抑郁之意露于楮墨之间，非学养至粹能如是乎！昔周之盛也，诗人祝颂之辞曰"馨无不宜，受天百禄"，及其衰也，则曰："彼都人士……出言有章。行归于周，万民所望。"盖万民之所属望者，即天心之所申保者也。《洪范》"五福"曰寿，曰攸好德，夫好德而后寿与，抑寿者而好德与？先生自撰联有云："夙有澄清志，犹盼杖朝年。"敢即举此语以为期颐无疆之券也。壬戌六月，愚弟唐文治谨跋。

（《唐蔚芝侍郎跋语》，见《溉斋杂识》卷末）

9 月 4 日（七月十三日） 私立无锡中学行秋季始业式，先生出席并致训辞。

无锡西水关无锡中学，于九月四号上午九时，行秋季始业式。到者除全体学生外，校长唐蔚芝及教职员江霄纬、唐桐侯等十余人均莅会。由教员蔡虎臣赞礼，先向国旗行三鞠躬礼，次学生行见师长礼及学生相见礼，各一鞠躬，最后由校长致训辞。略云"平时余因在国学专修馆教授功课，致不能常到中学，甚为抱歉。但诸君之功课及品行，固无日不在吾思念中也。今当秋季始业，略有意见贡献，愿诸君注意：吾国今日乱象环生，时局极为沉闷，但因此国民之责任愈为重大。诸君莫不知爱国，然国者聚民而成，今日人心险诈，无所不为，故国是不可救药。求治之道，当求其本；治国之本，在于正心。诸君求学，莫不希圣希贤，期望将来为社会尽力，则于正心之道，不可不讲求焉。孟子曰：'由今之道,无变今之俗。虽与之天下,不能一朝居也。'今日国人因心术不正,已有与之天下,不能一朝居之现象,故欲求治,舍正心其道无由。正心当讲仁义礼智,仁者能博爱,义者知羞恶,礼者能谦让而有秩序,智者能有是非之心。诸君苟以是四者存心,则不患学之不成、国之不兴也"云云。校长演说毕,即散。又闻该校自本学期起,一、二、三、四年级均已开齐,共有学生一百二十余人,自外埠及外省来者约有三分之一云。

(《无锡中学始业式》,见《申报》1922 年 9 月 6 日第 11 版)

按:1922 年 9 月 5 日《锡报》第 3 版刊《无锡中学开学纪闻》,内容与上引文字相同。

9 月 8 日(七月十七日) 先生致函无锡县警察所,催促速破 8 月 7 日(六月十五日)夜间无锡国学专修馆失窃案。

学前街国学专修馆于上月七号夜间,有窃贼越墙而入,窃去学生及馆役衣物。为数幸不甚多。当即开具失单,函请警察分驻所,饬警缉赃。经孙巡官勘明窃贼来去踪迹,限令探警上紧破案。乃越时已将一月,仍无影无踪。昨日,唐馆长复函,向县警察所催促。警所据函后,已分饬水陆警察各所队一体协缉,务获解究矣。

(《国学专修馆失窃》,见《新无锡》1922 年 9 月 9 日第 3 版)

按:1922 年 9 月 9 日《锡报》亦有类似报道,题为《国学专修馆请追赃贼》。

10 月 6 日(八月十六日) 因江苏海塘年久失修,太仓、宝山两县首当其冲,节节残破。由太仓、宝山两县知事发起,于上海沪太长途汽车公司开会讨论,组成太宝塘工讨论会,推先生与袁希涛领衔请愿,并举定委员 12 人,专办此事,以期早达目的。

太仓、宝山两县海塘,因年久失修,又经连次风潮冲激,出险数处。此次韩省长来沪,即为此事。昨日太宝两县知事,邀集各团体士绅,在本埠沪太长途汽车公司会议修治集款办法。佥以已经出险者,虽由水利局抢修;其行将出险者,应电省拨款赶修,至根本修治,非百数十万金钱不可。议由两县分电府院省厅,急筹专款,以应要工。当场议决组织太宝塘工讨论会,推唐蔚芝、袁观澜二君领衔请愿,并举定委员十二人,专办此事,以期早达目的云。

(《会议修治海塘纪 组织太宝塘工讨论会》,见《申报》1922 年 10 月 7 日第 13 版)

10 月 8 日(八月十八日) 由先生领衔,致电北洋政府总统及国务总理、内务总长、财政总长,"请迅赐拨款修筑,以免陆沉"。又致电江苏省省长韩国钧,"请饬

· 670 ·

厅先行指拨的款,以济急工;一面饬局详确估计,编列国家预算,以便分年修治"。

此次韩省长亲莅太宝两县,察勘塘工事宜,并于本月六日,由太宝两县知事发起,召集两县士绅,在沪太公司开会讨论。是日到会者计六七十人,其结果由两县士绅先组太保塘工讨论会,并由讨论会公推委员十二人,组织委员会,现已次第成立。兹将所致府院部省各电录下:

电府院部文

北京大总统钧鉴,国务总理、内务总长、财政总长均鉴:苏省海塘失修已久,太仓、宝山两县首当其冲,节节残破。现经省长亲临,勘得保境东塘爱、育两段,西塘顾隆墩、牛头泾等段,太境方家堰、阅兵台等段,最为危险,及其他亟待修补各段,综计二千余丈,估需工费一百万元以上。窃念苏省海塘,为沿海十余县财赋之保障,设竟听其溃决,国计民生不堪设想。请迅赐拨款修筑,以免陆沉,迫切待命。唐文治、袁希涛、洪锡范、张嘉森等叩。齐。

电省署文

省长崇鉴:苏省海塘,失修已久,太宝尤当其冲,节节残破。如宝境东塘之爱、育两段,西塘顾隆墩、牛头泾等段,太境之方家堰、阅兵台等段,迭出非常,险工计逾千丈,其他各段亟待修补者,又在千丈以上。兹幸亲临周勘,危险情形,已邀洞鉴。窃念苏省海塘,为沿海十余县财赋之保障,中央万不能坐视不问。设竟听其溃决,国计民生不堪设想。除电呈府院内财两部迅赐拨款救济外,应请饬厅先行指拨的款,以济急工;一面饬局详确估计,编列国家预算,以便分年修治。临电迫切,待命之至。唐文治、袁希涛、洪锡范、张嘉森等叩。齐。

（《太宝士绅电请拨款筑塘》,见《申报》1922 年 10 月 11 日第 14 版）

按:在代日韵目中,"齐"为 8 日。

10 月 15 日（八月二十五日）　私立无锡中学羊腰湾新校舍落成,先生撰《无锡中学校舍落成记》。新校舍共用经费三万二千八百零一元,其中由先生及校主高阳募得七千元。

（民国十一年）十月十五日,新校舍落成。成八字形楼房二十六幢,局势轩敞,且极巩固,并平房三所,为门房、庖湢、厕所之用,共靡三万二千八百零一元。除张夫人二万元外,由校长、校主募得七千元,中以何君叔明（耀明）、蔡君兼三（文鑫）尤为出力云。由校长作碑记,用垂不朽。其余不敷,悉由校主息借。

（《无锡中学校大事记》）

无锡中学在南门外羊腰湾建筑新屋成。诸生迁入。高生践四因其尊人所捐建筑费尚有不敷，并向各处募捐，始得告成。余为立碑，以纪始末。

（唐文治《茹经先生自订年谱·癸亥五十九岁》）

锡邑襟带太湖，山水清嘉，人物秀美。顾当沪宁之冲，人心随风俗而变，俭者浸以奢，实者浸以浮，正者浸以陂。余与邑之贤士窃忧之，拟设中学一区，撷中西学之菁华，崇尚道德，以端人心风俗之本。会庚申岁邑商高君秋荃病殁于申江，疾亟时，诏其子阳曰："吾经商数十年，志在读书兴学，培植故乡子弟，区区遗资，非所敢惜。虽然，吾非为私也，为公益计也。尔其毋忘吾志。"阳涕泣受命。余及门蔡君其标闻斯事，欣然曰："是吾师之素愿也。"亟绍介高阳君来见，余甚嘉之。高阳君爱属蔡君筹备壹是，并延余任名誉校长。其秋，赁屋于邑西马氏宅，招生徒，订规则，次第就绪。溯秋荃君非私立之意，定名曰"无锡中学"。白诸邑宰，而省而部皆报可。开校之日，高阳君偕母氏并挈其弟若子来观礼，述先人遗命，谓："今者斯校幸而成立，为吾父之遗愿也。虽然，吾父非有所私也，力有不足或半涂而废，愿乡父老相与维持协助，以遂吾父之志也。"言次泣数行下，其母氏亦泣，不能仰视，在座咸动容焉。顾马氏宅湫隘，一年后生徒已不能容。高阳君乃白母氏，捐资二万金，浼邑绅薛南溟君，相地于南郭外羊窑湾河畔，辟地十六亩，卜筑讲堂校舍，鸠工庀材，规模大启。自辛酉孟冬以迄壬戌岁杪，工始藏，而建筑之款不敷甚巨。高阳君又劝募称贷以继之。癸亥春，诸生徒始迁居受业。同人属余为记。余惟人心之所以不泯者，公而已矣；风俗之所以日厚者，孝而已矣。孟子曰"中也养不中，才也养不才"，"君子莫大乎与人为善"，言公之至也。又曰"谨庠序之教，申之以孝弟之义"，"人伦明于上，小民亲于下"，言孝之急也。古圣贤所以明德以新其民，力行以新其国，皆由是道也。苟教者常本此意以为教，学者常本此意以为学，又安往非大中至正之轨乎？然则斯校之设，于人心风俗或不无稍稍裨益矣。后之君子有能继起扩充，无背乎斯校之宗旨，不特秋荃君九京所深感，抑亦吾乡同志所引领企踵以竢之者也。至是役之成，捐资暨督工诸君，高风劳勚，均有足多者，并书姓氏于后，以劝来者。时在癸亥春正月，邑人唐文治谨撰。

（唐文治《无锡中学校舍落成记》）

按：将上引《无锡中学校大事记》及《无锡中学校舍落成记》两相参证，可知私立无锡中学羊腰湾新校舍于本年 10 月 15 日落成，至明年（1923 年）春学生迁入新校舍上学（"癸亥春诸生徒始迁居受业"）。又《无锡中学校大事记》亦记："（民国十二年）二月十六日开学，迁居羊腰湾之新校舍。"

10 月 16 日（八月二十六日）　北洋政府财政部复电先生，称"所需工款一百万元,为数甚巨。中央库储奇绌,实属无可腾挪,应请商由该省就地设法筹集"。

唐蔚芝先生鉴:齐电悉(齐电见十一日本报)。苏省海塘为沿海各区财赋保障,该绅筹议兴修工程,关系紧要。惟所需工款一百万元,为数甚巨。中央库储奇绌,实属无可腾挪,应请商由该省就地设法筹集,以重要工。除咨江苏省长查照办理外,特覆。财政部。铣印。

（《财部对于拨款筑塘之覆电》,见《申报》1922 年 10 月 18 日第 14 版）

按:在代日韵目中,"铣"为 16 日。

10 月 19 日(八月二十九日)　先生复北洋政府财政部电,再次恳请部中"迅商省长,筹借兴工,以免诿延"。同日,先生等接江苏省省长复电,称"已分令江南水利局,迅速择要勘估数目,会同财政厅暨各该管道尹,召集吴县等十四县官绅,在沪会议,筹定办法,从速兴办正工"。

太保塘工讨论会为请款筑塘事,曾于齐日分电府院部省各机关。嗣接财政部铣电,尚无切实办法,迭志本报。兹悉该会于皓日除电覆财部外,又接韩省长覆函,录之如后:

覆财政部电

北京财政部钧鉴:铣电奉悉。前清塘工成案,大修都用国库。此次工艰费巨,断非地方财力所能任,惟有仰恳大部,迅商省长,筹借兴工,以免诿延,致酿陆沉奇惨。唐文治等叩。皓。

接省长覆函

径覆者:顷奉齐电,敬悉一一。保山海塘危急情形,已经目睹,并已分令江南水利局,迅速择要勘估数目,会同财政厅暨各该管道尹,召集吴县等十四县官绅,在沪会议,筹定办法,从速兴办正工。届时敬希出席诸公,从长切实计议,是所企盼。特覆。此颂日祺。韩国钧敬启。

（《太宝塘工讨论会近讯》,见《申报》1922 年 11 月 22 日第 13 版）

按:在代日韵目中,"皓"为 19 日。

冬　编成《性理学大义》。

冬,编《性理学大义》成。定《周子》二卷、《程子》二卷、《张子》一卷、《洛学传授》一卷、《朱子》八卷。每卷各冠以叙文及传状,发明大义。篇中精要处,各加评语圈点。学者得此讲本,可窥性理学之门径矣。

（唐文治《茹经先生自订年谱·壬戌五十八岁》）

按:《性理学大义》有 1925 年刻本,后又作为《无锡国学专修学校丛书》之十三于 1936 年印行,见该两年事中。

本年 《南洋大学技击部十周纪念册》出版,先生作跋语。

右《南洋大学技击部十周纪念册》一卷将付印,部长华君寿奎暨编辑员费君福焘、邱君褚联,以余曾为此事之发起人也,来求余文。余观其书,信乎其进步之速,成绩之优也。方握管,客有笑于前者曰:"昔项羽学书不成,去学剑,曰:'剑,一人敌,不足学,当学万人敌。'夫技击之为术也,亦一人敌而已,充其能亦不过十数人、数十人之敌而已,岂足以当今之暴炮飞弹哉?又何以学为?且夫自欧战以后,武力主义已为世界所疾恶,是即所谓万人敌者,亦如孟子所谓善战者服上刑而已。况技击之末术,止足以为人民私斗之具者乎,曷足贵哉?"余曰:"不然。子徒怪其名,而未睹厥实也。夫国与天地,其国民必有发扬蹈厉之精神、勇敢振奋之气概,然后以之为工与商,而工与商之业盛;以之为士与农,而士与农之学进;夫然后其民足以自强,其国足以自存;夫然后其国可以免于干戈之患,而世界乃臻于和平。若夫举国之人皆萎靡不振,气息奄奄,怯于进取,百事坐废,不能与世界民族共谋世界之福利,促世界之进步,是之谓自弃。自弃者,人必取而代之。于是牵一发而全身皆动,争一国之利而全世界骚然矣,尚何和平之足云哉?然则欲求世界之和平,固莫若使各国之民族皆足以自强自卫矣。而提倡技击者,则正欲以吾国固有之体育良法,以使吾民族有发扬蹈厉之精神、勇敢振奋之气概,以求达其国内之安全,俾世界日臻于和平者也,岂为战争而设哉?子何所见之小也?西哲有言:'美丽之灵魂,必寄于美丽之身躯。'吾亦谓:'发愤有为之精神,必寄于发愤有为之体魄。'是余昔年所以提倡技击之意也。"客唯然而退。因书以寄诸君,并与同人共勉焉。蔚芝唐文治敬跋。

（唐文治《南洋大学技击部十周纪念册跋》,见《南洋大学技击部十周纪念册》卷末）

按:《南洋大学技击部十周纪念册》卷首有卢炳田、刘震南、李联珪（颂韩）三人所写之序,三序中皆叙及先生当年在南洋大学发起成立技击部、提倡技击运动之事。卢序云:"前校长唐蔚芝先生闻之,急起直追,遂于本校增设技击一科,且聘泰安技击家刘君教授,为海上各校之先河,迄今十有余年,成效渐著。"刘序云:"辛亥秋,应唐公蔚芝聘,来斯校教习技击,及门者多磊落英多之士,争自淬厉,蕲于大成。"李序云:"吾师唐茹经夫子来长南洋大学,患诸生之多文弱,又慨天下多故也,爰设拳术一科,延山东刘君震南为之师。刘君忠于任事,见义勇为,十载以来,成绩卓著。"录以备参。

1923 年(癸亥 民国十二年) 59 岁

1 月 13 日(壬戌年十一月二十七日) 先生致函谱弟曹元弼。函中叙及派馆生毕寿颐、唐兰到苏州面谒,请其于农历新年正月无锡国学专修馆开馆时,来馆讲授《仪礼》等诸经。

叔彦吾弟同年大人如手:前接颁侯来书,述知赴苏晋谒台端,辱承殷殷垂注,故人挚谊,忻感靡涯。比维道履增绥,式符心祝。

敬启者,方今礼教沦胥,天下滔滔,莫知所届,守先待后,一发千钧。敝馆创设以来,几及两载,学文习礼,均属切要之图。凤仰吾弟为当代礼学大儒,高山景行,莫不倾向。际此风云鸡鸣之会,胥赖名宿广衍绪余,俾后进奉为圭臬,庶传薪有自,不至瓠落。敝馆诸生不乏高才承学之士,谈经缺席,饥渴同深。兹特嘱毕生寿颐和唐生兰诣前代致悃忱,拟于明春正月开馆时,谨订吾弟屈临敝馆讲授《仪礼》诸经,以宏乐育。倘蒙俯允,惠然肯来,实于转移人心、风俗关系非浅。全馆幸甚,世道幸甚。余嘱毕、唐二生面陈。敬祈示复,无任感盼。专泐布悃,敬请道安。年如小兄唐文治顿首。十一月廿七日。

[虞万里、许超杰整理《唐文治致曹元弼书札编年校录》(书札之二)]

按:本年农历新年正月无锡国学专修馆开馆后,曹元弼似并未前来馆中授课,而是由先生派馆生七人到苏州从其学《仪礼》。事详后文。

1 月 22 日(壬戌年十二月初六日) 因无锡中学有 3 名学生忽染天花,经先生召集校务会议议决,于是日提前放假。

今冬天时亢旱,气候反常,以是易滋疾病。本邑发现喉痧、天花等症,殊属不少。日来无锡中学亦有学生三名忽染天花,病势虽轻,而全体学生惊惶异常,共议向校长要求提前放假,于明春开校时补考。遂由唐校长召集校务会议,议决准如所请。故该校已于昨日停课,学生纷纷回家,但于下学期放暑假,须迟十日以补此次提前时日云。

(《无锡中学提前放假》,见《无锡新报》1923 年 1 月 23 日第 3 版)

2 月 4 日(壬戌年十二月十九日) 先生等苏社同人致电北洋政府总统及国务院,拥护韩国钧继续担任江苏省省长。

苏社张季直等昨致府院电云：北京大总统、国务院钧鉴：苏省不造,议教冲突,报章腾载,谣诼繁兴。本属议教争潮,无端涉及省长,节外生枝,殊甚骇异。国家频年纷扰,统一未成。江苏当南北要冲,幸赖军民长官和衷共济,得维现状。韩省长莅任以来,尤能砥砺廉隅,孜孜求治,在中央固倚畀方殷,在地方更老成是赖。诚虑不根之言,淆惑听闻,用特公电陈明,俾息浮议,苏省幸甚,大局幸甚。张謇、段书云、唐文治、王清穆、汪瀛凤、黄以霖、袁希涛、费树蔚、沈恩孚、马士杰。支。

（《苏社同人拥护韩国钧电》,见《申报》1923 年 2 月 5 日第 13 版）

按：在代日韵目中,"支"为 4 日。

又按：本年 1 月 6 日,江苏省议会召开临时会议,通过了消减省立各校教育经费而增加议员公旅费的议案,引发了以省教育会为核心领导的江苏教育界与省议会的"议教之争"。在此过程中,因江苏省省长韩国钧站在省教育会一方,省议会联合江苏督军齐燮元,试图弹劾韩国钧,乃有上引先生等苏社同人支持韩国钧继续担任江苏省省长之通电。后因江苏各界一致支持韩国钧,罢韩之事遂告中辍。详参《清末民初江苏省教育会研究》第三章第二节之"教育会与议会：从议员加费到'议教之争'"。

又按：《申报》1923 年 2 月 19 日第 14 版《黎黄陂覆苏社同人电》载北洋政府大总统黎元洪复苏社同人电,云："韩省长治苏甚优,正事倚畀;悠悠之口,本不足凭。诸君皆苏省耆硕,出而主持清议,则莠言不能乱政矣。"

约 2 月初（约壬戌年十二月中旬）　因沪太长途汽车公司代理董事长洪锡范逝世,经董事会共举,先生仍任董事长,而以项兑仁为代理董事长。

沪太长途汽车通车以来,已逾一载,营业甚为发达。近董事长洪伯言于本月间逝世,经董事会公举,唐蔚芝接任董事长。唐君以不能常川在沪,托项惠卿、张伦卿代负责任,现已任事矣。

（《沪太汽车公司之继任董事》,见《申报》1923 年 2 月 7 日第 15 版）

通车不久,创办人、代理董事长洪伯言突患心脏病不幸逝世。由董事会决议推选我先父项惠卿为代理董事长兼经济董事。

（项仲川《江苏最早的一条民营公路——沪太长途汽车公司始末记》）

2 月（正月）　开馆上课。先生为学生讲授《周易》及《性理学大义》。（据唐文治《茹经先生自订年谱·癸亥五十九岁》）

3 月 14—16 日（正月二十七—二十九日）　苏社社员于苏州留园举行本年第四届常会并选举理事,先生仍被选为理事。（据《申报》1923 年 3 月 19 日第 10 版《苏社新

理事》及 3 月 20 日第 10 版《苏社年会选举理事之结果》）

3 月 18 日（二月初二日）　无锡国学专修馆馆生毕寿颐、蒋庭曜、唐兰、王蘧常、侯堮、吴其昌和白虚等七人奉先生之命到苏州从曹元弼学习《仪礼》。学期毕，王蘧常等人共同编成《礼经大义》数卷付刊。

叔彦吾弟同年大人如手：去腊钞奉读手教，藉稔起居纳福，德望铺荣，曷胜欣忭。

敝馆现已开学，诸生已陆续到齐。兹遣毕生寿颐、蒋生庭曜、唐生兰、王生蘧常、侯生堮、吴生其昌共六名，拟于出月初二日趋前执贽受教。该生等品行敦朴，尚可造就，绝无时下习气。惟祈进而教之，俾先圣不传之绪得以广昌，则兄与诸生感篆无穷矣……年如小兄唐文治顿首。正月廿七日。

〔虞万里、许超杰整理《唐文治致曹元弼书札编年校录》（书札之三）〕

叔彦吾弟同年大人如手：前布寸楮，计登签掌。兹遣毕生寿颐、蒋生庭曜、唐生兰、王生蘧常、侯生堮、吴生其昌六名趋前执贽受业，仰荷甄陶。该生等在馆已届二年，兄察其性情行谊，均笃实勤恳，可期深造。务祈吾弟切实教诲，不胜感叩。余嘱该生等面陈。专此，敬请道安。年如小兄唐文治顿首。二月初一日。

敬再启者：兹又有馆生白虚品诣笃实，向学情殷，亦为兄所器赏，遣其同来受业，务祈一并收录，以广栽成，尤所感叩。再请道安。文治再启。

〔虞万里、许超杰整理《唐文治致曹元弼书札编年校录》（书札之四）〕

按：毕寿颐、蒋庭曜、唐兰、王蘧常、侯堮、吴其昌和白虚等七人皆为无锡国学专修馆第一届学生。

我入馆之第三年，奉唐先生之命，与同学六人，每来复赴苏州，从曹元弼先生受《仪礼》。曹先生尝著《礼经校释》十余卷，清廷特授翰林院检讨，当时荣之。目短视，不能寸，又不御镜，阅书多，鼻常黑。语必文言，讲授时，旁征博引，尤称郑玄，必曰郑君。一席话，即一篇诂经文也。学期毕，我辈共成《礼经大义》数卷付刊，此为我服膺郑玄之始，尝刻一印曰"通德门私淑诸人"，于其遗文佚注皆有抄录，此时尚不知有袁钧辑本也。

（王蘧常《自述》）

按：《礼经大义》未见，据王运天《王蘧常教授学谱·王蘧常教授主要著作目录》，此书有无锡印书馆印本。又王欣夫《蛾术轩箧存善本书录》一书中载录有曹元弼撰、王欣夫辑《礼经大义》一卷一册，为王欣夫蛾术轩钞稿本。作者记此书的纂辑经过云："癸亥、甲子间，唐蔚芝先生于无锡创办国学专修馆，选高才生吴其昌、唐兰、王蘧常等七人月至苏城受教。退则各就口授笔录,但多匆促未审。自《丧服》至《特牲》五篇,始先自撰大义,以便讲诵。后乃续将《士冠》至《觐礼》十篇、《少牢》《有司》二篇,重加论次,合成完书,而自序之。由博返约,言简旨远,诚礼学之钤键也。殁后,检点遗稿,阙《士昏》《士相见》《乡饮酒》《少牢馈食》《有司彻》五篇,惧再佚散,亟缮写清本,以资世之考封建制度者。"据此,似根据曹元弼讲授《礼经》内容纂辑而成的《礼经大义》有两种:一为王蘧常等人纂辑,一为曹元弼撰、王欣夫辑。

　　毕业那年,校长唐文治派他(按:指蒋庭曜)和唐兰、王蘧常、吴其昌、侯堮、毕寿颐、白虚等七人去苏州曹叔彦处听讲学(每月两次),时称"复堂七子"。

　　　　　　　　　　　　　　　　　(蒋庭铨、蒋劭《蒋庭曜生平事略》)

　　唐先生办学,除注重通常之课堂教学外,还经常邀请校外专家来校讲学,保送优秀学生外出听课。国专初创时,曾保送王蘧常、唐兰、吴其昌等六人到苏州从曹元弼学习《仪礼》,后又增派了钱仲联。

　　　　　　　　　　　　　　(黄汉文《唐文治办国专与章太炎讲小学》)

　　按:上文"国专初创时,曾保送王蘧常、唐兰、吴其昌等六人到苏州从曹元弼学习《仪礼》","六人"应为"七人"。除上述七人外,后来先生又陆续增派其他学生去苏州从曹元弼学《仪礼》等经,详后。

3月25日(二月初九日)　沪太长途汽车公司于上海宁波旅沪同乡会召开第二次股东常会,先生仍被选为新一届理事。(据《申报》1923年3月26第14版《沪太长途汽车公司股东会纪》)

4月2日(二月十七日)　因交通部南洋大学发生"驱卢学潮",时任校长卢炳田开除九名学生,该校学生会派茅以新携交通部南洋大学465名学生签名之信函,至无锡面谒先生,寻求声援帮助。

　　南洋大学驱卢风潮,自经签名表决后,情势益显。卢虽分函各生家属子弟取消签名,惟本埠学生家长如穆藕初等,亦不直卢所为,昨日曾有一函质问。至学生方面,曾函请前校长唐蔚芝帮助。兹悉该函系由茅以新赴锡之便,携去面呈,并备咨询一切。

　　　　　　　　　　(《南洋学潮之昨讯》,见《申报》1923年4月4日第14版)

　　与唐蔚芝接洽情形

　　调查员与同学会之致部电南洋学潮迄未解决,该校学生会以前校长唐蔚芝,于校务素甚关心,特缮就书函一件,托茅以新赴锡之便,面呈唐君。茅君当于本月二日前往无锡,赴唐私宅,当蒙接见。茅即将来意陈说,并报告卢氏现出布告,开除学生九人。唐因询为何九人,当据以告:为电机科四年级二人,电机科三年一人,专科二年三人,中学四年二人,中学三年一人。唐即谓四年级诸生只余二月即届毕业,未免太觉可惜。茅又谓现学生与卢氏,双方皆趋极端,交通部又只凭一面之词;调查员刘成志,亦只徇卢氏一人意见,似此解决殊非易事。唐答云:校事又有纷扰,殊非学校之福。卢氏开除学生,未免太过。鄙人近来目疾加亟,至于校事,鄙人昔日尚有董事之名;今董事已不存在,故有爱莫能助之苦衷。然鄙人以为学生方面所争之董事会,恐将来有得不偿失之虞。校长由董会选举一节,恐部中终难认可也。望回沪时,对于此点再加考虑。前闻卢氏有电,谓张贡九率领少数学生,包围私宅,此语殊为诡异,鄙人深信张贡九先生当不至此。现如张氏去校,校中无线电一门,必无人管理矣,是则至可惋惜云云。

(《南洋大学学潮昨讯》,见《申报》1923 年 4 月 5 日第 14 版)

按:《南洋潮》1923 年第 1 期载《与唐蔚芝接洽情形》,内容与上文相同。

敬启者:久违教诲,倍切贤思,仰止之怀,与时俱进。迩来风和日暖,想福体康胜为祝。生等负笈他乡,束身自爱,原期学有心得,为国宣劳,不欲校中再起风波,重贻长者所诟病。乃本校自改组以来,校事日非,校誉日落,又有不能再事缄默者,谨为我公一详陈之:

溯自卢炳田先生来长斯校,半年以来,无一毫之建设,而堂高帘远,以致百弊丛生。其推翻教务会议,措施乖方者一;不经考试,滥收学生,破坏校章者二;日睡过午,清议沸腾,不孚众望者三;植党糜款,挑拨是非,贻误青年者四;名师则招忌,俊士则不容,革职开除,大作威福者五;视学校如衙舍,视校长为差缺,不学无术,不识大体者六。教职员五十六人,通电警告于前;学生全体三分之二,签名去卢于后。乃不知进退,仍谋恋栈。斯人不去,学校之糜烂将不堪设想矣。然而卢先生之来,非董会所产生之校长也。卢先生之罪状既如此,且为董会之障碍物,众既认明障碍,必先铲除,卢氏必去无疑。而根本解决,端在速组董会,选举校长,以安目前多士之心,以奠学校百年之计。我公与本校关系极深,爱校之心素笃。谨此奉闻,务乞电部力争,与以相当之援助,不胜感激待命之至。南洋大学学生杨立惠等四百六十五人同上。

(《四月二日致无锡唐蔚芝先生函》,见《南洋潮》1923 年第 1 期)

按:本书 1922 年事中曾叙及,因"董事会风波"而罢课的交通大学沪校学生,已于上年 6 月 20 日复课,但这场风波仍在继续。在风波中,先后被交通部任命为交通大学校长的关赓麟、雷光宇又很快离职。据《三个世纪的跨越——从南洋公学到上海交通大学》一书载,1922 年 8 月,"交通部再派外交界人士卢炳田为校长,学生会仍以董事会问题没有解决,不依不饶,拒绝承认。卢炳田乘暑假未结束前学生较少时到校办公。等到9月开学后,返校的学生们见卢已到校就职,木已成舟,就只承认他是学校负责人,而不承认他是正式校长。卢炳田上任初始,还能够努力任事,明确职责,教职员及学生还能满意。及至次年春开学,卢炳田因招收华侨学生一事与张廷金发生矛盾,解除了张廷金教务长职。此举遭到教职员的联名抵制。学生们发现卢炳田违背校章私自招生,不善于团结教职员多数,认为这是交通部指派校长的弊端,于是将搁置半年多的董事会问题重新提出,爆发了一场'驱卢学潮'。"1923年3月31日,卢炳田签发《通告》,为惩办此次风潮的首要分子,将杨立惠、柴志明、胡瑞祥、钟兆琳、肖淑恩、赵柏成、范存忠、张江泉、范式正等九人一并开除。于是有交通大学学生会派茅以新至无锡面谒先生寻求声援帮助之事。

4月9日(二月二十四日) 四儿唐庆永聘媳钱瑞坤因病卒,先生作《亡聘媳钱氏瑞坤哀词》。

　　邑中王君子柳,名医也,壬戌夏月告余曰:"瑞坤病体颇怯弱,奈何?"逾数月,蔡生来告余:"瑞坤勤学,虽病困,不肯稍休,竟患失血症,冀其即痊。"余恐家严知,秘不敢告。癸亥新正,荣氏女学校长张婉芬女士来舍,与长媳庆棠谈瑞坤病状,家严亟发箧,钞旧方二,送钱氏宅,乃两函不得报,余知其病之益深也。越月,凶问骤至,伤哉! 瑞坤以戊申年八月十八日生,以癸亥年二月二十四卒,弱龄仅一十有六。余奉家严命,以成人礼刊入家谱,春秋祔祀。

　　　　(唐文治《亡聘媳钱氏瑞坤哀词》,见《茹经堂文集二编》卷九)

4月17日(三月初二日) 交通部南洋大学学生为学校董事会事,致函先生及黄炎培、袁希涛,请求援助。

　　敬启者:卢炳田不学无术,卑鄙无耻,实为学潮发生之因。生等奔走呼号,力争董会,乃本爱校之义。卢氏不察,倒行逆施,风潮初起时,彼即捏电交部,横加污蔑,不日被人利用,即日少数学生。推其用意,则在挑拨是非,淆乱听闻耳。迨至证据确实,阴谋揭破,彼不知耻,尚图狡赖。遂又收买败类,以为爪牙。种种劣迹,已见文电。继而交部派员刘成志到沪,调查学潮,未报真相,反电陆梦熊保荐卢氏,蛛丝马迹,别有原因。卢谋恋栈,遂亦活动。迩来教员多不到校,已呈有泪可挥,无书可读之象。卢不省悟,尚欲摒除异己,实有焦烂学校之意。生等忍无可忍,已于十四起全体罢课,有卢一日不去职,一日不罢休之决心。卢今(十七日)奉令入京,带有运动之嫌,一星期后仍要回沪。拥卢学生,十数人尚在校内,假冒人数,更迭造谣,发出函件,有流血不惜之言。学校前途,黑暗正多。然而大义所在,无所顾虑,士气凛凛,山岳动摇,旬日以来,

已寒奸人之胆。且光明与黑暗相争，终有水落石出之一日也。先生学界泰斗，
俊彦所归，正论所指，邪气立消，谗谱蔽明，同声致讨，实仰伏之。即祈电部撤
卢，以平目前之学潮，代促董会，而奠百年之大计，则学校幸甚，教育幸甚。敬
颂道安。交通部南洋大学学生杨立惠等四百八十三人（已过全体数三分之二）
同上。

（《四月十七日致唐蔚芝、黄任之、袁观澜三先生函》，见《南洋潮》1923 年第 2 期）
按：此函亦见《申报》1923 年 4 月 18 日《南洋大学消息》。

同日　交通部南洋大学学生代表曹丽顺、许广圻前往无锡，就学校董事会事拜
见先生，先生"对于同学，希望维持秩序，以公义为前提"。

南洋大学学生，于前日下午特开评议会，议决各案，分列如下：……三、派
代表会同同学会代表，同与唐蔚芝接洽。并举出曹丽顺、许广圻二人为代表。

（《南洋大学消息》，见《申报》1923 年 4 月 17 日第 14 版）

昨日，南洋大学学生因各方面接洽代表报告情形，特召集大会……次由赴
无锡代表曹丽顺、许广圻报告与唐蔚芝接洽情形。略谓：唐先生已了解学生
情形，并允助力。惟对于同学，希望维持秩序，以公义为前提。代表当将校中
安堵状况报告先生，先生甚慰，谓必尽力帮助云。

（《南洋大学大会纪事》，见《申报》1923 年 4 月 20 日第 14 版）
按：《南洋潮》1923 年第 2 期《纪事》中所载内容，与上文相同。
又按：交通部南洋大学的"驱卢学潮"，最终以本年 4 月下旬交通部将卢炳田
撤换、改派海军军官出身的陈杜衡为校长而告终。据《三个世纪的跨越——从南洋
公学到上海交通大学》一书载，这场"声势浩大的力争董事会风波持续了将近一年
的时间，学生先后两次罢课并派人赴京请愿，虽然他们所力争的董事会没能实现，
却迫使交通部在短短一年内连续更换了四任校长，并将沪校、唐校单独设置为大
学，减少对学校事务的行政干预"。

4 月 20 日（三月初五日）　先生致函谱弟曹元弼，请曹将其所著《孝经学》《礼
经校释》寄无锡国学专修馆，以用作课本。又告知馆生王蘧常等七人将于 4 月 29
日（三月十四日）再次去苏州向其学《仪礼》，且"希于《礼经》外，如《周易》《孝经》等
亦时锡教言，诏以大义"。

叔彦吾弟同年大人如手：前月诸生晋谒门墙，归述雅教，宏宣圣学，整饬
纲常，逖听之余，曷胜忉佩。昨又奉读华翰，藉谂起居迪吉，撰祉绥和，弥增
欣慰。

尊著《孝经学》《礼经校释》等如印就，寄下敝馆，当即用为课本。传经薪

火,实利赖之。该价若干,理当奉缴。至于不腆之敬,何足言赀,乃蒙齿及,固事拗谦,不惟兄私心有所不安,即诸生亦惶悚靡既矣。杏坛设教,不废束脩,矧此戋戋,务希弗却。承嘱一节,已转令诸生遵命改期,于十四日趋前领训,并希于《礼经》外,如《周易》《孝经》等亦时锡教言,诏以大义,俾兄亦藉聆绪言,得资进益,尤所盼祷。尊著《易郑注笺释》明年已可成书,阐四圣之精微,示后生以正轨,不朽盛业,企羡良深。敝刻十三经将次竣工,一俟杀青后,便当寄呈教正……年如小兄唐文治谨启。三月初五日。

〔虞万里、许超杰整理《唐文治致曹元弼书札编年校录》(书札之五)〕

5月10日(三月二十五日) 先生致函谱弟曹元弼,告知馆生王蘧常等七人将于5月20日(四月初五日)赴苏晋谒请益。

叔彦吾弟同年大人如手:日前七生回锡,带到尊赐《孝经学》八十三册。除兄谨领三册外,当即分颁各生诵读,俾知大本大原所在,孝弟之念油然自生,同深感泐。此次七生在苏城广购理学、经学诸书,每人各背负百数十册步行出阊门,亦一佳话也。吾弟讲授《礼经》大义,兄嘱诸生分任笔录,并问答语亦均录记,拟印出分饷全馆学生。惟未识有无脱漏之处,特将原稿寄奉,敬祈改正寄还,以便付印。《礼经校释》本馆需四五部已足,至《十三经文钞》再需一部。七生拟定于下月初五日赴苏晋谒请益,届时倘已印就,乞即面交带下为叩。临池倦倦,敬请著安。年如小兄唐文治顿首。三月廿五日。

〔虞万里、许超杰整理《唐文治致曹元弼书札编年校录》(书札之六)〕

5月16日(四月初一日) 孙女唐孝纯生,长子唐庆诒出。

夏四月,孙女孝纯生,庆诒出。

(唐文治《茹经先生自订年谱·癸亥五十九岁》)

民国十二年,二十六岁。农历四月一日,应儿生,取名孝纯。

(唐庆诒《忆往录》)

5月31日(四月十六日) 因中国驻外各使领馆经费欠解已及一年,先生致电北洋政府大总统、国务院、参议院、众议院、外交部、财政部,吁请"迅速设法,将旧欠解清,以维大局"。

上月三十一日唐文治通告各报馆云:鄙人昨发北京一电,文曰:北京大总统、国务院、参议院、众议院、外交部、财政部公鉴:报载我华驻外各使因经费欠解已及一年,纷纷辞职,均将下旗回国。似此大辱宗国,尚复成何事体?查从前外务部旧制,此项经费系由总税务司在关税及船钞罚款项下开支。应请规复旧章,作为特别经费,按期汇拨,决不得移作他用,并请知照总税务司,迅速设法将旧欠解清，以维大局。鄙人年来不敢与闻国事，惟此事辱及全国，不忍缄默不言。敬祈采择施行，中国幸甚。

　　　　　　　（《唐蔚芝请拨使领费》，见《申报》1923 年 6 月 3 日第 11 版）

按：上述内容又见《新无锡》1923 年 6 月 2 日之报道，题作《唐蔚芝先生关心国事》。

6 月 13 日（四月二十九日）　先生致函谱弟曹元弼，告以"诸生自被训诲，颇能领悟大义，每次无不欢欣鼓舞而返"。

　　叔彦吾弟同年大人有道：日前诸生回馆，备述起居佳胜，著祉迎厘，式符心祝。毕生并带到《十三经文钞》一部、《礼经校释》五部，又赠王慧言世弟《礼经校释》一部，至为欣感，慧言嘱为切实道谢。兹特缴还书价洋共七十元，由邮局汇票寄上，至祈察收为感。诸生自被训诲，颇能领悟大义，每次无不欢欣鼓舞而返。感荷教思，实无涯涘。专此布谢，敬请道安。年如小兄文治顿首。四月廿九日。

　　　　　　［虞万里、许超杰整理《唐文治致曹元弼书札编年校录》（书札之八）］

6 月 30 日（五月十七日）　交通部南洋大学举行本届学生毕业典礼暨盛宣怀、何嗣焜铜像揭幕典礼。先生长子唐庆诒代表先生到会，并作英文演说。

　　本埠南洋大学本届毕业典礼，曾柬请各界莅临观礼。昨日下午二时行礼……前校长唐文治君由其公子庆诒代表到会，作英文演说。着重三点：一、合作精神；二、建设精神；三、创始精神。其演说第三点最见精彩，谓我国学者皆丛集通都大邑，不愿深入内地作创始事业，实则创业最为可贵云。

　　　　　　（《南洋大学昨日两盛典纪》，见《申报》1923 年 7 月 1 日第 14 版）

6 月（五月）　编选刊印《无锡国学专修馆文集初编》，先由教员选择甲班两年、乙班一年之成绩较优者，再由先生厘定。

　　十二年六月，选印学生成绩初编。

　　　　　　　　　　（《无锡国学专修学校概况·大事记》）

　　选印《国学专修馆文集初编》，由教员选择甲班两年、乙班一年之成绩较优者，余为厘定之，著于篇。

　　　　　　　　（唐文治《茹经先生自订年谱·癸亥五十九岁》）

　　嗟乎，今天之丧斯文也久矣！其孰能振之？吾馆之设创者，为钱唐施君省之，继者为无锡孙君鹤卿暨京外诸同志，殚精竭力，成立于风雨鸡鸣之会。大江南北，学者踵至。日有讲，讲六艺也；月有课，课圣道也；年有核，核先生之学也。犹惧其或出于泥也，通经学、理学以究古今之奥坊；其或出于滞也，明史学、政治学以达外内之情。定期为文以验之,其果能服圣人之教与否也? 其果能载先王之道与否也? 于今二年矣。爰假教师朱君叔子、陈君柱尊、陆君景周,集其可观者若干文,著于此编,刻而问世,未知其进能以六艺之道,施于行乎否也? 未可知也;其能以《诗》《书》之教,为孝为忠,为专对,为使命,为文,为质也? 未可知也;其能以《春秋》之教,兴废继绝,诛乱臣贼子也? 未可知也;其能以《论语》《礼记》探道体之全、理礼之精也? 未可知也。然非圣人之言不敢言,先王之教不敢道,人心风俗之论,不敢著于编也。则此编也,固将继往圣而为言,开绝学而为文也。则此数十人之精神,或将有补人心风俗于万一与? 未敢知矣。

> (唐文治《无锡国学专修馆文集初编序》,见该书卷首;又见《茹经堂文集二编》卷五,题作《无锡国学专修馆文集甲编序》)

按:《无锡国学专修馆文集初编》,无锡国学专修馆发行,湘鄂印刷公司印刷,1923 年出版。全书共四册,书前有先生等序,正文按经学类、史学类、理学类、政治学类、杂著类、诗赋类次序,共收录文章及诗赋 147 篇,其中大部分为无锡国专第一班(甲班)学生作品,但也收录了少量第二班(乙班)学生的作品,这就是本书"凡例"中说的:"本馆乙班生,目下肄业,仅及一年,成绩不无可观,所有课艺,一并选录"。卷首标明"馆长唐蔚芝先生鉴定",每篇后有简短评语。本书"凡例"中又云:"此编之选,每课以前列三名为率,其有未尽惬意者则阙之。或有佳卷不止此数,则亦割爱,昭慎选也。"

7 月 3 日(五月二十日) 无锡中学行第一届毕业礼,先生未参加,由其子唐庆诒代表出席并报告办学情况。此前,先生曾举行全校学生作文竞赛,命题为《项羽论》。

六月,无锡中学行第一届毕业礼,毕业生仅七名。

> (唐文治《茹经先生自订年谱·癸亥五十九岁》)

(民国十二年七月)七月三日,行第一届毕业典礼,由教务主任唐君桐侯、校董蔡君兼三等亲莅给凭。计毕业者实科生朱家珍等七人。

> (《无锡中学校大事记》)

昨为南门外羊腰湾私立无锡中学校举行第一届毕业典礼之期。下午二时,振铃开会,到会来宾有省议员钱孙卿,教育会长侯保三,县视学秦颂硕,县二高小校长辛柏森,三科助理员蔡栽菡,女师范校长顾谷绥,前三师校长顾述之,女师教员顾谷同,扬名乡学委庄凤冈,浸会学校校长、西人强克生等男女数十人,校董、教员、各级学生二百余人,一堂济济下,首由校长唐蔚芝先生文郎庆诒君代表乃父报告：此次本校毕业生虽只七人，然皆学有根柢，惟探本穷源，造成此七个人材者，均出于高践四先生承先人之遗训，捐资创办，岁靡巨金，造福社会，吾人安得不钦仰？惟今日高君私资已濒于破产，吾人不得不更佩其公而忘私。次由教务主任唐桐侯宣布毕业生名单：一、朱家珍，二、杨树信，三、高宏度，四、郑运椿，五、曹耀祖，六、王传爵，七、许鸿达。次给凭。由教务主任唐桐侯唱名，校董蔡兼三君依毕业名次给凭。师生均行一鞠躬礼。次给奖，由训育主任陆季清唱名，三科助理蔡栽菡君依毕业名次给奖。师生均行一鞠躬礼。次教职员勉词，由校务主任高践四致词，大意谓：本校成立之功，大要分三部：地方士绅解囊相助，得以购地造屋，一也；唐校长任职三年，不取薪水，热心教育，诱掖不倦，二也；先君子遗有薄产，家继母能承先志，拨款兴学，三也。今者已届第一次毕业矣，谨以慎始谨终四字为毕业诸生勉（众鼓掌）。次经学教师江霄纬致词，大意谓：立身处世，以诚勤二字为本，诸生此次出校，无论服务何界，均不能离此二字，尤愿未毕业诸生亦本此意行之（众鼓掌）。次各级同学致颂词，三年级生杨君荫鸿代表同学致颂词，曰：前者高师云毕业生犹女子也，我辈自处于姊妹之列，于嫁女之妆奁则为品性，将来社会上愿彼等造极优良之名誉与永久之事业，尤愿诸君为后之来者造福。继由二年级生韦君焕章代表同学致颂词，云：今日为本校毕业生举行毕业大典之□□□□□□□□□□□□□□□□□□□□词，以勖诸君（原文甚长，不载）。继由一年级生□□□代表同学致颂，云：敝级在校，与毕业诸君相处时日最少，然与诸君朝夕切磋，已获益良多。同学致颂词毕，即由毕业生许宏达代表全体致谢词，略谓：今日为何日乎？我以为人皆曰某等毕业之日也，诸君子且将目某等为快乐日子，殊不知某等心理则非是。盖自今以往，将与诸同学离别。所望同学诸君对于某等离校以后，时加督责，某等幸甚。次来宾演说。先由侯保三君演说，略谓：今日诸君毕业矣，其乐可知。但我以为不是毕业，实是始业。因学无止境，无毕业之可言。然则何时可云毕业乎？曰盖棺论定，方能云毕。本校毕业者七人，依我主张，习法政者宜一人，习文学者宜两人，习科学者宜三人，习教育学者宜一人。因法政可充律师，文学可以做官，惟科学、教育学恐怕无人请教，然而又不能不学。学成后尤须以"恒苦"二字为座右之铭，方不负自幼求学之前功。不然到老无用也。谨以此为诸生颂（众鼓掌）。次由钱孙卿君演说，略谓：今日虽为无锡中学毕业，实为全县私立中学第一次之毕业。然而揆诸今日社会，完人甚少，用敢提出，为诸君子研究：学生在校时，有教师父兄之督责，所以学业可以优长；惟一入社会，即被环境恶浊空气所压迫，于是遂成不良份子。今日之教育家盛倡科学教育,中学生尤宜从科学上研究。甚愿毕业诸生此后于科学方面宜为科学家,不宜为科学者。即此两点,为简单的祝颂毕业诸生(众鼓掌)。次陈柱尊君演说,略谓:无锡中学创办已三年,有此成绩,足为锡地私立学校□□□□□□□□□□□□□□□身仕途,因今日之官僚,大都为从其之学生,一入不良的仕途,便将良好的学业与名誉付之度外。次摄影。次茶点。然后散会,时已六钟矣。

(《无锡中学毕业纪事》,见《新无锡》1923 年 7 月 4 日第 2 版)

1923 年,先生(按:指唐文治)举行全校作文竞赛,命题为《项羽论》。我当时为初二学生,竞赛揭晓,竟得第二名,获银质奖章一枚。先生在我文后加上评语,嘉励有加,并将原文揭示公布,深引为荣。

是年六月,旧制第一届学生毕业,毕业生仅七名。毕业典礼时,先生亲临主持,嗣由创办人高先生致词。高先生追述此校创业维艰,仔肩仍重,以致潸然泪下,听者无不动容。

(朱若溪《一代鸿儒,掌理私立无锡中学——追忆老教育家高阳、唐文治的一段事迹》)

按:上文云"毕业典礼时,先生(按:指唐文治)亲临主持",此回忆有误。上引《无锡中学毕业纪事》记载由其子唐庆诒代表出席并报告办学情况;又据《新无锡》1923 年 7 月 10 日《两中学之校长问题》一文载:"自本年入夏来,唐先生常为病魔所扰,致本月三日该校举行毕业礼时,且未出席。"

7 月 11 日(五月二十八日) 无锡中学放暑假。先生因体弱事烦,决计辞去校长职务。校主高阳见状,乃拟将学校归与无锡劝学所经办,并发布通告,辞退教职员,遣散各级学生。

主任高生践四、教务主任唐君桐侯均辞职。维时,余因体弱事烦,亦决计辞去。

(唐文治《茹经先生自订年谱·癸亥五十九岁》)

十一日,放暑假……校长唐蔚芝因精力不逮辞职。

(《无锡中学校大事记》)

南门外羊腰湾无锡中学,系邑人高践四君承有先君遗嘱捐资创办,开校三年,成绩卓著。本年暑假休业,已举行第一届之毕业礼式。揆其成绩之由来,悉系于校长唐蔚芝先生认真教诲以致之。最堪钦敬者,三年以来,未受一文俸给,以故同校诸君异常德之。惟自本年入夏来,唐先生常为病魔所扰,致本月三日该校行毕业礼时,且未出席。现闻唐先生对于下学期之校长一席,已决计辞去，未识继任者为何人也。

　　　　（《两中学之校长问题》，见《新无锡》1923 年 7 月 10 日第 2 版）

　　鄙人受邑人高君践四委托，承乏无锡中学名誉校长。兹因年力日衰，已向高君处辞退，决不再行预闻。此布。

　　　　　　　（《唐蔚芝广告》，见《新无锡》1923 年 7 月 12 日第 1 版）

　　南门外羊腰湾无锡中学，开办以来，业已三年，成绩优良，为本邑各私立中学之翘楚。校中设备，亦颇完善，就其置备之理化器械一项而论，据闻已足为江苏全省各私立中学之冠。新建校舍亦极为宏敞，除膳堂尚缺相当地方未曾建筑外，其余宿舍教室均极完备。该校唐校长近忽向创办人高践四君提出辞职，高君接函后，以唐君辞意甚决，知无可挽回，遂致函唐君，声明遵照去夏唐君所言，将该校归本县劝学所办理，并通告教职员、学生，声明暑假后该校如何办理，须俟劝学所定夺。玩索高君函中及通告语气，似于校中受有刺激，故无意继续办理。谈者以该校创设迄今，业有如许成绩，骤经此次变故，将来结果，必不易得良善，故均为惋惜。兹经详细调查，始知唐校长之辞职，暨高君之主张将该校归劝学所办理，其间实微有因果：该校唐校长就职之始，以体力衰弱，即与高君约明只任其名，校内事务，仍须高君负责办理。故该校编制与他校不同，校长之下，特设校务主任，由高君担任，此外更设教务主任、训育主任、庶务主任各一人，分掌校务。高君以沪上暨南商科大学尚兼有教职，不克常驻锡地，故校务实际由教务、训育、庶务三主任分别负责。近来唐君以该校教务方面虽极顶真，而训育方面则颇为废弛，因是微有不满，遂有辞职之说。旋高君亦察悉校中真相，知唐君之不可强留，遂拟将该校改组，辞去现任教务、训育二主任，自身亦卸去校务主任名目，而请侯保三君为校长。侯君以志在游历、不久拟赴欧为辞却之。往返磋商，历十余日未有结果，而高君于改组之意，日益坚决，但又苦无办法。迫得唐君具函辞职，乃决定将该校改归劝学所接办。惟高君虽宣布是项意旨，闻尚未与劝学所作如何之接洽云。

　　　（《无锡中学校长辞职续闻》，见《无锡新报》1923 年 7 月 13 日第 2 版）

7 月 23 日（六月初十日）　先生留任无锡中学校长一职。此前，因先生辞职，学生大为震动，叠开紧急会议，多方奔走挽留。感于学生之诚意，先生乃允复职。

　　学生钱宝钧、韦焕章、吴炜庠等来坚留数次，几至下泪。余曰："噫！余对于校务未能尽职，诸君感情乃如此厚也！"爰勉允留任。

　　　　　　　（唐文治《茹经先生自订年谱·癸亥五十九岁》）

　　校长唐君蔚芝因精力不逮辞职。学生大为震动，叠开紧急会议，三四次奔走号呼,再四挽留。唐校长慨然曰:"吾于诸君,教掖未能尽职,胡诸君恳款如是也?"因应留任,并请广西陈君柱尊为校务主任,校务遂定。

(《无锡中学校大事记》)

本邑南门外羊腰湾无锡中学,当暑假时,因种种问题上之误会,致有校长辞职、校主停办等不幸消息,其经过情形已志前报。近悉该校已议决续办。其经过手续,由于留校学生钱宝钧、本城学生师庆崧等数十人,遍发通告于各同学及家属,征求意见,并在校中开紧急会议,议决公推代表,往谒校董蔡兼三、前三师校长顾述之二君,请出任调停。蔡君等亦以该校开办以来,虽仅三载,而课程之严厉、教授之精良、成绩之优善,实为锡邑各中学之冠;且于去夏又捐资建筑新校舍,今岁又值第一届毕业,精神大为增进,而社会上之信用甚厚,就此停办,殊属可惜。即往高践四君处再三请愿,并述学生之旨趣。高以二君情词恳挚,乃决定继续进行,惟仍须恳请唐校长复职方可。蔡、顾二君返告学生,即由留校学生面谒唐校长,作恳切之挽留。而校长仍坚决不允复职,无有结果而出。回校后,乃开紧急会议,议决呈函唐校长,坚请复职,并函请蔡、顾二君协力相助,于昨日(二十二日)上午,始由校长唐先生召留校学生赴彼宅谈话,允予复职矣。

(《无锡中学续办之佳音》,见《新无锡》1923 年 7 月 23 日第 2、3 版)

先生复职后,与无锡中学校主高阳商定聘定教职员、组织学生自治会、组织校董会等下学年各种计划。

请陈生柱尊兼主任,并请堂弟静之名文寿为庶务主任。静之在北京就学时,向住余家,毕业于北京高等实业学校化学专科,为人极静细。

(唐文治《茹经先生自订年谱·癸亥五十九岁》)

南门外羊腰湾无锡中学,于本年暑假后发生种种波折,旋经蔡兼三、顾述之二君之奔走调停,始得风平浪静,继续开办。近自唐蔚芝先生慨允复职,校主高君践四已仍毅然进行,并与唐校长商定下学年之各种计划。兹经本社探录于下:

聘请教职员

自高践四君辞去校务主任后,该校主任一席迄未觅得相当人物。幸唐校长现已聘定国学专修馆教员陈柱尊君为校务主任。陈君博学多才,于国学尤富研究,曾毕业于南洋公学铁路科,游学东瀛,返国后任广西省立梧州中学校长,声誉卓著。嗣因省款缺乏,遂辞职来苏应国学专修馆之聘。平日陈君亦常往该校讲学,颇获学生之敬爱,此次允尽义务,洵属难能。闻唐校长与之商定,以振饬校风、注重国学并增进英文科学程度为宗旨。并聘唐静芝君任训育兼庶务职，黄玉儒君为国文教员，朱叔子君为历史教员，蔡经纬君为英文教员。唐君曾毕业于北京高等实业学校，尤精化学，历任北洋造币等厂技师，为人平和中正，谦恭有礼，此次应聘，实亦情不可却。余如黄君曾任蚕桑水产等校教师，朱君历任太仓中学主任，南洋公学、国学专修馆教师，均一时之选也。

组织学生自治会

本届留校学生某某等屡谒唐校长，均由唐君谆谆然谕以学校重在精神团结，望诸生互相督责等语。故留校学生欢欣鼓舞，于下学年开校时，拟发起组织学生自治会，藉以互相激励，庶品学兼进，而得达求学之真正目的云。

组织校董会

校主高君复以该校基础未周，殊非久远之计，故恳请吾邑德高望重之人，组织校董会，为一校行政最高机关，以臻于稳固之境。此外，拟由唐校长时时莅校，讲授经学、性理学，以涵育学生之德性。陈主任拟每星期合全体学生讲演一次，或常请名人演说，以增进学生之知识云。

（《下学年之无锡中学》，见《新无锡》1923 年 7 月 30 日第 2、3 版）

7 月 26 日(六月十三日)　无锡县知事在接到先生请求酌量补助无锡中学经费的公函后，以私人名义补助银六十元。

县知事赵雪岑君，前接无锡中学校校长唐君蔚芝公函，请酌量补助经费。昨日赵知事以私人名义补助银六十元，并函覆唐校长查照云。

（《补助无锡中学经费》，见《新无锡》1923 年 7 月 27 日第 2 版）

8 月初(六月中旬)　先生致函无锡各高等小学校长，凡愿投考无锡中学者，请将该生平日性情、品行、成绩开单报告，以备观察该生。

本邑南门外羊腰湾无锡中学，自校长唐蔚芝先生复职后，对于校务复行积极整顿。所聘教职员均极一时之选。一切事宜均照南洋公学办理。请定之训育兼庶务主任唐静芝先生于昨日由上海到锡，入校视事矣。该校留校学生特于昨日午后，在校内开茶话会，欢迎唐主任。唐君谈吐雅洁，沉静恬密，日后对于该校学生德性上涵养，定能臻于完美。

而唐校长本亦以品性为主，学问次之。所以与陈主任商定，以振饬校风，注重国学并英文、科学程度为宗旨，而于每届招考新生时，另有种种口试，及作修身一篇，以察学生之品性。是以投考者，虽学业能及格，而品行轻薄者，亦均落第也。现正届招考新生之时，唐校长特通函本邑各高等小学校校长，凡愿投考者，请将该生平日性情品行、学业成绩开单报告，以备观察该生平日对于修身如何云。兹将唐校长致本邑各高等小学校校长函录下：

某某校长先生大鉴：敬启者，无锡中学事。弟因鉴于校主及学生之至诚，力图整理，期臻完善。惟才力有限，精神短少，务祈随时指示，藉匡不逮，至深感盼。鄙意造就人才，品性为主，学问次之。目下正届招考新生之际，贵校声誉素著，倘有本届或从前毕业各生，有愿投考中学者，敬祈先生将平日性情品行、学业分数开单赐示，不胜感荷。往时弟办南洋公学，招考时所有路矿学校及南洋中学各校长，均先将投考学生学行开示。兹拟仿照办理，统祈不吝指教是幸。再，弟于各处高等小学情形及地址不甚熟悉，通信恐多疏漏，尚蒙彼此互相知照，尤感。

（《无锡中学近事纪》，见《新无锡》1923 年 8 月 3 日第 3 版）

8 月 10 日（六月二十八日） 晚，因太仓人、沪西张德与成衣店店主张阿金被诬为抢劫南汇蔡颂尧家盗犯，先受私刑，复被拘押。沪西商界联合会邀齐各会员讨论办法，先生作为太仓旅沪同乡会会长，派代表项尧仁到会参加。会上议决将以刑事向苏州高等检察厅具词起诉。

南汇蔡颂尧家被劫后，蔡诬良为盗，拘押之张阿金，经商号联名具保一事，昨午萧启明君由南汇返申报告后，群情愤慨。随开紧急会议，通知太仓同乡会沪西商会，联名电控省道上级官厅营救，以安善良。

又访函云：沪城西门关帝庙前张德与成衣店主张阿金，被侦探卫志高指为抢劫北蔡镇蔡颂尧家盗犯，将张拘获，先用私刑，送南汇县公署讯供不认，奉判收押。沪西商界联合会代抱不平，联名四十五家，具呈公禀，投护军使署及该公署为张剖白，张母张朱氏等亦投军署为子伸雪等情，曾纪本报。兹悉南汇县李知事又出传票，派警来沪，往传张阿金附近商家，如李兰亭、王竹春等，来署讯问。李、王同称，我等与张阿金虽非知交，然确知其为人诚实，所以愿甘具保，其并无作奸犯科之事。当堂奉谕，着回去候查明，于一星期内将张阿金开释可也。李等返申以来，一星期已过，仍未见动静，是以沪西商界联合会于前晚，假关帝庙邀齐各会员讨论办法。张阿金原籍太仓，故太仓同乡会会员项惠卿代表该会长唐文治亦到会参加，各会员佥谓张阿金果有不法行为，此时亦应宣布罪状，既不判决，足见张阿金并无觅盗之事，况近来外间传言，谓张身受刑伤，所以一时不能开释。照此情形，显见黑幕重重，若不揭破，小民冤沉海底。现在我等惟有公举代表，以刑事向苏州高等检察厅具词起诉。众皆赞成，议决签字而散。

（《沪商界营救张阿金》，见《申报》1923 年 8 月 12 日第 15 版）

按：《申报》8 月 13 日刊《太仓同乡会致南京之两电》，其二云："南京省长赐鉴：太仓旅沪同乡张阿金，被南汇远北市经董蔡颂尧诬良为盗，私用极刑，威逼送县羁押，群情愤激，已向高检厅声请移转管辖，恳请电达该厅提讯，秉公澈究，以伸冤抑。"

8 月 11 日（六月二十九日） 先生等苏、浙绅耆致电各省巡阅使、检阅使、总司令、督军、督理、省长、都统及北京江苏浙江同乡会，呼吁相关各方努力，维护江浙地方治安。

苏、浙两省绅耆，将有呼吁和平之通电发出，送志本报。兹悉该电已于昨日发出。其文如下：

各省巡阅使、检阅使、总司令、督军、督理、省长、都统均鉴：顷致南京齐督军、韩省长，杭州卢督办、张省长，龙华何护军使电文，曰"溯自辛亥以来，各省大半纷扰，惟吾江浙幸获安全，此皆两省军政长官爱护地方，以保境安民为己责，闾阎蒙福，有口皆碑。比以北方政变，道路流传，骎骎以江浙两省将牵入漩涡为虑。商民惶惑，几恐祸至无日。幸赖诸公坐镇雍容，郑重宣言，不渝保境安民之初志。商民额庆，倚若长城。惟时局一日不定，人心一日不安。险象环生，有触即发。江浙为东南繁盛之区，通商辐辏之地，只宜为国家培元气，讵可供政变之牺牲？诸公宏识济时，送承宣示于前，必能维持于后，辟除谣诼，泽被苍生，名垂青史，此则江浙两省人士所馨香祷祝者也。煦等伏处里闾，素不与闻政治，惟以事关桑梓安危，用敢沥诚奉达，伏祈赐教"等语。查江浙东南一隅之地，实国家命脉所关，中外人心胥所注重。保持国家全局，即不得不维护江浙治安。诸公远瞩高瞻，必能推爱国之热忱，为两省之屏障。民视民听，天实随之。敬再沥情呼吁，尚祈一致维持，两省人民，同蒙覆帱，不胜待命之至。冯煦、张謇、唐文治、段书云、黄以霖、仇继恒、魏家骅、邓邦述、高云麟、吴庆坻、朱祖谋、盛炳纬、徐宗溥、沈铭昌、张美翊、吴品珩叩。真。

又致北京江苏浙江同乡会文（列入前电全文）：特此奉达，诸公爱护桑梓，必荷赞同。尚祈一致维持，俾两省永保治安，无任企祷。

（《苏浙耆老呼吁和平之通电》，见《申报》1923 年 8 月 12 日第 13 版）

按：在代日韵目中，"真"为 11 日。

8 月 12 日（七月初一日） 先生等致电江苏省省长、财政厅厅长，请求将太宝塘工经费列入本年度国家预算。

南京省长、财长赐鉴：本省十二年度国家预算，未将太宝塘工经费列入，沿海居民，惶恐万状。倘至失修溃决，两县陆沉，何堪设想？特再沥情恳请照列，以保钧座信用，而全二十余万民命，感德无既。旅沪太仓同乡会唐文治等叩。文。

　　　　　　《太仓同乡会致南京之两电》，见《申报》1923 年 8 月 13 日第 13 版）

按： 在代日韵目中，"文"为 12 日。

8 月 13 日（七月初二日）　"浙江善后督办"卢永祥及浙江省省长张载阳复先生等电，称"保境安民，屡经申明此旨，祥等负维持地方之责，安危与共，休戚与同，敢不永矢初衷，以副诸公爱国及乡善邻协助之谊"。

　　苏浙耆老联名电致苏浙沪当道，呼吁和平，原电已志十二日本报。昨浙江卢、张已有覆电，其文如下：

　　冯梦华、张季直、唐蔚芝、段少沧、黄伯雨、仇涞之、魏梅生、邓孝先、高伯叔、吴子修、朱古微、盛薪传、徐博泉、沈冕士、张让三、吴佩葱诸先生鉴：真电奉悉。保境安民，屡经申明此旨，祥等负维持地方之责，安危与共，休戚与同，敢不永矢初衷，以副诸公爱国及乡善邻协助之谊。复念近载以来，政变纷乘，就浙而论，始终未入漩涡。盖佳兵不祥，民困益棘。惟以和平统一为职志，绝不忍使武力侵略之衅端发生于浙。拳拳之意，此则可郑重申明，与天下共见者也。专电缕陈，诸希鉴察。卢永祥、张载阳。元。

　　　　　　《浙沪当道矢志和平之覆电》，见《申报》1923 年 8 月 15 日第 13 版）

按： 在代日韵目中，"元"为 13 日。

8 月 14 日（七月初三日）　龙华护军使何丰林复先生等电，称"丰林自维职责，默察舆情，早经迭次宣言，抱定保境安民之旨。区区此心，维持松沪治安，即所以保全国家大局，重承敦勉，敢不惟力是视，冀为和平之保障"。

　　又何护军使覆冯梦华等快邮代电，云：

　　上海总商会转冯梦老、张季老、唐蔚老、段少老、高伯老、吴修老、朱古老、盛省老、黄伯雨先生、仇涞之先生、魏梅村先生、邓孝先生、徐辅泉先生、沈冕士先生、张让三先生、吴佩葱先生均鉴：真代电敬悉。诸公爱护桑梓，企望和平，语重心长，曷胜钦佩。年来时事多艰，政变迭起，凡我国人同深危惧。松沪居江浙两省之间，为东南繁盛之地，华洋杂处，中外具瞻，关系极为重要。丰林自维职责，默察舆情，早经迭次宣言，抱定保境安民之旨。区区此心，维持松沪治安，即所以保全国家大局，重承敦勉，敢不惟力是视，冀为和平之保障，息壤在彼，谨誓此言，敢布腹心。诸维亮察。何丰林。寒印。

　　　　　　《浙沪当道矢志和平之覆电》，见《申报》1923 年 8 月 15 日第 13 版）

按： 在代日韵目中，"寒"为 14 日。

8月15日(七月初四日)　先生致电江苏省长韩国钧及财政厅长,再次请求省厅将塘工经费补列预算。

太宝两邑公推唐文治、袁观澜、朱水澄、许九畴等十余人代表,到省请求省厅将塘工经费补列预算,昨由唐文治先电致南京,文云:

南京韩省长、严财厅长均鉴:太宝塘工经费未列预算,人民惶急,奔走号呼,公推文治等来省请愿。文治因目疾日剧,先请袁观老诸君晋谒面求,务恳俯念同乡数十万民命关系,照准补列。倘不得请,文治惟有力疾到省,亲自跪求。临电不胜迫切之至。唐文治叩。咸。

(《太宝代表晋省请列塘工费　唐蔚芝先发咸电呼吁》,见《申报》1923 年 8 月 17 日第 14 版)

按:在代日韵目中,"咸"为 15 日。

原具电呈人旅沪太仓同乡会唐文治等电呈,十二年度国家预算未将太宝塘工经费列入,请照列。

文电悉。江南塘工岁费,因本年度苏省国家预算不敷三百余万,致难列入。将来各县海塘仍在追起旧欠项下筹拨经费,随时兴修,断不致误,希即知照。此批。中华民国十二年八月十六日。江苏省长韩。

[《江苏省长公署批(第 3788 号)》,见《江苏省公报》1923 年第 3454 期]

按:《申报》1923 年 8 月 18 日第 13 版又有《纪太宝代表请求塘工经费事》一文,详记此事之经过:"太宝塘工经费漏列十二年度预算,两县士绅以此事关系两县人民生产利害至巨,群起力争。第见书面请求,未得结果。因双方联合推举唐文治、袁希涛、闻宗祥、朱治、许铭范、陆元苹、赵思复,带同节略赴宁,晋谒省长,已志前报。各代表离沪后,先赴锡至唐蔚芝处,拟偕唐氏同行。唐氏发言,谓海塘危险,余为京官时,已极注意。时隔二十年,其坍毁自必更甚。余苦目力不胜,幸请诸君先往。不济,余往跪求,务达目的。因先电达韩省长(电见昨报)。各代表抵宁后,于前日午前晋谒省长,面递节略。韩省长先谓预算困难,正在通盘筹划;塘工经费,本应列入,无如国家经费不敷甚巨,既承诸位代表竭诚请命,远道而来,应体察情形,照准列入。并谓十四县忙漕旧欠太多,应借重地方士绅方面协同严催。此项忙漕旧欠,拟同时加入预算。"

同日　江苏督军齐燮元、省长韩国钧复电先生等人,称"查苏省保境安民,宗旨坚定……兹承谆嘱,益当竭尽棉薄,以求贯彻宗旨"。

江浙耆老昨接南京齐督军、韩省长覆电云:上海成都路广仁里 1582 号冯梦华先生暨张季直先生、唐蔚芝先生、段少沧先生、黄伯雨先生、仇涞之先生、魏梅荪先生、朱古薇先生、盛薪传先生、徐博泉先生、沈冕士先生、张让三先生、吴佩璁[葱]先生均鉴：真电敬悉,热忱宏愿,敬佩良深。查苏省保境安民,宗旨坚定。本月复沪杭甬等处总商会鱼电,暨上月复沪总商会有、感等电,业就鄙意郑重声明,谅邀鉴及。兹承谆嘱,益当竭尽棉薄,以求贯彻宗旨,责任有归,地方至重,公谊所在,何可或渝。诸公当代耆贤,众流共仰,维桑敬止,流泽孔多,尚祈时锡箴言,藉匡不逮。临风引领,瞻企无量。齐燮元、韩国钧。删。

（《苏督长复江浙耆老电》,见《申报》1923 年 8 月 19 日第 13 版）

按：在代日韵目中,"删"为 15 日。

8 月中旬　先生等江浙士绅签订《江浙平和公约》。

《江浙平和公约》除由苏浙沪当局分别签字盖章外,绅商方面,亦由张一麐氏往返沪、宁、杭,分交各绅商一律签字。现已签齐,计苏省为冯梦华、张季直、唐蔚芝、段少沧、黄伯雨、仇莱[涞]之、沈信卿、张仲仁、袁观澜、张一鹏、黄任之、史量才、姚紫若、穆抒斋等,浙省为喻长霖、吴庆抵、高云麟、徐宗溥、沈金鉴、袁履登、盛竹书、方椒伯、虞洽卿、邬志豪、毛酉峰、徐建侯、李徵五、陶拙存、徐申如、王晓籁、章一山等数十人。闻各绅商刻又联合旅京江浙同乡孙慕韩、汪伯棠、钱干臣、王儒堂、王少山、胡馨吾、沈砚裔等,要求政府切实保障下列三项：（甲）江浙边境邻省所驻军队,迅令退回原防；（乙）在合法政府未成立以前,江浙军事长官,无更动之必要；（丙）江浙互助,应给予种种便利云。

（《江浙绅商签定平和公约》,见《申报》1923 年 8 月 23 日第 13 版）

按：据《清末民初江苏省教育会研究》载,1923 年 8 月 16 日,江浙和平协会成立；8 月 19 日,签订《江浙和平条约》。"继此之后,为稳固江浙局势,《皖浙和平公约》和《赣浙和平公约》也相继签订。此种公约虽然后来并未能阻止江浙战争的发生,但毕竟对于江浙地区的和平还是提供了一层保障,也对战事的爆发起到了一定的缓冲作用"。

8 月 23 日(七月十二日)　先生与高阳联名致函无锡中学拟聘之校董,邀请参加该校校董会成立大会。

南门外羊腰湾无锡中学校,为促进校务及刷新精神起见,特组织校董会。凡辅助校务及热心教育者,特请为校董。定于九月三日开成立大会,昨已通函各校董,请届时莅会。兹录其原函及《校董会组织纲要》如下：

敬启者,无锡中学开办以来,校董会迄未完全成立,至为抱歉。兹定于阳历九月三号(即阴历七月二十三日)午后二句钟在本校开成立大会。素仰先生热心教育，经验宏深，用敢奉屈先生附就本校校董，展时务请台驾惠临指教，不胜感盼。附拟简章一份送呈察阅，倘有应行增改之处，并乞赐示为感。弟唐文治、高阳同拜启。

校董会组织纲要：

一、定名。本会定名为无锡中学校董会。二、宗旨。巩固本校之基础，促进本校之发展，振刷本校之精神。三、组织。本会由校长及校主会同本校所敦请与函聘之校董组织之。四、资格。校董之资格，宜合于下列各项之一：（甲）有德行才识之绅士名誉素著者；（乙）有专门学识而热心教育者；（丙）以实力辅助本校者。五、责任。校董负实行本会之宗旨、督促校务之进行、通过本校之预算及决算之责。六、开会。第一次开会由校长召集之，推举本会会长后由会长召集之，报告本会状况，共策进行。七、时间。每年开会二次，在各学期开学之前由会长酌定开会日期。八、地点。开会地点以本校为宜，则校董与本校多所接近。九、附注：（一）本纲要有未尽善处，得随时修改之；（二）本纲要自议决日起为有效。

（《无锡中学组织校董会》，见《无锡新报》1923 年 8 月 24 日第 2 版）

8 月 28 日（七月十七日）　无锡中学招考新生。适值狂风大雨，先生亲临招考现场，讲解题旨。

本邑南门外羊腰湾无锡中学校，自校长唐蔚芝君复职后，对于校务，悉照前南洋公学办理。陈主任（柱尊）亦曾毕业于南洋公学，历任梧州中学校长，本为唐校长之高足，而于国学尤富研究，办事又属干练。训育主任唐静芝君，品敦学厚，对于学生之性情，自能融洽尽善。前日第一次招考新生时，适值狂风大雨，唐校长特亲临讲解题旨，高校主、陈主任、江唐陆章诸君亦均莅校襄助。投考学生于上午八时前一律到校。惟唐校长之宗旨，非仅于科学之能及格，须在于人品之静厚，是以另有口试及修身试题等，故录取者不过半数而已。惟学额未满，兹定于明日（卅一日）续招新生。闻近日报名者非常踊跃云。

此次唐校长复职，实感高校主及学生代表之诚意挽留，故对于学生代表，时赐箴言。前日，特令学生韦焕章、吴炜庠、高明等逐日到校长私宅，经唐君谆谆劝导，大致为修心立身金玉之言。并闻于开学后一星期，即莅校演讲心性学，以冀挽回人心云。

该校学生所组织之星期义务学校，已于前日休业。惟该校学生及智识开通之家长等屡次向主任要求，将本有之义务夜校从事扩充，俾于子弟不致荒废学业。而该校主任本属热心义务教育者，自然赞成。惟以经费问题，不克一时酌定,须待开学后得全体学生之赞同,再行着手进行云。

(《无锡中学新谈片》,见《新无锡》1923 年 8 月 30 日第 3 版)

8 月(七月)   先生编成《政治学大义》一书,编成后即用作无锡国学专修馆课本。

七月,编《政治学大义》成。余因中国政治学始自唐虞,传自洙泗,而向无专书。倘有外人询及,茫然无以对,深可愧也。爰编是书,分《奏疏》《公牍》《书函》《本论》凡四门,而《本论》十三篇,指陈近时利弊,尤为痛切,本学期即用作课本。

(唐文治《茹经先生自订年谱·癸亥五十九岁》)

按:据上引《茹经先生自订年谱》,《政治学大义》编成后即用作无锡国学专修馆学生的课本。但此书后来未正式刊行,仅其中的《本论》13 篇,即《不忍人之政论》三篇、《政本审六气论》一篇、《礼治法治论》二篇、《地方自治论》一篇、《学校论》一篇、《文化论》一篇、《选举论》一篇、《财政论》一篇、《兵政论》一篇、《表论》一篇,收入《茹经堂文集三编》卷二中。又,无锡国专第十五届学生崔龙后来采辑先生著述中"涉于政治学者",编成《唐茹经先生政治学》一书,于 1938 年 11 月由上海大东书局出版,全书分"政治学之渊源""服官时之政治学""致仕后之政治学""政治学可以救国论"四部分。

9 月 3 日(七月二十三日)   上午,无锡中学举行开校礼,先生等致训辞,"谆谆然勉学生作第一流人物,而其主旨,则为莫出乎礼"。下午,先生邀请各校董开校董会议。

本邑南门外羊腰湾无锡中学,自校事恢复后,定于昨日继续开校。到校学生已达一百二十余人。上午十时,行开校礼。先谒圣,继师生相见,末由校长、校务主任、校主等致训辞。均谆谆然勉学生作第一流人物。而其主旨则为莫出乎礼,盖以礼为秩序之本,而凡事非有序无成也。约十一时许,礼毕。下午,由校长邀请各校董开校董会议,到会者有孙鹤卿、钱孙卿、蒋仲怀、蔡兼三、孙醻香、顾心一、邓栽臣、张贡九暨唐校长、高校主等十人。陶丹翼、薛南溟、顾述之、侯保三、何叔明、薛育津等诸君因事未到。先由校长报告开会宗旨,继各校董公推唐校长为会长,高校主为校董,并通过校董会组织纲要。散会后,校长、校主偕各校董周览学舍。学生精神焕发,秩序井然。各校董皆啧啧称叹,希冀今后能永保开校时之新气象云。

(《无锡中学近纪事》,见《新无锡》1923 年 9 月 4 日第 2、3 版)

9 月 7 日(七月二十七日)   宝山公民赵正平等为海道测量局长许继祥拟将商

船学校旧有地亩，转变道契，售与洋商，群起反对，于 9 月 4 日发快邮代电与国务院、外交部总长顾维钧及江苏省省长韩国钧，请当道阻止。快邮代电中提及："吴淞旧商船学校，为张季直先生在前清光绪末年，向江督周馥报领炮台湾公地与渔业公司水产学校，同时规划创办，经前校长唐蔚芝先生，在宣统三年建设成立。"又云："近知张季直、唐蔚芝两先生已函请省长，将商船学校房地向海军部索回，饬令同济大学筹设商船一科。"

宝山公民赵正平等为海道测量局长许继祥拟将商船学校旧有地亩，转变道契，售与洋商，群起反对。昨发快邮代电，请当道阻止，其文如下：

北京国务院、外交部顾总长、南京韩省长钧鉴：吴淞旧商船学校，为张季直先生在前清光绪末年，向江督周馥报领炮台湾公地与渔业公司水产学校，同时规划创办，经前校长唐蔚芝先生，在宣统三年建设成立。公民等深望其日就发达，为我国造就航海人才，以备应用。民国初年因故停办，公民等实深惜之。然当时以海军部借用，为开办海军中学，其中尚与航海及国防有关，故未置喙。乃海军中学不久停办，校舍久空。后以同济医工学校收归我国自办，数年以来，校舍不敷，因而借用。公民等一则以国体有关，一则该校学术优长，成绩昭著，在淞设校，亦所赞同。乃去岁海军部以前曾借用之关系，向同济索得商船校舍半部，设立海道测量局。局长许继祥忽在本年二月间，□请海军部咨，由外交部饬令上海交涉公署清丈地亩，给与道契。公民等见报后，实不知其命意之所在。假令此地果为海军部有，则国有地不需契据，何需道契？况系借用商船学校旧址，何能给契？按之吴淞上海道契习惯，实洋商管业或抵押卖买之用，请给道契，居心何在？公民等恐交涉公署未知内容，漫为给与，发生他故，公推本邑绅士向交涉公署阻止二次。近知张季直、唐蔚芝两先生已函请省长，将商船学校房地向海军部索回，饬令同济大学筹设商船一科。公民等实表同情，应请速予照准。公民等又有陈者：商船学校基地，为前清道光二十二年中英鸦片战役，提督陈公化成殉难之地，国耻纪念，国人印之甚深，陈提督更为本邑人民所推重，万一该地竟辗转入于外商之手，则该局长许继祥必犯众怒，应请转告海军部，至为感激。宝山县公民金北堡、赵正平、印书畦、赵师复、王德昌、管城、金人鉴、张曾隆、李宗道、朱家俊、王庆镛、徐平浦、文贵、冯福声、龚如遂、林士魁、浦文全、金克溁、赵镛、王成、陈克明、王振威、袁仲丞、鲍尔亮、钱保艾、周应星、张镐等叩。阳。

（《船校地亩转变道契之反对》，见《申报》1923 年 9 月 9 日第 14 版）

按：在代日韵目中，"阳"为 7 日。

又按：上文中云张謇与先生"已函请省长，将商船学校房地，向海军部索回"，《新无锡》1923年10月19日有《唐蔚芝维持商船科》一文，亦叙及此事："无锡中学校长唐蔚芝先生，为创办吴淞同济大学之一份子（按该校系唐先生与张南通所合创）。上月唐先生曾接该校咨询意见之来函一通，其内容闻为增设商船一科，与上海测量局争执旧商船学校房地。最初，省教育会会员陆规亮以海道测量局局长许继祥，愿以借用之吴淞商船学校地产，请转华道契约，恐一经转契，内幕中难免转售情事，故于干事会开会时，提议设法制止。讨论结果，咸谓华会以来，国际贸易日益增进，若不从恢复商船学校，培养商船人才，不惟海外商业无从发展，即航海权亦全操于外人。淞校既有基地，不宜久任旷废，请表示见。闻唐先生业已转函省长，请为维持矣。"录以备参。

前请责令同济大学就吴淞商船学校旧址增办商船科一案，以商船旧校原由謇请领公地筹拨款项六万圆，会同唐君蔚芝另凑集银三万圆，合共九万圆，建成校舍。嗣因商船学校停办，辗转由同济大学借用后，复由海道测量局借用其一部分房屋，以致发生该校舍主权问题。

謇曾按之历史，证之事实，声明：商船学校，主也；海道测量局，客也。喧客夺主，公理所无。謇于该校舍为拨款建筑之人，似犹主中之主，应援浙省收回李绅厚祐捐建之益智中学校舍成例，即按吴淞商船学校房屋全部收回，拨归同济大学增办商船科之用；其海道测量局应另迁移在案。惟闻近又咨称"主权设为属于校，或属于局两问题，应听中央核办"等语，殊不知该校全部上为房屋、下为地基，其地基原属营产，先经齐督军复函，准拨同济，是地基主权之属同济，已无疑义。

至房屋为謇等所建，前以商船停办，同济大学仍是教育同类，今又添设商船科，更合初旨，因是愿以捐助。若海道测量，乃海军军事行政范围，有何相干？借已徇情，攘尤非理，岂容该局阑入？此或属于局之说，謇等所难以承认者也，特再申明该校舍主权之所属，相应函请察照，即予转咨海军部，迅令海道测量局迁移地点，腾还校舍；一面责令同济大学筹设商船科，切实进行。至深企盼！

［张謇《致省政府函》，见《张謇全集》三《函电（下）》］

9月8日（七月二十八日） 下午，先生向无锡中学学生演讲《国学之派别》及《国文分阴阳刚柔之道》。

本邑无锡中学教务主任陈柱尊君，兹与唐校长（蔚芝）、高校主（践四）议决，定于每星期六上午七时半至八时半，召集各学生演讲一次。昨日（八日）星期六举行第一次，讲题为《中学生研究国文之方法》，探源追本，详细讲解，诚可谓中学生研究国学之南针。下午由唐校长亲临演讲《国学之派别》及《国文分阴阳刚柔之道》，派别明晰，兴味淋漓。并再三嘱咐学生，国文以读为主。闻唐校长规定每月到校演讲二次，一次讲文学，一次讲心性学外，并常请名人来校演讲，以冀增进学生课外之智识，及养成高尚之人格云。

（《纪锡中之讲演声》，见《新无锡》1923 年 9 月 10 日第 2 版）

9 月 11 日(八月初一日) 先生致函谱弟曹元弼，告以馆生毕寿颐等人拟于 9 月 16 日(八月初六日)去苏州从其问学。

叔彦吾弟同年大人如手：久疏楮敬，驰系之切，彼此当复相同。前据毕生寿颐面述，前此叩谒讲座，适值道躬违和，勉为讲授。兄感纫之余，倍形歉疚。入秋来尊体谅已健康，金风初厉，务祈为道珍重，至深企祷。兹毕生寿颐等预拟初六日来前侍训，未敢造次，不识届时可否延见？敬祈赐复，以便饬遵，不胜感盼。专此，敬请道安。年如小兄唐文治顿首。八月一日。

［虞万里、许超杰整理《唐文治致曹元弼书札编年校录》(书札之十一)］

9 月 22 日(八月十二日) 下午，先生对无锡中学学生演讲《李华〈吊古战场文〉》。

南门外羊腰湾无锡中学校校长唐君蔚芝，因增进学生学业起见，每于二星期内，必亲自讲学一次。昨日下午一时半，唐君在该校大礼堂举行第二次演讲。学生听者有一百五十余人，题为《李华〈吊古战场文〉》，讲解甚属清晰，而唐君对于各学生之读法，尤为注意云。

（《锡中近事记》，见《新无锡》1923 年 9 月 23 日第 3 版）

9 月 30 日(八月二十日) 上午，先生于无锡中学召集全体学生举行国文大会。

南门外羊腰湾无锡中学校唐校长（蔚芝），特于昨日上午八时召集全校学生，在该校大礼堂举行国文大会，题为《原体》《说游》《梦游月宫记》《拟通告全国各学校振兴国文书》。以上四题，可以由学生自择其一云。

（《无锡中学新事业》，见《新无锡》1923 年 10 月 1 日第 3 版）

10 月 3 日(八月二十三日) 先生等太宝塘工讨论会成员再次致电江苏省省长韩国钧，敦促其将太仓、宝山塘工费列入预算。

太宝塘工讨论会唐蔚芝等，昨致韩省长一电云：

南京韩省长崇鉴：塘工款请列入国家预算一案，前奉函示，悉允照办，已令行财厅追列预算等因，传布之余，莫不额手相庆。乃近闻财厅仍未承列，始终以国家预算本年度不敷甚巨为词。窃念预算已不收支适合,所列之某款某项,试问有无新增,是否概视塘工为重要,在塘工经费早已确定为国家范围,当此残破堪危,又为当局所洞悉,苟念及沿海人民历年衣租食税财赋所由来,自当通盘筹划,言必顾行。《传》曰:"名不正则言不顺,言不顺则事不从。"文治等所持职志,以正名为先,义无反汗,亟恳令行财厅,务照原议列入,并请加注说明,此项太宝险工总额一百万元,自本年度起,匀分五年列支,俾昭大信,而莫沉灾。迫切待命。太宝塘工讨论会唐文治、袁希涛、许铭范、李中一、陆元萃、陆曾燕、王舜成、王钟璜、洪保婴、朱增元、金其源等叩。江。

（《塘工费列入预算之再电呈请》,见《申报》1923 年 10 月 7 日 14 版）

按：在代日韵目中,"江"为 3 日。

又按：《申报》1923 年 10 月 2 时日第 14 版载韩国钧复先生书,称"海塘工款,前经令厅追列,断无不列入之理"。又《申报》1924 年 1 月 15 日第 10 版载"韩省长昨准大仓、宝山绅民唐文治、袁希涛等来电,请将太宝海塘险工经费,继续列入国家预算"。

10 月 4 日(八月二十四日)　先生致函谱弟曹元弼,告以馆生毕寿颐等人拟于10 月 14 日(九月初五日)到苏州从其问学。

叔彦同年吾弟大人如手……闻大哥大人道体稍有不适,近已全愈,忻慰之至。十余年未见,每一念及,辄为神驰。毕生寿颐等遵属于九月初五到苏侍训,已传知之矣。临池惓惓,敬颂著安。年如小兄唐文治顿首。八月廿四日。

[虞万里、许超杰整理《唐文治致曹元弼书札编年校录》(书札之十三)]

10 月(九月)　先生派遣馆生王蘧常、唐兰、吴其昌、吴宝凌、戴恩溥等五人赴宝应刘启瑞家分抄清代学者王懋竑、朱泽沄的《朱集签注》,七日而成。回无锡后,先生又嘱王蘧常整理,厘为四卷,草创凡例,定名为《朱子全集校释》。

十二年十月,派遣高材生五人赴宝应钞《朱子全集校注》。

（《无锡国学专修学校概况·大事记》）

十月,命诸生编辑《朱子全集校释》。余尝闻宝应有王白田先生《朱子文集》注本,爰函属宝应刘生翰臣,代为访觅。旋得刘生复书,谓家藏有王白田、朱止泉两先生《朱集签注》,甲子完备,朱墨烂然;惟编纂不易,只可过临云云。余乃命馆生王蘧常、唐兰、吴其昌、吴宝凌、戴恩溥五人赴宝应刘家分钞,七日而蒇事。回锡后,复命王生蘧常悉心编纂,得十余万言,定名《朱子全集校释》云。诸生之自宝应归也,吴生宝凌赠余《朱止泉先生文集》四册,余细读之,见止泉先生论朱子于乙丑岁悟道后,专用力于"涵养须用敬,进学则在致知"二语，因之精义入神。阳明编《晚年定论》固非，然谓朱子胶于万物而不事涵养者，亦非也。乃知止泉先生于朱子之学，终身服膺，寝馈更胜于白田；且编有《朱子圣学考略》及《朱子分类文选》二书，尤为精密无伦。旋王生购得《分类文选》示余，刘生又访得《朱子圣学考略》，为之大快。

（唐文治《茹经先生自订年谱·癸亥五十九岁》）

按：《徐兆玮日记》中亦记有先生向友人询问有无《朱子圣学考略》一事。该日记于 1923 年 1 月 19 日中记："瞿良士十三日函云……前日接唐蔚之来函，询及有无《朱子圣学考》《诲人编》（乾隆时刊）两书。敝箧中无此书，不审尊处有否？"

又按：虞万里、许超杰整理《唐文治致曹元弼书札编年校录》中收录先生致曹元弼书札之十五，亦向曹询问有无《朱子圣学考略》等书："再，宝应朱止泉先生粹于朱子之学，著有《朱子圣学考略》《诲人编》两书，兄遍求不得，尊处如有弆藏，可否赐假一观，至感。倘苏地藏书家及书肆有此二书，亦乞示知，以便分别钞购也。"

文治于弱冠后好研经，壬辰服官后，始治朱子学。假镇洋先师王文贞公所临陆清献、吴竹如两公评点本读之，屡作屡辍，未有得也。癸亥秋，为馆生讲授《朱子文集》，如泛大海，茫无指南，深愧无以对先贤而益诸生，未尝不汗浃于背。一日，偶与浙江吴生其昌论及宝应王白田先生之学，实能深入朱子堂奥。吴生复曰："闻王先生有《朱子文集注》一书，未刊行，当在其乡，盍求之。"余偶忆《白田存稿》中记《朱子年谱》正讹，后有文集注尚未成书，先抄诸签帖稿之语。爰驰书宝应刘生翰臣，属代采访。旋得刘生报曰："文集注未之得，近获过录王先生手批大全本数十帙，朱墨圈乙殆遍，网罗散失尤详。而于晚年定论，辨之谆谆，大句细书，往往累数十百言，并间有陆稼书、朱止泉两先生语，复有所谓'龄按'云云者，疑即过录之人，莫详其姓氏爵里，或曰范姓，亦敝邑中学者也。"闻之大喜，即命宝应吴生宝凌，嘉兴唐生兰、王生蘧常，海宁吴生其昌，太仓戴生恩溥前往过抄，七日而蒇事。归而读之，精思抉微，如聆白田先生之謦欬，殆即所谓文集注之签稿欤？而朱止泉先生极毕生之精力，钻研朱子之书，至是而益显于世，两美必合，殆可谓人间之至宝已。爰复属王生蘧常，理而董之，厘为四卷，草创凡例，名曰校释。其圈点之不能阑入者，别作札记，附于后。

（唐文治《朱文公文集校释序》，见《茹经堂文集二编》卷五）

按：《朱子全集校释》编成后似未印行。王运天《王蘧常教授学谱》一书中的《王蘧常教授主要著作目录》中将《朱子全集校释》列为王蘧常"成书未付印"的著作，并云："据柳诒徵日记，南京国学图书馆有抄本。"

11月22日(十月十五日)　先生等江苏士绅代表19人,为继任淞沪警察厅长人选问题,致电江苏督军齐燮元、江苏省省长韩国钧及龙华护军使何丰林,希望双方从容商洽,"冀达双方满意之结果"。

苏绅张季直等十九人,为调停淞沪警厅长问题,特推代表向宁、沪两方面陈公意。昨先致沪、宁当道电云:

南京齐督军、韩省长,龙华何护军使均鉴:淞沪警厅易长问题,迄未解决,历时愈久,揣测愈多。当此人心不靖之时、金融恐慌之际,何堪重滋惶惑! 睿等以为警厅要职,慎选为宜。在军使谋应变之方,固心可共谅;在省长重职权之寄,亦事属当仁。苏省地方频年幸臻安谧,实赖长官和协,素有互让之精神;宜如何应付事机,当不难从容商洽。特推代表面陈公意,冀达双方满意之结果。谨电布臆,不尽所云。张睿、段书云、汪凤瀛、黄以霖、王清穆、唐文治、沈恩孚、仇继恒、魏家骅、张一麐、马士杰、袁希涛、邓邦述、史量才、方还、黄炎培、陈陶怡、钱崇固、卢殿虎。养。

(《淞沪警厅长问题之昨讯　苏绅推代表向双方调停》,见《申报》1923年11月23日第13版)

按:在代日韵目中,"养"为22日。

又按:《申报》1923年11月25日第13版载龙华护军使何丰林复先生等电,称:"此次徐故厅长于元日上午六时因伤出缺,当时淞沪人心异常震动。该厅部属倍形恐慌。丰林职守攸关,负有维持治安之责;况时值戒严,尤属不容诿卸。经立即令委陆荣簧接任斯职,并于是日清晨八时急电省长,请予加委。是丰林此种办法,不独镇慑地方,即手续亦毫无欠缺。区区苦心,想邀洞察。诸公惓念梓桑,关怀大局,至深钦佩。惟事具实在,众所共和,彼此同属因公,但求裨益地方,是非自有公论。此间自陆署厅长接任以来,群情翕服,人心大定,堪纾厪系,韩省长公忠亮达,素以地方为重,必能有以相谅也。"又《申报》1923年11月26日第13版载江苏督军齐燮元、江苏省省长韩国钧覆先生等电,称"沪警厅长申振刚,迄未接事,承示公推代表商洽,俾得满意结果。仁言利溥,倾佩莫名。除俟代表莅止面晤外,先此电覆,敬祈察照。"

又按:据《申报》1923年11月29日第13版《张一麐辞调停代表》一文载,为淞沪警察厅长继任问题,江苏士绅举张一麐为代表,于11月23日面见龙华护军使何丰林,调停此事,而终未果。张一麐乃于11月26日致电先生等,辞去调停代表一职。电文云:"漾日午前,麐以淞沪警察厅长事,诣见护军使疏解。大致谓《江浙和平公约》,鄙人为奔走之一分子,不愿以一厅长进退问题,牵动公约。至要求之限度,仅于陆、申两厅长先后之间,得一相当期限,使省长与护军使皆有互让之美德,而双方职权均无所伤。乃何使援引袁政府致郑前使之电令,以为淞沪范围以内,军使有完全监督之权,而置一切法律条例于不问。釐以调人本旨,但以疏解为目的,故舍法律而言事实,仍请军使设身处地,顾全省长职责,始终未蒙允许。最后釐谓:如因一机关之更迭而妨碍和平,请军使将我枪毙,以谢两省父老子弟,务求商一两全之策而退。釐人微言轻,关于代表一职,敢告不敏,仍祈公等设法进言,俾有双方圆满之结果。里门养疴,忧心如焚,惟公等实利图之。"

12 月 4 日(十月二十七日) 先生等邀请留美工科硕士、广西省立第三师范学校校长苏明藻来私立无锡中学作演讲。

本邑南门外羊腰湾无锡中学校,自本学期极力整顿以来,对于学术、道德,取双管齐下之旨。于本星期二,特由唐校长及主任陈柱尊,敦请留美工科硕士苏鉴惩来校演讲。苏君系广西人,自归国后,即任广西省立第三师范学校校长及全省工程局局长等职。其演说大旨,则为勉励勤学及秩序、诚实各事,约一时半之久,始已阐发精警,闻者莫不感动云。

（《无锡中学演讲记》,见《新无锡》1923 年 12 月 8 日第 3 版）

按:上文中的"本星期二",应为 12 月 4 日。

12 月 30 日(十一月二十三日)之前 无锡国专专修馆筹备第一届学生毕业典礼。毕业生先期练习演讲,并印行《无锡国学专修馆讲演集初编》。先生又与陆起商议设理学社,陆续捐资,选刻先儒遗集。

十二月,国学专修馆行第一届毕业礼。先期练习讲演,印《讲演集初编》。复招新生一班,与陆君勤之议设理学社,陆续捐资,选刻先儒遗集。

（唐文治《茹经先生自订年谱·癸亥五十九岁》）

太仓唐蔚芝先生寓锡有年,为教育界泰斗。前因鉴于我国国学日渐陵替,故特发起国学专修馆,于学官内开办,经费悉由本邑绅商捐资成立。授课三载,成绩殊佳。近悉甲班生修业期满,今岁可以毕业,故已订于十三年阳历元旦举行第一届毕业典礼,地点即在学官内明伦堂云。

又,本报特派某君,昨晤本届毕业生唐君景兰,叩以毕业后馆中对于毕业生之出身问题曾否顾及。唐君谓本定由校保送赴京各部办事,现因种种关系,此项希望恐成泡影云。

（《国学专修馆筹备毕业》,见《新无锡》1923 年 12 月 13 日第 3 版）

本邑学前街国学专修馆甲班毕业学生,定于本月三十、三十一两日下午一时,在明伦堂演讲国学精义。来年元旦,上午演讲,下午举行毕业礼。所有演讲文稿业已汇订成册,分寄各省。并闻该馆长唐蔚芝君,以本届毕业生于国学造诣极深,演讲乃表现个人之心得、发扬国学之光辉,故视此次毕业演讲极为郑重。已商同该馆董事施省之、孙鹤卿二君,邀请当代名流多人,参与盛典,届时必有一番热闹也。

（《国学专修馆毕业演讲》,见《新无锡》1923 年 12 月 29 日第 3 版）

按:《无锡国学专修馆讲演集初编》于 1923 年 12 月出版,无锡美文印刷公司印刷。是书卷首标明"馆长唐蔚芝先生鉴定",所收文章为:侯堮《高忠宪易学》,王蘧常、毕寿颐《诗经之社会进化观》,夏云庆《周礼教育行政》,唐兰《婚礼概论》,严济宽《春秋外交概略》,蒋庭曜《左氏传礼学概论》,丁儒侯《论语政治学》,蒋庭曜《孝经大义》,钱国瑞《孟子义利之辨》,毕寿颐、王蘧常《孟子之弭兵学说》,吴宝凌《读史记之研究法》,吴其昌《性理学概论》,王蘧常《宝应王白田、朱止泉两先生之朱子学》,吴其昌《朱子一元哲学》,陆吕年《人道教育》,唐兰《整理我国古代名学之方法》,俞汉忆《文学与道德之关系》,唐景升《读文法》。

12 月 30 日(十一月二十三日)　无锡国专第一届毕业生举行第一次演讲。演讲前,先由先生述开会宗旨。

国学专修馆昨天下午一时在学前明伦堂开演说会,到者秦执中及无锡中学音乐队队长等共二百余人。先由唐君文治述开会宗旨,词[嗣]后毕业生相继演说,至五时三十分散会。并定今日上午十时,该核[校]毕业生继续演讲,定明日(元旦日)举行毕业式云。

（《国学专修馆开会纪略》,见《西神日报》1923 年 12 月 31 日第 2 版）

学前街国学专修馆第一届毕业生昨在学宫明伦堂举行第一日演讲。下午一时开始演讲,秩序为陆吕年之《人道教育》、蒋庭曜之《左氏传礼学概论》、吴其昌之《性理学概论》、侯堮之《高忠宪易学》、毕寿颐之《孟子之弭兵学说》、俞汉忆之《文学与道德之关系》、唐兰之《昏礼概论》等,滔滔不绝,若决江河。学界诸君前往听讲者,颇为众多云。

[《国学专修馆演讲记(一)》,见《新无锡》1923 年 12 月 31 日第 3 版]

12 月 31 日(十一月二十四日)　无锡国专第一届毕业生举行第二次演讲,演讲由先生主席。

国学专修馆演讲大会之第二日,下午一时振铃继续开会,馆长唐蔚芝君主席。先由毕业生唐兰讲《整理我国古代名学之方法》,继后吴其昌讲《朱子一元哲学》,钱国瑞讲《孟子义利之辨》,唐景升讲《读国文法》,蒋庭曜讲《孝经大义》,严济宽讲《春秋外交概略》。参观者约有数百人。惟因天晚,吴宝凌之《读史记之研究法》不及演讲,待今日上午九时再续演讲云。

（《国学专修馆演讲大会续志》,见《西神日报》1924 年 1 月 1 日第 2 版）

昨为学前街国学专修馆第一届毕业生大演讲之第二日。首讲昨日未及演讲之《文学与道德之关系》（俞汉忆）,又《昏礼概论》（唐兰）;次续讲《整理我国古代名学之方法》（唐兰）、《朱子一元哲学》（吴其昌）、《孟子义利之辨》（钱国瑞）、《读文法》（唐景升）、《孝经大义》（蒋庭曜）、《春秋外交概略》（严济宽）、《读史记之研究法》（吴宝凌,此题因时晚,留下）。各种讲演,莫不挈纲提要,广博精深。来宾到者数百人,以本邑耆绅为尤多。成绩室分出版部、成绩部、私人著作部三种,四壁书画琳琅满目,美不胜收,参观者颇为满意云。

［《国学专修馆演讲记（二）》,见《新无锡》1924 年 1 月 1 日第 3 版］

按:《新无锡》又记 1924 年 1 月 1 日上午尚有三人演讲,分别是夏云庆《周礼教育行政》、丁儒侯《论语政治学》、毕寿颐《诗经之社会进化观》（新无锡所署只毕一人之名）。

冬　王庆祉来无锡访先生。

癸亥冬,君（按:指王庆祉）以山水来梁溪,过予庐,一见如故,命酒剧谈。酒酣,君袖出自订年谱、诗如干首示予。读其谱,文字古雅,诗亦有宋人风。予叹曰:“世衰道微,君轩冕淄尘,宁自放于山野者哉?”君狂喜,握手称知己。寻起舞,歌“大江东去”一阕,撅笛倚声,神响飞越,一座倾倒。余笑曰:“此桴亭先生所谓片刻羲黄也。”翌日别去。

（唐文治《王君受尹墓志铭》,见《茹经堂文集三编》卷八）

本年　太仓湖川乡遭水灾,先生与项尧仁及诸同乡亟谋救济。

余侨居沪上,癸亥岁,太仓湖川乡遭水灾,饥民嗷嗷鲜食,冻寒无衣褐。余与君（按:指项尧仁）暨诸同乡亟谋救济。君慨然自任,募巨资,分赴灾区散放。余赞君好善之笃,君喟然曰:“人所以吝于财者,为子孙计也,不知吾正为子孙计。盖子孙贤而多财,则损其智;愚而多财,则益其过。吾虽不学,亦尝闻教于儒者之林。吾多行一善,即为子孙多增一分产业。安敢聚财,以为子孙损智益过之资耶?”余笑曰:“君计良得。吾闻君言,其真阛阓中出类拔萃之彦乎!自古能聚能散者,惟陶朱公为著。然陶朱公于功名丕著之后,聚而复散,易也;君以寒畯起家,而能散财不惜,为子孙长虑顾后若此,其周且密,盖贤于陶朱公矣。”君笑谓不敢当。

（唐文治《项君惠卿家传》,见《茹经堂文集四编》卷七）

1924 年(甲子　民国十三年)　60 岁

1月1日(癸亥年十一月二十五日)　无锡国学专修馆举行第一班第一届学生毕业典礼。先生向与会者报告三年来之经过情形,并向学生颁发毕业文凭。私立无锡中学教职员率全体学生来参观毕业典礼。

学前街国学专修馆馆主施省之,馆长唐蔚芝,馆董孙鹤卿、杨翰西等诸先生,决定于十三年元旦举行第一班学生毕业典礼,特假学宫明伦堂为会场。下午一时,振铃开会。来宾到者,外埠有姚文敷、黄伯雨、张一麐、徐俪江、张一鹏、冯晓青、伍渭英、黄翊昌、钮元白、姚明辉、孙少云、刘雄夫、阮元衍、杨翼之、王永礼、邵桐卿等。本埠到者,有陶丹翼、周季梅、窦俊甫、王淇卿、冯蛰斋、王幼农、华艺珊、赵子新、蔡兼三、钱镜生、唐申伯、倪翔青、高映川、周廉生、杨经笙、刘书勋、秦执中、钱孙卿、杨仁山、嵇华庭、孙克明、辛柏森、邹同一、卫质文、冯云初、李逸民、戴晓孚、邓范青、王云轩、陈旧邨、王子柳、蒋遇春、陈谷岑、顾介生、龚笠如、华掌文、唐星海、施织孙、许少仙、吴干卿、杨石渔、杨砚耘、杨筱荔、史逸钦、顾述之、蔡和卿、邓敫若、蔡虎臣、顾谷绥、顾毓汶等三百余人。馆董孙鹤卿、杨翰西等亦列席,公推施、唐二君为主席。兹将开会秩序记录于下:

(一)开会。(二)奏乐。(三)馆长唐蔚芝先生报告三年来之经过情形。(四)馆主施省之先生报告,略谓:慨自圣学既衰,道德日替,近时学者盛倡文化改革之说,而经训大义,益暗而弗彰。迁流所及,伊于胡底。本馆之设,其宗旨专以发明我国数千年以来固有之学粹。自辛酉开办以迄今兹,凡三阅寒暑。诸同学类皆敦品能文,一洗时尚积习。甲班创于前,乙班踵于后。今春,唐馆长选刊二年课艺,早为都人士啧啧称道,成绩优美,实所忻慰。鄙人虽未能与诸同学时相讨论,而佳士莹声,远闻心许。他日进而益上,其成就更不可限量,可断言也。(五)馆董孙鹤卿君报告。略谓:本馆初设于惠山,继迁于学前。缔造经营者,为施君省之、唐君蔚芝,与邑中杨君翰西等。二三年来,造就国学子弟不少。孔教绵延一线之传,微本馆其谁属,微施、唐二先生其谁与归?(六)馆长唐蔚芝先生给凭,馆主施省之、馆董孙鹤卿两先生给奖。穆穆雍雍,秩序至为严肃。(七)音乐唱歌。歌毕,主席起谢无锡中学音乐、唱歌两部诸来宾。（八）来宾颂辞。（甲）财政厅长严孟繁君，由税务所长王幼农君代表致辞。（乙）淞沪护军使何茂如君，由军法科长陆达权君代表致辞。（丙）省长韩紫石君，由苏常道尹公署第一科科长兼机要秘书徐俪江君代表致辞。（丁）江海关监督姚文敷君亲致颂辞。（戊）教育厅长蒋竹庄君，由县知事冯蛰斋君代表颂辞。（己）苏常道尹蔡宝善君，由县知事冯蛰斋君代表致辞。（庚）县知事冯蛰斋君亲致颂辞。（辛）县教育局长蒋仲还君，由职员王静庵君代表致辞。（壬）无锡中学代表秦宝林君致颂辞。（癸）上海银行行长华艺珊君致辞。（九）同学颂辞。由乙班班长杨焱代表同班致颂辞。（十）毕业生谢辞。由唐兰代表全体致词。（十一）来宾演说。（子）黄伯雨先生致词。（丑）张仲仁先生致词。（寅）冯晓青先生致词。（卯）张云抟先生致词。（辰）杨翼之先生致词。（巳）姚明辉先生致词。（午）孙少云先生致词。（未）王星若先生致词。诸先生之演辞，大都为发扬国粹，端赖莘莘学子，将学成者，出以传人等语。就中以张云抟先生最为激切，如暮鼓晨钟，令人警醒。姚明辉先生最为滑稽，如东方曼倩，令人解颐。迨夫讲毕，即行闭会。随由施、唐、孙、杨四先生导各来宾，至尊经阁下参观成绩，然后款以茶点。男宾在尊经阁饭厅，女宾在尊经阁后读经室。茶点既毕，即行散会，时已灯火万家矣。

《国学专修馆毕业志盛》，见《新无锡》1924 年 1 月 2 日第 2 版）

（民国）十三年一月一日，教职员率全体学生参观国学专修馆第一届毕业典礼。该馆亦为唐校长所创办，多士济美，穆然见昔讲学之风，于此得嘤鸣之乐焉。

（《无锡中学校大事记》）

本届学生在馆学习期间，先生诱导他们各就性之所近，治专门之学。至毕业时，毕寿颐、唐兰、蒋庭曜、吴其昌、王蘧常等多位学生都撰有专门论著。

唐先生又诱使诸同学治学，各就性之所近。于是毕寿颐治《诗》与《文选》，唐兰治《说文解字》，蒋庭曜治前后《汉书》，吴其昌治宋儒五子外诸家年谱（毕业后，改治钟鼎甲骨文），我则治三代史。及毕业，皆裒然成巨帙。毕有《陈奂毛传疏补》《度万楼骈文稿》；唐有《说文唐氏注》；吴有宋儒杨时、罗从彦、李侗等年谱及《宋代理学史》；蒋则有《前后汉书引经考》；我则成《商史纪传志表》若干卷、《夏礼可征》二卷、《清代艺文志权舆》十六卷，时《清史稿》尚未问世也。毕业试分经、史、子、文四门，我于文作《太极赋》一千数百言，唐先生于陈先生评外加评云："融贯中西，包罗古今，前人未有也。"

（王蘧常《自述》）

本届学生中的唐兰、蒋庭曜、王蘧常、唐景升等人于毕业前后，先后被先生推荐到私立无锡中学任教。

及毕业,老师(按:指王蘧常)工作无下落,返里。据《自传》:"时徐世昌已下野,段祺瑞执政,顾维钧为内阁总理。唐先生电申徐世昌前议,顾维钧特提阁议,终被否决。当时国内各大报皆载之。同学皆丧气太息,惟我与唐兰以为大好事,否则将受人牵引矣。"是岁,秋冬之季,老师居家,忽得唐文治校长自无锡来信,云:无锡中学欲急聘一国文老师,命速往。这既惊且喜的消息,反而使他拿不定主意,因为以往去无锡系受学,此番去是教学生,能行吗?事隔一二日,父亲知道此事,厉色说:"唐校长之命,还犹豫甚么,快去。"就是这封信,便成老师从事教育工作之始。

(王运天《王蘧常教授学谱》)

第一届学生毕业时……王蘧常、唐景升、蒋庭曜被推荐到私立无锡中学任教。

(黄汉文《记唐文治先生》)

按:《无锡中学校大事记》于 1923 年中记:"九月三日开学……(聘)唐君立厂(兰)为国文教员,蒋君石渠(庭曜)为中史、修身教员。"至 1924 年 2 月,"唐君立厂辞,蒋君石渠兼",同年"十月六日开学……聘王君瑗仲(蘧常)为国文、修身教员,唐君尧夫(景升)为国文教员"。其中唐兰、蒋庭曜应是在毕业前即被聘到私立无锡中学任教。

约 1 月上旬(约癸亥年十二月)　先生由寒热小病,酿成伤寒积滞,肝胃病大作,后经医生诊治,转危为安。

叔彦吾弟同年大人如手:日前毕生等回锡,猥以兄卧病,殷殷垂注,情逾骨肉,感谢莫名。兄当初仅患寒热小病,不甚加意,照常上课,讵淹缠数天,酿成伤寒积滞,肝胃病大作,呕吐一昼夜,几至肝厥。幸请邓医迭次诊治,仰托鸿庇,得转危为安。迩来已能出门勉强上课,虽略觉气怯而精神逐渐复元,足慰隆注。兹检奉毕生等所记《聘礼》《公食大夫礼》《觐礼大义》三篇,敬祈鉴正。闻老弟时抱肝易上升之证,现在已否就瘥?至念。天气骤寒,诸希为道珍重。敬请著安。年如小兄唐文治顿首。

[虞万里、许超杰整理《唐文治致曹元弼书札编年校录》(书札之十六)]

按:此信未署日期。后一封"书札之十七"写于 1 月 9 日(癸亥年十二月初四日),则此信之写作日期当在 1 月 9 日之前,故暂定为"约 1 月上旬"。

1 月 10 日(癸亥年十二月初五日)　下午 3 时,无锡市议会在停顿十年后重新成立,于市公所内召开成立会,孙家复代表先生致颂词。(据《申报》1924 年 1 月 11 日

第 10 版《地方通信·无锡·市议会成立》）

1 月 11 日（癸亥年十二月初六日）　江苏省自治法会议组织法筹备会致函先生等，就制定江苏省会议组织法等征询先生等意见。

　　江苏省自治法会议组织法筹备会，昨（十一日）通告全省名儒耆硕，如南通张退庵、张啬庵，宿迁黄伯雨，崇明王丹揆，萧县段少沧，太仓唐蔚芝，如皋沙健庵，昆山方唯一，吴县张仲仁，武进孟莼生、陈颖孙，高邮马隽卿，江宁仇㳿之，吴江钱强斋，宝山袁观澜，上海李平书、姚子让、史量才、秦砚畦、莫子经、沈信卿、黄任之等，请一致赞助。函云：

　　敬启者，窃以国家多故，丧乱频仍，大典虽已告成，省宪迄未产出。欲蕲地方之安谧，端赖自治之权行。我苏近年以来，庶政泯棼，财源匮乏，外观时衅，风云之酝酿方酣；内轸民瘼，水火之呼号益亟。苟非尊崇法治，奚以共入坦途？本会有鉴于此，爰集合全省县议会，并联络省议会，及全省各法定职业团体，共同筹备，次第进行，俾期大法朝成，倒悬夕解，凭依公意，不参一介私心；考订成书，永定百年大计。先生梓桑人望，乡国耆英，片语足珍，万流仰镜，倘获南针之赐，庶无北辙之迷，非特本会同人之幸，抑亦全省同胞之福也。

　　　　（《省自治法筹备会通告耆硕》，见《申报》1924 年 1 月 12 日 12 版）

1 月 13 日（癸亥年十二月初八日）　先生邀请南洋大学教务长顾维精来私立无锡中学演说。

　　无锡中学自本学期以来，极注重演讲。昨日校长唐蔚芝与主任陈柱尊，敦请上海南洋大学教务长顾心一到校演说。首由陈主任介绍，略谓顾先生为最有名之留学生，为当今极有盛名之南高［洋］大学之教务长，校长唐先生之笔［高］弟，为鄙人之老同学，为本校之校董，其对于本校之感情，自不必赘述。顾先生品学之高深，亦不必鄙人再赞一辞，只代表本校全体鞠躬欢迎而已。言毕，顾君即登坛演讲，全体鼓掌如雷。顾君演题为《中学生最当注重之学问》，大意谓文字为一切学问之钥匙，中文方面有唐校长、陈主任之倡导，无庸再赘。至于英文，则当注（重）四部之练习，四部者，一耳，二口，三目，四手，此四者缺一不可。演讲时极力发挥，闻者人人感悟。约一时之久，乃散。

　　　　（《无锡中学请名人演讲》，见《苏民报》1924 年 1 月 14 日第 2 张第 1 版）

同日　先生致函友人徐兆玮，函中称"现办国学专修馆，全赖记忆力为诸生讲贯，藉以自娱，所冀国学种子散布略广，或于近今世道人心稍资辅助"。

　　（1924 年）1 月 28 日，癸亥十二月二十三日，天已开霁，寒威稍杀……唐蔚芝十七日函云：前阅报载，悉我兄以国事蜩螗，遄归虞麓。峻树风裁，翘企清晖,至深钦仰。弟蛰处龙山,目疾日深,现办国学专修馆,全赖记忆力为诸生讲贯,藉以自娱,所冀国学种子散布略广,或于近今世道人心稍资辅助。贵邑子弟先后来馆肄业者,如何葆恩、庞天爵、钱莘孙诸生,均属秀颖可造之才,良为可喜。弟并拟刻散乡陈确庵先生《周易传义合阐》,吾兄博洽多闻,文献所征,希随时见示,至盼。师郑久未通函,未知近状若何?殁夫、景之闻均作古,言念旧游,能无怅惘!瓶师著述闻亦零落,不稔尚可收集否?

(徐兆玮著,李向东、包岐峰、苏醒等标点《徐兆玮日记》)

1月25日(癸亥年十二月二十日) 先生致函谱弟曹元弼,请求允其加派馆生何葆恩、孙执中、王道中、黄希真、徐世城等五人去苏州向其问学。

叔彦同年吾弟大人有道:前布寸楮并《礼经大义》五册,计登签掌。

兹谨有渎者,毕生寿颐等屡侍绛帷,亲沾化雨,感戴靡涯。现在馆中乙班已升甲班,情殷向慕,均欲援例请求,以拊门墙为幸。兄当时以人数过多,且念道体时抱肝阳,岂可一再烦渎,曾一律峻拒。奈馆生中如何葆恩、孙执中、王道中、黄希真、徐世城五名慕道尤切,恳挚万分,兄怜其求学苦衷,不忍再拒,姑允转达。日来再四踌躇,此事未便搁置,不得不据情上闻。

倘蒙俯允,自不必特班讲授,可否候毕生等晋谒师座时,令该生等五名随同听讲。至《礼经大义》已讲过者,业经印发,令其自修足矣。左右教思无穷,可否允准之处,敬盼赐复,以便传知,企祷无任。临池悬悬,敬请道安。年如小兄唐文治顿首。腊月廿日。

[虞万里、许超杰整理《唐文治致曹元弼书札编年校录》(书札之十九)]

按:何葆恩、孙执中、王道中、黄希真、徐世城五人皆为无锡国学专修馆第二届学生。

2月2日(癸亥年十二月二十八日) 友人徐兆玮复函先生,称道其"乐育英才之心老而弥笃,南方文学赖以维持不坠"。

(1924年)2月2日,癸亥十二月二十八日,天气放晴,寒亦稍杀……复唐蔚之函云:辱承惠书,藉知近状。足下乐育英才之心老而弥笃,南方文学赖以维持不坠,此事自关世运,无俟下走之称述也。襄尝见昆山赵学南所刊道安先生遗著《离忧集》《从游集》及《顽潭诗话》,皆从缪氏《东仓书库》传录,知先生著述娄东旧家尚有藏弄者。今执事又搜刻经学一门,不知能次第征求付梓,如《桴亭遗书》之成为完帙否?今岁在宣南录得瞿忠宣公《周易程传》识语一帙,其书源出松禅师家,忠贤遗帙颇为珍惜。所痛笏斋、景之俱作古人,师门凌替,每过东城,辄为陨涕。足下眷念前尘,想亦当同声唱息也。师郑索米长安,颇有朔饥欲死之叹。惟诗兴大佳，几欲绳天真之武，未始非苦中得乐耳！

（徐兆玮著，李向东、包岐峰、苏醒等标点《徐兆玮日记》）

2 月（正月） 原吴淞商船学校校友向交通部呈请恢复母校，并推派代表面谒前经办人张謇及先生，请予赞助。

吴淞商船学校自民国三年因故停办，迄今尚未规复。前该校之毕业生，现在各商轮、交通部、水利局等职司，颇不乏人。屡思恢复母校，前年曾由该校校友会呈请交通部恢复，该部因财政拮据，未能批准。兹因同济中学及海道测量局为争执校产相持不下。该校毕业生等，以同济中学及海道测量局均居客位，而商船学校方为校产主人，在理均须各行迁让，归还船校。日前复由该校校友同人公呈交通部，请立予恢复商船学校，并转咨海军、教育两部，分行转令海道测量局及同济中学，速予迁让。又推派杨端乐面谒前创办人张季直、唐蔚芝，请予赞助云。

（《商船学校校友呈请恢复母校　要求归还校址》，见《申报》1924 年 2 月 11 日第 13 版）

3 月 4 日（正月二十九日） 先生致函谱弟曹元弼，告以再加派馆生蒋天枢、戴恩溥两人去苏州向其问学。

叔彦吾弟同年大人如手：客腊接奉环翰，元宵前又毕生来舍，陈述一切，藉稔履祉懋绥，著述宏富，式符心祝。

《丧服经传大义》兄已细读数过，佩仰无任，特再录呈鉴察。承谕诸生花朝日来前听讲。新旧两班胥归陶冶，益见教思无穷。所惜唐、吴两生分赴津、粤就事，旧班中已缺其二。至新班除何葆恩五人外，现有蒋天枢、戴恩溥二生向学真切，再四请求，兄亦不忍坚拒，可否恩师座一并收录。敬祈垂察赐复为感。

尊著《易笺》知已刊成，十二日乞交蒋生庭曜带下，尤所企盼。临池惓惓，敬请道安。年如小兄唐文治顿首。正月廿九日。

［虞万里、许超杰整理《唐文治致曹元弼书札编年校录》（书札之二十）］

旋余复为（戴恩溥）绍介受业苏州曹叔彦先生肄业，习士礼。

（唐文治《戴惠苍哀辞》，见《茹经堂文集三编》卷八）

按：蒋天枢、戴恩溥亦皆为无锡国学专修馆第二届学生。

3 月 15 日（二月十一日） 先生致函谱弟曹元弼，告以将令国学专修馆新甲班王道中等七人去苏州向其问学。

叔彦吾弟同年大人著席：前肃寸笺，计登签掌。比维道履增绥，翘祝无量。

十二日毕、蒋诸生叩谒师座,即令本馆新甲班王道中等七人随同来前受业。该生等学行素称笃实,一经大匠之门,得奉圭臬,他日必有成就,足为传薪之助。兹谨开具名单,送呈左右,敬祈赐予收录,至深感幸。余属毕、蒋二生面禀。不尽缕缕,敬请道安。年如小兄唐文治顿首。二月十一日。

[虞万里、许超杰整理《唐文治致曹元弼书札编年校录》(书札之二十一)]

3月20日(二月十六日) 无锡县知事冯祖培奉江苏督军、省长训令,具函先生,请其撰写《泰伯庙考》。

县知事冯蛰斋前奉南京督军、省长训令,为《泰伯庙考》,应由县敦聘唐蔚芝先生担任撰述,以昭郑重。昨特具函唐先生云:

案奉督军、省长训令,内开"前准省议员钱基厚函称云云(原函曾载本报)。准此。查泰伯庙自有清以来,既经列入祀典,自应照旧规复,每届春秋,由地方官亲诣致祭,以崇至德。至庙考一节,并应由县敦聘唐蔚芝先生担任撰述,以昭郑重。除函复外,合行令仰该知事即便查照遵办具报,此令"等因。奉此,相应专函敦聘,务请先生担任撰述《泰伯庙考》,以昭郑重而垂久远,毋任感盼。

(《请唐蔚芝撰泰伯庙考》,见《苏民报》1924年3月21日)

按: 先生是否应其请而撰成《泰伯庙考》,未详。

3月27日(二月二十三日) 先生等太宝塘工讨论会委员致电江苏省省长、省财政厅长及太仓、宝山两县知县,请求于两县认解忙漕等款内,截拨经费,用于海塘险工。

昨日太宝塘工讨论会在沪会议,到者袁观澜、朱恺俦、许九畴、鲍梅溪(王秬玉代表)、陆紫云、洪镜平、金巨山,议决本年塘工经费,电请省长及财厅令饬太宝两县就近截拨,并函达两县知事请其协助。其致两县知事函云:太宝海塘,开工在即,需款甚亟,兹由本会电陈省署、财厅,请于太宝两县认解忙漕等款内,陆续截拨。兹特抄电奉阅,敬乞体念两县塘工,关系民命财产,务乞鼎力协助,就认解款内尽先留拨,以济要需。

(附致省厅电)南京韩省长、严厅长均鉴:太宝海塘险工,续经估修,即日开工,需款急迫。乞速令行太宝两县,在认解忙漕等款内,就近陆续截拨,俾免悬工待款,致有霉汛出险之虞,地方幸甚。太宝塘工讨论会委员唐文治、袁希涛等。感。

(《太宝塘工会请截拨经费 太宝海塘险工即日开工》,见《申报》1924年3月27日第13版)

按: 在代日韵目中,"感"为27日。

3 月 29 日(二月二十五日)　发布大总统指令,批准教育部呈请,因先生等"立学尊经、有功文化",给予先生教育部一等奖章,给予孙鹤卿、杨翰西教育部二等奖章。

为苏绅立学尊经,有功文化,拟请分别给予本部奖章,以示奖励事:窃案查前准江苏督军、省长会咨"案据无锡知县呈称'属县自东林讲学以来,士风丕变,迄今二百余年。继其后者,惟唐绅文治之创设国学专修馆,足以辉映。其课程分经义、字学、文法、修身、算术、诗歌、体操等门,一时莘莘学子,登门求教者尝数十人。而孙绅鸣圻、杨绅寿楣,于此时间规复尊经阁,以为之助,尤为难得。考邑志载,无锡尊经阁为有明成化间府同知谢庭柱所建,为邦人士钩稽故训、精研文字之所。清咸丰庚申毁于兵燹,废而莫举者已六十年。两绅独能捐巨资万余元,以修复之,并请唐绅移设国学专修馆于新建尊经阁之下。而唐绅复捐储其所著《十三经读本》版籍于其上,洵可谓相得益彰。查唐绅德邵望重,久为士林模范;孙、杨二绅亦邑之贤者。今则设馆讲学,建阁尊经,同为有功治化。是以不揣冒昧,撮叙事实,呈请鉴核,准予转呈,从优颁给勋章'等情。查该绅等创修国学,尊经风世,洵属有功国家,允宜特请奖励,相应咨请察核办理"等因到部。当以该绅唐文治等从前曾否受有勋章,是何种类等级,原咨未予叙明,无从核议。经即咨请江苏督军、省长饬县查取该绅等详细履历去后。兹准饬据查复,会咨前来。按其履历:唐绅文治曾经受有二等宝光、嘉禾章,孙绅鸣圻、杨绅寿楣均经受有四等嘉禾章,各在案。现查该绅等或则创设国学专修馆,以宏造就;或则规复尊经阁,以存古迹,均属热心教育,有功文化。惟原请分别晋给勋章一节,现在颁给勋章,业经停止,自应变通办理,分别改给本部奖章:唐文治一员,拟请给予本部一等奖章,孙鸣圻、杨寿楣二员,拟请给予本部二等奖章,以示优异,而资鼓舞。理合循例呈明,敬乞鉴核训示施行。谨呈。十三年三月二十九日。

(《教育部呈大总统:为苏绅唐文治等立学尊经,有功文化,拟请分别给予本部奖章文》,见《政府公报》1924 年第 2918 期,又见《教育公报》1924 年第 11 期)

令教育总长张国淦:

呈苏绅唐文治等立学尊经、有功文化,拟请分别给予本部奖章由。

呈悉。准如所拟给奖,此令。民国十三年三月二十九日。

[《大总统指令(第 562 号)》,见《政府公报》1924 年第 2882 期]

3 月 30 日(二月二十六日)　沪太长途汽车公司借上海宁波同乡会召开第四次股东常会,由董事项尧仁代表先生(时任该公司董事长)报告开会宗旨等。(据《申报》1924 年 4 月 1 日第 19 版《沪太汽车公司开股东会》)

4月2日（二月二十九日） 先生岳母胡藥珍卒。卒后,先生以岳母生前节衣缩食所积之百余金,又益以百金,修理外祖父母坟墓,建筑蝴蝶墙门。

二月,黄氏岳母病殁于余家。岳母为先妣胞妹,德性温良。去年七月病寒热,淹缠不止,遂不起。遗款洋百元,平时所积存也。疾革时,命余以此款修理外祖父坟墓,建筑蝴蝶墙门。且曰:"汝母若在,必极赞成。款有不敷,汝当助成之。"其孝思如此。没后,余追忆先妣,哭之恸。内弟玉儒偕内子伏枢回太仓。

（唐文治《茹经先生自订年谱·甲子六十岁》）

外姑黄太夫人,文治之姨母也。病且殁,吾妇流涕谓文治曰:"吾母病革,恐不起矣!顾母有心事,向狷介,不以告人。今殁后恐将付诸东流,愿子有以赞助之也。"文治闻之,凄然出涕。夜侍疾,爰从容请曰:"母将修外王父母之墓,而建设其墙闱欤?"太夫人瞿然曰:"汝何以知之?"则对曰:"知之素矣。以吾母将独力成之,故不敢请耳。"太夫人始泫然曰:"吾兄人家与汝家坟墓皆立墓门,中建一屋,岁时祭扫设奠,不忧风雨。今吾父母墓地狭隘,无墓门。汝母既殁,吾终鲜兄弟。十余年来,节衣缩食,仅得百余金。今吾死,此事已矣。他日汝能助成之,亦汝母之志也,则吾目暝矣。"于是文治与妇皆泣应曰:"诺。母其无忧。"太夫人乃出赀与文治,盖心血之金止此。文治受之,出寝门,不禁噭然哭也。越三日,母遂卒。文治乃以其赀归妇兄彬琳,而益以百金,请董其事。彬琳于是鸠工庀材,躬自监督。不数月告成,植碑刊外王父母姓氏以志之……太夫人姓胡氏,讳藥珍……以道光二十九年三月二十三日生,民国十三年二月二十九日卒,享年七十有六。

（唐文治《外姑黄太夫人事略》,见《茹经堂文集三编》卷七）

按: 先生《外祖古愚胡公家传》（见《茹经堂文集初编》卷五）记其外祖父胡汝直有"女二,长即先母太夫人;次为黄太夫人,文治之外姑也"。故先生之岳母即为其姨母,岳母之父母即为其外祖父母。

4月中旬（三月中旬） 原广东护法军主席总裁岑春煊来无锡游览,拟访见先生而未果,后购先生所著《人格》50部及陈柱所著《中庸通义》50部,以分发族人为修身教科书之用,并捐给无锡国专图书经费大洋100元。

岑西林氏此次来锡,原定十七日上午参观国学专修馆,并访见馆长唐君蔚芝、同乡陈君柱尊,后以常州专车急于开行,故不能如愿。特购唐馆长所著《人格》五十部,及教员陈柱尊所著《中庸通义》五十部,以分发族人为修身教科书之用,并捐该馆图书经费大洋一百元云。

（《岑西林与国学专修馆》,见《无锡新报》1924年4月20第3版）

按：《无锡新报》1924 年 4 月 15 日有《岑西林来锡游览》,报道岑春煊于 4 月 14 日由上海至无锡游览,原拟"此行约有十余日之勾留"。

4 月(三月) 先生为刊刻高攀龙未刻稿之事,致函高汝琳。

高忠宪公之遗迹,除已刻《高子遗书》外,尚有未刻稿各种,一为安氏旧本,一为太仓唐蔚芝先生所收藏,旋由唐君转赠邑人高君季莲。现因学前街国学专修馆附设之理学社拟刻印此书,故由唐先生函致高君映川,拟借原书校勘。原函略谓"客冬散馆开会,承大驾惠临,并见赐《东林书院志》,至为感谢。前曾函请先生为无锡中学校董,荷蒙俯允,尤深感纫。兹敬恳者,忠宪公未刻稿八卷,现有散馆附设之理学社筹资付梓。此书原本前年持赠贵族季莲先生,敝处仅留所钞副本。比闻原本已归邺架,拟乞惠借,以资校勘。倘仍在季莲先生处,敬祈代借为荷。用后即行奉还。未刻稿现既预备刊出,拟名《高子别集》,一俟出版,当即奉赠"云云。但闻此项未刻稿,安氏旧本所载较多。是书现藏高君映川处,昨日高君已将安氏旧本送往该馆,以便校勘矣。

（《国学专修馆之刻书声》,见《新无锡》1924 年 4 月 17 日第 2 版）

按：高攀龙未刻稿后于 1926 年刻成,名《高子别集》。详该年事中。

同月 刻乡先贤陈瑚《周易传义合阐》12 卷。

三月,刻陈确庵先生《周易传义合阐》十二卷。是书为《安道先生遗书》第一种,于程传及朱子本义多所发明。向无刻本,前数年闻太仓同乡陆君星五名鸿曜购得钞本,余借钞之,如获异宝。遂拨理学社捐款刻之,逾年告成。

（唐文治《茹经先生自订年谱·甲子六十岁》）

中年以后,戢影蓬庐,又从同里陆氏假得《周易传义合阐》,为钞录而刊行之。

（唐文治《陈子遗书序》,见《茹经堂文集三编》卷五）

5 月 11 日(四月初八日) 导淮协进会于南京开会,会上选出理事 25 人,评议 49 人。先生当选为评议。(据《申报》1924 年 5 月 13 日第 7 版《导淮协进会在宁开会记》及 5 月 14 日第 7 版《导淮协进会选举评议员》)

5 月(四月) 应朱泽沄裔孙朱孙芬之请,作《朱止泉先生外集序》。

宝应刘生来书,云朱止泉先生裔孙忆劬名某,刊刻《止泉先生外集》,闻之欣慰,即拟序文寄去。

（唐文治《茹经先生自订年谱·甲子六十岁》）

甲子夏四月,宝应刘君翰臣书来,言其邑朱忆劬先生,将刊其七世祖止泉先生外集,以行于世,匄予为之序。余方有事于朱子之学,读止泉先生所编《朱子分类文选》，尝叹其用力深而信道笃，有非后世浅尝之士所可及者。今读外集，则一本程朱之旨以立言，而贵人性、舍客气诸篇，尤足以振聋而发聩，文亦渊然穆然，盖有如薰风之拂我身、刍豢之悦我口也。于是作而言曰……

(唐文治《朱止泉先生外集序》，见《茹经堂文集二编》卷五)

同月 纂成《论语大义定本》。

纂《论语大义定本》。因初稿本注太简略，删改二次，采李文贞、陆清献二公、黄薇香太夫子、刘楚桢先生诸家说，加以按语，较为精深。适施刻十三经成，遂附刻于后。及后讲贯，觉意义尚多未尽，学问本无止境也。

(唐文治《茹经先生自订年谱·甲子六十岁》)

十数年前，友人来告，谓近今学校罢去读经，如向者户诵之《论语》，亦无人复读，而朱注尤苦其精深，盍加节录，以便初学乎？文治漫应之。继思兹事虽属弇陋，究胜于废而不读。乃谨取朱注节之，并附拙著大义二十篇于后，门人沈君炳焘君为排印于长沙，此第一本也。庚申冬，钱塘施君肇曾创设国学专修馆于无锡，延文治主讲，即以是本课甲乙班诸生。深病其略，爰复下己意加以润色，是为第二本。癸亥冬，将课丙班诸生，重绎旧稿，觉朱注与诸家说参杂，犹有未安。乃复取汪武曹《四书大全》、陆清献《松阳讲义》、李文贞《论语札记》、黄薇香先生《论语后案》、刘楚桢先生《论语正义》诸书，精以采之，简以达之；鄙意所及，加愚案以申明之。至是乃觉稍稍完备，名曰"定本"。然犹未足为定也(此本与拙著《论语提纲》所述略有未符，因提纲成书在先也)。会施君刻十三经于沪上，因附刻此书于后，记其梗概如此。

(唐文治《论语大义定本跋》，见《论语大义》卷末)

按：《论语大义定本》后收入本年刊成的《十三经读本》中。

6月22日(五月二十一日) 无锡中学举行第二届毕业典礼，先生参加并作报告。

(民国十三年六月)二十二日，行第二届毕业典礼。是日来宾极众，由校长报告毕业状况，本县知事冯君蛰斋(祖培)给凭。毕业者实科生钱宝钧等十三人、商科生秦宝林等九人，旁听生给予修业证书者高兆骏一人。

(《无锡中学校大事记》)

邑人高践四君，承其先人秋泉先生遗志，在南门外羊腰湾创办之无锡中学，特于昨日下午举行第二届毕业礼，男女来宾到约二百余人，并有名人演讲。兹将会场记录，转载于下：

一句半钟，鸣钟开会。(一)奏乐。(二)校长唐蔚芝报告本届毕业生姓名、人数后，历述已故邑人高秋泉先生创办是校之艰苦卓绝，拟铸铜像，以彰高先生办学之劳绩。继致勉词云：《语》曰治国治家，范围均嫌远大，吾人首宜治己治心，方可以立身社会，与国人相周旋。是则鄙人所厚望于毕业诸生者。（三）县知事冯蛰斋给凭。（四）唱校歌。（五）主任陈柱尊致训词。略谓：学生俨如闺女。闺女长大，必嫁夫婿；学生长大，必谋事业。闺女不体面，难嫁俊俏郎君；学生无学问，难就高尚事业。是以希望毕业生不可如无知女子之盲从恋爱，须能为国家宣力、为社会服务方可。（六）校主高践四君报告其先人拨产办学之经过与校长唐蔚芝任事之热心，更希望地方人士尽力赞助，尽力提携，使本校基础得以巩固，是则代表本校同人所馨香祝祷者也。又前年本校建筑新校舍，时承地方父老踊跃捐助，使校址得能建筑完全，尤当代表本校同人所感谢者也。但鄙人家非素封，持久为难，望诸父老加以赞助。最后复勉励毕业生，断不可以中学毕业生自视，须知学无止境，总以向上为是。《语》曰"学而时习之"，望诸生奉为座右铭。（七）教职员代表训词（略）。（八）来宾训词：（甲）县知事冯蛰斋代表齐抚万督军致训词，又代表韩紫石省长致勉词，最后由冯君自致简单演说，略谓：无锡为文化发达之邦，惟中等学校仅有私立者，不免为地方之缺点。且鄙人身为是邦教育行政人员，不能筹一款为地方办一公立中学，实觉负疚。今者反荷高校主谆谆奖借，尤觉愧不敢当，等语。继致训词（原文冗长，不录）。（乙）省视学陆规亮讲五分钟的演说。略谓：今日有四种感想：（1）中等学生的快活。（2）无锡中学学生的快活。（3）私立学校中等学生的快活。（4）中华民国国民的快活。盖中等学校毕业生之快活，可谓无所底止，缘此后直接间接，均与社会有关。质言之，诸生将以空手入宝山，所望诸生能以几何程度，得几何宝物而已。宝物既得，非快活而何？继将陈主任所述学生如闺女之意义而发挥之，语语中肯，句句解颐，全场鼓掌如雷。（丙）东大教授梅光迪演说。略谓：今日中国社会，为一青年社会。扶助之，诱掖之，均赖我青年。毕业诸君，能不自励乎？继述西洋教育史，颇多阐发之处。继述欧战以后，西洋各邦人士轻视中国文化之原因，希望诸生毋抱悲观，专心求学，必有战胜他人之一日。继述改变中国文化之态度。语多中肯，全场鼓掌（是时陆规亮、梅光迪二君因急欲返宁，故先行退席）。（丁）商务印书馆编辑黄宾虹君演说，有"宋杨龟山先生东林讲学之盛况，与今日无锡中学毕业之盛典，堪称伯仲。惟年来新旧学识，均日新月异，所望诸生热心向学"等语。（戊）东大教授柳翼谋君演说。略谓：学校办毕业，喜欢致训词、颂词，实属无谓之极。吾人但知一归纳之名词，曰"中国主义"。近年学生但求一张文凭，文凭之名义为何？曰头衔而已。然则此头衔有用乎？曰虚伪而已。近年学校之内容，其种种设置，纯粹为科举时代之变相，更何维新之有？故鄙人主张办学须先革除头衔式的文凭，方可泯除科举时代之旧思想，及博士硕士之虚荣心（众鼓掌）。今之职业教育，即为打破头衔式骗人的虚伪教育之利器。诸生宜热心提倡之，并须自具实学能力，方能立身社会。继述最近出版之中等学校应用书籍，废除中国史地，喜采混合制之非计，实为亡国之张本（众鼓掌）。执是以观，五色旗对我无愧，我实愧对五色旗也。诸生为中国学生，为中国之民，幸勿忘此五色旗之中国（众鼓掌）。（己）新任公益商业中学校长钱孙卿君演说。略谓：学生至学校求学为何？办学人办学为何？以此推想，殊觉大惑不解。但是，天下事均有一种目的。于是考察种种学校，均有一种目的。其归纳约分四种：（1）公式学校，此种学校可称混饭主义；（2）职业学校，此种学校可称时髦主义；（3）鼓吹学校，此种学校可称浮萍学校；（4）教会学校，此种学校可称鄙夷主义。总此四因，均无可取。所可取者，人格教育而已。惟人格可以为人。即以此赠毕业诸君（众鼓掌）。（庚）旧职员蔡虎臣君演说。略谓：今日之会，可称饱受做人教训，并足以勉诸生。希望诸生本此教训，确守诸位先生之言论，烈烈轰轰在社会上创一番事业，并守定一个"诚"字，自能无往不利。（九）国学专修馆进颂词、颂歌（撷取《诗经》精华制成颂歌，由国学专修馆全体学生起立歌之）。（十）同学致颂词、颂歌。（十一）毕业生谢词。（十二）奏乐。（十三）闭会。（十四）摄影。（十五）茶点。然后振铃散会，时已六句余钟矣。

（《无锡中学毕业之盛况》，见《新无锡》1924 年 6 月 23 日第 2 版）

按：《申报》1924 年 6 月 23 日第 11 版亦以《无锡中学毕业之盛况》为题，对此次毕业典礼进行了简要报道。文末并录有本届毕业生名单：王汝霖、朱子宽、陈一百、唐振千、秦宝林、师庆崧、庄国均、梁鸿鸣、曹朗西、曹曾禄、孙延龄、孙志豪、冯龙璋、张烈、张文湛、张东叟、张其源、杨荫鸿、钱宝钧、张宗岳、顾尔梅、顾荫楠。

朱孙芬拟刻先祖朱泽沄之《朱子圣学考略》，先生作序。

刘生启瑞又来书云朱君忆劭拟刻《朱子圣学考略》，请为作序，并嘱王生蘧常代为校字。大为快慰，谨拟序寄去。旋吴生其昌在天津图书馆钞得《朱止泉先生宗朱要法》一卷，即寄刘生，属其附刻于《圣学考略》后。

（唐文治《茹经先生自订年谱·甲子六十岁》）

文治少年有志程朱之学，年十七，读陈清澜先生《学蔀通辨》，知阳明先生《传习录》之非。十八岁以后，读《朱子大全》并陆稼书先生《读朱随笔》、吴竹如先生《评朱子集语》，爱其剖析之精。然反而求之于朱子之书，若涉大水，其无津涯。偶称述之，不过为口耳讲贯之助，未尝得躬行实践之方也。中年服官，荏苒无进德。岁在癸亥，忽忽年五十九矣，讲学于无锡国学专修馆，及门诸子编辑《朱文公集校释》，乃始闻宝应朱止泉先生有《朱子圣学考略》一书。亟求之，则闻其家仅存二帙，刻本、钞本各一。爰乞金坛冯梦花同年转假刻本读之，然后知止泉先生真得朱子之心传者也……文治昕夕诵维，爱不能释。而先生之裔孙忆劬君将付诸梓，及门宝应刘君翰臣、嘉兴王君瑗仲均与雠校之役，来问序于余，会及门桐乡吴君子馨在津门图书馆钞得止泉先生《宗朱要法》一卷，持以示余。《宗朱要法》者，故《圣学要略》之首卷，当时刊刻所遗。余细读之，析理毫芒，原心秒忽，精粹无与伦比，盖止泉先生数十年服膺朱子之功，略见于斯，然非初学所能骤及也。爰属其附刻于后，以免躐等之弊。异日者止泉先生之学行将大昌于世，其皆忆劬表扬之功也夫！

（唐文治《重刻朱止泉先生朱子圣学考略序》，见《茹经堂文集初编》卷四；又见《朱子圣学考略》卷首，题作《朱子圣学考略序》）

6 月（五月） 与诸同志集资，刻明代太仓诸生沈承诗文集《即山诗文钞》。

五月，与诸同志集赀刻同乡《沈即山先生文集》。先生文章为明七子嫡派，咸同间，太仓顾雪堂先生名师轼曾为排印，友人钱君复三、王君慧言等建议付梓。余为致书旅沪同乡会及陆君勤之，分捐款项刻成之。余为书后一首，颇呜咽。呈诸吾父，竟为心伤落泪。乃大惊，急撤去。呜呼！孰知其为不祥之兆耶？

（唐文治《茹经先生自订年谱·甲子六十岁》）

吾娄沈即山先生文钞二卷、诗钞一卷，又其夫人薄少君《嫠泣集》一卷，明张天如先生辑而刊之。粤匪乱后，旧本仅有存者，叶归庵、金绮泉、顾雪堂诸先生曾为排印。阅五十余年，印本亦不数数觏矣。客岁冬，拟集资重加剞劂，得太仓旅沪同乡会及同志诸君子之协助，爰付诸梓。

（唐文治《书沈即山先生诗文钞后》，见《茹经堂文集二编》卷五）

7 月 20 日（六月十九日） 无锡中学招考新生，先生等临场监考。

南门外羊腰湾无锡中学于阳历本月二十日招考新生。投考者有来自溧阳、奔牛、江阴、武进等处，几达百人。校长唐蔚芝、校主高践四、教务长陈柱尊以及教职员十余人均临场监考，录取新生六十余人。

（《锡中近事纪》，见《新无锡》1924 年 7 月 25 日第 3 版）

8 月 5 日（七月初五日） 私立无锡中学所增建之校舍竣工。共计费用四千八百余元，其中由先生募得一千二百元。

（民国）十三年二月二十三日，开学……增建校舍。学生来者日众，旧有学舍不敷应用，特于旧校舍北面增建楼房八幢。自五月十三日始，至八月五日竣工,共靡四千八百余元,由校长募得一千二百元,内以周君敬甫(仁寿)之数为最巨,其余不敷,由校董高君践四息借。

(《无锡中学校大事记》)

8月22日(七月二十二日) 先生等致函江苏省省长韩国钧,请求迅拨太宝塘工经费。

太宝塘工讨论会,以秋汛在即,一切工程亟待兴举。又蕴藻浜堤岸修筑之款亦至今尚未领到。昨太宝塘工讨论会唐文治、袁希涛等,快函韩省长,请迅拨经费数万元,以使兴工云。

(《太宝塘工讨论会请费》,见《申报》1924年8月23日第15版)

9月3日(八月初五日) 爆发第一次江浙军阀战争。江苏督军齐燮元与浙江督军卢永祥战于浏河、黄渡等处。战事发生前,先生曾分别致电齐燮元和卢永祥等人,希望能阻止战争的爆发。

七月,江浙兵事起。齐燮元、卢永祥战于刘河、黄渡等处。此祸酝酿已久,余逆知战事必不能免,先期电达曹锟、吴佩孚并齐、卢两处,痛哭流涕,求其和解。曹、吴未复,齐、卢复电均称倘人不犯我,我亦不犯人也。至七月下旬,事益亟,江浙绅士惶急,主议缓冲,乃浙卢派员到会,而苏齐杳然。至八月三日,遂开战。兵士骚扰淫掠,百姓流离,惨不忍言。幸旅沪同乡会成立兵灾善后会,项君惠卿等主其事,救出刘河同乡人不少。旋李生颂韩等来锡避难,静之弟内侄妇盛氏随其叔徐韵梅,自白鹤港逃来,亦暂住余家。

(唐文治《茹经先生自订年谱·甲子六十岁》)

北京曹总统、洛阳吴巡阅使、南京齐巡阅使钧鉴:据近日报载,四省图浙,将成事实,各处纷纷传说,确有兵队调动运输之事。群情忧惶,不堪言状。文治未悉理由,不谙军务,何敢妄言?惟窃意迩来人心难测,世变无常,衅端一开,深恐一二十年,难期结果。两粤前车,可为殷鉴。又况外交棘手,窥伺频乘。我国多一次兵端,即外人长一分势力。言念及此,尤可痛心。本年各省水灾迭见,江浙两省,旱象已成,将来颗粒无收,是意中事。且各地方土匪蜂起,盗贼横行,当此危机四伏之时,倘再加以兵革流离之惨,哀我小民,惟有化为虫沙,同归于尽而已!为此万不得已,号呼于我大总统、巡阅使之前,务望体上天好生之仁,息事宁人,消除兵衅,一面开诚宣布,立辟谣言,俾江浙完善之区,永不发生兵事,亿万生灵,顶祝无量。江苏绅士唐文治叩。马(快邮代电)。

(《唐蔚芝劝阻江浙兵事电》,见《申报》1924年8月23日第10版)

按:在代日韵目中,"马"为21日。

又致电江苏省省长韩国钧，请转达调解人孙宝琦等，使齐、卢双方将军队撤回原防，出示安民；再议缓冲地点，以为永久之图。

日来江浙时局，形势甚为沉闷，划地缓冲以息争端之说，甚嚣尘上。邑绅唐蔚芝以两军现已接近，小有误会，则易生事变，于调停平和，殊有阻碍，昨特致电韩省长，请转商调人孙慕韩等，转致双方，将军队撤回原防，出示安民；再议缓冲地点，以为永久之图。兹录原电如下：

南京韩省长大鉴：阅报悉我公电达政府，祈祷和平，并已请伯雨诸兄到宁筹议缓冲办法，曷胜感幸。惟现在两军接近，倘小有误会，易生事变。拟恳请齐督帅先将昆山、苏州、宜兴、溧阳等各处军队撤回原防，并请卢督办、何沪军使将浏河、黄渡等各处军队，同时撤退，表示保障和平之证。然后再议缓冲地点，以为永久之图，并恳转达慕老、高、黄、张诸君子，迅速妥商，公请双方即日出示安民，以顺舆情而昭大信。更有进者，目下秋收伊迩，农事方殷，此次波折，损失已不可胜计。现在撤防，应请概由铁路或雇船运送，幸勿沿途拉夫，或占用民房，免至小民惊恐逃亡，以致流离失业。千叩万祷。唐文治叩。卅。

（《唐蔚芝致韩省长电》，见《无锡新报》1924 年 9 月 1 日第 3 版）

此次江浙军阀战争期间，无锡百姓深受戒严、失业、拉夫、封船之苦，备遭加捐、增税、筹款、催饷等额外负担。在此动荡、艰难的处境下，先生与诸教习率学生读书不辍。但因其时汇兑不通，几至绝粮。先生乃移用溧阳周仁寿所捐助的、用于印行《人格》一书的资金二百金，才解决了师生的吃饭问题。

迨民国十三年秋，苏齐浙卢战事起，锡邑为沪宁孔道，全境骚然。余与教授督率诸生读书不辍。时汇兑不通，几至绝粮。适溧阳吴君溉亭持二百金来校，云同乡周君敬甫属印余所著《人格》千部，因得移用，勉继饔飧。

（唐文治《国学专修学校十五周过去与将来》，见《新无锡》1936 年 6 月 20 日至 22 日第 4 版）

时先生隐居锡山，主国学专修馆。甲子桂秋，江浙构兵，邑人仓皇出走。先生仍集诸生，讲贯不辍，卒亦无事，人服其镇定。

德星明处扫挽枪，依旧诸生诵一堂。丹漆惟从宣圣后，黄巾不入郑公乡。纵因忧国焦劳甚，且喜趋庭岁月长（其尊人年八十四）。门下多贤宜善学，得闻岂独在文章。

（江衡《简唐蔚芝侍郎》，见《溉斋诗存》卷三）

9 月 7 日（八月初九日）　先生等太仓绅商致电齐燮元，希望其"迅电前方，严申军纪，以恤民命"。

急！南京齐巡阅使钧鉴：太仓大军云集，群情惶急，公恳迅电前方，严申军纪，以恤民命，阖邑男女老幼，同感公德，万世不忘。太仓县绅商唐文治、陆大坊、毛祖、顾思义、许铭范、陆元萃、项尧仁、吴钟秀、陆宝奎、张大诚等叩。阳。

（《太仓绅商致南京电》，见《申报》1924 年 9 月 9 日第 14 版）

按：在代日韵目中，"阳"为 7 日。

又按：《申报》1924 年 9 月 16 日第 10 版载齐燮元复电，称"军行已饬严守纪律，不扰商民，希告居民，毋自惊疑为望"。

9 月 13 日(八月十五日)前后　《十三经读本》付梓印行。

斯道之在天下，如日月之经天，江河之行地，其孰能澌灭之乎？顾横览宙合，有不得不鳃鳃过虑者。诚以今日之世，一大战国之世也。战国之时，策士肆其簧鼓，时君逐于干戈，争地以战，杀人盈野，争城以战，杀人盈城，饥馑荐臻，流离载道，百姓辗转沟壑，其惨苦之状，为生民以来所未有。曾不腧世而秦政出，燔烧诗书，坑戮儒士，毒痡四海，于稽其祸，亦生民以来所未有。若是者何也？人心之害为之也。然而秦时之书，焚于有形，而今世之书，则焚于无形；秦时之儒，坑于可见，而今世之儒，则坑于不可见。横政之所出也，横民之所止也。截截乎，学说之诐淫也；幡幡乎，士林之盲从也；惨乎怛乎，闾阎之痛苦而无所控诉也；茫乎渺乎，世界之劫运若巨舟泛汪洋，而靡所止届也。

若是者何也？人心之害为之也。人心之害孰为之？废经为之也。废经而仁义塞，废经而礼法乖，废经而孝悌廉耻亡，人且无异于禽兽。嗟乎！斯道之在天下，其将澌灭矣乎！于是正其本者则曰反经，挽其流者则曰治经。且夫天生人而与以至善之心，孰不有纯粹之良知，莹然蔼然，超出于物类之外，而乃有大谬不然，大惑不解，悍然废经而不顾者，非尽人之无良也。或曰："经之过高过晦，阶之戾也。"不知非经之咎也，自来说经者之咎也；非经之晦也，说经者蕾之使晦也；非经之高也，说经者歧之而高也。当是之时，倡废经之议，人乐其浅陋而便己也，是以靡然从风，而祸遂中于人心。当是之时，虽日告以读经之益，人且昧然莫知其径途也。向壁以行，得其门者盖寡也。文治于是悚然以惧，渊然以思，思所以拯斯道之厄，则孳孳焉，汲汲焉，搜集十三经善本，采其注之简当者，芟其解之破碎而繁芜者，抉其微言，标其大义，撰为提纲，附于诸经简末。复集昔人评点，自钟、孙以逮方、刘、姚、曾诸名家，参以五色之笔，阅十数年而成书。由是各经之文法显、文义明，厘然灿然，读者如登康庄，如游五都，如亲聆古人之謦语，无复向者艰涩不通之患矣。

而难者曰："传经所以传道也。道精而文粗，如子所为，不几等道于文乎？"

则应之曰："宣圣有言：'文王既殁，文不在兹乎？'道载于文，文所以明道也。十三经权舆，只有本文熟读而精思焉，循序而渐进焉，虚心而涵泳、切己而体察焉，则圣道之奥，不烦多言而解矣。夫然，道与文一，胡精粗之可分？"

今试约而举之，开而示之：《十翼》之编，消息盈虚，无非洗心之旨也；《三礼》之学，委曲周详，无非主敬之则也；不为钩沈，孰纲维是也？古文之《书》，为梅赜所造，而浅者罔识其为赝鼎也；邱明之传，为刘歆所窜，而懵者莫知其为媚新也。不为摘伏，孰辨别是也？他如《孝经》则养正之基也，《尔雅》则识字之本也，《论语》则群经之喉舌也，《孟子》则六艺之藩篱也。是数经者，人皆于小学时习之，不为阐微，孰会通是也？贤者识大，不贤者识小；陟遐必自迩，升高必自卑。《戴记》有言："离经辨志（郑注谓：离，绝句读）。"又曰："先其易者，后其节目。"今者句读节目之不谙，遑论乎通经乎？然则求道之津筏与其指南，必在于斯编矣。用是保兹兢兢，期写定授梓，鲜有应者。友人施君省之，勇于为善，志在淑人，尝矢竭其心力，以宏大道。既倡建国学专修馆于锡邑，适睹是书，爱而不舍，慨然独捐巨资，用付剞劂。自庚申冬始，期以二年告成，征序于文治。叹曰："伟哉，施君之功其盛矣乎！"夫欲救世，先救人；欲救人，先救心；欲救心，先读经；欲读经，先知经之所以为经。往者秦火之余，典籍荡尽，然而抱残守缺，代有师承。若董江都，若河间献王，若刘子政、马季长，至郑君出，经学家法，于焉大明。下逮有宋，周、程、张、朱，诸子迭兴，而经学义理益复扩之极其大，析之极其精。夫以秦政之威、之权、之才、之力，且不能废经；蚍蜉之撼大树，无损枝叶，何况本根。继自今十年百年而后，千里万里而遥，安知无董、刘、马、郑与夫周、程、张、朱其人者，名世挺生，以为往圣继绝学，为万世开太平乎！在《易》，一阳系于上，其卦为《剥》，其《彖辞》曰："硕果不食。"一阳动于下，其卦为《复》，其《彖辞》曰："不远复，夫复其见天地之心乎！"其必有人焉，反复其道而顺天以行乎？然则斯道之在天下，其孰能澌灭之乎？

（唐文治《施刻十三经序》，见《茹经堂文集初编》卷四，又见《十三经读本》卷首）

唐蔚芝侍郎用古之道课江南诸生，尝辑《十三经读本》，施君省之刊行之，问序于余。余窃以读经方法，自元儒程氏刻《读书分年日程》，颁为学式，善矣。然仅有经文，不及注疏。至望溪方氏用二十余年之力，删取《通志堂经解》，玉林臧氏欲裁蔚义疏，别为《九经小疏》，惟世鲜传刻，购者难之。蔚芝《读本》根据汉说，兼及宋儒。于四子书，则附以己说，意在尊经，不求艰奥，取便初学而已。又以汉以前经传多口授，故重章句；宋以后读经有刊本，重在评点，因取宋元及国朝诸儒评点经文，编为札记，其搜讨之勤，并世不数见也。夫六经无终晦之理,世运有时盲塞,人心所系,圣道常昭。世方以委巷话言摧折文字而误后生,而海外学人转以诵习先圣遗书而慕中国文教之美,是知六籍弥纶宙合,人类将赖以扶持,非中国所能私,亦非新学众流所得掩也。蔚芝周知四国教学有年,必有见于士习时变所趋,非是莫救者;而施君先德,既以振拨灾侵闻天下,省之又久习新学,今乃以读经为拯掔陷溺之方,然则以废经为忧惧者,诚过虑也哉。癸亥六月,闽县陈宝琛。

(陈宝琛《十三经读本序》,见《十三经读本》卷首)

按:《十三经读本》,先生辑,吴江施肇曾醒园刊本。全书共20函,120册。书前有陈宝琛、释印光、唐文治、施肇曾序各一。本书总目为:《十三经提纲》十三卷,唐文治撰;《周易》(朱子本义),附《周易故训订》一卷(定海黄以周)、《周易注疏剩本》一卷(定海黄以周);《尚书》(马氏、郑氏注),附《尚书约注》四卷(宜兴任启运)、《洪范大义》三卷(太仓唐文治);《诗经》(毛公传、郑氏笺),附:《读诗日录》一卷(番禺陈澧);《周礼》(郑氏注);《仪礼》(郑氏注);《礼记》(郑氏注),附《大学》一卷(朱子章句)、《中庸》一卷(朱子章句)、《礼经经注校证》二卷(镇洋王祖畬)、《大学大义》一卷(太仓唐文治)、《中庸大义》一卷(太仓唐文治);《春秋左传》(乾隆钦定本);《春秋公羊传》(何休解诂);《春秋穀梁传》(范宁集解);《论语》(朱子集解),附《论语大义》二十卷(太仓唐文治);《孝经》(黄道周集传),附《孝经大义》一卷(太仓唐文治);《尔雅》(郭璞注、邢昺疏);《孟子》(朱子集注),附《读孟随笔》二卷(镇洋王祖畬)、《孟子大义》十四卷(太仓唐文治);《十三经读本评点札记》四十五卷,唐文治辑。

又按:是书内页题"甲子中秋吴江施氏醒园付梓",又前引先生《茹经先生自订年谱·甲子六十岁》"纂《论语大义》定本……适施刻十三经成,遂附刻于后",都清楚地说明了《十三经读本》刊于本年。但《无锡国学专修学校概况·大事记》和《私立无锡国学专修学校十五周纪念册·校史概略》皆载云:"(民国)十一年十一月,刊印《十三经》完竣。"姑录以备考。

又按:据书前"编辑校雠"栏中所记,襄校此书的计有陆吕年、郭其俊、毕寿颐、白虚、唐兰、顾季吉、王蘧常、陈绍尧、方和靖、钱国瑞、王鸿栻、吴宝凌、侯埒、唐景升、陆遵义、蒋庭曜、许师衡、夏云庆、严济宽、政思兴、陈庭实、胡凤台、丁儒侯、杨养吾、俞汉忆、陈宝恭、袁鹏骞、王钟恩、丁天兆、吴其昌、徐靖澜、孙执中、陈学裘、钱安定、戴恩溥、冯励青、陈渭犀、李家俊、蒋天枢、萧雪亮、钮方义、黄希真、胡集勋、杨仁溥、秦艾三、刘文灏、陈拔彰、姚继旭、王震、陈庆熙、陈雪艇、杨焱、王道中、徐世城、李耀春、童咏南等56人,皆为无锡国学专修馆前两届学生。先生等组织前两届学生合力襄校此书,固然是为使此书早日刊印完竣;但对参与此事的学生们来说,也是一次很好的专业学习和学术训练的机会。

又按：据王震《凌鸿勋茹经老人记后赘言》(见台湾文海出版社有限公司本《茹经堂文集六编》附录)载,自《十三经读本》印行后,无锡国学专修馆学生学习所用书目,经部即为此书。其余各部,史部的传记类为"四史",即《史记》《汉书》《后汉书》和《三国志》,编年类为《资治通鉴》和《续通鉴》,文物典章类为《通典》及其续编;子部为浙江书局之《二十三子》和唐文治撰《宋五子大义》;集部有唐文治撰《政治学大义》,段注《说文解字》《昭明文选》,正续《古文辞类纂》《经史百家杂钞》,唐文治撰《古文四象》《国文阴阳刚柔大义》《古人论文大义》等。

9 月 25 日(八月二十七日) 江苏兵灾善后筹备会在镇江大观楼开会,先生出席。会上通过简章,并推定张謇为会长,先生及王清穆为副会长。

江苏兵灾善后筹备会,为宜兴储南强等所发起。二十五日在镇江万全楼开会,闻张孝若、唐蔚芝等均到会。武邑前往列席者,有江上达、刘坡公两君。

(《常州快信》,见《申报》1924 年 9 月 28 日第 6 版)

兵灾善后筹备会前日在镇江大观楼开会,通过简章,并推定张謇为会长,唐文治、王清穆为副会长。

(《地方通信·常州》,见《申报》1924 年 9 月 30 日第 8 版)

江苏兵灾善后筹备会,举定张季直为正会长,唐蔚之、王丹揆为副会长,张孝若为总务部主任,蒋季和为文牍部主任,储南强为调查部主任,恽禹九为统计部主任,张公权为经济部主任,荣鄂生为总务部干事,浦容潜为文牍部干事,钱孙卿为调查部干事,顾述之为统计部干事,杨翰西为经济部干事。

(《南京快信》,见《申报》1924 年 10 月 3 日第 6 版)

9 月 30 日(九月初二日) 先生在《申报》上刊登私立无锡中学开学及续招新生广告。

本校前因时局关系,展缓开学。现在无锡地方安靖,本校定于阳历十月六号开学,七号旧生补考,八号上课。新旧学生,如有因事或因在远地不克如期到校者,须于开学前来函请假。又现在金融紧迫,兑汇不易,学生家属如欲于开学时将学膳宿费先缴付半数,其余至阳历十一月十号前缴清者,本校亦可通融。又本校定于阳历十月九号续招初级中学二年新生三十名,新制初中三年级及旧制中学三年插班生各十余名,报名自登报日起。校址:无锡南门羊腰湾,人力车可通。校长唐文治启。

(《无锡中学开学招生通告》,见《申报》1924 年 9 月 30 日第 1 版)

9 月下旬(八月下旬) 先生等人发起江苏兵灾善后筹备会,并订立筹备会章程。

吾苏不幸,罹于兵灾,战线所及,人民生命财产之丧失无论矣。即战线较远之区,四民失业,匪徒纵恣,呼号之惨,亦已目不忍睹、耳不忍闻。战事开创甫及两旬,现状已若此,设不幸而战期延长,人民前途有不忍设想者矣。同人等于身受目击之余,以为徙薪曲突,虽未能弭患于未然,而火热水深,要不常委心以待尽,如何而急筹救济,如何而徐议赔偿,力取于群,谋成于豫。爰集同志,组为斯会;邦人君子,盍共图之。

江苏兵灾善后筹备会简章

(一)本会以筹备本省兵灾善后事宜为宗旨。(一)本会筹备之事项如下:㈠设法缩短战期;㈡收集流亡,调查损失;㈢与政府当局交涉救济赔偿方法;㈣其它关于兵灾善后各事项。(一)苏民赞同本会宗旨,经发起人三人以上之介绍者,皆得为本会会员。(一)本会推举理事若干人,干事若干人执行会务。(一)本会分设调查、编辑、庶务三部,由理事会指定干事分任之。(一)本会经费由发起人及会员担负之。(一)本会暂设事务所于苏州阊门外省立医专学校内。

发起人:唐文治、任凤苞、冯嘉锡、恽毓昌、徐仁鉴、徐麟瑞、蒋炳章、戴思恭、朱文鑫、杨寿祺、李书勋、储南强、伍玑、胡容、于树森、周学源、许铭范、陆曾燕、朱增元、蒋乃曾、庄洵、陈艺、杜文泳、贾士毅、钱以振、卢正衡、朱知、吴增元、祝延华、夏昌炽、孔昭晋、宋铭勋、冯世德、钱鼎、陈大启、姚元桂、章崇治、吴延良、郑立三、朱道源、朱其元、任濂、陈朋、吴济时、刘辛芸、瞿倬、沈秉厚、金其源、邵玉铨、荣棣辉、陆元萃、洪保婴、侯兆圭、朱鹤皋、钱秉瓒、钱基厚、华堂、杨景焕、蔡君植、吴曾湛、孙徽、张树典、陈端、葛梦朴、龚延鹗、瞿士勋、黄家璘、习艮枢、潘凤仪、顾宝瑛、曹缵安、钱名琛、秦权、顾倬、高汝琳、钱鉴莹、浦斯涌、杨道枢、周乃文、丁祖荫、吴宝诏、季新益、张震西、奚九如、胡绍瑗、江湛、章贡、钱蕴济、邹鸿材、许仲祥、万承福、吴福廉、朱治等启。

(《江苏兵灾善后筹备会宣告》,见《申报》1924 年 9 月 25 日第 7 版)

10 月 3 日(九月初五日) 先生等人致电北洋政府国务院,请求将海关附加税岁得之半四百万元,调拨用于救济江浙兵灾灾民。

北京国务院钧鉴并请分送颜总理、顾总长、王总长、黄总长均鉴:江浙战事,业已经月,人民辗转沟壑,颠沛流离,惨苦之情状,非笔墨所能宣。在其战线以内者,残破之余,无衣无食;即在战线以外者,经此战祸,百业销沉,迫于饥寒,势将垂毙,至少当在六七百万人之数。现在战事尚未结束,已成枯鱼涸辙,此后隐患,更不胜言。江浙两省人民,素以慈善为怀。历年北省水旱等灾,议振筹捐,群以江浙为渊薮。今则两省全感兵灾,商辍于市,农荒于耕,即素封之家,亦复朝不保暮,其惨酷不亚于清时洪杨之祸。所有目前急振,将来冬振,及战事以后之善后,在在需款,至少亦须两千万元。政府既无暇顾及,而人民经济竭蹶,无术可筹。查本年北方水灾,政府议决海关附加税,约计岁得八百万元。中央视民如伤,对于天降之水灾,尚力求救济;则于人造之兵祸,其益加悯恻,更十倍于天灾。江浙人民,不敢望前项附加税全数指拨东南,但求协济其半,计岁得四百万元,亦属不无小补。如蒙允准,请饬总税务司以每月附税总收入之半,由江海关径交上海华洋义振会具领,即由该会分别灾情轻重,办理江浙兵灾振济事宜,并准该上海华洋义振会,以此项海关附税之半,向银行抵借现款,以济急需。迫切上陈,伏候鉴纳。唐绍仪、王同愈、施肇曾、张一麐、唐文治、秦润卿、倪远甫、宋汉章、徐冠南、陆维镛、陆伯鸿、孙仲英。

（《唐绍仪等请拨海关附税救济兵灾电》,见《申报》1924 年 10 月 4 日第 10 版）

10 月上旬 先生多次与中国红十字会无锡分会联系,商请该会派船前往太仓驰救难民至无锡留养。

唐蔚芝君来信,云及太仓吃紧,商请派船救济。办事处以目下缺乏船只。俟缓图驰援答之。迨下午六时半,"新裕福"小轮自昆山方面拖带伤兵船驰回,遂又由办事处通知唐君蔚芝,准于今晨特放专轮,驶往太仓方面救济。

（《红会消息汇志》,见《锡报》1924 年 10 月 2 日第 3 版）

"新裕福"轮拖带"广源"拖船,午前仍开往昆山。唐君蔚芝因太仓告急,亦派员附轮同往驰救难民……

（《红会消息汇志》,见《锡报》1924 年 10 月 3 日第 3 版）

办事处昨接唐蔚芝君来函,担任留养太仓难民五十名.指定地点在惠山山货公所。

（《红会消息汇志》,见《锡报》1924 年 10 月 4 日第 3 版）

10 月 20(九月二十二日) 先生致函中国红十字会无锡分会,并附来预备留养费用洋一百元,捐作遣散灾民之用。

办事处前昨分函各安置所,请其将预备三日留养费用捐作遣送灾民回籍之需,并致函各慈善家,认定留养灾民之未派往者,请其将留养费用移作遣散灾民之需等情,已志前报。兹悉昨日唐蔚芝先生已函覆红会,并附来预备留养费用洋一百元,捐作遣散灾民之用。办事处当即去函致谢。

（《红会消息汇志》,见《锡报》1924 年 10 月 21 日）

同日 先生代表太仓旅沪同乡会致电陆军第二师师长马玉仁,请求沿途驻军,切实保护浏河一带百姓。

太仓同乡致马玉仁电：上海《申报》馆转各报馆均鉴：顷致吴淞炮台马师长电云：雄师告捷，庆幸无似。浏河一带，亟待整理，难民饥寒交迫，急思归里。祈饬沿途驻军，切实保护，俾灾后孑遗，得安喘息。无任叩祷。太仓旅沪同乡会唐文治等叩。哿。

（《上海军事完全结束》，见《申报》1924 年 10 月 21 日第 9 版）

按：在代日韵目中，"哿"为 20 日。

又按：1924 年，曹锟、吴佩孚命令江苏齐燮元、孙传芳，攻打沪浙的皖系卢永祥、何丰林部。9 月 3 日，江浙战争爆发，在争夺浏河之战中，两军鏖战 42 日之久，最后浏河被马玉仁攻破，卢、何败走，淞沪并入直系军阀势力范围。

10 月 23 日（九月二十五日） 冯玉祥发动"北京政变"，推翻直系曹锟政府，驱逐溥仪出宫。溥仪避日本使馆，不久避往天津。先生发两电致段祺瑞，请其保护皇室，均未得复。(据《茹经先生自订年谱·甲子六十岁》)

无锡溥仁慈善会赴浏河等处放赈，先生命仆人高福偕往探视。又借洋三千元，放给浏河难民之逃回者，令其搭盖草屋，俾得栖止。

无锡溥仁慈善会赴刘河等处放赈，乃命仆人高福偕往探视。先茔扬子泾无恙，瀄漕松岩公墓旁掘濠沟数道，幸未伤及棺木，当即饬人填平。高福归时，带回刘河避难幼童金根全，名有明，其父母均中流弹而死，无所依。吾父命住吾家，入小学读书。旋同乡会吴君挹峰来函云：刘河难民逃回者，因房屋被焚，甚至宿豕圈中度日，情形惨极。商请陆君勤之，借填洋三千元放给乡民，令其搭盖草屋，俾得栖止。

（唐文治《茹经先生自订年谱·甲子六十岁》）

余之始识施君也，在甲子秋。维时，当齐、卢构难之后，闾阎为墟，饿殍载道。溥仁慈善会诸君爰设公济社，赴安亭、黄渡、浏河诸镇被灾最重之区，施放棉衣、粮米及一切器物等。浏河，余先茔所在也，桑梓人士，咸啧啧称道施君襄臣名，谓其赒恤灾黎，昕夕劳瘁，精细缜密，无滥无遗。值宗弟申伯介绍施君来见，余益心折其为人矣。

（唐文治《施君襄臣函关秋赈图序》，见《茹经堂文集三编》卷五）

10 月 30 日（十月初三日） 先生等致电江苏省省长韩国钧，请求拨闸北水电厂缴价省款，全部作为基金，用于太仓、嘉定、宝山、松江、青浦、昆山、金山诸县兵灾后之难民救济及善后恢复。

南京韩省长崇鉴：太、嘉、宝、松、青、昆、金诸县，兵灾綦重，除办理急赈外，善后恢复，尤需巨款救济，俾流离人民有生产之资，方可苏息。顷悉崇座有设立贷款局之计划,甚为扼要,恳请拨闸北水电厂缴价省款,全部作为基金,俾得即日进行,灾民幸甚。唐文治、方还、蔡璜、李文彩、项尧仁、朱增元、黄守孚、金文翰、胡景清、金其源、蔡增誉、朱鸿皋、张葆培、朱世瑾、谢同福、金咏榴、戴克宽、蔡钟秀同叩。陷。

（《太仓等六县同乡致韩省长电》,见《申报》1924 年 10 月 31 日第 9 版）

按：在代日韵目中,"陷"为 30 日。

11 月 15 日(十月十九日)　先生等江苏士绅致电江苏督军齐燮元,要求其"师法前贤,与民休息,绝大敌之借口,示天下以不疑"。

南京齐巡帅钧鉴：风闻奉张遣重兵南下,已入鲁境。其目的何在,所指何地,尽人知之。度明公今日所处,亦良苦矣。吴人以保境安民望明公,质言之,拒客军之阑入耳。其在左军,断不闻然堂奥,即有假道之请,可以笔舌情感动也。辽中挟战胜之威,万马南牧,势必以戎衣相见,微论境之能保与否也,瘅矣,小民安乎否乎? 明公以保境而与卢何战,今卢何去矣,明公可无负于苏,若必再挥□□,亲执干戈,奋怒□之臂,画杯蛇之足,下民之愚,非惟不以为感,且亦有所未安。四时之序,成功者退,先哲之名言也。责己而不求于人,则无怨,保境安民之真诠的解也。在昔曹彬、徐达戡定江左,曾未膺疆寄一日,班师而归,皆以功名终,皆庆流子孙,重珪累组。即以近事言之,曾忠襄甫克金陵,即谢病归,越二十年而起为江督。所愿明公师法前贤,与民休息,绝大敌之借口,示天下以不疑。若彼方犹逞凶残,横戈压境,则不戢自焚,戎首谁属,明公亦有词以谢吴民矣。卧榻之旁,尚有鼾睡;萧墙之内,不无隐忧。流涕陈词,所以保明公之终吉,而非逞处士之横议也,惟明公裁之。汪凤瀛、王清穆、唐文治、赵宽、宗舜年、钱崇固、潘承曜、费树蔚。咸。

（《苏绅致齐燮元电》,见《申报》1924 年 11 月 17 日第 6 版）

按：在代日韵目中,"咸"为 15 日。

11 月 27 日(十一月初一日)　先生等太仓县士绅致电江苏省省长韩国钧,请求其饬令太仓县知事,即行遣散其所招募的临时警备队。

各报馆均鉴：顷致南京韩省长电云：沈知事招募临时警备队,原在军事未停以前,有此定案。当时未举办,现在情势已非需要,忽派人前赴苏州等处,招集数十人到太,沿途已有不规则之举动,及详加调查,悉皆地痞流氓游散勇之类。倘一旦授以枪械,如虎生翼,为害地方,何堪设想? 沈知事办理此事,殊欠审慎。绅等伏查县警备队经费,呈奉核准,作正开支,现在县警察正待扩充,需费无着,应请将该项警备队经费移作县警察费,藉资挹注;一面饬县将现招之人,即行遣散,以杜后患。事关地方安危,合亟电请迅赐核准,令县遵办,曷胜祷切。太仓县绅士唐文治、毛祖模、钱诗棣、蒋乃曾、洪保婴、朱增元等叩。感。

> (《太仓唐文治等电》,见《申报》1924 年 11 月 29 日第 4 版)

按: 在代日韵目中,"感"为 27 日。

12 月 1 日(十一月初五日) 先生等江苏士绅致电张作霖,请求其在赈恤北省灾民的同时,亦以赈恤江浙灾民。

> 苏绅冯梦华等前日致张作霖一电,由叶恭绰转致。电云:交通部叶总长:恭贺任喜。转张雨亭巡帅鉴:比闻我公颁发大宗粮食,赈恤北省灾民,仰见痌瘝在抱,胞与为怀。截矢橐弓,既慰来苏之望;飞刍挽粟,复开续命之仓。匮乏加恩,伤痍受煦,仁风所被,薄海咸钦。而煦等更有渎者,谨为麾下陈之:今岁江浙苦旱,田亩歉收。饥馑之余,加以师旅流离载道,惨何可言!天心厌乱,幸得弭兵,锋镝残黎,胥归田里。然而储粟告竭于仓箱,何以卒岁?播种求盈于穜稑,须待来年。时值隆冬,民多饿莩。以言岁凶,则江浙较北省为有间;以言兵祸,则江浙与北省实相同。今北省既蒙康济之恩,而江浙未遂昭苏之愿。虞灾廑念,高明讵有偏私;救患撄情,南北更无歧视。伏冀我公推如伤之德,广若保之仁,雍绛泛舟,临河发粟,解倒悬之奇厄,拯无告之灾黎。行见泽普三吴,恩周两浙,共拜豆区釜钟之赐,咸在煦姁覆育之中。用是顿首摅词,为垂绝之生灵请命;竭诚告籴,冀陈因之粟米遥颁。临电依驰,无任迫切。再,煦前曾有巧电奉闻,未知达否,并希赐复。冯煦、孙宝琦、王同愈、唐文治、施肇曾。东。

> (《冯梦华等致张作霖电 请以振恤北省灾民者亦振江浙灾民》,见《申报》1924 年 12 月 3 日第 9 版)

按: 在代日韵目中,"东"为 1 日。

12 月上旬(十一月上旬) 先生致函无锡溥仁慈善会会长,因太仓南码头东九里之朱家桥地方,受兵灾甚重,故请其再派员前往该处调查,补放赈品。

> 本邑溥仁慈善会,此次募集巨款,迭经派员前往各战区,施放急振,灾民之得免冻馁者,不可胜计。兹悉国学专修馆馆长唐蔚芝先生,因闻太仓南码头东九里之朱家桥地方,灾情颇重,特致函溥仁慈善会会长华叔琴君,请再派员前往该处调查补放,以惠灾黎。兹录其原函如下:

> 叔琴先生善鉴:迳启者,昨太仓南码头有舍亲来锡,述及顾、陶诸先生在该处放振,辛苦殷勤,不遗余力。此皆先生提倡之功,曷胜感激。闻南码头东九里之朱家桥,当时卢岳在该处苦战十三昼夜,死尸填满河港,河水为之不流,其惨酷情形,与浏河相等,闻之不胜恻然。此次所放振品,倘有盈余,可否恳请

顾、陶诸先生，即偕敝邑王炽甫先生，速赴该处调查补放，功德无量。倘荷俯允，即希函达。至盼。附上浏河灾区图一纸，并乞惠存警察是幸。专此布恳，敬颂善绥。弟唐文治拜启。

（《函请补放战区定赈》，见《无锡新报》1924 年 12 月 9 日第 2 版）

12月（十一月） 无锡菁莪学校有一杜姓学生脱衣输赈。先生闻知后，特致函该校校长，请将自著之《人格》及《孝经大义》二书，转赠该生，以资鼓励。

侨居本邑之太仓耆老唐蔚芝先生，平日抱亲亲仁民之旨，存彰善瘅恶主义。前见本报载有菁莪学校脱衣输振之杜姓学生，以该生年事幼稚，有此义侠行为，殊堪嘉许。特致函该校长钱君，赠以自著之《人格》及《孝经大义》二书，请钱君转奖该生，用资鼓励。原函录下：

……昨阅本邑报章，悉贵校劝募灾振，盛德热心，异常感奋。有杜姓学生，竟将自身之衣，遽行脱下，慨然解纳。如此情形，非贵校教育之纯良，与其家庭父兄之长厚，曷克臻此？性善根原于此，可见吾邑风化，蒸蒸日上。为之欣慰不已。兹谨奉上拙著《孝经大义》《人格》各一册，请转赠杜生诵读，以昭激劝，至为感盼。

（《唐蔚芝奖励小学生》，见《新无锡》1924 年 12 月 4 日第 2 版）

同月 先生为《江苏兵灾调查纪实》作序，序中叙述了江浙军阀战争中黄渡一带百姓遭灾的惨象。

《孟子》曰："兽相食，且人恶之。"《礼记》曰："有大鸟兽，失丧其群，越月逾时焉，则必反巡；过其故乡，翔回焉，鸣号焉，蹄躅焉，踟蹰焉，然后乃能去之。小者至于燕雀，犹有啁啾之顷焉，然后乃能去之。"呜呼！禽兽犹伤其同类，吾辈人类也，忍自杀其同类乎？忍自杀十数万之同类乎？其伤心惨目，当何如矣！前有同志施君，赴黄渡调查兵灾情形，归而告我曰：途中见骷髅，或一肩，或一手，或一足，腐烂者不可胜数。偶于败垣灰烬丛中见一板门，有妇人卧草薪数茎中哀哭。询之，则曰："吾家十人，出而避难，中流弹死者七人。吾翁姑、吾父母、吾夫、吾子皆死矣。归家者三人耳，皆卧病，今又死一人，已数日矣。此薄门板，为埋尸用也。"言已，号啕哭，施君亦不觉泪下潸潸，急予钱米，为之埋尸而去。施君曰："若是者，比比不胜述也。"呜呼！刘河吾故土也，祖宗莹墓之旁，遍掘壕沟，墓墙枪子如蜂巢，墓门被毁无一存。为子孙者，忍泪茹痛，尚何言哉？吾乡人之备受惨毒，何一非如施君之所述乎！及门傅君焕光奉省长檄委，偕诸同志赴兵灾各区调查，归作纪实一书，余披其图，览其条例，恻然怵目，井然中窾，求所以善后之方，不外是矣。然余更有进焉者：吾国民之苦况，固不能与泰西例，而兵灾之惨，更不能与水旱凶荒例。谚云：放振如救火。若今日调查，明日调查，恐灾民之饥饿而死者，已不知凡几。盖调查之时，即灾民饿死之时也。然则调查之后，宜如何急行振济之方？往者余办太仓水灾振，因请领棉衣护照，延搁困难，迨棉衣运到，新丰乡已冻死小孩一，鹿湖乡已冻死老妪一，至今引为大疚。夫调查而不施振济，是造福而适以作孽也。呜呼！世之阅是编者，其尚懔之哉，其尚懔之哉。蔚芝唐文治叙。

　　　　　（唐文治《江苏兵灾调查纪实序》，见《江苏兵灾调查纪实》卷首）

按：上文"《礼记》曰：'有大鸟兽，失丧其群，越月逾时焉，则必反巡；过其故乡，翔回焉，鸣号焉，踯躅焉，踟蹰焉，然后乃能去之。小者至于燕雀，犹有啁啾之顷焉，然后乃能去之。'"《礼记》应为《荀子·礼论》。

本年　先生于数年前所编之《读文法》由邹登泰为之笺注，印行出版，先生作《读文法笺注序》。

　　余于数年前编《读文法》以教初学，同乡邹君文卿见而好之，为之笺注。今年来视余，哀然成巨帙，详审精密，无微不至，其所以津梁后学者，周且备矣。读文者循是以求之，焉有不事半功倍者乎？余喜邹君之用力广博而精勤也，爰为之序曰：

　　天地之道，阴阳刚柔而已矣。作文者不能外乎是，读文者亦莫能外乎是。比如气候阴霾，哀藏纤矜，取阴柔之文读之，慷慨悲吟，何其郁伊而善感也。至若春融景明，一窗晴日，取阳刚之文读之，心旷神怡，何其发扬而蹈厉也。唐柳子厚之论文曰："激而发之欲其清，固而存之欲其重。"近曾文正之论文曰："字字若履危石而下，而其气则翱翔于虚无之表。"履危石而下者，所谓固而存之也，阴柔之质也；翱翔于虚无之表者，所谓激而发之也，阳刚之性也。气之轻清者上浮，重浊者下凝。君子秉至大至刚之气，上与天地相通，幽与古人相浃。清明在躬，志气如神，所以修其道而成其艺，感人之性而养人之德者，如是焉而已。乾坤易简之理，易知而易能，大易系辞之理，通于礼乐之情。惟其气之流而不息，合同而化也。人情根于六气，六气是生六律。《论语》子语鲁太师乐，曰："始作，翕如也；从之，纯如也，皦如也，绎如也，以成。"翕之言合也，纯之言和也，皦之言明也，绎之言相续不绝也。吾尝以论乐之道推之于读文。贾生《过秦论》首段始作，翕如也；"于是六国之士"以下，从之，纯如，皦如也；"且夫天下非小弱"以下，绎如，以成也。韩昌黎《原道》首段，始作，翕如也；"老者曰：孔子吾师之弟子"以下，从之，纯如，皦如也；"所谓先生之道者"以下，绎如，以成也。柳子厚《封建论》首段，始作，翕如也；"彼其初兴万物偕生"以下，从之，纯如，皦如也；"或者又以为殷周盛王也"以下，绎如，以成也。推之以读《左传》，以读《史记》，虽其形迹变化不同，而其神理无不皆然。

昔师乙与子贡论乐曰："上如抗，下如坠"，"累累乎端如贯珠"，"言之不足，故长言之；长言之不足，故嗟叹之；嗟叹之不足，故不知手之舞之，足之蹈之也"。夫读文岂有他道哉，因乎人心以合乎天籁，因乎情性以达乎声音，因乎声之激烈也，而矫其气质之刚；因乎声之怠缓也，而矫其气质之柔。由是品行文章，交修并进，始条理者所以成智，终条理者所以成圣，即以为淑人心、端风俗之具可矣。窃愿与海内同志之士精而究之。甲子仲春，唐文治蔚芝序

（唐文治《读文法笺注序》，见《茹经堂文集初编》卷四，又见《读文法笺注》卷首）

按：《读文法》，唐文治评选、邹登泰评注，天一书局 1924 年版，上下两册。王桐荪等选注《唐文治文选》于《读文法笺注序》的注文云："《读文法笺注》：太仓邹文卿笺注，书今无传。"非。邹文卿（名登泰）为江苏无锡人，而《读文法笺注》至今尚存。该书正文前有先生及蒋维乔序，又有"纲要""读法""两忌""两宜""十品"等内容。全书共分雄健之品、精诚之品、灵警之品、雅逸之品、倜傥之品、恬适之品、名隽之品、诙诡之品、妍丽之品、怪奇之品等十品，每品先阐释该"品"的特点。如释"雄健之品"云："何谓雄健之品？放笔为直干，任吾意之所向、气之所至，谢叠山先生所谓'放胆文章'是也。古人有大志气者，乃能为大文章，故作文以立品为要。雄健者，文之气骨，实即人之气骨也。苟其人并无志气，而其品行复卑鄙龌龊、猥琐庸劣者，则不能读雄健之文。诸葛武侯云：'恢弘志士之气，不宜妄自菲薄。'愿学者端其本可也。"每品中选古人文章若干篇，每篇有文中点评、文末总评及注释。

本年　阮尚介、袁希洛受张謇及先生之委托，于原吴淞商船学校操场东北隅，即陈化成死难处，设置陈公纪念园，建碑造像，先生作《陈忠愍公殉难碑记》。

呜呼！当道光之季，烧鸦片事起，中国因应失当，士大夫佝佝伈伈，含垢攘尤，论者以为气节不可复问。然如陈忠愍公者，岂非天地正气之所存与？……越七十年，南通州殿撰张謇与文治就公殉难之地，建设商船学校。又越十三年，奉贤阮尚介、宝山袁希洛，谋制公像于校，以垂不朽，并属文治为记。爰撮故老遗闻，加以润色，勒诸贞珉，窃附于显微阐幽之义焉。

（唐文治《陈忠愍公殉难碑记》，见《茹经堂文集二编》卷八）

按：1924 年 4 月 18 日《申报》第 13 版刊《陈忠愍纪念园花木被啮交涉》一文，该文中录有袁希洛致江苏省教育会函，中云："前受宝邑各界同人及吴淞商船学校创办人张季直先生、前校长唐蔚之先生之委托，在同济大学中学部及商船科筹备处现用地之旧吴淞商船学校操场东北隅，前陈忠愍公死难处，设置陈公纪念园，建碑造像，现正在着手布置，先行种植树木。"录以备参。

1925 年(乙丑 民国十四年) 61 岁

1 月初(甲子年十二月) 先生等太仓兵灾善后会成员致电中华民国临时政府临时执政段祺瑞,请求"速制止松区战事,迅令奉军勿再前进"。

《申报》转各报馆均鉴:顷上北京段执政电云:太仓被兵,疮痍满目,救济抚恤,正苦难周。钧座东山再起,揭橥和平;劫后余生,方谓昭苏有望。乃闻又遣奉军压境,浙沪兴戎,鸟已惊弓,巢倾是惧。韩省长兼管军符,本为苏民爱戴之人,早矢拥护中央之志。齐既出走,师出无名,徒伤苏民情感。乞速制止松区战事,迅令奉军勿再前进,并饬卢宣抚减从南下,多带赈需,必使灾民实受抚恤,德意乃有所宣。江南元气斲丧尽矣,安之抚之,尽操枢府,人心难得而易失,幸垂察焉。太仓兵灾善后会唐文治、蒋乃曾、洪保婴、朱增元、项尧仁、钱诗棣,江苏省议会太仓议员许铭范等公叩。尚有致卢宣抚使一电,请减从南下,词意大致相同,从略。

(《兵灾善后会请阻奉军南下之两电》,见《申报》1925 年 1 月 5 日第 7 版)

约 1 月 10 日(约甲子年十二月十六日) 先生发起组织江浙弭兵会,并制订了该会大纲。

太仓绅士唐文治,昨以江浙弭兵会大纲,函请本埠总商会俯允主持,以便出民水火。兹将《江浙弭兵会大纲》照录如下:

江浙两省,危机四伏,遍地干戈,疮痍未平,大难又复将起。我两省人民,如堕黑暗地狱之中,呼天不闻,欲哭无泪。呜呼!百姓何辜,遭此荼毒?即军人亦复何罪,罹此浩劫乎?言念及此,曷胜痛心!同人等爰不自揣,发起是会,窃望同志尽力提倡。倘得转危为安,同享太平之福,岂惟两省实利赖之。

本会会员资格:(一)宣抚使及两省督军、省长、护军使、各镇守使、各师长均为会员。(一)两省省议员及各法团领袖均为会员。(一)各邑绅耆有道德名誉、素孚乡望者,经本会推举,均为会员。

本会提议大纲:(一)电请政府,所有现在两省军官切勿轻易更动。(一)电请两省军官,约束军队,各守原防。其有已经调动者,各退守原处,以免人民惊疑。(一)宣抚使除带卫队外,所有客军应请驻扎他处,切勿入江浙境内，以免军民误会。（一）第六、第二、第四师兵队，亟须设法妥为安插，所有逃亡军士亦应赶紧设法安□。（一）两省军饷，速定预法安辑。（一）两省军饷，速定预算，议定如何拨给，切勿扣欠，以致扰累商民。（一）电请各军官不得再行招兵，日后收束军队，务须使之得所，期以数年为限。（一）本会志在拯救两省军民生命，不事铺张。倘荷同志赞成者，务于三日内齐集南京，邀同省会议长，约期面谒当道，商定办法，再分赴浙沪各处接洽（所有旅费，或由个人捐助，或由社会酌贴）。

　　　　（《唐文治等发起江浙弭兵会》，见《申报》1925 年 1 月 11 日第 13 版）

1 月 16 日（甲子年十二月二十二日）　无锡国学专修馆举行第二班第二届学生毕业典礼。毕业生共 27 人。先生因侍父病缺席，由朱文熊代表作报告。印行《无锡国学专修馆讲演集二编》。（据《私立无锡国学专修学校十五周纪念册·校史概略》）

　　本邑学前街国学专修馆于昨日举行第二届毕业典礼。下午二时开会，因时局关系，远道来宾到者寥寥，本邑到会者为陶丹翼、杨石渔、侯保三、钱孙卿、秦执中、陈古岑等三四十人。兹将开会秩序记录于下：

　　（一）振铃开会。（二）主席陈柱尊先生报告，按照秩序，为馆长、馆主报告。惟馆长唐蔚芝先生因侍奉父病缺席，由教员朱叔子代表报告。馆主施省之、孙鹤卿亦因交通阻梗，未能到会，由孙脁香代表报告。（三）给凭。（四）来宾言说，为钱孙卿、侯保三、秦执中、邹同一。（五）同学颂词。（六）毕业生答词。（七）茶点。（八）散会。

　　此次该馆毕业生共计二十七名。最优等：冯劢青、王震、陈学裘、陈渭犀、杨仁溥、孙执中、蒋天枢、钮方义、戴恩溥、刘文灏、徐靖澜、杨焱、黄希真，共十三名。优等：王道中、萧雪亮、陆庆熙、周天游、陈雪艇、姚继旭、陈拔彰、朱宗洵、钱安定，共九名。中等：秦艾三、李家俊、徐世城、胡集勋、孙品珩等五名。

　　　　（《国学专修馆二届毕业记》，见《新无锡》1925 年 1 月 27 日第 3 版）

1 月 18 日（甲子年十二月二十四日）　先生父唐受祺病逝。

　　是月，奉天兵将南来，齐燮元又率兵抗拒之，即以无锡为防守地。时庆诒在上海，十二日闻信，急归迎，吾父不欲往，命内子等赴沪。十四日夜，三鼓，忽闻吾父痰哮声。急起视，曰："无妨，适起，觅火不得耳。"至十五日早，尚食鸡子二枚。旋即病，饮食不进。即请锡医郑君星伯诊治，云老年，重伤风，宜谨慎。余因春夏以来，吾父已有神思恍惚、不能记忆之症，心知其危。十七日发快邮，促内子等归。乃十八日火车已断，手足无措，电促庆永归（时肄业金陵大学）。二十日，庆永乘江轮绕道江阴回，而吾父气喘痰涌，病日亟，迓延王君子柳、华君实甫诊治无效。二十二日,内子等在上海始觅得小轮回,而吾父于二十四日巳刻,已弃不孝而长逝矣。二十三日夜尚问庆诒等归否。呜呼,痛哉！午后内子等始抵家,嚎哭欲绝。衣衾等先由静之弟督饬老仆吴本树布置,棺木请宗弟申伯购买。甫运入城,遽闻苏奉军开战,城门即闭。是夜小殓礼成后,枪炮声四起,乱军已在城外抢掠矣。呜呼！吾父岂因此而急求解脱耶？痛哉！痛哉！检视箧中,得遗嘱数页,乃本年二月中所书,命不做佛事,不刻文集,不题像赞,不述哀启。其后,托沈生健生装裱册页,以示子孙。二十六日行大殓礼。时城门严闭,来吊者仅孙君赈香、朱君叔子、陈生柱尊及专修馆学生十余人。

(唐文治《茹经先生自订年谱·甲子六十岁》)

(府君)于甲子年十二月二十四日巳时弃养……府君之病也,始于十二月十五日。先数日,江苏某师作难,文治长子庆诒仓皇归,迎府君赴沪。府君因舟车劳顿,力却之,仅命儿媳、孙媳辈偕行。病后,文治四子庆永仓皇自金陵归,而庆诒等则以车阻,迄不能达,急改乘小轮,辗转数日,始于二十四日午刻抵家,则已长呼不应矣。易箦之前,不能多语,但谕曰："汝勿贷钱。"又谕庆永曰："汝宜听汝父命,凡事须对于天。"如是而已,呜呼,痛哉,痛哉！尚忍述哉！

(唐文治《先考府君事略》,见《茹经堂文集初编》卷五)

君(按：指邓星伯)长余四岁,余称之为兄,友其德也。忆乙丑岁十二月,先大夫病革时,值天寒雨雪,君不乘舆,躬操雨具,日来诊视。洎先大夫弃养,君慰唁殷勤。

(唐文治《邓君星伯家传》,见《茹经堂文集四编》卷七)

按：上文中"乙丑岁十二月"应为"甲子岁十二月"。

同日 齐燮元军队来占私立无锡中学校舍。先生急以电话知照尚留校中之学生韦焕章,将物理、图书等室关锁,以免散失。

(民国十四年)一月十八日,齐军难作,来占校舍,居三日而去。齐军由镇江败退至锡。是夜在城外肆劫,商团总司令杨君翰西(寿楣)来告校长,谓齐军将借居本校。时校中教职员已归,惟学生韦焕章尚在校。唐校长急以电话知照该生,将物理、图书等室关锁,以免散失。语未终,而苏军已至二排,韦生急与周旋,以大礼堂让之,房屋、杂物皆得无恙。韦生之功居多,唐校长深加奖焉。

(《无锡中学校大事记》)

1月(甲子年十二月) 招收第四班学生共30人。其时,正当第二次江浙军阀战争,齐燮元军以无锡为根据地,断绝交通,投考学生被隔绝于城外,进退两难。适值先生在家丁父之忧,馆中事务赖馆董孙鹤卿尽力维持,教授陈柱和职员沈炳焘亦坚持不去。直到 2 月初,各级学生始齐集开学。

正月初二日,苏奉军战于惠山,炮声终夜不绝。初三日巳刻,齐燮元逃,奉军追至昆山,秩序安静。越三日开城,初九夜忽又闻枪炮声,疑乱兵入城抢掠,举家颇惊惶。余命严闭门户。至天明探听,始知奉军火药库失慎也。

（唐文治《茹经先生自订年谱·乙丑六十一岁》）

一月……招收第四班学生三十人。按:……迨本月苏奉战事又起,齐军以无锡为根据地,交通断绝,城门昼闭,投考诸生隔绝城外,苦不胜言。惟时唐馆长适丁外艰,赖馆董孙鹤卿先生尽力维持,教授陈柱尊(柱)、职员沈健生(炳焘)两先生坚定不去。二月初,诸生始复齐集,开学上课。校长在家读礼,诸生就谒受课。

（《无锡国学专修学校十五周纪念册·校史概略》）

其冬卢军虽退,则苏奉战事又起。齐军以无锡为根据地,道涂梗塞,城门昼闭,投考诸生隔离城外,进退狼狈。而文治适奉先君讳,赖孙君鹤卿弹力维持,教授陈君柱尊、职员沈君健生坚定不去。十四年二月初,诸生始齐集开学。

（唐文治《国学专修学校十五周过去与将来》,见《新无锡》1936 年 6 月 20 日至 22 日第 4 版）

约 2 月初(约正月中旬)　先生等人致电江苏宣抚使卢永祥及江苏省省长韩国钧,申明锡地被齐军焚抢,金融断绝,现金难筹,请求从速拨款赈济,以拯灾黎。

邑绅唐蔚芝、侯保三、顾述之等昨电卢宣抚、韩省长,申明锡地被齐军焚抢,金融断绝,现金难筹,请求从速拨款赈济,以拯灾黎等语。

（《大队奉军陆续过锡赴苏》,见《申报》1925 年 2 月 3 日第 10、11 版）

邑绅唐文治、陶世凤,连同教育界等七十一人,以锡邑自经齐军焚掠以后,民命垂绝,十室九空,实无力以供军需,特联名电请卢宣抚使、韩省长,另拨国款,俯予拯援,以苏民困。昨已接奉卢宣抚使覆电云:"电悉。锡民何辜,重遭荼毒,闻之惨恻。抚恤疮痍,责无旁贷,容后派查,统筹办理,先此电覆。"韩省长亦于同日电覆,谓已筹议振抚,并催各县筹借。惟军事将告结束,正在千钧一发之际,仍请协助云。

（《无锡战后状况》,见《申报》1925 年 2 月 6 日第 10 版）

3 月 5 日(二月十一日)　先生等人致电北京政府段祺瑞等人,要求"撤废军防,与民休息"。

北京段执政钧鉴：南京卢嘉帅、杭州孙馨帅、奉天张雨帅转效坤军长鉴：读嘉帅感电，仁言恺弟，义问宣昭，可胜纫服。慨自革政以来，藩府称雄，中枢失驭，骄将冗兵，岁耗金粟。江浙为礼义之邦，全国文化之所萃，惨蒙兵祸，冤痛入骨。方战而拜焚劫之赐，既战而责杼轴之供。哀我瘅人，其何能淑。果如嘉帅之言，首除军府，撤退驻防，虞诈不生，干戈永戢。天道剥复，例有乘除，要其来复之机，往往发于片念之慈祥，一二人之勇决，本身作则，朝野利赖，奕世蒙庥。昔蘧伯玉耻独为君子，煦等知嘉帅诵议于前，馨帅与效坤军长必能赞助于后，毅然撤废军防，与民休息，军人模范，万家生佛。尤望我执政，迅饬所司，电商两省，将驻兵区域，汰留额数，立予制定。君子成人之美，英雄所见必同，纳土归朝，投戈讲艺，共和正轨，此为嚆矢。临电额手，伫候明诲。冯煦、王清穆、唐文治、张一麔、董康、邓邦述、黄以霖、陶葆廉、吴荫培、刘锦藻、王同愈、庞元济、彭毅孙、莫永贞、孙泰圻、蔡宝善、蒋炳章、陈陶遗、钱崇固、宗舜年、费树蔚、戴思恭、孟森、潘盛年、顾则范、宋铭勋、钱鼎、宗嘉禄、孔昭晋、方还、毕诒策、潘利毂、庞树典、金天翮等。歌印。

（《苏绅呼吁实行卢使感电》，见《申报》1925 年 3 月 8 日第 10 版）

按：在代日韵目中，"歌"为 5 日。

3 月 22 日（二月二十八日） 先生在家中设奠。

二月二十八日设奠，官绅来吊者百余人，又国学专修馆及无锡中学学生亦百余人。无锡县知事林君干才名蒂桢、警察所长宋君静庭名镇涛、太仓县知事沈君希白名兆九，均亲来吊，太仓同乡陆君勤之等来者十余人，可感也。

（唐文治《茹经先生自订年谱·乙丑六十一岁》）

（1925 年）3 月 10 日，乙丑二月十六日，晴暖……唐蔚芝之尊人若钦先生挽联："白发记趋庭，教子一经，派衍娄东绵孔学；黄巾闻避道，闭城十日，神归华表恸秦灰。"蔚芝移家无锡西门内西溪，若钦丈殁于甲子年十二月二十四日，时值齐燮元弄兵，无锡只城中得全，故下联云然。其讣闻云："奉遗命不作佛事，不述哀启，不题像赞，不刻诗文。"亦创见也。

（徐兆玮著，李向东、包岐峰、苏醒等标点《徐兆玮日记》）

3 月 27 日（三月初四日） 先生等无锡士绅致电江苏省省长韩国钧及赈务处，主张于兵灾后以工代赈，请求省府拨付赈款，建造澄锡马路。

邑绅唐蔚芝、钱孙卿、侯保三、蔡兼三、顾述之、钱镜生、陈湛如、秦执中、高映川、胡一修、荣鄂生、邹同一、吴侍梅、尤叔荃、华少纯、孙克明、辛柏森、孙傚香、秦耐铭、李继曾等二十人，因此次兵灾，以锡澄两邑受灾最重，虽有省署指拨各款及其他善款赈费等项，但杯水车薪，尚觉无济于事。欲求普及灾民，莫若改办工振，特于昨日联名呈请韩省长暨赈务处，主张拨付振款，建筑澄锡马路，开具预算，恳求拨款进行。原呈略谓：

吾锡不幸，惨遭兵劫，人民流亡，庐舍为墟，疮痍满目，惨同红羊。战事结束之后，虽蒙省长、赈务处痛念民困，颁发急赈，并准发仓平粜，以维善后，而资救济。仁者用心，感佩无量。惟日来调查城乡灾户，约有数万余家，财产损失，不啻数千百万。指拨各款暨其他善捐振费，为数虽不为不巨，然杯水车薪，终属于事无济。为今之计，莫若以工代振。查通澄马路，系属要道，两邑士绅倡议已久，省长亦已派员筹备在案。现无锡北乡通澄一带，当时适为战区，枪炮所至，户屋洞穿，齐兵肆掠，民无寸储，老弱转乎沟壑，壮丁流离四方。被灾之重，非言可喻。平粜则粜米无资，急振则难恃久活。转展筹思，惟有恳请省长、赈务处准予颁发款项，鸠工筑路，庶该处灾黎得谋衣食，于安辑民生，于道路交通，两有裨益。至建路计划，从省估算，凡路面材料，用石片及煤屑铺砌，阔度暂定一丈六尺，所有土方、路面及购地等价，以每里为单位，约计：（甲）土方以路基阔二丈，平均填高二尺，每里须土七百二十万，每方三角四分，约计二百五十元。（乙）路面暂先铺宽一丈六尺，用碎石煤屑等料，每丈连人工约计十元五角，每里计一千九百元。（丙）购地之费，若以宽三丈二尺计，每里约九亩六分，从宽十亩计，每亩五十元，约需洋五百元。（丁）其他开支，如桥梁、涵洞、水沟以及停车场等费，暂以前列三项总数百分之十为准，则四项估计每里所估得之单价，计洋二千九百十五元。由无锡通商桥向北过刘潭桥、陈家桥及堰桥，而抵江阴界，计程三十里，合计洋八万七千四百五十元左右。无锡通澄一段马路得以完全告成，平日企图一旦实现，全邑灾黎，咸受其赐。省长、赈务处恫瘝在抱，救济心殷，务恳准予拨款，以资进行，实为德便。

（《办理工振之一举两得》，见《新无锡》1925年3月28日第3版）

3月28日（三月初五日）　先生等无锡士绅通过《申报》等报馆转致旅沪、京、津、宁、汉之无锡同乡，请求对以工代赈建造澄锡马路一事予以赞助。

邑绅唐蔚芝、侯保三、钱孙卿、秦执中等诸君，主张以工代振，建筑通澄马路等情，已两志本报。兹悉吾邑兵灾善后局蒋总办自接到唐绅等之公函后，已交该局第三科办稿，将原函转呈赈务处核办矣。又唐蔚芝、钱孙卿、侯保三、蔡兼三、顾述之、秦执中、邹同一、李继曾等，昨又电致《申报》转各报馆及旅沪、京、津、宁、汉诸同乡，请求赞助。原电如下：……吾邑兵灾，北乡尤重。同人倡议工赈，已于沁日呈请省长拨款，建筑通澄马路，以救灾民而利交通。特乞赞助,是所至祷。余函详。

(《工振筑路之积极进行》,见《新无锡》1925 年 3 月 30 日第 2 版)

按:《申报》1925 年 3 月 29 日第 5 版以《无锡唐文治等来电》为题,亦载此电文。文末所署代日韵目为"俭",俭为 28 日。

3 月 30 日(三月初七日) 沪太长途汽车公司在上海宁波同乡会召开第五次股东常会,会上改选董事暨监察人,先生等 13 人当选。(据《申报》1925 年 3 月 31 日第 10 版《沪太长途汽车公司股东会纪》)

4 月 2 日(三月初十日) 先生扶枢回浏河,安厝先灵,作《蔚蒿哭》诗 49 首、《续蔚蒿哭》诗 11 首。

三月初十日,扶枢回刘河,安厝先灵。堪舆刘河李君汝纲择定明年正月安葬。作《蔚蒿哭》诗四十九首,痛心之至,旋又作《续蔚蒿哭》诗十一首。

(唐文治《茹经先生自订年谱·乙丑六十一岁》)

4 月(三月) 邹云翔拜先生为师,先生命其和第四班学生一起上课,和在馆学员一起参加作文与考试,承认学籍。

国学为立国之本。国学者,人伦之道,践履笃实之学也。乾隆时代,国运昌盛,创设四库,经学为先,立己达人之道,端在于是。二十年代,云自省立三师毕业后执教中小学,并研文史,慕陈同甫之所为,切于功利主义,欲有所树立。时袁世凯洪宪称帝,军阀割据,分崩离析,国事日非。后段祺瑞执政,云上万言书安国十策,不报。退而思之,遂有所悟。时唐蔚芝先生讲学无锡学前,于 1925 年夏 4 月,请求听讲经学,在先后二年又四月之时日中,言教身教,经其熏陶,脱胎换骨,如同再造。后因母病失治,发愤学医。儒道医道融合贯通,获效良多。者番于 1985 年老师 120 周年诞辰,受教同人欲有以纪之,仰弥高,钻弥坚,乐育为怀,遗爱在人。爱作尊师颂,以表爱敬之情,没齿不忘云尔。

读史狂生鸣口号,陈亮功力是风操。书上万言将有为,合肥当路不知报。

关中夫子张横渠,十七宏图制赵夏。元戎授与中庸篇,名著正蒙成胎炙。

潜研经术觉先知,当代郑君是我师。首善堂中长一揖,门开槐市授无私。

武侯善读周公书,官披府中一体看。金属铸兵经解经,认真考订胜新安。

(老师《十三经提纲·周礼提纲》,言诸葛武侯善读《周礼》者,《出师表》"官中府中俱为一体",故终武侯之世,黄皓未能专权用事。陈兰甫《东塾读书记》已言之。老师重复出之者,当光绪德宗宫闱腐败,老师盖有感而言之耳。又《孟子·公孙丑》,孟子在薛受五十镒。朱晦庵说是受薛好金,老师辨朱说之非,依经解经,认为铸军器之好铁。)

师尊服膺陈兰甫，提纲引用好几回。博大精深《东塾记》，后生楷模尽成才。

幼时熟读宋唐文，背诵如流在发勤。晚岁失明今左丘，热腔谆谆教吾群。

渔阳鼙鼓惊如雷，火烧江南劫不回。莘莘学子都星散，黉舍南迁无妄灾。（1938 年 8 月 13 日，日寇侵华，淞沪战起，兵灾遍地，学校迁往长沙。）

未丧斯文心也雄，桂林规模超江东。暴寇逞狂肆不厌，燎原犹是弃前功。（1943 年秋，在桂林新建校舍，占地三百余亩。后日军侵桂，校舍全部毁于战火。）

光阴迅速如流波，六十年来一刹那。旧地东林仍屹立，当年回忆意云何。

尊敬救国兴中华，隔岸台湾是一家。蔑视诗书肉食鄙，道听途说是非耶。

（邹云翔《尊师颂有序》，见《国学之声》总第 15 期）

　　按：上录邹云翔《尊师颂有序》，共十首。作者又曾节录其中五首（即其中的"潜研经术觉先知""武侯善读周公书""师尊服膺陈兰甫""幼时熟读宋唐文""光阴迅速如流波"），刊于《文教资料简报》1985 年第 2 期及《江苏高教》1987 年第 5 期，皆题作《尊师颂并序》。三处文字皆有所不同。

　　又按：《文教资料简报》及《江苏高教》所载的《尊师颂并序》，尚于"潜研经术觉先知"一首后有注云："1920 年，唐蔚芝先生讲学无锡学前，与三师望衡对宇。（19）24 年夏四月，经秦老先生执中陪同我到西溪唐公馆，又经陆景周老师接待我们，在茹经堂侧书斋行师生礼。老师赠我著作多种。"于"师尊服膺陈兰甫"一首后有注云："番禺陈兰甫先生《东读书塾记》合汉宋学派沆瀣一气，笃实功深，足为后学楷模。"于"幼时熟读宋唐文"一首后有注云："《唐宋文醇》七百篇，每日于读文前先自轮流背诵，日以为常，言教身教，督率后学。"于"光阴迅速如流波"一首后有注云："云听讲在 1924 年 4 月起，距今已六十有一年矣。旧同学都有物故者，不胜今昔之感！1949 年 4 月，无锡解放，经苏南行署批准，国专改名为中国文学院，唐老师仍任院长，王蘧常为副院长。全国院系调整，中国文学院并入江苏师范学院，今又改名为苏州大学，学前街旧址则成立无锡卫生学校。"

　　在国专初建时，曾发生过有人拜唐先生为师，唐先生命他随班上课的事。如现任江苏省中医学院副院长、省中医院院长邹云翔老学长，他在六十年前拜唐先生为师。当时他年已二十八岁，曾任中小学教师多年，唐先生命他和第四期学生一同上课。对在校学生，则不主张举行拜师仪式。

（黄汉文《记唐文治先生》）

5 月 19 日（四月二十七日）　太平洋国民会议中国筹备会开会，会上俞庆棠报告,前请先生草拟之《孔教精义》,允于两星期内交稿。

太平洋国民会议筹备会昨日下午四时开会。到刘廷芳、欧阳心农、俞庆棠、陈立廷等十余委员,陈立廷主席。讨论各案如次:(一)俞庆棠报告,前请唐蔚芝先生草拟《孔教精义》,允于二星期内交卷。(二)议决函催各股专门委员征集材料,以便赶编提案。(三)政府准拨捐款,财部尚未汇沪,准请陈立廷君晋京面催承领。(四)议决函邀教育专家于本星期五下午二时,集议编制教育提案,其通告云:太平洋国民会会期在即,关于中国教育提案亟须编制,事关国际,自须邀请专家共同讨论,兹订于本星期五下午二时在博物院路二十号全国青年协会三楼集议编制,务请台端届时责临,发抒伟见,共同讨论为荷。

(《太平洋会议筹备会纪》,见《申报》1925 年 5 月 20 日第 14 版)

5 月 30 日(闰四月初九日)　下午,先生邀请钱基博来无锡中学演讲国学。

南门外羊腰湾无锡中学唐蔚芝校长特于前日下午,敦请上海约翰大学教授、邑人钱子泉先生演讲国学,听者数百人。讲题为《中学生应学国文之最低限度》,例举《四书通鉴辑览》《诸子文粹》《古文辞类纂》《日知录》数书,每书逐加诠释,并详论研究之方法,穷源竟委,阐发无遗。又历述本人少时读书法程,尤为精采,历两少[小]时之久,听者莫不鼓舞云。

(《无锡中学之演讲声》,见《新无锡》1925 年 6 月 1 日第 3 版)

6 月初(闰四月中旬)　先生等太仓、宝山两县有关士绅,致电江苏省省长郑谦,请求迅筹的款,修治两县海塘险工。

太宝两县官绅,因塘工危险,立待筹修,当由太宝两县知事,邀集地方士绅,于昨日在宝山兵灾协会共同筹议。计到席者江南水利局总办罗树森,太、宝两县知事暨袁观澜、俞惟珏、吴仲裔、洪保婴、蒋恩锡、张曾阶、朱治、许铭范、蒋拯、王钟瓒、金其源、朱鹤皋、金克汉、朱增元、鲍思涵等二十余人。兹将议决案并各机关致省电录下:

(电文二)南京郑省长钧鉴:太宝海塘险工坍陷日甚,霉雨将临,危在旦夕。本日两县士绅集议,佥谓藉省国库预算,本省岁列塘工经费二十万元之定案,应恳迅筹的款,择要修治,免遭溃决。除公推代表,面陈请命外,谨先电达。太宝塘工讨论会唐文治、袁希涛,太仓县议会吴仲裔,宝山县议会俞惟珏等。

(《太宝官绅会议塘工经费情形》,见《申报》1925 年 6 月 3 日第 11 版)

6 月 3 日(闰四月十三日)　私立无锡中学学生杨应麟拾金不昧,先生奖以"见得思义"银牌。

(民国十四年)六月三日,学生杨应麟拾金不昧,唐校长奖以银牌。旧制三年级生、本邑杨应麟因母病还家，途中拾得皮夹一事，中有汇票五百元、钞票数十元，知为人所遗，遂待之。顷失者踉跄至，杨生询其数，悉符，还之。其人感激，酬以数金，杨生慨然曰："我素受师长之训，非其有者，勿取也。"其人大义之，知为无锡中学校学生，于是登报鸣谢。唐校长谓此乃本校道德成绩，赏以银牌，镌有"见得思义"四字。

（《无锡中学校大事记》）

6 月中旬（五月上旬）　先生等太仓、宝山两县有关士绅，再次致电江苏省署，请速指拨经费，修治两县海塘险工。

太仓、宝山士绅袁希涛、唐文治等，以太宝塘工急待兴筑，不可稍缓，特呈省署，请速指拨经费。原呈云：

呈为太宝海塘险工，关系重要，恳请就两县忙漕指抵兴修事。

窃太宝塘工，奉准于国库内年拨工费二十万元，继续五年竣事。上年正在拨款兴修，而战事陡起，工费中悬。照垂竣之工，欠发至八万元左右。其它待修险工，因不能赶紧修治之故，海潮冲刷，奇险陡增，如太境之道塘庙、阅兵台，宝境之东塘退字戎字段、西塘薛家滩、顾隆墩等处，或则坍及塘脚，木石俱无，或则土塘面仅存二三尺，岌岌可危，几难终日。核计工价约需二十四万元左右，而最险之处，必须就霉泛以前先行设法抢堵。前经宝山县议会电呈请命，省长下车之始，洞悉危险情形，业经令行县知事设法救济在案。两县士绅因于本月一日共同集议，佥谓救济之端，首在筹款。太宝塘工经费，苏省国库预算既有年列二十万元，自十三年始指拨，继续五年之定案，现两县最为险要之工，连上年欠发工款，约需三十二万元，应即呈准当局，以两县十四、十五年征起忙漕国税（约以太仓二十万元、宝山十二万元为度），预行借抵。一俟本案核准，即由两县士绅以指抵忙漕勉力担任筹借。再四讨论，舍此别无救济之策。惟今待举之工，急如星火，稍一迁延，势将溃决，但求照此办法，早予定案。绅等为利害切身计，不敢不尽力担任设法筹借，以期克日兴工云。

（《太宝士绅呈请速修海塘》，见《申报》1925 年 6 月 18 日第 16 版）

6 月 26 日（五月初六日）　先生致函谱弟曹元弼，就曹所著之《周易郑注笺释序》进行讨论，并告以馆生庞天爵、陈璧承及钱仲联（萼孙）将去苏州向其问学。

叔彦吾弟同年大人如手：日前接手奉惠书并《周易郑注笺释序》，敬悉一切。书来时适值端午节假，亟命同学读之。上下千古，纲纪人伦，推本生生之义，洞究圣人微旨，吉凶与民同患，贯串群经，发挥微言大义，几无余蕴，自来说《易》者得未曾有。其中说剥、复二卦，其义精极，而以迷复为指纣而言，尤与圣传"反君道也"相合。说晋、明夷二卦与鄙见相合,而以明夷之"利艰贞"为深有望于箕子,晋之"顺而丽乎大明"为文王事纣之顺,皆先儒所未发。深合圣意,曲当人心,可谓石破天惊矣。窃疑《坤·象辞》之"君子有攸往,先迷,后得主,利",所谓"得主"者,亦欲冀君之一悟。小畜、大畜二卦为以阴蓄阳,而《小畜·象辞》"自我西郊",《大畜·象辞》"不家食,吉,利涉大川",皆为勤于事君、不遑暇食之意。故小畜之《大象传》曰"君子以懿文德",即《书》所谓徽柔以懿恭也。至蛊卦爻辞见周公继志述事之意,上九之"不事王侯",明指夷齐而言,则殷为不亡矣。故《象传》曰"终则有始,天行也",此"天行"之义,当指圣人之维持世运而言。剥复卦传天行之义,兼指圣人之维持人心而言。不识尊意以为然否?至大序谓神农以艮为首,黄帝以坤为首,未知何本,便中乞赐示知。原书定价若干,亦祈见示,以便定购。兄不揣冒昧,并拟请印原序一百份,分赠同志及学生,以为开物成务之权舆,老弟谅必许我。该价缓日奉上。

《士虞礼大义》亦已细读一过,沈痛已极,字字血泪,使不孝读之,寸衷肠断矣。现已油印分示同学。此书告成,与世道人心大有关系,必当刊刻,不宜终閟。

拙集蒙允撰序,感甚。此书因李生颂侯等催促付梓,不及细读改正,恐纰缪处甚多,务祈指正,尚可修改,归于无咎,他日冀附大序以传耳。

诸生中有志《易》学者,系庞天爵、陈璧承二人,已将原序交令传观。常熟钱生萼孙,系先师翁文恭公外甥孙,工于辞章,天资卓荦,业经传知,均令于十八日到府晋谒,乞师门详教之。《记》曰"师严然后道尊",近今师弟情谊衰薄极矣,之数生者,皆尚有真性情也。临池拳拳,敬请道安。年如小兄唐制文治稽首。五月初六日。

[虞万里、许超杰整理《唐文治致曹元弼书札编年校录》(书札之二十三)]
按:庞天爵、钱仲联皆为无锡国学专修馆第三届学生,陈璧承未详。

他(按:唐文治)对我的学业特别关切,曾选派我和高年级同学王蘧常、唐兰、吴其昌、毕寿颐等每周一次去苏州曹元弼先生家学习《仪礼》《孝经》。

(钱仲联著,周秦整理《钱仲联学述》)

另外,唐先生办学,教师队伍固然不求庞大,但这多半也受物质条件的限制。到中后期,不但教师数量比初期多出三分之二,国专还用派出去、请进来的办法以补充师资之不足。在初期,唐兰、吴其昌、毕寿颐和我等,先后分派到苏州,拜在朴学大师曹元弼门下,每星期去一次,学《仪礼》《孝经》。

(钱仲联《无锡国专的教学特点》)

6 月 28 日（五月初八日） 无锡中学举行第三届毕业典礼，先生因居忧未往，托长子唐庆诒代表。（据《茹经先生自订年谱·乙丑六十一岁》及《无锡新闻》1925 年 6 月 29 日第 3 版《无锡中学毕业礼纪盛》）

约 6、7 月间（约五、六月间） 先生致函谱弟曹元弼。此前，曹元弼赐赠所著《周易郑注笺释序》百册，供无锡国学专修馆馆生研读，先生于信中"敬代诸生道谢"。

叔彦吾弟同年大人如手：日前馆生回锡，奉读手书，并据述一切，敬稔道体增绥，惟肝阳略有发动，且慰且念。蒙赐《易笺·叙言》百册，为诸生颦读，出自师恩，遵命不复缴价。惟所费不赀，至为歉然，敬代诸生道谢。此书因当日天雨，诸生未克携带，日后或由兄专函遣人领取，或俟开馆后仍由诸生来领，均无不可也。《易笺》全书印价毛边纸若干、毛太纸若干，务祈示及。因探听者多，窃冀广为流传。若欲赠送，后难为继，转不能普及也。承示《易》义数条，兄自惨遭大故后，经义强半遗忘，过蒙奖饰，并指示先儒已有成说，感佩之至。"连山""归藏"二条因委穷源，至为精核，尤佩。

再，兄于暑暇期内馆课略闲，拟从事《礼记》各篇大义，以《注疏》为本，折衷《钦定礼记义疏》，兼采吾弟《礼经大义》，但不识先儒释《礼记》者此外有无善本？前闻任钧台先生有《礼记章句》一书，未识吾弟曾见之否？便中并祈示及为盼。

济生分会捐册一分亦已奉到矣。临池惓惓，敬请道安。年如小兄唐制文治稽首。

[虞万里、许超杰整理《唐文治致曹元弼书札编年校录》（书札之二十四）]

按：上引文中的《易笺·叙言》，即为书札二十三中提到的《周易郑注笺释序》。

又按：此札未署日期。上一札（书札二十三）作于 6 月 26 日（五月初六日），下一札（书札二十五）作于 7 月 28 日（六月初八日），此札之写作日期，当在两者之间。

夏 先生为去年秋因病去世的无锡国专第三班在读学生张光焰作《张生光焰哀辞》。

张生光焰，江阴横塘镇人。癸亥冬，考取无锡国学专修馆肄业，时年仅十四，余初未之知也。甲子秋，遽撄时疾卒。伤哉！伤哉！乙丑夏，其尊人颂康君来无锡，流涕谓余曰："是儿自幼端谨。九岁丧祖母，擗踊如成人；人有来吊者，痛哭答拜之，人咸以为异。性喜读国文，尤好《孝经》、四子书。初入学校，不当意。洎入国学专修馆，闻先生讲《孝经》《论语》，则大喜，曰是真吾师矣。甲子秋，开馆有期，是儿摒挡来锡，乃竟病不能行，忽语曰：'唐先生，方正人也，恨相从晚矣。'临殁之前二日，又时呼唐先生不置。今已矣，当令其兄某来受业,日后为立嗣续,以慰其志耳。"余闻之,不觉涕泗之横流也。伤哉!伤哉!
光焴在馆时,余与谈仅三次。某日,闻光焴病犹上课,余握其手如执热,急命退
息,光焴不肯,余强挥之出,光焴意怏怏。自后有疾,遂秘不告人矣……

(唐文治《张生光焴哀辞》,见《茹经堂文集二编》卷九)

按:上引文中说"癸亥冬,(张光焴)考取无锡国学专修馆肄业",据《茹经先生
自订年谱·癸亥五十九岁》载"(农历)十二月……招新生一班",是为无锡国专所招
的第三班学生。

又按:上引文中叙及,张光焴去世后,其父对先生说"当令其兄某来受业",据
《无锡国学专修学校十五周纪念册·历届毕业生名录》,第五届学生(1927年入学,
1930年毕业)中有张光昶,字曜堃,江阴人,通讯处为"璜塘烛号",即为张光焴
之兄。

夏　张恺帆入无锡中学,得到先生的"熏沐"。

我17岁那年夏(1925年)小学毕业后要升学,因无为当时只有一所中学,
时办时停,经国文教员侯芸圻介绍,我去无锡中学读书。侯先生,字默余,无为
人,无锡国学专修馆毕业,对我很器重。侯先生说无锡中学如何如何好,竭力
动员我和其他同学们到那里读书。

于是,我们一行八九个同学,告别故乡,前往无锡。其中,无为名士绅曹绍
虞(人称"曹百万")的儿子有五六个,如曹国鉴、曹国泰(现庐江小学校长)、曹
国祯、曹国正等。

我们先到芜湖,乘轮船到南京,再转乘火车到无锡。靠侯先生安排,先住
在位于学前街的无锡国学专修馆。暑假终了,搬到位于羊腰湾的无锡中学。

无锡中学是一所很有名的学校,师资力量强,教学设备好.由国学专修馆
的馆长唐文治先生兼任校董事长。唐先生,字蔚芝,时年六七十岁,五绺美髯,
雍容大度,双目已经失明。他国学根底极深,与章太炎先生齐名。他曾参与创
办上海南洋大学(交通大学前身)并任该校校长。著述极丰,有《人格》一书我
读过。唐先生桃李满天下,许多门生后来做了大官、军阀,吴佩孚是其中之一。
他恪守封建道德,行不逾矩,奉亲尤孝,早晚给父母请安,行礼如仪。世传他能
将十三经倒背,我不知道真假,但就我亲见,顺背是有可能的。因唐老先生是
无锡中学董事长,所以每逢星期六,他都要乘四人抬大轿来校讲学。来时,弟
子门生都垂手肃立两旁,毕恭毕敬。他双目失明,坐在讲台上讲《诗经》,背一
段原文,讲解一段。儒家经典,烂熟于心。据说他活到九十多岁才去世的,是
道道地地的孔子信徒。

我在无锡中学读了不到半年，齐（燮元）、卢（永祥）战争爆发，无锡紧张。学生们都要求散学回家，唐先生说："干戈不扰宣诵。待我写信劝齐、卢休战。"军阀间权力的恶斗岂是夫子能排解的。师生们终于离校回家（我十八岁改名张觉非）。

（张恺帆口述，宋霖记录整理《张恺帆回忆录》）

按： 无锡国专毕业生吴孟复曾写有《追怀唐蔚芝夫子》11 首，中一云："我识皖江张恺老（原安徽省委书记张恺帆同志，安徽民间称为'青天'），自言熏沐自先生。为民立命非虚语，越世弥知道义真。"

7 月 28 日（六月初八日）　先生致函谱弟曹元弼。曹元弼委托先生在无锡为北地赈灾募捐，先生向其报告募捐结果。

叔彦吾弟同年大人如手：前奉惠教并书目单，慰稔种切。煌煌巨著，津筏后学，实足以匡救世道人心，无任钦佩。《易笺》全书观成有日，辱荷颁赐，尤深感谢。承示《礼记大纲》三类，内圣外王，道不外此。兄拟从"慎终追远"四字入手，先拟为《祭义》《三年问》两种，近因湿阻，又畏炎歊，尚未能动笔也。

北地疮痍，崧乔侄与郭君驰赴灾区放振，热心好善，钦佩之至。承委募捐，自先后接到捐启，极力说法，冀有以报命。惟锡商任募者仅有五六人，已任募数起，每起多至巨万，少则数千，据云实已焦头烂额，无可再填，自难相强。至某氏昆仲意在营业，兄从前办理湘振及太仓振，并未捐过，亦苦无自进言。因此往月冯梦华同年来函告急，竟无一钱以报。兹仅向施省翁处募得百元之助，特由邮局汇奉，省之原函拊入。捐册两分以奉缴。杯水车薪，疚心曷已。总之处此战争时局，搜括殆尽，捐募一文，难若登天，此同深浩叹者也。

惠序谅将次属稿，早读为快。溽暑郁蒸，祈为道加珍。临池倦倦，敬请道安。年如小兄唐制文治稽首。六月初八。

［虞万里、许超杰整理《唐文治致曹元弼书札编年校录》（书札之二十五）］

8 月上旬（六月下旬）　到馆上课。作《军箴》四卷。

六月下旬，到馆上课……作《军箴》四卷：一《法守》，二《戒律》，三《孟子格言》，四《先贤遗范》，拟作为陆军学校课本。先是，岑宫保云阶名春煊见余所著《人格》，甚好之，谓其中军人格尚嫌简略，宜别为一书。后溧阳周君敬甫名仁寿来书，所见适相合，爰于暑假时茹痛属稿，岑、周二君捐赀印行之。

（冯）振谨案：先生此书，专以胜残去杀、唤起军人爱民之心为主旨；倘军人能笃守之，则中国之可强，世界之杀机亦可稍息矣。

（唐文治《茹经先生自订年谱·乙丑六十一岁》）

托沈炳焘在长沙印《性理学大义》。

托沈君健生在长沙印《性理（学）大义》。惜校对乏人，鲁鱼之误甚多，可惜也。

（唐文治《茹经先生自订年谱·乙丑六十一岁》）

三儿唐庆增在美国哈佛大学毕业，获经济科硕士学位，农历六月底回国。（据《茹经先生自订年谱·乙丑六十一岁》）

9月11日（七月二十四日） 无锡县署奉省署令，分函知照先生及孙鹤卿、杨翰西，先生获教育部一等奖章，孙鹤卿、杨翰西获教育部二等奖章。

无锡学宫内之国学专修馆，系由邑绅唐文治、杨寿楣、孙鸣圻等出资维持，钻研国学，嘉惠士林，更建筑尊经阁。上年由县署具呈省署，咨部转呈给奖。刻已奉令核准，唐文治给予一等奖章，孙鸣圻、杨寿楣各给予二等奖章，业已由部将凭单三份，咨送省署，特令无锡县署转发。县署奉令，昨已分函知照矣。

（《立学尊经之奖励》，见《申报》1925年9月12日第11版）

9月12日（七月二十五日） 孙唐孝宣生，唐庆诒出。（据《茹经先生自订年谱·乙丑六十一岁》及《忆往录》）

9月中旬（七月下旬） 先生等太仓旅沪同乡会成员特制匾额、银盾，遣人分送至上海各路商界总联合会等处，以答谢他们在去年兵灾中对太仓难民的救济。

太仓旅沪同乡会以上年江浙战争时，同乡纷纷逃难至沪，承上海各路商界总联合会设立收容所，尽力救护，并募捐赈济，受惠颇深，目前地方原[元]气已复，特由会长唐文治、项尧仁、吴钟秀等备就金匾一方，文云"行道有福"，银盾一具，文云"恻隐为怀"，于昨日上午由吴挹峰、朱恺俦、吴仲斋三君，亲送至会，以表感谢之意。商总会袁会长适因公外出，当由会董蒋梦芸、王延松、虞仲咸、谢三希、潘冬林等接待。□□再三，方始接收，并款以茶点，畅谈而回。

（《太仓同乡答谢各路商联会 为去年救护难民》，见《申报》1925年9月13日第15版）

太仓旅沪同乡会以去秋浏河惨遭兵祸，凡灾民之避难来沪者，幸赖各慈善家之尽力救护，如联义善会、纱业公所、各路商界总联合会、新闸九路商界联合会、周佩宜君等，则设所收容；如纱业公会，则以余屋让与同乡会组织兵灾救济会，租金费用，悉尽义务。他如程霖生君、纱布交易所经纪人公会则慨捐巨款以援助。兹经会长唐蔚芝、吴挹峰、项惠卿制就匾额、银盾，由吴挹峰、朱恺俦、徐让之、吴仲斋等连日分乘汽车，亲诣各处投赠，以代灾民伸谢救济之厚谊云。

（《各同乡会消息》，见《申报》1925年9月15日第15版）

9 月(七月)　先生编辑《国文经纬贯通大义》,并于本年内刊行。

九月,编辑《国文经纬贯通大义》。余初编读文法,次第推广为四十四法,命名《经纬贯通大义》,口授诸生熟读之。盖余向主道德教育,迨阅历世变,始悟性情教育为尤急。《论语·阳货》篇详论人心风俗之本,第二章特言性相近,其后即言闻弦歌之声,命小子学诗,伯鱼为《周南》《召南》;又答宰我问三年之丧,皆性情教育也。厥后子思子作《中庸》、孟子作七篇,皆本此意。故居今之世,教授国学,必须选择文章之可歌可泣、足以感发人之性情者,方有益于世道也。

(唐文治《茹经先生自订年谱·乙丑六十一岁》)

往者余询桐城吴挚甫先生:"公交游遍天下,今世作者共有几人?"先生抚然有间,曰:"凡握管为文者夥矣,以云内家,吾未之见也。"余讶其言之过高,且意所谓内家者,审命意尔,辨性质尔,析理与气尔。厥后课徒二十年,稍有阅历,忽豁然有悟,知吴先生之言启我。乃编读文数十法,名曰《国文经纬贯通大义》,用以开示诸生,指拗奥义云。

(唐文治《国文经纬贯通大义自叙》,见《国文经纬贯通大义》卷首)

按:《国文经纬贯通大义》八卷,无锡国学专修馆 1925 年刊本。上引《茹经先生自订年谱》中说"余初编读文法,次第推广为四十四法,命名《经纬贯通大义》",这四十四法是:局度整齐法、辘轳旋转法、格律谨严法、鹰隼盘空法、奇峰突起法、两扇开阖法、段落变化法、一唱三叹法、逐层驳难法、空中楼阁法、匣剑帷灯法、万马奔腾法、凄入心肺法、说经铿铿法、逸趣横生法、短兵相接法、光怪离奇法、倒卷珠帘法、布局神化法、响遏行云法、摹绘炎凉法、摹绘英鸷法、摹绘激昂法、摹绘旖旎法、刻画物理法、钟鼓铿锵法、俯仰进退法、皎洁无尘法、心境两闲法、画龙点睛法、风云变态法、典缀华藻法、层波叠浪法、典重皇皇法、追魂摄魄法、洸洋诙诡法、高瞻远瞩法、翕纯皦绎法、叙事精炼法、硬语聱牙法、选韵精纯法、议论错综法、炼气归神法、神光离合法。每法下均简要说明适用何种文类及写作要点,又选文若干篇。全书共选录历代文章 237 篇,每文后均有作者的评点文字。

又按:上引《茹经先生自订年谱》中说"余向主道德教育,迨阅历世变,始悟性情教育为尤急",所以该书之选文立足于"选择文章之可歌可泣、足以感发人之性情者",正是为了贯彻性情教育的宗旨。1926 年,先生在《〈南洋大学三十周纪念征文集〉序》一文中,进一步阐发了他的性情教育的思想:"南洋觥觥乎一大团体,何莫非性情中事耶? 故夫有真性情而后有真学问、真事业。余向主道德教育,及今思之,与其为道德高远浑噩之谈,毋宁言性情教育悱恻感人为得也。方今世界横流、人心陷溺,非性非情机括百出,教育之道当在启迪良知,使之油然蔼然不能已。有子谓君子务本,本立道生;孟子谓恻隐羞恶辞让是非,为仁义礼智之四端,此皆性情教育之原理也。试观古来有真学问、真事业,曷尝不根于真性情? 慈祥恺恻之人,长言永叹,播为诗歌,或发为文章,格豚鱼,开金石,千载下读之,有令人感泣不已者,隔形骸不隔精神也。"陆振岳在《无锡国学专修学校述略》一文中,认为在先生的教育思想中,"既有理论意义,又有实践意义,而且具有开创性的,是他的性情教育之说","特别应当一表而出之"。

先生作《先考府君事略》一篇,并石印手书《格言》一卷。(据《茹经先生自订年谱·乙丑六十一岁》)

10 月 14 日(八月二十七日) 在先生发动下,私立无锡中学全校学生出发,分赴杭州、镇江进行秋季旅行。

南门外羊腰湾无锡中学校校长唐蔚芝君,因出外旅行足以增进学生之学识经验,际此秋高气爽,特举行秋季旅行。其目的地为杭州与镇江二处。全校学生分二批出发,一律穿新制服,定今日上午出发云。

(《无锡中学之秋季旅行》,见《新无锡》1925 年 10 月 14 日第 3 版)

10 月 20 日(九月初三日) 五省联军总司令孙传芳致电先生等各界著名人士,称"现除督率各军前往晓谕,并将彼方羽党畏罪潜离之各职酌委人员,维持秩序外,所有苏省各政悉循原状。一俟全省底定,出师任务告终,当再博访贤能,共图治理"。

南京魏梅荪、仇徕之、邓孝先生生,通州张啬公先生,苏州张仲仁、费仲深、钱强斋、严孟繁、王丹揆先生,泰兴韩紫石先生,扬州马隽卿先生,镇江冯梦华、马湘[相]伯、冷御秋先生,无锡杨翰西、唐蔚芝先生,松江陈陶遗、沈思齐先生,常州董绶经、徐果人先生,上海黄伯雨、袁观澜、黄任之、沈信卿、史量才、张君劢、李平书、陈葆初、金左临先生,北京庄思缄、曹润田、颜骏人、赵剑秋、言仲远诸先生,顾少川先生,张家口钮惕生先生均鉴;各省各法团、各报馆均鉴:传芳此次出师宗旨,业于铣电宣布,用再谨告我苏省父老昆弟曰:苏省去年两遭兵燹,元气大伤。传芳目击民艰,痛心世乱,首倡废使迁厂、上海永不驻兵之议,中央据以颁布,明令传芳亦即自动撤兵,事实彰彰,当为我全省父老昆弟所明白记忆。乃好事之流,我退人进,彼东北之奉军,突乘五卅惨变、国人饮泣之时,飞扬南下,耀武沪滨,宣布戒严,敌视民众,显违命令,蔑视舆情,横暴恣睢,于斯为极。传芳顾念和平,百端容忍,以为公论势在难容,政府亦当诰戒。乃彼方恃其强暴,咄咄逼人,忽而逼走卢使,忽而易置苏皖两督,忽而邢旅扩充成师，忽而设置防守司令，以及津浦沪宁护路总司令之声，甚嚣尘上；今且有大购外械、大借外债之密谋暴露。各方同志，既以养痈贻患之义，来相督责；东南军民，尤切与汝偕亡之愤，愿为前驱。传芳叹病毒之已深，舍刀刲其莫救，万不得已，用组联军，师行所至，父老塞途观听，官绅备致同情，民意所归，将士用命，五日之内，江南肃清。惟耿耿初衷，只在禁暴救乱，果彼方能早自悔祸，传芳亦何必重劳我军民。现除督率各军前往晓谕，并将彼方羽党畏罪潜离之各职酌委人员，维持秩序外，所有苏省各政悉循原状。一俟全省底定，出师任务告终，当再博访贤能，共图治理。苏省为人文荟萃之邦，果使协力同心，锐意生聚教训，宁独东南和平大局，从兹确定，即全国民治进步，亦于是肇基。传芳不敏，谨标此义，愿出共勉。军次辞意不宣，尚祈谅察。孙传芳。号。

（《南京孙传芳通电》，见《申报》1925 年 10 月 23 日第 4 版）

按：在代日韵目中，"号"为 20 日。

10 月 23 日（九月初六日）、11 月 3 日（九月十七日）　先生两次致函谱弟曹元弼，告以馆生黄谟泰、黄谟沁、庞天爵、徐玉成、钱仲联（萼孙）、张寿贤等六人将去苏州向其问学。

叔彦吾弟同年大人如手：奉八月廿九日惠函，藉稔道体时觉违和，加以足疾新瘥，诸须调摄，且慰且念。吾弟此次阶间颠仆，固由目疾所致，但因齿痛牵动肝阳，恐头晕在所不免。万望此后出入，必须倩人扶持为宜，是所企盼。

《隐贫会旬刊》尚未收到，尊著《圣诞祭文》迄未得读，倘有底稿留存，乞赐寄示为荷。承谕馆生定十八日晋谒，业经传知饬遵。现在道体尚未康复，请讲学略加指点，勿过劳神为祷。拙稿蒙签注，得依据增改，实获我心，尤感。《笺释》及《易》《礼》等三学次第观成，嘉惠士林，为功非浅，出书之期已转告同人矣。

临池惓惓，敬请道安，并颂痊祉。如小兄唐制文治稽首。九月初六日。

［虞万里、许超杰整理《唐文治致曹元弼书札编年校录》（书札之二十八）］

叔彦吾弟同年大人如手：前布寸笺，计登签掌。目下风云傲扰，长江以南尚可苟安。秋高气爽，道体谅必健康，无任驰系。

本馆现在甲班生颇多志愿习《礼》者，内有黄谟泰、黄谟沁、庞天爵、徐玉成、钱萼孙、张寿贤六人，品诣诚笃，学问亦颇能精进。该生等仰瞻道范，向慕綦殷，未识左右能否收录。倘蒙俯允，拊列门墙，乐育有何既极，而《礼经大义》得继续传薪矣。可否之处，敬祈先赐复示，以便传知，定期晋谒，是所感盼。

临池惓惓，敬请道安。年如小兄唐制文治稽首。九月十七日。

［虞万里、许超杰整理《唐文治致曹元弼书札编年校录》（书札之三十）］

　　按：黄谟泰、黄谟沁、庞天爵、徐玉成、钱仲联（萼孙）、张寿贤均为无锡国学专修馆第三届学生。

　　11月14日（九月二十八日）　先生致函谱弟曹元弼，对其赐赠《易笺》《周易学》《礼经学》《孝经学》及《周易郑注笺释序》等表示谢意。

　　叔彦吾弟同年大人如手：日前诸生回，述悉道履康和，起居佳胜，深以为慰。

　　蒙惠赐大著《易笺》二十六册，《周易学》《礼经学》各四册，《孝经学》一册，拜领之下，如获异宝。俟休暇时即当尽力读之，必可牖我愚蒙也。又承惠赠诸生《易笺序》九十六册，业已分交在馆诸生并王生瑗仲、蒋生石渠等。乾坤生息之机实寓于此，当将此意宣扬诸生，均谨祗领，望风叩谢。另购之《周易学》《礼经学》各二部亦均收到。并面训诸生，日前除经训外，本无所谓学说，他日传授，总当以师训为根本，强立不反。诸生尚能领会。书价俟随后即行奉上。前拟奉赠拙著《文集》二部，业已包好，诸生动身时偬促，竟忘却带奉，当俟下月十七日一并上呈。

　　兄迩来精神日益恍惚，良用自叹。本馆甲班诸生行将毕业，讲贯阅卷，倍觉忙碌。《礼记·祭义篇》略为札记，须俟年假时方能整理写出。合并附闻。专此布谢，敬请道安。年如小兄唐制文治稽首。九月廿八日。

　　[虞万里、许超杰整理《唐文治致曹元弼书札编年校录》（书札之三十一）]

　　12月8日（十月二十三日）　先生等致电江苏省省长及省财政厅厅长，请其转令江阴县从速照案拨付以工代赈经费，用于建造澄锡马路。

　　邑绅唐蔚芝等，前曾倡议以工代振，建筑澄锡省道，当经呈由郑前省长核准，允即拨给工振费十二万元，并指令江阴县王知事先行筹拨第一期工振费三万元。惟前此仅领到现款五千元。近因农隙工振之时，购地施工，殊属急不容缓，昨特电请南京陈省长、李财政厅长，转令江阴县从速照案筹拨，以济工程而重振务。

　　（《请拨澄锡省道工振经费》，见《申报》1925年12月9日第9版）

　　12月14日（十月二十九日）　先生致函澄锡省道筹备主任华文川，对无锡士绅杨翰西、蔡文鑫等主张请兵工修筑澄锡马路，认为此事流弊滋多，必须郑重注意。

　　澄锡马路前于春间由两邑士绅，以两邑惨遭兵祸，被灾甚重，呈准军民两省，以工代振……近由邑绅杨翰西、蔡兼三具呈孙总司令，请兵工筑路，并托邑人之任浙方军职者，力为提倡，以期速成。惟市总董钱孙卿以兵工筑路问题，在今日似尚过早，其意见有二：（一）际此战争之世，军事当局方力谋扩充兵额,积极备战,断无余力用之地方;(一)筑路果令工兵为之,则待遇官长、给养兵士,其费用恐反较雇工为大,倘一有疏,所适足以酿大患。有此两点,故兵工筑路一事,恐尚难成事实。昨日又有邑绅唐蔚芝,致函澄锡省道筹备主任华艺三,以此事流弊滋多,请郑重注意。原函云:

> 澄锡筑路事,翰西、兼三两先生有用兵工之议,如果确实,弟略有刍荛之献。去年弟拟刘河以工代振,经王丹老诸卢子嘉督办,有酌用兵工之议,当时弟婉言谢绝。因用兵工,不独与工振不符,且此项军人无论在伍与否,或招已散之兵,万一约束稍疏,流弊何堪设想。从前刚子良在苏用兵工开河历史,思之可为寒心,况现在闾阎喘息未定,闻兵之一字,即不免仓皇转徙,地方感情,尤宜兼顾。迂疏之见,是否有当,务祈先生与翰西、兼三两先生妥商,至深感荷。(下略)

（《邑绅对兵工筑路之意见》,见《申报》1925 年 12 月 15 日第 9 版）

按:上文载先生致华文川函,亦见 1925 年 12 月 15 日《新无锡》,题作《唐蔚芝对于兵工筑路之主张》。

12 月 20 日（十一月初五日） 江苏省省长陈陶遗在南京召集各县士绅、法团领袖开政务会议。此前,无锡士绅杨翰西分电苏、镇、昆、常、丹、江各县士绅,定于 19 日在南京先开预备会,交换意见,议定方案,俾于大会时提出讨论,先生亦在被邀之列。先生乃致函杨翰西,以目疾辞之。无锡士绅钱孙卿临去南京前,曾走访先生以征求意见。先生表示"对于省政,主张苏人自治";并赞同钱孙卿意见,对自明年起加征赋税一事表示坚决反对。

> 陈省长定于二十日,在宁召集各县士绅、法团领袖开政务会议,以期解决苏政。锡、武、苏、昆、镇、丹、澄七县士绅,拟于先一日在宁开一预备会,俾便一致。锡绅杨翰西已先期到宁,钱孙卿则于十九日上午搭车往宁。钱君以唐蔚芝亦为被邀列席之一,特走访征求意旨。唐君对于省政主张苏人自治;至于如何计划,悉听大会议决,不欲参加意思。钱君以近日省方拟定于十五年一月起加征赋税,漕米每石加征一元五角,本人对此绝端反对,唐亦颇然其说,嘱□出席时,联合各县一致坚持。

（《邑绅对政务会议之主张》,见《申报》1925 年 12 月 20 日第 9 版）

> 五省联军总司令孙传芳、代理省长陈陶遗,日前分函各法团暨各县士绅,定期本月二十日在宁召集政治会议。邑绅杨翰西接函后,业已分电苏、昆、镇、常、丹、江各县士绅,定期十九日在宁先开预备会,交换意见,议定方案,俾于大会时提出讨论。其详已迭志本报。兹悉此次南京政治会议之重要议案,仍系

财政问题。本省战事以后,军政各费年内不敷甚巨。日前已经李财厅长召集各税所所长在宁会议,结果对于原比额均略有增加,并规定收数不满九成以上者,即行撤委云云。惟预算年内军政各费尚属不敷,故拟召集各县士绅,协商办法。闻将加征各县田赋冬漕,每石加征一元,忙银每两加征五角。其理由为:所征忙漕改征现银,尚系民国元年所定,核之现在米价,相差甚巨,故拟实行加征,以裕税收。邑绅钱孙卿对于此项加征办法,认为不甚合法。其所持理由,谓本省江南各县田赋,较之江北各县所征之数,已经较重,在理应先均赋。而本省军政各费,如能加以整顿,业已敷用,故无须增加人民负担。如欲实行加征田赋,非特毫无理由,且无加增可能。故拟于十九日预备会时提出讨论,俾各县一致力争,打消此项办法云。

邑绅唐蔚芝日前接到通函后,因患目疾,不能赴宁出席会议。特致函杨翰西君云:"翰西先生大鉴:敬启者,本省行政会议一事,先生谅必出席。弟以目疾频仍,未克前往。从前对于韩、齐请函,亦多用信函发表意见,随时条陈。此次台驾莅宁,务祈代为致意。诸同人倘有议案,并祈钞示一份,俾资接洽,而便研究。至深感荷,专此,敬颂勋绥。弟唐文治。"

(《苏省政治会议消息》,见《无锡新闻》1925 年 12 月 19 日第 2 版)

12 月下旬(十一月中旬) 因无锡米价腾贵,先生致电五省联军总司令孙传芳及江苏省省长陈陶遗,请求其严禁出口,并平定米价。

邑绅唐蔚芝以米价腾贵,小民粒食维艰,推其原因,实由于私运出口,特电请五省联军总司令严禁出口,并平定米价。原电云:"南京孙联帅、陈省长大鉴:近日米价腾贵,沪上每担至十四元,苏锡各属产米之区,亦达十一元。推其原理,弊在出口。米价既高,物价随之踊贵,小民负贩,困苦难堪,甚至流为盗贼,或竟作饿莩,尤深悯恻。今岁如此,来年青黄不接之时,何堪设想?闾阎生计日促,隐忧方大,应请左右俯念民艰,一面严禁出口,一面出示平价,地方幸甚。"

(《电请平定米价》,见《申报》1925 年 12 月 24 日第 7 版)

12 月(十一月) 先生及长子唐庆诒检视整理先人遗集,先生并作《家祠藏书谨志》及《家祠藏救生绳谨志》。

十一月,谨检先人遗集,作《家祠藏书谨志》及《藏救生绳谨志》。

(唐文治《茹经先生自订年谱·乙丑六十一岁》)

乙丑冬十一月,督大儿庆诒稍稍整理。考先世,自良鼎公后自七世祖宏任公,始留手泽,存册页中。六世祖南轩公、五世祖墨池公始著诗文。吾父继墨池公而起，生平孳孳文学，所存以诗赋为多。兹谨分为三类：曰遗著类，先人所自著也；曰遗钞类，手辑及亲钞者也；曰遗籍类，则旧藏披览者也。呜呼！追忆吾父，深宝先世遗书，尝指《渔洋菁华录》示文治曰："此墨池公旧藏也。"又尝指《周官精义》曰："此汝祖父读本也。"遗书虽不多，然皆先人心血之所寄也。至今念之，曷禁涕泪之浪浪也。谨录书目如左云：

遗著类（附杂记）

南轩公：《吟秋遗稿》一册、《续吟秋稿》一册。

墨池公：杂著一册、诗稿二册。

若钦公：赋稿四册、诗稿六册、《行年录》二册、避难等日记一册、遗嘱一册、家书八册、《长孙留学美国记事》三册、《三孙留学美国要言》一册、《闻见杂志》一册、杂记一册、《行素田园录》一册。

遗钞类

先世遗泽一册。

墨池公：《爱莲居丛钞》八册。

翼亭公钞：《圣谕广训》一册、《唐氏宗支》一册、《沿海地图》三册、《国朝娄江诸生谱》二册、《纲鉴易知录》一册、《高厚蒙求》二册、《篆文汇韵》一册、《守城临军事宜》一册、《药性总义》一册。

若钦公辑：《陆桴亭先生遗书》二十八册、钞王弇州先生读书后一册、《乡先贤遗著》一册、《梅村诗摘钞》一册、《王学质疑》一册、《明辨录》一册、《先哲格言》二册、《周易故训订》二册、《雕虫篆刻》一册、《诸君散帛》一册。

遗籍类

墨池公藏：《渔洋山人菁华录》四册、钮玉樵《临野堂集》二册、《觚剩》二册。

翼亭公藏：《周官精义》三册。

若钦公：临吴挚甫《古文尚书评点》一册、临张皋文《汉书评点》十六册、五臣注《文选》二十册（评人未详）、元板《李忠定公奏议》十册、经训堂原刻《吕氏春秋》六册、《困学纪闻》十二册、《历朝赋钞》十册、《赋学正鹄》六册。

（唐文治《家祠藏书谨志》，见《茹经堂文集初编》卷五）

1926年(丙寅 民国十五年) 62岁

上年底至本年初 先生数次致电江苏省省长陈陶遗及省财政厅厅长,请求将本年忙漕一律普减三成,实征七成,以苏民困。

(一)南京陈省长、李财厅长大鉴:送据太仓同乡函电称"本年棉花因风雨不时,收成歉薄;稻田虫灾奇重,荒象更甚。前据县详,普减一成八厘,民力实有不逮。恳转电请将本年忙漕除剔荒外,一律普减三成,实征七成,以苏民困"等语。查太邑两遭兵灾,困苦已极,若照县详开征,深恐徒事追呼,无裨实际。应请仁台俯念民艰,准将该县本年忙漕,除剔荒外,按照普减三成征收,为闾阎稍留元气。除电县再行呈请外,特肃电呈,伏祈垂察核准示复,曷胜感叩。唐文治。宥。快邮代电。

(二)南京陈省长、李财政厅长赐鉴:奉厅函谨悉,太仓本年虫灾,确系极重,即花、稻未经受伤之处,亦系歉收,况今春重被兵灾,闾阎凋敝已极。今除剔荒外,按照八成二实征,似于民间疾苦,尚或未能周知。文治于地方事向不敢妄有干求,惟为民请命之诚,亦不敢不以实情上达。两公辱在乡谊,当蒙俯鉴。昨接该县知事来函,悉目下尚未开征,应请迅速派员复查,究竟文治及诸同乡之言是否虚诬,再请卓夺办理。民生幸甚,地方幸甚。唐文治。豪。

(《唐蔚芝致省长财政厅电》,见《申报》1926年1月7日第13版)

按:在代日韵目中,"宥"为26日,"豪"为4日。

1月22日(乙丑年十二月初九日) 江苏省教育会召开干事员会议,会上报告先生来函,赞成该会联治省宪之意见。(据《申报》1926年1月24日第7版《省教育会干事员常会记》)

按:《江苏省教育会月报》1926年1月号载《唐蔚芝君复函》:"敬复者,接奉公函,敬审种切。联省自治一事,洵为目今切要之图,鄙人深表赞同,应如何进行之处,并祈随时赐教为盼。专复,敬颂公绥。(二十日)"此即《申报》报道述及的先生来函的全文。

1月25日(乙丑年十二月十二日) 交通部南洋大学校长凌鸿勋致函先生,请其为美国教员毕登任职出具服务证书。1月27日,先生复函凌鸿勋,请其代为办理。

(1926 年)1 月 25 日　凌鸿勋为美国教员毕登任职出具《服务证书》一事致函唐文治。美籍土木科教员毕登(Wm.E.Patten)于 1911 年应唐文治校长之聘来校任教,1921 年改组交通大学时随土木科迁唐山学校任教;此人现在唐山大学聘期已满,回国之前,提出希望唐文治校长为其出具曾在本校工作的《服务证书》。27 日,唐文治复函凌鸿勋,应"发给毕登《服务证书》",并请凌"劳神办理""代为签字"。30 日,凌鸿勋签发该《服务证书》。

[上海交通大学校史编纂委员会编《上海交通大学纪事(1896—2005)》]

2 月 17 日(正月初五日)　先生率妻、子赴浏河,为父亲唐受祺营葬。

正月初五日,率内子、庆诒、庆增、庆永等赴沪,坐汽车赴刘河,为吾父营葬。时连日阴雨。初七日,悬棺入窆,天适大晴。刘河亲友送葬者二十余人。陆君勤之自太仓来,李生颂韩自新塘市来。而王君炽甫,先两日自太仓至刘河,秤灰督工,俱请其主持。初七、初八两夜,均至三鼓始卧,感激之至。初九午前圆珠,一切工程,均与葬吾母同(吾母圹起视时,毫无损坏,炽甫云此上等工程也)。谨作简志,命庆诒书方砖上,纳于圹首。午刻,痛哭别墓。是晚,住塘工局。初十日,赴澛漕省墓。

(唐文治《茹经先生自订年谱·丙寅六十二岁》)

民国十五年,二十九岁。一月五日,随双亲赴浏河,为先祖营葬。亲友送葬者,凡二十余人。吾父撰简志,命余书方砖上,纳于圹首。

(唐庆诒《忆往录》)

2 月 23 日(正月十一日)　先生回无锡,作《再续蔚蒿哭》12 首。

十一日,回无锡,作《再续蔚蒿哭》十二首。

(唐文治《茹经先生自订年谱·丙寅六十二岁》)

3 月 4 日(正月二十日)　无锡国学专修馆开馆上课。(据《茹经先生自订年谱·丙寅六十二岁》)

按:《茹经先生自订年谱》中原文为"三月二十日开馆上课","三月"疑为"正月"之误。查该年谱其他各年,无锡国专开馆上课日多为正月二十日。

3 月 17 日(二月初四日)　因无锡米价连日暴涨,先生致电五省联军总司令孙传芳,请其速饬各县开放积谷,办理平粜;一面严禁私运出口,并速饬各处商会议平米价,更应疏浚来路,急筹源源接济之方。

无锡米市在最近一月间连日暴涨,存底既枯,来源又少,而沪、常各帮复来锡动办,一部份之奸商,又分批运往南通转轮出口,故米价之贵,为从来所未有。食米已无真确市面,不仅南北不同,即同在一段,而各家亦异,有十三元八角者,有十四元一石者,最昂者竟达十四元二角。此不过十七日一日之市价,后尚须续涨,以致百物腾贵,生活艰难,一般贫民,莫不惊惶。兹悉各方面筹议救济计划,分志如下:(一)邑绅唐文治昨日电致南京联军总司令孙传芳,略谓:日来米价飞涨,上海每石已至十六元,内地已至十四元以外,势且有加无已。小民粒食维艰,困苦万状,似此情形,恐酿成抢米风潮。至五六月间,更有饿莩载道之虞,何堪设想?应请速饬各县开放积谷,办理平粜。一面严禁私运出口,并速饬各处商会议平米价。而其尤要者,在疏浚来路,急筹源源接济之方。是否有当,敬候卓夺施行。

(《救济米荒之各方消息》,见《申报》1926年3月18日第9版)

4月17—22日(三月初六—十一日) 《新无锡》分四次连载《进修学约》。此学约系由外地友人寄送先生,再由先生转寄邑绅杨楫。先生并于致杨楫信中,嘱其转商其他邑绅,共同发起进德会。

邑绅杨君石渔昨接唐蔚芝君来函,略谓"日前由王丹老处转寄张仲老送来《进修学约》印品,属于无锡集合同志,设立一组。弟因馆务较繁,未克趋谒。特奉上学约六分,敬请转商丹翼、筱荔、霄纬诸君子,共同发起,至深企盼"云云。并附《进修学约》,由杨君转交本社,请为按日披露。故将原文转载如下:

进修学约

(进德类)中国言权利久矣。然言之二十年,而国度之低落,如彼人格之堕落。如此亦足见宗旨之不合,而趋向之必宜改变矣。道德废弃,人皆有攘权夺利之心,于是人格遂卑鄙,不可复问。聚群卑鄙无人格之人而成社会,而谈政治,外界激逼,未有不当之而辄靡者,尚何增进国度之可言。一国一省一邑一乡,范围不同,理势则一。不能自强,任人宰割,不过彼善于此,其宰割之程度有甚与不甚而已矣。欲图自强,其挽救之法,非先自讲求道德、尊重人格入手不可。兹举其大纲如左:

一曰公私之对也。人人顾私利而不顾公益,甚至借公益之名而营私利之实,此公益之所以不能发展,而公共团体之名且为人所唾弃、所疾视也。今请为之约,曰:当洁己以徇公,不假公以利己。

二曰诚伪之对也。无诚意者,自欺欺人,在己既徒劳而无益,对人亦欲盖而弥彰。坦坦白白,脚踏实地,自然真一无间。今请为之约,曰:不浮慕以欺己,不巧诈以欺人。

三曰勤惰之对也。天下事无不成于勤而败于惰,日进不已,何事不成。以之填山移海可也，以之卧薪尝胆亦可也。否则志气昏昏，毫无振作，亦终于劣败而已矣。今请为之约，曰：爱惜有用之精神，勉励无穷之事业。

四曰俭奢之对也。用财无节，则取财必不能有道，骄奢淫佚，供亿无穷，于是败廉丧耻，卖国祸乡而不恤。近今各种罪孽，皆由穷奢极欲而起，以故救时之策，尤以俭为第一要义。今请为之约，曰：不取苟且与非分之财，不用奢靡无益之费。

（修业类）孔门四科，德行而外，则有言语、政事、文学。习斋讲学，亦曰兵农礼乐，盖体用不可偏废也。日谭性理，而于世界大势、国内政治懵然不知，岂非坐废？况举世大通理义，物质层出不穷，一人精力固难偏[遍]及，然不能无一物之不知，亦不可并一物而不知也。经史大义，文章正宗，幼而习之，温寻不已，其他要当各认一门，专精研究。兹举其大端如左：

一曰财政。财用为百事之命脉，财政不讲，则百事不能进行。收入几许，支出几许，何者当损，何者当益，一一穷其原而竟其委，推而至于全国之大计，各国之良法，亦无不讲明而切究之。第财政以条理为主，非徒以搜刮为能，此则一定不易之理也。今请为之约，曰：量入为出，仍守先王制用之经，酌盈济虚，无为民力难胜之事。

二曰军政。世乱方亟，日日在危险之中，即不能不人人为防御之计。若何聚集，若何训练，若何料敌，若何应机；山川险易，若何周知；器械刍粮，若何储备，皆非可卤莽草管[营]以从事者。兵以卫民，非以厉民，尤至要之意也。今请为之约，曰：有文事必修武备，勿但为纸上之空谈；卫社稷而执干戈，无徒逞域中之私斗。

三曰教育。人才为国家之根本，学校者人才之产生地也。先知觉后知，先进掖后进，责任何等重大，科目何等繁多。本来之国粹，何以保之；世界之潮流，何以应之。孳孳矻矻，以期一己之自修；勤勤恳恳，以冀他人之共进，此非可为苟且衣食之资、把持门户之计也。今请为之约，曰：学有本源，宜端身范以维士习；事归实际，无荒正业而惊虚声。

四曰实业。利用厚生，见之于业；务财、训农、通商、惠工，见之于传。是实业为从古之所重，况国界大开，生活骤进，经济灭国，慄慄堪虞。若不求生利之方，仍以不耕而食、不织而衣为习惯，则由穷窘而灭亡，可立待矣。今请为之约，曰：人生贵自立，无徒耗天地之资粮；儒者善治生，始不愧四民之表率。

（会刊类）月出一编，会友发表意见，于此登载。非会友有投稿，本会认为宗旨相合者，各书报论载有足资效法者，均得载入。但不含各种作用。今请为之约,曰:对于社会尽劝导之责,对于当事进匡助之言;不对个人攻讦阴私,不为同志鼓张权利。

会友规约:

(一)本会以整洁身修、预备实用为宗旨,须有淡泊宁静、艰苦卓绝之志愿,始能入会。(二)介绍入会者,须真知其人宗旨行谊,足与本会相合,始为介绍。否则无庸勉强。(三)本会不设会长。凡在会者皆为会友。但道德、学术、年龄、行辈有应施敬礼者,须施以相当之敬礼。(四)会友须时常聚晤,以联气谊。遇有疑难,互相商质,互相救助。远道者时常通函或订期约集。(五)学术须合新旧而治之。第守旧闻,无当也。英俊颖异、博大宏通者,尤所欢迎,藉资攻助。但本会规约,必须遵守。(六)会友各备日记一册,逐日登记,以备互相考证。(七)创立伊始,先依地势之便利,每处自为一组。例如江宁则由梅村、孝先、继恒约集同志先为一组,苏州则由仲仁集合同志先为一组。但必互相通信,江宁则暂以(继)恒处为通信处,苏州则暂以仲仁(处)为通信处。通函各地,请其约集,俟人数较多,再议开成立会。其会刊,亦俟开成立会后定之。(八)修业诸类,范围甚广,但必分任一门。于所认一门中各自组合,互相研究。(九)每日必有一二时之静坐。(十)卧起以时。卧以九、十时为断,起春夏以五六时为率,秋冬以六七时为率。(十一)用度有节。衣服、饮食、居住以爽适清洁为主,不求华赡。款客不妨脱粟,广筵高宴,力戒非宜。(十二)婚丧以礼,宁俭无奢。近来无论何事,动辄发帖,甚至有数千里外寄递者,尤属陋习。(十三)约会以时。逾约不至,甚至数时之久,废事荒功,莫此为甚。(十四)不诳语。日记所书,亦期翔实,不当讳饰。(十五)不吸纸烟。此虽细事,然每年耗费,将及万万,岂非妖孽?鸦片仍然盛行,又加此一重巨费,岂可不禁?(十六)拳术宜习,活动身体,平和心气。(十七)略习音乐。此非尽人所能,然最足以愉悦心神,遣息忧虑。(十八)家庭间宜有小园圃,略植花树蔬果。拳术、音乐、园艺三条,不必强也。(十九)会刊每月一出,或间月一出,依组轮值。譬如第一刊轮江宁组,则由江宁组先期征集资料。各会友有论著,悉寄江宁。先发数题,征集论著,以便依据,庶易集合,但并不以此拘束之。其他各组仿此,以次递推。

以上粗拟底稿,并非定本,尚求逐条察阅。如有应删应添应改者,乞分别指示,极深盼仰。

(《来件》,见《新无锡》1926 年 4 月 17 日、20 日、21 日、22 日第 2 版)

4 月 24 日(三月十三日) 先生致函谱弟曹元弼,告以奉寄所著《性理大义》

《军箴》,并将寄赠先生父亲唐受祺手书《格言》石印本。又告以将遣馆生黄雨墦、吴鸿璋去苏州向其问学。

叔彦吾弟同年大人如手:昨奉手书,诸承关爱,感激莫名。

先君遗命不得刻诗文集,念之兢兢不敢违。近石印手书《格言》数百部分赠学生。惟嫌本子太小,现在上海另印大本,约月底可以印齐,届时敬当奉上。

承示《易笺·序》有一万数千言,微显阐幽,何胜佩仰。倘有清稿,可否即交诸生带回,俾得先读,至盼。

拙编《国文经纬贯通大义》虽足开发学者心思,然尚未能尽善,兹特奉上一部。近拟再编《国文性情教育》一书,以五伦为纲,以四端为目,而归结于谨好恶、致中和,专选文之可歌可泣者,冀有裨于世道人心。吾弟倘见有此种文字,如江慎修先生《书〈小学〉后》之类,乞慨示为感。

另附上《性理大义》一部。此书颇用全神贯注,惟因在长沙排印,无人校对,误字甚多,深为可惜。又附《军箴》一册,系去年夏秋之交椎心泣血而作者,吾弟阅之当亦不无感慨也。余言嘱诸生面陈。

不尽缕缕,敬请道安。年如小兄唐制文治稽首。三月十三日。

敬再启者:日前诸生闻庞生等晋谒尊处受业,有黄生雨墦、吴生鸿章[璋]仰慕师门,欲求附入。因思吾弟诲人不倦,当不见拒,特嘱其另行备柬叩谒,祈并赐收录,至深感幸。专此,再请教安。兄制文治再启。

[虞万里、许超杰整理《唐文治致曹元弼书札编年校录》(书札之三十二)]

按:黄雨墦、吴鸿璋皆为无锡国学专修馆第三届学生。

春　作《刘河纪略跋》。

表弟朱君寿臣名大椿,言友人朱君叔湄名锦涛,藏有金逸儒先生所撰《刘河纪略》,内有高祖墨池公序。余因借读之,内有五世祖南轩公传,《节孝志》内有四世祖妣周太孺人传,即在土山旁建节孝坊者也。此书深可宝贵,惜体例稍杂,文字亦尚有俚俗处。倘有人润色而增补之,则成大观矣。叔湄、寿臣请作跋文,谨作一跋,附于卷尾。

(唐文治《茹经先生自订年谱·丙寅六十二岁》)

今岁春,文治介表弟朱君寿臣乞假《刘河纪略》于朱君叔湄,旋寿臣弟寄书来,且告曰:"是书卷端,先哲墨池公曾为之序,今叔湄先生深愿吾子一言,以跋其后,亦佳话也。"文治谨读之。先高祖序文,固已刊入家乘中,及读第六卷《人物传》,则先五世祖南轩公之事实具焉;又读第八卷《节孝传》,则先四世生祖妣周太孺人之节行详焉。洛诵往复,曷禁涕零。既感念先人之遗迹,又痛我先君之不及见此书也。呜呼！余小子行能无似，何敢附于继述之义哉！顾念吾先世自迁居刘河以来，盖二百数十年矣。刘河之乡土，吾先人所稔习也；刘河之风景，吾先人所眺游也。每值寒食清明，出北街至澛漕，旋徘徊洋子泾间，展拜先茔，往往凄怆悲怀不能自已。感情若是，则又乌可以无言……

（唐文治《刘河纪略跋》，见《茹经堂文集二编》卷五）

5月（四月） 先生等 11 人作为发起人，向社会发表《南洋大学三十周年纪念工业馆募捐启》。

同学会理事会议决，发起募捐建筑工业馆，庆祝母校三十周纪念，已志本刊。会中现已推定唐文治、王清穆、叶恭绰、张元济、福开森、王宠惠、蔡元培、陆梦熊、黄炎培、虞和德、章宗元等十一人列名发起，并推黄炎培君代表，向北京同学会接洽，一致进行。上海方面，定七月初旬举行大规模之募捐运动。本校成绩素著，声誉日隆，想社会各界对于此举，必乐寄同情而予以赞助也。兹录捐启于后：

敬启者：窃维物质文明，工业奠其基础；学术发展，研究导其先河。是以工业教育，为社会事业之根源；研究发明，尤工业学府之天职。富国利民，胥赖乎是。东西各国重视研究，试验机关，所在多有。除国家专设者外，著名大学亦多有专门研究院之设立，经常费用，岁数十万。用能新理层出，利用日宏。环顾吾国，瞠乎其后，急起直追，宁容再缓。南洋大学办理工业教育，夙以成绩优异著称，校长凌君曾为创设工业研究所之计划，旨在利用学校原有人才及一部分之设备，从事研究各项工程问题，为工业教育辟新途径，期于国内工程事业及工业学术上为实际之贡献，且备国家社会与工程界之咨询。前者提意见于中华教育文化基金董事会，蒙允拨十一万元，分三年清付，专供工业研究所一切仪器设备及经常之用，今年秋间即将实行。同人等或曾主持校务有年，或与斯校关系至切，欣闻此举，认为当务之急。惟念工业研究，首重实验，尤赖有专馆之建筑，资以应用。曩者学校举行廿周庆典，募建图书馆，嘉惠士林。兹届卅周年，更不可无所纪念。爰发起募捐五万元，就校中新购地基，建筑工业馆一座，应需要而昭来兹，庶几工业研究计划得以顺序进行，先树吾国工程学独立之基，进而为东方新工业发明之地。风声所播，国人当必乐于观成。尚祈海内贤达、同门师友，鼎力赞襄，庶众擎之易举；慨输巨款，成广厦于一朝。他日人才辈出，作育益宏，我国工业前途实利赖之。感佩高谊，岂惟同人等已哉。敬述缘起，诸维公鉴。

（《工业馆开始募捐》，见《南洋旬刊》第 2 卷第 12 期）

6 月 12 日(五月初三日) 《新无锡》报道先生拟开办私立无锡中学暑期补习班,并拟亲临讲授国学。

南门外羊腰湾私立无锡中学校校长唐蔚芝君,因鉴于近年内地高小毕业生之投考中学者,大都因程度不合以致落第,殊为可惜,故拟利用暑假时期学前国学专修馆(因本校校舍让与该校学生承办暑期义务学校之用)开办补习学校之便,凡高小毕业生之欲入中学而觉程度太低者,及本校学生之平日功课有不及格者,中学生之有志补习国、英、算者,均可报名入学。所有教员,除该校原任各科教员外,唐校长亦亲莅讲授国学,及其长公子谋伯硕士担任英文演说学等云。

(《锡中开办暑期补习班》,见《新无锡》1926 年 6 月 12 日第 3 版)

按:《民生日报》本年 6 月 12 日亦有相同内容之报道,题为《锡中创办暑期学校》。

6 月 26 日(五月十七日) 无锡中学举行第四届学生毕业典礼,先生由其子唐庆诒代表出席,并代作报告及训词。其要点为:一、学问在生命之内,为人生第二生命,故毕业后无论就商、升学,当以学问为前提;二、陶冶个人性情,为提倡性情教育之基础。

南门外羊腰湾无锡中学为教育家高君践四奉遗命捐资创办,校长为当代经师唐文治先生。唐先生本其蔼然仁者之言,发为性情教育之论,于是四方风动,千里之外应之。故六载来学生日增,成绩斐然。一昨下午二时,为该校举行第四届毕业之期,来宾甚众,教育家陆君规亮等均先日莅至。校长唐先生由其长公子谋伯为代表。二时开会,节目如下:(一)奏乐唱歌。(二)校长报告及训词。由唐谋伯登台,略谓:(甲)学问在生命之内,为人生第二生命,故毕业后无论就商、升学,当以学问为前提;(乙)陶冶个人性情,为提倡性情教育之基础。(三)省长暨县知事代表许少仙君致训词。(四)教育厅代表陆规亮致训词。陆君即以中等教育计划委员会之报告与刘湛思所著《职业自审表》二书介绍于毕业诸生,并推广性情教育之说,复以学习国语之重要勉励诸生。(五)给凭。(六)校董致训词。顾校董述之略谓:升学者鼓起精神,注重学业,当自己以造就人才为己任;服务社会者不可为习俗所移,亦不可失之过激。(七)来宾演说。来宾唐星海略谓:学生出外,于是非利害之间,常权其轻重,切勿盲从,以误一身事业。次陈柱尊申述其三种希望。次蔡虎臣作长篇演说,叙述其所切望于毕业者。(八)校务主任唐静之代表全体教职员致训词。(九)国学专修馆代表致颂词。(十)毕业生代表屠辑臣致谢词。(十一)校主高践四训词,略谓:学生出外,无论升学与否,(甲)切不可以公济私;(乙)保持生气之方法；（丙）乐观；（丁）作事与休息之时间平均。（十二）周少梅君琵琶独奏。（十三）奏乐。（十四）散会。

（《无锡中学举行毕业式》，见《新无锡》1926 年 6 月 27 日第 3 版）

6 月 27 日（五月十八日） 无锡匡村学校于无锡国专内召开校董会成立会，先生出席并被公推为会议主席。

万安市杨墅园富商匡仲谋君所办之匡村学校，为增进校务及谋永久基础起见，遂有校董会之组织。前日下午三时，特假学前街国学专修馆开校董会成立会。到会校董计有唐蔚芝、袁观澜、殷芝龄、顾述之、钱孙卿、蒋仲怀、杨翰西、孙鹤卿、顾彬生、袁黻臣等十人，公推唐蔚芝先生为主席。兹录秩序于下：（一）校主匡仲谋述开会词。（二）校主移交校董会文件。（三）袁观澜君述董事会组织经过情形，及将来进行方针。（四）订定校董会章程。（五）讨论董事职务。（六）推定顾述之、蒋仲怀、殷芝龄三君为常务校董。是日会议有最足令人满意者，即校主能以二十五万金基金，完全付托于校董会保管。其保管方法现由校董会议决，交由上海商业银行保管，收据交存无锡县教育局。匡君能若是之热心兴学，实属可敬云。

（《匡校校董成立会纪》，见《新无锡》1926 年 6 月 25 日第 11 版）

按：《申报》1926 年 6 月 29 日第 11 版有类似报道，题为《无锡匡村学校校董会成立纪》。

受周仁寿之嘱，先生为其父唐受祺印《唐封翁手书格言》千册。

山东琅琊道尹、溧阳周君敬甫，好善士也。前曾印余所著《人格》《军箴》各千部，及见吾父所书格言手迹，大好之，书来，嘱印千册，并自作跋文，景仰甚至，为之感泣。

（唐文治《茹经先生自订年谱·丙寅六十二岁》）

丙寅春，唐蔚芝先生影印其《封翁手书格言》一卷，不远千里，邮赠仁寿。披读数过，为之忾然。《诗》曰："虽无老成人，尚有典型。"典型者何？嘉言懿训之谓也。封翁之盛德，备于手书格言中，而正心修身、处事接物之道，举不外此，不独为一身范、一家范，且为一国范，岂独为家宝而已哉！封翁开宗明义，首录《呻吟语》"心平气和"四字，加按语云：心不平，气不和，皆肝火也。能于肝火将动时力制之，便有无限受用处，此即致中和之道也。方今人事纷纭，国家多故，莫非病中于肝，患生于火。将欲以火制火，益见心不平，气不和，而火益炽。七年之病，求三年之艾，非济以水不为功。先生乃知道之言，而由封翁发明之，其医国之良药乎。余如训子语、聪训斋语、荆园小语，精言粹语，皆属医身而可以医国者,读之醰醰乎其有味也。伏思封翁曾为太仓乡先贤陆桴亭先生辑有遗书,卷帙浩繁,遍读者寡。兹录数种格言,殊便省览。蔚芝先生既本大孝不匮之意,印行于世。仁寿受而读之,服膺不已,愿复为增印千册,以广流传,冀以淑身者淑世。爰谨志数语,以表景仰之忱云尔。中华民国十五年仲夏,世小侄周仁寿拜读。

　　(周仁寿《读唐封翁若钦世伯手书格言书后》,见《唐封翁手书格言》卷末)

按:《唐封翁手书格言》一卷,唐受祺辑,民国十五年影印本。

夏　《高子别集》刊刻完竣。

　　刻《高忠宪公别集》成。是书系沈子培师所赠,余为作序,已三十年矣。至此,志愿始遂。

　　　　　　　　(唐文治《茹经先生自订年谱·丙寅六十二岁》)

　　《高忠宪未刻稿》八卷,吾师沈子封先生得自河南书肆,文治以几亭先生刻本校之,其中间有出入,大抵几亭本详于论学,而此本则多关朝政。不审当时几亭先生未见此本与?抑为其所芟薙与?原书无序跋,遂不可考。要之为世间可宝之物,则夫人而知之也。文治既命学徒朱生诵韩、孙生昌烜分缮一通,爰复序其简首,曰……

　　(唐文治《高子别集叙上》,见《高子别集》卷首,又见《茹经堂文集初编》卷四,题作《高子外集序上》)

　　《高子别集》原名《高子未刻稿》。余作序后越十余年,迁居无锡,得晤忠宪公裔孙映川君,亦藏有未刻稿。互相校对,颇多出入,因僭拟映川君所藏本为续集,而以是编为别集。甲子岁,太仓陆君勤之创设理学社,捐款先将是编付梓。乙丑岁缮写告竣,丙寅夏刻成。校字者:太仓李君惠农、王君慧言、无为侯生芸圻也。文治谨识。

　　　　　　　　(唐文治《高子别集·谨识》,见《高子别集》卷首)

按:《高子别集》,无版权页。本书原为钞本,名《高子未刻稿》,后经先生校勘刻印,改名为《高子别集》,或称《高忠宪公别集》。全书分八卷,卷一为说、辨、记、赞、题跋杂书,卷二至卷五为书,卷六为传,卷七为状,卷八为祭文。上引先生"谨识"中云"甲子岁,太仓陆君勤之创设理学社,捐款先将是编付梓,乙丑岁缮写告竣,丙寅夏刻成";又《国专校友会集刊·大事记》中记:"(民国)十三年十二月,设理学社,刻印无锡《高忠宪公别集》、太仓陈安道《周易传义合阐》二书。甫刻成,齐卢之战起,理学社余款拨归急振刘河灾民费,社事遂中止。"由此可知该书于甲子岁(1924 年)计划刻印,至丙寅岁(1926 年)始刻成。

又按：上引《茹经先生自订年谱》中记《高子别集》原"系沈子培（名曾植）师所赠"，《高子别集叙上》中则说是"吾师沈子封（名曾桐）先生得自河南书肆"，录以备考。

先生之《茹经堂文集初编》刻成。又以《茹经堂文集二编》稿本付门人李联珪，准备刊刻。

门人金生叔初名绍基，刻余《茹经堂初集》告成。李生颂韩以刻二集为请，爰以稿本付之。校字者：蒋生石渠名庭曤，唐生尧夫名景升，何生芸孙名葆恩。而嘉定友人黄君虞孙与颂韩复为覆校，心甚感之。谱弟曹君叔彦寄来《茹经堂初集序》一篇，正大而有曲折之致。人之相知，贵相知心，读之慨然，有动于中也。

（唐文治《茹经先生自订年谱·丙寅六十二岁》）

按：《茹经堂文集初编》六卷，前有曹元弼、李联珪、金绍基、陈柱序。该集编成于1921年。见该年农历六月事中。

8月30日（七月二十三日）　先生致函谱弟曹元弼，告以自己农历六七月间所为之事，并云"八月初九日之约（指约定无锡国学专修馆部分馆生将于农历八月初九日去苏州向曹元弼问学）已传知诸生"。

叔彦吾弟同年大人如手：久未通函，正深渴念，昨奉惠书，欣审德业精进，涵养粹和，式符心祝。

蒙赐《孝经郑注》，谨以拜登。日后拟请颁赐九十部分发诸生。目下培养元气，惟有讲明孝弟而已。

六七月间，兄自订课程五事：一、修《论语注》（容后呈政）；二、了文债；三、订正拙集；四、读《易笺释》；五、选定诸生成绩录。乃现届八月一日开学，并第三事尚未能了。《易笺释》仅读一册，觉广大精微，而吉凶与民同患之意时露言外，实属无懈可击。日后倘有献疑之处，用再奉告。十三经印刷需时，现有毕业生贞夫办理此事，闻九月中可以印竣二百部。

闻远兄大病已占勿药，闻之不胜欣慰。八月初九日之约已传知诸生，曷胜感谢。兄近日因江浙战谣，深为忧闷。我生不辰，逢天瘅怒，如何，如何。近适有同志陕西王君幼农在南京刻高忠宪《周易孔义》，宝应朱君忆劬在苏州刻《朱子圣学考》及《朱止泉先生外集》，又有溧阳周君敬甫欲为兄刻《人格》一书，方期一阳有来复之机。惟冀天心仁爱，得保无事而已。

道躬多病，药饵当以温润为宜。昨晚无锡得大雨二寸许，苏州闻亦得雨矣。

临池无任惓惓，敬请道安。年如小兄文治谨启。七月二十三日。

再，蒋生庭曜、王生蘧常，下学期内兄请其在无锡中学担任教授。二生品行均清刚隽上，大约初九日均可来苏，并望吾弟敦勉之，务令有所成就，勿学名士气，是所至感。附及。

　　　　　　［虞万里、许超杰整理《唐文治致曹元弼书札编年校录》（书札之三十三）］

8 月（七月）　俞钟銮卒，先生为作挽联："缱绻忆京尘，归依谢傅林泉，痛哭山邱增旧感；绸缪医国病，生善梁公药石，沉吟床箦占遗编。"

（1927 年）12 月 9 日，丁卯十一月十六日，晴……《紫罗兰》二卷二十一号俞梦花《秋水芙蓉簃群碎录》，冯梦华挽俞金门联云：先师数称雅材，睹国是日非，甘为蛛隐；垂殁犹虑灾振，慨善人不右，孰拯鸿嗷。吴昌硕联云：虞山高诗格愈高，纵无虆下梧桐，羡煞悲秋弹古调；仁者寿声闻同寿，岂料庭隅鹏鸟，还将老泪哭知音。唐文治联云：缱绻忆京尘，归依谢传［傅］林泉，痛哭山邱增旧感；绸缪医国病，生善梁公药石，沉吟床箦占遗编。金天翮联云：斯人本山泽臞，襟带两忘翛然有出尘意；谒君入书画室，人琴千古悄焉动感逝心。

　　　　　　（徐兆玮著，李向东、包岐峰、苏醒等标点《徐兆玮日记》）

按：俞钟銮是翁同龢的外甥，钱仲联的姑丈。马亚中编《学海图南录——文学史家钱仲联学术年表》》："（1924）年初，考入无锡国学专修学校第三届，以第一名考取。校长唐文治，是我舅祖翁同龢的门下士，早年曾在翁家教其子弟。我投考是姑丈俞金门所介绍。"

同月　钱伟长入无锡国专就读。在该校学习不到一年，即随父亲钱挚转入无锡县立初中。就学国专期间，钱伟长从先生"学会了桐城派朗读的精华"。

按：钱伟长为无锡市鸿声里七房桥村人，其父亲为钱挚，四叔为钱穆。据钱伟长《毕业七十载　报国六十年》及孔祥瑛、刘晓明协助整理《重要活动纪事》等文中所载，1925 年，钱挚在无锡城郊荣巷公益中学任教务主任，是年 9 月，钱伟长随父至该校就读。1926 年 5 月，公益中学因学潮停课，钱伟长辍学返无锡市荡口镇，8 月入无锡国专就读。1927 年，无锡县立初中成立，钱挚任教务主任兼授中国历史，钱伟长又随父进县立初中一年级就读。后来，钱伟长在《怀念钱穆先叔——钱穆宾四先叔逝世十周年忆养育之恩》一文中回忆这段短暂的学习经历说："在无锡师范和县中停学的时候，桐城派宗师唐文治在县初中的县学东边，利用旧房办了一个国学专修科。唐文治眼睛失明，在那儿讲课，人们说这是'唐瞎子'上课。父亲说唐文治是有学问的人，我在家里学不了什么东西，让我登记成为国学专修科的一名学生。那时'唐瞎子'正在讲《醉翁亭记》，讲这篇文章修改的经过，这些讲法使我在七十多年以后，还深记在心。这是我的一个短暂的生活过程中的插曲。但是，我学会了桐城派朗读的精华。"又据钱伟长在《八十自述》一文中回忆，他自幼在家从父亲钱挚和四叔钱穆等学习古代文史，后又在无锡国专学习将近一年；但另一方面，因连年战乱等原因，"十一年的小学、初中，真正上学时间还不到五年"。这样，到了考大学时，"只有文史尚过得去，数、理、化、英文很没有把握"。幸好那时大学试题不统一，也不分科录取，钱伟长于1931年6月一个月内分别考了清华、中央、浙大、唐山、厦门五个大学，因"以文史等学科补足了理科的不足"，竟然全都录取了，最后选择进了清华大学。"从入学考试成绩看，毫无疑问我应该学中文或历史，陈寅恪教授因为我在历史考卷上对廿四史的作者、卷数、注疏者这题得了个满分，也曾和四叔提起过欢迎我去历史系学习，中文系杨树达教授也宣传我的入学作文写得不差，'中文系得了一个人才'。"但其时正值九一八事变爆发，"当时全国青年学生义愤填膺，纷纷罢课游行，要求抗日。这种爱国情绪激发了我，使我走上了'科学救国'的道路，决心'弃文学理'"，最后进了清华大学物理系。

9月2日(七月二十六日) 《新无锡》刊出《无锡中学之新设施》，报道先生等人对私立无锡中学的发展措施。

> 南门外羊腰湾无锡中学自开办以来，成效卓著，各教职员均能尽力赞助，筹划进行。校长唐君蔚芝复于每星期六、日莅校演讲修身及国学大旨。惟因年高病目，常以管理松懈为虑。本年暑假内，送与校务主任唐静之、教务主任章质夫、校主高践四等一再妥商，将请假章程及宿舍自修规则详细改订，并请定本邑国学专修馆毕业生徐万里专司管理之职。此后严行整顿，成绩必更有可观。并闻该校得许君小仙慨捐地亩，新建宿舍业已完工，规模颇为宏敞。现定九月六日行开校礼，有志向学者，近正踊跃报名，请求补考，已蒙校长允许云。

> (《无锡中学之新设施》，见《新无锡》1926年9月2日第3版)

10月9日(九月初三日) 下午，南洋大学三十周年纪念大会在南洋大学文治堂内举行。先生因无锡国学专修馆事忙，未能出席，由其子唐庆诒代表出席并致词。(据《申报》1926年10月10日第11版《南洋大学三十周纪念会昨日开幕》)先生为南洋大学校庆作颂词一篇。

> 唐前校长蔚芝先生以国学专修馆事忙，无暇来申。将有亲撰颂词送校，藉以表意。

> (《唐蔚芝先生不克到会》，见《南洋旬刊》1926年第3卷第4期)

> 粤维丙寅九月，为交通部南洋大学三十周纪念良辰，校长凌君竹铭，以余

旧掌斯校，先期来书，敦促莅会。属以家居读书，目疾频仍，不克参与盛典。顾以鄙人在校，越十五载之经营，师友之情，切□之义，往来于怀，有不能已于言者。回忆光绪末叶来主本校，学生仅二百余人，深虑国势之衰、器械之窳，交通未辟，见陋邻邦。爰先后创设铁路、电机二科，规模粗备；旋又设铁路管理科，研究交通运输之学。于时负笈连袂，远方来止，学生之众，几达千人。其颖秀者颇能范围道德，萌柢诗书。然鄙人实无以益之也。离校后，旋改为大学，复得本校张君剑心、张君贡九、顾君心一及现任校长凌君竹铭督率其事，益扩大而挟张之，骎骎乎极东南之盛矣。惟愿此后来学者，体校长乐育之怀，答大部栽培之意，毋惑于异说，不入于歧途，开物成务，蔚为通才。他日出而救民救世，是鄙人之所深望者也。爰作颂曰：

载揽寰宇，孰启其光？载溯星纪，孰辉其行？国以学存，学昌国昌。孰昌吾国？维吾南洋。有曜其业，有焕其绩。陶铸之宏，遍于宙合。昔我承乏，黾勉夙兴。贤者继之，忻观厥成。大易之义，变通悠久。执神之机，是为枢纽。静以御动，变乃不朽。校士荟秀，校歌悠扬。校风粹美，校旗飘扬。我校万岁，山高水长。唐文治敬颂。

（唐文治《颂词》，见《南洋旬刊》1926 年第 3 卷第 4 期）

同日　《南洋大学卅周纪念征文集》问世，先生为之作序。在此序中，先生阐发了自己的"性情教育"的思想："余向主道德教育，及今思之，与其为道德高远浑噩之谭，毋宁言性情教育恻恻感人为得也。"

天地一炉也，阴阳一炭也，甄陶万汇，鼓铸群生，天工实为人工之造端也。周子濂溪有言：五行之生也，各一其性，人得气之全，物得气之偏。而消息盈虚、生克负戴还相，为本性之中有情焉。《洪范》叙五行曰：润下、炎上、曲直、从革、稼穑。又曰：作咸，作苦，作酸，作辛，作甘，盖言性之本体，而情之妙用也。我国南洋大学校工科驰誉欧美，而电机、铁路管理等科皆为余所创设，延揽中外名师，专门教育，造就实繁有徒。精覃科学，不外理化五行，尽物之性，即尽物之情。余承乏南洋，阅十余载，中经盘根错节，即其基础而挟张之，因其沿革而组合之，皆交通部维持之力。而同学凌君竹铭接长以来，又复殚精竭虑，集同学诸君子，图谋设置，益浸炽浸昌而光大之懿欤。南洋觥觥乎一大团体，何莫非性情中事耶？故夫有真性情而后有真学问、真事业。余向主道德教育，及今思之，与其为道德高远浑噩之谭，毋宁言性情教育恻恻感人为得也。方今世界横流，人心陷溺，非性非情，机括百出，教育之道，当在启迪良知，使之油然蔼然不能已。有子谓："君子务本，本立道生。"孟子谓："恻隐、羞恶、辞让、是非,为仁义礼智之四端。"此皆性情教育之原理也。试观古来有真学问、真事业,曷尝不根于真性情? 慈祥恺恻之人,长言永叹,播为诗歌,或发为文章,格豚鱼,开金石,千载下读之,有令人感泣不已者,隔形骸不隔精神也。兹者《南洋卅周纪念刊》将次发行,余愧不文,亦惟是"性情教育"四字作为赠言,属望夫大部执事者为斯世倡导。《书》曰:"水火金木土谷惟修,正德利用厚生惟和。"六府修而工业备矣,三事和而性情孚矣。今南洋电机、机械、铁路管理事业日浸月盛,中国地大物博,足资为人生利厚之端,而利厚之原,要本于正德之叙,此学问之根于性情者以此。《易》曰:"利贞者,性情也。"岂非然哉,岂非然哉!丙寅孟秋,太仓唐文治序。

(唐文治《南洋大学卅周纪念征文集序》,见《南洋大学卅周纪念征文集》卷首)

约10月中下旬(约九月上中旬)　无锡商团公会长杨翰西提出辞职,先生数次敦劝其"恭敬桑梓,即日复职"。

锡邑商团公会长杨翰西提出辞职后,各公团即纷起挽留,杨君均未允许。邑绅唐蔚芝因见报载杨公会长不允复职,即以私人名义,函劝杨君恭敬桑梓,即日复职。杨君以心力交瘁,难维会务却之。近日唐君又以时局紧张,特于前日电请张德载君代表,前往敦劝杨君销假;杨君又以来日大难,办事不易却之。并闻杨君昨特乘车赴沪,作长时间之勾留云。

(《挽留商团杨公会长》,见《申报》1926年10月21日第9版)

吾邑商团,自甲子、乙丑两经兵事以后,公会长既心力交瘁,各团员亦辛劳万状,而地方人士对于商团之信仰,则因以日增。故此次杨公会长提出辞职书以后,除由会董代表华艺三、苏养斋、蔡兼三、江焕卿、唐屏周、刘颂薰、邹茂如、李仲臣、蔡吉晖、许志和、俞时雍、杨敬孚、正峻崖、吴玉书等十四人于阴历本月初三、初六两次赴公会长私宅恳切劝驾,均经公会长婉词谢绝外,前日华盛顿饭店开防务会议时,复经县知事张修府、商会长王克循二君在会议席上恳切挽留,杨君仍以须加考虑答之。昨得私家消息,邑绅唐君蔚芝自得公会长辞职消息后,曾以友谊名义,函致杨君,请其顾念敬恭桑梓之义,力任艰巨,销假复职。杨君当以精力交瘁、不胜烦剧等词函覆唐君,请其加以谅解。惟唐君仍以杨公会长未允复职为憾,即于前日下午,电请水利工程局总监工张德载君至其私宅,面托张君为代表,向杨公会长作二次之挽留,并有纵不为亲友计,亦当为地方计等语。张君即于昨日清晨亲至棋杆下杨宅,谒见公会长,转达蔚老之意。杨君以服务商团,业经数载,且屡经兵事,精神已自觉不支,加以来日大难,办事更恐不易,故请张君将本人意思转告唐君,并谢其挽留之盛意。张君无奈,只得兴辞而退。迨午刻,宁沪车过锡时,公会长已乘车首途赴沪避嚣云。

(《商团公会长辞职之坚决》,见《新无锡》1926年10月20日第2版)

11月18、19日(十月十四、十五日) 上海有报纸载"唐文治、韩国钧等十三人电请鲁军南下,援救苏皖"。11月21日,《新无锡》刊出《唐蔚芝否认请援》,文中援引先生答友人询问云:"鄙人近年目盲为患,且家居读礼,久不与闻外事,此电不知从何而来。"

> 本月十九日沪报载北京电,唐文治、韩国钧等十三人电请鲁军南下,援救苏皖云云。当有友人往询唐君。据唐君云"鄙人近年目盲为患,且家居读礼,久不与闻外事,此电不知从何而来。烦转告社会诸君,此后倘有用贱名函电当道,议论时事者,概系虚诬,不足凭信"等语。观此,则某报所载,殊非真相矣。

(《唐蔚芝否认请援》,见《新无锡》1926年11月21日第3版)

按: 上文中所云"本月十九日沪报载北京电,唐文治、韩国钧等十三人电请鲁军南下,援救苏皖",此电原文未见。《申报》1926年11月22日第9版《张宗昌决定出兵长江》一文中亦提及此事:"张宗昌此次出兵长江,似早为既定之方案,与鲁方接近之《黄报》,十八日曾载一唐文治等致张宗昌请兵之删电"。据此,所谓"唐文治"等人电请鲁军南下,最早应为上海《黄报》所载。此后多日中,《申报》尚有与此事有关的多篇报道,如11月22日第9版《学联会代表纪略》,记上海学联会第二次代表大会议决案之四:"通电反对苏绅唐文治等欢迎奉鲁军南下祸苏";11月23日第2、3版《孙张致宁沪当局电》一文载:"张宗昌闻董康电询韩国钧、唐文治是否列名请鲁军南下,昨晚拟就电稿,派员送法租界孙传芳寓,征求同意,请孙署名。当夜由直鲁联军总司令部拍发。电云:南京陈省长、卢总司令、刘参谋长、上海丁总办、许交涉员、警察厅长鉴:苏绅唐文治等请直鲁联军南下,乃津沪报载董康等电唐询问是否列名,是董康与赤党遥通声气,意在阻挠义师,仰即迅速侦查,从严拿办。传芳、宗昌"11月26日第6版《北京特约通讯》一文中云:"此次孙到后之定议,为奉鲁所极快心者,则南下援苏是也。鲁张之积极赴苏,自武汉变化后,即遍传津济,然奉张方面则劝以稍安勿躁。然为鲁张谋者,锲而不舍,因有以唐文治领衔之通电。闻此事实电中之李某、顾某主之,盖犹欲因苏人欢迎之名义而往也。"12月13日第3版《本馆要电》中则谓:"北京李铠、唐文治再电催鲁军赴苏。查此唐系新唐文治,与患目疾之老唐文治另是一人。"录以备考。

12月6日(十一月初二日) 环游世界之青年旅行家冯让在无锡谒见先生。

> 环游世界旅行家冯让于二十岁时,先往波斯国游历,继乘自由车游欧美,计达二十四国,获交彼邦名人一千数百人,与印度诗人太戈尔订为文字交。在

半月前,由印度返国,步行至沪,与海上名流交游甚欢。嗣后由沪至苏,由张仲仁等介绍,拜见苏常李道尹,游宴两日,遍览姑苏名胜,所至均有题咏,并由李道尹具函介绍,于前日抵锡。先至县署拜会,继至无锡市公所晤见董事高映川,出示其游历日记,则中外名人题词迨遍,高亦即题"行健不息"四字于其上,以留纪念。继又续至浸礼会,由教员高石琳、柳青华等接见,定于今日开欢迎会。当晚即寓居该会之汽油船上。昨日复至省立第三师范、县教育局、竞志女学、县商会及邑绅唐蔚芝、钱孙卿、杨翰西等处。第三师范已定于日内邀请冯君演讲游历经过之种种状况。冯系广东钦县人,行年仅二十四岁。

(《环游世界少年来锡》,见《申报》1926 年 12 月 7 日第 9 版)

12 月 22 日(十一月十八日)　无锡国学专修馆举行第三届学生毕业典礼,先生因居忧仍未出席。

十二月,国学专修馆行第三届毕业礼,印专修馆文集二编。

(唐文治《茹经先生自订年谱·丙寅六十二岁》)

无锡国学专修馆由唐蔚芝主讲,创办迄今,已历六载。兹届第三届毕业,于十二月二十二日举行毕业典礼。先两日就学宫明伦堂,由学员讲演。讲题有《清代江浙诗派概论》《黄元同先生学术概论》《孔子墨子庄子三家大同学说之两大问题》等十余节。时间规定本月二十、二十一两日,每日下午一时起,二十二日上午九时起云。

(《无锡国学专修馆将举行毕业礼》,见《申报》1926 年 12 月 20 日第 8 版)

无锡国学专修馆创办已经六年。兹值第三届毕业,于本月二十、二十一两日借学宫明伦堂讲演;二十二日下午行毕业礼,来宾共五百余人。馆长唐蔚芝因居忧不能出席,由该馆教授朱叔子代表报告,敝馆宗旨在造就明体达用之人才,故以经学、理学为其□□。次朱叔子报告,称敝馆此次毕业生共三十四人,第一庞元爵,学极博洽;第二徐玉成,学极精粹;第三刘作邦,学问沈着;第四钱尊孙,才华丰富;余皆各有所长云云。次由该馆请杨翰西君给凭、给奖。嗣三师校长陈谷岑、竞志校长侯葆三、商业校长邹同一暨教育会长秦执中演说。

(《无锡国学专修馆第三届毕业记》,见《申报》1926 年 12 月 25 日第 10 版)

编印《无锡国学专修馆文集二编》。

我业师锡山唐蔚芝夫子以韩欧周秦之文章,发挥孔孟程朱之德性,著作身,欲以中和之言感动天下。自从政中枢,以至于出长南洋公学,数十年来,其旨未尝稍变。其文千变万化,而归本于中和之旨则一。民国九年,退老家园,讲学于邑中之尊经阁,四方学者,向风慕义;数年以来,列门墙者又已数百人矣……诸生既学道为文，夫子不忍其散失，故择其尤者刊而布之，既将以就正于海内贤达，亦以鼓吹天下中和之气也。

（陈柱《无锡国学专修馆文集二编序》，见该书卷首）

按：《无锡国学专修馆文集二编》，无锡国学专修馆发行，无锡五大印务馆印刷，1926 年 12 月出版。全书共四册，书前有先生题辞及朱文熊、陈柱、孙鸣圻序，正文按经学类、史学类、理学类、政治学类、杂著类、诗赋类的次序，共收录无锡国专前三届学生的文章 128 篇，卷首标明"馆长唐蔚芝先生鉴定"，每篇后有简短评语。

本年　先生为家中珍藏多年的明刻铜版顾炎武《音论》《诗本音》作跋。

右顾炎武先生《音论》三卷、《诗本音》十卷，凡六册，为明刻铜板原本。文治幼时，先姚胡太夫人告之曰："是书盖汝父为新婚时初至吾家，执贽以见尊长，而吾祖持此以赠汝父，俗所谓觌礼者也，汝其宝藏之。"迨文治稍长，太夫人又询以铜板之制："或云镌铜为板，或云以桐木刻之，假借称铜板，然乎，否乎？"文治谨对曰："恐非桐木也。细绎原书林春祺铜板叙，当系刻铜为模，排印各书，所谓聚珍板是也。"太夫人首颔之。壬午、癸未之间，文治初为训诂之学，研究音韵，未得门径，所阅者仅此而已。厥后，携至江阴，又携至北京，又携至上海，后乃携归无锡，而藏诸家祠。去年，志家祠藏书，竟佚其目，疏忽之咎无可辞，盖鲜民之生，此心之恍兮惚兮已甚矣。

（唐文治《明刻铜板音论诗本音跋》，见《茹经堂文集三编》卷五）

本年　无锡《教育季刊》(春夏秋冬合刊)刊出廉建中《分咏教育同人》，其咏先生一首云："中华国粹日颓唐，幸赖此翁大力匡。道德文章传海内，悠游惠麓白云乡。"

1927 年(丁卯　民国十六年)　63 岁

1 月 1 日(丙寅年十一月二十八日)　无锡国学专修馆同学会所编辑之《国学年刊》出版,先生作《弁言》。

　　昔韩子《送孟东野序》云:东野与李翱、张籍"三子之鸣信善矣。不知天将和其声,而使鸣国家之盛耶?抑将穷饿其身,思愁其心肠,而使自鸣其不幸耶"。后世诵其言而悲之。吾谓无足悲也。自古砥行砺名、抱负卓荦之徒,要皆大有为之士,特其所遇之时,有平陂之异耳。苟反乎其自鸣者,皆足以鸣国家之盛者也。君子素其位而行,内重外轻,又何得失之足云。往者吾师黄漱兰先生在江阴创设南菁书院,王益吾先生继之,刊刻《南菁讲舍文集》,又别刊《南菁丛书》,一时彬彬称为极盛。吾馆创设于施君省之,孙君鹤卿继之,自始及今,不过六年。先后刊文集初编、二编,不乏名作。今岁之春,同学会成立,又有年刊之举,盖足以佐文集之不逮,余甚嘉之……然则考诸同学之学术文艺,以探其抱负之本原,益自有致用者也。圣人云:"如或知尔,则何以哉?"其尚勉之哉!

　　　　(唐文治《无锡国学专修馆同学会国学年刊弁言》,见《国学年刊》卷首)

　　按:《国学年刊》,王蘧常编辑,无锡五大印务局印刷,无锡国学专修馆同学会发行,1927 年 1 月 1 日出版。该刊由"学术""文苑"(分"文""诗"两部分)、"特载"等栏目构成,除《墨学十论序》一篇为无锡国专教授陈柱所作外,其余所收皆为无锡国专同学会成员的作品。

1 月 27 日(丙寅年十二月二十四日)　先生父唐受祺"丧已大祥",先生作《三续蔚蒿哭》28 首。

　　是月二十四日,吾父丧已大祥矣。追念甲子年弥留时之苦,痛澈于心,作《三续蔚蒿哭》二十八首。

　　　　(唐文治《茹经先生自订年谱·丙寅六十二岁》)

2 月(正月)　先生编《蔚蒿哀》二卷,又开始编撰《礼记大义》。

　　正月,编《蔚蒿哀》二卷,作《胡吟石公传略》,附于第二卷内。公讳溶,为吾母高伯祖,乾隆癸酉解元。应乡试时,闻同舍生语,忽有会悟,遂得佳文。是科第二名吴维锷亦吾娄人，一时传为盛事，详传文内……初编《礼记大义》，从《祭义》篇始。

（唐文治《茹经先生自订年谱·丁卯六十三岁》）

约 2、3 月间（约正月、二月间）　无锡国学专修馆改名为无锡国文大学，并修改章程、重订课程。这是无锡国专第一次改名。

学前街国学专修馆原由大文学家唐蔚芝先生所创立，常年经费则由邑绅杨翰西、孙鹤卿、蔡兼三、唐水成等诸君捐资补助。设立以来，瞬经六载，办过毕业三次。唐馆长近以四方来学者日众，原有教材不适于用，爰即召集同人一再会议，当经议决，将该馆改组为无锡国文大学，重订馆章、课程，以宏造就。原有学生改为特班，暂行照旧授课，俟下学期招生另定毕业年限。议定后，即由唐馆长函致张知事，请求备案。原函略谓：

敝馆自设立以来，瞬经六载，仰托帡幪，日益发达。比来肄业者争先恐后，经同人等一再商议，佥谓当兹晦明风雨之时，非提高程度，树之风声，不足以餍众望而宏造就。爰将馆章、课程两项详细改定，即将国学专修馆改组为无锡国文大学校。集各方之学子，撷四部之菁华，私淑东林，于成德达材，收效万一。谨抄录章程、课程，送呈左右教正，并祈俯赐备案，至纫公谊。再敝校原有学生两班，现作为特班，暂行照旧，俟下学期招生，另定毕业年限，合并附闻。

（《国学专修馆改组志闻》，见《新无锡》1927 年 2 月 19 日第 3 版）

十六年三月，改名为国文大学。

（《无锡国学专修学校概况·大事记》）

3 月 27 日（二月二十四日）　先生行释服礼。

二月二十四日，行释服礼。白驹过隙，哀痛弥深，尽情一哭。

（唐文治《茹经先生自订年谱·丁卯六十三岁》）

按：旧俗，父母去世两周年设奠曰"大祥"，至第二十五个月，除去丧服，表示丧礼结束，曰"释服"。

3 月 29 日（二月二十六日）　先生辞去无锡国文大学校长一职。此前，北伐军——国民革命军第十四军于 3 月 21 日（二月十八日）进驻无锡。不久，无锡县行政委员会成立。该委员会的教育委员上任后，随即着手进行教育改革。而作为改革的一项内容，是解散无锡国专。先生辞职后，无锡国文大学亦关闭、停课两个多月。

是年三月……突将本校勒令解散，驱逐员生，驻扎军队。事起仓猝，损失

· 775 ·

极巨。诸生临别摄影,为泣别图,星散而去,停课二月余。

（《无锡国学专修学校十五周纪念册·校史概略》）

迨民国十六年春……突将本校勒令解散,驱逐员生,驻扎军队。事起仓猝,诸生临别摄影,为泣别图,星散而去。惟时马腾于舍,粪污于堂,书籍零散,薪木毁伤,停课近三月。

（唐文治《国学专修学校十五周过去与将来》,见《新无锡》1936 年 6 月 20 日至 22 日第 4 版）

按:先生致曹元弼书札之三十四（见虞万里、许超杰整理《唐文治致曹元弼书札编年校录》）亦提及无锡国专被勒令解散之事:"本校虽由同学会王、蒋诸君与学生会奔走号呼,勉强恢复,然孙君鹤卿因商务停滞,已表示不能续办,目下各同学正在尽力说法,然毫无把握,只好听之而已。"

与此同时,因遭人攻讦,先生又辞去无锡中学校长职务。

又有童某者,讦告余把持无锡中学校务,余遂一并辞去。维时外间盛传余为保皇党、复辟党,又有将封余住屋之说,颇岌岌可危。余以镇定处之。旋工会解散,办理清党,主持公论者颇多,始得无事。

（唐文治《茹经先生自订年谱·丁卯六十三岁》）

按:先生此次辞去无锡中学校长,不久后即又复职。最终辞去该校校长一职在 1930 年。见该年事中。

5 月 21 日(四月二十一日) 先生三子唐庆增、四子唐庆永同时结婚。唐庆增娶周传经之女周兰征,唐庆永娶陆起之女陆庆兰。

四月二十一日,三儿妇周氏、四儿妇陆氏来归。均贤孝,深可喜也。

（唐文治《茹经先生自订年谱·丁卯六十三岁》）

民国十五年,二十九岁。……四月二十一日,三、四弟同时结婚。三弟妇为周师赞尧之女,四弟妇为陆师勤之之女。贺联中以钱君竟生所撰"金友玉昆,都是玉堂一脉;珠联璧合,欣逢璧月双圆"一联,为最贴切。

（唐庆诒《忆往录》）

按:据先生《周君赞尧墓志铭》（见《茹经堂文集四编》卷八）,周传经之女名兰征;又据《太仓陆勤之先生家传》（见《茹经堂文集六编》卷五）,陆起之女名庆兰。

又按:先生致曹元弼书札之三十四（见虞万里、许超杰整理《唐文治致曹元弼书札编年校录》）亦提及儿辈之婚事:"四月间为儿辈料理婚事,荷蒙大哥大人并吾弟惠赐喜联,吉语浑成,感叩之至。"

6 月 1 日(五月初二日) 学生崔履宸、路式遵等人公请先生复职,无锡国文大学师生回校复课。此前，无锡国文大学被解散后不久，南京国民政府成立，无锡地方社会秩序渐趋平静，无锡国文大学同学会代表先后具呈县政府、省教育厅请求恢复。

本邑国文大学同学会代表许师衡、唐景升昨日具呈县政府，备陈该校自创办迄今之经过情形，以及改革后迭遭打击，请求秦县长会同教育局核议，迅予恢复，以重文化而利党国。并请饬知该校校董及学生会，筹备改组，免荒学业。又有该校学生会代表崔履宸、周昶旦、张宁等呈县政府请愿书云：

为请愿事。窃议私立无锡国文大学，即旧日之国学专修馆，创办于民国九年，于今七载矣，成绩卓著，颇得社会之赞许，且教职员及学生等素怀革命思想，业已加入国民党籍者亦不乏人。但前以环境关系，未能充分发展。今春更拟提高程度，筹备改组大学，将原有两班改为特班生。预期改组完竣后，即于秋季正式招收新生，以宏造就。及我北伐军克复全苏，向之备受压迫者无不获享自由，而本校亦及时振作，正思依照新国民政府教育计划，采用委员制，施行党化，以图革新，养成革命人才，而学生会亦同时改组，从事革命工作。……假公济私，不察事实，始则百端蜚毁本校校长，多方威吓，迫令退职；继则对于学生，亦以种种强蛮手段迫令离校，限学生三日出校，否则以武力解决。学生等迫于暴力，不得不暂时离校。彼遂将校内一切书籍、器具搬徙一空。似此强暴行为，而全校学生遂中途废学，殊属有背我革命军及革命同志爱护教育之厚意。今……捣乱分子业已次第肃清，前此被摧残各校亦已次第恢复原状，故本校亦拟从速改组。拟请更名无锡国学研究院，实行委员制，依照我国民政府教育宗旨，灌输党化，发扬三民主义，以适应国民革命之需要。除呈请驻锡军部外，并呈钧座，仰恳转知本校校长唐文治、校董孙鸣圻继续维持，以早日建设，俾学生等不致失学，教育前途幸甚，党国前途幸甚，学生等幸甚。再，远道学生寄迹异乡，一时交通阻梗，欲归不得，除本校现驻军队外，可否呈请军部先行让出宿舍一二间，俾远道学生七八人暂为栖身。一面由学生等恳商校董，先借他处上课，以免荒废学业。一俟缓日军队迁移后，再令学生迁入。是否有当，乞赐钧裁，令商教育局长核议批准施行，实为德便。

（《国大学生会之呼吁声》，见《锡报》1927 年 5 月 4 日第 2 版）

六月一日，学生崔履宸、路式遵等公请校长复职，悲喜交集，爰议定诸生毕业期展缓半年。

（《无锡国学专修学校十五周纪念册·校史概略》）

五月二日，馆生崔履宸、路式遵迎余复职，同人咸回馆；而沈君健生自专修馆解散后,常住余家,照料一切,始终未去,尤为可感。馆中因军队驻扎,房屋墙壁颇有损坏。此次恢复,崔、路二生之功居多。崔,广西人;路,宜兴人也。

(唐文治《茹经先生自订年谱·丁卯六十三岁》)

6月7日(五月初八日) 孙女唐孝端生,长子唐庆治出。(据《茹经先生自订年谱·丁卯六十三岁》)

6月(五月) 为儿媳周兰征、陆庆兰授国文课,两儿媳作文尚优秀。(据《茹经先生自订年谱·丁卯六十三岁》)

7月(六月) 无锡国文大学改名为无锡国学专门学院,同时成立学校董事会,并以校董会的名义,呈请江苏省教育厅备案。此为无锡国专第二次改名。

十六年七月,董事会成立,改名国学专门学院,呈请教厅备案。

(《无锡国学专修学校概况·大事记》)

六月,改国学专修学校为国学专门学院,添招新生三十名,惟经费不敷,拟募捐以济之。

(唐文治《茹经先生自订年谱·丁卯六十三岁》)

学前街国文大学原由旅锡耆绅唐蔚芝先生所创办。近因时代关系,业由唐先生将该校改组为无锡国学专门学院,一切设施,大为刷新。所订课程,以三民主义、五权宪法、中国文化史、历代学术概要、诸子哲学、华化外被史、中华民旅[族]考、中外文化比较论,以及文字学、诗词歌赋骈散等文之作文研究,皆为甚有价值之学科,并敦请蔡子民、郑晓沧、马君武、陈柱尊等大名家十数人任讲师。锡地有此最高学府,以为文化中心,湖山均为生色。更拟敦聘薛溱龄、孙新吾、卫质文、孙静庵、施织苏、顾彬生、邹广恒、屠克强、张树声、朱六才等十余人为赞成人,更番担任宣传党化,使新智旧学冶为一炉。已托其门生蔡虎臣君分头接洽,俟各方允洽,即行备函敦请云。

(《国文大学之改组谭》,见《新无锡》1927年7月8日第2版)

第一次国内革命,因国民党的破坏而失败。国民党以"实行孙中山先生遗教"为幌子,在南京建立国民政府。唐先生对这一复杂的形势是认识不足的,认为国民政府比北洋军阀高明得多。同时,毕业生已有几届,他们在就业时,书院式的专修馆到底算哪一等学历,难以确定,国民政府的教育机构对各级教员的学历又查得很严。面对这样的现实,一九二七年夏,无锡国学专修馆遂改名为无锡国学专门学院。

(黄汉文《记唐文治先生》)

9月26日(九月初一日) 门人李联珪去世。先生作《李颂韩家传》一篇。

九月,门人李颂韩逝世。赴至日,余适小病,家人匿不以闻。越数日,颂韩子家俊以书来乞传,余大骇,追念旧游,于邑不置,为作传文一首。

(唐文治《茹经先生自订年谱·丁卯六十三岁》)

乃今岁五月,闻颂韩病,缠绵弗能起,余甚忧之,而颂韩竟以九月一日死矣。赴至之日,余适病,家人匿不以闻。越七日,颂韩子家俊来乞传,余大骇,涕沾襟。呜呼!余何忍传颂韩耶?然如颂韩之好学笃志,品诣洁白,又乌可以无言?

(唐文治《李颂韩家传》,见《茹经堂文集三编》卷七)

9 月(八月)　聘请钱基博为无锡国专教授。

十六年九月,聘请钱子泉先生为教授。

(《无锡国学专修学校概况·大事记》)

博本学期,仍在光华,而以唐蔚芝先生坚邀,在国学院授课,不敢违命。以故每星期五必回锡,星期六上午到国学院(原称国学专修馆)授课三小时,星期日早车来沪。道途仆仆,殊以为苦。以此益鲜暇晷。差幸诸生尚知媚学,不堕恶趣,所以教学相长。此外则一切不闻不问。

(钱基博《与南通费君书》,见《新无锡》1928 年 1 月 7 日第 2 版)

八月,行开院礼,添聘锡邑钱君子泉名基博为教授。钱君博闻强识,品诣亦敦洁英爽。

(唐文治《茹经先生自订年谱·丁卯六十三岁》)

同月　无锡国专教授陈柱辞职,聘请冯振继任。冯振主要为学生讲授文字学和诸子文等课程。

十六年九月……陈柱尊先生辞职,聘请冯振心先生继任。

(《无锡国学专修学校概况·大事记》)

八月……陈生柱尊辞职,改聘门人冯振心名振继之。

(唐文治《茹经先生自订年谱·丁卯六十三岁》)

12 月 23 日(十一月三十日)　先生召开无锡国专董事会议,讨论学校扩充计划等事。

学前国学专门学院自本年七月改组以来,一切行政,大加整顿,并添设课程多门。唐蔚芝氏仍任院长,又聘邑闻人钱基博氏为院务主任兼教授。兹悉该院于二十三日由唐院长召集院董俞仲还、钱子泉、钱孙卿、孙牒香、蔡虎臣、顾彬生、邹同一诸君,开院董会议,讨论一切进行事宜,并议决扩充计划。决定添招新生一班,约五十名,于明年一月十五日在该院考试。校舍方面,亦从事刷新,如开辟运动场,装置电话,设置阅书室等,均已逐件进行,可于明年开学时实现云。

（《国学专门学院扩充谭》，见《新无锡》1927 年 12 月 26 日第 3 版）

冬　编《紫阳学术发微》。

冬，编《紫阳学术发微》，共分十二类，参考书共引用四五十种，此后治朱学者，当可得其门而入矣。

（冯）振谨案：先生此书，共十二卷，一为学次第，二己丑悟道，三心性学，四论仁善国，五经学，六政治学，七论道释二家，八辨金溪学，九辨浙东学，十晚年定论评，十一、十二朱学通论上、下。于紫阳毕生学术提要钩元，洪纤毕备，自李榕村、王白田两先生后，未有能道此者，可谓体大而思精矣。

（唐文治《茹经先生自订年谱·丁卯六十三岁》）

文治既编《朱子大义》八卷，比年以来，教授学者，复博搜旧藏，及见在所得紫阳学各书，繁细不捐，显微毕烛，略得要删之法，爰辑《紫阳学术发微》十有二卷，序曰……

（唐文治《紫阳学术发微自序》，见《茹经堂文集三编》卷五）

表甥俞庆恩拟排印《太昆先哲遗书》，先生作《太昆先哲遗书序》。

表甥俞凤宾，拟排印《太昆先哲遗书》，并请将高祖墨池公诗钞及先大夫诗赋钞列入，其意甚为可感，谨为作序一篇。

（冯）振谨案：先生所作《太昆先哲遗书序》，已编入《茹经堂文集》三编，尚未刊。

（唐文治《茹经先生自订年谱·丁卯六十三岁》）

顾太仓、昆山两邑，当有明之季，陆桴亭、顾亭林诸大儒出，间气所钟，人才蔚起。维时抱道守艺、专门名家者，不可殚数。乃二百余年，风流歇绝，遗著零落，有沉焉无复知者。凤宾慨然曰：“世变至今日亟矣，国学沦胥，人心陷溺。凡知自爱者，宜常取先哲人格以为标准，或讽道其嘉言懿行，俾志气高尚，庶可成有用之才。吾医士也，人但知医身之病，而不知医心之病。夫医心有道，读先哲书而已。”乃搜集乡先贤各书，都凡二百余种，未经刊刻者数十种。昼则庋藏之，夜则展卷而深味之，相依若性命然。于是刻《太昆先哲遗书》二十余种。临殁，犹属其家人曰：“吾死后，子孙其贤者，必继吾刻书之志。”

（唐文治《俞凤宾墓碑铭》，见《茹经堂文集三编》卷八）

按：俞庆恩辑《太昆先哲遗书》首集，民国太仓俞氏世德堂排印、景印本，于民国十七年至十九年陆续刊印，计有：清陆世仪撰《五子绪言》一卷，清诸士伲撰《勤斋考道日录》一卷、《续录》一卷，清钱敬堂撰《呓语偶存》一卷，清王景沭辑《养正录》

一卷、《复性图》一卷，清朱用纯撰《朱柏庐先生大学讲义》一卷、《中庸讲义》二卷，明管志道撰《从先维俗议》五卷，清吴伟业撰、清程穆衡原笺、清杨学沆补注《吴梅村先生编年诗集》十二卷、《诗余》一卷、《诗话》一卷、《诗词补钞》一卷，清唐景星撰《爱莲居诗钞》二卷，清唐受祺《浣花庐诗钞》四卷、《浣花庐赋钞》二卷。

冬　刻《茹经堂奏疏》告成。

是冬，刻《奏疏》告成。

（冯）振谨案：《茹经堂奏疏》凡三卷，首卷条陈时务，与朱子封事后先媲美；二、三两卷则先生在农工商部所作章程、条例，灿然具备，吾国各项要政，肇端于此。至如创设商会、厘订商律，为功尤巨，已刊入《茹经堂全书》中。

（唐文治《茹经先生自订年谱·丁卯六十三岁》）

本年　先生刊刻《桴亭先生集外文》，并作《桴亭先生集外文跋》。

往者，先大夫编刻《桴亭先生遗书》共十六种，都凡二十八册。其编辑文集，系据正谊堂本、娄水文徵本、叶徵君涵溪文钞本。又补遗，则据太仓旧志本，可谓至专且密，疑无挂漏矣。乃今岁世弟王君慧言以书来，告钞得《桴亭先生集外文》三十四篇，外附全谢山、姚春木先生所撰《桴亭先生传》二首，盖当时涵溪先生所钞，而未选与夫选而未及刻者。文治得之，不觉喜极而悲。盖先师王文贞紫翔先生亦素好桴亭先生之学，忆乙酉岁，先大夫辑《桴亭集》告成，拟援《陆清献全书》例命名，函商于文贞师，复曰："桴亭先生著作甚夥，必有隐晦未发见者，不如称遗书为宜。"遂定名《陆子遗书》。今慧言弟得兹集外文，不独慰先大夫之灵，抑以验文贞师之语矣。独痛夫枫树飘零，两楹梦远，俱不及一展卷耳。亟拟授诸梓人，合成完璧，并附刻全、姚二先生所为传暨从祀录于后，以补年谱之缺。

（唐文治《桴亭先生集外文跋》，见《桴亭先生集外文》卷尾）

按：《桴亭先生集外文》，1927 年刻本。

1928 年(戊辰　民国十七年)　64 岁

1月5日(丁卯年十二月十三日)　先生与钱基博联名在无锡报刊上发布消息,招考新生。

本院定于十七年春季招收新生一班,有志来学者,务即依照左列简章来院投考。一、招生名额:共五十名。一、修业年限:三年毕业。一、缴纳各费:每学期学费三十元,膳费三十元,宿费五元,讲义费二元,杂志费一元,课本费约十元。入学时须一律缴清。一、投考资格:须中等学校毕业,国学确有根柢,或有同等学力,而年龄在十六岁以上、二十五岁以下者。一、考试日期及地址:十七年一月十五日上午九时在无锡学前本院举行。一、试验科目:普通论文、国学常识。一、报名手续及日期:报名时须缴报名费一元、四寸半身相片一张。取录与否,概不发还。通函报名,自本日起至考试前一日止,函索章程须附邮票一分。院长唐文治、讲师钱基博等同启。

[《无锡国学专门学院(前名国学专修馆)招收新生》,见《新无锡》1928 年 1月5日第1版]

1月14日(丁卯年十二月二十二日)　无锡国专放寒假。(据《茹经先生自订年谱·丁卯六十三岁》)

本日　先生致函谱弟曹元弼,告以无锡国专及自己之近况。

叔彦吾弟同年大人如手:正深苑结,忻奉惠书,拳拳之谊,溢于楮表。敬维道履增绥,著述宏富,翘祝无量。

大著《周易集解补释》必多古谊为前人所未发者,渴望早日赐读,乞俟印成即寄为感。兄于日前曾托散友王炽甫兄备书价,向尊处购取毛边纸《易笺》《周易学》《复礼堂集》各一部,至今尚无回音,未知炽甫兄已否向尊府会计处接洽?深为系念,专报。

日在风雨飘摇中勉力支持,聊自娱慰。诸生因风会所趋,渐不免有徇外为人之意,无可如何也。本学期聘任锡邑钱君子泉为分教。此人旧在北京清华研究院任教授,学问渊博,藉以分劳,颇为相得。兄近为诸生讲朱子学,编著《紫阳学术发微》,约分十卷,藉示径途。现在甫成六卷,倘日后有资付印,敬当寄奉是正。松柏回春,一元复始,无任系驰,彼此努力进德是幸。尚此布复,敬请道安,顺贺年厘。年如小兄唐文治顿首。十二月廿二日。

　　[虞万里、许超杰整理《唐文治致曹元弼书札编年校录》(书札之三十五)]

1 月 23 日(正月初一日)　辑《家谱》中之《世系》《传状》《艺文志》告成。(据《茹经先生自订年谱·戊辰六十四岁》)

2 月 4 日(正月十三日)　先生与钱基博再次联名在无锡报刊上发布消息,续招新生。

　　定二月九日上午九时起在无锡学前本院试考,先期报名、索阅章程者附寄邮票一分。再本院旧设函授班,如有志向学者同时报名,此布。院长唐文治、教师钱基博同启。

　　(《无锡国学专门学院续招新生》,见《新无锡》1928 年 2 月 4 日第 1 版)

2 月 11 日(正月二十日)　无锡国专举行开院典礼。(据《茹经先生自订年谱·戊辰六十四岁》)

先生为无锡国专学生讲《尚书》,编成《尚书大义》内外篇。

　　是年,余为诸生讲《尚书》,编《尚书大义》内外篇成。外篇考今古文源流,内篇发挥每篇精义,多有先儒未经道者。

　　　　　　　(唐文治《茹经先生自订年谱·戊辰六十四岁》)

按:《尚书大义》后于 1936 年作为《无锡国学专修学校丛书》之十二印行。见该年事中。

2 月 13 日(正月二十二日)　《申报》刊出天侠《谈海上之足球与乐华中锋戴麟经君》,文中称"溯我海上足球之先声,首推南洋,盖南洋不仅以学术著,其体育亦素负盛名。凡知南洋者,几莫不振其足球之荣誉。南洋球队屡建奇勋,执东南之牛耳,博十余年之光荣。饮水思源,则前任校长唐蔚芝先生提倡最力,厥功伟大"。

　　足球之于今日,已成为海上一般人精神聚集之所。是故每有盛大之球赛,观者辄万人空巷,甚或废食以待,或冒雨鹄立,以观究竟。盖以其艺术之高尚而饶有兴趣,不可谓非社会人士热心艺术之好现象,而体育前途莫大之曙光也。溯我海上足球之先声,首推南洋,盖南洋不仅以学术著,其体育亦素负盛名。凡知南洋者,几莫不振其足球之荣誉。南洋球队屡建奇勋,执东南之牛耳,博十余年之光荣。饮水思源,则前任校长唐蔚芝先生提倡最力,厥功伟大。先生以前清左侍郎,博古通今,熟读经史。其注重国粹,理固其所;而提倡体育之热忱,竟不少逊。对于球员之优待与奖励,无微不至。并聘西人李思廉君(Mr.A.H.Leslie)为名誉教授。李君热心指导垂十数载,于是人才辈出。其时华人之球队,堪与西人一角短长者,除一二著名之大学外,别无自成之球队。

（天侠《谈海上之足球与乐华中锋戴麟经君》,见《申报》1928 年 2 月 13 日第 17 版）

2 月（正月） 聘请钱基博为教务主任,冯振为院务主任,高文海为训育主任。（据《无锡国学专修学校概况·大事记》）因先生双目失明,书札均由高文海、陆修祜两人代笔,高文海并常陪同先生巡视学生宿舍。

按：郑逸梅《艺林散叶》第 2686 则："唐文治双目失明,书札均由陆景周、高涵叔二人代笔。陆,太仓人,高则高攀龙之后裔。"雨窗《师门五记》一文中曾记高文海时常陪同先生巡视学生宿舍："有时在自修课完毕以后,忽见唐校长突然从后门进来。他正襟危坐在校长办公室内,通知校工祥金或顺宝,扶持登楼,由丁儒侯或高涵叔两位先生陪同到每个学生宿舍,按名册逐一点名。他虽双目失明,但听觉极灵。我们见唐校长在大雪纷飞之夜照常亲临,嘘寒问暖,无不肃然起敬,站立着等待点名。在点名过程中,他对学生中的一些问题,无论是教育上的或生活上的,都能及时提出来询问或解答,并耐心听取学生们的意见要求。当场可以解决的,便立刻和丁、高两位先生研究决定;否则便记录下来,提交校务会议讨论。"

3 月 4 日（二月十三日） 中央大学特派汪东、王瀣等来无锡调查无锡国专办学状况。在他们回京复呈的报告书中,称"院长唐文治为东南耆宿,曾任南洋大学校长。当国学专修馆创办之时,即请其主持一切,递嬗至今,尤资熟手"。

本邑国学专门学院创办以来,声誉素著。今年扩充学额,益臻发达。昨日南京江苏大学特委文学院教授王晓湘、王伯沆、汪旭初三君,来锡至该院调查,并由该院敦请于三日下午演讲。又前任教授陈柱尊氏亦定于是日由沪来锡,莅院演讲公羊哲学云。

（《国学院名人演讲》,见《新无锡》1928 年 3 月 5 日第 3 版）

四月,中央大学特派汪旭初（东宝）、王伯沆（瀣）两先生调查本院状况,回京复呈,极称办理完善。

（《无锡国学专修学校十五周纪念册·校史概略》）

综观该校办理七年,颇著成效。虽名义屡经改组,而精神始终如一。尤能于经费竭蹶之中,徐图发展;毅力热忱,深堪嘉尚。院长唐文治为东南耆宿,曾任南洋大学校长。当国学专修馆创办之时,即请其主持一切,递嬗至今,尤资熟手。教务长钱基博及各教授均一时知名之士,其余亦能称职。校风质朴醇谨,学生皆守规纪,勤心学业;校课之余,练习演讲。计先后毕业九十余人,虽所造时有浅深,而大致均能成就。所刻文集暨讲演集,亦斐然足备观览（附送一份)。值今国学衰微之际,该校独以此为揭橥,似当加奖勉,用为倡导。应请准予立案,并饬令随时扩张改缮,以期益臻完全之域。谨具报告如右。视察员:王瀣、汪东

[《抄录中央大学视察员王、汪二君报告书》(民国十七年四月,见《私立无锡国学专修学校关于中央大学视察员报告书、毕业生状况调查表、毕业生任职情况》)]

按:1927 年 6 月 9 日,原国立东南大学与江苏境内的其他八所专科以上的公立学校合并,组建为国立第四中山大学;至 1928 年 2 月 29 日,第四中山大学更名为江苏大学;再至 1928 年 5 月 16 日,又改称国立中央大学。由于短时期内的数度易名,所以上引文献中有"江苏大学"和"中央大学"的不同称呼。又 1927 年 6 月,国民政府教育行政委员会颁布"大学区制",决定由江苏、浙江两省试行,各省区设立一所大学,并统管全省教育,故由中央大学派出对无锡国学专门学院办学状况进行调查的人员。

5 月 27 日(四月初九日) 无锡国专院主孙鹤卿去世,学校举行追悼会。(据《无锡国学专修学校概况·大事记》和《无锡国学专修学校十五周纪念册·校史概略》)先生作《孙君鹤卿墓志铭》。

而其有功于名教者,尤在办国学院一事。自欧风东渐,士夫糟粕五经,弁髦六艺,以为不足复存,君(按:指孙鹤卿)独慨焉忧之。会钱塘施君省之创设国学专修馆于惠山之麓,延余主讲,然退息无居。君爱度金匮县学旧址,修复明代尊经阁,别建斋舍,俾诸生迁徙其中。越三载,施君以事中辍,君遂主董院事。尝从容为余言:"迩来正道沦胥,燕朋逆师,燕僻废学,风纪荡然,伊于胡底? 幸赖吾院为一线之绵延,学者尚知孝悌亲师之谊。十年而后,庶几其有豸乎?"越一载,齐卢难作,黉舍飘摇,君在沪,书来谓:"吾侪宜茹苦含辛,维持终始。"又越二载,余以忧患余生,屡思退老。君蹙然曰:"公尽心力,我尽财力,患难相依,彼此幸弗渝也。"余感其言,爰请同邑钱君子泉以为辅。由是风雨晦明,弦歌不辍。吾数人者,心相印而道相同也。君体素羸,患咯血症,比岁学静坐法,得专气致柔之旨,体稍稍健矣。今年春,遭仲兄之丧,抱痛鸰原,悒悒时有所感,竟于民国十七年五月二十七日婴肺炎病卒,享年六十有一。

(唐文治《孙君鹤卿墓志铭》,见《茹经堂文集三编》卷八)

此后不久,先生致函谱弟曹元弼,告知无锡国专院董孙鹤卿去世等事。

叔彦吾弟同年大人如手:王、徐二生先后来院,述知到苏晋谒,道体绥和,

偶发肝易,尚无大害,且慰且念。

尊著《周易集解补释》十七册已由徐生赍到,欣稔吾弟著书一日千里,惊喜交集。兄因事烦,先读大序及《易学源流辨》一过,觉较诸《笺释》简而得要,初学读之,便于了解。呜呼,天命人心端赖于此乎! 拜领之下,曷胜感谢。

兄今春为诸生讲《尚书》学,编辑大义,劳精疲神,计得外篇文十一首,内篇文十七首,冀发明王道之要,于先圣删书之旨,或可稍得万一。他日理而董之,容当呈正。

本馆改名国学院,后添招学徒一班,颇能安分用功。并请徐君哲东为助教,亦公门弟子也。惟是经费竭蹶,仰屋兴嗟。近日院董孙君鹤卿又复病故,孙君对于本院系最出力之人。宋欧阳子云:"善人君子,欲使幸而久存于世,竟不可得。"徒有流涕而已。世局多故,益增感喟。苏闾谅必安谧,锡地尚无恙。专此布谢,敬请道安。年如小兄唐文治顿首。

[虞万里、许超杰整理《唐文治致曹元弼书札编年校录》(书札之三十八)]

按: 此信不署日期,文中叙及"近日院董孙君鹤卿又复病故",当是写于孙鹤卿去世后不久。

6月18日(五月初一日) 《申报》第17版刊出晚成《学界两奇人》,其中一则为《唐文治记忆过人》。

唐文治(蔚芝)先生,太仓人,现任无锡国学专门学院院长,知名士也。先生两目已盲,不能见物,遑论书字。在国学院时,每周任课二三小时,讲解古籍,都背讲之。偶有所忘,即请助教提引,又能连续讲解。据云先生于经史子集均能背诵,其记忆力之过人,于此可证。先生每日必听报,由他人阅读,渠听之而知。然则对他人称阅报,而对先生应称听报矣。一笑。

(晚成《学界两奇人·唐文治记忆过人》,见《申报》1928年6月18日第17版)

6月24日(五月初七日) 下午,于战火后重建之太仓浏河集善育婴堂举行落成典礼,洪保婴代表先生致颂词。(据《申报》1928年6月26日8版《集善堂落成典礼》)

7月中旬(五月底) 举行第四班第四届学生毕业典礼,毕业者崔履宸等12名。(据《茹经先生自订年谱·戊辰六十四岁》等)

7月(六月) 先生拟编《诗经大义》,分伦理、性情、政治学等八类。因众说浩繁,仅订序目。(据《茹经先生自订年谱·戊辰六十四岁》等)

8月25日(七月十一日) 四子唐庆永在光华大学毕业后,赴美西雅图入华盛顿大学,不久转入中美奥海州立大学肄业,学经济科。(据《茹经先生自订年谱·戊辰六十四岁》)

8 月(七月) 无锡国专举行开院典礼,录取新生 50 名。(据《茹经先生自订年谱·戊辰六十四岁》)

9 月 11 日(七月二十八日) 《新无锡》报刊出先生为该报创刊十五周年纪念题辞。

> 中华民国十七年九月十一日,欣逢《新无锡》报社十五周纪念增刊出版良辰,际兹世界大同,民风丕变,尤赖报界大名硕发抒谠论,建设宏规,扩社会之新知,引民生之乐利。景仰高风,倾忱祝露。爰为颂曰:
>
> 惠山峨峨,太湖汤汤。人文毓秀,云汉为章。开物成务,纸贵洛阳。飚驰电掣,凤举龙骧。斗室千里,九埏八荒。曰摅正论,曰阐幽光。矧有增刊,寓目琳琅。翘首前程,懿欤无疆。邑人唐文治谨颂。
>
> (唐文治《新无锡报十五周纪念题辞》,见《新无锡》1928 年 9 月 11 日)

9 月(八月) 先生患痰病,表甥俞庆恩自上海来无锡,为之诊治,始获痊愈。(据《茹经先生自订年谱·戊辰六十四岁》)

同月 大学院特派柳诒徵、薛光锜来无锡国学专门学院进行调查,报告"条例符合、成绩优良",即于 9 月 20 日批准立案。

> 九月,大学院特派柳翼谋(诒徵)、薛仲华(光锜)两先生来院调查,报告"条例符合、成绩优良",即于九月二十日批准立案。
>
> (《无锡国学专修学校十五周纪念册·校史概略》)

> 国学院具文请大学院立案,迄未覆准。至九月间,派丹徒柳君翼谋、无锡薛君颂[仲]华来院调查。二君回京报告,谓本院成绩斐然,办理完善,旋奉大学院批准立案。
>
> (唐文治《茹经先生自订年谱·戊辰六十四岁》)

> 令私立无锡国学专修学院:
>
> 为令遵事。查该学院前经国立中央大学校长张乃燕转呈请准立案,复经本院派员实地调查,认为与私立大学及专门学校立案条例尚属符合,应即准予立案。惟该校经费颇欠充足,应速筹基金,以期学校经济基础之巩固。除令行中央大学知照外,合行令仰该校长遵照。此令。中华民国十七年九月廿日。院长蔡元培、副院长杨铨代拆代行。
>
> [《中华民国大学院训令(第 687 号)》(中华民国十七年九月二十日,见《私立无锡国学专门学院呈请立案的报表、公函和上级准予立案的训令、公函》)]

按:《私立无锡国学专门学院呈请立案的报表、公函和上级准予立案的训令、公函》中尚有国立中央大学致无锡国专的公函,内容与大学院训令基本相同。

又按：《无锡国专史料选辑》中有薛光锜致先生函，函云："蔚芝先生赐鉴：前奉院令赴锡调查贵学院立案事宜，遽亲道范，快何如之！龙门初调经史，睹三代之遗；马帐叨陪风雅，接一堂之秀。况复频叨口惠，饱饫郇厨，诸维纂结，心旌荣幸。只因急于反命，未能小作勾留，多请教益，仓皇话别，惆怅神驰。贵学院立案问题，已于今日奉批准予立案矣。惟经费一节，批中有'应速筹措基金'等语，即希随时注意。兹将批语钞录一纸寄奉台阅，即祈查收。为祷。谨修芜词，藉申谢悃率陈。敬请道安。薛光锜顿首。"此函写于9月19日，即在无锡国学专门学院结束考察返回后不久。

敬启者：敝院自创设以来，荷蒙贵局垂照，并承将教育行政事宜送赐函知，俾资接洽，曷胜纫感。现在敝院呈请立案事宜，迭蒙大学院、中央大学一再派员实地调查，兹于九月二十日案奉大学院第六八七号训令，开"为令遵事：查该学院前经国立中央大学校长张乃燕转呈请核立案，复经本院派员实地调查，认为与《私立大学及专门学校立案条例》尚属符合，应即准予立案。惟该校经费颇欠充足，应速筹措基金，以期学校经济基础之巩固。除令行中央大学知照外，合行令仰该校长遵照。此令"等因。此皆仰赖贵局鼎力赞助，有此成效。此后仍祈随时指导一切，以匡不逮，至深感盼。除函达县政府外，此致无锡县教育局长薛。私立无锡国学专门学院院长唐文治。

（唐文治《私立无锡国学专门学院院长致无锡县教育局长公函》，见陈国安等编《无锡国专史料选辑》）

一九三〇年，国民党的大学院特派柳诒徵、薛颂华两位来校调查。他们调查得很细，还提出了改进意见，对在校学生进行了甄别考试。他们出了一道作文题，学生集中在大礼堂作文，限三小时完成（用毛笔将文卷誊就）。这一方式类似一次作文竞赛，对国专学生来说，准时完卷没有什么困难。柳、薛两位向大学院报告："办理完善。"当年九月二十日批准立案，奉教育部令改为"无锡国学专修学校"。这一校名沿用了十九年，直到苏南、上海解放。

（黄汉文《记唐文治先生》）

按：上引黄汉文文中记大学院特派柳诒徵、薛光锜来无锡国专调查事在1930年，并称"当年九月二十日批准立案，奉教育部令改为无锡国学专修学校"，此说有误。柳诒徵、薛光锜来无锡国专调查办学情况及学校被批准立案均在1928年；而由"无锡国学专门学院"再度改名为"无锡国学专修学校"则是在1930年初。事详本书1930年中所记。

11月（十月）　先生高祖唐景星《爱莲居诗钞》及父亲唐受祺《浣花庐诗赋钞》均印成。

十月，先高祖《爱莲居诗钞》、先大夫《浣花庐诗赋钞》均印成。俞甥凤宾作跋文，厚意殷拳，至可感也。

（唐文治《茹经先生自订年谱·戊辰六十四岁》）

余幼时随侍先外祖父顾叔因公与先外祖母唐太夫人，寄寓松江，延师教读。六龄，叔因公见背，先外祖母常住余家。先本生父隶云公奉之如亲母。忆余坐卧衣食功课，先外祖母无不一一训诲，慈爱有逾于恒。即旅行时，往返沪太峰泖间，亦必随之。又尝携余屡至唐第，同谒先舅祖父若钦公。公乃先外祖母之胞弟。又尝往贺蔚芝母舅中式举人及中式进士。先外祖母居恒无事，常道及先舅祖父教授之合法，就学者一经命提，即易入泮，人争师之。又述治家之勤俭，柴米油盐，菜蔬鱼肉，必亲自检点，而购置有度。人皆以为封翁何必董理琐屑，而先舅祖父数十年之旧家风，不稍懈如一日也。又述人品之清高，自奉简约，刻苦终年，衣服有藏至二十年以上，而仍着之。平生最恶揣摩谄媚、与世浮沉之辈。深慕陆桴亭先生之为人，搜集其著作，镌成《陆子遗书》，风行一世。曾手辑格言，名为《处世须知》，以代家训。其古道照人之处，大可为后生之模范。又述文学之擅长，诗赋之属，钩心斗角，典故雅驯，而字句艳丽，押险韵必使之稳，押拙韵必使之工。若夫性情本原之地，不必标无为为宗旨，而自然无为；犹其修身立品，不必标道学为宗旨，而自合乎道德。陶白天真，濂洛风雅，追踪昔贤，始无愧焉，他日当流传之也，云云。又忆蔚芝母舅督学南洋时，先外祖母辄往徐家汇小住，以叙手足之情，或数日或旬余而始返舍。一日，余奉先母命往迎先外祖母。先舅祖父云："何急急为？"余曰："叨扰已多日矣。"先舅祖父微晒曰："好婆在吾家，非外人也。"言次，笑容可掬，复谆嘱不可见外云。又忆先舅祖父，中膳后必步行一千步，晚膳后五百步，十余年未尝间断，自无食积之患，享寿八十有四。卫生学言：人虽高年，不可不运动，然不可努力过度。则缓步实为适其中矣。自母舅迁居无锡以后，遂不易亲聆教诲。一日，余往谒时，见报载某军人命某村师改宰予昼寝为宰予画寝，时人诽笑之。先舅祖父曰："此乃梁武帝之说，见《经典释文》。画寝者，画寝室也。"余背诵下文，画寝二字，亦可自圆其说，觉先舅祖父学问渊博，非寻常读书人所可比拟。不意自聆此教以后，即不复见面。齐卢战争之年，甲子冬十二月，先舅祖父婴肺炎之疾，时余方离家避难，又患深部颈疡，甫动手术，日须洗创敷药，因痛卧伏，母舅电召，未克成行。女弟庆棠及妹婿庆诒，于兵甲丛杂中赶到梁溪，而先舅祖父已于祀灶日归道山矣。致今思之，犹黯然神伤。先外祖母仙游时，余因游学，不及奔丧；而于先舅祖父，又因自病，不克侍疾。呜呼！遗憾绵绵，何能消释。

今遵先外祖母遗训,征得《浣花庐诗赋钞》,印入《太昆先哲遗书》,倘先舅祖父在日,知余印刷他人遗著,为文学界保存瑰宝,阐扬潜德,则必立予赞同。今以佳作之一部分,示诸后人,以垂久远,先舅祖父九原有知,其亦不以此为多事而见许否乎? 中华民国十七年戊辰中秋,俞庆恩凤宾敬跋。

(俞庆恩《〈浣花庐诗赋钞〉跋》,见《浣花庐赋钞》卷末)

按:唐景星《爱莲居诗钞》二卷、唐受祺《浣花庐诗钞》四卷及《浣花庐赋钞》二卷皆收入俞庆恩辑《太昆先哲遗书》首集,于本年由太仓俞氏世德堂排印。

先生之《茹经堂文集二编》刻成。

《茹经堂文集二编》刻成。本为门人张贡九名廷金、胡粹士名端行及俞甥凤宾捐赀刊刻,李生颂韩经理其事。颂韩病殁,遂停工。门人金叔初复出赀续刻,始得告成。

(唐文治《茹经先生自订年谱·戊辰六十四岁》)

按:《茹经堂文集二编》九卷,前有钱基博、朱文熊、汪曾武序。该集编成于1921年。见本书该年农历六月事中。

12月中下旬(十一月)　北方告灾,先生与苏州费树蔚向各处募得一万六千余元,作为义赈款。

十一月,北方告灾,前在各部署供职者,饥饿不能出门户,甚至阖门自经。友人溧阳周君敬甫办理义赈,余与苏州费君仲深名树蔚,向各处募捐,共得一万六千余元。无锡最出力者,同宗保谦、申伯昆仲及华君叔琴也。

(唐文治《茹经先生自订年谱·戊辰六十四岁》)

按:《申报》1929年10月24日第14版《济生会驻平办振主任请办冬振粥厂》中有一节云:"又据驻平办振主任周君敬甫报称:去年冬振,官办粥厂十六处;又本会与各慈善团合办粥厂二十八处;又本会与友人唐蔚芝君等资送各省旅平灾民冬振洋三万二千元,救活无算。"可与《茹经先生自订年谱》所记互参。

1929 年(己巳　民国十八年)　65 岁

1 月 5 日(戊辰年十一月二十五日)　《新无锡》发行元旦赠刊,先生题"统一新声"。

2 月 11 日(正月初二日)　辑《家谱·坟墓志》告成。(据《茹经先生自订年谱·己巳六十五岁》)

2 月 18 日(正月初九日)　为叶裕仁、王祖畬入乡先贤祠事,携长子唐庆诒回太仓。

> 正月九日,挈长儿庆诒回太仓,为乡先贤叶涵溪先生裕仁、先师王文贞公入乡贤祠事。借住陆勤之亲家宅中,诸亲友欢聚。
>
> 　　　　　　　　　　　　　　　(《茹经先生自订年谱·己巳六十五岁》)
>
> 民国十八年,三十二岁。一月,随吾父回太仓,寓陆师勤之宅中。
>
> 　　　　　　　　　　　　　　　　　　　　　　(唐庆诒《忆往录》)

2 月 19 日(正月初十日)　送叶裕仁、王祖畬两先生入乡先贤祠。

> 十日巳刻,送叶、王两先生入祠。
>
> 　　　　　　　　　　　　　　　(《茹经先生自订年谱·己巳六十五岁》)
>
> 民国十八年,三十二岁……十日,观乡先贤叶涵溪先生裕仁、王文贞公紫翔入乡贤祠典礼,并参观集善堂、育婴堂,夜宿塘工局,傍浏河诗人偶桓墓。
>
> 　　　　　　　　　　　　　　　　　　　　　　(唐庆诒《忆往录》)

2 月 22 日(正月十三日)　扫墓。

> 十二日赴刘河,十三日扫墓,瞻拜松楸,怆然陨涕。顺道参观集善堂,育婴极为完善。是晚,住塘工局。
>
> 　　　　　　　　　　　　　　　(《茹经先生自订年谱·己巳六十五岁》)

2 月 23 日(正月十四日)　返回无锡。(据《茹经先生自订年谱·己巳六十五岁》)

3 月 1 日(正月二十日)　无锡国学专门学院举行开院典礼,先生因病未能出席。病中作《太仓蟹籪记》,思亲不置。

> 正月二十日,行开院礼。余因病未能往。病中作《太仓蟹籪记》,思亲不置。病十余日始瘳。
>
> 　　　　　　　　　　　　　　　(《茹经先生自订年谱·己巳六十五岁》)

距吾娄西门外三里许,当太仓塘之首,有蟹簖截流,横居其冲,不知始自何时。当八九月后,夜灯火荧然,蟹郭索上簖,渔人获之以为利。岁久圯坏,则修葺之。余幼时随吾父馆油泾,馆苏台,馆沪上,往来必经是簖,舟底耆然有声。每出过簖,心辄怅然,以其离吾祖、吾母而去也。每归过簖,则欢喜跳跃,以其将见吾祖、吾母也。迫抵家,吾姊候于门,吾祖、吾母欣然出曰:"汝父归乎?汝归乎?"于是喁喁聚语一室,虽王侯之乐,无以过也。此情此境,盖梦寐时犹或见之。

己巳春正月,太仓乡先进叶涵溪先生暨吾师王文贞公入乡贤祠,诸同乡邀余还里,赞襄典礼,爰率长子庆诒同归。轮舟若箭激,过蟹簖耆然声尤厉,心为动摇。至里门舍亲翁陆君勤之家,亲族僚友欢迎者数十人,济济一堂,欢然话旧,可谓极一时之盛,数年来无此乐者。然静言思之,吾祖、吾母弃养久矣。吾父虽少享一日之寿,然弃养亦阅六年矣。吾姊之殁,则已四十余年矣。追维过蟹簖时情况,曷禁悄然以悲,泫然以泣也。

(唐文治《太仓蟹簖记》,见《茹经堂文集三编》卷六)

开学后,课诸生《礼记》,作《礼记大义》并《研究法》。(据《茹经先生自订年谱·己巳六十五岁》)

按:《礼记大义》后作为《无锡国学专修学校丛书》之二于 1934 年印行,见本书该年事中。

又辑成《论语大义外篇》。

辑《论语大义外篇》成。嘉庆时,有妄人崔氏述作《论语源流考》,多引不经之谭,谓《论语》后半部皆后人羼入。余特作《论语辨疑》,编入外篇中,力斥其谬。

(冯)振谨案:先生此书,详载授受源流,极为精深,尤要者《辨疑》一篇,匡谬阐幽,足破学者之惑。后载《师法表》《篇次章数表》《研究法表》《参考书目表》,元元本本,指示学者康庄大道,为治《论语》入门必读之书,已刊入《茹经堂全书》中。

(唐文治《茹经先生自订年谱·己巳六十五岁》)

4月7日(二月二十八日) 先生致函谱弟曹元弼,告以农历正月回太仓等事,并附寄所作《太仓蟹簖记》。

叔彦吾弟同年大人有道:久未通函,无任渴念。入春以来,敬维道履增绥,著作宏富,式符心祝。大哥大人去冬稍有不适,谅早复元,念甚。兄因正月间先师王文贞公入乡贤祠,于初九日回太,旋赴浏河省墓,途中感冒风寒,卧病兼旬,近始康复,足慰隆注。

正月中奉到大著《圣学挽狂录》,发明大义,炳如日星,世道人心赖此维系。志在《春秋》,意亦犹是,曷胜钦佩之至。此后各篇续成,务祈惠寄。兄近为诸生讲授《论语》,兼示门径,欲觅皇侃疏本及宋于庭先生《论语师法表》。宋先生系长洲人,当有全书。尊处倘有此书,乞惠寄一读,至深盼祷。

松乔侄去年拟设小学,不识已开办否? 渠勇于为善,孳孳不倦,真不可及也。附寄近作《蟹螺记》一篇,请指正。并望世兄读之,亦可为涵养性情之一助尔。临池惓惓,敬请著安。年如小兄文治顿首拜启。二月二十八日。

〔虞万里、许超杰整理《唐文治致曹元弼书札编年校录》(书札之三十九)〕

5 月 4 日(三月二十五日)　在无锡县政会议上,先生等 14 人被推定为修志委员。

无锡县长孙祖基昨日召集财务、公安、教育、建设各局局长,及本署各科科长,开县政会议,孙县长主席……(一)县长提议,修志局组织大纲,并委员人选案。议决:组织大纲修正通过。委员人选,先推定钱子泉、蔡子平、秦效鲁、丁梅轩、俞仲还、严尧钦、孙北萱、钱孙卿、蔡松如、蒋仲怀、华书城、唐蔚芝、侯保三等十四人为委员……

(《县政府重要会议》,见《申报》1929 年 5 月 5 日第 12 版)

6 月 3 日(四月二十六日)　先生南菁时同门陈庆年因病卒,先生作《陈君善余墓志铭》。

辛酉岁,余创办无锡国学专修馆,延君(按:指陈庆年)主讲,君复书谢曰:"吾病矣! 不能行,我设传经堂,子辟国学馆,从此终隐可矣。"呜呼! 曾几何时,章君逝世,余既为文以哭之。今又哭君而为铭,俯仰身世,沧桑之变易,朋旧之凋零,益复累叹唏嘘而不能已已也。君以同治元年十二月十五日生,民国十八年六月三日卒,享寿六十有八。

(唐文治《陈君善余墓志铭》,见《茹经堂文集三编》卷八)

6 月 8 日(五月初二日)　在无锡县志局会议上,先生请辞修志委员一职,议决改聘为名誉总修。(据《申报》1929 年 6 月 10 日第 10 版《县志局委员会议记》)

约 6、7 月间(约五、六月间)　先生召集学生训话,教诲学生说:"学问必本之性情,然后可谓之真学问;经纶必根之德行,然后可谓之大经纶","故余望吾学子,学先敦品"。

国家兴亡,系乎学术;学术盛衰,系乎教育。时至今日,人心不古,世风愈靡,竞尚浮华,不敦名实。至今学者,亦惟驰骋于名利而已,而知究圣贤之学者,至寥寥也。廉耻之丧亡,四维之不张,争攘杀夺,骚扰不宁,有以也乎。唐校长有鉴于此,恐长此以往,国将不国,故大声疾呼,提倡道德,唤醒青年,以冀挽回于万一。此天下哀斯下民,憨遗一老也。月之某日,校长莅校训话,其言曰:"学问必本之性情,然后可谓之真学问;经纶必根之德行,然后可谓之大经纶。言之非艰,行之惟艰。望吾学者,速留意焉。否则,穷则言行不足以为师表,达则经术适足以误苍生。故余望吾学子,学先敦品,在校敬师长,爱同学,为敦品之学生;在家孝父母,敬兄弟,为敦品之子弟。如是方不负人之所以为人耳。吾校之学生,能重廉耻,守礼义,此余之志也,望共同努力,行之不息。"唐先生之心,可为苦矣。唐先生是与人为善,乐育人才也。呜呼,行道如斯,而知从游者几人乎?虽然,欲救中国,厥惟如是。然民困而不知救,国耻而不知雪,推其原故,人于学业时,不敦品行之所致也。抑唐校长有鉴于此,而谆谆忠告、善导吾辈乎!观夫古之扬雄,以文章名世,不免失身于新莽;蔡邕以旷世逸才,终至屈节于权奸,所谓学有余而品不足也。后人读史至此,有不为之长叹息者耶?故学者之于敦品,可不努力乎?《语》云:"细行不矜,终累大德。"信哉!余故记唐校长之训话,藉行以自警惕也。

(王淞涛《唐蔚芝先生训话》,见《新无锡》1929 年 7 月 4—5 日第 4 版)

7月2日(五月二十六日) 曾以 13 岁之幼龄在无锡国专就学的王鸿樑因病去世,先生作《王蔚人哀辞》。王鸿樑是先生早年的老师王祖畬之孙、无锡国专职员王保鬶之长子。

蔚人姓王氏,名鸿樑,吾师文贞公孙,世弟慧言君长子。生幼聪颖绝伦,议论踔厉,有昂头天外之概。每问一事一理,必穷之至乎其极,虽博通者,或不能答。余大器之,以为庶几绳武吾师。岁壬戌,余创立国学专修馆于无锡,生以十三龄童子来列旁听席,文理浚哲,特补正课生。后入省立太仓中学,试辄冠其侪……乃生遽于今年五月病,于七月二日卒,得年才二十。

(唐文治《王蔚人哀辞》,见《茹经堂文集三编》卷八)

(慧言)生子四,长鸿樑,聪敏绝伦,毕业于无锡国学专校,旋入上海交通大学,英、算辄冠侪辈,诸师长咸异之。

(唐文治《王君慧言家传》,见《茹经堂文集四编》卷七)

7月(六月) 胡端行、陈柱、唐庆诒等集资刊印李联琇《养庐诗文稿》,先生为之作序。

六月,胡生粹士、陈生柱尊暨大儿庆诒鸠资印李生颂韩《养庐诗文稿》。颂韩从余游,垂四十年,感情最厚,其平生志事,不获稍一展布,仅留此稿,吉光片羽，流播人间，伊可痛已。余为之序，凄怆累日。

（唐文治《茹经先生自订年谱·己巳六十五岁》）

门人李君颂韩既殁之二年，其孤家俊哀集其遗稿，请序于余。爰属执友朱君叔子，同学陈君柱尊、冯君振心，重加厘订，都为诗若干卷、文三卷。乃叙其简端曰……

（唐文治《李颂韩养庐诗文稿序》，见《茹经堂文集三编》卷五）

按：李联琇《养庐诗文稿》，1931 年刊本。卷首有先生《李君颂韩传》（即收入《茹经堂文集三编》卷七的《李颂韩家传》）、张宇《养庐诗稿序》及陈柱《李颂韩先生遗集序》。其中收录《养庐诗稿》五卷、《养庐文稿》六卷。

8 月 4 日（七月二十九日）　无锡举行蒋士荣追悼大会，先生出席。（据《新无锡》1929 年 8 月 5 日《昨日举行蒋仲怀先生追悼大会》）

8 月（七月）　举行开院典礼，录取学生 67 人。课诸生《周易》，编《周易十二辟卦消息大义》。（据《茹经先生自订年谱·己巳六十五岁》）

按：《周易十二辟卦消息大义》即《周易消息大义》，后作为《无锡国学专修学校丛书》之六于 1934 年印行。见该年事中。

秋　聘请单镇为无锡国学专门学院教授。单镇为学生讲授《诗经大义》《史通》《东塾读书记》《杜工部诗集》和《国文大义》等课程。先生并以所编定之《诗经大义》授之，请其采择传笺，别作注释。

是秋，请苏州单君束笙名镇为国学院教授。余以《诗经大义》授之，请其采择传笺，别作注释。

（唐文治《茹经先生自订年谱·己巳六十五岁》）

五月间，唐蔚芝先生派陆景周兄持函来苏，约余暑假后赴无锡任国学院教授。余以释褐以来簿书期会，奔走驰驱，忽忽二十余年，有学殖荒落之感，无锡国学院人才济济，根柢深厚，实在未敢担任，一再力辞。景周兄切嘱往锡晤蔚老一谈，以慰廿年阔别之思，爰订于秋凉赴锡。九月初，赴无锡谒见唐蔚老，纵谈竟日，抚今追昔，不胜沧桑之感。余力辞教授一席，蔚老以旧雨重逢极为难得，谆嘱相助。余情不可却，允试办三月。爰分得《诗经大义》《史通》《东塾读书记》《杜工部诗集》，兼课丁班《国文大义》。每两星期课以作文，批改课卷一百六十余本。星期六旋苏料理家务，星期一赴锡授课。时院中同事钱基博、冯振心、徐管略、朱叔子、陆景周诸君子，课余互相讨论，颇饶兴趣。《诗经大义》，蔚老编定篇目，以孔门之教学《诗》，曰："兴、观、群、怨、事君、事父、多识而已。事君事父，伦理学也；可以兴可以怨，性情学也；可以观，政治学、农事学、军事学也;可以群,社会学也;多识,修辞学也;伦理性情之精微,义理学也。"于是分选诗篇伦理十六篇、性情十六篇、政治十六篇、社会十六篇、农事六篇、军事十五篇、义理十篇、修辞八篇,嘱余分期演讲。余为之采择传笺,别作注释,每篇后标明诗旨,简要可诵,颇为精核。分列八卷,冠以纲要一卷,计九卷。教授诸生,均能领会,蔚老大加称赏。嗣后由金山高吹万君燮印入《葩庐丛书》。

(单镇《桂阴居自订年谱·民国十八年己巳》)

按:《诗经大义》后由高燮收入《葩庐丛书》,于1933年印行。详本书该年事中。

又按: 7月27日(六月二十一日),先生致函谱弟曹元弼(见《唐文治致曹元弼书札编年校录》中书札之四十一),函中亦提及单镇来无锡国专任教一事:"兄自本院暑假后逐一清理文债,藉消长夏。下学期拟为诸生讲《学》《庸》,兹须觅宋氏翔凤《四书纂言》,倘邺架有之,可否赐假一读。如有宋氏全书,更可饱览。惟卷帙较繁,如邮寄不便,拟请于七月二十前托交单束笙兄带锡,现住史家巷廿六号。因渠亦来就讲席也。"

10月10日(九月初八日) 举行无锡国专图书馆落成典礼。此前,由北平、太仓两处先后运来图书一万五千册,连同原有图书六千册,移藏至新建图书馆。

九月,国学院图书馆告成,行落成礼。是馆为本邑孙君鹤卿遗命捐建,院董蔡君文鑫兼三、宗侄炳源星海等竭力赞成。共费六千五百元。亲家陆君勤之捐书壹万五千余册,元明精本甚多,约共值二万数千元,可感也。

(《茹经先生自订年谱·己巳六十五岁》)

学校建造图书馆,陆勤之个人就捐赠书籍一万五千册,其中大多为明清精本,当时就价值数万元。

后唐先生创办无锡国学专修学校,他(按:指陆修瀛)的二兄陆勤之赶赴京师,为学校购买了大量书籍。他又为唐先生悉心整理编纂目录,转运江南,为唐先生在无锡建校出大力。

(鼎龄《唐文治和陆氏三兄弟》)

十八年十月,图书馆落成。太仓陆勤之先生设法将前北京国学专修馆总馆历年收藏暨家藏旧籍,前后捐存一万五千册,连同本院原有图书六千册,移庋新建图书馆。双十节举行开幕典礼,来宾孟宪承、廖茂如两先生俱演说。下午开游艺会,来宾称盛。

(《国专校友会集刊·大事记》)

学前街国学专门学院,自经教育部批准立案以后,气象日新。本学期学生增至一百六七十人。院长唐蔚芝每日莅院主讲,教务主任钱子泉、院务主任冯振心相助为理,学务更见完善。顷闻该院新建图书馆,系已故院主孙鹤卿先生遗嘱,独力捐造,现已落成。又该院前存北平及太仓书籍多种,亦经前后运到,特定双十节上午举行落成典礼,欢迎各界前往参观。下午表演各种游艺,藉助余兴。惟因礼堂座位无多,概须凭券入场,以示限制,届时当必有一番盛况云。

　　　　(《国学院图书馆定期开幕》,见《新无锡》1929 年 10 月 8 日第 3 版)

10 月 13 日(九月十一日)　孙女唐孝英生,长子唐庆诒出。(据《茹经先生自订年谱·己巳六十五岁》及唐庆诒《忆往录》)

10 月 29 日(九月二十七日)　国民政府教育部部长蒋梦麟下达训令,要求无锡国学专门学院改名为无锡国学专修学校。

　　为令遵事:查该校名称组织与新颁大学及专科学校组织法暨规程均有未合,应改名为私立无锡国学专修学校,参照大学规程关于专修科之规定办理,以符名实。仰即遵照。此令。部长蒋梦麟。中华民国十八年十月廿九日。

　　[《教育部训令(字第 1346 号)》,见《私立无锡国学专门学院奉部令改名为私立无锡国学专修学校、对私立学校调查的公函、报表和教育部、省教育厅有关训令、指令、公函、批文》]

11 月 29 日(十月二十九日)　先生就部令改校名为无锡国学专修学校事,呈覆国民政府教育部长蒋梦麟,称学校正积极筹备改为独立学院,"目下正在进行中,未便中途停顿,致阻院务之新机","一俟组织就绪,当将办理情形,具报备查"。

　　为呈覆事:窃敝院于八月间迭奉钧部训令,颁发大学组织法及专科学校组织法并大学规程等因,又于八月卅一日奉钧部地一一五一号训令,开"为令饬事:查大学组织法及大学规程,业经国民政府及本部先后公布在案。该大学组织编制,如有未合大学组织法及大学规程所规定者,亟应分别遵改,以谋齐一。除分行外,合行该校遵办,并将办理情形具报备查"等因,奉此正遵办间,又于十月二十九日奉钧部第一三四六号训令,开"查该校名称组织与新颁大学及专科学校组织法暨规程均有未合,应改名为私立无锡国学专修学校,参照《大学规程》关于专修科之规定办理,以符名实。仰即遵照。此令"等因。奉此,自应遵照办理,以副饬令。惟敝院年来力图进展,除添招新生,增加班级数外,本年并新建图书馆,最近又利用文庙扩充校址、建筑校舍,以为分增学科、学系之准备。自奉前令,益积极筹备,拟遵照部令,颁发规程,改为独立学院。而在院及毕业离院之学生,亦迭开全体大会加以敦促,且愿分途募捐,竭诚援助,师生一致,通力合作,目下正在进行中,未便中途停顿,致阻院务之新机,有负学生之□愿。一俟组织就绪,当将办理情形,具报备查,为特谨先呈覆钧部俯察察核,实为公便。谨呈教育部长蒋。私立无锡国学专门学院院长唐文治。印。

[《呈教育部(十一月廿九日)》,见《私立无锡国学专门学院奉部令改名为
私立无锡国学专修学校、对私立学校调查的公函、报表和教育部、省教育厅有
关训令、指令、公函、批文》]

12 月 5 日(十一月初五日) 国民政府教育部部长蒋梦麟再次下达训令,称将
无锡国学专门学院改为独立学院于法无据,要求"该院改名为私立无锡国学专修学
校,以符定制"。

令私立无锡国学专门学院

呈为奉令发组织法及规程又奉部令改名称拟改为独立学院俟筹备组织就
绪再将办理情形具报由。

呈悉。查《大学组织法》第四条规定,大学分文、理、法、教育、农、工、商、医
各学院。该院研究国学,拟改为独立学院,于法殊无根据。仰仍遵照本部一三
四六号训令,将该院改名为私立无锡国学专修学校,以符定制。此令。部长蒋
梦麟。中华民国十八年十二月五日。

[《教育部指令(字第 3150 号)》,见《私立无锡国学专门学院奉部令改名为
私立无锡国学专修学校、对私立学校调查的公函、报表和教育部、省教育厅有
关训令、指令、公函、批文》]

12 月 30 日(十一月三十日) 国民政府教育部部长蒋梦麟又一次下达训令,
要求无锡国学专门学院"应即查照本部前令,改正名称,并将参照大学规程关于专
修科之规定办理情形呈报备核"。

令私立无锡国学专门学院

案查该校改名独立学院,俟组织就绪,当将办理情形具报备查等情,业经
本部令知该院,应遵照本部一三四六号训令,改名为私立无锡国学专修学校在
案。兹查本月二十三日该院呈送《十八年度教职员及本预科新生又转学生一
览表》,仍用旧有校名,应即查照本部前令,改正名称,并将参照《大学规程》关
于专修科之规定办理情形呈报备核,此令。部长蒋梦麟。中华民国十八年十
二月卅日。

[《教育部训令(字第 2004 号)》,见《私立无锡国学专门学院奉部令改名为
私立无锡国学专修学校、对私立学校调查的公函、报表和教育部、省教育厅有
关训令、指令、公函、批文》]

1930 年(庚午　民国十九年)　66 岁

1 月 7 日(己巳年十二月初八日)　先生备文呈报国民政府教育部部长蒋梦麟,称将奉部令,改名私立无锡国学专修学校,一切当参照大学规程关于专修科之规定,以符定制。此为无锡国专第三次改名。

为呈复事。窃敝校案奉钧部第三一五零号指令,开"呈悉。查《大学组织法》第四条规定,大学分文、理、法、教育、农、工、商、医各学院。该院研究国学,拟改为独立学院,于法殊无根据。仍仰遵照本部一三四六号训令,将该院改名为私立无锡国学专修学校,以符定制。此令"等因,又奉钧部第二零零四号训令,开"案查该院前呈请改名独立学院,俟组织就绪,当将办理情形具报备查等情。业经本部令知该院,应遵照一三四六号训令,改名为私立无锡国学专修学校在案。兹查本月二十三日该院呈送《十八年度教职员及本预科新生及转学生一览表》,仍用旧有校名,应即查照本部前令,改正名称,并将参照《大学规程》关于专修科之规定办理情形呈报备核。此令"等因,奉此,当即遵照办理,改名为"私立无锡国学专修学校",一切当参照大学规程关于专修科之规定办理,以符定制。惟窃有请者,敝校自开办以来,已近十年,尚为社会所信仰。目前在校各学生及已毕业诸生均愿改组独立学院,以餍众望。惟兹事体大,谨拟依照《文科教育科规程》悉心筹划,俟定有办法,再当呈请指示,以期仰副钧部作人之意,实为德便。再本校改名以后,应请钧部颁发钤记,以资信守。此件暂用专门学院图记,合并声明。谨呈教育部长蒋。私立无锡国学专修学校校长唐文治。

(《呈》,见《私立无锡国学专门学院奉部令改名为私立无锡国学专修学校、对私立学校调查的公函、报表和教育部、省教育厅有关训令、指令、公函、批文》)

1 月 18 日(己巳年十二月二十九日)　先生再次备文呈报国民政府教育部部长蒋梦麟,称学校改名私立无锡国学专修学校后,一切当参照《大学规程》中有关规定办理,并将办理情形报部备核。

为呈复事。案奉钧部第一零一号指令,开"呈悉。该校既改正名称,所请颁发钤记,姑予照准,候刊就再行颁发。仰仍迅遵前令,将参照《大学规程》关于专修科之规定办理情形呈报备核,此令"等因。查敝校现在所有入学资格、共同必修科目及试验规则,遵照令颁布《大学规程》第二十七条专修科通用第十三条至十七条之规定,又第二十三条、第二十四条办理。至国学专修课目,则参照国立南京中央大学、北平大学文学院中国文学系规定学程办理。业经前大学院长蔡、中央大学校长张迭派柳诒徵、薛光锜、王瀣、汪东两度调查,认为合法,批准立案。至修业年限,遵照令颁规程第二十五条办理,以三年为限。所有敝校董事会章程、各项表册及学校状况,均经先后呈报在案,合将办理情形呈报钧部备核。再,敝校钤记尚未奉到时,此件仍暂用旧时图记。合并声明。谨呈教育部长蒋。私立无锡国学专修学校校长唐。中华民国十九年一月十八日。

(《唐校长呈教育部公函》,见陈国安等编《无锡国专史料选辑》)

按:从 1927 年 3 月到 1930 年初,在将近三年的时间里,无锡国专为使学校纳入国家高等教育的正规体制,为使学校的层次、规格有所提升,以利学校今后有更好的发展,一直在持续不断地努力。这当中又可以分成两个阶段:第一阶段是从 1927 年 3 月到 1928 年 9 月,这是"为使学校纳入国家高等教育的正规体制"而努力的阶段。其间无锡国学专修馆先后更名为无锡国文大学和无锡国学专门学院,成立了学校董事会,参照国立大学中国文学系各项必修、选修学程,实行学分制,"务期毕业学生程度与国立各大学中国文学系毕业程度相当";并先后数次接受了中央大学、中央大学院的派员调查,最终于 1928 年 9 月 20 日被批准立案。第二阶段是从 1928 年 9 月到 1930 年初,这是"为使学校的层次、规格有所提升"而努力的阶段。1929 年 7 月,国民政府暨教育部颁布了《大学组织法》和《专科学校组织法》,接着于 8 月又公布了《大学规程》和《专科学校规程》,开始对高等教育事业进行全面调整。根据上述法律文件精神,其时高等教育机构分为大学、独立学院和专科学校等三大类。据《大学组织法》第四条和第五条之规定,"大学分文、理、法、教育、农、工、商、医各学院","凡具备三学院以上者,始得称为大学。不合上项条件者,为独立学院,得分两科"。又《大学规程》第六条规定:"大学文学院或独立学院文科,分中国文学、外国文学、哲学、史学、语言学、社会学、音乐学及其他各学系"。专科学校,分为甲乙丙丁四大类,甲类为工业专科学校,乙类为农业专科学校,丙类为商业专科学校,丁类为前三类之外的医学、药学、艺术、音乐、体育、市政、商船及图书馆学等专科学校;每一类均列有"其他"项,涵括法令规定之外的专科学校。按照这些法令规定,无锡国专应属于私立专科学校之丁类中的"其他"项,所以 1929 年 10 月 29 日,国民政府教育部下达训令给无锡国学专门学院,称"查该校名称组织与新颁大学及专科学校组织法暨规程均有未合，应改名为私立无锡国学专修学校，参照大学规程关于专修科之规定办理，以符名实"。在接到此训令后不久的 1929 年 11 月 29 日，无锡国专有一次"抗命"之举，在给国民政府教育部的呈文中称本校正在"积极筹备，拟遵照部令，颁发规程，改为独立学院"，竭力想将学校的层次、规格由"专科学校"提升为"独立学院"。但几天后国民政府教育部再次下达指令给无锡国专，严称"该院研究国学，拟改为独立学院，于法殊无根据"，仍命"将该院改名为私立无锡国学专修学校，以符定制"。无奈之下，无锡国专只好上呈表示接受改名的部令。综上所述，无锡国专第一阶段"为使学校纳入国家高等教育的正规体制"的努力是成功了，第二阶段"为使学校的层次、规格有所提升"的努力却没有达到目的。学校最终被定位于一所私立的专科学校，这就使学校的发展规模、经费支持等方面都受到不小的限制。

又按：无锡国专被教育部批准立案，并经数度更名后最终定名为"私立无锡国学专修学校"，在此过程中，学校在办学宗旨、管理体制、师生队伍和课程设置、教学内容等方面和专修馆时期相比，也都有了较大变化。在办学宗旨方面，在学校拟定的《私立无锡国学专修学校组织大纲》中，明确规定"本校宗旨在研究本国历代文化，明体达用，发扬光大，期于世界文化有所贡献"。在管理体制方面，一是遵照教育部颁布之私立学校规程，建立了学校董事会，"负经营学校之全责"。据《校董会章程》规定，校董会的职权为：（甲）决定并修正本校组织大纲；（乙）决定本校重大进行计划；（丙）决定校长人选，呈请教育部备案；（丁）筹划本校经常费及基产；（戊）审核本校预算决算；（己）监察本校财产；（庚）议决校长提交之校务会议建议事项。二是建立健全学校行政组织。除了"由校董会推选呈请教育部备案总理全校一切行政"的校长外，下设秘书处、教务处、总务处、训育处，其中教务主任、总务主任、训育主任分别综理全校教务、总务、训育事宜，并各设教务员、总务员、训育员若干人助理之。三是建立"教训军合一委员会""招生委员会"及"毕业考试委员会"，以加强军事化管理和招生、考试等方面的管理工作。在师生队伍方面，教职人员由专修馆时期的四五人增加到二十多人，每学年招收学生人数也比专修馆时期增加了一倍左右。此外，为了使学校和国家高等教育的正规体制接轨，也为了适应培养现代教育人才的需要，无锡国专在课程设置和教学内容等方面也有了不少变化，如设立学分制，所有课程分成必修和选修两大类，增设了中国文化史、中国哲学史、文学史、国学概论、哲学概论、西洋文学史、文艺批评、教育学等许多概论性的课程；另一方面。作为学校现代国学教育的一贯特色，在整个课程设置和教学内容的安排中，对国学重要典籍的阅读研修，对文字、训诂、音韵、版本、目录等方面的学术训练仍然占着较大的比重。以上的一系列的变化,使得学校从更名、立案后,到抗战爆发前,进入了一个较快发展的时期。

2月21日(正月二十三日)　无锡国学专修学校举行开校典礼。先生以敦品励学为训。先生仍为诸生授《论语》及《礼记》诸经。

正月二十日,行开校礼,余仍教授《论语》及《礼记》诸经。

（《茹经先生自订年谱·庚午六十六岁》）

(正月)二十三日,壬寅。上午晴,下午雨,春风料峭,空气较寒。晨起七时,遵校规也。饭后与开学典礼,唐校长登台演讲,谆谆以敦品力学为训,令人动容。

（陶存煦《天放楼文存·庚午日记》）

按:本学期开学典礼之日期,《茹经先生自订年谱》记为农历正月二十日,《天放楼文存·庚午日记》记为农历二十三日,此据《天放楼文存·庚午日记》。

2月27日(正月二十九日)　先生为诸生讲韩愈《送李愿归盘谷序》。

(正月)二十九日,戊申。上午阴,下午雨,至晚始已……晨七时即啜稀饭。饭后,唐校长讲韩愈《送李愿归盘谷序》。首段写达官要人丑状,如仇英之画笔,如温峤之燃犀,令人浮一大白。末段则以隐士高风,与若辈作一比较,孰得孰失,必有能辨之者,诚有功世道之文也。唐公谓昌黎有言,文以载道。故诸生为文,当自立品始。品既立,发为文章,自能惊天地,泣鬼神,与河山并寿,与日月争光矣。不然者,草木荣华之飘风、鸟兽好音之过耳,徒劳而无功也。唐公又谓,学问之道,第一须工诗能文;诗文既擅长,研求一切,自无覆悚之虞矣。若求诗文之进步,则当以熟读为要。予性椎鲁,自分无过人处。而今日粗有成就者,未始非死读之功也。虽然,张文端公有言"若曾读此书,能举其词,而不能运用,谓之食物不化",诸生亦不可不知。

（陶存煦《天放楼文存·庚午日记》）

2月28日(二月初一日)　先生为诸生讲《诗经》至《周南·卷耳》。

二月初一日,己酉,晴……饭后,唐校长讲《诗》至《卷耳》篇,思古今修辞之美者,莫如三百周诗,抒情则缠绵委笃,叙述则有声有色,学者宜三复之。

（陶存煦《天放楼文存·庚午日记》）

约2、3月间(约正月)　先生三次致函谱弟曹元弼。此前,曹元弼之侄孙曹觐虞欲转入无锡中学,曹以此事托付先生。先生在三次函札中向其报告此事之进展。

叔彦吾弟同年大人如手……承示孙世兄觐虞欲转入无锡中学一节,以大哥大人与吾弟平日之积德,兼家教之精纯,必非凡器,曷胜傫迎之至。惟有二层宜详细斟酌：一无锡中学校风虽似较他校略胜，然本学期中竟有初中学生毁坏电灯机关，希图不上夜课之事。经兄严加申斥，全班记过，始得安静。管理恐不如桃坞，学说浸灌，亦多庞杂，至体操尤为目下注重科目。该校虽多大家子弟，而兄因注重国学院，每月仅到两次，心常惴惴，惧无以副诸父兄付托之重，一半年后或即引退，亦未可定。且无锡近来风气极似上海，游戏等事几于应有尽有。此宜斟酌者一也。闻桃坞中学英文极佳，而科学未必均能注重。无锡中学高中二年级即须分科，未识孙世兄愿入何科？倘入理科、商科，未必能插原级。且入学时须照章考验，未能免试。此宜斟酌者二也。以上二端，务请大哥大人与吾弟及崧乔侄妥商再定。附寄章程一册，并祈察阅为荷。

〔虞万里、许超杰整理《唐文治致曹元弼书札编年校录》（书札之四十三）〕

叔彦吾弟同年大人如手：顷奉还云，欣稔一是。孙世兄决计来锡校肄业，无任欢迎。已与各教职员接洽，考试高中一年级，已代报名。大致必可录取，惟桃坞请暂勿告退，较有退步。兄因精力日衰，未能常川到校，误人子弟，时觉疚心，非谦辞也。考期阳历二月十五日，即旧历正月十七日，务望于十六日到锡，即请下榻舍间，勿嫌简慢。倘因离校较远，兄当设法知照，即住校内，以免临时往返，较为便利。

〔虞万里、许超杰整理《唐文治致曹元弼书札编年校录》（书札之四十四）〕

叔彦吾弟同年大人如手……孙世兄报考无锡中学已代为办妥，兹特将投考证寄奉。请于阳历二月十四日，即旧历正月十六日来锡，先枉临舍间为盼。

〔虞万里、许超杰整理《唐文治致曹元弼书札编年校录》（书札之四十五）〕

按： 以上三封函札中，除第二封署"初七日"，余皆未标明日期。但第二封中言"考期阳历二月十五日，即旧历正月十七日，务望于十六日到锡"，可知三封函札皆写于本年 2 月 15 日之前。

又按： 上引三札中提及的"孙世兄觊虞"，为曹元弼的侄孙曹觊虞。除上引三札外，《唐文治致曹元弼书札编年校录》中尚有多处提及，如书札三十七："同日又奉到大束，忻稔月之十一日为文孙觊虞世讲合卺良辰，何胜雀跃"，书札五十四："闻孙世兄赴东北大学肄业，甚为合宜，该大学对于国文亦颇注重也"，书札五十八："洪水未平，外患孔亟，兄念及孙世兄在奉天东北大学肄业，颇抱杞忧"，书札之六十二："孙世兄需梅村先生《诗笺》，适寒斋缺乏，无以奉赠。此书非本校印行，系从前已故俞凤宾表舍甥独资出版，伊子俞鼎文寓上海西门外陆家花园，请尊处径与通函购买可也。另附介绍名片一纸，请转寄孙世兄为荷"，书札之六十四："孙世兄在清华绝无妨碍"，书札之七十一："孙世兄暑假时谅必回府侍奉，进步必多，甚念"，书札之七十二："孙世兄心喜词章,鄙意如能研究湘乡学说,上契惜抱之传,则于考据、义理,亦可一以贯之矣",书札之七十六:"无锡钱锺书世兄来谈,悉孙世兄勤学不倦,极肯研究国文,可喜之至"。其中最后一札"无锡钱锺书世兄来谈"云云,盖因曹觐虞与钱锺书在清华大学是同学,且曾同室。

3月4日(二月初五日) 《申报》刊出许晚成文章《唐蔚芝先生好昼眠》。

学界闻人唐蔚芝(文治)先生,国学家也。为苏之太仓人,现隐居锡邑,专以读书办学为乐。所办无锡国学专门学院,成绩甚佳,已呈请教部立案,为研究国学者唯一优良学校。苟非先生苦心经营,曷克臻此?

先生寓锡之西溪,风景清幽,有园竹、丛林、蔬圃、池泽之属,上有禽翔于百仞,下有鳞泳于千寻。先生游散其间,纵意容冶,超然尘世,亦足自快矣。观夫先生年逾花甲,而体态巍然,精神矍铄,盖游于物外之故也。

先生记忆过人,博览陈编,穷读古籍,辄能背诵,有经笥之腹。而性好昼眠。午后二句钟为先生昼眠时间,习以为常,无或间断。晚成曾任职该院,得亲左右,故知之审也。

昔春秋鲁人宰予,字子我,亦称宰我,孔子弟子,好昼寝(见《论语》);又东汉浚仪(即今河南开封县西北)边韶字孝先,以文学名,才思敏捷,应口成章,有腹笥之号,亦好昼眠(见《后汉书》)。然则唐先生者,可谓远代之宰予、近代之边孝先矣。

(许晚成《唐蔚芝先生好昼眠》,见《申报》1930年3月4日第17版)

3月6日(二月初七日) 先生为诸生讲《诗经》至《豳风·鸱鸮》。

(二月)初七日,乙卯。春雨连朝,空气严寒如昨,今日为惊蛰节。晨起,唐校长讲《诗》至《鸱鸮》。唐公谓,李汉有言:周情孔思,自古文情之至者,莫如周公《鸱鸮》《七月》之诗,何等缠绵沈挚,诚千古至情至性之文也。唐公又谓,作文之法,第一曰炼气,第二曰布局,曰琢句,曰修辞。炼气必求其盛,布局必求其工;琢句修辞,贵在奇古雅驯。作文如是,作诗亦如是。即读古人诗文,于此四者,亦须细细体味,庶几日异月新,不封故步欤。

(陶存煦《天放楼文存·庚午日记》)

3月7日(二月初八日) 先生为诸生讲《诗经》至《小雅·小宛》。

(二月)初八日,丙辰。阴,间有数点雨,春风料峭,空气如昨。晨起,唐校长讲《诗》至《小宛》"我日斯迈,而月斯征。夙兴夜寐,无忝尔所生"一段。思予年十八矣,老冉冉以将至,惧修名之不立,愧恨何如?唐公又谓:"我生不辰,处此波谲世界,天下溺,援之以道,窃有志焉。随俗浮沉,此乃大不可事。盖时人既误于前，我不能再误于后。殷车可鉴，戒之慎之！"予闻言，耸然如得当头棒喝，因录其语于此，藉以自省。

（陶存煦《天放楼文存·庚午日记》）

3月13日（二月十四日） 先生为诸生讲《史记·游侠列传》。

（二月）十四日，壬戌……饭后，唐校长讲《史记·游侠传》。子长遭李陵之祸，亲友不救视，故推崇游侠，至以为在季次、原宪上，其义虽不可训，而其文呜呜咽咽，千载后犹有生色。欧阳公称诗穷而后工，文亦何独不然？唐公谓："予曩长南洋大学，聘辜鸿铭先生任教务，尝谓吾人读书，譬若取箱中宝藏，文学其钥匙也。倘无钥匙，则箱何以启，宝藏何以得？国学如此，新学亦如此，诸生勉之。"

（陶存煦《天放楼文存·庚午日记》）

3月14日（二月十五日） 先生为诸生讲李华《吊古战场文》。

（二月）十五日，癸亥。晴，春风拂和，令人意爽。晨起，仍照常习字。饭后，唐校长讲李退叔《吊古战场文》。唐初用兵西域，万骨为枯，故退叔特借名古战场作名文讽之。首段写战场之荒凉，末段描军覆之惨烈，淋漓呜咽，读之泪下矣。唐公谓："写景贵参差错落，虚实相间，而穿插二字，亦为惟一秘诀。此文写景，即深悟是法者也，诸生志之。"

（陶存煦《天放楼文存·庚午日记》）

3月20日（二月二十一日） 先生为诸生讲授修辞学。

（二月）二十一日，己巳。晴，春风扇和，空气颇宜人也。晨起，唐校长授修辞学，无可纪者。

（陶存煦《天放楼文存·庚午日记》）

3月（二月） 先生辑成《阳明学术发微》。

二月，辑《阳明学术发微》。自明季讲学之风，流弊日甚，于是王学为世所诟病。实则阳明乃贤智之过，其倡致良知之说，实足救近世人心。日本服膺王学，国以骎强。余特发明其学，都凡七卷，其中四大问题及阳明学通于经学二卷，颇为精审，较之二十年以前喜辟阳明，自觉心平而气和矣。

（冯）振谨案：先生此书共七卷：一讲学事迹，二圣学宗传，三阳明学四大问题，四良知经学，五六通贯朱学，七龙溪述学髓。荟萃菁英，钩元提要，实功利派之要药也。

（唐文治《茹经先生自订年谱·庚午六十六岁》）

夫今日欲救中国之人心，必自致良知始。若药不瞑眩，厥疾不瘳，善国良药,岂远乎哉! 爰取阳明先生全书,择其尤精要者,辑为《阳明学术发微》。世之读此书者,苟能善其心以善其身,善其身以善其国,庶几有万一之希冀与!

(唐文治《阳明学术发微自序》,见《茹经堂文集三编》卷五)

按:《阳明学术发微》七卷,有 1933 年印本。

同月 先生之"道义之交"闵采臣自上海来无锡拜访,先生作《赠闵君采臣序》。

友朋之乐何? 道义而已矣。道义之乐何? 立身济世而已矣。昆山闵君采臣,余道义之交也。君袭父业,以伤科名医闻,往来玉峰、金阊、春申间,悬壶博济,远近无弗知者。曩时余寓海上,长南洋大学,见君如旧相识。时则多士如林,锻炼体育,间有负伤者,辄往君所求治,无不立愈。积数岁,诸同人感君德,爰闻于交通部,给奖以褒异能。余尝一日下楼,越级伤足,隆肿苦不能履,得君炼膏敷治之,不自知病之若失也……君故善昆曲,引商刻羽,坛坫有声。每忆在沪时,春秋佳日,与君倚声以歌,高山流水,沨沨移情,盖超然之志趣,别有天地,非人间也。今年二月,辱与二三知己联袂来锡,顾我敝庐,杯酒数巡,行将度曲,而请求诊治者已踵相接。于是知君利济之功,广且大矣。秋水蒹葭,怀人不已,爰阐扬其光世之盛德,并历叙十余年来道义之交情,联牍书之以为赠云。

(唐文治《赠闵君采臣序》,见《茹经堂文集三编》卷四)

春 先生作《施君襄臣函关秋赈图序》,序中称赞去年秋在豫西、陕州、灵宝一带赈灾的施永成的善举及意志。又作《函关秋赈图颂词》。

《函关秋赈图》者,吾友施君襄臣于己巳岁八月二十日在灵宝散赈时摄影以留纪念者也,既复绘为图,锡邑溥仁慈善会、红卍字分会、共济会三团体同人来征序言……己巳秋又有豫西、陕州、灵宝数十处粥厂及徐州粥厂之设,屏蔽饥民南下,俾就给养,君皆主其事。其赴灵宝也,在六月之杪。君适遘病初愈,气息微弱,力疾就道,余重忧之。迨十月归,竟健甚。恻然告余曰:"吾至灵宝,见饥民惨状,有不忍言者。其来粥厂就食也,扶老携幼,衣无完褐,哀哭声,呼儿唤女声,其老病纤弱拥挤不能行者颠仆声、呼号声,其顾全颜面及饥惫无力者,则闻嘤嘤饮泣声。吾至于此,不禁涕泪之横流也。某某皆读书缙绅,其妇人不肯出而求食,其姑病,其子女尚不能行走,吾每日给钱米以周之。吾之所见者如此,而吾之所未见者,其惨更不知何如也。灵宝之饥民若此,而关内之饥民,地方辽阔数千里,赈济所不能达者,其惨更不知何如也。陕省之饥民若此,而甘肃等处灾区,吾人足迹所未至,笔舌所不及宣传者,其惨更不知何如也。"言未已,余亦不觉沾襟之浪浪也。又曰:"吾至灵宝,部署初定,得红卍字会电,知战事又起,于是将灵宝赈事布置讫,遄返郑州。未二日而灵郑之路线

· 806 ·

断，于是又将郑州赈事布置讫，遄返徐州。未三日而郑徐之路线断，于是又将徐州粥厂事粗为规画，将赈粮寄置盖藏讫，遄返无锡。未半月，而徐州之路线亦断矣。余幸不至于流落，而饥民之流离，无所得食，呼吁无门，骈死于兵劫者，其惨又何如也！"呜呼！君以孱弱之躯，出入于干戈戎马之际，间关跋涉，而为善之志，百折不回，岂非所谓仁人君子者乎！皇天无亲，惟德是辅，康强逢吉，履险如夷，岂非所谓报施不爽者乎！观图中所画，君一人独立于函谷关下，精神迥迥然，意气恳恳然，其一念之至诚，与天地好生之德息息相通矣，盖君之乐善，根于至性间。尝语余："人莫不为子孙计，然人家子弟，无所谓善，亦无所谓恶，有德行以拥护之，则恶者亦化为善；无德行以培植之，则善者亦流为恶。"又尝语余："人之一生，贵有始终。其对于人也，亦必有始终。吾见郊野中棺椁之无主者，与夫骴骼之暴露者，必为掩埋之，悯其有始而无终也。俾得其终，则死者安，而吾心亦安矣。"呜呼！此非所谓有道者之言乎！

　　（《施君襄臣函关秋赈图序》，见《茹经堂文集三编》卷五，又见《施襄臣先生函关秋赈图题辞集》卷首）

按：《施襄臣先生函关秋赈图题辞集》中所收此文，文末署"庚午春，同邑唐文治谨序"。

　　方己巳秋归自陕地也，永成携取函关摄影一帧。会中同仁怂恿绘图征文，以留纪念，永成笑谢之。同仁请益坚，而张表兄伯倩为草征诗文启，唐公蔚芝制序文，并为介于朱、陆、何诸先生，而惠诗且先后至……

　　（施永成《函关秋赈图题辞集自记》，见《施襄臣先生函关秋赈图题辞集》）

4月10日（三月十二日）　先生为诸生讲姚鼐《复鲁絜非书》。

　　（三月）十二日，庚寅。阴雨，空气如昨。晨起，唐校长授姚姬传《复鲁挚［絜］非书》，论文章刚柔之理，有如温峤燃犀，湘乡古文四象，其本于此欤。

　　　　　　　　　　　　　　　　　（陶存煦《天放楼文存·庚午日记》）

4月28日（三月三十日）　先生为诸生讲《孟子·告子》篇。

　　（三月）三十日，戊申。阴似有雨意。晨起，上《孟子·告子》篇，唐校长引宋儒性理之学，解释性善，绍绍灵灵，使人疑而莫正，窃期期以为不可。

　　　　　　　　　　　　　　　　　（陶存煦《天放楼文存·庚午日记》）

5月2日（四月初四日）　先生为诸生讲《史记·留侯世家》。

　　（四月）初四日，壬子。阴晴，空气如昨。晨饭后，唐校长讲《史记·留侯世家》商山四皓事。唐公谓："此空中楼阁法也。夫使四皓而果显者，何以受太子之玉帛，焚裂荷衣芰裳，且客建成侯所，一可疑也；太子既为人仁孝，恭敬爱士，厥后何以无建白,二可疑也;四人皆匹夫,非如伯夷、太公为天下之大老,又无兵柄,汉高何以畏之,三可疑也。大抵汉高欲罗致四皓,惟张良知之,至是时优孟之衣冠忽随太子后,汉高问之,知留侯之助太子也,则大惊,故曰羽翼已成,难动矣。以伪应伪,以智斗智,子长虽不点出其所以然,而一则曰留侯善用计策,上信用之,再则曰为我画计,趋去,又曰上目送之,皆隐为线索也。凡作事不可为今人所愚,读书不可为古人所欺。故作事在隐约之间,且宜注意;读文在隐约之间,亦切宜注意,我自有灵官知觉在也。诸生志之。"

(陶存煦《天放楼文存·庚午日记》)

5月9日(四月十一日) 先生为诸生讲尤侗《反恨赋》。

(四月)十一日,己未。晴,空气燠闷,雨意犹未已也。晨饭后,唐校长讲尤西堂《反恨赋》。末段"天地循环,无往不复"数语,觉人生两仪间,无非邯郸一梦。出世之念,又盘旋方寸间矣。

(陶存煦《天放楼文存·庚午日记》)

5月15日(四月十七日) 先生为诸生讲古文。

(四月)十七日,乙丑。晴,空气较昨犹闷,殊困人也。晨起,唐校长讲古文,无可纪者。

(陶存煦《天放楼文存·庚午日记》)

5月16日(四月十八日) 先生为诸生讲顾金城《愚公移山赋》。

(四月)十八日,丙寅。晴,空气甚暖,可着单衣,劳工有裸体者。晨起,唐校长讲顾金城《愚公移山赋》。事虽荒荡,无非齐东野语,然天下事苟能持之以恒,则先难当必后获。予读书无恒,今后可不痛改哉。

(陶存煦《天放楼文存·庚午日记》)

5月30日(五月初三日) 先生为诸生讲《左传》有关内容及《尚书·牧誓》。

(五月)初三日,庚辰……饭后,唐校长讲《左传》至连称、管至父弒齐襄公。以鲁桓之弒兄窃国,而有彭生之乘;以齐襄之通妹荒淫,而遭无知之祸。有因必有果,有果必有因,杀人者人亦杀之,谁谓天道无知耶?无知之乱,费与孟阳、石之纷如等舍身抗贼,不可谓不忠,而《春秋》独不以死节与之,从知论忠烈者,必观其所事之君,而后可以称其人而不过;倘所事非君,则虽奋不顾身,以徇人之难,君子无取焉(汤来贺语)。彼立身以事主者,要当竭尽智谋,忠告善道,俾得保治于未然,身全而主安也。又讲祭仲杀雍纠及《书·牧誓》篇。雍纠谋及妇人,尸陈周氏之汪;商受惟妇言是用,遂有牧野之师。子曰:"惟女子与小人为难养也",《诗》曰:"哲夫成城,哲妇倾城。"纵横亿万里,上下数千年,酌于女色者,亡国破家相随属也,殷车可鉴,来者戒之。

（陶存煦《天放楼文存·庚午日记》）

5 月（四月）　由江苏省教育厅聘定先生为南菁学院新一任董事。（据《申报》1930 年 5 月 30 日第 18 版《南菁学院聘定院董》）

6 月 1 日（五月初五日）　无锡国专举行恢复纪念典礼,先生讲恢复经过,继由钱基博演讲。

（五月）初五日,壬午……饭后,与本校恢复纪念典礼。盖本校原为同善社创办,丁卯春,党军莅锡,曾遭一度封闭。继经唐先生及诸同学之奔走,始得恢复上课也。唐先生讲恢复经过后,即由钱子泉先生基博演讲。

（陶存煦《天放楼文存·庚午日记》）

6 月 5 日（五月初九日）　先生为诸生讲《尚书·微子》篇。

（五月）初九日,丙戌。晴,傍晚有雨意,空气颇凉爽宜人。晨饭后,唐先生讲《尚书·微子》篇,缠绵悱恻,情韵凄凉。予顽民也,尚忍读此篇乎,穷途又将痛哭矣! 唐先生谓暑假将届,诸生回里后,务须多读古文,以药俗腹。大抵读阳刚之文,宜会其运气之妙;读阴柔之文,当得其凄婉之神。勉之勉之。

（陶存煦《天放楼文存·庚午日记》）

6 月 9 日（五月十三日）　晚,无锡国专第五届毕业生假座先生府中,设筵款待教职员。先生于席上歌《何日醒》数阕,又唱昆曲《小筵》《八阳》各一段;席散后,又唱《凯旋曲》一段。

国学专院第五届庚午级毕业同学,于九日晚假校长唐蔚老府中,设筵款待教职员。不佞忝列末座,是晚毕乐[业]生中有数人因事未参加外,其余均列席,聚数十人于一堂,飞觞醉月,舄履交错,虽云临别,备极欢娱。昆曲、京腔、唱歌、行令,不一而足,笑声掌声,时如雷动。爰濡笔记之,藉留鸿爪云耳。

学徒满师谢师酒

张君功元戏谓:"凡学徒学艺,几年学成,必备酒谢师。今吾辈亦因三年满师,所以今日谢谢各位老师父。但吾人所学之艺,全在肚里的。"

唐蔚老精神矍铄

未入席前,蔚翁嘱不佞踏琴,彼歌《何日醒》数阕,声调高爽,节拍亦合,老当益壮,毕竟不凡。

京腔昆曲一齐来

席中首由中桌发起请蔚老拍昆曲,翁慨然诺。遂唱《小筵》一段,嚼字正确,响遏行云。继之为侯敬舆先生之《疑谶》一段,音调亦佳。旋由同学提议,

· 809 ·

请巢篆君唱京剧《张松献图》，唱得字字有力。旋由不佞歌《珠帘寨》"太保传令"一节，不过凑热闹耳。少项，不佞提议请蔡味畬先生喊口令，群皆拊掌赞成，盖蔡先生为本校军事教员也。却之不得，乃喊"立正、稍息"，以下忽不响了。不佞曰："亏得稍息，假使立正后不喊下去，他们不将腿酸乎？"众大笑。后孙、陆、冯三先生以无擅长，故请蔚老代唱昆曲《八阳》一段，珠圆玉润，较前更佳。至此，诸同学咸请徐管略先生读王（安石）文，因其在校任教王文也，否则唱曲。徐君均不从。蔚老谓还是请徐先生说常熟白罢，徐先生乃将学昆曲而未成之一段事迹说明，常熟口音，另有风趣。后由许君寿平先生歌《连环套》《黛玉葬花》各一段，净旦咸宜，难得。次则为张君功元之凤阳调唱以卖梨膏糖腔，音声毕肖，大家捧腹。最后行一唐宋八大家酒令，蔚老为主考官。于是一片声报子也、高中也、谢主考也，笑声叠作，兴尽乃止。

凯旋曲联进颂词

席散后，由不佞拊琴，蔚老唱《凯旋歌》一段。唱毕，语诸生曰："诸君前程努力，万事凯旋。"众鼓掌。

通音讯最后希冀

最后不佞起向诸同学曰："今之任何学校，每逢学生毕业以后，脱离学校，远走高飞，恒少通声气。今请在席诸君，以后务希鱼雁常通，则母校幸甚。"

（黄紫城《师生临别联欢宴》，见《新无锡》1930 年 6 月 12 日第 4 版）

6 月 13 日（五月十七日） 先生因年老力衰、目又失明，向校董会提出辞去无锡国专校长一职，举教务主任钱基博自代。无锡国专同学派代表挽留未果。

（五月）十七日，甲午……午后，闻唐校长以年老力衰、目又失明，于校长职务实难胜任，现已向校董会提出辞职，举钱教务长自代云。同学得讯后，遂即刻召集全体大会，派代表挽留无效。晚上又开会讨论，议决姑俟诸校董发表意见后，再谋相当办法。予室翘翘，至此甚可惧也。

（陶存煦《天放楼文存·庚午日记》）

6 月 18 日（五月二十二日） 先生经校董会等挽留，打消辞去无锡国专校长职务之意。

（五月）二十二日，己亥……晚阅校董处布告，知唐校长经各校董之挽留，辞意现已打消，亦可喜也。

（陶存煦《天放楼文存·庚午日记》）

按：《无锡国学专修学校校董会议纪录》中收入《民国十九年六月十四日会议》之记录，中云："议决敦请校长为学校大局计，暂仍继任，以慰全校员生向望之诚，亦请钱子泉先生暂行继任教务主任职务,以佐理校长。一面请校长于组织期中留意好人才,以备将来替人。"

6月22日(五月二十六日) 无锡国专举行学期修业典礼,先生作训辞。

(五月)二十六日,癸卯。晴,空气懊闷,始有夏意。晨起六时,未几即啜稀饭。饭后与休业典礼。唐校长谓:"予清季脱离宦海,即以吾国人才鲜少,即有志欲造成实业、政治、学术三种人才,回狂澜于既到。是以先长南洋,后创是校,惨淡经营,垂三十年。并时以宣圣微言、程朱义理,醒众生于醉生梦死之中。冀枝叶之峻茂兮,哀众芳之芜秽。此予所以日夜太息也。今予与诸生朝于斯,夕于斯,相处不可谓不久,予之苦心,诸生当能体恤。上睹国事,纷乱何如;下顾生民,流离奚似?顾宁人有言天下兴亡,匹夫有责。愿诸生读书不忘救国,时以第一流人物自期,则予以就木之年,幸睹遂宏愿,死亦瞑目矣!"其言剀切沈痛,予小子敢负此老乎!勉之,勉之!

(陶存煦《天放楼文存·庚午日记》)

6月下旬(五月下旬) 因无锡自入春以来,米价飞涨,先生通函各界,主张组织米荒救济会,并希望各处农民银行,仿社仓法购米借给农民。

本邑米价自入春以后,逐步飞涨,一般小民,靡不恐慌。最近数日中,因到货不多,存底枯薄,米价又继长增高;而一般牟利奸商,仍暗中将大批米粮私运出口,希图厚利。前日高白粳售开十八元,昨日又暴涨七角。邑人唐蔚芝因鉴于米价日涨,民生日困,主张组织米荒救济会,妥筹治标急计,请上海公正士商,会同内地公正士商及各处公正米商组织之。所有各县积谷公款请查明拨给;其无现款者,分别赶办平粜,按时周转,至新稻登场为止。以上办法,倘一时不能合作,请各县分途筹办,逐渐推广。所有各处农民银行,本为便利农民而设,此事亦应仿社仓法,购办米粮,借给农民,以后按本偿还。深望各处人士,迅速合力筹维,则民食治安,两有裨益也。

(《组织米荒救济会》,见《申报》1930年6月22日第10版)

锡地米价飞涨,存米日见空虚,各方正设法筹备救济。邑人唐蔚芝,于日前曾通函各界,主张迅行组织救济会,并希望各处农民银行仿社仓法购米借给农民。而省农民银行第四区办事处主任顾述之,以锡地农行创立未久,现正积极筹备农本信用放款。惟资金有限,于购米借民一事力有未逮,而各区现正筹办平粜,苟力之所及,应随时协助。而碾石业公会昨日亦开临时紧要会议,力谋调剂之方,议决函请上海苏省宁沪市县米业公会联合会,知照南北两市米业,凡洋米进口,先尽本省内地流通,以济民艰;一面呈请县府赶办平粜,暂维目前。

（《各方筹议调剂米荒》，见《申报》1930年6月23日第9版）

鄙人每闻近时民生憔悴，辄为饮血伤心而不能已。今日米荒之患急矣，每石多至二十余元，少亦至十八九元，其势无所底止。米价愈贵，则民生愈困；民生愈困，则盗贼愈多。频年以来，各省荒歉，大半由江浙二省赈济，然近时江北各县，不久将为陕甘之续。倘江南浙江精华日尽，恐国计民生亦将与之俱尽。况梅雨连绵，今岁若遇荒灾，必至饿殍载道。哀哀小民，其何以堪。言念及此，欲哭无泪。为今日治标急计，惟有请上海公正绅商，会同内地公正绅商及各处公正米商，组织米荒救济会。所有各县积谷公款，迅速查明拨给，其无现款者请酌量捐输，尽数采办西贡籼米及各厂面粉，分别赶办平粜，按时周转，至新稻登场为止。以上办法，倘一时不能合作，请各县分途筹办，逐渐推广。所有各处农民银行，本为便利农民起见，此事亦应仿社仓法，购办米粮，借给农民，以后按本偿还，对于农民感情，更有裨益。至各县米商，倘有囤积之货，务希大发恻隐，迅速出售，俾市面得资周转，似此进米较多，即各省之乞赈者，亦可得沾余润。万一天雨不止，新禾淹没，亦应速即布告农民，预筹酌种晚稻，及各种杂粮，藉资补救。《书》曰："夫知保抱携持，厥妇子以哀吁天。"《孟子》曰："今人乍见孺子将入于井，皆有怵惕恻隐之心。"今日米荒至此，乡民多有以豆屑秕糠度日者，何忍坐视不救。日后散放急赈，更宜设法筹备，务祈仁人君子，迅速合力筹维，此时能多筹斗石之米，即可多延贫民数人之命，功德实无涯涘。

（唐文治《急救米荒揭》，见《茹经堂文集三编》卷一）

按：本文又载《申报》1930年6月23日第16版，题作《急救米荒议》，文字与上引略有不同。

6月（五月）　举行第五班第五届学生毕业典礼，毕业生计有许寿平等29人。
（据《茹经先生自订年谱·庚午六十六岁》《无锡国学专修学校概况·历届毕业生一览》）

本届学生中的王绍曾、赵荣长和钱钟夏，毕业后由先生介绍进上海商务印书馆校史处，协助张元济校勘《百衲本二十四史》。

父亲（按：指张元济）退休后，专心于校勘《百衲本二十四史》，商务印书馆决定在我家相近的极司非而路中振坊租赁两幢三层楼房屋，设立校史处。校史处有两位负责人：一为汪诒年（号颂阁，一作颂谷，系父亲同年汪康年之胞弟），杭州人；另一位蒋仲茆，苏州人。校史处初创时，需要年轻的编校人员，父亲即致函壬辰同年唐文治（蔚芝）。蔚丈介绍本届无锡国学专修馆优秀毕业生王绍曾（二十岁，江阴人）、赵荣长（二十一岁，江阴人）、钱钟夏（二十一岁，无锡人,钱基博之侄)来沪参加工作。校史处于 1930 年 8 月正式成立,全处共有十二三人。不料 1932 年 1 月 28 日日本帝国主义发动侵略战争,商务印书馆和东方图书馆全部毁灭。当时称为"一·二八"事变。2 月,商务全公司宣布停业,校史处也不得不撤销。然而父亲不愿让编校全史的工作就此中止。经与商务当局磋商之后,决定将中振坊房屋退租,裁减人员。王、钱、赵三位辞退,每人发给三个月遣散费。

(张树年《我的父亲张元济》)

我是 1927 年 2 月考进国专的,那时还叫无锡国学专修馆,经过 1927 年的革命风暴,当年 9 月复校,改名无锡国学专修学校,继续在校攻读,直到 1930 年 7 月毕业。由于唐师的提挈,介绍我和同学钱钟夏、赵荣长一起进上海商务印书馆校史处,协助海盐张元济先生校勘《百衲本二十四史》。

(王绍曾《唐蔚芝师对我一生的影响》,见《国学之声》1995 年第 4 期)

7 月 1 日(六月初六日) 下午 2 时,上海交通大学于校内文治堂举行第三十届学生毕业典礼。会上宣读了先生所作的训辞。(据《申报》1930 年 7 月 2 日 11 版《交通大学毕业典礼盛况》)在训辞中,先生提出:"人欲成学问,当为第一等学问;欲成事业,当为第一等事业;欲成人才,当为第一等人才。而欲成第一等学问、事业、人才,必先砥砺第一等品行。"

今日为本校庚午级诸同学毕业之期。承校长盛意殷拳,一再函招鄙人到校演讲。鄙人从前忝长本校,历十四年,现在离校已届十年,甚愿与诸同学讨论一堂,藉尽切磋之谊。忆鄙人十年以前,见美国教育家孟禄、塞娄两博士,均殷勤相告,谓中国最要者,在造就领袖人才。后访他国教育家,亦多持此论。故鄙人办学时,不自量力,常欲造就领袖人才,分播吾国,作为模范。区区宏愿,尝欲兴办实业,自东三省起点,迤北环内外蒙古,至天山南北路,迤西迄青海,以达西藏,藉作十八省一大椅背。而南方商业,则拟推广至南洋各岛,固我门户屏藩。故三十余年前,曾在北平创办高等实业学堂,迨回沪后办理本校,并在吴淞创办商船学校,此志未尝稍懈。

无如吾国风气,徒知空谈学理,不能实事求是,以致程度日益低落。即如电汽、火车、轮船各项,仅有驾驶装置之才,其能制造机器,自出新裁者,寥寥无几。日日言提倡国货,试问国货能否制造?日日言抵制洋货,试问洋货能否抵制?各校学生,不过欲得一纸文凭,以图荣宠,绝不闻有奇才异能,可以效用于当世。鄙人数十年来私愿,日居月诸,胡迭而微,言之可为痛心。谨进数言,为我毕业诸同学勖,更为我未毕业之同学勉。

须知吾人欲成学问，当为第一等学问；欲成事业，当为第一等事业；欲成人才，当为第一等人才。而欲成第一等学问、事业、人才，必先砥砺第一等品行……鄙人属望今日座中诸同学，必有大智、大仁、大勇之人，由英雄豪杰而进于圣贤，他日出而宏济艰难，救我中国，是本校校长、诸同人与鄙人所馨香祷祝者也。

（唐文治《上海交通大学第三十届毕业典礼训辞》，见《茹经堂文集三编》卷一）

7月中旬（六月中旬） 先生分发通告与无锡国专各学生家属，"希贵家属严切诰诫，并请除应缴正费外，切勿多给钱款，致滋靡费"。

本城学前街国学专修学校，平昨[日]对于校规素极整饬。校长唐蔚芝先生因鉴于本校学生，平时对于服用尚不知节俭，爰于日前分发通告与各生家属，略调[谓]："本校对于各学生操行，向极注重。现在青年子弟，渐染习气者甚多。即如本校同学，不免有衣服丽都、用度奢佟[侈]情事。为特切申警告：所有饮食衣服、一切用度，务必崇尚节俭，不得奢侈。设或不慎，将来浪用欠账，于道德实有亏损。临时本校不得不执法办理，并希贵家属严切诰诫，并请除应缴正费外，切勿多给钱款，致滋磨[靡]费。是所至要。"

（《国专崇尚节俭》，见《新无锡》1930年7月15日第3版）

7月（六月） 陈中凡应先生之邀担任无锡国专特别讲师，于本年下学期中每月到校做讲座两次。

（1930年）7月，应无锡国专唐文治校长函聘，兼任该校特别讲师。

（姚柯夫编著《陈中凡年谱》）

斠玄仁世兄先生大鉴：敬启者，敝校办理国学，亟赖名硕倡导，发扬光辉。台端为学界泰斗，陶铸群伦，万流共仰。前托陈柱尊君代陈鄙悃，敦请高贤为敝校特别讲师。荷蒙金诺，允于下学期每月莅临讲座二次，曷胜佩慰。讲题请每届先期示知，以便公布。每学期薄奉车费捌拾元，戋戋不腆，仅资膏秣，主臣无任，并希示复是幸。专肃奉订，敬颂教绥。弟唐文治谨启。七月二十一日。

（唐文治致陈中凡信，见《清晖山馆友声集——陈中凡友朋书札》）

斠玄仁世兄先生大鉴：日前接奉惠复，承示讲授科目大纲，曷胜感佩。本校系于九月一日开校，三日正式上课。大旆定何日莅锡，敬祈先期示知，以便传知各生等一体周悉，尤深感盼。专此奉布。祇颂教绥。弟唐文治谨启。九月五日。

（唐文治致陈中凡信，见《清晖山馆友声集——陈中凡友朋书札》）

按：先生写这两封信之前，于7月10日已先有一信致陈中凡，信云："斠玄仁世先生大鉴：久未通函，敬惟起居万福，驰念无任。敬有恳者，叶君长卿，品端学博，为吾兄所稔知，现在本校教授，入不敷出。台端太邱道广，可否仰仗鼎力，设法谋一兼职，大约功课任六七点钟，月薪自七八十元至百元，当可敷衍矣。不情之请，务希鉴谅。附寄本校简章八份，乞代宣传。倘有性近国学如张联芬其人者，极所欢迎也。临楮拳拳，敬颂教绥。弟唐文治谨启。七月十日。章程另邮。石遗先生任贵校特约讲师，欣慰之至。本校亦已敦请，惟将来是否住贵校，便中祈示知为荷，又及。"此信中提及三事，都和无锡国专有关：一是本校教授叶长青，因入不敷出，想请陈中凡为之设法谋一兼职；二是随信寄出无锡国专简章八份，请陈代为宣传，"倘有性近国学如张联芬其人者，极所欢迎也"（张联芬，字敦品，是无锡国专第七班学生，1928 年 8 月入学，据此信推测，张连芬当初投考无锡国专，或经过陈中凡的介绍推荐）；三是陈衍当时任陈中凡所在的暨南大学的特约讲师，而"本校亦已敦请，惟将来是否住贵校，便中祈示知"。由最后一事可知，无锡国专最迟于本年 7、8 月之前，便已和陈衍有联系，请其来校任教。

同月 三儿媳周兰征患伤寒症颇重，先生表甥俞庆恩在上海代请医生朱庆镛来锡诊治，无锡医生许松泉佐之，不久病愈。（据《茹经先生自订年谱·庚午六十六岁》）

8 月（七月） 无锡国专教务主任钱基博向先生建议，将自己的目录学课程由王绍曾代授，并得到先生同意。但王绍曾以自己"学到的一点目录学基本知识非常肤浅"而加以恳辞。

　　1930 年 8 月，我到上海商务印书馆校史处工作时，钱子泉师因为十分欣赏我的毕业论文《目录学分类论》，建议唐师把他的"目录学"课由我代授。唐师完全赞成，而且已征得了张元济先生的同意，让我每周五回无锡授课。我得知这个消息时，坚决不敢接受。我的理由是：自己年方弱冠，学到的一点目录学基本知识非常肤浅，怎么敢擅登高等学府的讲台。为这件事，我专程回到无锡向唐、钱二师解释。唐师诚恳地对我说，当年他官外务部庶务司主稿时，每八日须进大内一次，见各堂官呈递奏牍要电，每次都拿一大包袱，离开大内时又带回一大包袱，工作极其复杂而辛劳，但他处理得井井有条，加深了阅历，为后来升迁郎中、商部右丞、左丞、左侍郎、署理农工商部尚书奠定了基础。唐师着重谈了他自己的体会，治学处事都得知难而进，不能知难而退，以此来勖勉我，策励我。尽管最后唐师接受了我恳辞的意见，这种亲切的教导，对我来说还是一生受用不尽。

　　（王绍曾《唐蔚芝师对我一生的影响》，见《国学之声》1995 年第 4 期）

同月 无锡国专第一届毕业生戴恩溥因病去世，后先生作《戴惠苍哀辞》。

戴生恩溥,字惠苍,江苏太仓人也,世居璜泾镇河北街。父国钊,博士弟子员。生幼体羸弱,性聪慧劬学。年十八,来应无锡国学专修馆试,礼貌恂恂,发问中理,崭然见头角,余深器之。既甄录,询其所学,则对曰:"好读理学书。"余大喜,授以桴亭先生《思辨录》等籍,且告之曰:"吾乡陆、陈、江、盛四先生学术衰落久矣,子其勉之。"当是时,余访求宝应朱止泉、王白田两先生所评《朱文公集》,遣生偕同学数人同往钞录。生遂购《朱子大全》,别自临钞,丹黄满纸。时值盛暑,流汗霡霖,锲而不舍。旋余复为绍介受业苏州曹叔彦先生肄业,习士礼。逾年,又叩其所学,则对曰:"生读理学书,如前曾熟读者,不啻若自其口出;旁涉他籍,则未能也。"余笑曰:"子殆有夙因耶。"甲子冬,生毕业归,音问遂隔。庚午秋,忽同学相告,生以八月死矣,年仅二十有六。余大惊悼……方生之将终业也,会齐燮元与奉军构衅,苏锡二百里之间,蛮雾横空,惊霆不测。生方在苏谒曹先生,徒步百里返锡,行休业礼。又徒步数百里反太,自甲子十二月中旬至乙丑正月之杪,雪虐风饕,流离颠踬,始克抵家。惟时先大夫疾大渐,文治料检医药,惶急万状;既而春晖遽陨,衔恤鲜民,家国桑沧,遂不得与生话别,言念及此,不禁涕泪之浪浪也。

(唐文治《戴惠苍哀辞》,见《茹经堂文集三编》卷八)

按:上文云"甲子冬,生毕业归",甲子年为1924年,戴恩溥应为无锡国专第一班第一届毕业生。但《无锡国学专修学校概况·历届毕业生一览》和《无锡国学专修学校十五周纪念册·历届毕业生名录》的第一届毕业生和已故毕业生名单中皆无戴恩溥之名,未详其故。

9月5日(七月十三日) 无锡举行高子水居复建落成典礼暨公祭仪式。先生为复建高子水居之发起集资者之一。

无锡五里湖滨,旧有高子水居,为明代东林讲学之高忠宪公读书处,旧有可楼及水哉轩,高公退隐其间者,凡三十年。几席湖山,衣被风月,枕葄图史,海内景仰,故为锡邑之著名古迹。民国八年被毁于火。今春,由后裔高君映川与地方人士裘葆良、吴稚晖、孙叔方、廉南湖、俞仲还、唐蔚芝、荣德生诸君,集资恢复旧观,并于九月五日举行落成典礼,并举行公祭。参加者有潘县长与高氏后裔及各界人士等二百余人。十时许行祭,推杨君小荔主祭。君[居]凡三四间,楼上曰可楼,临窗远眺,风景绝佳,中供高公石像墨榻。下名水哉轩,旧[均]袭均[旧]名也。四周悬名联甚多,孙叔方联云:"行乐岂在多求,春雨厥[蕨]肥,秋风鲈美;山人作何功课,支颐一卷,挂壁孤琴";孙保圻联云:"漆湖可涤尘襟,溜火书声,每坐小楼观物眇;泾阳亦开讲席,水光云景,何如此地赋诗来"。其余佳联极多，不能备纪矣。

（《无锡之高子水居》，见《无锡旅刊》第 144 期，1930 年）

9 月（七月）　四子唐庆永在美国学成归国，不久在上海交通大学任教授职。

七月，四儿庆永由美国回。庆永在美奥海州立大学毕业，得经济科硕士学位，继入哥伦比亚研究院续读半年。因金价日益昂贵，美金一元约中国洋四元以外，而在美用度每月需金洋九十元，不得已，令其回国。顺道至欧洲游历。旋即在上海交通大学就教授职。

（唐文治《茹经先生自订年谱·庚午六十六岁》）

10 月（八月）　辑成《紫阳学术发微》。

辑《紫阳学术发微》成。初，于教授《性理大义》中朱子诸篇，不能挈其纲要。后取王白田、朱止泉、秦定叟诸先生读之，略事分门纂述，粗有成书。本年，购得夏弢甫先生《述朱质疑》，更觉秩然有条理。爰仿其意，编辑是书，后附陆桴亭、顾亭林诸先生之评论朱子学者，得九家，为《九贤朱子学论》，颇足发明朱学源流，书成后，即付印。

（唐文治《茹经先生自订年谱·庚午六十六岁》）

文治既编《朱子大义》八卷，比年以来，教授学者，复博搜旧藏，及见在所得紫阳各书，繁细不捐，显微毕烛，略得要删之法，爰辑《紫阳学术发微》十有二卷。

（唐文治《紫阳学术发微自序》，见《茹经堂文集三编》卷五）

按：《紫阳学术发微》全书十二卷，计为：朱子为学次第发微，朱子己丑悟道发微，朱子心性学发微，朱子论仁善国发微，朱子经学发微，朱子政治学发微，朱子论道释二家学发微，朱子辨金溪学发微，朱子辨浙东学发微，朱子晚年定论发微，九贤朱学通论上、下。有 1933 年印本。

因先生欲辑清咸丰、同治、光绪、宣统四朝实录，门生朱诵韩（贯微）寄赠《十二朝东华录》，先生又自购《国朝耆献类征》一部，共四百册。（据《茹经先生自订年谱·丁卯六十三岁》）

按：先生所拟辑的清咸丰、同治、光绪、宣统四朝实录，后来似未辑成，但曾于1930 年撰有《近六十年来国政记》一文。

秋　表侄朱屺瞻之《朱屺瞻画集》发行问世，先生为之作序。

秋，《朱屺瞻画集》由艺苑真赏社发行问世，蔡元培为题封面，唐文治、蒋梦麟、刘海粟、汪亚尘、俞寄凡、王济远、潘玉良、朱古民、潘光旦皆为题字作序。

（冯其庸、尹光华著《朱屺瞻年谱·1930 年》）

昔东坡论画,以为山石、花木、水波、烟云,虽无常形而有常理,非高人逸士不能辨,洵读画之审也。屺瞻表阮,熟娴国画、西画,气韵超凡,随宜点染,拓胜景于潇湘,参油画于巴黎。艾竹茅梅,兼施六要,殆摹其形而得其理者欤。吾浏地地介东海,得扶舆清淑之气者,类多雅逸。屺瞻乃后起之秀,岂仅小道可观云尔。

(唐文治《朱屺瞻画集序》,见《朱屺瞻艺术研究文选》)

11月22日(十月初三日)　先生应无锡县立初中校长邀请,前往该校演讲读文法,无锡国专学生80人随行旁听。

耆老唐蔚芝先生年近古稀,精神矍铄,道德文章,世所推重,热心教育,启迪后进,不遗余力。除担任国学专修学校校长日常讲学外,更无余暇应外界请求讲演。近以县立初中秦校长为注重国学起见,再三躬请先生莅校演讲。先生素以提倡国学为心,慨然应允。昨日上午十时,亲莅该校演讲读文法。同时国学专修学校学生随行旁听者八十余人,合计两校师生济济一堂,有五百余人。每人各发讲题一份,题为《诸葛武侯〈前出师表〉》。先就文理、文情立论,引入文法,大致谓读法有五,曰急读、缓读、极急读、极缓读、平读;音亦分五,曰长音、曰短音、曰轻音、曰高音、曰平音;气分二,曰疾、曰徐。初学读文,首宜体会神气神情四字,以翕如、纯如、皦如、绎如形容文之神情,以草创、讨论、修饰、润色形容文之结构,而归本于浩然之气。然后就武侯身世立论,以先帝为干,以尽忠为骨,分段讲读,阐发尽致,声韵铿锵,听者忘倦,殆诚能体会精神教育者。至十二时始散。

(《县初中敦请唐蔚芝先生讲学》,见《新无锡》1930年11月23日第3版)

按:1930年11月30日《锡报》以《唐蔚芝先生演讲》为题,进行了类似的报道。

12月4日(十月十五日)　先生表甥俞庆恩因病卒,先生作《俞凤宾墓碑铭》。

十月,表甥俞凤宾卒,痛惜之至。凤宾天性孝友,谦谨和平,学习西医,留学美国,得卫生科博士学位。回国后,视人之疾如己之疾,体恤贫寒,无微不至。刊印《太昆先哲遗书》,有功乡先贤不浅。先高祖《爱莲居诗钞》、先大夫《浣花庐诗赋钞》皆其所印。其没也,长儿庆诒、儿妇庆棠哭之尤恸。庆棠即凤宾胞妹也。余为作墓碑文一首,下笔时亦为之挥泪云。

(唐文治《茹经先生自订年谱·庚午六十六岁》)

民国十九年,三十三岁……十月,内兄俞君凤宾病卒。凤宾精医术,采用X光镭锭疗病,辑《太昆先哲遗书》多种,晚间读书常至夜分,所吟有"残书权作枕,一梦寄江涛"之句。凤宾天性纯笃,待余及庆棠尤厚,中年作古,诸亲友莫不哀之。夫人凤倩，有才德；子女八人，学业事业均有成就，凤宾可无遗憾也。

（唐庆诒《忆往录》）

按：《申报》1931 年 3 月 20 日第 13 版刊孙筹成《橘林哀思录》一文，叙全国医师联合会、中央大学医学院、上海新药同业公会等七团体，于 1931 年 3 月 18 日联名发起，在西藏路时济医院召开追悼会悼念俞庆恩，祭堂中"各界所赠评辞挽联数百副，遍悬四壁"，其中先生所撰挽联曰："呜呼甥今去耶，益征天道难知，仁义道德不中寿；吁嗟余心痛矣，惟望善人裕后，孝弟忠信秉遗型。"

本年　先生辞去私立无锡中学校长一职。

私立无锡中学校者，邑人高君践四、乃安昆季，奉父遗命，捐资创办。组织校董会，而延前南洋大学校长唐蔚芝先生为校长，规制课程，均照南洋附属中学办理，余为校董之一。唐先生屡以年老乞休，今年校董会议决，推余以常务董事名义，代理校长。

（钱基厚《孙庵年谱·民国十九年庚午　四十四岁》）

本年　无锡国专国术教授侯鸿钧写成《国术进化概论》一书，请先生作序。先生在序中，回顾了他先后执掌南洋大学和无锡国专校政时，一贯注重国术教育的做法，并寄望同学"恪遵师训，以道德为本，奋迈往之气，具贞固不摇之精神，始终勿懈，以达保身、保家、保国、保民族之目的"。

曩者长南洋大学，提倡军国民教育，拳术一科，初延少林派某僧充当教练，未几因事他往。爰在精武会聘有善国术者山东刘氏震南父子，同学狂喜，曾辟雨中操场为表演所。每忆夕阳在山，人影匝地，分组锻练，达二百余人。当其精神焕发，则熊经鸱顾，虎视鹰瞵，时而跄踉腾跃，辟易千夫，尘埃四起，吼声若雷，草木为之震动。用是造就者实繁有徒。事越十余载，犹历历在心目间也。比年，予长无锡国学专修学校，仍复提倡国术，聘吾邑侯君敬舆为教师，盖医师而擅国术者也。训练之方，忠实精勤，诸生詟服无间言。近编《国术进化概论》一书，赍稿征序于余。披览数过，源流毕贯，洞明趋势，嘉惠学子，足资圭臬。今年六月，吾校举行第五届［届］毕业，考核成绩，则有翁生以观、许生寿平、张生浩镇、钱生钟夏、冯生新异、巢生箴、张生光昶、王生祖荫诸人，技艺娴熟，均有可观，皆出自侯君训练之功也。自兹以后，惟望诸同学恪遵师训，以道德为本，奋迈往之气，具贞固不摇之精神，始终勿懈，以达保身、保家、保国、保民族之目的。余当拭目以俟之。

（唐文治《国术进化概论序》，见《茹经堂文集三编》卷五）

按：上引文中说："以道德为本，奋迈往之气，具贞固不摇之精神，始终勿懈，以

· 819 ·

达保身、保家、保国、保民族之目的。"基于这样的观念,先生在先后执掌南洋大学和无锡国专校政时,一贯重视和推行国术(武术)教育。他为无锡国专聘请的国术教师侯鸿钧,曾从太极拳名家吴鉴泉之甥赵寿村和少林拳名师赵连和练武,尤喜各种器械,凡有武术名家来锡,均从学之,一生所学套路五百余套,且每学一套均以笔记录。锡地武术家中会拳械套路最多者,当推其为第一。侯鸿钧提倡国术不遗余力,先后与王峻崖、杨彦斌等发起组织精武体育会、西神国技社,对无锡地区武术运动的发展有较大的贡献。侯鸿钧在无锡国专任国术教师凡十余年,造就颇多。据郑学弢《回首母校——记六十年前的人和事》(见《国学之声》总第 24、25 期)一文中回忆:"国专的'国术'课,在当时许多高校中也是少见的。这是一门比较独特的选修课程,从补习班到三年级都开设。教师侯敬舆先生是一位老中医。那时,他大约五十多岁了,戴一副眼镜,瘦瘦的身材。他教武术,先授一套拳术,名为'脱战'。这套拳术,有一些腾跃的动作,能很快接近对方。学了拳术后,依次学习棍、枪、单刀、双刀、剑、双剑、大砍刀等。学校在接待宾客时,有时也插入武术表演。"该文又说:"我在校时年龄小,学习认真,曾得到侯先生的称赞。从我二十岁到七十岁,在这五十年间,曾遍陟五岳,登峨眉、黄山、马耳(秦东门),不凌绝顶不快。青年时在国专时学习的技击,不知是否对于我的'体便登陟'也有所帮助。"

本年 先生向谱弟汪曾武征询文廷式行状。汪曾武撰成《萍乡文道希学士事略》以报之。

老友唐蔚芝谱兄征君行状,询之九弟,仅示著作目录,乃就所知者,杂缀成篇,以报蔚芝。

(汪曾武《萍乡文道希学士事略》)

按:《萍乡文道希学士事略》文末所署时间为"庚午八月"。

1931 年(辛未 民国二十年) 67 岁

1 月 12 日(庚午年十一月二十四日) 孙女唐孝慧生,长子唐庆诒出。(据《茹经先生自订年谱·庚午六十六岁》及《忆往录》)

1 月(庚午年十一月) 先生撰成无锡国专校歌,请上海沈庆鸿编谱。并定"作新民"三字为校训,请校董华士巽书匾。(据《无锡国学专修学校概况·大事记》)

五百载,名世生,道统继续在遗经。乾坤开辟,学说何纷纭。惟我中国,教化最文明。上自黄帝迄孔孟,先知先觉觉斯民。

大道行,三代英,我辈责任讵敢轻?勉哉!勉哉!俭以养德,静以养心,建功立业,博古通今。为生民立命,为万世开太平。

(《无锡国学专修学校校歌》,见《国专校友会集刊》第一集"特载"及《无锡国学专修学校十五周纪念册》)

对办学宗旨初衷的继承与发展,不但坚持贯彻于教学中,而且反映于其他方面。如《校歌》……语词包涵浓郁的儒学色彩,又融贯着强烈的经世致用的观念。每周一集会,都得唱校歌。又如以"作新民"为校训,语见《尚书·康诰》和《礼记·大学》,据《礼记正义》的训释:"君子曰,新其德常尽心力不有余也。"就是要不遗余力地加强自我的道德修养,不断地进入新的境界。校训以尺五正楷,制成横匾,悬挂于礼堂讲台的上方正中,两侧配以长联,镌刻于宽二尺多、长一丈有余的木板上,联语是唐文治集儒经而成:"好学近乎智,力行近乎仁,知耻近乎勇。所存者神,所过者化;富贵不能淫,贫贱不能移,威武不能屈。虽愚必明,虽柔必强。"这一集联,从艺术性而言,是当之无愧的上乘。内容既讲学,又讲行,其所揭示的智、仁、勇和大丈夫所表现三个"不能",都是儒学所追求的理想人格应具的品德。小会议室挂有木刻杨继盛手书联语:"铁肩担道义;辣手著文章"。食堂里挂着木制横幅,词为"世界龙战,我惧沦亡。明耻教战,每饭不忘"。还挂有王守仁、顾炎武、陆世仪、高攀龙的四幅画像。王守仁宣扬良知良能,主知行合一。顾炎武具有民族气节,他的名言"天下兴亡,匹夫有责"。陆世仪提倡学问要"切用于世",还主张"习武"。高攀龙为东林党领袖,崇尚气节。以他们的学行来激励学生。

（陆振岳《无锡国学专修学校述略》）

按：上文云"食堂里挂着木制横幅，词为'世界龙战，我惧沦亡。明耻教战，每饭不忘'"，此又称为"膳堂铭"，为先生所撰，后来各家所引，亦为上述四句。但这并非"膳堂铭"的全文。《星华》1936 年第 1 卷第 5 期载芷村文《宝界山下一耆老：太仓唐蔚芝先生》，中云："其校中膳堂铭曰：'世界龙战，我惧沦亡。生聚教训，尝胆越王。允文允武，阳明继光。明耻教战，每饭不忘。'"由此可知"膳堂铭"全文共有八句。

又按：上引文中所记，无锡国专礼堂讲台两侧由先生集儒经而成的联语为："好学近乎智，力行近乎仁，知耻近乎勇。所存者神，所过者化；富贵不能淫，贫贱不能移，威武不能屈。虽愚必明，虽柔必强"。但据窦镇《师竹庐联话》卷五记载："太仓唐蔚芝侍郎文治，爱吾邑山水秀丽，就城中西隅购地建宅，布置园林，楚楚可观，遂迁居无锡焉。光绪间，为上海南洋公学校长，已阅多年。近由吾邑绅士捐资，在学宫左首，重建尊经阁，落成后，侍郎于此设国学专修馆以主教。开幕之日，贺客盈座，见板对有二，系唐君集句而成。其一云：'进以礼，退以义，中天下而立；颂其诗，读其书，等百世之王。'其二云：'富贵不能淫，贫贱不能移，威武不能屈。所存者神，所过者化；好学近乎智，力行近乎仁，知耻近乎勇。虽愚必明，虽柔必强。'"两者所记联语上下联的顺序有所不同，录以备参。

2 月 1 日(庚午年十二月十四日)　举行无锡国专建校十周年纪念会暨第六班第六届学生毕业典礼。毕业生 17 人。

十二月四日(即阳历二月一日)，行本校十周年纪念并第六届毕业礼。毕业者学生陆宝和等十七人。是日，校董穆君藕初名湘玥来主席。上午训辞，午后开游艺会，颇极一时之盛。

（唐文治《茹经先生自订年谱·庚午六十六岁》）

按：上引文中记农历十二月四日为"阳历二月一日"，《新无锡》1931 年 1 月 25 日第 3 版《国专十周纪念会预志》，也说："兹定于二月一日，举行十周年纪念大会，同日举行第六届毕业典礼。"又《新无锡》1931 年 2 月 4 日《穆藕初来锡视察》一文云："实业部次长穆藕初，系吾锡私立国学专修学校经济董事之一，于本月一日来锡，参加该校纪念典礼"。但本年 2 月 1 日，应为农历庚午年十二月十四日，故《茹经先生自订年谱》中的"十二月四日"当为"十二月十四日"之误。又据《穆藕初年谱长编》中记："(1931 年)2 月 4 日，再至无锡，访无锡国学专修学校校长唐文治"，"2 月 4 日"与前述"2 月 1 日"的日期又有所不合，姑录以备考。

3月8日(正月二十日)　无锡国专举行开校典礼,先生编《礼记大义》数篇示诸生。(据《茹经先生自订年谱·辛未六十七岁》)

3月下旬(二月初)　先生因家中人口较多,在前桑区动工,增建楼房三楹。

比因家中生齿较繁,房屋不敷居住,爰与庆诒等谋,在前桑区建楼房三楹。以旧年售得田价,托建筑公司江生应麟承造。二月初动工,庆诒等竭力补助经费。迨后遇水灾、国难,心甚悔之。

(唐文治《茹经先生自订年谱·辛未六十七岁》)

春　姐夫许沐鑅来无锡访问先生。

辛未春,君来过锡访余,强健犹昔。尔时同游于庠者,尚有蒋君伯言、张君仲翔二人,三四年间,相继殂谢。

(唐文治《许君弼丞墓志铭》,见《茹经堂文集四编》卷八)

4月3日(二月十六日)　先生率长子唐庆诒赴太仓浏河扫墓。

文治于辛未岁清明前三日,率长子庆诒赴刘河,表弟朱君寿臣叔侄殷殷为主,宿镇北之集善堂。越日晨,往拜洋子泾吾祖、吾父母墓,巡视松楸,依依久之乃去。旋赴漕漕,拜始祖墓,暨三世祖墓,暨本生高祖墓,幸皆无恙。旋又谒四世祖周太孺人节孝坊。因告庆诒曰:“此吾家百六十年旧物,居然完好。风霜驳蚀,字迹不甚漫漶,可喜也,愿世世子孙其毋忘。”及归寓,则亲翁陆君勤之已遣其子庆熙由娄买舟来接。庆熙,余及门弟子也。越日晨,遂偕庆熙赴娄城。舟抵南渡,夹岸桃花缤纷。陆君景周与朴丞弟庆厚侄已在渡口相迓,意俱欢然。舟折而西,赴吴塘桥拜外祖父胡公墓(俗名花墙头,坟丁名赵木林)。比入城,勤之昆季迎于河干,故旧咸集。即宿陆氏宅。越日,偕勤之昆季谒陆陈江盛四先生祠并沈即山先生墓,由学宫前迤逦而南,约行二里。是日清明令节,方向午,有祭于家者,有祭于野者,老者少者,男者女者,独者众者,哀者啼者呜咽者,哭声断续而不绝也。……越日,遄归无锡,勤之原舟亲送……

(唐文治《清明扫墓记》,见《茹经堂文集三编》卷六)

辛未春,诸乡人会饮,与君(按:指毕光祖)谭少年事。余笑谓君曰:“逾数年,君重游泮水矣。”君默不语。

(唐文治《毕君枕梅传》,见《茹经堂文集三编》卷七)

4月(三月)　无锡溥仁慈善会赴陕州放赈,修理陕州召伯甘棠祠。先生作《陕州召公甘棠庙碑》。

三月,无锡溥仁慈善会赴陕州放赈,修理陕州召伯甘棠祠。余为作碑记一篇,摹仿昌黎,颇能驺骎入古。

(唐文治《茹经先生自订年谱·辛未六十七岁》)

召公甘棠庙在陕州境。上章敦牂之秋,无锡施永成膺溥仁慈善会、唐滋镇、圻镇、华堂等推选,往振于陕。拜于庙,则墙倾栋折,上无盖障。州人相告曰,是驻卒所为也。永成蹙然,请于会长张简生,醵资鸠工,经营而修葺之。既蒇事,嘱太仓唐文治为碑记。

(唐文治《陕州召公甘棠庙碑》,见《茹经堂文集三编》卷八)

同月 无锡国专举行全校国文竞赛,核计平均分最高之班,给以锦标、奖旗。并定以后每学期举行一次。(据《无锡国学专修学校概况·大事记》)

按: 国文竞赛,又称国文大会考、作文会考。自本次之后,每学期举行一次全校国文竞赛,即成为无锡国专的一项制度。金易占《无锡"国专"与唐文治》一文中说:"国专校历上有两条特别规定:(一)孔子诞辰纪念,休假一天,举行纪念式。(二)每学期要举行一次全校国文竞赛。校长出题,全校学生每人同时写一篇文言文。评阅完毕,名列前茅的还有奖品。"实际上,先生在担任南洋大学校长时,就已创设了一年一度的全校国文大会,即作文比赛,而无锡国专的国文竞赛正是由南洋大学的国文大会承继变化而来。

5月(四月) 先生与徐绍桢、曹元弼等二十余人具呈国民政府,请拨款修复去年中原大战中损毁之曲阜孔庙、孔林,"旋得复,不过一纸空文,遂致搁置"。

去年,中央军与阎锡山、冯玉祥战争。曲阜孔庙、孔林为炮火所毁,周公、颜子二庙亦遭灰烬。爰约徐君固卿名绍桢、曹君叔彦等二十余人具呈政府,请拨款修复。旋得复,不过一纸空文,遂致搁置。可痛矣哉!

(唐文治《茹经先生自订年谱·辛未六十七岁》)

二十年五月曹元弼、张一麐、费树蔚、唐文治请拨款修复曲阜林庙呈

呈云:

窃以阎锡山、冯玉祥割据秦晋,侵略齐豫,怙兵作逆,残民以逞,喁喁失望,无所归命。幸赖我主席威灵,戡乱经武,拯之水火,登于衽席。然逆兵所至,千里为墟。而山东为中国文化发祥之地,孔林孔庙以及周公、颜子、先圣先师祠墓所在,徒以逆兵顽强负固,炮火横被,而祸乱所钟,遂多毁伤,折栋崩榱,钟鼓勿考。幸国家神武赫然,旋歼群丑;而负生含识,奔走故墟,咨嗟涕洟,荐盥无所。伏念国于天地,必有与立,先总理揭橥民治,焕然大号,肫肫其仁,渊渊其渊,蕲于导扬中国固有道德之粹美,尤极称《大学》一书,欲以格物致知,诚意正心修身,奠天下治平之基。而天下为公,撷《礼运》之要;知难行易,发《中庸》之

奥。新民必先明德，平治基之诚正修诸身。征诸庶民，行而世为天下法，言而世为天下则。纲纪人伦，推本孔子，遗书具在，昭然若揭。我主席武能锄奸，文以绥民，凯旋之日，重申大诰，发聋振聩，断断诚正，心心相传，一秉于孔子之道，历劫弥新，欲正人心，端必由此。而林木毁伤，庙宇倾圮，道路雪涕，莫为之所，其何以树之风声，与民更始？荀卿有言：“兼并非难，坚凝之难。”方今大难初平，群听回皇。诛伐之功，我主席既身亲之矣，而安民和众，必有所以系人心于不拔、奠民治之丕基者。在昔女真蒙古，非类异文，盗有诸夏，而勒修曲阜圣庙，累著记载，亦以靖民绥国，舍是未由。而在今日，环海交通，欧美硕彦来观化者，莫不过仲尼庙堂，瞻其车服礼器，低回留之，发其忾慕，从知懿德之好无间种，人心同理，四海皆准。况我主席，生民仰赖，薄海归命，为此开陈曲阜孔子以下贤圣庙墓损失情形，恳请拨帑三十万，从速估工兴修，作新观听，慰此群望，明孔子之道，即以宏总理之教；瞻圣人之居，斯以系亿兆之心，国家幸甚，生民幸甚。不胜迫切待命之至。

　　　　　　　　　　［《历代尊孔记》（续），见《山东民政公报》1935 年第 235 期］
按：此呈后尚有《计开损坏调查清单》，不录。

　　前南洋大学校长、现无锡国学专修学校校长唐蔚芝先生，联合徐绍桢、王清穆、俞复、丁福保、钱基博、秦毓鎏、朱叔子、陆仲周等二十二人，发起呈请国府修复曲阜孔庙，辞意恳切，洋洋千言。内略谓“……西北肇衅，时局蜩螗，凭陵齐豫，残民以逞，喁喁失望，无所归命。赖主席威灵，戡乱经武，拯之水火，登于衽席。然逆兵所至，千里为墟。而山东为中国文化发祥之地，先圣先师，楷模人伦，祠墓所在，神灵攸依。徒以逆兵负固安忍，炮火横被，而祸乱所钟，遂多毁伤，折栋崩榱，焚林震墓，钟鼓勿考，群生何瞻，负生含识，奔走故墟，咨嗟涕洟，荐盩无所。伏念国于大地，必有与立……纲纪人伦，推本孔子，遗书具在，昭然若揭……为此开陈曲阜孔子以下贤圣庙墓损失情形，环请俯赐拨款，令饬该省长官，会同孔氏后裔，估工兴修，作新观听，以慰群望……瞻圣人之居，以系亿兆之心”云云。并分条开列孔庙、孔林、颜子庙、元圣庙损失详情，殊为周密。闻国民政府文官处四月二日复函，谓此案已交行政院议办矣。

　　昨承唐老先生惠赐呈稿一份，又教示详情。成深为感幸，盩诵之余，略记如上，聊为关怀夫子者告。

　　　　（许晚成《修复曲阜孔庙之呈请》，见《申报》1931 年 4 月 20 日第 12 版）
按：此文中的呈文节录，与上引《历代尊孔记》（续）中的文字有所不同，录以备参。

又按：《唐文治致曹元弼书札编年校录》中亦有两封函札,涉及呈请修复曲阜孔庙一事。其书札之四十七云："此间请修孔庙呈文,现正接洽赶办,大约清明节前即可呈递矣。山东已有回信,已发快邮代电,尚未闻有下文也。"又书札之四十八云："顷阅《申》《新》两报,悉此事估工八十万,蒋捐廿一万,张捐二十万,余由本省支给。倘系事实,可见人心不泯,吾道将昌。老弟闻之,谅必欣慰。苏、锡两地具呈后,冀其发表正式命令,尤为得体。至此间同人列名共二十二人,所有名单日前托仲深兄转达,谅已邀台鉴矣。"录以备参。

6月3日(四月十八日)　国立中央图书馆馆长暨中央大学教师柳诒徵应先生之邀来无锡,在无锡国专大礼堂作《治史事之管见》的演讲;第二天继续作《治史学之方法》的演讲。

国立中央图书馆馆长兼中大教师柳翼谋先生,应本邑国专唐校长之请,特于前日(三日)由京来锡,下午四时,在该校大礼堂演讲,题为《治史事之管见》。其大旨为：一、历史之不尽可信;二、历史不尽最进化;三、历史不尽有因果。此系柳先生研究史学数十年之心得,与其他史学家所见不同。末言近数十年中国史学界之趋势,对于现代史学家之得失,批评至为允当。取譬诙谐,听者动容。昨日上午,闻尚续讲《治史学之方法》云。

(《柳翼谋先生在国专演讲》,见《新无锡》1931年6月5日第3版)

6月4日(四月十九日)　无锡国专第六届毕业生张钟毓与浙江向女士举行婚礼,先生亲为证婚。

光复门内圆通路口喉科专家张嘉炳先生之子张锡君,青年好学,十八岁即毕业于国专学校,校长唐蔚芝甚器重之。昨日与浙江向女士在本宅举行婚礼。先期由坤宅送亲来锡,假寓新世界旅社,唐蔚老因锡君为本校高材生,故特亲临证婚,尤为难得。而商团公会会长杨翰西亦于昨日致赠张君匾额一方,鼓吹送去。亲朋前往道贺者,备极一时盛况云。

(《国专高材生张锡君婚礼志盛》,见《新无锡》1931年6月5日第3版)

6月(五月)　《国专校友会集刊》(第一集)出版,先生为之作序。

襄岁,吾校同学会成立,发行《国学年刊》,余既序诸简端矣。去春,同学会改组校友会,规抚益宏,又有集刊之举,复请余序。余以校友会与吾校忧乐与共,息息相关,兹届集刊告成,又乌可以无言?

夫天下万事,林林总总,所以能维系于不敝者,其道果何由哉?亦曰性情而已矣。性情之为用大矣哉!吾校创设于钱塘施君省之,无锡孙君鹤卿继之。五六年间,大江南北,学者踵至,一时称盛。厥后,时局变迁,有徐某者出,而与吾校为难,风雨飘摇,几且不免。事定,毕业同学诸君奔走呼号,竟获恢复。惟摧残之后,千疮百孔,补苴綦难。举凡进行规画,幸赖诸校董设法维护,呈部立案,逐渐扩充,于是而成立经济董事会,于是而创设图书馆。自是厥后,四方之士闻风来学者,更较曩昔为盛矣。

嗟乎,吾校自创办以来,瞬经十载。此十载中,险阻艰难备尝之矣;而所以能维系迄今者,实由校友之始终爱护,百折不回,而其精神所在,岂非性情之功用使然哉?性情之道,放之则弥六合,卷之则退藏于密,同声相应,同气相求。而揆厥所原,盖非诚不为功,至诚而不动者,未之有也。吾校友能笃信守道,至诚相感,则其性情之发,宜其有固结而不解者。《易传》曰:"圣人感人心而天下和平。"人心之感,性情之发也。又曰:"观乎人文,以化成天下。"文章之蕴,亦性情之发也。今观吾校友会集刊,著述如林,文采斐然,即其文而知其人,即其人而知其性情。然则道统之赖以不坠,而世运之赖以挽回者,其在斯乎,其在斯乎?民国二十年四月唐文治谨序。

(唐文治《国专校友会集刊第一集序》,见该刊卷首)

按:《国专校友会集刊》(第一集),私立无锡国学专修学校校友会编辑,私立无锡国学专修学校发行,无锡华东印刷厂印刷,1931 年 6 月出版。该刊由"述学""文苑"(分"文录""诗录""词录"三类)、"杂俎""特载"等栏目构成,兼收无锡国专师生和校友的作品。此刊物似出第一集后便告中辍。

约 6、7 月间(约五、六月间)　先生致函谱弟曹元弼,介绍无锡国专学生郭则清去苏州向其问学。

叔彦吾弟同年大人如手:前奉惠教,祗悉一一。迩来道体定臻康健,至以为念。

敬有启者,兹有福建郭生则清,现往苏州,系春榆同年之侄。该生在本校肄业三年,品性笃诚,敏而好学,颇能研求《易》理,兄极器赏。此次毕业旋里,渠拟于奉亲之暇,壹意治经。但必须登大匠之门,方足以宏造就。平时慕道綦切,绝无标榜之念。世家子弟,不染时俗,尤为难得。兄嘉其肫挚,用特修函,切实绍介。倘蒙收录门墙,俾沾时雨,同深感佩。方今世道晦盲,吾辈得一承学之士栽者培之,实于继往开来息息维系,谅吾弟必乐予栽成,幸甚幸甚。余嘱郭生晋谒时面陈。

梅湿诸维珍重。敬请道安。年如小兄唐文治拜启。

[虞万里、许超杰整理《唐文治致曹元弼书札编年校录》(书札之五十一)]

叔彦吾弟同年大人如手……郭则清世兄年少嗜《易》,立志甚锐,竟得登大匠之门,必可深得大道之要。吾党有传人,欣喜之至。

　　　　[虞万里、许超杰整理《唐文治致曹元弼书札编年校录》(书札之五十二)]

按:郭则清为无锡国专第七届学生。

8月31日(七月十八日)　8月,苏皖等地暴雨成灾。据南京赈务委员会许世英报告,此次水灾区域有湘、皖、鄂、豫、苏、赣、浙、闽、粤、川、冀、鲁、辽、吉、黑、热16省,灾民在五千万人以上。(据《中国现代史大事记》)本日,无锡成立水灾筹赈会,公推先生为理事长。

　　六、七月间,大雨滂沱,几近一月。楚、赣、皖、苏各处皆成巨浸。始则汉口被灾最重,继则江北高邮、兴化等处,因建设局员茅以新开运河堤,河水与洪泽湖合流,泛滥更甚,江北各县无不糜烂。吾乡刘河、宝山海塘冲塌,天灾人祸相逼而来。

　　　　　　　　　　　　　　　(唐文治《茹经先生自订年谱·辛未六十七岁》)

　　本邑县党部、县商会,以江北水灾哀鸿遍野,急待施振,爰于昨日(三十一日)下午三时召集各界人士,在县商会开紧急谈话会,筹商振济办法。钱孙卿主席。首由主席报告,旋即开始讨论:一、定名为无锡县筹振会,即日成立;二、干部理事由党部、县政府、县商会等十三机关团体组织而成;三、公推唐蔚之、华艺珊为正副理事长。

　　(《地方通信·无锡·筹振会昨日成立》,见《申报》1931年9月1日第14版)

先生急电旅沪同乡,发起救济会,并先后撰就《急救水灾议》《续救水灾议》《学校当研究水利议》三文。

　　余急电旅沪同乡,发起救济会。并撰《急救水灾议》,遍告同乡。

　　(冯)振谨案:先生所作《急救水灾议》,已编入《茹经堂文集三编》,尚未刊。先生又有《续救水灾议》及《学校当研究水利议》二篇,亦此时所作。盖先生关心民瘼,坐议起行,非徒欲载诸空言而已。

　　　　　　　　　　　　　　　(唐文治《茹经先生自订年谱·辛未六十七岁》)

　　按:据《申报》1931年9月3日第17版《急赈会昨开常务会议》报道,上海筹募水灾急振会9月2日开第五次常务会议,先生所作之《急救水灾议》为此次会上的讨论事项之一。

　　又按:《急救水灾议》《续救水灾议》和《学校当研究水利议》三文均见《茹经堂文集三编》卷一。在《急救水灾议》中,共提出五点主张:一、速用疏浚之法以去水害;二、速救民命;三、广运洋米,清理积谷;四、补救给种,以开河工代赈;五、放赈如救火,以得人为急务。《续救水灾议》则在前文基础上再补述两点:一是"此时一面须散放急赈,一面当参用以工代赈之法。所有低区,均令筑高圩堤,疏浚沟洫,并为设法租借抽水机器,将积水抽出;给予麦种、杂粮种,责令及时布种";二是"饥民肠细,只可食米麦粥,其垂毙者宜先用米汤施救"。在《学校当研究水利议》一文中,主张"实事求是之道,无事铺张,只须令高等小学以上学生,一律研究水利","凡高小学校,当研究本邑及关于临邑之水利,中等校当研究本省及关于临省之水利。专科以上学校,当研究全国之水利"。

8月下旬—9月中旬(七月中旬—八月上旬) 先生以无锡水灾筹赈会理事长名义,与副理事长华文川,就赈济无锡及其他各地灾民之事,屡次与无锡旅沪同乡会函电往来。

又无锡水灾筹赈会正副理事长唐蔚芝、华艺珊代电云:

本邑蚕熟失收,继以大水为灾,田地淹没,秋成无望,当在洞鉴之中。而远方告赈,近如江北、远暨武汉纷至沓来,若非统筹兼顾,恐将穷于救济。瞻念前途,不寒而栗。兹因地方党政机关及慈善团体,于本年八月三十一日在县商会发起组织无锡水灾筹赈会,公推文治、文川担任正副理事,并于县会设立事务所,即日成立,以期群策群力,统筹本邑水灾及各处捐赈事宜。文治、文川垂垂老矣,事关善举,未敢告劳。本年水灾几遍全国,而锡邑又加蚕荒,四乡室尽悬罄,既须度人,且复自度。同人心长力短,深惧不克负荷,务乞随时赐教,尽力协助。除俟本会捐册印就再行寄请公鉴,并盼赐教,无锡水灾筹赈会理事长唐文治、副理事长华艺珊叩。

(《无锡同乡会救灾消息》,见《申报》1931 年 9 月 9 日第 13 版)

上海七浦路无锡旅沪同乡会、荣宗敬、丁云轩、陶仞千、孙北萱,并转裘可桴、丁仲祜、王尧臣、王禹卿、丁梓仁、丁福怜、徐可亭、季云卿、刘春圃、冯云初、荣瑞昌、冯绪承诸先生鉴:

锡地赈务,慨荷协助,乡里同感。惟以内外兼顾、标本并治,同人心长力短,深苦杯水车薪,时觉捉襟见肘。锡水灾会历届会议记录暨办赈计画,业已先后奉寄,并于篠日代电奉复在案,谅荷察照。凤仰诸公关怀桑梓,情殷救济,务望尽力劝募,源源接济。传德等本拟亲自赴沪,面领教益,只以近日职务羁身,未克即行来沪,用特先行电恳。稍迟有暇,仍当趋沪专候也。无锡县长陈传德,水灾筹赈会唐文治、华文川、杨寿楣、钱基厚等同叩。敬。

(《无锡陈县长及水灾筹赈会来电》,见《无锡旅刊》1931 年第 150 期)
按:在代日韵目中,"敬"为 24 日。
无锡水灾筹赈会理事长唐蔚芝先生、副理事长华艺三先生鉴:

冬代电悉。散会前以本年洪水为灾,十余省尽成泽国,即经一再开会,分发捐册,募款救济。除募集一千元,先交由江苏水灾义赈会,拨济里下河之兴化、东台、泰县、盐城、阜宁,及沿运河之高邮、宝应诸县灾区外,现正在续募中。俟集有成数,即当分拨贵会以尽棉薄。相应复请察照。无锡旅沪同乡会理事长荣宗锦叩。虞。

(荣宗锦《致无锡水灾筹赈会代电》,见《无锡旅刊》1931 年第 150 期)

按: 在代日韵目中,"虞"为 7 日。

上海七浦路、无锡旅沪同乡会荣宗敬先生暨诸乡台鉴:接奉大函并第一号捐册,暨洋一千元,毛鉴清先生移拨令孙汤饼宴资,特捐锡赈洋一百元,均领悉,谨为灾民九顿首以谢。锡赈会前经决定方针,对于各处灾赈,由会统筹斟酌情形,分别接济。暂以本省江北暨邻近各县急赈为主。计自本会成立以后,先后拨上海、江苏水灾义赈会水灾急赈银六千一百七十五元,又镇江、江北水灾临时义赈会江北急赈银二千元,合共八千一百七十五元。其本地除灾重之区,由地方义绅私人筹资,酌放急赈外,拟再办理工赈,实施根本救灾工作。已推顾述之先生主任设计,协同县建设局暨有关农事各团体,组织水灾调查团,即日出发,先从此次淹没最甚、江阴交界之第十五区旧青城市入手,以次及于第五区旧天上市、第十六区旧万安市、第十七区旧富安乡,暨其他各区。其设计步骤,第一步堵闭缺口,排水种麦;第二步修筑圩岸,整理沟渠。惟此项工作,将来需费甚巨,同人责任綦重。鉴于江北祸至之无日,或重贻诸乡台忧,事关根本,不敢不勉,深望随时指教,尽力协助,无任企盼。无锡水灾筹赈会唐文治、华文川、钱基厚叩。篠(九月十七日)。

(《无锡水灾筹赈会致本会代电》,见《无锡旅刊》1931 年第 151 期)

9 月 5 日(七月二十三日) 由先生等发起,上海市太仓同乡会在《申报》上发布"乞赈缘起"。

太仓同乡会昨发乞振缘起云:昊天不吊,洪水为灾,各省纷纷告急,而太仓一隅,亦罹斯厄。太仓县境,东濒大海,西当太湖尾闾,本号水乡;西乡一带,形同釜底,一遇雨水较多,收成即行减折。是以彼处居民,素鲜盖藏,庚癸之呼,时有所闻。本年入夏以来,淫雨连绵,西水大至,田禾淹没,庐舍漂流。不特收成无着,卒岁堪虞,即目前衣食住三项,皆感缺乏,啼饥露宿者触目皆是。经实地调查,县属第一区、第六区、第八区,即旧时之湖川、双凤、毛市、□叶、新丰、直塘等乡,受害最巨,为历来所未有。被灾田禾达十余万亩,多颗粒无收;被灾庐舍达数百余家,均流离失所。濒海一带,于八月二十五日,风潮为虐,冲坏海塘,达五百余丈,附近居民,复被毁数十家,受灾情形,正复相同。出事以来,当地官厅虽有水灾急振委员之组织,但灾情甚重,深恐杯水车薪,无济于事,全赖多方筹款,以资拯救。同人等桑梓关怀,目击情形,未容漠视。经开会集议,当场酌认款项外,因思集腋可以成裘,聚沙不难成塔,伏乞各界善士,不分畛域,慨解仁囊,量力捐助,千金不为多,一文不为少。多出数文,可多救一命;早救一日,即少死数人。于以感召天和,挽回浩劫,功德宁有涯涘。敬代全县灾民九顿首以请,迫切陈词,诸希垂察。上海市太仓同乡会执行委员项惠卿、胡粹士、张纶卿、王伯勋、朱恺俦、金侠闻、傅杂言、项华卿、洪景平、吴仲保、胡元明、陆京士、郁霆武、汪季章、王天觉、周宽夫、项甘伯、吴景文、顾佐荣、金允中、叶振公等同启。

并悉此事得唐蔚芝君等发起,该会昨日集款一千元,上海济生会亦拨款三千元,发交太仓分会,先行散振。

（《太仓同乡会乞赈缘起》,见《申报》1931 年 9 月 5 日第 13、14 版)

9 月 11 日(七月二十九日)　因太仓、宝山两县塘工受台风暴潮冲荡而多处出险,太仓县组织护塘委员会,推举先生等人为常务委员,办理护塘一切事宜;又公推先生等三人为赴省请愿代表,赴省府情愿,要求火速办理抢险工程。

吴淞北首太仓、宝山两县塘工,自上月二十五晚,受飓风暴潮冲荡,出险者据调查得悉,有一千六百丈左右,其中以太仓县境之道堂庙一段情势最重。地方官绅等合力呼吁,现正在抢修之际。太仓县政府于前日(十一)县政会议时,特提出讨论,结果议决组织护塘委员会,当场成立,并通过简章,聘唐蔚芝、朱恺俦、洪景平、朱庆沼、胡粹士、陆颂伦、蒋育仁、钱春沂、吴省三为委员,复推唐、朱、洪三君为常务委员,办理护塘一切事宜。又以塘工情形急迫,由党部、商会、款产处三团体分电建设厅、水利局,严饬江南塘工事务所薛兆枢所长,对于抢险工程负责火速办理。一面公推唐蔚芝、朱恺俦、洪景平三君为赴省请愿代表,昨已首途前往矣。

(《护塘委员代表晋省请愿》,见《申报》1931 年 9 月 14 日第 15 版)

据去年报载,清高宗(乾隆)及孝钦太后(慈禧)陵寝迭为盗匪掘窃。而本年又有清太宗母后(皇太极之母孝慈高皇后)陵墓被掘,先生乃约曹元弼、周仁寿等,具呈时任陆海空军副司令的张学良及东北军第一军军长于学忠,请严缉盗犯,派兵保护。回信称照议办理。

上年阅报章,先朝高宗暨孝钦后陵寝,迭为盗匪掘窃殉具,至是复有太宗母后陵墓被掘之事,惨痛已极。爰约曹君叔彦、周君敬甫等具呈北京张学良副司令暨于学忠军长，请严缉盗犯，一面派兵保护。旋敬甫寄来复函，照议办理。

（唐文治《茹经先生自订年谱·辛未六十七岁》）

按：在《唐文治致曹元弼书札编年校录》中，有多封函札涉及此事，兹节录如下：

书札之四十九，写于 6 月 29 日（五月十四日）：

隔昨《时事新报》载盗发清世祖陵，惨无人道，与前年纯陵、孝陵同一惨酷，可胜恸哭。兄昨发电明会庄君，特钞稿奉览，然恐未必有效。鄙意张副司令近在南京，此事拟请仲仁同年、仲深先生与吾弟发起电请，张副司令就近派兵防护较有实力。一面请函托张左右正人切实进言更得力。兄亦愿列名电尾。谨拟一稿，请诸公酌定，或请张、费二公另定一稿，尤为妥善。此电或请盖章后寄至敝处发寄，或递兄处盖章后寄苏再发，均无不可。闻闭会期迫，祈速示复为感。

书札之五十，未署日期：

前商之事，闻张于本日赴沪探投，恐付浮沈。且《时事新报》所载系顺治母后陵，而他报作太宗文皇后陵，且新闻报载系不肖宗人所为，究竟如何情形，拟函询庆邸再商办法。吾辈惟有尽心竭力，老弟万勿悲伤，是所切盼。

书札之五十二，写于 8 月 22 日（七月初九日，此信又见《茹经堂文集三编》卷四，题作《答曹叔彦书》）：

承询东西陵一事，庆邸处已有复函，云均系确实，宗室四十余人具呈，当局并未破案。函内有"海天在望，无泪可挥"之语，兄于此事急拟设法。周君敬甫印拙著《军箴》一千二百部，已分送张副座、于孝侯等处，先通一信作为介绍。近日正拟呈稿，吾弟与李君印泉电稿兄未获见，务祈速行抄示，以便作为蓝本。此事兄当仁不让，华璧臣同年及周君敬甫均允列名，俟呈稿拟就后即当寄奉指正，敬请吾弟具名。未识苏州同志约有几人，鄙意亦不在多也。修理圣庙事拟托华君艺三函询山东红卍字会答覆，再行奉闻。

书札之五十三，写于 8 月 27 日（农历七月十四日）：

接奉廿六日惠复并钞示致于军长电文，祗悉种切。尊论浩然之气上薄云天，曷胜佩仰。兹兄率拟公呈稿，主旨在补救将来，即印奉是正，并请征求仲仁、仲深诸君子同意。倘荷赞同，敬祈示知，以便缮写，借重鼎名，寄请盖章，即行发递为盼。

书札之五十四，写于 9 月 7 日（农历七月二十五日）：

接奉初七日来函，并诸同人签名单暨拊函两纸，曷胜佩慰。尊处列名者十三人，兄处共约得七人，恰好二十人之数。原呈内兄略有酌改，兹特将改本寄奉。公呈已缮就，惟报载于军长已赴保定，当局者是否有意及此，且领衔一人盖章是否

可行,已函达周敬甫兄详细询问,拟俟答复,再行寄递。祈松乔侄转达诸同人
为荷。

9月18日(八月初七日) 九一八事变爆发。事变发生后,无锡国专学生会请
求学校停课三天,并组织宣传队在无锡城厢进行抗日宣传。学生的请求得到了先
生的支持。

> 九月,东北难作。先是,吾国内哄不已,宁方与粤方失和,而北方石友三起
> 事,政府命张学良平之。遂饬张坐镇关内,日本乃乘隙而入,袭取沈阳。旋攻
> 去黑龙江省,师长马占山苦战半月,张学良拥兵不救,马退守克山。日人又攻
> 取锦州,张又撤兵入关,丧师失地,全国震骇。
>
> （唐文治《茹经先生自订年谱·辛未六十七岁》）

> 一九三一年九月十八日,日本侵略我东北。第二天下午,无锡的地方报上
> 就登载了这则消息。同学们义愤填膺,纷纷商量罢课,以及怎样表示抗议和对
> 群众进行宣传。下午的课上,已经有老师应学生之请,宣讲近代日本侵略我国
> 的历史。也有教职员认为学生的主要任务是读书,国家大事应该相信政府会
> 作妥善处理的。学生们写了"天下兴亡,匹夫有责"八个大字,贴在后者的办公
> 室门口。校长召集主要职员和教授开会,一开头就说:"鄙人在甲午年,曾替江
> 苏举人代拟呈都察院稿,申述自强御敌之宗旨。今则忝为校长,诸事须凭功
> 令,未便悉凭个人意志办事。今日之事,请诸君公议。"他的态度其实已明朗,
> 但一小部分教职员,或者对国民党政府存有幻想,或者抱定学生不应与闻政治
> 的想法,不同意学生罢课,争论不休。校长最后说:"学生出于爱国热忱之行
> 动,由其自决。诸位先生亦可各行素志。"
>
> （黄汉文《记唐文治先生》）

九一八事变发生后,先生作《废孔为亡国之兆论》一篇。

> 盖近年以来,人心日坏,罔利营私,无恶不作,侮慢圣贤,荒道败德,以致灾
> 害并至。虽有善者,亦无如之何矣。余特作《废孔为亡国之兆论》一篇。
>
> （唐文治《茹经先生自订年谱·辛未六十七岁》）

按:《废孔为亡国之兆论》一文后载《茹经堂文集三编》卷一,此文开首云:"今
天下亡国之声洋洋盈耳,虽三尺童子亦知不免于国难。莫知其所以然之由,而亦莫
思所以挽救之者,此真大惑不解者也。"文中提出"救将亡之国"之术有四:一曰"人
道救国";二曰"人伦救国";三曰"人格救国";四曰"人心救国"。

9月24日(八月十三日) 次孙唐孝威生,四子唐庆永出。(据《茹经先生自订年
谱·辛未六十七岁》)

9 月 29 日(八月十八日) 先生暨无锡国专全体师生致电蒋介石、汪精卫及唐绍仪等人,呼吁消除意见,迅即对日出兵。

学前国学专校校长唐文治暨全校师生,激于爱国义愤,于昨日致电蒋总司令暨两粤诸公,请求消除意见,迅即对日出兵。兹将电文录下:

南京蒋总司令勋鉴:日人凶暴横行,占我疆土。凡在含生禀气之伦,咸抱敌忾同仇之愿。乃旬日以来,政府毫无表示,三军气沮,噤不发声,群情怀疑,佥谓国家养兵数百万,不知何用?议论纷纭,恐滋事变。且望钧座英谋独断,迅即命将出师,以顺舆情而靖国难。至张副司令身膺疆寄,赐饬迅速戴罪立功。昔宋宗忠简大呼渡河,张副司令经营东省,靡费无数,金钱膏血,岂甘断送□人?自应大呼出关,以湔前耻。迫切陈词,无任待命之至。无锡国学专修学校校长唐文治暨全体教职员、全体学生同叩。艳。

广州汪精卫先生、唐少川先生暨两粤诸公勋鉴:(电文同上,从略)乃旬日以来,尊处并无表示,群情疑虑,佥谓彼此意见尚未消融。窃维当此之时,危急存亡,间不容发,岂宜复有畛域之见?况少川先生外交名家,必有万全之策。务望诸公速捐弃前嫌,早日携手,一德一心,命将出师,共雪国耻,无任迫切待命之至。(具名同前)

又,该校日来对于军事训练特别加紧,除原有钟点外,更于每晨六时增加一节,复于星期四午后,举行全校军事演讲云。

(《国专电请出兵》,见《锡报》1931 年 9 月 30 日第 2 版)

按:在代日韵目中,"艳"为 29 日。

9 月(十月) 先生聘请陈衍为无锡国专特约讲师。

函聘福建陈君石遗名衍为本校讲师。陈君为余壬午乡试同年,出宝竹坡先生门下,佐张文襄公幕十余年,学术闳通,著作诗文极夥。门人叶长青绍介来校,深为可喜。

(唐文治《茹经先生自订年谱·辛未六十七岁》)

(1931 年)9 月,应无锡国学专修学校唐蔚芝先生(名文治,太仓人,后徙贯无锡,有《茹经堂全集》)聘为讲师。先生为公壬午乡试同年,光绪中叶曾相见于沈子培先生许,自是皓首订交,欣合无间。

(陈声暨编,王真续编,叶长卿补编《侯官陈石遗先生年谱》,见陈衍撰,陈步编《陈石遗集》)

前岁余至江南,太仓唐蔚芝尚书(文治),壬午同年也,长无锡国学院,请余讲学,招饮并侑以昆曲,即席赋呈。蔚老不为诗,哲嗣谋伯(庆诒)和韵云:"绝似当年庾子山,江关词赋霸骚坛。欣达[逢]旧雨皆知己,竞逐流霞各尽欢。檀板红牙催玉漏,松云白首挂华冠。秋来风雨虽如晦,尚有豪情赴笔端。"雅切工整,的非易才。余与君尚各有叠韵云。

(陈衍《石遗室诗话·石遗室诗话续编》卷一)

　　早期几届(唐文治)除亲自授教全部经学课外,所聘教授不多,但均系著名学者文人。像清末民初鼎鼎大名的陈石遗(衍)先生长期主讲《通鉴》和诗学等课。他莅校之前,已撰有《石遗室诗话》《近代诗钞》《诗话》《元诗纪事》等,一时远播扶桑,为日本著名文学家神田喜一郎等击节赞赏。莅校后,他讲《通鉴》,熟到胡三省的注能背出,分析颇有条理;同时以渊博深湛的知识,阐发历代诗歌的真髓,一经启迪点拨,如坐春风化雨之中。那时陈衍住在苏州,每星期五来无锡讲课,星期一返苏州。每课时的代价是大洋二十元(约合白米三百斤),这样高昂的钟点费,超过全国任何一个名教授。可是区区的私立无锡国专却是不惜工本的。

(杨廷福、陈左高《无锡国专杂忆》)

10 月 11 日(九月初一日)　先生等人致代电与"引疾避嚣"的无锡县商会主席钱孙卿,劝其"即日销假旋里,商办一切"。

　　县商会主席钱孙卿因感办事辣手,内外均不能见谅,特登报通告,避地养疴等情,已纪本报。水灾筹赈会方面闻此消息,特代电挽留云:

　　……顷阅报载,执事有引疾避嚣之通告,甚为惶骇。现在多事之秋,赈务尤为紧要,诸仗主裁擘画,务希即日销假旋里,商办一切,幸勿高蹈,毋任切盼。唐文治、华文川、杨寿楣、蔡文鑫等叩。真。

(《赈灾会挽留钱孙卿》,见《新无锡》1931 年 10 月 12 日第 3 版)

按: 在代电韵目中,"真"为 11 日。

10 月 14 日(九月初四日)　《申报》刊出王绍曾文章《记唐蔚老之慷慨悲歌》。

　　太仓唐蔚芝先生,道德文章,卓著东南。曩长南洋大学,至今犹为士林所推许。目盲后,退居无锡,旋创办国专,继高顾讲学之风,以人格教育为天下倡。顾先生年虽老耄,精神矍铄,固不在少壮下也。先生布衣蔬食,每日上课,风雪不阻,十数年如一日。平时与学生讲解,辄谆谆以挽回人心、雪耻救国相加勉。济南之役,先生登坛演说,竟流涕叹息,唏嘘论当世之急、救国之策,一座为之泣下。当是时,同学中有许君成侯,侠士也,于稠人广座中,刺臂血书,誓以死报,遗书于反日同盟会,论者莫不钦服。于是全校同学,咸素食一月,以膳余所得,悉充作国技及军事训练之用,盖先生道德感人之深有如此。然先生

· 835 ·

常谓同学曰:"昔子贡有言:'无报人之志,而令人疑之,拙也;有报人之意,使人知之,殆也;事未发而先闻,危也。三者举事之大患。'此数句可谓千古名论,越之所以能灭吴者即在此。吾国民其知耻已乎。"可谓慨乎言之。先生又尝改岳武穆《满江红》半阕以自歌。其词曰:"民国耻,犹未雪;吾党恨,何时泄?驾长车、踏破马关山阙。壮志饥餐大隈肉,笑谈渴饮田中血。待从头收拾旧山河,新中国。"略易数字,如出新铸。其豪放悲壮,淋漓痛快,虽老而心不老也。闻先生于酒阑饭后,每引吭悲歌,声如洪钟,听者悚然。先生殆今之伤心人欤?际此东北河山,为倭奴侵占,我同胞犹懵懵不自觉。安得如先生者,一一唤醒之耶?

(王绍曾《记唐蔚老之慷慨悲歌》,见《申报》1931年10月14日第14版)

按:上文中云"先生又尝改岳武穆《满江红》半阕",其词又载《少年》1931年第21卷第11期及《军事杂志》1932年第43期。

10月20日(九月初十日) 先生致函谱弟曹元弼,函中谈及救灾、保护陵寝、修理孔陵、江北赈务等事。

叔彦吾弟同年大人如手:入夏以后,洪水滔天,忧思莫殚。顷奉惠函,敬稔一切,特答复并缕陈如下。

一,开东坝事。兄前闻此信,即托锡邑钱孙卿兄电询溧阳县长。据溧县长复称亲自赴坝履勘,该坝有上下两座,目下江水距下坝约二尺,而上坝高于下坝一丈,是盈溢之患尚可毋虑。至开坝之议,谣传别有内幕,兄却未敢轻信。钱君亦谓高淳水患须别为设法。溧阳现在派警守坝,其省厅方面亦已切实通信,以高邮开坝为殷鉴。倘有警信,用再奉闻。

二,前接周敬甫兄信,保护陵寝呈已于前半月呈递,列名二十人,兄居首,周居末。北平市政府亦具公函申请,但至今未有批示。

三,修理孔陵事。华君得山东何君复函,但云消息沈闷之至,谅因水灾搁起,实属无可如何。

四,日前松乔侄来电请协助江北振务,此间商民认捐颇为踊跃,计共汇交苏义振会七千余元,已觉筋疲力尽。本邑振务亦须尽力兼顾,而太仓因海塘坍塌,灾民流离,西乡低洼之地尽成泽国,同乡函电交驰。我生不辰,逢天瘅怒,惟有以镇定之法应付而已。

拊寄《榕村全书》中《参同契注》一册,请钞出后寄下。《静坐法》吾弟倘须借钞,亦可寄奉。近著《急救水灾议》正、续二通,请大哥大人与吾弟教正为荷。目下研究筑圩堤法,吾弟倘有讲求水利书,祈赐借读,至盼。临池惓惓,敬请道安。如小兄文治拜启。九月十号。

　　[虞万里、许超杰整理《唐文治致曹元弼书札编年校录》（书札之五十六）]

10 月 30 日（九月二十日）　《申报》刊出汤客琴《回忆唐蔚老之教授精神》。

　　际此国难方殷，回忆蔚老谆谆教诲，有足振颓风、挽狂澜者，聊为世告。先生鬓发皤然，精神矍铄，布衣蔬食。馆舍距讲席约里许，安步当车，虽雨雪载涂，未尝后七句钟到校，以视日旰犹高卧者何如？逮振铃未毕，先生已就席，口讲指画，不遗余力。每读阳刚之文，如高山出泉，风雨骤至；读阴柔之文，如荣华飘风，令人毛发悉竦。勉人以身作则，曰"士当先天下之忧而忧，后天下之乐而乐""自食其力，无求于人"；勉人出而问世，曰"民吾胞也，物吾与也""为天地立心，为生民立命"；勉人治学，曰"终日乾乾""自强不息"；勉人以心理建设，曰"至诚无息""学问之道，求其放心而已矣"；勉人救国，曰"杀身成仁""舍生取义"。尤必以气节为旨归，故摘选汉苏武、唐张巡守节死难事为戒，以视世之博虚名者为何如？先生谓本校宗旨不与流俗同者，意以此欤？闻先生广构校舍，延聘博学，道丧文弊，必有振新之望，琴息影歌浦，目击日倭诗张为幻，念先生之功不可泯，益砥砺以自鉴焉。

　　（汤客琴《回忆唐蔚老之教授精神》，见《申报》1931 年 10 月 30 日第 11 版）

11 月 14 日（十月初五日）　国际联盟会教育考察团成员 Carl H. Beckcr 和 P. Langevin 来无锡国专考察参观并作演讲。演讲时，由先生先致欢迎词。

　　一九三一年秋，国联教育考察团培根、伦希维、唐奈、法尔斯基等来华考察吾国教育文化事业。首在杭沪各地考察后，由教育部派陈瀚孙、王慎明及中央研究院胡刚复等，陪同培、伦二氏莅锡参观。唐、法二氏则先迳赴首都矣。十一月十二日，锡地各机关学校均派代表，赴车站欢迎。抵锡后，参观申新沙厂、民丰丝厂等。十三日参观省立教育学院并作演讲。十四日上午十时，复由无锡教育界高践四、雷宾南、俞庆棠、陈礼江等陪同来吾校参观演讲。兹略志之于下：

　　培、伦二氏来校后，先在吾校图书馆参观一周，曾披阅元版《礼记》《资治通鉴》、明本《学津全书》、殿本《史记》等珍本。由唐谋伯先生详为指释，允为珍贵云。后在大礼堂演讲，亦由唐谋伯先生任翻译。唐校长先致辞欢迎。在鼓掌声中，首由培氏登坛演讲，大意谓："此次来华考察，对于东方民族如何保存其固有之文化的问题，甚感有研究兴趣。在现今生存竞争的时代，凡一国家求生存于世界，固当以研究科学为先；然研究科学必当先使国民自觉。而国民自觉心之发动，惟有藉国学以发扬光大之，而后可以保持各国固有之民族精神，此尤须研究本国历史和固有文化。贵校为研究国学之最高学府,负有保存固有文化之责,与普通学校之使命不同。希望贵校同学能整理中国博大之历史,编成大中小各学校适宜的历史课本,遍行世界各学校,以发扬中国民族之文化学术,而促起国民之自觉。"

次伦氏演讲,大致谓:"此次余等代表国联莅华考察教育,目的在促进世界和平,各国互相合作。然合作之意义,对于文化学术并非互相抄袭,盖必求各国能保存并阐发其学术文化,贡献之于世界也。譬如近三十年来,物理学之发明虽多(按伦氏为物理学专家),然个人之经验而言,倘非以从前多数物理学家所发明者为基础,则亦不能如此进步也。今蕲中国文化之发达,能贡献于世界,固亦如是,必以其固有之文化为基础焉。颇期诸君努力于斯。又孔子为贵国第一大学术家,而贵校又系保存国学之惟一学府,两者适在比临(按校邻孔庙),允为求学之佳地也。再,法谚有云'女子乃家庭之保姆',希望贵校女同学将来能为国家之保姆。"演说毕,掌声雷动。

培、伦二氏,与吾校校长唐蔚芝先生均已高年,而精神矍铄,聚三国三老(按培氏德人,伦氏法人)于一堂,允为难能可贵也矣。

(健实《国联教育考察团莅锡来校演讲志略》,见《无锡国专季刊·杂俎》)

民国二十年(一九三一)国联会教育科的唐克尔、培根来校参观后说:"我们来中国看过很多学校,读的是洋装书,用的是洋笔,充满洋气。这里才看到纯粹中国化的学校,才看到线装书和毛笔杆。"并希望这所继承中国文化的学校能够发扬光大。

(金易占《无锡"国专"与唐文治》)

按:1931 年 9 月 30 日,国际联盟会教育考察团应中国政府的邀请到达上海,对中国教育进行考察。据《中国教育之改进》一书的"导言"中记载,此次的考察团成员为柏林大学教授、前普鲁氏教育部长柏刻(Carl H. Beckcr),波兰教育部初等教育司长法尔斯基(M. Falski)教授,法兰西大学教授朗吉楚(P. Langevin),伦敦大学政治经济学院教授叩尼(R. H. Tawney),并由国际联盟秘书长窝尔特滋(Frank P. Walters)协助。考察团先后在上海、南京、天津、北平、河北定县、杭州、无锡、苏州、镇江、广州等地考察教育,共考察公立和私立大、中、小学达百余所,12月中旬结束考察工作。1932 年 12 月,该团的考察报告中文译本《中国教育之改进》由国立编译馆翻译并出版。在该考察报告中,针对"中国新时代之知识分子,自革命以还,咸努力于依照某种舶来之思想,以改造中国之教育制度,而中国几千年以来之传统文化,则认为不合时宜"的现象有所批评,认为"中国乃一有悠久传统文化之国家。凡将一国固有历史上之文化全部牺牲者,其结果未有不蒙其害者也",这一观点与考察团成员 Carl H.Beckcr 在无锡国专考察时所说的"凡一国家求生存于世界,固当以研究科学为先;然研究科学,必当先使国民自觉。而国民自觉心之发动,惟有藉国学以发扬光大之,而后可以保持各国固有之民族精神,此尤须研究本国历史和固有文化"是一致的。

又按:据当时各种文献资料的明确记载,到无锡国专来进行考察的是国际联盟会教育考察团中的两位成员:一为柏林大学教授、前普鲁士教育部长 Carl H. Beckcr,一为法兰西大学教授 P.Langevin。在各种文献资料中,当时对这两人名字的汉译各有不同,差异很大。但到无锡国专来进行考察的有两人,这一点是没有疑问的。上引金易占《无锡"国专"与唐文治》一文中说"民国二十年(一九三一)国联会教育科的唐克尔、培根来校参观后说",所述仍为两人,但朱鉴珉《唐文治生平事略》一文引用此节,却排作"一九三一年冬,国际联合会教育科的唐克尔·培根到我国考察教育,看了国专后说",使人误以为来无锡国专的只有一人,此后陈平原《传统书院的现代转型——以无锡国专为中心》、余子侠《工科先驱　国学大师——南洋大学校长唐文治》等论著中都沿袭了这一错误。

11 月 24 日(十月十五日)　无锡一千三百余名学生赴南京请愿,要求政府出兵抗日,其中包括部分无锡国专的学生。先生亲送他们至校门口,以示支持。

十二月中,国专广大学生冒着寒风,赴南京请愿,要求政府出兵抗日,收回失地。唐校长亲自送到校门口。过去对学生,他从来没有这样做过。

(黄汉文《记唐文治先生》)

这年 9 月 18 日,日本军队声称南满铁路之长春柳河铁桥为我军炸断,当即发兵攻占沈阳,同时占领安东、长春各地。地方当局奉蒋介石令不加抵抗。无锡中学学生至我校,要求我校同学同时出校参加游行。校长不能阻止。我即随我校同学与无锡中学同学一起出校游行。继而无锡中学同学决定去南京请愿,我亦与我校(同学)同去南京。

(徐名翚编《周振甫学术文化随笔·周振甫年谱》)

按:上引黄汉文《记唐文治先生》中记国专学生赴南京请愿事在"十二月中",但据《无锡市志·大事记》载:"(1931 年)11 月 24 日,无锡县学生举行总罢课,一千三百余名学生赴南京请愿,要求政府出兵抗日。"此从后者。

11 月(十月)　无锡溥仁慈善会赴太仓放赈,先生捐放一千二百元,棉衣二千件。

十月,无锡溥仁慈善会赴太仓放赈,余先命价高福前往河川、毛市等乡调查。旋会中又请蓝君仲和赴太仓钱君诵三家。总计同宗保谦弟捐放四千元，余捐放一千二百元，棉衣二千件。此事之成，实赖保谦与淞源宗侄之力。淞源为同宗申伯弟之子。同乡感颂无涯。

（唐文治《茹经先生自订年谱·辛未六十七岁》）

12月3日（十月二十四日） 先生等人发起的江苏省国难救济会成立。在成立会上临时议决致电国民政府及汪精卫、胡汉民，反对外交妥协，并另电施肇基，请其坚持勿屈。

十一月，上海设立国难救济会，由马君相伯名良等发起，推余为会员。

（唐文治《茹经先生自订年谱·辛未六十七岁》）

江苏省耆老马相伯、张仲仁、赵竹君、王丹揆、董绶经、唐蔚芝、韩止石、冷御秋等，以国难日急，邀集在苏人士，发起组织国难救济会，于昨日下午在沪开会。到会者除发起人外，有秦锡田、诸青来、穆藕初、杜月笙、高践四、蔡望之、俞庆棠、吴挹清、朱恺俦、潘仰尧等一百数十人。先由朱绍文代表发起人报告筹备经过，公推赵竹君、张仲仁、沈信卿、穆藕初、高践四、廖茂如、杜月笙七人为主席团。即讨论宣言简章，议决。即日宣告成立，并推理事三十七人。临时议决电致国民政府及汪精卫、胡展堂诸氏，反对外交妥治，并另电施肇基，坚持勿屈。兹录其宣言草案如后：

寇深矣！祸亟矣！国民披发缨冠，剑及履及，以赴国难，义无可辞矣！惟是当局之官吏，现已处于负责任之地位；在党之国民，亦已具备有组织的基础。而我大多数的国民，既未预闻政事，以稍尽天职；又未普遍入党以参加组织。若仍消极旁观，自承为被训的人民，坐视栋折榱崩，不负责任，可乎不可乎？天下兴亡，匹夫匹妇皆与有责。同人等爰就江苏发起本会，非限一隅，请自隗始。国难弭平之日，即本会解散之时。人同此心，心同此理，愿我在苏民众，无老无少，无男无女，一致参加，共图救济，不胜大幸。

（《苏省昨成立国难会　昨日发表宣言》，见《申报》1931年12月4日第9版）

按：上述内容又载《救国通讯》1931年第1期《国难要闻·苏省国难会之工作》。又作《新六国论》一篇，冠于其所著的《国鉴》之首，以"痛陈利害""警醒人心"。

余作《新六国论》一篇，痛陈利害。并著《国鉴》一卷，共分十三篇，即以《新六国论》冠于首。印刷分送，藉以警醒人心。

（唐文治《茹经先生自订年谱·辛未六十七岁》）

国于天地，必有与立，所以立者，有其本也。孟子曰："天下之本在国，国之本在家，家之本在身。"与曾子《大学》之旨相同。《大学》言修身，包括格物、致知、诚意、正心功夫，而扩其量，则齐家、治国、平天下，举而措之裕如也。中国古昔有二帝三王之明德，而后有唐虞三代之治功，经传所纪，灿然可观。秦汉而降，治不古若，间有贤君相忧勤惕厉，侧身修行，亦能幸致一时之太平。而古人修身之学，胥赖历代大儒阐明继述，经二千余年而未尝或息，孔孟之遗泽远矣。虽无其位而有其德，师道之足以维人心而护国本，其效固彰彰也。民国肇造，改专制为共和，或视修身之教不便于己，遂谓旧道德不适于现代，一切破弃之勿顾，而国内亦因之大乱，不知道德无所谓新旧也。《中庸》言"天命之谓性，率性之谓道"，人有五常，皆原于性，率性而行，即为体天之德，古今中外论学者，举不能越此范围。《大学》曰："民之所好好之，民之所恶恶之，此之谓民之父母。"《传》曰："罔咈百姓，以从己之欲。"若是则虽专制，庸何伤？非然而好人之所恶，恶人之所好，咈百姓之欲以从己，虽号共和，其谁信之？名者实之宾，务其实，不必美其名也。故今之从政者，不求治国则已，苟求治国，非合朝野上下人人讲修身之学不为功。太仓唐君蔚芝具备哲学家、教育家、政治家之道德，在昔则经学兼理学家也，怵于国势之阽危，外侮之日亟，毅然著《国鉴》一册，痛哭流涕，以诏国人。大要谓治平之本，在乎克己，己能克则身无不修，所谓革命先革心是也。而语其归宿，所重二事，一为国家宜尊孔，一为学校宜读经。清穆窃谓祀孔之典曩系国家经制，民间罕有私祭者，今《约法》以民为主体，而各省各县旧有圣庙现尚保存，莫若由民间自集尊孔会，从事修葺，以表仰止之忱。至尊孔莫重于春秋二仲丁祭，祭之礼如何，祭之乐如何，有不必沿袭者，有因时设备者。各省尊孔士绅，宜约期齐赴曲阜，会议审订，而后通告各县遵行，庶免参差苟简之弊。彼耶、回之祭教主，恪恭将事，非常隆重，我儒教极当效之，此尊孔子说也。学校之废止读经，教育当局以为经书浩博，经义高深，童稚生徒未易卒读耳。不知学者，学为人也，蒙养始基，《论语》"弟子"一章，足以赅之。中国数千年来，天德、圣功、王道，儒家论说，根据六经，而尤以四子书为其菁华。学校注重三育，今之课程，除算术、理化及其他专门采用新书外，余如德育、智育，均可取材于经书。宜由尊孔会集合同志，编辑经学教科书，由浅而深，分为若干级，呈送教育部审定，通行各学校作为课本。彼市肆发行白话文教科书，编者皆娴熟文言之人，故话尚通晓，若令全无根柢之小学生习白话文，难于习文言。凡文言可词简而意明，白话文则词繁而意晦。习白话文者，不复能读经书，能读经书者，即不愿习白话文。总之，经书有益于人群，东西各国咸知研究，我国人乌可不读？积人而成国，立国之本，在乎人人能修其身。各友邦以中国有古圣相传之经书，莫不重视，我国人乌可不知自重？此读经之说也。清穆重版印行《国鉴》，而贡其刍荛之见，愿与蔚芝一商榷焉。是为序。

（王清穆《国鉴序》，见《农隐庐文钞》卷四）

按：《国鉴》一卷，国学专修院 1931 年版，内中共收《新六国论》《革命先革心论》《论宝慈为性经政经》《论废孔为亡国之兆》《论克己为治平之本》《论孔子不囿于封建》《论洪范八政为农工商兵学原理》《论吕不韦作月令》《论军事学当宗孔门》《论理财学当宗孔门》《论外交学当宗孔门》《论政治先辨君子小人》《论拆城坏邑之谬》等文言体论文 13 篇。

本日　先生等江苏省国难救济会成员致电南京中央党部、国民政府、外交部、汪精卫、胡汉民等及全国父老兄弟姊妹，呼吁全国父老兄弟姐妹团结一致，共赴国难，以救危亡。

苏省耆老致各方电云：

南京中央党部、国民政府外交部、汪精卫、胡展堂诸先生暨全国父老兄弟姊妹公鉴：近世保持国家生存两大原则，一曰国民经济抵抗，二曰国际武装防御。是以国联章程制裁国际强暴方法，亦有经济封锁与武力压迫之两项。吾国对日交涉，据最近各报所载，对于撤兵限期，已向国联声明放弃；对于国联提议划锦州为中立区域，虽尚未至接受之时，然已有预行协商之趋势。而河北省府当局且有业已取缔民众抗日运动之对日答复等语。查日本在南满铁道驻兵，本无条约根据，曾由顾部长维钧前在巴黎和会提出说帖。今交涉之始，要求日军撤退满铁区域，已属放弃主权，今报载又复如此。由前之说，辽、吉、黑三省所占，将为无限期之延长，吾国军警不得越锦州一步，是放弃武装防御，以坐失三省也；由后之说，国民经济绝交之自由悉被剥夺，是消灭经济抵抗也。而日人方面得步进步，且公然要求剿匪自由。查日人造匪手段已成惯技，果如此说，必将随时随地自造之而自剿之，是日本田中内阁第一步侵略吾满洲政策，已于九月十八日数小时而实现者。其第二步侵略吾全国政策，至多亦不过数日数月间耳。诸公以党治国，于今五年，日以民族主义、废除不平等条约为号召，一旦有事，不期尽反前言，改为不抵抗主义，已令民众富有勇于内争、怯于外侮之感想；然民众犹复努力经济绝交，冀争于万一之生存。若诸公不自爱惜，铸成失地丧权之大错，并举国民经济抵抗之自由而亦剥夺之，使东省方数万里膏腴之壤，不亡于逊清，不亡于洪宪，不亡于军阀，而亡于以党治国之今日，诸公将谓之何耶？溯自党军北伐，至于统一，以力征者，寥寥数省；其余则民众信赖三民主义，求其实地试验，而助成统一之局者也。乃五年以来，吏治失修，内争不息，以训政而酿成专制，以建设而事多侵渔，岂惟政权被夺，即人权亦丧失净尽。然人民犹复相忍为国，愿以全力为政府后盾。乃自东省难作，事前既无预防，临时又不抵抗，事后又无筹备，一听国联主张，已非国民所愿，若并国联所不肯为、不忍为者而自让之，吾恐政府签约之日即中华亡国之时。国之不存，党将焉附？诸公熟思审处，勒马悬崖，实践历次宣布不丧权、不失地主旨，以永久继续的努力，坚持无条件之撤兵，一面彻底更张，速筹战备，以图自决。我全国父老兄弟姊妹亦宜团结一致，共赴国难而救危亡。民国存亡，胥在于此。敢申公意，乞加省察。江苏省国难救济会马良、张一麐、赵凤昌、王清穆、唐文治、庄蕴宽、李根源、韩国钧、沈恩孚、徐鼎康、穆湘玥、冷遹、朱绍文、黄炎培、姚文楠等同叩。江。

　　　　　　　　《苏省耆老要电》，见《申报》1931 年 12 月 5 日第 13 版）

按：在代日韵目中，"江"为 3 日。

又按：上述内容又载于《救国通讯》1931 年第 1 期《国难要闻·苏省国难会之工作》。

12 月 4 日（十月二十五日）　先生等江苏省国难救济会成员致电国民政府外交部部长顾维钧，以乡谊奉劝其"坚持国际正义，对政府损害国权之议，以去就争"。

　　马良等电劝顾外长云：

　　南京外交部顾部长鉴：公以外交专家，临危受任，全国国民，均以最善折冲之策望公。近见报载，施代表在国联赞成锦州为中立区，天津交各国共管，想公事前当有闻知。此事无论久暂，实开国际恶例。敢以乡谊奉劝，公如坚持国际正义，对政府损害国权之议，以去就争，国人必为后盾。设经依违，铸成大错，公何以归慰乡人？尊旨如何，敬盼电复。江苏省国难救济会马良、冯嘉锡、赵凤昌、韩国钧、黄以霖、姚文楠、王清穆、沈恩孚、唐文治、张一麐、庄蕴宽、李根源、徐鼎康、黄炎培、穆湘玥、朱绍文、冷遹等。支。

　　　　　　　　《苏省耆老以乡谊劝顾　对损害国权以去就争》，见《申报》1931 年 12 月 6 日第 13 版）

按：在代日韵目中，"支"为 4 日。

12 月 6 日（十月二十七日）　先生致函谱弟曹元弼，函中谈及保护陵寝、北平设立粥厂等事。

　　叔彦吾弟同年大人如手：敬启者，呈请保护陵寝一案，日昨始得周君敬甫来函寄钞、批函各一件，并拊《大公报》一纸，具征三代直道尚在人心。兹特印寄十四分，请吾弟留存一分外，余请分致仲仁同年及诸同人为荷。此事北方报端既经披露，南方报纸自可无庸登载，以全韬晦之义。所有敬甫兄原函一并拊奉台览。

北平设立粥厂一节,此间已水尽山穷,无路可觅,乞与大哥大人婉商,有无可以设法之处,普度灾难无告之民,然亦未可勉强耳。天寒,诸惟珍重,敬请道安。年如小兄唐文治拜启。十月廿七日。

[虞万里、许超杰整理《唐文治致曹元弼书札编年校录》(书札之五十九)]

12月25日(十一月十七日) 中午,江苏耆老马相伯在上海徐家汇寓所招待江苏省国难救济会理事及其好友,并就国难事发表意见。先生长子唐庆诒代表先生出席。

江苏耆老九十二岁老翁马相伯先生,自国难发生后,愤慨异常,因联合同志,发起江苏省国难救济会,力持正义,全国敬仰。昨日中午,招待全体理事及其友好,于徐家汇寓所发表意见。到赵竹君(公子叔雍代表)、唐蔚芝(公子谋伯代表)、陈陶遗、沈信卿、穆藕初、金侯城、朱德轩、蒋竹庄、黄任之、赵厚生、张云抟、许鹤丞、袁傲耷、诸青来、贾季英、伍仲文、陈彬和、王宝仑、朱志尧等二十余人。由马先生款以西餐,并即席致词。略谓:国难至此,我人出而救济,义不容辞。但救国须先自救,耶稣十诫,即是自救最好的信条。谁不知道雅片是毒物?而到处军阀强迫种雅片,试问良心何在?从前军阀李纯,自称家产只有六七十万,人家听了,已为骇然。现在军阀数百万家产,还不以为多。口呼打倒帝国主义口号,而自己利用国家权力来敲剥人民;宣誓如何如何廉洁,而自己大刮地皮,较从前军阀还要厉害。天津老西开,从前用九牛二虎的气力,争保主权,现在竟□自请各国共管。国权丧失,到这种地步;民生痛苦,到这种地步!诸君不少到过外国去的,试问这钟情形,倘使在外国,不知一般人民闹到怎么样子。可怜啊,吾们国民,只知忍耐忍耐,只有吾们这几个人在这里说话(说至此用手击桌)。马先生又说:此地有徐文定公故迹,当时徐文定公提倡科学,研究科学。不料隔了三百年,我中国人还不能用自家原料,制一只表,造一支枪。吸吸纸烟,又是几千万金钱流到外国。黑土以外,还有红丸。吾一般国民,还不觉悟。快快奋起救国,怕将来懊悔也来不及。诸君多在壮年,切须努力,研究政治,参预政治,监督政治,丝毫不必客气。末又言:目前青年救国运动,吾们应表示同情,导之为切实抵制日货之工作,国民人人秉着良心从事救国,国家方有希望云云。马先生演说历一小时余,态度极为激昂。说毕,由到会者公推年较长者沈信卿君答谢,表示竭诚领受。摄影而散。

(《马相伯招待苏省国难会理事 主张良心救国》,见《申报》1931年12月26日第9版)

12 月 31 日（十一月二十三日）　先生等江苏省国难救济会成员致电东北军第一军军长于学忠、陆军独立步兵第七旅旅长王以哲暨东北各军将领，呼吁奋起团结，一致对外。同日又致电国民政府特种外交委员会、外交部，指出应尽早确定国际外交策略，公布于民众，救亡东三省。

（一）北平于孝侯军长、王以哲旅长暨东北各军将领均鉴：日占东省，不战而退，国格丧亡，千古奇耻！近复锦州告急，寇益深入，主帅是否决意作战，殊难悬揣。诸君皆爱国男儿，自问天良，将何以自处？夫万民竭膏血以养兵，一人为地位而让敌，究竟万民与一人孰重？诸君乃国家干城，绝非私人奴隶，国势阽危至此，似应即早觉悟，立下决心，奋起团结，一致对外，为国家谋生存，为军人全名誉，慎勿令马占山将军专美于前也。北望旗麾，挥泪电告，务希鉴察。江苏省国难救济会马良、冯嘉锡、赵凤昌、韩国钧、黄以霖、姚文楠、王清穆、沈恩孚、唐文治、张一麐、马士杰、董康、庄蕴宽、李根源、徐鼎康、秦锡田、沈惟贤、黄庆澜、穆湘玥、陆规亮、朱绍文、贾丰臻、袁希洛等同叩。世。

（二）南京国民政府特种外交委员会、外交部均鉴：改组期间，国难加剧，国人忍泪，引领新猷。乃日寇大举进逼，锦军纷纷撤退，抵抗之实未见，应付之计未闻。犹亿东省初陷，国人对于部长赴日，群滋疑虑，前政府并有责言，曾经部长两度声明经过，谓东游正为图救东省。今新政府代兴，自应有挽救方针，以杜口实，否则甘自暴弃。政府对于国民，应负重大责任，当此国势阽危、民心惶惑，究竟国防如何配备，外交如何抗争，图救东省，其道何由，应请确定大计，宣示国人，以慰民望。江苏省国难救济会马良、冯嘉锡、赵凤昌、韩国钧、黄以霖、姚文楠、王清穆、沈恩孚、唐文治、张一麐、马士杰、董康、庄蕴宽、李根源、徐鼎康、秦锡田、沈惟贤、黄庆澜、穆湘玥、陆规亮、朱绍文、贾丰臻、袁希洛等同叩。世。

（《国难会之表示　江苏国难救济会两电》，见《申报》1932 年 1 月 1 日第 21 版）
按：在代日韵目中，"世"为 31 日。

1932年(壬申　民国二十一年)　68岁

1月6日(辛未年十一月二十九日)　先生等江苏省国难救济会成员通电,反对外交妥协,吁请全国民众对此主张保持一致。

江苏国难会马良等通电云:

全国国民及各公团公鉴:顷电国民政府文曰"暴日违背撤兵诺言,进迫不已。张学良擅自撤防,锦州不守,日军已薄山海关,传闻政府与日本间密使往来,进行妥洽。如有损害领土主权,及妨碍行政完整之文约,我国民誓不承认"等语。事机危迫,应请一致主张。江苏省国难救济会马良、冯嘉锡、赵凤昌、韩国钧、黄以霖、姚文楠、王清穆、沈恩孚、唐文治、马士杰、张一麐、董康、庄蕴宽、李根源、徐鼎康、秦锡田、沈惟贤、黄庆澜、陆规亮、穆湘玥、黄炎培、贾丰臻、袁希洛、朱绍文、江恒源、单毓华、瞿钺等叩。鱼。

(《江苏耆老等反对外交妥洽》,见《申报》1932年1月7日第17版)
按: 在代日韵目中,"鱼"为6日。

1月10日(辛未年十二月初三日)　上海交通大学工程馆竣工,先生应邀撰《上海交通大学工程馆记》。

(1932年)1月10日　工程馆竣工,建筑面积八千七百多平方米。铁道部派技正夏全绥莅校验收。应黎照寰之邀,唐文治为工程馆落成撰写《上海交通大学工程馆记》。

[上海交通大学校史编纂委员会编《上海交通大学纪事(1896—2005)》]

余掌上海南洋公学时,改名交通部上海工业专门学校,初设铁路科,旋设电机科,继设铁路管理科,又设机械科。始至之三年,乃就上院后旧屋改作三楹,购机器二千金,略事试验。教员李复几实董其事。逾年,延订美国人谢尔屯主教电机科,增建二楹为电机试验室。后又增设金工厂,先后购机约三千金。其制粗朴质陋,不足资发展也。庚申秋离校,继任者为门人粤东凌君竹铭,于丙寅秋始筹建工程馆,立基石于两操场之西,并募捐三万五千余元。会时局偾扰,未遑建造。越四年,粤东黎先生曜生来掌是校,商请铁道部长孙先生哲生,拨建筑费四十五万元,设备费六万元,因原有之机械金工厂,十倍其容积而扩充之。由邬达克建筑师意匠绘图,馥记营造厂承造。经始于庚午岁十二月,落成于壬申岁一月。于是工程馆宏规大启。其地占七万方尺,其屋象口字形,其质料为钢骨水泥,其下宇曰锅炉室,曰机械试验室,曰水力试验室,曰金工厂,曰材料试验室,曰电气试验室,曰标本陈列室;其上宇曰教室,曰绘图室,曰演讲厅,曰仪器室,曰模型室,曰教授憩息室。凡兹设备,颇臻完美。既观成,黎先生来请为记,余乃邮文以告诸生曰……

　　　　　　（唐文治《上海交通大学工程馆记》,见《茹经堂文集三编》卷六）

1 月 21 日(辛未年十二月十四日)　国民政府行政院公布参加国难会议的人选,包括先生在内计 189 人。(据《申报》1932 年 1 月 22 日三版《行政院公布国难会议名单》)

1 月 28 日(辛未年十二月二十一日)　日本海军陆战队占领上海天通庵车站,并向北站、江湾、吴淞等地进攻。驻淞沪的十九路军在蒋光鼐、蔡廷锴率领下,奋起抗战,此即一·二八事变,或称"淞沪抗战"。

　　十二月二十三日,上海难作。先是,日人要挟上海市长吴铁城取消抗日救国会等四条款,吴勉强应允,以为可以无事矣。讵料二十三日夜,日人竟冒大不韪,攻击闸北宝山路、北四川路等处,焚烧杀掠,惨无人道,上海损失约八千万以上。商务印书馆、东方图书馆均付一炬。十九路军军长蔡廷楷与蒋光鼐、戴戟、翁照垣等歃血为盟,誓师御寇。当夜,大败之。而日兵舰纵横海上,络绎而来,连日攻占不已。政府迁徙洛阳,后患不知所底。吾民何辜,遭此荼毒?盖数百年来未有之浩劫也!

　　　　　　（唐文治《茹经先生自订年谱·辛未六十七岁》）

按:上引文中的"二十三日"当为"二十一日"。

又按:蔡廷锴,本名廷楷。

2 月 7 日(正月初二日)　《申报》发表先生参与签署的《江苏省国难会宣言》,阐述该会的抗日主张。

　　江苏省国难会宣言云:

　　全国父老兄弟诸姑姊妹公鉴:日人芥拾我东三省,意犹未厌,复以盛气凭陵上海。当局不惜贬损国格,遏抑民心,以求幸免。乃屈服之条件甫签,而威胁之炮火即至。我十九路军忍无可忍,奋起自卫,大挫日军。是彼以趾高气扬而不固,我以操心虑患而能存,理有固然,并非幸致,此为骄兵必败、哀兵必胜之定律,所望怯于公战之当局,憬然觉悟者一也。

　　东省难作,军事当局节节退让,以为宁失国土,毋损实力,计非不巧。乃爱国将士毅然脱离,另组义军,奋勇杀敌。若马占山将军固已声振全球,名垂不朽;即锦西义勇军、哈埠自卫军,亦皆积壤为山,聚流成海,厚植势力,蔚为雄师。十九路军方在忧谗畏讥之时,一跃而为腹心干城之寄。是弃国土而保实力,不过偷生苟活之集团;爱国土而成实力,乃真众志成城之劲旅,此为得道多助、失道寡助之定律。所望拥兵自卫之军人,憬然觉悟者二也。

辽吉以不抵抗而亡,锦州以不抵抗而失。国联议决,日人不理;美国警告,日人不从。正义不申,公理灭绝。政府当局,胆怯心寒,签定屈服条件,倾向直接交涉;爱国民众,垂首丧气,以为国亡无日矣。迨沪上一战,突然改观,政府以迁洛而示抵抗之决心,国际因沪变而起断然之倾向,举国民众,争相援助,转忧为喜。驻日领事,群请休战,努力弭兵。倘使再接再厉,旬月之间,其功效必数倍于今日,是正义必以对抗而伸张,公理必以均势而确立,此为能自助而后能互助,有代价而后有成功之定律,所望信赖国联之人士,憬然觉悟者三也。

自国民党执政,历时五载,一切措置,未餍人心。党内时启纷争,外侮因而踵至,以致国内其他党派各有不平表示,激烈者且有破坏希图,此诚无可为讳。但目前强敌压境,国势危于累卵,国若不存,党于何有?现政府虽为国民党所组成,处此情势之下,当能憬然于国非一党所专有,势非集合全民之力,作长期奋斗,无以拯救危亡。乃者政府对外主张,既已宣示于我国人矣,再进一步,应即为取消一党专政之表示,以期厚集国力,无复再分彼我。国内从前反国民党各党派,亦应以救亡为急,即日宣示捐弃成见,消除恩怨,停止一切对内政争,共急国家大难,待至敌兵出境,国基不摇,尽可会合一堂,从容商定国是,择善而从。兹事所关,异常重要。朝鲜以党争亡国,前车不远,可为寒心,此为合则势坚、分则力散之定律,所望国内各党派憬然觉悟者四也。

政府宣言之目的,曰:保持国家人格,尊重国际信义。而其手段,曰:一面督励军警,从事自卫,决不以尺土寸地授人;一面仍运用外交方法,要求各国,履行其条约上之责任。前者为决心正当防卫,后者为付诸国际公判。则从前国人所请愿之整军御侮、所疑虑之直接交涉、所反对之屈服外交均可涣然冰释。政府既明白表示宗旨,又以迁洛办公,谋行动之自由,与吾国人立于同一战线,则吾国人自今日起,亟应变更以往怀疑政府、怨望政府、仇视政府之一切态度,转而一致对外。本会同人依此意旨,决定办法,昭告国人切实执行,有如次列:

(甲)武力抵抗。吾国沿海口岸甚多,日人可以军舰装载陆战队,随时随地登岸骚扰。除政府当局已有得力军队在沿海各口严密布防外,凡吾沿海各省人民均应依照现行之保卫团法,凡二十岁以上四十岁以下之壮丁,一律训练枪械射击及短兵肉搏诸技术，一旦有事，编成义勇军，辅助所在军队，与之决战。查东省日军，因军队不抵抗，长驱直进，如入无人之境。近来各地人民组织义勇军，与之对敌，大获胜利，使日军不敢深入，地方得以安宁。盖日人以军舰远道运来之军队，究属少数，吾国民众，十百倍于日军，一经训练，自卫地方，到处皆成劲旅，足以制日人死命。

（乙）经济绝交。日人以工业立国，所有出品，如纱布、海货、糖类，皆在吾国销售。从前抵制日货，不到三月，已能使日本工厂闭歇，轮船停班，钞票停兑。观此次日人以军队压迫上海当局，取销抗日运动，足见抵制日货为日人最怕之事，吾国所以能制日人死命者，亦在于此。倘能继续抵制一年，则其国内失业工人，必将穷极生乱，焉有余力侵略我国。所恨当局懦弱，竟接受其要求，取销抗日团体工作。幸而日人自毁信用，首启衅端，则以往当局被屈服之签字当然无效。吾国人民亟应振起精神，努力抵制日货，坚持到底，并由青年智识分子扩大宣传能力，使其普及而且持久。

（丙）节费输饷。此次对日战争，系保持国家民族之生存，吾国之为存为亡，吾民之为主为奴，皆取决于此一举，与从前内战迥不相同。战事既起，何时结束，殊不可知，则需费必巨，仅恃关税地税，必不敷用。作战将士，既为吾国吾民而牺牲，则吾人更不应惜此区区金钱，不肯尽量捐助。况在抵制日货之时，必须专用国货，不嫌粗劣，惟有极力节俭，省下金钱，捐助军饷。不独不可浪费，即衣食住必要之用亦应得省便省，于接济军用、抵制日货，两有裨益。

（丁）认清敌人。我中华民族酷爱和平，早为欧美各友邦所熟审。此次日人以灭绝公理、惨无人道之手段，一再施之于我，我全国人民为自求生存，势不能不崛起反抗。此种苦衷，当为各友邦所共谅。在我认清敌人，只有日本，只有日本之军阀，其他在华欧美人士皆为我之好友。虽值激烈作战，仍当妥为保护。吾国人既认清敌人只有一个，应时时本清明理智，以支配热烈感情。所有知识分子，并应一致切实宣传，俾国人共明其真象。右述办法，敬希全国父老兄弟诸姑姊妹互相诏勉，一致进行，以救国难，国家幸甚，国民幸甚！

江苏省国难救济会马良、唐文治、赵凤昌、张一麐、沈恩孚、庄蕴宽、董康、黄炎培、穆湘玥、李根源、黄庆澜、徐鼎康、许鼎年、马士杰、袁希洛、蔡璜、赵正平、朱绍文、陆规亮、贾丰臻、冷遹、杨卫玉、王绍鏊、邹秉文、单毓华、赵叔雍、张福增、江恒源等。

（《江苏省国难会宣言》，见《申报》1932 年 2 月 7 日第 2 版；又见《救国通讯》第 6 期，题作《江苏省国难救济会宣言》）

2月24日(正月十九日) 无锡国专开校。因受沪战影响,开校时各教授已齐集,而学生到者仅三四十人,不及半数。先生与诸同人互相激励,照常开课,并通知未到学生从速到校。(据《无锡国学专修学校概况·大事记》)

正月十九日开校。因国难,故学生来者仅三四十人。

(唐文治《茹经先生自订年谱·壬申六十八岁》)

迨民国二十一年春,中日淞沪战事起,时各教授虽齐集,学生因水陆梗阻,到者不及半数。教授冯君振心、朱君叔子等互相激励,茹苦含辛,勉尽半义务,照常授课。而钱君子泉以教育校董长来兼教授,并半薪不受,尤为可感。此吾校精神坚定表见之一端,尤可纪念者也。

(唐文治《国学专修学校十五周过去与将来》,见《新无锡》1936年6月20日—22日第4版)

2月(正月) 一·二八事变期间,陈衍曾携妻小避兵无锡,借居于先生家中。两人"昕夕谈经史不辍"。

(1932年)2月,挈妇幼避兵无锡,住唐蔚芝先生寓楼,昕夕谈经史不辍。

(陈声暨编,王真续编,叶长卿补编《侯官陈石遗先生年谱》,见陈衍撰,陈步编《陈石遗集》)

惟余与先生皓首订交,诉[忻]合无间。回忆壬申之春,时局不靖,先生避居余寓,一角危楼,患难与共,谭论经史,往往莫逆于心,相视而笑。

(唐文治《陈石遗先生墓志铭》,见《茹经堂文集四编》卷八)

3月初(正月底) 日军追击撤退的十九路军支部至太仓,在城内掷炸弹数十枚,毁民房十余处,军民惨死者甚多。先生暂以无锡国专校外宿舍为收容所,出资收容太仓难民。浏河保卫团与先生商量寄存枪械之事。

正月中旬,日人遣老将白川来攻上海。白川至,谋用侧击之法。二十五早,用烟幕弹,由太仓浮桥、刘河两海口登岸。其时援兵不至,后方仅有上官云相一军,未经战阵,自顾不暇,且风闻有抢掠之事。蔡廷楷等不得已,退守昆山。日人在刘河、嘉定、大场、吴淞等处大肆焚掠。十九路军支部退太仓,敌从之,在太仓城内掷炸弹数十枚,毁民房十余处,军民惨死者甚多。余在无锡,二月朔日,先有州桥陆姓母子三人来投奔余家,余因其时学生甚少,暂以校外宿舍为收容所,自出赀收养之。二月三日,刘河保卫团长黄君颂声来商量寄存枪械事。

(唐文治《茹经先生自订年谱·壬申六十八岁》)

3月14日(二月初八日) 因太仓遭兵灾甚重,先生将校中功课请钱基博暂代，乘坐申新纱厂货轮，赴上海与同乡人士商量救济之事。

　　四日，太仓门人陆恩溥来述城中亲友避难状。余既痛太仓被祸，急应救济，而刘河先茔未卜安否。爰与同乡吴君昆生商量，雇定申新纱厂货船赴沪。校中功课请钱君子泉等暂代。于初八日早启程。

　　　　　　　　　　（唐文治《茹经先生自订年谱·壬申六十八岁》）

3月15日（二月初九日）　在前山泖河武帝宫侧遇群盗约二百人，放枪行劫，幸小轮疾驶得脱。后先生作《壬申遇盗记》。

　　初九午刻，舟抵前山泖河武帝宫侧，遇盗，放枪行劫。幸小轮疾驶得脱。事详《壬申遇盗记》。

　　　　　　　　　　（唐文治《茹经先生自订年谱·壬申六十八岁》）

　　辛未十二月杪，日人攻我吴淞、闸北，我十九路军蔡廷楷、蒋光鼐等力御之。守三十三日，至正月二十五日，孤军力不支。日人攻侧面，由刘河、杨林两处登岸，我师左次退太仓，敌从之，驾天空飞机追击，掷弹如雨，毁城中文昌庙及大桥附近各处，烟雾障天，老幼妇孺号哭。当是时，东、西、南三城门均严闭，居民避难者不能相顾，皆踉跄从北门出，群奔双茆市沙溪之郊，漂流失所。呜呼，惨矣！予时居无锡，正月三十日，有州桥避难来锡者陆姓眷属四人，为予详述惨状，予不胜悲。越二月二、三日，浏河乡人黄颂声、门人陆博泉，先后来告避地事，予遂动救济念。拟亲赴上海，且先人垄墓震惊，未卜安否，亟宜询诸乡人。爰于二月八日，约同乡吴君昆生，附申新货艇以行。一小轮拖带，共六艘。卯刻登舟，晚泊苏州城外。九日早，舟启行，忽搁浅，舟子邪许一时余，始得行。至高店，忽对面有悬邮船旗来者，亦拖六艇。舟中人大呼曰：勿再进，前五六里有盗船百余艘，吾辈遭劫掠尽矣。旋闻舟中老姬哭声甚哀。舟子大惊，急下碇守候。旋有十九师运兵空船来，随之行。空船速，瞬息去。午初过芦墟，舟人相庆曰："出险矣。"午正，舟抵前山泖湖，内子挈孙儿孝宣至船头眺野景，仆人高福侍。至一村落，境幽静，有庙颜曰"武帝宫"。遥见一人，服西装，戴盆帽，拖丝巾，鸣枪二响，以为猎鸟也。忽高福瞥见田塍邱墓间跃出五六十人，皆持盒子炮手枪，群拥而前，大惊曰：殆矣，此盗也！内子、孝宣急避舱内，高福惶，遽闭舱门，时枪声已四起，盗众呼，迫令停舟，枪炮群击轮船，岸高水浅，弹雨从舱面飞过，薮薮落水中。管驾某惶骇，将停舟。我船舵工唐八、舟子张苟等大呼曰："今日吾辈停亦死，不停亦死，不如速逃。"管驾者悟，随增热水管，加足速率飞渡。唐八复呼舟客卧倒避弹，并呼曰：水关端正，盖舵线直则舟行速也。遥见群盗来追者约二百人。顷刻，过一浜，盗不能越，绕而行；约里许，又过一浜,历浜凡三,枪声乃渐远渐稀。忽轮舟停,有妇女号呼声,众惊,以为盗拦截登舟也。高福低声呼舟子询之,则曰:"对面有避难船来,载妇女十数辈,闻盗警,求附以行也。"乃拖带,疾驶二十里许,至一村,乃令避难船解维,安置之;又鼓轮行。是夜,宿闵行。余犒管驾某及唐八、张苟等以差。舟人竞告曰:"是役之得免,盖有四幸焉:时方午餐,盗未集河干,一幸也;舟人遥望群盗来追时,互相倾跌,若有结草以亢之者,追不能迅,二幸也;风顺水亦顺,疾驰无碍,复得三浜阻之,三幸也;无水盗来袭,四幸也。殆若天所助与?"而是晚,嘉兴至苏州轮舟被劫,水警救之不能胜,情形绝惨。老于识途者曰:"前山泖湖者,谚所谓长毛城、强盗村是也。"闻者咸咋舌。余抵沪后,亲友咸来相慰。门人陈柱尊曰:"天之未丧斯文也。"余笑曰:"莽祸烈矣,吾诚不屑窃效其言,然何敢拟于孔德邪?"

(唐文治《壬申遇盗记》,见《茹经堂文集三编》卷六)

3月16日(二月初十) 抵上海,住三子庆增家。

初十日,抵上海,住愚园路愚园坊三儿庆增寓中。

(唐文治《茹经先生自订年谱·壬申六十八岁》)

唐师蔚芝避地来沪,与同门诸子公宴有作:

乱后依然聚德星,无多涕泪对新亭。尊前一曲家山破,鼍愤龙愁不可听。

百千万感入哀吟,历劫难灰逐日心。白发重温天宝梦,一灯写与酒痕深(师来沪时,中途遇盗得脱)。

[梦苕盦主(钱仲联)《宴唐师蔚芝二绝》,见《申报》1932年5月26日第13版]

按:此诗在《梦苕庵诗文集·梦苕庵诗存》中未见载录。

抵达上海后,先生与各方人士频繁接触,并任新成立的太仓兵灾救济会会长,全力赈济太仓难民。

二月十二日,太仓同乡项惠卿、张纶卿,表侄朱恺俦等来商量救济事。因沿途抢劫颇为棘手,十三日在表侄朱生继莘家中再会商,拟托崇明王君丹揆及黄君伯钧在崇明设立收容所,一面雇大船六艘,在荡茜等海口往来救接同乡难友,公推黄君颂声赴崇接洽。旋得复信,悉丹揆、伯钧允代设收容所六处,惟钱米概由太仓同乡会接济。十五日,余往见王一亭君,请其收留在沪同乡。十六日,往见朱子桥君,请助捐款,朱允助二千元。十七日,赴张君纶卿处会议,同乡救济会成立,推余为会长。十八日,致函史量才、黄任之、王晓籁、杜月笙诸君,请在上海地方维持会中拨捐款项。旋黄、史二君来谈,许拨五千元,可感之至……二十日，闻实业厅长何君玉书来沪，由恺俦联合嘉宝兵灾救济会，请求拨款赈济并购棉子等事，何君允以去就力请，至诚可感。一面并电请财政厅长舒君来沪会商，旋各救济会员赴镇江请赈，余委托恺俦代表。嗣后请得六万余元，先后散放。

（唐文治《茹经先生自订年谱·壬申六十八岁》）

（四月）一日（星期五）午后六时三刻，开五十次大会……黄任之报告：唐蔚芝来函请救济逃在崇明之太仓难民四千人，拨款五六千圆。主席报告此事杜月笙已捐千圆，本会拟助三千圆，由经济组拨。

（《上海市民地方维持会报告书·大会记录节要》，见《沪淞抗战史料丛书》
第三辑）

一九三二年"一·二八"淞沪战役爆发后，三月一日，日军在七丫山、杨林口登陆，进逼上海。沿江浮桥、茜径、新塘、浏河一带，惨遭日军烧杀劫掠，居民四出逃散。同乡会及时吁请各方救灾。在邑人唐文治的赞助下，项惠卿亲赴崇明，商得当地人士的同意，在崇明设立了六个收容所，雇海船六艘，在荡茜等港口往来接运受灾乡民，获救者达数千人。所有衣食概由同乡会募集，运崇接济。战争平息后，灾区人民，无家可归，无种下地，无米为炊，同乡会又及时成立太仓兵灾救济会，请唐文治出任会长，设分会于太仓城内，办理救灾事宜。同乡会共募得棉种九百担，散发灾区农民及时播种。复于崇明收容所运回剩余救济米五百余包（每包二百斤），散发灾区乡民充饥。并经同乡会出面联系，募得华洋义赈会发放救济米五百包，请得江苏兵灾救济会拨款六万七千五八元、稻种二百余石；又得淞沪地方维持会救济米一百余包、衣服三千件，分别由同乡会运往灾区散发。并将部分省拨救济款在七丫口两岸、仪桥镇东南角、茜泾北门、浏河桃源乡等处建造了一批新村，名曰"纪念村"。每村有房屋几十间至上百间，分给无房灾民居住。至今还有部分余屋可见。

（项仲川、钱荷百《太仓旅沪同乡会追记》）

壬申春，上海中日战争起，日将白川攻陷刘河，以拊淞沪之背，炸弹雨落，萤雾障空，吾娄居民惶急无所逃命。惟时余由无锡赴沪，设救济会，与诸同乡浼黄君颂声持急函抵崇，与王君丹揆暨君（按：指黄伯钧）商，遂于崇邑设收容所七处，雇海舶，密赴太仓各海口迎援难民，卬须攀舟者达二三千人。君于其时，救济之功为尤大。

（唐文治《黄君伯钧七十寿序》，见《茹经堂文集三编》卷四）

壬申春，沪战事起，吾乡太仓浏河灾民流离失所。余访先生（按：指王一亭)于仁济堂,请广为收容,一诺无辞。至今乡人感念不置。

(唐文治《王一亭先生七秩寿序》,见《茹经堂文集三编》卷四)

壬申岁,沪战事起,太仓、浏河、杨林万姓荡析。余亲赴沪,偕同乡设救济所,驰归求援于君(按:指唐保谦),君曰:"兄能自筹若干乎?"时余捐赀已罄,姑应曰:"约千金耳。"君曰:"吾与兄合成万金,庶几集事。"余急起,三揖以谢,于是灾民得庆更生。

(唐文治《宗弟保谦家传》,见《茹经堂文集四编》卷七)

在沪期间,先生接受史量才所赠《壬辰殿试策》,后先生作《壬辰殿试策自跋》。

史君并赠余《壬辰年殿试策》,盖渠在大内出资购得者也。语详《壬辰殿试策自跋》。

(唐文治《茹经先生自订年谱·壬申六十八岁》)

旧制相传,礼部乡会试中式卷,逾三十年则焚毁之。至朝殿考试,惟及第卷偶在琉璃厂肆揭悬数日外,余均藏大内,无有得见之者。辛亥国变后,内廷翰墨流播四方,盖无分优绌矣。壬申春,余至上海,因太仓救济兵灾事,晤旧友史君量才。史君告余曰:"吾以巨赀购中秘藏君殿试策在焉,叹为奇遇,愿以奉赠。"至五月,果寄无锡,墨迹如新。盖自壬辰至壬申,适四十年矣。古人曰:"家有敝帚,享之千金。"史君赠此,千金不翅,且惠我短简,词旨渊雅,尤可佩也。

(唐文治《壬辰殿试策自跋》,见《茹经堂文集三编》卷五)

按:上引文字之后,有先生对自己参加 1892 年殿试情形的回忆。详本书 1892 年事中。

4月5日(二月三十日) 包括先生在内的国难会议上海会员 66 人,联名致电国民政府,陈述不参加国难会议的理由及主张。

国难会议上海会员等,以事前政府限制讨论范围,多数不愿到会。马良等六十六人,并连名电国府,陈述不到会之理由及主张云:

国民政府公鉴:国难会议,辱承敦聘。读组织大纲"集中全国意志,共定救国大计"等语,念匹夫之有责,虽汤火其敢辞。顾同人深信,凡民族争存于世界,以合作为最要条件,盛衰存亡,胥系于此。我中华民族所以积弱至今、濒于危亡者,唯一症结,确在不能合作。民国二十余年,内讧之频繁激烈,人所共见。近数年来,更立一党专政之制,杜绝多数民众政治上合作之途。以致党员斗争于内,民众睽离于外,全国嚣然,戾气充溢,日人乘之,乃有"九一八"以来之奇辱。此而不变,沦亡可待,遑论御侮。同人参与国难会议,方拟开陈所信,化除杜绝合作之党治,实现全民协力之宪政。对此救亡大计,努力解决,以答政府相邀之雅,而副人民望治之殷。乃政府忽有限制会议议事之规条,经推代表赴京晋谒,奉询真意。复承汪院长函覆,会议讨论以御侮、救灾、绥靖为范围等语,诵悉之下,不胜惶惑。以为遵召赴会,如严守制限,置救亡大计不提,则对国家为不忠,对政府为不诚。而政府既已严定制限,则此实施宪政之案,又无提出会议余地。思维再四,与其徒劳往返,无补艰危,不如谢绝征车,稍明素志,用特电陈不能赴会理由,幸乞鉴谅。至于救济国难,重在实际工作,不以赴会与否而有异同。宪政为救亡大计,同人天职所在,既有确见,仍当次第开陈。所愿党政诸公,念国命之垂危,察症结之有在,破除成见,与民合作,中国幸甚。临电无任悚惶迫切之至。张耀曾、黄炎培、史量才、张嘉璈、穆湘玥、孙洪伊、温宗尧、狄葆贤、虞和德、李煜堂、刘天予、朱吟江、左舜生、陈启天、张一麐、陈辉德、李璜、许克诚、赵恒惕、沈钧儒、黄金荣、徐新六、张寅、彭允彝、王造时、胡筠、钱永铭、谷钟秀、张子柱、陈锦涛、胡孟嘉、颜福庆、冯少山、刘崇杰、刘鸿生、赵凤昌、卢学溥、程子楷、汪伯奇、陶家瑶、杜镛、吴经熊、李铭、陈彬和、蒋群、陆伯鸿、徐元诰、荣宗敬、赵叔雍、尤列、张元济、胡敦复、欧元怀、金井羊、王云五、章士钊、张九维、董康、夏鹏、黄一欧、曹惠群、俞庆棠、李时蕊、唐文治、冯自由。歌。

（《国难会议沪会员不赴洛　电陈不到会理由》,见《申报》1932年4月6日第1版）

按:在代日韵目中,"歌"为5日。

又按:据周天度、郑则民、齐福霖、李义彬等著《中华民国史(1929—1937上)》(第八卷)一书记载,1932年1月18日,国民政府发布命令,定于2月1日在南京举行国难会议。会员人选经国民党中央物色、国民政府和行政院共同分四批公布,共五百二十余人。会议日期因国民政府迁都洛阳、时局混乱等原因,一再延期,最后于4月7日在洛阳召开。上海和平津的多数会员以政府限制国难会议规条,拒绝赴会,遂有上述的上海会员发表通电一事。又据《申报》4月6日增刊《国难会议会员》一文载:"在沪七十余人之国难会员,去者亦属寥寥。"

4月6日(三月初一日)　先生赴徐家汇模范中学演讲。

三月初一日,赴徐家汇模范中学演讲。沈君叔逵、沈君同一并旧同学张松亭、王叔贤等齐集,诸生静穆,无异昔年余在校时,深为可喜。余忽患腰痛,连及腿部,上下楼见客、送客颇以为苦,表侄朱生继莘来赠药,甚可感。后至六月间始愈。

（唐文治《茹经先生自订年谱·壬申六十八岁》）

4月10日(三月初五日) 先生自上海回无锡,途中在杭州、湖州游览,13日抵达无锡。

初五日,刘河坟丁何桂林来见,报告先茔无恙,甚喜。并悉伊家眷住崇明,当嘱以妇女勿遽回刘,惟男丁可由海口还家,播种棉子。越日,王君丹揆、朱生贯微先后来沪,余幸先茔无恙,赈务亦粗有头绪,即于十一日偕同长儿妇庆棠并仆人高福回锡,坐沪杭车启行。是日住杭州西湖饭店,四儿庆永来接,盖渠在之江大学教授也。十二日早,在西湖边小坐,胸襟为之一畅。午后,坐汽车至湖州,途中景致清幽,惜风极大。是晚至湖州,住中央大旅店。十三日早,乘小舟至太湖口,登锡湖轮船,舟中鱼片风味极佳,为平生所未尝。申正抵无锡,酉正抵家,颇动苍凉之感。十四日早到校上课。

(唐文治《茹经先生自订年谱·壬申六十八岁》)

4月28日(三月二十三日) 江苏省战区救济委员会在江苏省政府内举行成立大会,先生被推选为常务委员。(据《申报》1932年5月4日第9版《苏省战区救济会成立并推定常务委员》)

4—7月(三月—六月) 先生又多方设法募得款项若干,命人至太仓各处向灾民散放赈款。

三月二十日,赴保谦、申伯两弟处,恳请溥仁慈善慈会捐助太仓义赈,募得七千元,余自募得五百元,又在上海兵灾救济会拨一千五百元;沙溪黄少彭君为朴丞弟亲家,善士也,亦募捐一千元,共一万元,由无锡蓝君仲和暨钱天福、高福陆续赴湖川、毛市、新丰及浮桥、杨林、七丫、义桥等处散放赈款。高福归述乡民被灾状极惨,有新丰人包某被飞机弹炸死,遗一妻三子,惨不忍言,急赒恤之。迨至六月间,余又募得千元,命高福赴刘河、茜泾、新塘市三处放赈。详情载《壬申救济录》中。

(唐文治《茹经先生自订年谱·壬申六十八岁》)

按:《壬申救济录》未见。

七月间,同乡会又得上海博仁慈善会、上海兵灾救济会以及同乡唐文治、黄少彭等经募的救济款共一万一千元,交太仓兵灾救济分会在浏河、茜径、浮桥、新塘、杨林、七丫、仪桥等地放赈,救济受灾严重的乡民,使之恢复生产。

(项仲川、钱荷百《太仓旅沪同乡会追记》)

先生族弟媳马氏在日军轰炸太仓时遇难,先生作《弟妇马氏殉国难碑铭》,又作《壬申太仓军民殉难碑记》。

太城被难时,文荃弟妇马氏卧病在北行弄之寓所小楼,为炸弹震死,尸附床坍入邻舍陆君莲史家,惨痛之至。余为作碑铭一篇,旋又作《太仓军民殉难碑记》一篇,在无锡刻石,运赴太仓,嵌入城隍庙内之公所。友人钱君诵三等并为立主致祭。

（唐文治《茹经先生自订年谱·壬申六十八岁》）

民国二十年秋,东人发难辽宁。明年春,虞我大军将北征也,更奉海师捣我淞沪,以制华南之兵。维时我驻淞沪十九路军将领蔡廷楷、蒋光鼐、翁照垣等,靡不裂眦冲寇,争欲致死于寇,不惮征缮,痛创日军于闸北、江湾间。当是时,我太仓军民,无论智愚,靡不知大祸之将届,乃相与保聚厉武,分组保卫团执锐披坚以待。敌既不得志于淞沪,则以重兵侧袭杨林、浏河,以拊淞沪之背,而吾邑适当其冲。三月,敌舰蔽江至,炮声震天,彼盖稔吾娄防无重兵,以为可唾手得也。于是大战骤作,自旦见星不息,弹药罄,继以肉搏。顾以援师淹滞,退扼城垣,而我太仓东乡若茜泾,若新塘,迤北若七鸦,若浮桥,悉沦于寇。悲乎,痛夫!敌既得逞,肆其积愤,蹂躏百里间,白骨相望。既而飞机蔽空,绕城阙,垂其翼投弹如雨,于是弇山云黯,江浦血殷,沧月楼倾,落飓桥断。呜呼!我太仓片土,尚有天日哉?

（唐文治《壬申太仓军民殉难碑记》,见《茹经堂文集三编》卷八）

5 月 14 日(四月初九日) 下午四时,江苏省战区救济委员会在上海市民地方维持会召开第二次常务委员会会议,朱增元代表先生出席。(据《申报》1932 年 5 月 16 日第 12 版《战区救济委员会开会记》)

5 月 26 日(四月二十一日) 吴鼎昌等 18 人通电包括先生在内的各界人士,称已发起废止内战大同盟会,"希望各界名人共同加入"。

吴鼎昌、刘湛恩等十八人,昨通电平、津、武昌、南京、广州、上海各界领袖,□□加入全国商联会等团体发起之废止内战大同盟会,电云:

北平胡适之先生转蒋梦龄[麟]、沈尹默、梅贻琦、吴雷川、熊秉三、冷燏卿、周作民、丁在君、陶孟和、张君劢暨各知友诸先生,天津张伯苓、卞伯眉先生转各知友诸先生,武昌武汉大学王校长转各知友诸先生,南京中央大学任校长转各知友诸先生,广州中山大学邹校长转各知友诸先生,上海马湘[相]伯、赵竹君、唐蔚芝、虞洽卿、张啸林、杜月笙、史量才、黄任之、汪伯奇、穆藕初、张澹如、俞寰澄、刘鸿生、聂潞生、荣宗敬、郭顺、郭乐、劳敬修、胡庶华、欧元怀、黎照寰先生转各知友诸先生公鉴:全国商会联合会、上海市商会、银行业同业公会、钱业同业公会鉴于内忧外患之严重,特发起废止内战大同盟会,以期安内对外。其章程已另有公电发表,想荷鉴及。除各团体发起外,希望各界名人共同加入。如荷赞同,即希广为接洽,将加入人名汇集电示,不胜盼祷之至。吴鼎昌、刘湛恩、张公权、陈光甫、李馥荪、钱新之、徐新六、林康侯、王晓籁、秦润卿、卢涧泉、冯幼伟、贝淞荪、吴蕴斋、胡笔江、黄溯初、陈叔通、徐寄庼同叩。宥。

(《吴鼎昌等求加入停止内战大同盟》,见《申报》1932 年 5 月 27 日第 6 版)

按:在代日韵目中,"宥"为 26 日。

5 月 28 日(四月二十三日)　下午四时,江苏省战区救济委员会在上海市民地方维持会召开第四次常务委员会会议,朱增元代表先生出席。(据《申报》1932 年 5 月 30 日第 10 版《苏省战区救济委员会常委会》)

6 月 4 日(五月初一日)　下午,江苏省战区救济委员会在上海市中华职业教育社召开常务委员会会议,朱增元代表先生出席。(据《申报》1932 年 6 月 6 日第 14 版《苏战区救济会常会记》)

6 月 11 日(五月初八日)　下午四时,江苏省战区救济委员会在上海市四川路 66 号二楼召开第七次常务委员会会议,朱增元代表先生出席。(据《申报》1932 年 6 月 13 日第 10 版《战区救济会常委会议》)

按:《申报》报道此次会议时说"出席者唐蔚芝等",但先生这时已回无锡,故可能像前几次会议一样,仍由朱增元代表其出席。

6 月 14 日(五月十一日)　先生以江苏省战区救济委员会太仓分会会长名义,与副会长项尧仁、顾公亮等分别致电江苏省战区救济委员等处,告知将照章把原有之太仓兵灾救济会改组为江苏省战区救济委员会太仓分会。

江苏省战区救济委员会太仓分会会长唐文治,副会长项尧仁、顾公亮等,昨日分致江苏省战区救济委员,江苏省战区救济委员会驻沪常务委员会,江苏省战区救济委员会嘉定、宝山各分会,太仓县县长,太仓县县党部暨其它各局会等公函云:

径启者,战区救济事宜,按照江苏省政府议决施行之江苏省战区救济委员会简章第十三条之规定,得在太仓设立分会。查该简章公布以前,原有太仓兵灾救济会之组织,兹经会议决定,一面将兵灾救济会经办未竣各事着手结束;一面照章改组分会,以符系统,定名为江苏省战区救济委员会太仓分会,推定文治为正会长,尧仁,公亮为副会长,另刊图记即日启用。相应函达,即希查照为荷。

(《太仓战区委员会之公函　分致各会局等》,见《申报》1932 年 6 月 15 日第 9 版)

6 月 25 日(五月二十二日)　包括先生在内的上海文教、工商及政界著名人士 123 人联名签署公启,发起筹建上海图书馆。

敬启者:上海为东方之一大市场,物质之奢靡、建筑之巍峨、交通之便利、学校之林立、商旅之辐辏、市场之繁荣,以视世界各大都市,其相去盖亦极近,独于文化则瞠乎人后,文盲载道,而关于文化之建设,尤不为人所注意。举例而言,以如此繁盛、市民多至三百余万之通商大埠,竟无一大规模之图书馆,以供市民之阅览,而歌台舞榭栉比林立。唯此深关民智之文化设备,则付缺如,此诚为上海市民之大耻,亦即我国家之大耻也。

曩者商务印书馆于清末建立涵芬楼于闸北,蜕化而成为东方图书馆。二十余年苦心经营,藏书逾五十万册。其在上海,尤为硕果晨星,弥足珍贵。惜自"一·二八"祸变突发,此一大文化机关,及江湾吴淞一带公私立大学及私家所藏图籍,竟全部牺牲,其可悲可痛,诚无可以言宣。

同人等认为恢复文化机关实为目前急务;而创设一规模较大之图书馆尤为首要。顾以力量棉薄,莫克促其实现,抑且兹事体大,非群策群力,决难望其成功。爰敢征求发起,尚恳社会各方共促其成,涓滴之水,可成江河,尘埃之粒,可成泰岳,果能共起进行,则他日黄浦江头,崇楼高耸,琅玕罗列,汗牛充栋,要自可期,是则不仅为上海市民之福利,实即我国家之荣光也。素仰台端热心文化事业,务恳加入发起,鼎力提倡,不胜盼祷之至。兹附上《筹办上海图书馆旨趣书》一纸,如荷赞同,即祈回示为祷!此致。先生(签名略)。中华民国二十一年六月二十五日。

《筹备上海图书馆公启》,见马军《一份鲜为人知的联名公启》)

按:马军《一份鲜为人知的联名公启》一文中,附有此公启的影印件,系为当初寄送商务印书馆董事长张元济之公启原件,公启落款处共有蔡元培、史量才、沈钧儒、唐文治、马相伯、马寅初、黄炎培、舒新城、何炳松、杨杏佛、王云五、王晓籁、徐新六、叶景葵、穆藕初、何德奎、孙科、黄郛等文教、工商及政界著名人士123人的签名。公启后附有一份《筹备上海图书馆旨趣书》,分"需要""目的""事业"三部分,将筹筑图书馆的必要性、规模、管理等一一列出。据马军分析,"这份公启和旨趣书极有可能出于何炳松的手笔"。

6月27日(五月二十四日) 无锡俭德会举行第四届执委就职典礼,并邀请先生演讲《俭德救国》。

本邑俭德会于昨日下午二时,假县教育会举行第四届执委就职典礼,同时敦请唐蔚芝先生演讲《俭德救国》。是日到各机关代表及来宾、会员等五百余人。兹将各情列记如下:

到会题名

是日到会代表,有县党部李惕平、周鑫镇,县公安局胡彬、顾颂勖,第一区公所仲佩芝,市管委会黄孟修,救火联合会顾和笙,教育局徐祖懋,溥仁慈善会陈一新等,来宾高涵叔、曹培灵、孙睞香、秦肃备、王颉辉等,以及会员卫质文、章拯、石清麟等五百余人。

执委宣誓

下午二时,即举行仪式。行礼如仪后,即由主席卫质文致开会词,略谓"本会素以提倡俭德为宗旨,但同人等力薄能鲜,乃恳请耆宿唐蔚芝老先生演讲《俭德救国》,予本会指示方针。唐老先生之道德文章,素所器重于海内,今日能惠然莅临,实深荣幸"云云。旋各执委卫质文、章拯、石清麟、曹声贤、顾耀南、许丕烈、杨愚如等即举行宣誓。次由县党部李委员惕平致训词,词多勖勉,并详述俭德之重要。

蔚老演说

次由蔚老先生演讲《俭德救国》,计分要点为五段:一、奢侈浮浇足为亡国;二、俭德之根本;三、俭德之功用;四、俭德之效果;五、俭德须至诚。唐先生引经典故[据典],并详述其少壮时之经历,言时谆谆然,听者莫不动容。演讲毕,即由卫主席致答词(词长从略)。最后略进茶点而散。

(《俭德会执委就职盛况　唐蔚芝先生演讲俭德救国》,见《人报》1932年6月28日第3版)

7月15—17日(六月十二—六月十四日)　无锡国专教务主任钱基博受先生委托,在上海参加全国高等教育问题讨论会,并向大会提交"尊崇孔教,以正人心""振兴国学以维文化"的提案,被议决"不成立""不讨论"。

民国二十一年七月,日人"一·二八"之难方已,上海各大学校长以复兴中国教育为海内号,乃召集高等教育问题讨论会于新青年会。仆以私立无锡国学专门学校校长唐蔚芝先生之委托,代表出席,说明尊孔、读经两提案。乃大为到会诸大学校长所揶揄,而某甲、某乙两君尤作越世高谈,几谓不成话说,不意今日而尚有此等不成问题之提案;戏笑怒骂。于戏!试问世界东西各国,何国之大学校长而敢于出言鄙俗,唾弃其祖国之圣经贤传一至于此?甲君目不读中国书,不知周公、孔子为何人,虽以中国人而办中国学校,不过以为一种职业,而不甚了解其意义与责任;乙君颇负清望,而亦一言以为不智。

(《钱基博先生的意见》,见《读经有什么用——现代七十二位名家论学生读经之是与非》)

按:据《申报》1932年7月16日第12版《全国高等教育问题讨论会第一日》报道,全国高等教育问题讨论会于7月15日在上海八仙桥青年会九楼会议所举行,钱基博代表先生出席。在当天下午讨论的七个提案中，无锡国学专修学校提交的"尊崇孔教以正人心案"，"议决不成立"。又据《申报》1932 年 7 月 17 日第 12 版《全国高等教育问题讨论第二日》报道，在 16 日上午讨论的十个提案中，无锡国学专修学校提交的"振兴国学以维文化案"，"议决不讨论"。

在中国提倡人文主义的教育应该是比较不难的，因为中国文化里早就有一派很成熟的人文思想，而这一派不是别的，就是孔门的……可惜过于短视的中国教育家至今还没有看到这一点。民国二十一年在上海举行的高等教育讨论会里，无锡国学专修学校校长唐蔚芝先生提出"尊崇孔教以正人心"一案，竟被认为不成立。不知因为提案措辞陈旧呢，还是因为诸位教育家根本不认识孔门思想颠扑不破的价值呢？

（潘光旦《民族特性与民族卫生》）

8 月 28 日（七月二十七日）　上、下午，废止内战大同盟会在上海举行第二、第三次会议。在下午举行的第三次会议上，先生等 15 人被推选为名誉委员。（据《申报》1932 年 8 月 29 日第 14、15 版《废战同盟昨日两次会议昨晚宣言闭幕》）

9 月 13 日（八月十三日）　废止内战大同盟会致电先生等 15 名名誉委员，告知名誉委员之工作。

废止内战大同盟会，前经代表大会通过马相伯、段芝泉、熊秉三、朱子桥、赵竹君、李石曾、梁燕孙、黄膺白、张仲仁、胡适之、唐蔚芝、王揖唐、余日章、虞洽卿、陈廉伯等十五人为名誉委员。该会昨特分致各名誉委员会云：

民国肇建二十一年，内忧弥已，遂招外侮。全国商会联合会、上海市商会、上海市银行业同业公会、上海市钱业同业公会等四团体，鉴于安内对外之必要，发起组织全国废止内战大同盟会。经四个月之筹备，加入发起者，计有团体五百零一、个人一千零五十七，即于八月二十七、二十八两日，在上海市商会议事厅举行发起人代表大会，通过章程，推选常务委员，正式宣告废止内战大同盟会之成立。因仰台端德高望重，领导群伦，经代表大会通过，敬奉推为敝会名誉委员，以老成忧国之深，当必能慰群情之望。至名誉委员对会工作，并经敝会第二次常务委员会议决：（一）常务委员会开会时得请出席；（二）随时指示会务进行；（三）于敝会请求捐任必要工作时，尽予允诺赞助等语。用特肃函奉达，敬祈惠察，国家民族，实利赖之。顺颂公绥。

（《废战会分函名誉委员　通知对会工作》，见《申报》1932 年 9 月 14 日第 14 版）

9 月 14 日（八月十四日）　无锡国专新学期开学。鉴于前些年中，投考学生往往程度低浅,故自本学期开始,增设补习班。又本年春间,因时局不靖,校董捐款及学生所缴学费均停滞,教职员曾实行减薪,但先生提出月薪在 30 元以下者不减。自本学期始,恢复原有薪酬。

因投考新生往往程度低浅,即高中毕业生亦有不能及格者,为应社会需要,并谋补救办法,特添设补习班,补习时间暂定一年,招收学生三十五人。

（《无锡国学专修学校十五周纪念册·校史概略》）

七月、八月,两次招考新生,来试者尚踊跃,共取八十六名。八月十四日开校,学生先后到者一百六十三人,别设补习一班。春间因时局不靖,校董捐款及学生所缴学费均停滞。不得已,实行减薪:教员减三成,职员减四成,惟月薪三十元以下者不减。诸同人辛苦维持,至是始得复旧。

（唐文治《茹经先生自订年谱·壬申六十八岁》）

10 月 7 日（九月初八日） 孙女唐孝慈生,四子唐庆永出。（据《茹经先生自订年谱·壬申六十八岁》）

10 月底（九月底） 长子唐庆诒患目疾,视网膜脱落,经多次手术,"目光稍有进步,惟仍不能辨人物"。

九月杪,大儿庆诒患目疾,网膜脱落,势极危殆,急赴北京协和医院诊治。有奥国医生披拉,治目为世界第二人。惜已将回国,仅施手术一次,约愈十之三四,继之者为中国毕姓医生,效果甚迟,颇为焦虑。

（唐文治《茹经先生自订年谱·壬申六十八岁》）

民国二十一年,三十五岁……秋,余因在沪常侘傺无聊,体力日退,遂向交通大学请假,应高君践四之聘,至无锡教育学院任英文课务。每日自西溪至校,乘人力车约一小时。石路崎岖,颠簸甚剧。抵校后,常在日光下讲解课本,左目时觉酸痛。某日,忽见一黑点飞扬空际,随视线转移,即往上海请李清茂医生珍视。李曰无妨也,但另配眼镜足矣,余遂回锡上课。不三日,忽左目昏暗,所见之物,皆移动不定,直线均成曲线,闭目时觉电光闪烁。急至上海请李医覆诊,李束手无策。余即挈仆人高大勋乘轮北上。抵塘沽时方夜半,跳板狭窄,屡濒于危。抵北平后,由王叔咸医生介绍进协和医院,请璧来德医生诊治。璧氏为奥国名医,为余施用手术后,即返奥京;继由毕华德医生用手术,凡三次,目光稍有进步,惟仍不能辨人物。住院约二月后,庆棠来平照料,朱贯微先生、王叔咸伉俪、高君珊女士、郁剑虹表兄等均来慰问。时值耶稣圣诞,院内火树银花,辉映成趣,窗外时闻滑冰笑语声,而余卧病累月,客地欢娱,徒赠忉怛耳。

（唐庆诒《忆往录》）

10 月(九月) 先生作《民性箴》等 58 篇,后编为《国箴》一卷。

九月,仿《大戴礼记·践阼》篇铭词之例,作《民性》等箴,共五十六[八]首。自尊孔教、致良知,旁逮婚丧祭礼,下至衣食住行,莫不有箴。箴者,针也,将以针人心之疾病也。呜呼!七年之病,三年之艾,苟为不蓄,终身不得,孟子早言之矣,厥后编为一卷,名曰《国箴》。

(唐文治《茹经先生自订年谱·壬申六十八岁》)

箴文之体,邃哉。可考者,周初虞人之箴。厥后子云、昌黎学之最工,张蕴古《大宝箴》、李义山《太仓箴》,均称杰作。程子视、听、言、动四箴,朱子《居敬》《调息》二箴,皆本于范氏《心箴》,为修养心性之大要。曾文正摹仿昌黎,文高意挚,较胜于李文贞诸箴,余者自郐以下矣。箴者,针也。患疟疾者,注射扑疟母星针;患白喉者,注射血清针;患霍乱者,注射生理盐水针;患痛风者,注射阿陀仿纳针,此皆箴身疾也,顾未闻有箴心疾者。今人心疾,甚于霍乱、白喉等证,以故国性日漓。吾所为箴凡九种,为器五十六,将以针心疾而疗国性也。或者曰:"嘻!子之思想陈旧,言论迂愚,何心疾之可救?"余曰:"然。昔有疾病甚者,遍请名医诊治,不二日而死,乃以谯让某医。某医曰:吾所用者古方也,无如病者所患之病差误,与古方不合,于吾何尤?又以诘责某医,某医曰:吾所用者西法也,无如病者所患之病差误,与西法不合,于吾何咎?今吾国所患之疾,无乃自己差误,任何方法,皆不适用。何者?不知其本故也。今吾施吾针,良知显道德、明人心,不至遽死,庶几国性可瘳乎?"或者怃然,有间曰:"命之矣。"太仓唐文治自题。

(唐文治《国箴自序》,见《新无锡》1934 年 3 月 10 日第 4 版)

右《国箴》一卷,太仓唐蔚芝先生著。内《五德箴》,经无锡荣氏石印,传布较早。续出各箴,次第流行,各处争睹为快。旋由先生汇集而厘订之,定为民性九箴、民治九箴、民行八箴、民德五箴、民情七箴、民事四箴、民疾八箴、民隐四箴、民俗四箴,都为五十八箴,各有小序。箴与针同义,针所以治病,先生自序中阐发尽致,无俟赘言。今日中国,几不国矣,孟子曰"国必自伐而后人伐之",道德堕落,信义牿亡,教育不良,政治窳败,皆自伐之显著者。如人之一身,元气斫丧,病入膏肓,仓扁复生,亦将束手。今有仁人于此,怀怵惕恻隐之心,谋起死回生之法,是《国箴》之所由作也。欲御外侮,必先修明内政。备飞机大炮以御敌,固为当务之急,然非讲求道德信义,以植立国之根基,虽有飞机大炮,恐适以资敌耳。沈阳之事,其前车也。是编以尊孔教居首,具有深意。先生《尊孔救国说》载入《国鉴》,经中国道德会抽出,并《八德诠释》印单行本,一月至七月四版,共印八千册,传布海内。吾知《国箴》之出,人人争先快睹,亦犹是也。

（王清穆《国箴跋》,见《农隐庐文钞》卷四）

12 月(十一月)　先生为东北义勇军捐洋三元;无锡国专学生减 11 月的膳费,捐洋二十元。

东北义勇军后援会,昨接各经收捐款处通知,兹分志之：……无锡国学专修学校校长唐蔚芝捐洋三元,无锡国学专修学校学生卢景纯、郑高崧、俞洛生、许实、张尊五、高抱挺、王桐荪、程咏沂、石岩、钱永之、周麟瑞、顾士朴、卢沅、金汉声、吴梅溪、沈传曾、吴寿祺、曲勉庵、黄源澄、樊恭烜、张明凯、张世泉、周祥龙、臧荫篪十一月减膳费移捐洋二十元。

（《捐助东北义军昨讯》,见《申报》1932 年 12 月 29 日第 12 版）

1933 年(癸酉 民国二十二年) 69 岁

1 月(壬申年十二月) 无锡国专因整饬校风,令 13 人退学。

十二月下旬,放寒假。时适大雪积五六寸。因整饬校风,令退学者十三人。

(唐文治《茹经先生自订年谱·壬申六十八岁》)

按: 胡子远《往事杂忆》一文中说:"在国难当头,民族危亡的年头,国专同学和其它学校一样,爱国不敢后人! 学校中的进步力量是相当强的……校友中如俞铭璜、许务实(符实)等同志,早就参加了中国共产党。"后有《许符实同志谈无锡国专》一文纠正胡文的不确之处,说:"我在国专的时间很短,在校也没有什么革命活动。我 1930 年到国专读书,31 年参加抗日学生运动,37[2]年参加共产主义青年团。胡子远《往事杂忆》中说我'参加了中国共产党',不是,我当时的年龄还不够资格入党呢。当时团员也只有三个,我是支部书记,一个是已牺牲的凌云同志,一个是现在北京的马宾同志(当时叫张世泉)。文中把我写作许务实,不错,当时我是叫许实,号务实。我 1932 年 10 月参加 CY,12 月被捕,押到南京,就被国专开除了。后来国专给我开了一张肄业证书。"又张尊五《三十年代的无锡国专》一文中曾提及许实被逮捕的原因:"无锡国专的学生虽然读的是古籍,专修古典文化,但时代潮流的冲击无法抗拒,青年人对新的事物还是敏感的,学生中有不少人阅读进步书籍。当时左联的机关报《文艺新闻》曾在校中推销(由吴天石同志代办订阅)。在崇安寺专售进步书籍的千钟书店,最大的主顾是国专学生,并由此引起许实(即许符实)等同学被反动派逮捕的政治案件。"许实遭逮捕后被无锡国专除名,当是"令退学者十三人"之一。

2 月上中旬(正月中旬) 无锡国专开校,学生到者一百四十余人。

正月中旬开校,学生到者一百四十余人。日人攻热河,主将汤玉麟逃避,热省沦陷。日人即由山海关进攻京东宝坻、玉田等处。袭取京北高丽营,距北京城仅五十里。当道遣黄郛赴津议和,并派何应钦驻扎天津。吾国门户洞开,何以善其后乎?

(唐文治《茹经先生自订年谱·癸酉六十九岁》)

· 865 ·

3月13日（二月十八日） 下午,章太炎在无锡国专大礼堂作演讲。演讲前先由先生致词介绍,结束后复由先生致感谢词。这是先生邀请章氏来无锡进行讲学活动的第一场演讲。

　　国专延请当代国学大师章太炎先生于昨日下午在校讲学,记者亦趋往旁听,兹撮记其琐事如下:上午十一时许,章先生自苏乘车来锡,同来者有国专教务主任冯振心,当代大儒陈石遗(衍),前国务总理李印泉(根源),国学家陈柱尊,前中大教员蒙文通等诸先生,暨章之门徒戴君、朱君、许君。太炎先生穿蓝绸豹皮袍,玄哔叽马褂,眼架托立克金丝镜,发花白,蓄须,惟不甚长,亦不甚多,瘪嘴。陈、李诸先生则均服布衣,异常朴素。下午二时,在该校礼堂开讲。章抵礼堂时,学生咸起立鼓掌欢迎。先由校长唐蔚芝先生致词介绍,学生复鼓掌。于是章即于掌声雷动中步上讲台,安坐藤椅内。未有讲题,开场客套后,旋谓……至此而止,已历两小时有余。唐蔚芝先生起立致感谢词,请章先生等明日上午在省立师范大礼堂公开演讲。本校明日停课一天,诸同学于明日上午九时半,整队前往省师听讲。言下,即请李印泉先生演讲。李先生谦逊再三,始起立略致数语,谓此次随章先生来锡,一以久慕国专,前来观光,一以拜谒蔚老。鄙人才识浅薄,实无所言,聆听章太炎高论,佩服之至,希望诸位努力进修,拨乱反正云云。众鼓掌。遂散会。按章先生为浙江余姚人,乃有清俞曲园先生之门徒,对于经学、法律及释氏诸学,尤所擅长。演讲时,语音甚低,又以缺齿关系,开口微有走风,兼之绍兴国语,故坐位稍远者,颇难辨别。章先生讲话,频吸纸烟,又时饮茶,遇有人名之生冷者,辄即起立粉笔书之黑板。一次,误以纸烟当粉笔,遽向黑板上写,听者咸不觉报以一笑。陈石遗先生,年已七十有六,精神殊健,身材瘦长,面色微黑,上唇蓄有短须,其色皓白,望之如一印度学者。谈话乃福建语杂以北音,亦颇不易懂。李印泉先生身材魁梧,面圆,颏下蓄有长须,穿灰布袍,黑杜布马褂,戴方顶瓜皮缎帽。曩予尝与先生通信,初未识荆,因见其后颈结有一大疤,而忆及先生昔年曾患疽症,始断定即系李先生,询之果然。李先生演讲时,嗓音洪亮,真有声震屋瓦之概。唐蔚芝先生须发皓然,而体又壮硕,满面慈容,正襟危坐,如一长老。

　　　　　　(伯亮《章太炎先生讲学琐记》,见《新无锡》1933年3月14日第3版)

按:上文中"暨章之门徒戴君、朱君、许君","朱君"疑为"诸君"之误,即诸祖耿。

　　李根源系云南军人,讲了云南兵要地理,阐述了中越边界的地理形势,并向图书馆赠送了一册云南讲武堂测绘的明细地图。

　　　　　　　　　　　　　　　　　(张尊五《三十年代的无锡国专》)

唐校长讲理学,但他没有门户之见……章老先生第一次来,就直率批评国专挂在礼堂里的一块匾。这块匾上面写着"作新民"三字,他认为这是朱熹改动《大学》的文字。《礼记·大学》:"大学之道,在明明德,在亲民,在止于至善。"(阮元《校勘记》无异文)宋代朱熹把《礼记》中《大学》《中庸》两篇与《论语》《孟子》合称《四书》,并为之作注,又认为"亲民"应作"新民"。"在亲民"和"作新民"这两种提法把民放在不同位置是显而易见的。章老先生对"作新民"的批评,反映了汉学家和宋学家相互对立的一个观点。实际上是以汉学家的思想评论宋代理学家,然而唐校长并不因此而心存芥蒂,仍然每年请章太炎来校讲学。

(郑学弢《回首母校——记六十年前的人和事》,见《国学之声》总第 24、25 期)

按:章太炎的此次演讲,由弟子诸祖耿记录,后以《国学之统宗》为题,刊于《制言》第 54 期。此次演讲的中心意旨是"以为今日而讲国学,《孝经》《大学》《儒行》《丧服》,实万流之汇归也,不但坐而言,要在起而行矣"。接下来便分别申论之:《论语》中说:"孝弟也者,其为仁之本与",这就是要读《孝经》的根本意义之所在;"《孝经》文字平易,一看便了,而其要在于实行"。《礼记》中的《大学》篇,讲的是平天下的原则。"从仁义起,至平天下止,一切学问,皆包括其中。治国学者,应知其总汇在此"。掌握了《孝经》《大学》中的要义,人之根本已立。但如果没有勇气,没有气节,则仍不能称为完人,所以要标举《礼记》中的《儒行》:"欲求国势之强,民气之尊,非提倡《儒行》不可也。"至于要讲《仪礼》中的《丧服》,则是要藉此以"辅成礼教"。总而言之,上面所说的四篇,合起来不过一万字,"以之讲诵,以之躬行,修己治人之道,大抵在是矣"。

又按:章太炎这次无锡讲学活动之后,于 10 月份再度应邀来无锡国专进行学术演讲,详后文所记。但这两次讲学活动都是在 1933 年一年之中,所以上引郑学弢文中说"仍然每年请章太炎来校讲学",不够准确。

3 月 14 日(二月十九日) 上午和下午,章太炎在省立无锡师范学校分别作演讲。这是先生邀请章氏来无锡进行讲学活动的第二、第三场演讲。下午章太炎演讲结束之后,复由蒙文通演讲。

昨日上午十时,章先生又在省立师范大礼堂讲四史,省师、国专、县中三校教员学生均来听讲,来宾甚少,惟有军官数人,亦在旁听席。章先生抵礼堂时,均起立鼓掌欢迎。首由校长陈谷岑致数语介绍,并表感谢后,即请章先生登坛……下午三时,复在该处讲解《春秋》……下午听讲者不及上午拥挤,而中途退席者颇有其人。有一班女生,约有数十人之多,坐未片刻,即全体转身而去,盖亦感觉无趣味耳。章先生讲毕,陈校长又请蒙文通先生登坛演讲。记者以时已薄暮,故即先行。

[伯亮《章太炎先生讲学琐记(二)》,见《新无锡》1933 年 3 月 15 日第 3 版]

蒙文通讲了佛教哲学唯识论,大家听了都感到很新鲜。

(张尊五《三十年代的无锡国专》)

昔自沪归金陵,过苏州谒章太炎先生,时陈柱尊等伺先生,无锡国专唐蔚之邀先生游无锡,先生嘱同往。时人多言先生言谈难会其意。盖先生学问渊博,谈常牵涉过广,而听者往往不能蹑其思路而从之,故有难懂之感。行间,先生每喜与余谈论,常命近坐,虽饮食亦时命坐旁。昕夕论对,将十余日,每至废寝忘食,几于无所不言,亦言无不罄。

(蒙文通《治学杂语》)

按:章太炎 3 月 14 日的二次演讲,也有弟子诸祖耿的记录稿,后分别以《历史之重要》《〈春秋〉三传之起源及其得失》刊于《制言》第 55 期和 56 期。在 14 日上午的演讲中,章太炎指出:"经术乃是为人之基本,若论运用之法,历史更为重要。"史书的类目繁多,正史之外,有编年,有别史,有论制度之书,有述地理之书,有载奏议之书;章太炎以自己读史治学的经验,指点听讲者怎样以最集中的时间,掌握其最精要的内容,说"有三年半之功程,史事已可烂熟"。再接下来,章太炎讲到读史的作用:"夫人不读经书,则不知自处之道;不读史书,则无从爱我国家";又讲到古今之人读史关注目光的不同:"昔人读史注意一代之兴亡,今日情势有异,目光亦须变换,当注意全国之兴亡,此读史之要义也。"最后,章氏提出"今日有为学之弊,不可盲从者有二端":一为"讲哲学、讲史学,而恣为新奇之议论",二为"今之讲古史者,喜考古史,有二十四史而不看,专在细微之处,吹毛索瘢"的"疑古史学"。而 14 日下午演讲的主要内容,是评述《春秋》三传的源流得失。

又按:近年出版的马勇编《章太炎讲演集》一书收录了《国学之统宗》《历史之重要》和《〈春秋〉三传之起源及其得失》等三篇演讲稿;紧接着在后面又收录了《关于经学的演讲》《关于史学的演讲》《关于〈春秋〉的演讲》三篇演讲稿,并云后三篇是章太炎于 1933 年 5 月在无锡国学专门学校的演讲。按后三篇演讲稿均采录自 1933 年 5 月出版的《无锡国专季刊》,原来分别题作《章太炎先生讲"经学"》《章太炎先生讲"史学"》《章太炎先生讲〈春秋〉》。实际上,这三篇也是章太炎 3 月 13 日和 3 月 14 日三场演讲的记录稿。当时章氏弟子和国专学生各有所记,前者发表于《制言》,后者发表于《无锡国专季刊》,记录的文字有所不同,但基本内容却是一致的。又因为章太炎演讲时"未有讲题",所以章氏弟子和国专学生分别给演讲记录稿取了不同的题目。《章太炎讲演集》的编者对此未加细察，重复收录同样的演讲内容。又因为《无锡国专季刊》的刊出时间为 1933 年 5 月，便推定章太炎于是月又来无锡作了三场演讲，那就更是错上加错了。后出的刘琅编《精读章太炎》（鹭江出版社 2007 年 8 月版）等书也承袭了这一错误。

3 月（二月）　国民革命军第八十八师师长孙元良应先生之邀，到无锡国专作《新时代青年的修养》的演讲。

按：1932 年"一·二八"淞沪抗战开始，孙元良时任国民党第五军八十七师二五九旅旅长，奉命领兵集结于南翔。日军在吴淞、闸北地区久攻不下，便将突破重点转向庙行镇一带，庙行战况顿时吃紧。孙旅等部于危急关头赶去增援，使日军在庙行遭到空前挫败。之后，孙元良又亲赴所部五一七团团部，指挥该团在葛隆镇顽强抗敌，从而确保中国军队退路不断。《上海停战协议》签订后，孙元良因军功升任第八十八师副师长、师长。此次孙元良应先生之邀，到无锡国专做演讲，讲题为《新时代青年的修养》，《新无锡》1933 年 3 月 12 日第 3 版，有"潜夫"所记的演讲记录稿，其主要内容是："要做一个新时代的青年，须要用礼义廉耻，和有冷静的头脑、坚决的意志、强健的身体去修养。还要认清时代的环境，去求全国的精诚团结。"

约同月　因先生及其子唐庆诒皆患严重目疾，有风水先生言唐姓坟上风水不佳，劝其迁坟，先生拒绝。

前南洋大学校长、现任无锡国专校长唐文治，年逾古稀，两目已瞽。近其子庆诒，忽又患目疾，逾半年以上，迁延不治。风水先生言唐姓坟上风水不佳，应即迁坟。荣德生亦加力劝，惟唐文治不听，云宁可瞎眼，不愿毁损坟上一草一木。现其子已由俞庆棠女士，陪赴欧洲医治。俞女士则同时衔教育部之命，考察丹麦民众教育云。

（东顾《唐文治拒绝迁坟》，见《人报旬刊》1933 年第 1 卷第 3 期）

3 月 30 日（三月初五日）、4 月 1 日（三月初七日）　先生两次致函谱弟曹元弼，与其约定，将于去太仓扫墓后回无锡途中，至苏州与其见面。

叔彦吾弟同年大人如手：正深怀念，适奉朵云，厚意谦光，曷胜佩仰。去年兄因闻形家言敝先茔前应开一月池，减去冲克，目下已经竣工，清明扫墓，必不容缓。而陈石遗同年屡面约到苏，兹兄定于三月初八日带同三小儿赴浏河埽墓，约十日到苏，已与石老订定届时同诣尊府一谭，藉解沈郁。谅吾弟闻之，当为一喜。惟兄因家务、校务均不能稍离，约十二日必须回锡……年如小兄文治顿首。三月五日。

[虞万里、许超杰整理《唐文治致曹元弼书札编年校录》（书札之六十四）]

叔彦吾弟同年大人如手：早间接奉惠函，顷又奉快示，厚意殷拳，曷胜感篆。兄拟于初十日坐上海十二点四十五分钟快车，约三点四十一分到苏站。惟石老同年日前来函询问到苏时刻，并订定在彼处晚饭、下榻，十一早同诣尊府。请无庸派轿迎接，致费周折。幸甚感甚。老年昆弟相见，虽悲喜交集，然兄意在寻天下之至乐。昔陆清献与石门往还，一言一论，动关世道。吾辈希冀勉附前贤，聊屏忧时之念，吾弟当以为然也。专复，敬请道安。年如小兄文治顿首。初七日。

[虞万里、许超杰整理《唐文治致曹元弼书札编年校录》(书札之六十五)]

4月2日(三月初八日) 先生偕三子唐庆增回太仓浏河扫墓。

三月清明节，偕三儿庆增回刘河扫墓，住表侄朱恺俦宅中。

(唐文治《茹经先生自订年谱·癸酉六十九岁》)

按：据前引先生致曹元弼书札之六十四、六十五，知其回太仓扫墓，是在4月2日(三月初八)和4月3日两日。

4月4日(三月初十) 先生由太仓至苏州，在陈衍住处晚饭、下榻。4月5日，与陈衍同访曹元弼。

归途赴苏州，访谱弟曹君叔彦畅谈，并购孙氏《周礼正义》一部。

(唐文治《茹经先生自订年谱·癸酉六十九岁》)

叔彦吾弟同年大人如手：多年阔别，畅叙更欢，惟临别依依，颇觉惆怅。兄年来勤奋不及前时，道德负于初心，快聆高谭，获益匪浅。乃复厚扰，郇厨殷殷，招待濒行，复蒙惠赐多珍，派人远送，何以克当，惟有望风叩谢。登车后不过五十分钟即到，四小儿在站迎接，一切平安，堪慰远注。

[虞万里、许超杰整理《唐文治致曹元弼书札编年校录》(书札之六十六)]

按：据前引《唐文治致曹元弼书札编年校录》(书札之六十五)"惟石老同年日前来函询问到苏时刻，并订定在彼处晚饭、下榻，十一早同诣尊府"，可知先生是与陈衍同访曹元弼。

5月(四月) 重印《陆桴亭先生遗书》。

四月，重印《陆桴亭先生遗书》。因版片收藏家祠中，着地潮湿，以致霉烂一百八十余版。即寄苏州王慧言君处，交手民陈海泉重刻，糜去三百余金。印贵因之短少，仅印八十部。后人藏书版者，务宜置高燥处，按时检点。

(唐文治《茹经先生自订年谱·癸酉六十九岁》)

6月21日(五月二十九日) 无锡国专举行第十届毕业典礼。

五月，放暑假，毕业者俞振楣等十九人。

(唐文治《茹经先生自订年谱·癸酉六十九岁》)

无锡国举专修学校系唐蔚芝主办,迄今已十余载。历届毕业,成绩斐然,讲学诸师,俱当代硕彦。前岁延请国学大师陈石遗氏主讲史学、诗学,下学期仍继任外,闻该校近又聘定前湖南大学国学系主任陈天倪氏为专任教授。昨日该校举行第十届毕业典礼,交通大学校长黎照寰及民众教育学院院长高践四诸氏均到校演讲。

（《无锡国专举行毕业典礼》,见《申报》1933 年 6 月 24 日第 14 版）

学前国学专修学校于昨日举行第十届毕业典礼,并举行成绩展览。是日来宾众多,上海交通大学黎照寰先生亦专程来锡。九时开会,先由该校唐校长报告,继请黎先生演说。其演词略谓:唐先生为中外所景仰之教育先辈,去年国际教育考察团由锡来沪,极言贵校之精神、唐先生之道德为可敬佩。唐先生以提倡国学为宗旨,揆之事实,文化实系国家之兴亡。历史上中国每以文化战胜外族,故欲救国家之颓弱,先须发扬固有之文化,恢复固有之道德,故提出为人三要点:一、道德;二、文化;三、效验。而治学之方法亦有三点:一、比较;二、假定;三、试验。并希望国专学生能一致本此意志做去云云。继由校董钱孙卿先生演说,大致为人当做君子而不可做大人,二当知有傍人,而不能只有自己云云。散会已十二时矣。并闻本届因沪上战事影响,毕业者仅十九人云。

（《国学专校第十届毕业》,见《新无锡》1933 年 6 月 22 日第 3 版）

7 月(六月)　先生与无锡国专教务主任钱基博商议,改建无锡国专校舍。同时,重修了原在孔庙大门东偏的忠义孝悌祠。

六月,与钱君子泉商议,将国学专修学校校舍改建,两造共十四幢,计费共一万二千八百元,落成后布置膳堂,悬王文成、高忠宪、顾亭林、陆桴亭四先生遗像,并摹刻先师左文襄公所书楹联,并改建忠义孝悌祠,计费三百四十余元。祠费钱君与余分任之。

（唐文治《茹经先生自订年谱·癸酉六十九岁》）

按:据陆振岳《无锡国学专修学校述略》一文记,无锡国专"小会议室挂有木刻杨继盛手书联语:'铁肩担道义;辣手著文章'"。但据冯其庸回忆,无锡国专进校后第二道门口挂着一副楹联"铁肩担道义;妙手著文章","这副楹联……原句是杨继盛的,下句作'辣手著文章',但这副楹联下句作'妙手',记得是左宗棠书。因此联书法好,我印象特深,连'左宗棠'三字,我至今尚有印象"(见冯其庸《怀念母校——刘桂秋著〈无锡国专编年事辑〉序》),此或即为上文中所述之"先师左文襄公所书楹联"。

邑故有忠义孝悌祠,在孔子庙大门东偏,以祀邑人之副其行者,式拜式瞻,民俗以敦。徒以官失其守,屋坏弗修。邑人君子既割以畀我国学专修学校,而更新为横舍。余以庸陋,实长厥校,乃度地鸠工……乃择地名宦祠之迤南,面西而背东,建屋三楹,以为忠义孝悌祠,而执事孔子庙之旧有劳以食于庙者,并以祔焉。其费所出,余与邑彦钱君基博子泉分任之,不足资之国学专修学校,癸酉九月工告迄功。董其成者,则陶君守恒达三、孙君家复胏香、高君文海涵叔之力为多,皆邑之良也,例得书。

（唐文治《重建无锡忠义孝悌祠记》,见《茹经堂文集三编》卷六）

8月5日(六月十四日) 赴奥地利治疗目疾的长子唐庆诒回国,抵达上海。

自正月间,大儿庆诒由北平回,即偕儿妇庆棠赴奥国治目疾,庆棠并赴丹麦、伦敦各处考察乡村教育。至六月间回国。庆诒目疾依然未愈,天道求阙,只可委心任运耳。

（唐文治《茹经先生自订年谱·癸酉六十九岁》）

民国二十二年,三十六岁。三月,与庆棠同乘意大利船"康德佛地"号赴欧。取道九龙、马尼剌、新加坡、槟榔屿、哥伦布、孟买,经苏彝士运河,抵威尼斯,乘火车至奥京维也纳。访璧来德医生。四月十一日进市立医院,住院近三月。在院时仰卧床上,戴黑色不透光眼镜,中有一小孔,可以视物。璧来德及柴法两医生,为余左目施用手术,前后凡二次,每次约费一小时余。用手术时,惟闻剪刀叮当声,隐约见白衣人左右环立,皆眼科医生也。第一次成绩尚佳,第二次施用手术后半月,璧来德医生将扎眼布移去,余觉左目前昏黑异常,仅中央略有微光,如萤火然。璧来德医生默然良久曰:不知此目尚有生机否?……七月十日,离维也纳……八月五日夜抵沪。

（唐庆诒《忆往录》）

8月30日(七月初十日) 先生等太仓、嘉定、宝山三县士绅致电江苏省政府,请求免除冬漕加价。

太、嘉、宝三县致电省府,请免冬漕加价。文云:

苏省冬漕加价,每石两元。自民十八带征以来,人民受额外加赋之负担,痛苦万分。屡经人民呼吁,力竭声嘶,并蒙财政部鉴及农村破产之可虑,电令钧府减半征收,亦未蒙邀准。本年开征地价税,闻仍须带征此项特征,人民闻此消息,惶恐万分。敬将亟应停止征收理由为钧府缕析陈之:查民十七继续征收加价两元,钧府曾声明一年为度,即须停止。嗣后年复一年,为无期之延长。政府失信于民,莫此为甚。夫民无信不立,国而无信,何以立国?欲求政令之推行，必保全政府之威信，此亟应停止者一。农村经济，濒于崩溃，推其原因，虽因米价之贱，实由赋税之重。关心民瘼者，大声疾喊，群谋救济，乃犹沿袭军阀时代额外之苛征，朘削不已。夫民为邦本，本固邦宁；民心离散，国必瓦解，此亟应停止者二。吾苏各县，自二十年水灾以来，田赋积欠累累，所收不过五六成之谱，此非人民不知急公，实由重赋积困所致。惟须减轻目前之担负，庶可希望旧欠之清还。若再额外重征，是困又加困，额征将无望起色，特征又何从罗掘？在省府空有增加收入之名，而实际反无形短绌。国库民生，两受其敝，此亟应停止者三。太、嘉、宝三县，去年受日蹂躏，人民十室九空，受灾之重为苏省各县所无。二十一年加漕两元，为全省通案所牵掣，人民一再呼吁，未蒙钧府鉴谅。受灾县分与未受灾县分同一待遇，揆诸事理，殊觉不平。喘息未定之灾黎，断难再任此额外之重负，此亟应停止者四。为此联名电陈，伏祈钧府将冬漕加价两元之特征名目，从本年度起，永远废除，以昭大信而苏民困。临电不胜迫切待命之至。唐文治、黄世祚、汪承修、顾瑞、钱诗棣、顾和澍、吴诗永、赵鼎奎、钱诵盘、潘昌豫、陈祖邕、金成墉、顾公亮、蒋恩鉴、龚宝琳同叩。卅。

　　（《太嘉宝三县请免冬漕加价》，见《申报》1933 年 9 月 5 日第 12 版）

8月（七月）　崇明、太仓等地受飓风之灾，先生设法募得款项若干，向两处灾民散放。

　　本年七月间，飓风为灾，海口冲决，崇明首当其冲，淹没田户数千亩，倒塌房屋数百家，灾民流离极惨。在苏晤谱兄王君丹揆，请为劝募发赈，余向溥仁慈善会、红卍字会两处尽力设法，幸宗弟申伯极为出力，共捐得三千元，丁君梓仁捐得一千元，上海同乡会捐得三百元，先后汇崇散放。太仓亦受风灾，情形较轻，由朱君恺俦、顾生公亮募款散放。

　　（唐文治《茹经先生自订年谱·癸酉六十九岁》）

同月　聘陈鼎忠为无锡国专教授。

　　七月招考新生，投考者极踊跃，录取一百余名。八月开校，实到新旧生二百六名。请湖南陈君天倪名鼎忠为教授，品行笃诚，学问渊博，著作极夥，真良师也。

　　（唐文治《茹经先生自订年谱·癸酉六十九岁》）

按：陈鼎忠于本年 11 月 20 日，有致其子云儿的一封家书，叙及无锡国专任教后对校中同仁的印象，下面是涉及先生、唐庆诒及唐家人的部分："唐校长工夫，全在一'敬'字。端坐终日，毫不倾倚，貌极温和，言极恳挚。无论何矜才使气之人，一见即嗒然若丧,足见理学之力甚大。人无智愚贤不肖,未见有非议者。以此知诚能动物,非虚语也。或亦江苏人程度较高之故,若在湖南,恐不能免谤耳。其长世兄谋甫[伯](俞庆棠之夫),余昨日始见之,年三十六岁,而貌娟好如十七八女子,道德、中英文、科学均好极(据人云伊著译甚多),平生未见此人。目亦双盲,但尚能辨昼夜,未如唐校长之甚。不知何故家多患盲,甚可悲也。唐先生全家孝友,独未足异;所异者小孙三数人,十岁教八岁者,八岁教六岁者,以次相传,极合规律,无一轻举妄动。十岁以上,即写日记,中多理学语。余见此,恍游于洛、闽之域矣……唐校长家无余资,而园林亦颇优美,盖为奉养故也(其封翁民国十四年去世,寿八十六岁,唐校长以民国二年移此)。"(见陈鼎忠《尊闻室剩稿·家书》)

无锡国学专修学校自经唐蔚芝校长开办以来,逐渐进步。前年建造图书馆,并新筑校舍,聘请福建名士陈石遗先生讲学,本年又添聘前湖南大学教务长陈天倪为史学教授。兹闻该校经各校董筹商,将校舍尽力扩充,建造新楼房十二幢,约可多容学生百名,并开关操场,增加各项设备,俾学生锻炼身体,振作尚武精神。一面重建忠义孝悌祠,保存古迹,挽救颓风。并选刻历年毕业论文,贡献社会,以觇成绩。又闻该校定于本月二十二日招考新生,科目为党义、经史、时务、论说、国学常识,并加以口试。报名颇形踊跃。

(《无锡国专添聘教授》,见《申报》1933 年 7 月 18 日第 16 版)

9 月 4 日(七月十五日)　先生等太仓县士绅分别致电江苏省政府顾祝同及财政厅、建设厅厅长,请求拨款抢修出险的太仓海塘。

电省拨款抢修　太仓县士绅唐文治等昨分电省政府、财政厅、建设厅,请加拨的款□急。原电云:

镇江省政府顾主席、舒厅长、董厅长钧鉴:冬夜飓风为灾,太境海塘出险多处。现拟抢险之处,毁坏愈甚。秋汛瞬届,请迅派员履勘,并加拨的款,或就本县应解忙漕,移拨应急,以防溃决成灾。迫切待命。太仓县士绅唐文治、朱增元、吴诗永、钱春沂、蒋育仁、洪保婴叩。支。

(《浏河海塘亦告出险》,见《申报》1933 年 9 月 5 日第 13 版)

按: 在代日韵目中,"支"为 4 日。

9 月 5 日(七月十六日)　下午,宝山、太仓两县公团代表及地方士绅召开紧急会议,议决公推代表赴省请求立即拨款抢修两县出险海塘,并由先生等两县士绅代表分别致电国民政府、行政院呼吁救济。

昨日(五日)下午二时,宝山、太仓两县公团代表暨地方士绅,在仁记路合开紧急会议。计出席宝山县长金庆章,科长畲应铎,士绅张公权、徐纪钟,太仓县长洪孝斯，士绅唐文治、朱恺俦、洪景年等，议决两县公推代表赴省，分谒顾主席、舒财厅长、董建厅长等，请立拨巨款抢修。代表人选计太仓洪景年、蒋育仁、钱春沂、吴省三，宝山施文冉、潘孟翘等，克日动身赴省。并由两县士绅唐文治、张公权等分电国民政府、行政院呼吁救济。

（《两县士绅联席会议》，见《申报》1933 年 9 月 6 日第 11 版）

按：上引报道中记先生出席两县联席会议，或当是指派代表出席。

9 月 11 日（七月二十二日） 先生等太仓县士绅致电江苏省政府顾祝同及财政厅、建设厅厅长，请求电令太仓县县长等，对于抢修出险海塘须切实办理。

太仓士绅十一日电省府云：

镇江省政府顾主席、财政厅舒厅长、建设厅董厅长钧鉴：海塘失修，破裂层见，经此飓风，毁坏尤甚。倘徒以泥袋抢险，不久即溃，经费等于虚掷。恳电令张委员、洪县长，须以椿石估计，切实办理。迫切待命。太仓县士绅唐文治、朱增元、吴诗永、钱春沂、蒋育仁、洪保婴叩。真。

（《太仓士绅电请修塘 省府已派员指导》，见《申报》1933 年 9 月 14 日第 10 版）

按：在代日韵目中，"真"为 11 日。

9 月 20 日（八月初一日） 因 18 日飓风导致太仓海塘二次出险，先生再次致电江苏省政府顾祝同及财政厅、建设厅厅长，请求拨款抢修太仓海塘，并筹持久计划。

十八晚飓风猛袭，竟将正在抢修之浏河口、南王家码头七十余丈，及阅兵台北六十余丈、大码头十余丈工程，完全冲去，卷去麻袋四千余只，击断木桩数十根，全功尽弃。所有塘面冲剩一、二、三尺不等，王家宅地方决口五丈余，冲毁民房数家；浏河口北道堂庙南首决口九丈余，水淹数里，田庐尽没，并冲毁该段土塘十余丈，尚有水泥工石工等亦尽冲毁。此外如方家堰新工南首坍去土塘约十五丈，阔一丈余，石滩坡完全冲坏。又水泥脚下之石滩坡完全冲溃，及囊塘面冲去四处，长四五丈不等，阔一丈余。又新工北首共毁南北两处，长四十余丈，阔二丈余，下面石滩被冲毁六十余丈。又水箭之北冲坏土塘二十余丈，塘面冲剩二三尺不等，形将溃决，势颇危急。除由海塘技术巡塘张、朱两委员电报太仓洪县长外，护塘委员会昨开紧急会议，由唐文治拍电省政府，请速加拨巨款抢修，并筹持久计划云。兹将电稿探录如下：

镇江省政府顾主席、舒董两厅长钧鉴：巧晚飓风，太塘二次出险情，情形尤重，乞迅加拨巨款抢修，并筹持久计划。太仓护塘委唐文治印。哿。

（《唐文治哿电》，见《申报》1933 年 9 月 21 日第 9 版）

按：在代日韵目中，"哿"为 20 日。

约同日　先生等江苏各县耆绅分别致电国民政府、中央党部、行政院、财政、内政各部长,反对征收永佃契税。

江苏各县耆绅王清穆、唐文治、张一麐等,为苏省府征收永佃契税,分电国民政府、中央党部、行政院、财政、内政各部长云:

苏省府议决公布征收佃权契税章程,并经征规则,报纸详载,厉行在即,违法扰民,群情愤急。当此农村破产,已成事实,若再每亩征收永佃契税五角,不啻落井下石,置疲农于死地。苏府如此倒施,来日祸患堪虞。谨先电恳,伏乞钧座严查,限令撤销。

(《苏州各县耆绅反对永佃契税》,见《申报》1933 年 9 月 22 日第 8 版)

仲秋　同乡张亮孙请先生题其十世祖张溥遗像,乃作《张天如先生遗像记》一篇。不久又作《林燮轩先生墓表》及《毕君枕梅传》。又编《茹经堂论文》一卷示诸生。

玉儒表弟为张君亮生介绍,请题其九世祖张天如先生遗像,余作记一篇,历叙吾娄掌故。适庆诒等为余购天如先生《汉魏百三家集》一百册,读其题辞,门径厘然,文气亦醇厚有味。旋又作先师福建《林燮轩先生墓表》,并同乡《毕君枕梅传》,因悟文章变化法,全在承转提顿处,有令人不测之妙。爰编《茹经堂论文》一卷示诸生。

(唐文治《茹经先生自订年谱・癸酉六十九岁》)

癸酉仲秋,同乡张君亮孙属表弟黄君玉儒为介,乞题其十世祖天如先生遗像。余于先生,向所服膺者也,式瞻遗像,有不胜感慨于怀者,爰谨记其后曰……

(唐文治《张天如先生遗像记》,见《茹经堂文集三编》卷六)

按:上引《茹经先生自订年谱》"玉儒表弟为张君亮生介绍,请题其九世祖张天如先生遗像",而《张天如先生遗像记》中"张君亮生"作"张君亮孙","九世祖"作"十世祖",此姑从后者。

金山高燮将先生所著《诗经大义》收入《葹庐丛书》印行。

余前编《诗经大义》分伦理学、性情学等八类,吴县单君束笙、同乡朱君叔子为之注释,每篇后并标诗旨,颇为精核。金山高君吹万名燮来索阅,因寄去。高君大叹赏,出赀为印入《葹庐丛书》,极可感。葹庐者,高君书斋名也。

(冯)振谨案:先生以孔门之教,学诗曰兴观群怨,事君事父,多识而已。事父事君,伦理学也;可以兴,可以怨,性情学也;可以观,政治学、农事学、军事学也;可以群,社会学也;多识,修辞学也;伦理性情之精微,义理学也,于是作《诗经大义》九卷,卷首纲要,卷一以下分选诗篇为各学:伦理十六篇,性情十六篇,政治十六篇,社会十六篇,农事六篇,军事十五篇,义理十篇,修辞八篇,其《诗经大义自序》及八分类序并编入《茹经堂文集三编》,尚未刊。

(唐文治《茹经先生自订年谱·癸酉六十九岁》)

　　高子(按:指高燮)性耽诗学,号其居曰范庐,尝印余所撰《诗经大义》,辑入《范庐丛书》,余常讲授于国学专修学校。

(唐文治《吹万楼文集序》,见《茹经堂文集五编》卷五)

10 月 13—14 日(八月二十四—二十五日)　先生应苏州国学讲习会之邀,赴苏州讲学,演讲《论语大义》《孟子大义》等。

　　八月初,苏州国学会李君印泉名根源、金君松岑名天翮等约余赴苏演讲。爰于是月二十四日到苏,住福州同年陈君石遗家,讲《论语》《孟子》并《性理大义》。二十五日早,访叔彦一谈,傍晚返锡。讲义印入《国学论衡》中。

(唐文治《茹经先生自订年谱·癸酉六十九岁》)

　　叔彦吾弟同年大人如手:……兄因苏州国学会金君松岑坚约前往讲学,未便固辞,拟于八月廿五日到苏,即日到会,拟讲《论语》学。廿六日早当诣尊府,略罄积愫,恐未能多谈。是日讲《孟子》学、性理学。四时即返锡。前次兄到苏,承吾弟殷勤接待,实抱不安。此次因陈石老再三邀住其家,又念尊体正须静养,不复扰动。抱歉之忱,务祈见宥为荷,余容面罄。敬请道安。年如小兄唐文治顿首。

[虞万里、许超杰整理《唐文治致曹元弼书札编年校录》(书札之七十四)]

　　八月,国学会也邀请唐文治来苏讲学,二十四日到苏,二十五日傍晚回锡。

(诸祖耿《章氏国学讲习会纪事》)

　　按:先生这次苏州讲学的演讲稿后以《苏州国学会演讲录》为题,载录于《茹经堂文集三编》卷三。《苏州国学会演讲录》分《论语大义》和《孟子大义》两部分,先生在演讲开头提到:"迄乎近世,文化更不及曩时,将何以挽救之? 鄙意国有文化,方可救国;苟不用孔子学说以振兴之,虽欲救国,其道无由。故惟尊孔读经,乃能救国。犹忆民国初年,英使朱尔典回国时,尝谓福建严又陵先生曰:'中国决不至于亡国,盖国有大宝,如四书五经,诚能发扬而光大之,取之无尽,用之不竭,富强可立而待。'此意与鄙见不谋而合。鄙人之所以主尊孔读经者,在救人心与救人命。"

　　前天唐蔚芝先生到苏州国学会演讲孟子学,说孟子七章,只是义利之辨。并且慨叹于近今的朝野,大有"上下交争利"的局面。说得非常透彻,不是像《十三经注疏》般,以经解经,弄得人头昏脑胀,结果还是莫名其妙。

(烟桥《义与利》,见《申报》1933 年 10 月 19 日第 19 版)

本邑国专校长唐蔚芝先生于昨日上午赴苏讲学等情,曾纪本报。兹悉唐
先生于前日抵苏时,到站欢迎者,有李根源、陈石遗、金松岑及张一麐氏代表徐
沄秋诸君。唐氏下车后,由本地士绅名流举行公宴于胭脂桥陈宅,出席者为章
太炎、苏炳文、费仲深、李印泉、吴子深、金天翮、张一麐、郭竹书、徐沄秋等四十
余人。午后二时半,唐氏至公园图书馆国学会演讲论语学,听者达一百余人。
馆长杨咏裳君殷殷招待,异常忙碌。晚间由苏炳文将军设宴私邸,邀请诸老及
国专教授冯振心君,欢叙一堂,畅□学术。儒将风雅,苏将军可当之无愧。昨
日上午九时及下午五时,章、唐两大师又均在公园图书馆举行国学演讲,听者
甚众。唐先生演讲毕,即于六时许乘车返锡云。

（《国学大师唐蔚芝昨晚返锡》,见《新无锡》1933 年 10 月 16 日第 2 版）

按: 上引几则文献记先生到苏州日期不尽一致,其中《茹经先生自订年谱》中
记"爰于是月二十四日到苏",章氏弟子诸祖耿《章氏国学讲习会纪事》一文中说:
"八月,国学会也邀请唐文治来苏讲学,二十四日到苏,二十五日傍晚回锡。"此
从之。

10 月 21 日（九月初三日） 章太炎应先生之邀请,再次从苏州至无锡。下午
在无锡国专大礼堂演讲,讲题为《适宜今日之理学》。

当代朴学大师章太炎先生,应本邑国专唐蔚芝校长之请,由苏来锡讲学两
天,于昨日上午乘十一点快车抵埠,随行弟子有苏州东吴大学教授、振华女学
副校长王佩诤,及苏州中学高中部教员诸祖耿、徐沄秋、王乘六、王颂平等,由
国专教导主任冯振心到站欢迎章氏至校,唐氏即设宴招待。下午二时,章氏在
国专,登台演讲,听者数百人,讲题为《现代适用之理学》。

（《朴学大师章太炎昨日来锡讲学》,见《锡报》1933 年 10 月 22 第 2 版）

10 月 22 日（九月初四日） 下午,章太炎在无锡国专大礼堂讲《中国人种之
由来》。

朴学大师章太炎氏前日抵锡演讲,详情已志本报。兹闻章氏于昨日上午
九时,偕及门弟子王謇、王乘六、诸祖耿、徐澄、王颂平等五六人,畅游惠山,徘
徊漪澜堂上,酌泉试茗,复至竹庐山房、云起楼、寄畅园等处游览。下午二时
半,在国学专修学院讲《中国人种之由来》。

（《朴学大师章太炎试泉漪澜堂》,见《锡报》1933 年 10 月 23 第 2 版）

10 月 23 日（九月初五日） 上午,章太炎在省立无锡教育学院讲《农村教育家
对于将来中国农政上应有之准备》。

朴学大师章太炎氏,昨日上午应省立教育学院院长高践四及创办人俞庆

棠之请,于八时由高院长亲诣国专唐校长私邸,恭迎章氏至院。遍览一周,对于高、俞两君历年成绩,异常赞美,乃手篆"士食旧德,农服先畴"八字为赠。九时许,在该院大礼堂开始演讲。题为《农村教育家对于将来中国农政上应有之准备》,援古证今,经经纬史,听者大为心折。随从弟子记录讲稿者仍王睿、诸祖耿、王颂平、徐云秋等。章氏正午由高、俞两君设宴款待。席散后,并由高院长等导游梅园、鼋头渚、万顷堂、小箕山等。游筇所到,湖山生色,流连久之。至六时许,由国专及教育学院两校代表送章氏至车站,乘下行□返苏云。

（《朴学大师章太炎教育院演讲》,见《锡报》1933 年 10 月 24 日第 2 版）

按：据《新无锡》1933 年 10 月 23 日第 3 版卢景纯《经学大师章太炎先生讲学记》中所记,先生赴苏州讲学时,曾"面邀章先生,二次来锡",于是有章太炎本年中的第二次无锡讲学之行。

又按：本年中章太炎两次赴无锡国专讲学,其间先生也应邀到苏州讲学,这实际上是无锡国专和苏州国学讲习会之间的双向学术交流活动。此外,作为一种交流学习活动,先生不但"请进来",还让学生"走出去",曾选派高年级学生前往苏州章氏国学讲习会听课,每周两天。详见本书 1935 年事中。

同日　原私立无锡中学工友、刚在全国运动会上获万米赛冠军的金仲康至无锡国专看望先生。

昨天（廿三）金仲康到我们国专来见唐校长,我见他穿着老布的学生装,胸前挂着五六个运动奖章,一摇一摇地走来,瘦黄的面孔,真是一个乡下人,也许像一个铁匠,短小精悍,的确有一点运动员的色彩,这是体育界的要人啊！见了唐老先生,他们作下列的谈话：

唐先生："仲康,您在全运会中的万米赛跑很好,有了这样的成绩,得了这样的荣誉,倒没有把我忘了,还来看我。"

仲康："是的,是的。"

唐先生于是对仲康很诚恳的说："我在报上见到薛汇东先生的一个电报,他很负责帮助你,能够有一点益处于您吧？从前你在私锡中时,很喜欢弄弄刀枪,现在决不能把它忘了、丢了,因为将来也能够在这上面做一点事业,大则将军主帅,小则一二百一二千人的首领。空的时候,也可以看看书,我给您介绍一部书,是明朝打败日本的大将戚继光著的《战争实记》,里面攻守之策、作将的法则都有,将来您很有希望啊。"

仲康听了好似快乐的微笑着。

唐先生："现在您在哪里做事？"

仲康:"在江南体专肄业。"

唐先生:"还在读书? 什么时候毕业?"

仲康:"一年。"

唐先生:"出路问题可以解决吗?"

仲康:"大约可以有点小事做。"

唐先生:"那很好。我很希望你能够努力啊。"

仲康:"我还要去看薛汇东先生呢。"

唐先生:"好好。"

唐、金:"再会!""再会!"

金仲康退后。

"仲康,你在全运会胜利后,还预备练习吗?"有一个同学问。

仲康:"要练习的,明年也许出席远东会呢。"

"远东的记录还要高些呢。"同学说。

仲康:"那我只要努力练习后,一定有长进的。"

"菲列滨气候要热些呢?"同学说。

仲康:"那我在热天格外跑得好些。"

至此,仲康便去了。

(老祥速记《唐文治先生对金仲康谈话》,见《新无锡》1933 年 10 月 27 日第 4 版)

　　按:上引报道中的金仲康,武进嘉泽乡厚村人,1901 年生。据金中元《著名长跑运动员金仲康》一文中记,金仲康因家中经济拮据,随大哥外出谋生,在私立无锡中学当工友。他爱好体育,利用业余时间练习田径运动。上引文中记先生与金仲康的谈话:"从前你在私锡中时,很喜欢弄弄刀枪""仲康,您在全运会中的万米赛跑很好,有了这样的成绩,得了这样的荣誉,倒没有把我忘了,还来看我",可知金仲康在私立无锡中学当工友,正是在先生担任该校校长期间。《著名长跑运动员金仲康》一文中又记,1933 年 10 月中旬,全国运动会在上海召开,在万米赛中,金仲康以三十四分四十七秒四的成绩获得冠军。当时并无异议。翌日晨,却有人说,裁判员记圈有错误,硬说金仲康少跑一圈。取消冠军资格,以第二名至第五名补进,全场哗然,引起激烈争论。江苏省体育代表提出抗议,证明金仲康绝未少跑,总裁判不予采纳。著名学者、无锡人薛学海(即上引文中提到的薛汇东,汇东是他的字),曾留学美国威斯康星大学,也是体育爱好者,目睹现场,出面以身家担保,亦无济于事。乃求其次,要求再跑一次以澄清是非,经多次据理力争,加上观众的呼声,才被大会采纳,不得已在大会闭幕之日,举行所谓万米表演赛。金仲康在万米表演赛中再度获得冠军。此次比赛后不久，金仲康即回无锡看望先生和薛学海等人。

本年　无锡国专学生徐义等九人经叶长青介绍，拜陈衍为师。另有几位国专学生知道此事后，也想向先生行拜师礼，先生答以"诸生来校肄业，与鄙人师生名分已定，诸教授皆诸生之师，不必再向鄙人行拜师礼"。

　　1933 年，徐义、薛思明、任谷等九位同学请总务主任叶长青介绍，拜陈石遗教授为师。正点燃红烛欲行拜师礼，冯先生赶来了，坚请和学生们一同拜师。礼毕，陈石遗教授赋诗一首为赠，并对冯先生说："'十乱才难'，你就权充'妇人焉'。"这首诗已不易看到。前几年，许莘农校友的诗友偶然发现，抄寄于许。其诗曰："弇山吴会英才集，十乱才难仅九人。我有郁林老都讲，葫芦依样却翻新。"

（无锡国专南京校友会《怀念冯振心先生》，见《冯振纪念文集》）

　　三年级学生薛玄鹗（思明）等九人，希望能多接受石遗先生的教导，征得他老人家同意，定期举行拜师礼。仪式很隆重，在图书馆东侧平房内，点了一对红蜡烛，请老师上坐，每人向老师作一长揖。冯振心老师知道了这件事，也来行礼，请列为弟子。陈石老当时曾写七绝一首叙其事。薛思明曾背给我听过，现在已记不起来了。我听薛思明说："以前冯先生请石老改诗，石老很客气，偶然提一二点个人的看法，请他自己斟酌。冯先生的诗文本来就很好，自从行过拜师礼，石老稍加改动，益增风采。他还讲为什么要这样改，我们听了得益不浅。"同学们知道这件事后，有几位也想在毕业前向唐校长行拜师礼。唐校长没有同意，他说："诸生来校肄业，与鄙人师生名分已定，诸教授皆诸生之师，不必再向鄙人行拜师礼。"此事不知怎么传到了陈石老那里，他对薛思明他们说："唐校长所见甚大，我和诸君多此一举了。"薛思明又说："石老和冯先生本系同事，所以拜师前很客气。至于对学生，拜师前后看不出有什么两样，只是我们以前不好意思经常去请教他。"后来陈老也不再接受学生的拜师礼，学生要问他什么问题，他总是热情接待。

（黄汉文《记唐文治先生》）

1934 年(甲戌　民国二十三年)　70 岁

1 月 6 日(癸酉年十一月二十一日)　先生致函江苏省教育厅厅长周佛海,呈报无锡国专毕业试验委员会名单。

为呈复事。案奉钧厅第一〇一八号函开"案奉教育部第一三三二八号训令,开'查《大学规程》第十七条规定,毕业试验由教育部派校内教授、副教授及校外专门学者组织委员会举行之。校长为委员长,每种科目之试验,须于可能范围内有一校外委员参与。《专科学校规程》第十七条内有同样之规定。惟自颁行以来,各校办理情形不无参差之处。为特重行通饬,自本学年起,各校毕业试验均应一律遵照上项规定办理。前先拟具名单呈候本部核定,以符法令,除分行外,合行令仰该厅能饬省立及已立案之私立大学学院专科学校遵照,此令'等因。奉此,除分行外,相应函达,即希查照办理"等因。奉此,查本校现拟于一月间举行第十一届毕业试验,先经呈奉教育部第一二八二八号指令,开"准予届期举行毕业试验"在案,兹奉前因,谨遵依《专科学校规程》第十七条之规定,组织委员会。遵令先期拟具名单呈送钧厅,赐予察核。转呈教育部饬遵,实为公便。谨呈江苏教育厅厅长周。(附呈毕业试验委员会名单)私立无锡国学专修学校校长唐文治印。中华民国二十三年一月六日。

[《唐校长呈江苏省教育厅函文(毕业试验委员会成立)》,见陈国安等编《无锡国专史料选辑》]

按: 附呈的《毕业试验委员会名单》,校外委员有陈柱、高阳、俞庆棠等三人,校内委员有唐文治、冯振、朱文熊、陈天倪、徐景铨、叶长青、李惕平、陆修祜等八人。

2 月下旬(正月中旬)　无锡国专开校,学生到者二百余人。(据《茹经先生自订年谱·甲戌七十岁》)

3 月 25 日(二月十一日)　先生等无锡士绅致电省厅,请求保护无锡东门外尤渡里的明代尤氏古墓。

本邑东门外尤渡里地方,有尤氏明代古墓一所,载在府志县志,从祠乡贤祠及名宦祠。最近锡沪公路路线将该名墓划入。尤氏后裔尤干丞得悉后,即电呈省厅请求绕避在卷。昨日复有中委吴稚晖、实业部商业司长张轶欧及地方人士唐文治等二十余人分电省厅，请迅赐饬属改正，将绕避图样重绘，以保古董，原电从略。并闻建设厅已令县政府查明具复，再行核办。

（《吴稚晖等请保古墓》，见《申报》1934 年 3 月 26 日第 9 版）

3 月（二月）　先生应邀为《交通大学民二三级毕业纪念册》题词。

本月（按：指 3 月）　前校长唐文治应邀为《交通大学民二三级毕业纪念册》题词。唐文治在文中盛赞黎照寰"功业恢张，体用兼备，造就日宏，工程师几遍国中而人格高尚，中外交相称誉"；同时，唐勉励诸毕业生"志愿科学，精益求精，务期加人一等，而于心术品行更复尽心修养，蔚成救国人才"。

［上海交通大学校史编纂委员会编《上海交通大学纪事(1896—2005)》］

春　先生购得明代罗洪先之《罗念庵先生文要》，极宝爱之。

甲戌春，阅上海书肆目录，有明代《罗念庵先生文要》四册，共六卷，价二十金，余拟以十二金购之。书贾报曰："此理学书，故可贱值，他书不为例。"余叹曰："嗟乎！理学书为国人贱如是乎？"展读确为明版，前有邹东皋先生序，手迹翻刻，余极宝之，置卧室中，嗣因撰《性理救世书》，移庋家祠书架。

（唐文治《罗念庵先生文要跋》，见《茹经堂文集四编》卷六）

按：此书后被人窃去，见本书 1936 年事中；再后来又失而复得，见本书 1937 年事中。

春　长子唐庆诒因目疾未愈，视力日退，患神经衰弱症，请无锡邓星伯医生诊治，在家休养。

大儿庆诒因目眚未愈，抑郁成疾，惊怖恐惧，夜不能寐。请锡医邓惺［星］伯先生诊治，在家休养。

（唐文治《茹经先生自订年谱·甲戌七十岁》）

民国二十三年，三十七岁。去年秋，余回校后，寓三进洋房楼上，目光日退，苦闷万分，每晚借酒浇愁，并强记韩文，精神大损，觉思想飘忽不定。有时仿佛闻雷声，似当头霹雳即将击下者。至学期结束，即回锡在家休养，而心神恐怖益甚，夜不成寐。某晚静坐，觉白光一点，自头顶飞出，嗡然作声，头痛如裂。晚间服安眠药至五六粒之多，亦无效果，鸱叫犬啼，莫非恶兆。此后病势日剧，某日上午，忽觉此身判裂为二，时断时续。有时有二我相对而坐。午餐时，似有黑云自天而降，笼罩全身，随即昏厥，约半分钟始醒。自觉沈沦苦海，与尘世隔绝。吁，人生到此，尚何言哉！

余自去年冬，左目完全失明，即患神经衰弱症。本年春，请无锡邓惺［星］

伯医生诊视。

（唐庆诒《忆往录》）

4月（三月） 先生所著《礼记大义》作为《无锡国学专修学校丛书》之二出版。

按：先生《茹经先生自订年谱·癸酉六十九岁》：“寒假后整理《礼记大义》，助余缮校者，高君涵叔也。共四十六[九]篇，分四卷，而以《类别提要表》等别为首卷。”又《茹经先生自订年谱·甲戌七十岁》：“二月，《礼记大义》整理完竣。”《礼记大义》由无锡锡成印刷公司印刷。此书版权页未标明出版年月，但据《无锡国学专修学校概况·大事记》记载，是书于本年4月出版。全书共四卷，49篇。另有《小戴礼记四十九篇类别提要表》《小戴礼记源流义例考》《礼记应读书目表》三篇作为“卷首”。

同月 上海圣教杂志社出版《徐文定公逝世三百年纪念文汇编》，先生作题辞。

明代徐文定公，讳光启，精通科学，开中国风气之先，其功在西儒南怀仁、利玛窦之上，流风所被，中外咸钦。余往年主持南洋大学时，赴徐汇教堂，闻公遗行，慨想流连。今岁为公逝世三百周纪念，公后裔宗泽来书，属纪其事。呜呼，古人有言：“莫为之前，虽美弗彰。”国人竞言救国，抑知救国必须科学人才，以道德仁义为之根柢，庶几体用兼备，有以发愤自强。兹者，吾国科学日益卑浅，所谓人才者安在？所谓道德仁义者又安在？虽有人开其先，而无人能继其后，吾为此惧矣！记公之事，不禁为之长太息也！甲戌春，太仓唐文治敬题。

（《徐文定公逝世三百年纪念文汇编题辞》，见《徐文定公逝世三百年纪念文汇编》卷首）

4，5月间（三月） 本年初，先生长南洋大学时的学生胡端行、张廷金等人为庆贺先生七十岁生日，发起集资。至农历三月，于无锡五里湖滨之琴山山腰，购地十余亩，筹建茹经纪念堂。

三月，门人太仓胡粹士及无锡张贡九，以余七十初度，发起醵资，在锡邑建筑茹经纪念堂，辞之不得。由薛君明剑等相地于五里湖之琴山腰，购地十亩许。昔俞曲园先生在西湖建筑俞楼，自谓有玷湖山。余不及曲园令望，抱惭益甚矣。

（唐文治《茹经先生自订年谱·甲戌七十岁》）

盖闻阳回闻苑，群仙拜南极之星；春到蓬莱，乐府奏寿人之曲。此在常人，犹申祝典，况齿尊德劭如我夫子茹经先生者乎？先生以娄水之名门，负荆川之雅望。一官从征，殷箕陈洪范之畴；万里随槎，曼倩有十洲之记。既而收骠宦海，设教上庠，广厦万间，竹箭尽当时之美；龙门千尺，桃李皆只手所栽。请受业者何止三千，知名世者必期五百。弦歌徐汇，长流洙泗之风；讲授东林，广布河汾之教。明岁甲戌春正月，我夫子当杖国之年矣。梅边一叟，照白发以如银；霜后群葩，养朱颜而不老。仁者必寿，道体常冲。凡我同门诸子，昔坐春风，同沾化雨，理合跻堂晋祝，酌兕开觥。然而绮席琼筵，清丝豪竹，概无当于寿世，更有异于儒风。同人等爰谋鸠资，建茹经之堂，于无锡学宫之侧。武夷精舍，晦翁点易之居；安乐行窝，康节谈经之地。所以寿夫子以无穷者，莫善于此矣。以我夫子门墙之广，声气之宏，集腋成裘，倘非难事。他日者上梁文就，介寿筵开，霁月光风，八象都归一室；松岭鹤算，卅年更祝期颐。尚望诸同门之共襄盛举，早观厥成也。是为启。

广征发起人启示

敬启者：今岁蔚师七十寿辰，行等拟集赀建茹经纪念堂于无锡国学专门学校，以寿吾师。该校为吾师所手创，惨淡经营，日臻完善。筑堂于斯，既可以留纪念，并有裨于实用。阁下曾列门墙，共沾化雨，谅必深表同情，乐予赞助。惟兹事体大，需赖众擎。阁下誉望素隆，登高易呼，拟恳台衔列入发起，以资提倡而襄盛举，谨函奉达，至祈俞允，并于二月一日以前复示是荷。此请先生大鉴。陈柱、杨培玮、张廷金、裘维裕、冯振心、叶家俊、胡端行启。一月十九日

附启者：关于茹经堂建筑地点，南京傅志章暨无锡荣溥仁君两昆仲建议在太湖之滨、梅园对面琴山，相地兴筑，计占面积十亩，所有购地费已由傅、荣两氏完全担任矣，同人等亦表赞同，并已奉闻。胡端行启。

（《唐蔚芝先生七秩寿辰集资建筑茹经纪念堂启》，见《南洋友声》1934 年第 28 期）

新旧同学为庆祝前校长唐蔚芝先生七十诞辰，拟酿金筑茹经纪念堂于太湖之滨，各情曾志前刊。兹悉已由同学丁燮林君等一百四十八人具名发起，精印启文寄出，并各附以印就之复信一张，以便同学等随时填复。惟该启之后（启文已载上期不赘），有附启三则，照录如次：

一、建筑费以一万元为最低额。

二、捐款二十五元以上者，镌名于纪念堂内。

三、非及门同学凡与蔚师有交谊者，如愿捐款，亦甚欢迎。

（《筹建茹经纪念堂近讯》，见《南洋友声》1934 年第 29 期）

5 月 2 日（三月十九日）　中午，江苏省教育厅厅长周佛海在视察无锡教育的过程中来到无锡国专，先生接待并导观学校。

江苏教育厅厅长周佛海氏视察无锡教育各节，已志前报。五月二日晨七时，周氏在教育学院操场观早操毕，即赴省立无锡师范，由沈佩弦校长引导，视察全校及附小，多所指示。在校午餐后，赴国学专修馆视察，耆年硕望之校长

唐文治氏亲出欢迎,导观全校……

[《苏教厅长周佛海视察无锡教育(二)》,见《申报》1934年5月5日第14版]

5月6日(三月二十三日)后　立夏后,先生左臂肩忽剧痛,半月后渐愈。

叔彦吾弟同年大人如手:前复寸笺并汇书款,计邀荃察,辰维著述康娱,式符心祝。时令寒暖不常,尊患肝阳、臂痛均不至发作否?系念之至。兄于立夏节后左肩臂忽剧痛,骨节内淅淅作响,几不能举饭碗。急于肘腋前后贴宝珍膏二枚,半月后贴处发痒,现已逐渐向愈,惟略觉发酸,请舒锦注。吾两人同病相怜,岂真力小任重欤,抑从前背考篮之咎欤?可叹可笑……年如小兄文治顿首。

[虞万里、许超杰整理《唐文治致曹元弼书札编年校录》(书札之八十)]

5月18日(四月初六日)　无锡国专教授朱文熊因突患中风而辞世。20日,国专师生举行公祭仪式。27日上午,全校师生在大礼堂举行隆重的追悼大会。先生作《朱君叔子墓志铭》。

四月间,教员太仓朱君叔子在锡寓病卒。临殁前一夕,在余家小饮,相叙甚乐,不意翌晨猝患中风,口不能言,午后即卒。朱君品端学富,文采斐然,与余自幼相识,五十年交情,不胜惨怛。遗著有《庄子新义》。冯生振心暨诸同学为之校印行世。

（唐文治《茹经先生自订年谱·甲戌七十岁》）

甲戌夏,遽以中风证卒。余哭诸寝门之外,友朋弟子,往吊多有泣下者。

（唐文治《朱君叔子墓志铭》,见《茹经堂文集三编》卷八）

按:崔龙《先师太仓朱先生诗评手迹跋》(见《潜励斋初稿》)一文云:"后二月有十七日,先师(按:指朱文熊)授昌黎《丞壁记》,往复朗诵,声琅琅达户外,自未及申,日暝乃休。翌晨,忽使来告,先师病矣,为中风。举校震骇,予急往视,侧卧,目微启,神志湛然,寒帷呼朱先生者三,不应,盖已不能言。掩泪归校,方命膳,噩音至矣。"又《新无锡》1934年5月23日《国专师生追悼朱叔子》一文云:"本邑国学专门学校教授朱叔子君,平素身体康健,乃于日前(十八日)课后,突患中风,救治无效,逝世寓庐。"由此知朱文熊卒于本年5月18日。5月20日,无锡国专师生举行公祭仪式。据《新无锡》1934年5月25日彬彬《公祭朱叔子先生写真》一文载:"该校校长唐蔚芝先生在公祭之前,痛哭失声,聆者酸鼻。"5月27日上午,全校师生在大礼堂举行隆重的追悼大会。据《新无锡》1934年5月28日《凄风惨雨　朱叔子追悼会》一文载:"校长唐蔚芝先生(主席)就位时,失声痛哭,顿时全场空气紧张,随着下泪者大有其人。"详参刘桂秋《无锡国专编年事辑》。

5 月 29 日（四月十七日）　先生致函谱弟曹元弼。此前，曹寄来《圣学挽狂录》《孝经郑氏注》《中庸通义》等书 7 种 54 册，庋藏于无锡国专图书馆，先生对此表示谢意。

> 叔彦吾弟同年大人如手：昨奉读惠书并大著《游归说》，敬审道体绥和，著述宏富。洛诵再四，至深佩慰。正拟肃函具复，又奉到寄书七种五十四册，业已庋藏馆内，俾诸生得资观摩。其中除《圣学挽狂录》《孝经郑氏注》《中庸通义》（《通义》似获至宝，尊意执谦，容再细读）拜领谨谢外，余均万无客气之理，为特补汇洋二十七元六角，另附邮费洋壹元六角一分。敬祈察收为荷。尚有《周易学》《礼经学》《孝经学》三种未蒙颁下，并请补寄，以窥全豹。该价容再寄奉⋯⋯年如小兄文治顿首。四月十七日。

> ［虞万里、许超杰整理《唐文治致曹元弼书札编年校录》（书札之七十八）］

5 月（四月）　先生所著《十三经提纲》作为《无锡国学专修学校丛书》之五出版。

按：《十三经提纲》，无锡民生印书馆印刷，1934 年 5 月出版。此书系将《十三经读本》中先生所撰的《十三经提纲》单独印成。

6 月 24 日（五月十三日）　无锡国专教授徐景铨在无锡寓所病卒，身后萧条。先生与无锡国专教务主任钱基博设法募捐，为之料理。

> 教员常熟徐君管略名景铨在锡寓病卒，身后萧条。钱君子泉与余设法募捐，为之料理。

> （唐文治《茹经先生自订年谱·甲戌七十岁》）

按：据崔龙《常熟徐先生管略墓志铭》（见《潜励斋初稿》），徐景铨"于中华民国二十有三年六月二十有四日殁于锡寓"。有关徐景铨病卒及师友追悼之详情，参见刘桂秋《无锡国专编年事辑》。

6 月 30 日（五月十九日）　上海交通大学举行第三十四届毕业生典礼，先生应邀参加并作演讲。又赴华东电气公司，读《诗经》《左传》四篇，灌录留声机唱片。

> 月杪，上海交通大学行毕业礼，校长黎君曜生名照寰坚请余往演讲。爰赴沪，见旧同学，相与执手欢甚，余离校已十有三年矣。旋赴华东电气公司灌留声机片音读文四篇。

> （唐文治《茹经先生自订年谱·甲戌七十岁》）

> 本市徐家汇国立交通大学于昨（三十）日下午三时，在该校文治堂举行第三十四届毕业典礼。到国民政府代表、立法院院长孙哲生，铁道部代表、京沪杭甬铁路管理局副局长吴绍曾，上海市秘密长俞鸿钧，该校前校长唐文治，暨

本市党政各界代表、该校全体师生等共千余人。由黎校长主席,刘泮珠司仪。
首由主席报告本届毕业生人数及该校二十二年度校务概况,并对毕业同学致
简短之训词,旋即授与各毕业生毕业证书及各项奖金、奖状、奖品毕,即由孙院
长、吴绍曾、俞鸿钧、唐文治及该校教职员代表、教务长张廷金相继致训词,语
多勖勉。最后由毕业生代表龚绍熊致答词。至五时许摄影、茶点而散。

（《各学校行毕业礼 交通大学》,见《申报》1934 年 7 月 1 日第 19 版）

七十岁时,华东电气公司把他(按:指唐文治)读的《诗经》《左传》等文章
灌成留声机唱片。

（陈有觉《唐文治先生事迹简介》）

6 月(五月) 改建盥洗室。(据《无锡国学专修学校十五周纪念册·校史概略》)同时
校中增建校景,种植花木,并建"茹经亭"。

> 校中增建盥洗室,训育吴君溉亭名良澍,布置校景,略种花木,筑一亭,以
> "茹经"名。同年陈石老撰联云:"栽培林木如名节,枕葄诗书此息游。"

（唐文治《茹经先生自订年谱·甲戌七十岁》）

同月 无锡国专举行第十班第十二届学生毕业典礼,毕业生计有李步青、张尊
五等 15 人。(据《无锡国学专修学校十五周纪念册·历届毕业生名录》及《茹经先生自订年
谱·甲戌七十岁》)

本年自春徂夏,迄未得雨。先生家特开一井,并遍劝锡邑乡人开自流公井,无
有应者。

> 本年自春徂夏,迄未得雨,旱既太甚,禾苗尽槁。读《云汉》之诗曰:"呜呼
> 何辜? 今之人!"痛心已极。余家特开一井,遍劝锡邑乡人开自流公井,无
> 应者。

（唐文治《茹经先生自订年谱·甲戌七十岁》）

约 6、7 月间(约五、六月间) 因徐景铨去世,教授陈鼎忠辞职,先后聘请刘朴、
钱仲联、杨铁夫担任教职。

> 而教员陈君天倪又辞职赴粤,爰先后聘湖南刘君柏荣名朴、广东杨君铁
> 夫、本校前毕业生钱生仲联名萼孙分任教科。

（唐文治《茹经先生自订年谱·甲戌七十岁》）

一九三五年中山大学请他(按:指陈鼎忠)去担任史学系主任,待遇高于
国专一倍,离家又近。但因师生情重,舍不得离开国专。他对其他教师说不能
两全,当回家与家属商议。唐先生闻之,对冯振心说:"陈先生下学期可能不来
了,热烈举行假期话别会。"会上,师生情绪很激动。陈先生回湖南后,来信辞

职,下学期到中山大学去了。

（黄汉文《记唐文治先生》）

按：陈鼎忠辞去无锡国专教职,是在 1934 年,而非黄汉文文中说的"1935 年"。

8 月 21 日(七月十二日)　曾在无锡国专就学的窦海淳因病去世,先生作《窦生海淳墓志铭》。

　　生初名襄腾,后易名海淳,江苏邳县人……又越数年,衔乃祖命来应无锡国学专修学校试。余口试时,生正容听,恭言,皆有序。余曰此世家子弟,无浮靡习,特拔之。在校恂恂循谨守程子四箴。校师朱叔子先生命赋《井泥诗》,成五言一章,神味骎骎入古。朱师激赏,阖校传诵。岁余,转入沪西光华大学……竟于八月二十一日卒。

（唐文治《窦生海淳墓志铭》,见《茹经堂文集三编》卷八）

8 月(七月)　无锡国专招收第十三班及补习班生共 96 人。(据《无锡国学专修学校十五周纪念册·校史概略》)本班录取的学生中有吴常焘(字孟复,后以字行),他于1933 年曾来投考无锡国专,因先生对其在口试中的回答不满意而未被录取,校务主任钱基博知道情况后,鼓励他"倘其有志,下次不妨再来",于是吴常焘于本年中改名再度应试,遂被录取。

　　七月,招考新生,录取一百余名。开校后,新旧生到者二百七十二名。

（唐文治《茹经先生自订年谱·甲戌七十岁》）

　　吴孟复于一九三三年夏从芜湖赴无锡参加国专招生考试,考试包括笔试和口试。笔试作文,题目为《王黎二家续古文辞类纂之比较》,因听段熙仲先生介绍过,写来较为应手。口试是先发一口试单,上有若干问题,每个问题下皆有一小栏供简单填写,由老师选择提问,再详细作答。校长唐文治先生亲自主持口试。老夫子双目失明,由钱锺书先生协助唱名、读口试单和记录口授评语。其时,钱锺书先生从清华毕业,来探望在国专任校务主任的钱基博先生,正逢国专招生,便临时帮办考务。他在清华就以博学闻名,西装革履,风度翩翩,第一次相见,在来自私塾和中学的少年吴孟复心中,便留下了难以磨灭的印象。口试开始,吴孟复见"曾读何书"一栏甚狭小,便写上"方寸之纸,何能尽胸中之书";又于"立志如何"一栏写上"愿终身立足于考据之门"。钱锺书读过,唐老夫子便怫然不悦,稍停片刻,才缓缓说道:"诗文易作,文人皆能之;考据则惠、戴之后,门径已开,亦不难致。人之一生在做人。"遂不问其它。榜发,吴孟复未被录取。吴孟复少年气盛,作《别惠山》诗三首,发了一通牢骚,便去南京游玩。但心中总觉委屈,便致函钱基博先生,痛陈郁愤。他在考试期间看

· 889 ·

到过钱基博先生,但未与接谈。写信给钱先生,只是想把不便与唐先生说的话说给钱先生,钱先生作为除唐校长之外的负责人,又可能会向钱锺书先生了解情况,也许会主持公道,其实并没有得到答复的奢望。不料从南京回到芜湖,钱基博先生的复信就到了。钱基博先生在复信中说,前日试后,唐先生"令博搜遗,博得足下卷,以为必少年有才气者,持以请于唐先生。唐先生命查口试单,评分'下下',评语'言大而夸',以是不取。博甚惜之。以足下之才,闭户潜修,亦可有成。倘其有志,下次不妨再来"。一九三四年夏,吴孟复改名应试,口试由钱基博先生主持,遂被录取。从此,吴孟复与钱基博先生结下了师生之谊。

(纪健生《吴孟复心目中的钱氏夫子》)

按:纪健生《吴孟复先生学术传略》一文中亦叙及此事,情节较上文为简,但后面有一节可以补上文之不足:"入学后,唐先生发觉,告诫他说,不能停留在考据之学上,要进而治义理之学。并讲了做学问易、做人难的道理。先生在50年后写的《追怀唐蔚芝夫子》诗之三中表达了对这位先师的无限崇敬之情:'考据词章身外物,人生第一在为人。回头多少崎岖路,始信先生教诲真。'对钱基博先生的知遇之情,他也是终生感激的:'犹记梁溪应试来,搜遗竟许少年才。那知白首无成就,一度思公一自哀(《幼学杂忆》诗之三)。'"

同月 先生所著《周易消息大义》作为《无锡国学专修学校丛书》之六出版。

又修改《周易消息大义》,加入《读易反身录》一卷,并《应读书目表》,一并交冯生振心校正付印。

(冯)振谨案:《周易消息大义》发明十二辟卦消息,凡政治盛衰、国家存亡、人事吉凶、得失进退之道,靡不兼赅其中。《反身录》箴砭痛切,《书目表》说明汉宋家法,不堕空虚,允为学者必读之书,已刊入《茹经堂全书》及《无锡国学专修学校丛书》中。

(唐文治《茹经先生自订年谱·甲戌七十岁》)

下学期 先生为诸生讲授《性理大义》。

本学期,余讲授《性理大义》,于周子《太极图说》《通书》,张子《西铭》,程子《论性篇》及明儒王龙溪、钱绪山、王心斋诸先生学派皆有详论,拟编为《性理学发微》。

(唐文治《茹经先生自订年谱·甲戌七十岁》)

按:《无锡国学专修学校十五周纪念册·校史概略》记:"(民国二十三年)八月……本校丛书第六种《周易消息大义》出版。"

9 月 20 日(八月十二日) 先生致函谱弟曹元弼,告以近事两则。

叔彦吾弟同年大人如手:……酷热世界中,得差强人意者二事:先师元同先生《十翼后录》稿本为宁波张氏所得,兄现在借钞。又壬辰会试、甲午补殿试同年东莞张豫泉兄,本为陈东塾先生高弟,现辑元明遗民诗咏,得遗民四千五百人,诗一千八百篇,蔚成大观。近为作《重游泮水诗序》,特寄奉左右。秋暑中阅之,或可作清凉散也……年如小兄文治顿首。八月十二日。

[虞万里、许超杰整理《唐文治致曹元弼书札编年校录》(书札之八十二)]

按:先生《张豫泉同年重游泮水诗序》,见《茹经堂文集三编》卷五。

9 月 21 日(八月十三日) 孙女唐孝彩生,四子唐庆永出。(据《茹经先生自订年谱·甲戌七十岁》)

9 月(八月) 江苏省政府督促民间申报地价,将征土地税。先生与邑绅迭次呈请缓办,未能邀准。

本省省政府督促民间申报地价,将征土地税。余与邑绅迭次呈请缓办,未能邀准。

(唐文治《茹经先生自订年谱·甲戌七十岁》)

无锡城市地价申报办事处,自九月一日起实行挨户申报后,即由指导员带警先从南门一带逐户查填。惟户主多数未明真相,统由指导员代为填写,责令盖章。半月之间,进行颇为顺利。惟居户方面,自悉地价申报以后,将开征地价税及土地价值税,莫不群相惊骇,连日纷纷自动开会,集议办法。而县款产处、商会、第一区公所、城区各镇镇长暨市民唐文治、华文川等二百七十余人,又根据前次请求意旨,暨蒋委员长及省政府之批令,与蒋委员长最近令行苏省指示苏政六项意旨,先后电呈江苏省政府暨南昌行营,以无锡自清同治初年办理清粮以后,迄已七十余年,人事变迁,更改已多;况城市尤属犬牙相错,粮地实多不明,有不能申报之苦。应请先从整理土地,办理清丈,以符建国大纲,及蒋委员长最近指示苏政之旨,昨已分电南昌行营暨苏省政府,请求明令停止地价申报。

(《电请先办整理土地》,见《申报》1934 年 9 月 16 日第 9 版)

同月 先生致信黄侃,邀请其来无锡国专讲学。

(1934 年)中秋日丁酉(九之廿三,礼拜日)……昨得方天游(楚授)无锡教育学院书,内附太仓唐蔚芝(文治)先生国学馆书,邀往讲学。

(《黄侃日记·量守庐日记》)

按:《黄侃日记》中对此事未见后续的记载,从现在所看到的文献资料看,黄侃似未应邀到无锡国专讲学。

秋 先生长子唐庆诒两度赴上海,请沪医王金杰治疗神经衰弱症,病势渐减。

高君吹万函荐沪医王君仲奇为庆诒疗病,庆诒两次赴沪。至秋间,逐渐痊愈。

(唐文治《茹经先生自订年谱·甲戌七十岁》)

民国二十三年,三十七岁……秋间,两度至沪,请王仲奇医生治疗,病势渐减。

(唐庆诒《忆往录》)

10 月 17 日(九月初十日) 下午,上海筹募各省旱灾义赈会,于云南路仁济堂召开首次委员会议,先生在会上被推定为监事。(据《申报》1934 年 10 月 18 日第 11 版《各省旱灾义赈会议决募捐办法》)

11 月 2 日(九月二十六日) 参加军训之无锡国专学生由学校出发前往惠山,练习野外战术。整队出发时,先生率教职员检阅学生并训话。

本邑国专自办理军训以来,成绩甚著。本期复由训练总监部军训委员会派中央军校毕业生、粤人幸鹏云任该校军事教官,军纪益见整饬。昨日上午十时许,出发惠山,练习野外战术。取道新生路,出光复门,循通惠路直达惠山,演习三四小时之久,精神饱满,观者莫不惊叹。并闻当出发整队时,该校唐校长曾率同各职教员检阅及训话,谆谆勉励各生注意军纪,努力党国前途。听者莫不动容云。

(《国专军训》,见《新无锡》1934 年 11 月 5 日)

11 月 11 日(十月初五日) 无锡竞志女校教员叶昇至前西溪唐宅谒见先生,请先生为其所著《福建著作者志》作序。

十一月五日,星期一,雨。午后,去国专谒石遗夫子。因本晚病骥夫子请其赏菊并晚餐。午后四时半返寓。代骥师去请石遗师,是晚同席:石遗师、臧佛根局长、杨繁夫妇及余夫妇并侯师及师母、八奇九人,至七时散席。石遗并云:唐蔚芝校长已允为你作《福建著作者志》序,约你星期日去他家云云。

[《叶昇日记(1934 年)》,见《丹桂飘香——纪念叶昇先生诞辰一百二十周年》]

十一月十一日,星期日,晴。早八时至十时,在竞校继续讲《图书馆学述要》。十时半,去前西溪(无锡城内)谒唐蔚之(字文治)先生(因日前由陈石遗先生代求为余撰序,故本日往谒)。先生魁梧其貌,白其须,惟目失明,出入须人扶持。观其起居自然,初不知其失明,谈半小时即别。将《著作者》一、二两册暂存伊处。

[《叶昇日记(1934 年)》,见《丹桂飘香——纪念叶昇先生诞辰一百二十周年》]

11 月 22 日(十月十六日)　先生七十寿诞,恐亲友来祝,于本日赴太仓浏河扫墓。经过上海时,再赴华东电气公司,灌录留声机唱片。

　　十月十六日为余生日,因思程子有言,人子于父母殁后,生日当倍增痛,岂宜张筵作寿? 余恐亲友来祝,爰于是日赴刘河扫墓。过沪时,再赴华东公司灌音,讲演孝弟廉耻及读《诗经》《左传》法。

　　　　　　　　　　　　　(唐文治《茹经先生自订年谱·甲戌七十岁》)

按: 本年 6 月及 11 月,先生两次赴上海华东电气公司灌录留声机唱片。至 1948 年农历正月,由弟子薛桂轮、谢绍祖、周树慈、陆修祜、陆汝挺、冯振及长子唐庆诒等发起,在上海大中华唱片厂再次为先生读文灌制唱片,在当时刊发的《国学大师唐蔚芝先生读文灌音片征求预约启》(见《交大友声》第 2 卷第 1 期)中说:"回忆数年以前,先生有鉴我国读文法,将趋绝响,得陈其均、唐星海两先生之助,诵读诗文,灌制成片……惟时寇氛方张,莫由翻制。寒暑数易,什袭保藏。及国土重光,以绌于器械制作之材,屡谋翻制未果",则似本年中两次灌录的读文唱片,一直要到 1948 年才得以翻制发行。

　　当先生七十寿诞之时,与陈衍相约"不为世俗之文,互撰所著书总序为寿",陈衍乃先撰《太仓唐茹经先生全书总序》。

　　十月十六日为余生日……同年陈石老欲为余作寿序,再四辞之,乃集余所著书为总序,洋洋数千言,深可感谢。惟揄扬过当,心殊不安耳。

　　　　　　　　　　　　　(唐文治《茹经先生自订年谱·甲戌七十岁》)

　　蔚芝先生夏历十月十六日七十初度,公明年浴佛日八十初度,相约不为世俗之文,互撰所著书总序为寿。公先成《茹经堂全书叙》万余言,蔚芝先生继成石遗先生所著书总序。

　　(陈声暨编,王真续编,叶长卿补编《侯官陈石遗先生年谱》,见陈衍撰,陈步编《陈石遗集》)

　　衍讲学无锡国学专修学校之四年,校长唐茹经尚书,年七十矣。公之道德学问事功,衍知甚稔,欲为文寿公,公力辞至于三四。窃念公长农工商部有年,急流勇退,掌乡邦教育,造就弘远。自少潜心性理之学,治经汉宋兼采,著述已等身,犹复俛焉日有孜孜,动积稿盈寸,不能自休。叔孙穆子所谓三不朽,曾子固所谓蓄道德而能文章,公以一身备之,求之近代,视安溪李榕村相国、桐城方望溪侍郎,盖有过之。公以衍于学问粗知糟粕,又海内同举者,寥寥如晨星,有撰述告成,罔不俾先快睹。尝使叙《茹经堂文集》,衍以为公私淑紫阳,不规规于唐宋八家,近人惟湘乡刘蓉氏《养晦堂文集》差为相近。然吾观三百年来,朴学昌明,根抵经史者,往往有一人自著丛书,数种至数十种,类皆冠以总叙,俾阅者一开卷而知各著指归所在。公著作既富,未有总叙,虽门生后进,不乏学人,而义理考据词章,或得偏遗全。则全书提要,在衍有责无旁贷者矣。

（陈衍撰《太仓唐茹经先生全书总叙》,见《南洋友声》1935 年 34 期,又《国专月刊》第 1 卷第 1 号）

按：先生为陈衍撰《陈石遗先生全书总序》,详本书 1935 年事中。

又按：《唐文治致曹元弼书札编年校录》书札八十五云："陈石遗同年为兄撰全书总叙,兹特寄奉五册,请惠存一分,余分赠诸位贤侄、侄孙暨王君欣夫是幸。"

12 月 2 日(十月二十六日) 因本年无锡旱灾奇重,受灾者众,由县长严慎予发起筹组无锡赈务委员会,先生被推为赈务委员之一。（据《新无锡》1934 年 12 月 3 日《县长严慎予发起筹组无锡赈务委员会》）

12 月 23 日(十一月十七日) 书法家黄鸿图书展于南京中央饭店揭幕,先生与陈衍、陈中凡(原名钟凡)等"均为文称颂"。

临川著名书家黄稚棠氏博学能文,尤精小字,于书法无所不工。自前日起,应京中友人柳诒徵、吕凤子等及门弟子之请,在中央饭店举行书展……当代耆宿若陈衍、唐文治、陈钟凡等,亦均为文称颂。

（黄中秀编著《黄宾虹年谱》引本年 12 月 25 日《中央日报》）

按：先生为黄鸿图书展所撰文,未见。1947 年,先生曾作《临川黄稚棠先生家传》(见《茹经堂文集六编》卷五),文中叙及黄鸿图之子黄谟泰、黄谟沁为"余及门弟子也,其在国学专修学校肄业时,温乎其貌,邃乎其志,恳恳乎好学而周懦,盖先生之遗型未坠也"。黄谟泰、黄谟沁为无锡国专第二届毕业生。

12 月 26 日(十一月二十日) 先生参加于上海西门内护国禅院进行的姚文楠逝世一周年公祭活动。

昨日为姚子让先生逝世一周纪念之期,除由姚氏家族追祭外,各界人士并于下午二时,假本埠西门内护国禅院举行公祭。参加者有王一亭、柳亚子、唐文治、沈恩孚、李鸿鸇、陈陶遗、徐佩璜、冯诚求、郁葆青、叶鸿英、王清穆、叶醴文、黄炎培、秦锡田、沈钧儒、朱少屏、贾季英、黄庆澜、张嘉璈、贾丰芸、沈惟贤、潘忠甲、贾佛如、朱吟江、毛子坚、施舍、梁桐芳、姚鑫之、黄日骖、李右之、凌纪椿、黄星阶及各团体各学校代表数百人。纪念文件及祭品等计有蒋中正、吴铁城、徐世昌、韩国钧、许世英、黄旭初、虞和德、顾维新、顾维钧等数百件。蒋中正联为"恭靖表遗徽,高阳闾里申公论;老成嗟永世,鲁殿灵光掩德辉",韩国钧联"守正不阿，公真弗朽；宿草将列，我哭其私"；虞和德联"修文早召公，道德文章垂不朽；成绩今遗世，国家社会念如存"；许世英联"文章道德溯当年，其才不可一世；事业功名传后代，斯人已足千秋"；徐世昌轴"灵修谭粹"；吴铁城联"硕德已堪垂歇浦；家风犹可绍梁公"；黄旭初联"公是乡贤，殁应祭社；文皆国粹，藏诸名山"。（余略）公祭祭文（已见廿六日，本报从略）。

（《各界人士昨日公祭姚子让先生》，见《申报》1934 年 12 月 27 日第 10 版）

按：据《申报》1934 年 12 月 26 日第 10 版《姚子让先生逝世纪念》载，先生为此次公祭活动的发起筹备人之一。

12 月 29 日（十一月二十三日）　江苏省立教育学院、无锡国专、无锡师范、辅仁中学、无锡中学五校军训学生六百余人，在江苏省立教育学院大操场举行会操。操练完毕，先生作为校长代表训话，以王阳明、戚继光等为例，勉励学生做儒将。

训练总监部近年以来，对于学校军训特别注意，平时除饬令各校教官严格训练外，更须不时集合当地所有军训学生举行会操，以资观摩而促进步。本省无锡区总教官兼江苏省立教育学院军事教官罗伯陶，乃于去年十二月廿九日招集省立教育学院、国学专修学校、无锡师范、辅仁中学、无锡中学五校军训，学生六百余人，在江苏省立教育学院大操场举行会操。是日虽阴云四布，寒风甚厉，然均精神抖擞，按时到齐，参观民众，尤为踊跃。下午二时许，先由罗总教官会同各校校长举行检阅，随即操演各个教练、班排制式教练、排战斗教练等科目，动作整肃，精神活泼，观众同声赞美。操练完毕，即由校长代表唐文治先生训话，以王阳明、戚继光等为例，勉励学生作儒将。最后复由罗总教官致训，勉励学生继续努力，以期推动全国军训，压倒敌人云云。五时许，始竣事，各生均欣欣然整队返校，毫无倦容云。

（《无锡区高中以上军训学生大会操》，见《江苏教育》1935 年第 4 卷第 1—2 期）

冬　于上海富晋书肆购得《考亭渊源录》。

自朱子纂《伊洛渊源录》后，明薛方山应旂作《考亭渊源录》，陆清献《三鱼堂集》尝征引之。余访求数十年不能得。今冬，忽得之于上海富晋书肆，共二十四卷，编辑精详，宗旨纯粹，乃东人翻刻明板。其卷端徐阶、薛应旂序，亦系手迹翻刻，洵可宝贵。因叹外人尊崇理学如此，国安得不兴盛哉。

（唐文治《茹经先生自订年谱·甲戌七十岁》）

1935 年(乙亥　民国二十四年)　71 岁

1月1日(甲戌年十一月二十六日)　先生应邀参加无锡私立竞志女学三十周年纪念会,并作演讲《女学救国》。又为《无锡私立竞志女学三十周纪念刊》题词。

吾校三十周纪念会正式开幕之期,始于二十四年元旦,而终于四日……同日(按:指1月1日)下午,为正式名人演讲之一幕。合之预为敬请者略有不同,计所到名人莅席演讲者有唐蔚芝夫子、唐庆增先生、陶行知先生、江亢虎先生四人,钟道赞先生业于上午讲毕,俞庆棠先生则未到席。唐夫子所讲为《女学救国》,以中国四千年来女教立说,其言尤宏通而远大。

[夏敫章《三十周纪念会之盛况》,见《无锡私立竞志女学三十周纪念刊》(下册)]

女学之始,载于《仪礼》,曰:"妇德,妇言,妇容,妇功。"德容言功四者,无异于圣门教弟子德行、言语、政事、文学四科,而女德为尤要。《周易》家人卦象传曰:"女正位乎内。"又曰:"正家而天下定。"盖女子能修道德学问,植其基于家庭,本之以教其子女,俾孝悌忠信礼义廉耻之说,子女自幼即习闻之,则其长也,庶不至于为恶。和气洋溢,人人亲其亲,长其长,而天下平。此救国之大本也。

请以史事证之:吾国圣君,莫如周文王。文王之祖曰太王,太王之妃曰太姜,《诗》所谓"爰及姜女,聿来胥宇"。胥,相也,言相定岐山之土宇也。文王之父曰王季,其妃曰太任,《诗》所谓"思齐太任",言其德容之齐庄也。文王后妃曰太姒,《诗》所谓"太姒嗣徽音",言能续太任之美德也。文王生武王,其妃曰邑姜,在周功臣十人之列。以四代贤母,承家开国,为一时美谈。此外妇女之仁孝智勇者,史书中不胜枚举。其最著者,如敬姜、孟母、缇萦、木兰之属,皆女德之可为矜式者也。

而吾谓女学之为救国,其要端有二:曰孝曰慈。按《礼记·内则》篇载女子事父母,妇人事舅姑,以至相夫生子、名子教子之礼,无一不备,其孝至矣,其慈亦至矣。《论语》载孔子曰:"孝慈则忠。"盖孝出于天性,慈亦出于天性。《孝经》一书,精微广大,意义无所不包,倘能推孝德以及于仁民,及于爱物,则慈祥

恻隐之心周浃于宇宙，国安有不太平者哉？此救国之方，所以必推本于理学
也。昔贤谓仁人爱护百姓，视民如伤，如慈母伏其将死之子，而必救之使生。
今世之民命恻怛甚矣，愿诸同学共救之。惟救民乃所以救国也。

　　　　[唐文治《女学救国》，见《无锡私立竞志女学三十周纪念刊》（下册）]
　　竞于艺，志于道，殚三十载之辛勤，成女界中之善教。
　　保三先生创设竞志女学，维持辛苦，成绩懋昭。兹届三十周纪念，敬题数
语以赠。蔚芝唐文治拜题。

　　[唐文治《无锡私立竞志女学三十周纪念刊题词》，见《无锡私立竞志女学
三十周纪念刊》（上册）]

1 月 17 日（甲戌年十二月十三日）　　下午四时起，无锡世泰盛富新合组广播电
台陆续播送先生有关国学内容之演讲及古诗文吟诵。

　　唐蔚芝先生系吾国士林中著名硕彦，道德文章，声望隆重。近年对于国学
极力提倡，不遗余力。最近唐氏特制唱盘多张，于后日（十七）下午四时起，假
座世泰盛富新合组广播电台公开播送。社会人士、研究国学者宜于收音时特
别注意。兹录其节目如下：

　　讲演孝道
　　读《诗经》法
　　读《左传》法
　　读《泷冈阡（表）》法
　　读《出师表》
　　读《吊古战场文》
　　读《史记·屈原传》

　　　　　　　（《收音机内研究国学》，《新无锡》1935 年 1 月 15 日第 3 版）

1 月（甲戌年十二月）　　无锡国专举行第十班第十三届学生毕业典礼，毕业生
计有郑高崧等 17 人。（据《无锡国学专修学校十五周纪念册·历届毕业生名录》）

　　十二月，放寒假。毕业者郑高崧[松]等十七人。

　　　　　　　　　　（唐文治《茹经先生自订年谱·甲戌七十岁》）

　　又为方便清寒学生，不仅学费较同等学校低些，还可以中途申请休学，工
作一阵，积了学费再申请复学。国专由于性质独特，学生不容易转入其他学
校。有些思想左倾、被国民党指名"清除"的学生，过了一阵，如申请复学，校长又
把他收下了。《茹经先生自订年谱》载："十二月放假，毕业者郑高崧[松]等十七
人。"这个郑高崧[松]就曾被宪兵队抓去过，由学校保释，又被"清除"过，后来复

学的。《年谱》的最后写上这一句,偏偏又特别写出他的名字,其有深意存焉。

(黄汉文《记唐文治先生》)

2月3日(甲戌年十二月三十日) 先生追思其父唐受祺为善之训,敬撰一联云:"目前福泽何来,谨留有余,上对吾祖考;此后善源易竭,急培不足,申儆我子孙"。先生以为此联亦可以作家训。(据《茹经先生自订年谱·甲戌七十岁》)

2月22日(正月十九日) 江苏溧阳士绅来无锡劝募春赈,与先生等人接洽。

溧阳自去岁遭受旱灾后,哀鸿遍野,饿莩载道,昨日该县士绅狄建人、狄锡之、史灿堂等特来锡劝募春赈。下榻新世界旅社,与本邑慈善家唐文治、唐保谦、蔡兼三等作一度接洽。据狄君等谈,溧阳百万田亩,仅万余有收成。大批人民纷纷出外谋生;一般未出外者,在家食不得饱,以麸皮青菜果腹者,已属上焉者,下者仅以树皮草根果腹而已。故按月饿死之人,为数甚夥,耕牛亦多饿毙,灾情之重,得未曾有,深盼各界人士之救济也。

(《溧阳士绅来锡乞春赈》,见《申报》1935年2月23日第12版)

2月(正月) 本月出版的《江苏教育》第4卷第1、2期,发表柳诒徵《三年来之中国文化教育》一文,文中称"今之专以中国之学术文章教授来学者,只有无锡国学专门学院及上海正风文学院";"在今日一切学校师长中,深知中国文化之重要,且息息以救国救民为念者,殆无过于唐氏"。

中国文化之衰落,无可讳言。古来师儒讲学之风,久已不绝如缕。姑就耳目所及言之:今之专以中国之学术文章教授来学者,只有无锡国学专门学院及上海正风文学院。此二校者,历史孔久,或注重理学及散文,或注重考据及辞章。校誉之盛,非自此三年中始。第自"九一八"以来,国专院长唐文治氏痛心于国事日非,不惮大声疾呼,痛哭流涕,提倡吾国之精神,以期挽救今日之颓运之论著甚夥。如所著《国鉴》,标题曰"救国先救民,救人先救心",其目曰"新六国论""革命先革心论"(一曰革欺诈心,存至诚心;二曰革权利心,存廉洁心;三曰革意气心,存和平心;四曰革昏昧心,存清明心;五曰革浮躁心,存深沈心;七[六]曰革奢侈心,存节俭心)、"论宝慈为性经政经""论废孔为亡国之兆"(人道救国、人伦救国、人格救国、人心救国)、"论克己为治平之本""论孔子不囿于封建""论洪范八政为农工商兵学原理""论吕不韦作月令""论军事学当宗孔门""论理财学当宗孔门""论外交学当宗孔门""论政治先辨君子小人""论拆城坏邑之谬""八德诠释",其文陈古刺今,穷原竟委,实可见诸施行,非迂儒徒为高论者比。故在今日一切学校师长中,深知中国文化之重要,且息息以救国救民为念者,殆无过于唐氏。然其学校以格于规制,绌于财力,未能充其力之

· 898 ·

所至……

(柳诒徵《三年来之中国文化教育》)

3 月 31 日(二月二十七日) 《茹经先生自订年谱》出版。

本校校长唐茹经先生自订年谱由本会刊印,已于四月一日出版。内容关于先生道德文章、事功及国家大事,莫不详尽。且冯教务长更有按语及著作年表,益臻完备。

(《校闻·唐校长年谱出版》,见《国专月刊》第 1 卷第 2 期,1935 年 4 月 15 日)

按:《茹经先生自订年谱》版权页上出版时间为 3 月 31 日。

余弱冠时,读陆稼书、汤潜庵、张杨园暨吾乡陆、陈诸先生年谱,心向往之。复读《朱子年谱》,更大好之,遂有必为圣贤之志。中年读罗罗山、胡润芝、曾涤笙、左季高诸先生年谱,志气发扬,更慨然以建功立业为事。然后叹奋乎百世之上、百世之下,感动兴起,所以立德立功者,必以前贤年谱为先路之导。乃我生不辰,运会杌陧。立朝之时,欲匡君德、纾国忧,迄无所成。退而讲学,欲正人心、维世道,亦靡所裨。每诵杜工部诗"匡衡抗疏功名薄,刘向传经心事违"之句,辄为怃然。年谱云乎哉?惟是师友之渊源、学问之次第、事变之阅历、著述之积累,有不能已于怀者,随笔记录,汇为一编。甲戌岁七十初度,同学索观者甚众,友人侯官陈石遗同年、益阳陈君天倪、门人陈生柱尊等亦屡以为言,爰属北流冯生振心校正付印。振心复增入《著作年表》,可感也。嗟夫!《王风》之诗曰:"行迈靡靡,中心如醉。"《小雅》之诗曰:"明发不寐,有怀二人。"追维往哲,内疚孔多矣。年谱云乎哉! 蔚芝唐文治自题。

(唐文治《年谱题辞》,见《茹经先生自订年谱》卷首)

按:《茹经先生自订年谱》,无锡国学专修学校发行,无锡民生印书馆印刷。是谱自作者出生记至"甲戌(1934 年)七十岁",后附有冯振编《茹经先生著作年表》。

春 先生于课外为无锡国专部分学生讲《大学》。

乙亥春,课外请益诸同学,问性理学于茹经先生,先生应之。以《大学》开讲。首揭诚伪义利之辨,为修己治平之本;然后明圣功,知王道,继绝学,开太平,可循序渐进也。所用课本,则先生所著《大学大义》。至于口耳之薪传,则命龙笔记之,以为身体力行之用。唯龙学陋,蕴义明论,未足有当万一也。受业崔龙谨记。

(崔龙《唐茹经先生〈大学〉讲记》,见《国专月刊》第 2 卷第 1 期,1935 年 9 月 15 日)

按:上引文后即先生为无锡国专学生课外讲《大学》的记录稿,文末并云:"此稿已经先生修正。"

4月29日(三月二十七日) 无锡国专本年上学期国文大会成绩经先生总核后揭晓。

本校国文大会考,在四月二十日举行,题为《先知觉后知、先觉觉后觉论》《〈史记〉前后〈汉书〉〈三国志〉文格异同论》《周秦诸子非哲学说》《湘乡曾文正公,私淑姚姬传先生,至列之圣哲画像记,谓粗解文章,由姚先生启之也。乃兴化李详论桐城派别,揭曾文正公以为湘乡派,与桐城不同。揆之曾氏初衷,得无大相刺谬欤?抑果有不同于桐城者欤?试申论之》,共四题,任作一艺。兹经各教授分别阅竟,并由唐校长总核后,已于廿九日发表。凡在九十分以上者,给予奖品。计得奖者,三年级有顾迈修、徐炎文、徐景贤、徐林、黄源澂,二年级有沈讱、陶钟秀、孙易、崔龙,一甲有李钊,一乙有黄光焘、王先献、黄敦、宋砚樵、徐兴业、郭泰庚、高澍,补习班有蒙颐、吴方圻,共十九人,级际锦标为三年级夺去云。

(《校闻·国文大会考揭晓》,见《国专月刊》第1卷第3期,1935年5月15日)

4月(三月) 新加坡华侨吴可培致函无锡国专,欲于曾国藩《圣哲画像记》所列名的32位古代圣哲之后,增添关羽、岳飞、文天祥、戚继光、王阳明、李颙、曾国藩及先生等八人,来信索求先生照片。先生辞谢不果,始允寄一近影,但表示于此事"愧不敢当"。

新加坡华侨吴可培君,久已私淑唐校长,对于所著《四书大义》,以为昭同日月,实旷世大师。近又来函云"曾文正有《圣哲画像记》,中列文、周、孔、孟、班、马、左、庄、葛、陆、范、马、周、程、朱、张、韩、柳、欧、曾、李、杜、苏、黄、许、郑、杜、马、顾、秦、姚、王三十二人,今窃欲私增关、岳、文、戚、王(阳明)、李(二曲)、曾(湘乡)、唐(太仓),即乞惠赐玉照"等语,由此可知校长声教之远矣。

(《校闻·新加坡华侨吴可培来函请求唐校长惠赐近影列入〈圣哲画像记〉》,见《国专月刊》第1卷第2期,1935年4月15日)

三十年代初,新加坡华侨吴可培多次致函蔚老,欲于曾国藩《圣哲画像记》之后,增关壮穆、岳武穆、文天祥、戚继光、王阳明、李二曲、曾国藩及蔚老八人,并索取照片。蔚老复书辞谢,其后吴可培甚至委托无锡国专毕业生在新加坡任教者,于其返华探亲时来恳:"此事不是我一人的私意,务请成全。"蔚老鉴其诚,始允寄一近影以留纪念。但嘱秘书陆景周在信上写明:"续我于《圣哲画像记》之后,愧不敢当。"《国专月报[刊]》曾载此事,语焉而不详。今将闻之陆景周、沈熙乾先生者补记于此。

(黄汉文《唐蔚芝先生经世淑民,长留教泽》,见《国学之声》1995年第4期)

按：《唐文治致曹元弼书札编年校录》所收录先生致曹元弼书札之九十六，叙及吴可培来函时，还向先生托购曹元弼的有关著作："敬启者，兄近得新加坡及门弟子吴生可培来函，仰慕大道，托购尊著《周易学》《周易郑氏注笺释》《大学通义》《中庸通义》各一部，又《经学文钞》一部。该生好学敦笃，兄夙所器赏。惟以远道寄书，动逾时日，拟请将五种书籍价目属记室即日开单示知，以便将书款汇奉。一面祈将各书预备寄锡，俾早日流传海外，曷胜企盼。"又书札之九十八："接奉还云并尊著书籍五种，照收无误，业经装箱转运新加坡矣。"录以备参。

同月　无锡国专增建的教授室、藏书楼落成。

本校图书馆历年购书颇多，馆屋实不能容。爰与主任冯生振商定，在校地东北隅扩建房屋，上下四楹，并造过街楼通至图书馆。由本邑建筑公司江生应麟承造。

（唐文治著、唐庆诒补《茹经先生年谱续编·乙亥七十一岁》）

本校图书馆积极扩充以来，除原有典籍珍本几万卷外，又添购大批国学丛书及应用图籍。原有书楼一座不敷应用，故学校议决添建，由江应麟建筑公司承包，于旧图书馆左侧空地兴筑钢骨水泥楼房一座，上为藏书楼，下为教授室。兹已落成，正在油漆布置中云。

（《校闻·本校教授室、藏书楼落成》，见《国专月刊》第 1 卷第 2 号，1935 年 4 月 15 日）

5 月 4 日（四月初二日）　受先生指派，无锡国专学生章松龄、沈讱和崔龙到苏州章氏国学讲习会，随班听章太炎讲课。课后，三人又向章太炎问学良久。事后，三人"相与追记"，写成《莉汉亲闻录》，刊于《国专月刊》第 1 卷第 3 期。

中华民国二十四年五月四日，龄偕同学沈讱、崔龙，请业家兄太炎于苏州锦帆路私邸。时适读经会期，随班列坐，日暝乃休。门下尽散，惟龄等三人侍立闲庭，自申及戌，诲迪亹亹，始述新学之猖狭，卒为后波所汩没；继示文辞之涂径，遂及诗道之盛衰。名理精粹，诙谐间出。夜色既沉，惟闻謦欬。退而相与追记，百之一二。

（章松龄、沈讱、崔龙《莉汉亲闻录》文前之章松龄题识，见《国专月刊》第 1 卷第 3 期）

按：时在无锡国专读书的章松龄是章太炎的族弟。黄汉文《唐文治办国专与章太炎讲小学》一文中曾记："……唐先生征得太炎先生同意后，还选派高年级学生前往苏州章氏国学讲习会听课，每周两天。太炎先生热心辅导，学生多有所获。"据此，则章松龄、沈讱和崔龙三人去苏州章氏国学讲习会听课是由先生选派，且当非仅 5 月 4 日这一次。

5 月 10 日(四月初八日) 陈衍八十寿诞,先生撰《陈石遗先生全书总序》。

同年陈石遗先生本月四日八秩初度。上年先生为余作全书总序,余思有以报之,亦为作全书总序。爰征集其所著关于经史子集者共三四十种,搜讨极为繁重。竭二旬之力,始克告成,约近万言。

(唐文治著,唐庆诒补《茹经先生年谱续编·乙亥七十一岁》)

乙亥四月,为先生(按:指陈衍)八十揽揆之辰。僚友群从,谋所以为先生寿。文治曰:先生之寿,日月不刊,宜表扬其生平所著之书,发挥其盛德与其高行,传诸无穷,俾清刚劲直之气,扶舆充沛,庶几世道人心,如狂澜之有砥柱,而不致终于澌沫。

(唐文治《陈石遗先生全书总序》,见《国专月刊》第 1 卷第 1 期至第 1 卷第 2 期,1935 年 3 月 15 日、4 月 15 日)

同日 商务印书馆《教育杂志》第 25 卷第 5 号(即"全国专家对于读经问题的意见专辑")出版。先生于该专辑中发表了对于读经问题的意见,强调经书,不仅可以固结民心,而且可以涵养民性、和平民气、启发民智,所以非读经不可。其具体方法步骤为:① 初级小学三年级应读《孝经》;② 高级小学三学年应读《大学》及上半部《论语》;③ 初级中学三学年应读下半部《论语》及《诗经》选本;④ 高级中学三学年应读《孟子》及《左传》选本;⑤ 专科以上各大学及研究院应治专经之学。

上海商务印书馆教育杂志社以读经问题关系吾国文化学术前途甚大,特以五月号为讨论读经问题之专号,快函本校,要求拨冗表示意见。闻唐校长除自撰论文外,并分函各教授,请亦著文应请,以供全国学术界之研究,及青年读者之参考云。

(《校闻·上海商务印书馆教育杂志社来函征求关于读经意见》,见《国专月刊》第 1 卷第 2 期,1935 年 4 月 15 日)

窃维读经当提倡久矣!往者英人朱尔典与吾华博士严幼陵相友善,严尝以中国危亡为虑,朱曰:"中国决不至亡。"严询其故,朱曰:"中国经书,皆宝典也,发而读之,深入人心。基隆扃固,岂有灭亡之理?"余谓朱说良然。吾国经书,不独可以固结民心,且可以涵养民性,和平民气,启发民智。故居今之世而欲救国,非读经不可。顾读经所以无统系者,一程度浅深,极难支配;二难得通达之教师;三难得显明易解之善本。以上三端,以得善本为尤要。盖既得善本,教师即可循是以讲授,主持教育者,即可循是以核定功课。譬诸行路然,可按图而计程矣!今拟自初级小学始,以至大学文科研究院,按照各经浅深缓急,分年支配,规定课本,附以说明,若能切实讲贯,尚不甚难。惟更有进者:读经贵乎致用,而致用之方,必归于躬行实践。故凡讲经者,必须令学生一一反诸于身,验诸于心,养成高尚人格,庶可造就其德性才能,俾脑经清晰,气质温良,学道爱人,方有实用。若徒矜考据,骛训诂,自命奥博,浮泛不切,或好立新义,乱名改作,非徒无益,而又害之矣。至于实事求是之法,尤贵有恒。若试行一二年后,动辄更张,学生耳目淆杂,无所适从,亦决无成效也。爰述管见,先定统系,再于说明中列方法如左:

（一）初级小学三年级应读《孝经》

（说明）孙中山先生民族主义,谓《孝经》所讲孝字,几乎无所不包,无所不至云云。诚以《孝经》教爱敬之原,立养正之本也。今考其书,共一千九百零二字,当于初级小学三年级起读之,分两学期,务期熟诵(经文及注语精要者概须熟读,以下各经皆然)。是书唐明皇注本,无甚精义;明黄石斋先生《孝经集传》,又嫌太深;鄙人所编《孝经大义》,亦嫌略深。惟须善讲者譬况使浅,引证故事,开导学生良知良能,是为立德立品第一步根柢。

（二）高级小学三学年应读《大学》及上半部《论语》

（说明）孙中山先生民族主义,谓中国最有系统政治哲学,如《大学》所说格致修齐治平,自内达外,推及于平天下,此等理论,外国哲学家所不能道云云。盖《大学》广大精微,脍炙人口久矣!至于《论语》一书,言学言仁言政,言孝弟忠信,言礼义廉耻,莫非修己治人之要。今考《大学》共一千七百四十九字。《论语》自《学而》篇至《乡党》篇共六千八百九十三字,于高级小学三年中支配之,可以一律熟诵。《大学》以朱子《章句》为主;明王阳明先生"复古本"实与《礼记注疏》本同;鄙人所编《大学大义》,兼采郑朱二家注,亦可作课本。《论语》以《朱子集注》为主;鄙人所编《论语大义》,贯串义理,亦可作课本。或疑《大学》《论语》皆政教合一之书,初学读之,似嫌躐等。此说诚然。但须知童年知识初开,正当以此等格言,俾之印入脑经,养成德性。若教师虑其沈闷,可略举史事以证之,自能引起趣味矣。

（三）初级中学三学年应读下半部《论语》及《诗经》选本

（说明）自《先进》篇起至《尧曰》篇止,计共八千九百八十六字,定二学年必可毕业。或疑下半部《论语》有后人伪托之处,非也。鄙人尝编《论语外篇》已详论之矣。《诗经》温柔敦厚,足以涵养性情,考见政治风俗,且有韵之文,易于诵读。当以朱子《诗集传》为主,但恐一年尚不能卒读。鄙人尝编《诗经大义》,共分八类,曰伦理学、性情学、政治学、社会学、农事学、军事学、义理学、修辞学,共选诗九十余篇,每篇均有注释,并诗序诗旨,可作课本。

(四)高级中学三学年应读《孟子》及《左传》选本

(说明)《孟子》一书尊重民权,民贵君轻,用人取舍,壹顺民之好恶,惟其严公私义利之辨,故其政见精核若此。他如孝弟人伦之本、出处取与之经、察识扩充之几、辟邪崇正之道,与夫不嗜杀诸学说,皆足为今世良药。其书共三万六千五百八十九字,当以朱子《集注》为主,附以鄙人所编《孟子大义》,于两年中支配之。至《左传》为礼教大宗,旁逮外交等学,无所不备。惟卷帙繁多,短期中难以卒读。鄙人有《左传》选本,共分八类,曰礼教类、政治类、国际类、兵事类、讽谏类、文辞类、纪事类、小品类,可作课本,于一年内支配之,注解以杜林合注为善。

(五)专科以上各大学及研究院应治专经之学

(说明)凡通经宜就性之所近,专治一经,精通之后,再治他经,循序渐进,不能拘定年限,务宜研究微言大义,与涉猎章句者不同。其尤要者,实施之于政治,推广文化,改良人心风俗。如《礼记经解》篇所谓絜静精微为《易》教,疏通知远为《书》教,恭俭庄敬为《礼》教诸端,纂言钩玄,确得要领。他如《大戴礼记》《国语》二书,并宜精究。鄙人所编《十三经提纲》《周易消息大义》《尚书大义》《洪范大义》《礼记大义》《中庸大义》各书,均可藉以入门。此外博考群籍,如《十三经注疏》《古经解》《小学汇函》《通志堂经解》《七经精义》《皇清经解》正续编及诸大儒经说,均宜分门参考。总之,不尚新奇,不务隐僻,庶学有实用,蔚成通才矣!

以上所述,是否有当,未敢自信。兹事体大,宜集思广益,请中央政府并教育部采择施行。鄙人默察近来世变,人心日尚欺诈,杀机循环不穷,倘不本孔孟正道以挽回之,窃恐世界劫运,靡所底止。深望海内贤豪,相与讲道论德,以期经明行修,正人心以拯民命,救中国以救世界。此鄙人馨香以祝之者也!

(《唐文治先生的意见》,见《教育杂志》第25卷第5期)

按: 商务印书馆的《教育杂志》创办于1909年1月,1932年曾因故停刊,1934年复刊。1935年,时任该刊主编的历史学家何炳松向全国教育界和关注教育的专家学者发信一百余封,征询对读经问题的意见,引发了一场大讨论,共收到70余篇回复的文章,后被集中刊载于是年5月10日出版的《教育杂志》第25卷第5期,是为"全国专家对于读经问题的意见专辑"。其中无锡国专的唐文治、顾实、钱基博及曾在无锡国专任教的陈鼎忠、陈柱等人都就此问题阐述了各自的看法。何炳松写有一篇综述性的文章《全国专家对于读经问题的意见》,作为该专辑的序言。此文中谈及发起对读经问题讨论的背景和缘由："现代我国所以有提倡读经的运动，当然有相当的原因，就是源于现代我国思想的混乱和国难的严重。"之后作者引用张群的一段话说："照我的观察，中国人的思想，几千年来，都是在儒家的势力支配之下……自从海禁大开，和西洋思想接触以来，这个中心思想便渐渐被摇动了。甚至保守色彩极浓的张之洞也不能不主张'中学为体，西学为用'来妥协调停。直到'民八'，有一个新文化运动起来……固有的中心思想被摧毁了，而新的中心思想却未曾建立起来，弄得大家都彷徨歧路。"接着何炳松又说："同时我国自'九一八'事变以来，又受了一个重大的打击。民族生命几有朝不保夕之势。悲观的人甚至发出'中国必亡'的论调。于是有一部分忧国的人以为我们要挽救国运，纠正思想，只有恢复民族的自信心，而读经就成为恢复自信心的一种方法。"七十余人的意见，被何炳松归为三大类：一是绝对的赞成者；二是相对的赞成者，同时亦可称为相对的反对者；三是绝对的反对者。在这三类意见当中，绝对的赞成者和绝对的反对者，双方人数都不过十余人，其除都可归入相对的赞成或反对者的一类。而唐文治、钱基博、顾实、陈鼎忠都被归到绝对的赞成者一类，陈柱则被归为相对的赞成或反对者一类。《唐文治先生的意见》已见上引。《钱基博先生的意见》认为："国于天地，必有与立，而立国之道，尤有其大经大法，所谓'天不变，道亦不变'者，断非剽取他邦文物所能为功，举国数千年积成之风习，与其足以支配国民心理者，有最深之关系。就中国言中国，而其支配数千年之国民心理以维世教于不敝者，不得不推四书五经。"在《顾实先生的意见》中，作者引述了孙中山《三民主义》中的五段文字，说以上五条，"皆是中山先生《三民主义》中之煌煌明训，有关于读经问题，不但无害于民主政体，并且有裨益于民国今后之强盛，绝对无可置疑。正是上自政府，下迄民间，人人应当绝对恪遵者"；至于"读经施行之细则"，顾实认为"中山先生极推重孔、孟二子，及《大学》《中庸》《礼运》三书，皆以适用古本古注为宜"。《十三经》中有关物质组织方面及精神生活方面者，亦宜选择而读之，"惟以普及为难行，仅有中等专门以上之学校为相宜耳"。陈鼎忠与古直、曾运乾、方孝岳合署的意见中说："夫国于天地，必有与立。经也者，吾国立国之精魂，民族由此而尊，民权由此而崇……舍经而言教育，吾惟亡国之惧，他何论焉！"《陈柱尊先生的意见》则认为："吾国近二十年来，学校既不读经，且不注重德育……渐染日久，遂至人欲横流，泛滥而不可救。民怠而奢，国贫而奢，欲内忧外患之不日亟，其可得乎？故自今以后，学校每周选择适于程度之经书讲授一二小时，似有不容缓者矣。"2008 年，有专家对这七十余篇文章重新进行整理校订，以《读经有什么用：现代七十二位名家论学生读经之是与非》书名，由上海人民出版社出版。

5月23日（四月二十一日）　由教育部特派的参事陈泮藻及国立编译馆主任陈可忠视察无锡国专。此后在教育部所下的训令中，称无锡国专"校长热心校务，校风亦尚质朴，堪用嘉许"。同时提出了三点改进意见，其中在课程设置方面，认为"该校课程尚欠完整，对于论理学（按：即逻辑学）、哲学概论、西洋文学史、中国哲学史等科目，应酌予设置"。根据教育部的意见，到本年秋季开学时，三年级就增设了哲学概论、论理学等课程。

> 教育部特派参事陈泮藻、国立编译馆主任陈可忠视察京沪私立专科以上学校，二君于五月二十三日上午来校，由唐校长、冯主任接见，视察教室、宿舍，为时甚久，颇致称许云。
>
> （《校闻·教部派员来校视察》，见《国专月刊》第1卷第4期，1935年6月15日）

> 该校前经本部派员视察，兹据报告，经详加审核，该校校长热心校务，校风亦尚质朴，堪用嘉许。惟尚有下列各要点须由该校切实改进。一、该校招考新生，多未能照部定入学资格录取，以致学生程度低浅，殊属不合。嗣后举行入学考试，应严定取录标准，以期提高学生程度。二、该校教员授课，应注意指导学生自动研究。教员中缺课者，每月尚属不少，并应纠正。三、该校课程尚欠完整，对于论理学、哲学概论、西洋文学史、中国哲学史等科目，应酌予设置。合行令仰该校切实遵照办理具报。此令。
>
> ［《教育部训令（第8130号）》（民国三十四年六月十七日），见《教育部改进专科以上学校训令汇编》（第一辑）］

> 根据柳诒徵先生他们的报告，学校是被批准立案了。但教育部的主管官儿却屡加挑剔。他们有的对"中国文化"本无好感，有的则对国学一窍不通，主要的还是认为不合"训政时期"的要求，学校的校长、主任和国民党没有什么关系。但派来的视察人员，毕竟还是有些书生气，并没有完全依照蒋梦麟等人的意图，把国专一笔抹杀，而是好心地予以"知照"，或者善意地提些建议。唐校长是懂得"择善而从"的。如一九三五年，教育部特派参事陈泮藻、国立编译馆主任陈可忠，于五月二十三日来校（此行系视察京沪私立专科学校）。这一天，一、二年级在惠山实弹打靶，在校的三年级生和补习班生都穿着制服上课。他们认为即使在国立高等学校也不容易做到。他们视察教室、宿舍，为时甚久，对于校风之淳朴、管理之认真，深为嘉许，建议哲学概论、伦［论］理学应为三年级的必修课。秋季开学时，三年级就开了这两门课。陈可忠对在编译馆任职的早期校友侯堮（云圻）说："想不到唐老的动作如此之快！"侯堮和在南京的校

友私底下对人说："别人有心想找岔子,幸而国专无可挑剔,但请转告两位主任还得多加注意。"国民党想派"党义"教员来,国专马上请无锡县国民党部常委李惕平兼任该校教员(不久,由胡念情来兼课),遂不便再派人来。

（黄汉文《记唐文治先生》）

6 月 1 日(五月初五日)　无锡国专举行复兴纪念典礼,先生主席并作报告。

六月一日,为本校复兴纪念,在大礼堂举行典礼。主席唐校长报告本校复兴经过,及缔造之艰难,勖勉同学不负本校救民命、正人心之大旨。冯主任及王介人先生有演说。散会已将十二时云。

（《校闻·本校举行复兴纪念》,见《国专月刊》第 1 卷第 4 号,1935 年 6 月 15 日）

6 月 15 日(五月十五日)　张元济有复汪兆镛书。从此信中可知,先生曾对壬辰年(1892 年)会试时座师李端棻之后嗣有所资助。

(1935 年)6 月 15 日　复汪兆镛书,谢赠《陈东塾先生遗诗》。并告商务代售业务已停办,无法代售此书。又谓:"附致柏皋同年信,遵即转去。苾园师(按:李端棻)后嗣凋零一至于此,殊堪慨叹。弟与柏皋聊尽微意,并函致唐蔚芝、刘襄孙二君,均各略有佽助,然何足以供李庶母暮年赡养之资? 时阅四十年,同门寥落如晨星,几于无可呼吁。前日致书于卓如同年二子,渠家与李氏至戚,必能为之绸缪,几无可呼吁。"

（张人凤、柳和城编著《张元济年谱长编》）

6 月底(五月底)　先生编成《性理学发微》。

五月杪,宗侄星海来谈,有志研究余学说。余告以方今世局颇类战国,当以孟子心性学救之。余《性理学发微》已将告成,即以稿本示之,星海欣然愿任印费。余乃详细整理,厘为三卷:一曰《理学大原》,性理为政治之本,当严君子、小人之辨;二曰《学派大同》,自宋周濂溪始,至清曾涤生止,详论学派源流,实事求是,反诸躬行,不存门户之见;三曰《读书大路》,先总集,次专集,为读书记,凡六十二篇。助余缮写者,高君涵叔、陆生修祜、沈生切。流汗霡霂,不稍休息。书成,交星海陆续付印。校勘者,钱生君白、洪生长佳;总其成者冯生振。此书一出,期有裨于人心世道云。

（唐文治著,唐庆诒补《茹经先生年谱续编·乙亥七十一岁》）

6 月(五月)　无锡国专举行第十一班十四届学生毕业典礼。先生为《乙亥毕业纪念册》作序。

知耻近乎勇。人当耻其所当耻,不可耻其所不当耻。惟知大耻而后具大勇,有大勇而后洒大耻,未闻不知耻而能有勇者也。迩时可耻者,有三大端。

孔子曰："士志于道,而耻恶衣恶食者,未足与议。"谓其居心卑鄙,耻所不当耻也。然而士方皇皇焉黾缘奔走,惟衣食住之是图,而礼义廉耻因之扫地无余。夫惟崇德乃能广业,德业之不修,何有于事业?试问今日有食无求饱、居无求安、专心好学者乎?有菲饮食、恶衣服、卑宫室、明德光于上下者乎?此大可耻者一也。文化之行也,或推之,则或挽之。今吾国圣学大行于东西诸邦,美国设中国学系,延中儒教授;法人有精音韵学者,通贯古今,驾戴、段而上之;奥人有罗士恒者,覃研中学数十年,传嬗彼邦,其教法悉如吾国之旧,宿儒莫能逮;而东瀛祀孔祀贤,访求吾圣贤后裔。独吾中人扫除国粹以为快,国性日漓,国势日蹙,此大可耻者二也。有是二耻,人心世道益不可问。析言破律、乱名改作之徒盈天下,坚僻自是,簧鼓谬说,戕贼青年。一闻忠孝仁义之说,掩耳疾走,或相与訾謷之,以为大愚。于是,外人讥讪以我为无礼义、无教化之国,此大可耻者三也。然则何以救之?曰:"正人心之廉耻而已。"读经尊孔,学道爱人,端本于忠恕,推极于中和。正气盛而乖戾之习消,名节修而贪鄙之风绝。大耻庶几可洒乎?吾校乙亥级诸生毕业有期,特印纪念册,请序,以志不忘。爰撰耻说,以作弁言。耻之于人大矣,诸君其勉之哉!校长唐文治叙于无锡国学专修学校。

(唐文治《乙亥毕业纪念册序》,见《乙亥毕业纪念册》卷首)

夏秋之交　因山东济宁各县、江苏徐州等处及河南、湖北两省水灾,先生先后捐募六百四十余元,交上海水灾义赈会散发。

去年旱灾极重,本年夏秋之交,淫雨不止,兼以黄河改道,上游淤塞,水势南趋,山东济宁各县、吾苏徐州等处,及河南、湖北两省,均受其厄。余先后捐募六百四十余元,交上海水灾义赈会散发,特杯水车薪耳。将来黄河为害苏、鲁两省,不知伊于何底,不胜杞忧。

(唐文治著,唐庆诒补《茹经先生年谱续编·乙亥七十一岁》)

7月(六月)　先生应表甥陈观杓之邀,前往昆山听昆曲,并谒明代文学家归有光墓。

六月间,昆山表甥陈剑刚邀余往听昆曲。爰赴昆山一游,谒归震川先生墓,并游茁园,颇舒畅。剑刚亦作一园,名剑园,有白莲绿竹,铺草地,雅洁无纤尘。余赠联云:"三更月朗莲花白;万盏风流竹叶青。"因剑刚善饮,故用酒名夹写,摹绘景色云。

(唐文治著,唐庆诒补《茹经先生年谱续编·乙亥七十一岁》)

按:唐庆诒《忆往录》记其于1936年8月往昆山听仙霓社昆曲,于陈剑刚家后院见到了其父所题的联语："八月下旬，往昆山聆仙霓社昆剧，有苏沪士女多人客串，行头侈丽，唱工尚可。晚宿陈剑刚襟兄家。后院湖亭内，有吾父所撰一联云：'三更月朗莲花白，万盏风流竹叶青'，极即景生情之妙。"

8 月（七月）　先生家门外河边有男子 6 人被诬收监，经先生设法，几天后先后被释放。

　　七月间，有渔船数艘锁在余家门外河干。据闻因盗案株连，男子六人被押监狱，妇女十八口，哭泣之声，惨不忍闻。及询诸法院中，表侄毛渊若证实系被诬。余亟托渊若设法。越数日，先后将被诬之人释出。又越数日，公安局将渔船全数开锁放行，一时欢声雷动。

　　　　　　　　（唐文治著，唐庆诒补《茹经先生年谱续编·乙亥七十一岁》）

同月　无锡国专招考新生，录取一百余名。开学后，新旧学生到校者 246 名。（据唐文治著，唐庆诒补《茹经先生年谱续编·乙亥七十一岁》）

同月　招收第十四班及补习班学生共 88 人。（据《无锡国学专修学校十五周纪念册·校史概略》）考入十四班的学生中有马茂元，是近代散文家、"桐城派殿军"马其昶的长孙。马茂元来校时，曾携带马其昶《易费氏学》《屈赋微》等书数部，先生闻知，曰："是盖有自焉。"

　　马茂元，字懋园。清史馆总纂抱润先生名其昶字通伯者之长孙……茂元既毕业于桐城中学，乃赴无锡，报考国学专修学校。唐校长茹经先生文治亲主试事，得其文，激赏之，旋知为抱润孙，则益喜。茂元之来校也，携书数部：《诗》则钱澄之《田间诗学》，《左传》秦氏《九经》，《易》则抱润之《易费氏学》，《骚》亦抱润之《屈赋微》。余以告唐先生。唐先生思之良久，曰："是盖有自焉。"使余问茂元。茂元则言仲枈先生所教，且曰："仲枈又云当就唐先生及陈先生（石遗，名衍）而正焉。"唐、陈两先生闻之，皆欣喜也。其年，唐先生年七十，茂元献诗为祝，唐先生使人诵而听之，首肯者再。

　　　　　　　　　　　　　　　（吴孟复《马茂元传略》）

　　江风洒然起，江潮轩然生。百川莽滔滔，放滥九州横。海舶异国来，新说如飞霙。黄钟久绝响，瓦釜争雷鸣。古文伏孔壁，六经遭秦嬴。焚坑方正急，儒门塞榛荆。我公为此惧，闲道怀硁硁。赤手挽狂浸，中流底柱撑。众星光破碎，天高孤月明。老学丁未季，如晚周荀卿。辟途存正轨，抱朴忘时名。小子鄙在远，高风心久倾。忆昔垂髫时，窃喜亲老成。大父诏我言，当世多耆英。唐公尤巍然，吾道有干城。心志不能忘，十年岁月更（丙寅，先大夫归自北平，盖距今十年矣）。万方方多难，中原未伏兵。国运日已夷，儒冠日已轻。老辈几人存,流风谁复赓。闻公犹健在,讲学道弥贞。郁郁吴会间,济济群彦盈。雅韵和笙簧,古乐振韶韺。扶轮于此系,望想心怦怦。久欲扫门墙,路远未果行。今当秋风初,蒲帆发长征。指途入郑乡,自顾欣愧并。公如参天松,小子径寸茎。愿依雨露施,薄植舒春荣。区区平生意,俚咏抒微忱。

（马茂元《乙亥初秋赴学无锡赋呈唐蔚芝太世丈》,见《学术世界》1936年第1卷第10期）

考入十四班的学生中又有姚奠中(按:原名姚豫太,"太"又作"泰"),入学后受到先生的关爱。但他未及在无锡国专毕业,便中途转入苏州章太炎主持的国学讲学会。

1935年夏,我从北国太原到江南游学。

提起江南,首先想到的就不能不是无锡国专;提起国专,首先想到的就不能不是老夫子——唐文治先生。唐老夫子是无锡国学专修学校校长,但全校上下几乎没有人称他为校长,而一律称他为老夫子。这是别的学校所没有的。老夫子做过前清的工商部侍郎,代理过尚书;丁忧在家,受命接办了南洋公学,肇建了交通大学。这个学校人才辈出,声名远扬。前几年交大校庆,上海本校和迁西安的交大,都有隆重的纪念活动,还为老夫子铸了铜像。这也是全国少有的,足见老夫子教泽之深远。

记得老夫子的办公室在学校三进院北楼东头楼下。他按时办公,常坐在大会议桌的里端,面向门外。他虽双目失明,但正襟危坐,纹丝不动,白须垂胸,慈祥庄严。座后悬挂着一副木刻大字对联:"名世应五百;闻道来三千"。当然是及门弟子所作,作者的名字不记得了。他的右面坐着秘书陆先生,同样正襟危坐,纹丝不动。真是一片肃穆!

也许因我来自几千里外的山西吧,曾亲受到老夫子的关爱。一次我腿上生疮,自采草药治疗。老夫子知道了,约我相见。我进门,递上纸条给陆秘书,陆先生便起身报:"姚豫太(我的原名)世兄谒见。"老夫子站起身,挥左手,令坐。我坐在陆先生的对面。老夫子问我:"生疮,自采草药服用,是否有危险?"我答:"家乡常用蒲公英治疮,内服外敷,有效。"在谈了些生活情况后,他说:"南方湿热,北方人要特别注意;有病,宜早找校医。"我起立告辞,老夫子仍欠身挥手,陆先生起身送至门口。没有想到的是:次日午餐时,得到两个馒头的供应,而且一直供应了一个月!这一情况,使我十分感动!

老夫子虽然失明,但对一切工作却都严肃认真。他除自己讲课,由陆先生板书外,还不时听课。他站在教室窗外,听教授们讲课和课堂反应;他查饭厅,站在饭厅窗外,听到有大声喧哗或碗筷撞击之类的声音,就用手一指,陆秘书立刻前去所指的地方进行批评："太浮躁了！"大家一看，老夫子在窗外站着，立刻鸦雀无声。据说老夫子在家里也是如此。他的两个儿子，都是国外留学归来的；儿媳俞庆棠，当时正担任江苏教育学院院长。但在家里，老夫子正襟危坐，不但无人喧哗，连走路也都踮起脚尖轻轻走过，否则也会受到"浮躁"的批评。原来老夫子在学问上虽然主张通、博，毫无门户之见，但立身行事却坚持着理学家的规范。"沉静"是具体修养的体现，而"浮躁"则是其反面。年轻学子虽办不到"沉静"，但这种要求、示范，却不能不触及到他们的心灵。

　　…………

　　在国专是愉快的，但我还是离开了国专。原因是我通过朋友引导，旁听了章太炎先生在苏州讲学。对章先生所讲小学、经学、文学、史学、诸子等略说，感到茅塞顿开，得未曾有。又买到了曹聚仁前些年听章先生讲学笔记整理出版的《国学概论》相参照，于是，坚定了我的学术道路。当时，狂妄地感到一般大学所教教材内容，一看就懂，用不上再听讲。我把我想去苏州的愿望告诉了钱先生（按：指钱仲联），钱先生同意了。由于要正式参加苏州章氏国学讲习会，须有文教名人介绍，钱先生写信给我介绍了章太炎先生的朋友金松岑先生，请他作我的介绍人。这样我就放弃了国专学籍而进入章门，但对国专一段美好的感情，并不会因此而消失。

　　　　　　　　　　　　　　（姚奠中《"国专"师友散记》）

下学期　秋季开学后，先生于每周星期日课外为无锡国专部分学生讲性理之学。

　　中华民国二十四年秋季开学，课外请益于茹经先生者，都凡五十七人，实开课外请益未有之盛。龙幸得列末座，心窃喜之。先生每日曜集礼堂，讲性理之学。多士济跄，雍容康乐，弦诵之声，达于户外。而阳和满室，华发盈颠，躬侍杖履，亲闻馨欬，小子之欣喜又何如也！虽然风雨如晦，乱靡有定，我心匪石，夙夜忱皇，但先生救世之苦心，与夫谭经之微义，敢不识之？用资惕励，安知兴唐辅弼，不在河汾？百尔君子，愿共勉旃。

　　（崔龙《唐茹经先生中庸讲记》，见《国专月刊》第 2 卷第 4 期，1935 年 12 月）
按：上引文后即为先生为无锡国专学生课外讲《中庸》的记录稿。
9 月（八月）　安徽宿县县长致函先生，该校中小学拟增加读经一科，欲定购先生所著之《孝经大义》一千本，分发城乡各学校诵读讲解。

　　本校校长唐蔚芝先生，德高望重，退迩闻风，上学期曾接新加坡华侨吴可培君来函，请求唐校长惠赐近影，列入《圣哲画像记》。本月又接安徽宿县县政府曲著勋县长来函,以晚近世风日替,拟令宿邑中小学增加读经一科,以《孝经》尤为切要,凤仰唐校长为当代理学大师,以欲定购唐校长所著之《孝经大义》一千本,分发城乡各学校诵读讲解,则裨益宿邑,实非浅鲜等语。闻已复许。足见本校校长泽教远被,海内同钦矣。

(《校闻·本校校长泽教远扬》,见《国专月刊》第2卷第1号,1935年9月15日)

10月18日(九月二十一日) 奉先生令谕,无锡国专全运参观团前往上海,参观全国运动会。

本届全国运动会上月间在沪上举行。本校校长以提倡各同学运动兴趣起见,特令谕组织全运参观团,同学报名参观者,颇形踊跃。一行百余人,由军事教官李先生、助教王先生率领,于上月十八日乘特快车赴沪,当晚宿交通大学篮球房,次日全体往会场参观,廿日自由前往,或参观沪上各大学。已于当日晚车遄返。抵锡后即整队回校。夜色沉沉,而各同学精神良好,行者莫不驻足而观云。

(《校闻·全运参观团返校》,见《国专月刊》第2卷第3号,1935年11月15日)

11月11日(十月十六日) 先生偕门人钱仲联赴常熟,住友人张鸿燕园中。

本年夏,锡沪汽车路告成,锡虞往来较便。十月中旬,偕门人钱萼孙赴常,住友人张君隐南燕园中。徐君少逵自何家市来,欢然道故。

(唐文治著,唐庆诒补《茹经先生年谱续编·乙亥七十一岁》)

(1935年)十一月十一日,乙亥十月十六日辛卯,乍晴乍阴,天将变矣。挈榕儿入城,雇戈润福舟,乘潮至河漕桥,登岸,步行至汽车站,约里许,乘十一时十二分车到城。筑路不坚,甚颠簸。下车后觉腹饥,至状元楼午饭,雇人力车至燕园。映南犹未饭也。闻唐蔚芝以二时半来,与映南至汽车站候之。蔚芝与钱仲联同行,挈一仆扶持,目虽盲而闻声即能辨别,盖予与蔚芝不见已二十余年矣。映南留蔚芝下榻燕园,钱仲联携樽饮此,盖与蔚芝师生谊极笃,现为国学专修科教员也。邀黄谦斋、胡复修作陪客,胡辞以疾,惟谦斋来,虞山知友仅此数人。蔚芝酒兴不减,行主试令、游园令(以渔舟、诗社、酒楼、酒仙、赌场、银行分拈游客为主)。在座惟映南、仲联与予能饮,席散已九时。蔚芝赠《自订年谱》及陈石遗、唐茹经全书总序合刊各一册。

(徐兆玮著,李向东、包岐峰、苏醒等标点《徐兆玮日记》)

前者游梁溪,载瞻茹经堂。杰阁出山麓,朱门何煌煌。燕园今拜谒,容我抠衣裳。惟公学与业,蔚为国家光。小子不敢赞,敬谨奉卮觞。圣人重教化,所薄在文章。孝弟为家法，礼仪为世防。晚近文字变，俗学恣披猖。补牢有伟业，不惜彼亡羊。只今娄江学，举国皆知唐。公门盛桃李，所出画鸾凰。仲联我师友，德业诚俊良。易占敦品行，谦谦君子行。猷也侍老父，不敢远离乡。读书虽伏处，中心引门墙。

（李犹[猷]《燕园座上贱呈唐蔚芝先生》，见《文艺揽华》第 3 卷第 1 期，1936 年）

11 月 12 日（十月十七日）　与张鸿、钱仲联同谒先师翁同龢墓。

越日，偕张君、钱生恭谒先师翁文恭公墓。先诣祠堂致祭，即文恭公庐墓处也。守祠周姓，导观公之膳堂、卧室，地甚偪窄。追念先师遇我之厚，怆怀不置。旋适墓展拜，规模亦不大，并无碑记。墓前松树葱茏，境极幽静。礼成后回城小饮，即坐汽车返锡。

（唐文治著，唐庆诒补《茹经先生年谱续编·乙亥七十一岁》）

（一九三五年）十一月十二日，乙亥十月十七日壬辰，阴雨。蔚芝欲谒翁文恭师墓，冒雨行，映南、仲联同去，予无雨鞋，未往。雨亦渐止，一时归。映南留饮，复行快乐饮酒令，三时罢饮。蔚芝以四时归无锡，今日中山诞放假，明日校中有课也。濒行约游梁溪，且谓属仲联导游云。

（徐兆玮著，李向东、包岐峰、苏醒等标点《徐兆玮日记》）

西山一角雨中青，谁捧杯浆叩墓扃。无恙平泉余木石，不磨魂气荡风霆。奋髯松自排云待，翻泪泉应彻地听。头白门生几人到，沈哀为诉草堂灵。

[钱仲联《十月十七日雨中陪唐师蔚芝、张丈璚隐游瓶庐，谒舅祖松禅相国墓》，见《梦苕庵诗文集·梦苕庵诗存》（卷三）]

唐文治赴常熟鹁鸪峰，访翁松禅墓，燕谷老人张鸿导引之，两人徘徊墓侧，均痛哭失声。

（郑逸梅《艺林散叶》4019 条，见《郑逸梅选集》第三卷）

按：时萌《张鸿年谱》（见《曾朴及虞山作家群·张鸿卷》）将此事系于 1917 年，误。

11 月 19 日（十月二十四日）　先生等人视察无锡国专学生寝室等处清洁卫生状况，评定甲乙。

本学期学生会卫生股，自任君家梁担任以来，在与学校当局合作下，于全校卫生事件极多建树，颇为同学所赞许。前为全校彻底扫除起见，由校方定于上月三日至九日，为清洁运动周，全校同学一律动员，打扫寝室。教室及各办公室则由庶务处率领工役扫除，并于十日由唐校长、冯主任、训育吴先生分别视察，评定甲乙，于十九日纪念周时，报告各最整洁之寝室并颁给奖状及学生会赠品。计得奖者为二十五号、二十八号两寝室及女生休息室云。

(《校闻·清洁运动调查结果》,见《国专月刊》第 2 卷第 4 期,1935 年 12 月 15 日)

11 月 25 日(十月三十日)　无锡国专本年度下学期国文大会考成绩揭晓,由先生亲自给奖,并详细阐明题旨作法。

本校每学期必举行国文大会考一次,以提倡各同学作文兴趣。本届已依据校历于十一月十六日举行。文题凡四:一、《善国性强国力论》;二、《晋楚城濮、邲、鄢陵之战,秦晋殽之战,齐晋鞌之战合论》;三、《拟庄子秋水篇》;四、《蟹国记》。参加者共五级,约二百三十七人。至二十五日揭晓,三年级总平分数最多,得本届锦标。个人在九十五分以上者,亦得奖以书籍多部,藉资鼓励。计共十人,为顾时、韩宝荣、陶钟秀、沈切、卞长鹏、钱大成、赵家骥、姚豫泰、马茂元、徐缙瑞诸君。是日纪念周时,校长亲自给奖,并将题旨作法详细阐明云。

(《校闻·本校国文大会考成绩揭晓》,见《国专月刊》第 2 卷第 4 期,1935 年 12 月 15 日)

在国专,接触最多的是钱仲联先生和马茂元学长。茂元是桐城派后劲马通伯的孙子,而高我们一班的吴常焘,则是另一桐城派后劲吴挚甫的孙子。他俩都能诗能文,颇以古文嫡系自诩。还有一位同班的虞以道,则以阳湖派相标榜。我和他们不同。我是醉心于先秦诸子而又好汉魏古体诗的。年少轻狂,颇有凌驾"古文"之概,但我们却相处无间。钱先生对我们都很好,也了解我们的不同趋向。在一次学校举行全校作文竞赛中,题目是经、史、子、集各一。钱先生指定我作"子"题,"子"题的题目是《拟庄子秋水篇》。当然这是他了解我喜爱《庄子》之故。在两小时内,我写了五六百字交卷。在唐老夫子直接领导下评卷结果,我得均分九十八分。而茂元作"集"题,得九十六分。当时即铅印向全校分发。记得老夫子给我的评语中有"可以追踪子云"之句。摹拟为文,虽非我私心所喜,但对此评语,仍受到不小鼓舞。

(姚奠中《"国专"师友散记》)

11 月(十月)　因学校规模日益扩大、学生人数日益增多,无锡国专原有校舍不敷应用,乃由无锡著名实业家唐炳源资助,在太湖之滨、宝界桥畔购地二十余亩。先生率全校师生赴新校址举行奠基仪式,树界石作为校产。准备募集所需资金后,再进行新校舍的建设。

吾校因学生来者日众,校址不敷应用,诸同人提议另行购地建筑。虑无经费,适星海偳来谈,愿为赞助。爰于十月中托区长虞君循真,在宝界桥畔茹经堂对岸,先后购地约二十亩,每亩地价并各项费用约二百七十五元,先树界石作为校产。至建筑校舍，为费需十万之谱，只可俟诸异日矣。

（唐文治著，唐庆诒补《茹经先生年谱续编·乙亥七十一岁》）

　　四方学子既蜂拥而来，但校中地狭房小，容纳不下。蔚老召开校董会，议决尽量设法扩大校址，添筑校舍。乃门前是河，后面是竞志女学，右面是县初中夫子庙，左面是富裕的邻居，借给学校一块空地做操场，也年年要收回，实无法可想。因之又开校董会，议决迁地为良，指定至湖滨觅地。于是至青旗乡请乡长指定地，但几次下乡看地都不合意，最后由我选择。我选定宝界桥右侧之地。乡长说，此地最好，欲得此地的人不知几几，皆难如愿。因为此地不准有建筑物，是最好的风景区。国专欲在此地建筑校舍，可以通融。现在的教育局长是唐先生的学生，绝不会反对。于是择定日子由我携会计，携一万数千元下乡购地，户头数十家，尽一日之功而成。校董荣德生、唐新[星]海听说非常高兴，都说我们欲得此地都难如愿，今国专轻易得之，殊出意外。荣德生愿担任平地筑驳岸、建桥梁、开门向、开沟，唐新[星]海愿担任建筑校舍费。即日动工，不久桥梁等等都完工，校舍图样都绘好，先建筑图书馆。不幸于大雪纷纷中蔚老率全校师生下乡行填基礼并植树，蔚老口中尚念念有辞，但衣服已湿透了。

（吴溉亭《记私立无锡国学专修学校》）

　　本邑国学专修学校，创办以来，垂十五载，平时以敦品力学为宗主，与目下蒋委员长提倡新生活运动、改良风气、维护道德实相符合。校长唐文治氏，因鉴于近年学生愈形发达，本学期统男女学生之籍贯，竟达十五省之多，本省亦占四十余县，原有校舍不敷应用。爰经再三筹划扩充，旋以第三区宝界桥，滨湖面山，交通便利，堪建分院校舍。当经函致汪县长、张建设局长，知照第三区区长虞循正，设法勘定圈购。兹由该校派吴溉亭、张尊五，会同虞区长，在宝界桥下先后购定三十余亩，给价公平，乡民皆欢欣异常。风闻该校即将着手募捐，俟募有的款，即于明年开始建筑。该处山水清秀，本划定为风景区，他日黉舍落成，蔚为文化之区，湖山当更生色，而地方之繁荣更可翘足而待矣。

（《国学专修馆筹建分院》，见《新无锡》1935 年 11 月 9 日第 3 版）

　　一九三五年，拟于太湖之滨、宝界桥畔勘地五十余亩，粗具黉舍规模。记得唐先生在奠基时，当场朗诵四句祝词："十年树木，百年树人。人才蔚起，天下太平。"这一年全校有三百多学生，七个班，正科三年，分甲乙六班。另设一个补习班，凡学生程度较差的，先读补习班，再升入正科。这时可算是国专的"全盛"时代了。

（杨廷福、陈左高《无锡国专杂忆》）

按：据《国专月刊》第5卷第3期《校闻·本校新址行植树礼》中的记载，先生"十年树木，百年树人。人才蔚起，天下太平"的颂词，是1937年3月23日在新校址植树礼上所作，《茹经先生年谱续编》中对此也有记载，故上引杨廷福、陈左高文中说在新校址奠基礼上作此颂词，当是误记。详见本书1937年事中。

12月9日（十一月十四日） 一二·九运动爆发。此后，无锡国专学生要求罢课游行并声援赴南京请愿的上海学生，得到了先生的支持。

一九三五年十二月下旬，上海各校学生响应"一二·九"运动，冲破军警及铁路局重重障碍，赴南京请愿。火车于二十六日抵达无锡，被宪兵司令谷正伦从南京开来的兵车截住，并将部分学生带到城内中南大戏院中。无锡各校学生纷纷支援上海的爱国学生。国专学生得到唐校长的支持，行动迅速，总是先一步把茶水、大饼等送到挨饿的爱国同学手里。唐校长的长媳俞庆棠是文化界救国会的会员，当时在江苏省教育学院任教授。她率领了省教育学院的学生送食物到车站，看到国专的学生已经在那里，便说道："我落在你们后面了！"同学们说："应该归功于唐校长的支持。"在学生没有回校以前，唐校长一直坐等在校长室。

（黄汉文《记唐文治先生》）

一九三五年，北平爆发了"一二·九"学生爱国运动，各地学生闻风响应，"反对华北自治""打倒日本帝国主义"等口号响彻云霄，当时我正在无锡国专二年级读书。无锡大中学校学生也纷纷上街游行示威，表示声援。但有些学校当局却借口"读书救国"，阻止学生参加游行，或采取不合作态度。国专唐校长平时对学生的管理是很严格的，但对学生的爱国活动却是一贯同情和支持的，因此，在国专从未有阻挠学生参加爱国运动的事情。不多几天，事态又有了新的发展。北平、天津的学生组织了南下宣传队，到各地宣传抗日；同时，上海复旦、大夏、交大等学校也组成赴京请愿团，乘火车去南京。途经无锡时，国民党政府派遣大批宪兵前来阻拦，并将请愿学生围困在无锡映山河中南大戏院内，企图阻止他们与无锡学生接触，并设法把他们押送回去。宪兵们头戴钢盔，手执长棍，气势汹汹。这样更激起了无锡学生的愤慨。大家一致要求罢课游行，慰问、声援被围困的学生。当时校内几个领头的学生，跑到校长室向唐老夫子反映了这一情况，并提出声援要求。唐老夫子虽已双目失明，但消息还是很灵通的，他似乎已经知道了这些事情，并没有问什么，就毫不犹豫地说："好，好，反正上不了课，就暂时停课罢！"接着便让秘书陆景周先生出一布告，以无法上课为由，公开宣布暂时停课。校方开了绿灯。学生们更是意气风发，斗志昂扬，大家排着队伍，先到对面无锡师范汇合。谁知一到锡师门口，却吃了个闭门羹。锡师校方竟把大门紧闭，既不让我们进去，也不让校内学生出来。大家感到非常恼火，我们领头的几个学生便翻墙进去，打开校门。于是我们的队伍便冲进锡师，与锡师学生一起会同其他大中学校的学生排成长长的队伍，浩浩荡荡地来到中南大戏院，声援、慰问被围困的学生。中南大戏院外布满了宪兵，个个手提木棍，气势汹汹，但他们自觉理亏，只是用木棍阻拦。这时我们国专学生一马当先，冲破包围，进入大戏院，与院内被围困的学生会合，而包围戏院的宪兵却无可奈何。

（陈其昌《往事的回忆》）

12 月（十一月）　黄宾虹、陈柱应先生及无锡国专教务主任钱基博之邀，来无锡国专作学术演讲。在此期间，黄宾虹由陈柱、冯振陪同，前往即将举行落成典礼的无锡宝界桥畔的茹经堂参观游览。黄宾虹为茹经堂绘中堂一幅，陈柱作《茹经堂画记》题其上。

我国名画家、暨南大学教授黄宾虹先生，暨交通大学国学系主任陈柱尊先生，应本校校长、教务长之聘，于上月九日由沪约同来校作学术演讲。黄先生讲题为《中国画之认识》，其意谓中画与西画若造其极诣，其理相同。中国画家与西洋画家至于互相非诋，盖皆未能达其最高峰。并推至世间之理，九流百家之道，纷纭错杂，然考核其真谛，莫不殊途而同归。论綦透辟。又谓提倡绘事，可以救挽人心，如画中表现出之幽情逸致，更加淡墨画之不施丹采，咸足令人对之志趣淡泊、心里超洁矣。陈柱尊先生讲题为《墨子的尚义教育》，阐发隐奥，解剖精翔。各同学无不记录，以备不忘云。

（《校闻·黄宾虹、陈柱尊二先生莅校演讲》，见《国专月刊》第 2 卷第 5 期，1936 年 1 月 15 日）

锡山唐蔚芝先生为吾国当今大儒，经师人师，早已驰声中外。今年为先生七十寿辰，于是其门弟子张其淦、胡端行、傅焕光等发起集资，筑茹经堂于太湖之宝界山。自去年一月二日举行奠基礼后，鸠工建筑，将及一年，现工程完成，庄严华丽，湖山益为之生色……现定一月四日举行落成典礼。唐先生故旧及弟子遍海内，想届时车水马龙，益使湖山应接不暇矣。老画家黄宾虹先生与唐先生为老友，前数日应唐先生之请，莅锡演讲，并由陈柱尊、冯振心陪往宝界山游览，黄先生为绘茹经堂中堂一幅，陈柱尊为作《茹经堂画记》题其上云。

（《茹经纪念堂落成典礼》，见《学术世界》1936 年第 1 卷第 9 期）

十二月十一日，南京地方法院为调查易培基等人"故宫盗宝案"，聘为鉴定故宫书画真伪。归沪时,道经无锡,时老友唐蔚芝之门弟子为寿师七十华诞,集资筑茹经堂,应邀前往演讲,并游宝界山,为绘中堂一帧。

(黄中秀编著《黄宾虹年谱》)

震泽自神禹底定,实为东南之奥区,吞吐七十二峰。鼋蚪之都,禽兽所京,容涵渊停,于何不有? 神明之气,盖与天地通流矣。其东有五里湖。五里湖之西,有宝界山,实为明时王仲山先生父子隐居读书之处。岁在阏逢,吾师唐蔚芝先生七十县弧之辰,门弟子张廷金、胡端行、傅焕光等建言于众曰:"吾师以孔孟之教,教国中数十年,弟子遍天下,多能守吾师之教,以道德文章工业闻于时。吾师之教在人心,吾师之功在国家。当兹览揆之朝,其可以无纪?"佥曰:"然。"于是相地兹山,勾工人材,不陋不奢,高阁飞甍,出入云烟,朱门崇垣,玲珑湖干,足以隆道尊师,足以纪纲人伦。工既终功,名曰"茹经堂",仍吾师旧名也。春夏之交,雨时风和,万物并育,山木扶疏,大明在天,炎熊混茫,湖光万射,摇人目光,同登斯堂,恍见圣人之和。一叶惊秋,万窍怒号,四山无声,廊[廓]然云霄,湖水千寻,欲见其底,鳞鳞秋波,与天为际,同登斯堂,恍见圣人之清。霜雪既降,朔风如戟,波焱浪没,万怪惶惑,硕果既潜,飞龙遁穴,天地凛烈,阴极阳动,含章待发,同登斯堂,恍见圣人之任。若夫天地之精,湖山之灵,消息虚盈,与时降升,鱼以之跃,鸢以之飞,如见圣人之时,尤斯堂之大观哉。东望九龙,崇山制天;西望鼋头,拔浪汲渊;南望蠡园,又南为仙蠡墩,则春秋时教越王勾践十年生聚,十年教训,以翦国雠、拯国难者陶朱公之遗迹也。吾师之门,傥亦有闻风兴起者乎? 语毕,相与揖拜献爵,以为吾师寿,吾师敛然辞让曰:"鄙人何足以当之,虽然宣圣讲学,后有况轲,不救秦燔,终兴汉刘。宋有程朱,明则阳明,或功于时,或兴将来。鄙人老矣,惟诸君是望。"于时落成,四方观者,接踵摩肩。黄山黄宾虹先生,吾师老友也,绘事为当代第一,来歌斯堂,为吾师绘斯图,人与湖山,俱寿万年。岁在柔兆孟陬之月,弟子北流陈柱谨记。

(陈柱《茹经堂画记》,见《学术世界》1936年第1卷第9期)

按:据《茹经先生年谱续编·戊寅七十四岁》记载,抗战爆发后,茹经堂内的黄宾虹名画及瓷器等,皆为日人掠去。

本年　经钱基博介绍,先生为裘毓麟的《思辨广录》作序。(唐文中题作《广思辨录》)此后,裘毓麟又曾受邀到无锡国专作学术讲座。

吾乡陆桴亭先生生丁明季,养晦海滨,绍千秋正学之传,负一代名显之望者。著《思辨录》一书,括《周易》三才之全、《大学》三纲领八条目之奥。其执友江虞九、陈言夏两先生为之辑要,张清恪公刻之于《正谊堂全书》中。厥后书版散失，先太夫子沈鼎甫先生刻之于江苏书局。迨先大夫辑录《陆子遗书》，复刻之于北京，盖风行海内久矣。昔顾亭林先生读其书，与先生札云："当吾世而有真儒，孟子所谓穷则独善其身，达则兼善天下，具内圣外王之学者也"（见《亭林文集》）。颜习斋先生读其书，俛首折服，上先生书，愿受业于门（见《颜氏遗书》）。当时大君子推重如此，三百年后，慈溪裘君匡庐乃有《广思辨录》之作，伟矣！吾桴亭先生学派之传，信乎源远而流长也……余老矣，深愿以淑人心、扶世道，救中国、救世界之责，属望于裘君与夫后之读是录者。

（唐文治《广思辨录序》，见《茹经堂文集四编》卷六，又见《国专月刊》第 1 卷第 4 期）

先生（按：指钱基博）一生尽瘁于教育事业，循循善诱，诲人不倦……尤其可贵的是能够识别提拔人才，非但对学生如此，遇到有真才实学的无名学者，亦无不热情地予以汲引、援手。如专攻宋明理学的裘匡庐，于理学功力甚深，但不为时人所知。裘匡庐深知先生的为人，却并不认识先生，于是通过先生的门人，把他的著作转送给先生评定。先生读了裘氏的著作，很欣赏，赞誉不止，特地写文章为他推毂揄扬，并将裘氏介绍给国专校长唐文治，还敦请他到国专作学术讲座。裘氏由此知名。

（陈其昌《钱基博先生传略》）

按：裘毓麟是浙江慈溪人，旧译学馆毕业，升入京师分科大学，于 1913 年赴美，留学加利福尼亚大学，习政治经济，1916 年回国，20 年来"精究程朱，旁参释老"，于理学功力甚深，著有《思辨广录》稿本 30 册。上文中述及"（钱基博）先生读了裘氏的著作，很欣赏，赞誉不止，特地写文章为他推毂揄扬"，此文题为《十年来之国学商兑》，发表于 1935 年《光华大学半月刊》第 3 卷第 9、10 期合刊上。文首说："我敬介绍裘匡庐先生之《思辨广录》，以供时贤之论衡而开思辨之境涯。"此文的主要内容后来又被钱基博采入《现代中国文学史》一书中。钱基博"并将裘氏介绍给国专校长唐文治，还敦请他到国专作学术讲座"，先生因有《广思辨录序》之作。裘毓麟到无锡国专作学术讲座的具体时间不详。

本年　先生为无锡国专在读学生崔龙所编辑之《胡文忠公语录》作序。

余主讲无锡国学专修学校，有武进崔生龙，笃好文忠集，孜孜矻矻，编辑《语录》若干卷，都为八类：曰学问，曰用人，曰民政，曰理财，曰兵政，曰兵法，曰地理，曰团练，择精以详，意沈而挚，可谓专且勤矣。

（唐文治《胡文忠公语录序》，见《茹经堂文集四编》卷六，又见《胡文忠公语录》卷首）

按：崔龙《胡文忠公语录》，上海大东书局 1936 年 5 月版，封面为陈衍题签的《胡文忠公语录》，版权页则题作《胡林翼语录》。

本年　先生主持修纂之《乙亥志稿》印行，先生并作《乙亥志稿序》。

　　吾娄自明弘治建州后，桑怿民先生始创《太仓州志》，厥后张仲明、张南郭先生踵为之。清乾隆初，邑宰金上侯先生别为《镇洋县志》。嘉庆时，青浦王兰泉先生以大司寇致仕，州牧鳌伯鳞先生聘纂《直隶太仓州志》。兰泉先生负文章重望，搜采完备，当时称为鳌志。咸丰初，钱伯瑜先生遂有《壬癸志稿》之作，距鳌志五十余年，仅传人物，余则阙如。光、宣间，先师王文贞公继纂州县志，故乡文献，聿阐幽光。顾王志刊成，虽在宣统以后，而其纪述人文，实断自光绪初年，迄今又六十载矣。其间风俗之变迁、政治之沿革、声明文物之盛衰，惧就湮没，邦人士爰有修续志之议，谬推文治与闻其事。世弟王君慧言，文贞公哲嗣也，颇稔桑梓掌故，遂请其属草，并商诸钱君诵三，各就所知，略加增益，仿《壬癸志稿》，先将人物一门付印，就正于父老昆季焉。

（唐文治《乙亥志稿序》，见《茹经堂文集四编》卷六）

　　壬戌、癸亥间，邑长老议修乡土志，敦请君（按：指王保譿）为纂修，成《乙亥志稿》，八十年来是非善恶，炳若日星。

（唐文治《王君慧言家传》，见《茹经堂文集四编》卷七）

按：《乙亥志稿》四卷，唐文治、王保譿、钱诗棣纂，1935 年铅印本。

又按：《唐文治致曹元弼书札编年校录》所收录书札之八十九云："现在敝乡《太仓乙亥志稿》同人等因等候不及，已排比发印。程太夫子事实只得将来补入。"

1936 年(丙子　民国二十五年)　72 岁

1月4日(乙亥年十二月初十日)　茹经堂举行落成典礼,先生在典礼上发表演说。

十二月初十日,茹经堂行落成开幕典礼,锡邑到者,华艺三、蔡兼三、杨翰西、荣德生诸君并星海俒。太邑到者,吴省三、金侠闻、朱恺俦、钱星揆诸君。金山到者,高君吹万。杭州到者,邵君祖平。其他南京、上海、崇明诸弟子,如张廷金、吴[胡]端行、裘维裕、朱诵韩、孙昌煊、傅焕光、江应麟、张福霖及新旧诸同学约二百余人,赠诗文、对联,各品甚夥。余深抱不安。未刻行礼,酉刻回城。余有演说词一篇,登载锡邑各报。

(唐文治著,唐庆诒补《茹经先生年谱续编·丙子七十二岁》)

本校校长唐茹经先生,道德文章,名重宇内。去岁为先生七十寿辰,门弟子谋所以寿先生。乃相地于五里湖宝界桥畔,构茹经纪念堂,以与湖山共垂不朽。本校教授陈柱尊、冯振心二先生倡其议,由交通大学张贡九、胡粹士二先生主其事,皆校长之高第弟子也。首尾一年,始告厥成。建筑为宫殿式,傍山临水,风景绝佳。营造亦极富丽,乃于本月四日举行落成典礼。到会来宾,有各大学各学术团体代表,及各地本校校友会代表、交通大学校友,暨本邑耆绅多人。本校全体师生整队前往。一时跻跻跄跄,五里湖滨,环湖路上,观礼者络绎不绝。至午后三时,举行典礼。由筹备会张贡九、胡粹士二先生报告经过情形,略谓茹经堂本拟兴建于本校,后以本校已于太湖边购地数十亩,厘定三年计划,即将迁移,当求永远密迩本校为宜云。又延华艺山老先生演说,略谓无锡名园甚夥,而关于风教者则少,茹经堂庶可永永不朽。最后唐校长答词,以培养本乡道德、淬砺东林气节为言。掌声雷动,极一时之盛矣。

(《校闻·本校校长茹经堂落成典礼》,见《国专月刊》第 2 卷第 5 期,1936年 1 月 15 日)

本邑国学专修学校校长、前南洋大学校长唐蔚芝先生,道德文章,名闻宇内。去岁为先生七十寿辰,门弟子金谋为先生寿,乃相地于五里湖宝界山,前明王仲山先生读书处,谋购茹经纪念堂(茹经,先生别字)。先生门下弟子凡四千五百余人,由国专陈柱、冯振二君倡议,由交大张贡九、胡粹士二君主其事,组织筹备会,捐款一万五千余元,由傅志章、唐谋伯伉俪购赠地基,李[杨]锡镠君绘图,江应麟君建筑,首尾一年,乃告厥成。昨日举行为[落]成礼,分志详情于下:

布置一览

茹经堂位宝界桥之侧,离桥百余武。建筑为宫殿式,面临湖山,风景绝佳。门首为牌楼式,颜"茹经堂"三字,石遗老人所书,内面"师表人伦"四大字。有一池塘曰芝泉,四环湖石,侧为甬道。拾级而上,正宇数楹在望,有及门弟子碑记。再上为石阶级,有亭形廊庑,悬华士巽所书茹经堂匾额;侧悬左文襄所书联及私锡中贺联。入左为雅言斋,内悬国专全体学生"智水仁山"额及板联一副,及于院长联,汪曾武《茹经堂记》屏。右为燕居之室。此外轩室甚多,布置各方礼品。

各方贺电

福开森:"岳明水秀,堂构是营;轮奂一新,颐养精神。"徐承燠:"本三达德,祝七秩寿,六合四方,咸仰儒风。"沈庆鸿:"华堂落成,遥祝茹经万岁。"王伯樵:"唐蔚老为当代大师,贵会特建华堂,藉示敬仰,功在百世,敬此电贺。"此外曹丽(顺)等辞烦不具录。

楹联摘要

国专学生会联:"光风霁雨之怀,何止吞三万顷;鹿洞龙场而后,至今又五百年"。于院长联:"清夷儒者操;广博圣人心。"杨铁夫联:"位太满[湖]惠山之交,平分鼋渚烟波、蠡园风月;融新安余姚之界,此是人师邹鲁、学子门庭。"沈讱、崔龙联:"箸籍三千子;朝宗七二峰。"陶钟秀、陈起[其]昌联:"道术承千圣;湖山寿万年。"私立无锡中学联:"茹古函今,作人寿世;经筵叟席,傍水近山。"此外名作如林,不胜尽录。

到会来宾

外埠有各大学、各学术团体代表,如高燮、胡粹士、张贡九等数十人,及各地国专校友会同人,各地国专校友,交通大学同学数十人。本邑有陇县长,陈公安局长,县党部代表,耆绅华艺三、杨翰西、荣德生、蔡缄三、唐星海及各机关、各学校代表,国学专修学校全体师生,不下千余人。跻跻跄跄,可谓极一时之盛矣。

典礼情形

行礼如仪,首由筹备会张贡九、胡粹士报告筹备经过。次由华艺山演说,略谓无锡名园极多,怡情适性者多,关于风教者少,茹经堂所有千古不朽云云。最后唐蔚老演说(词另录)。末张贡九答词,摄影散会。

唐蔚芝先生茹经堂落成开幕典礼演说云:

鄙人深谢诸君厚谊。兹堂之成,由同学胡君粹士、张君贡九等十余人发起,同学杨君锡镠精绘图样,同学江君应麟担任建筑,同学张君德载切实照料,又得同学傅君志章布置花木,点缀胜景,合群力以成。在发起之初,鄙人自问学问事业,愧无建树,一再坚辞。而胡君等佥谓:"师生感情,凡我及门,最为团结。所以有此建筑者,将树之风声,以资观感。至中国文化复兴,自以京沪路线为起点,无锡地居中心。吾师提倡本国文化,兹堂之建,可谓复兴吾国文化之发轫。"因此关系,谊不能辞。今日师生萃于一堂,并承诸大雅君子贲临,感贲刍言,交相勉勖。鄙人生长太仓,所私淑者陆桴亭先生;迁居无锡,所私淑者高景逸先生。此处地近高子水居,闻景逸先生从前在五里湖滨讲学,樵夫渔子,聚而听者常数百人,一时风气都归淳朴。鄙人景仰流连,亟愿于春秋佳日来此湖滨,讲授《孝经》《论语》诸经并先儒性理之学,培养本乡道德,淬砺东林气节,以冀窃附先贤之后。但鄙人老矣,所属望者,惟在诸君。释家有化身亿万之法,实则儒家早有此说,孔子言无行不兴,是以当时圣门有得一体者,有具体而微者,即亿万化身也;孟子言诵尧之言,行尧之行,是尧而已矣;荀子言途之人可以为禹,亦即亿万化身也。诸同学散处四方,不下数千人。从前鄙人屡闻诸同学互相传言,不可忘鄙人平日之教,颇有贫贱不移、威武不屈之概,至为可嘉。《记》曰善教者使人继其志,鄙人平日志愿,在救人心、救民命,迩日生民憔悴极矣,皆由于心术日坏、人品日卑,以致风俗日恶。惟望诸君本学道爱人之意,以救人心、救民命学说传嬗四方,善国性、严国防,俾正学渐以昌明,科学益以深粹,吾国文化庶有蒸蒸日上之机。鄙人居今日,享此湖山之福,有如芒刺在背,惟望诸君传继无穷,如松柏之茂,无不尔或承,俾吾中国之民得享安宁之福,则此堂确可为文化之起点矣。诸君勉之,鄙人更馨香以祝之。"

（《茹经堂落成典礼》,见《新无锡》1936年1月5日第3版）

按:上文中记国专学生会联"光风霁雨之怀,何止吞三万顷;鹿洞龙场而后,至今又五百年",据黄汉文《唐文治办国专与章太炎讲小学》一文所记,此是建造茹经堂时,章太炎所赠先生之联,文字亦与上引略有不同,曰:"光风霁月之怀,何止吞三万顷;鹿洞鹅湖而后,于今又五百年。"姑录以备考。

孟子有言:"五百年必有名世者。"孟子没后,历千余岁而宋明诸儒兴,得圣人微言奥旨。然自白鹿洞阳明而还,至于今又五百年矣,而我夫子蔚芝唐先生，天实挺生，意在斯乎，意在斯乎！先生炳禀山娄水之灵，负海涵岳峙之概，自其少时，稽古学道，已瘝痗与姬孔通。先后从王文贞、黄元同两先生游，沟汉宋之邮，窥天人之蕴，煦仁育义，穷理殚性，而务以见诸行事。光绪辛壬间，随使槎，持英箓，历英、法、比、美、日诸邦，履鲸海若户庭，极西极东，周亘亥步，宙合菁英，吸以一杭，封轺而返。历掌译署工商，张噏纵横，信行蛮貊，通商攻工，硕画宏布，其见诸从政者如是。丁未，丁太夫人忧，挂冠南旋，主交通部南洋大学，南金竹箭，萃天下之美，则壹意于开物成务，飙轨电机，海西所擅，其在我华，惟先生实宏倡之。老更衰乱，玄黄龙战，礼义荆榛，益以昌圣学、救人心、善国性为急，乃辟广厦于梁溪，是曰国学专修学院。承学之士，万里负笈，八面而至，沈渐既深，不期自化，盖前后所陶铸者四千数百人，其施诸教育者又如是。惟先生之学，体用一贯，融高密之笺注，补金溪之玄虚，扩永嘉之经制，各引其长，括于一囊。坐谭起行，弥纶万汇；立德立功立言，一身备之。噫，先生其名世者哉！岁在甲戌，先生年七十矣，庄敬日强，讲学不倦，白须红颊，望之伟然。而我及门诸子，谋所以寿先生于无疆者，佥曰莫如堂构是营，则有宝界山者，位太湖之阴，奇骨耸秀，插天排云，万顷朝宗，扬涛簸日，镇以华堂，是称得地。于是庀工鸠材，期年而成，颜曰茹经，先生别字也。升是堂者，俯视吴越，七十二峰出没于苍茫烟浪间，光风霁月，涤我旷怀，益觉先生之道德文章，绝地天通，视蹄涔乎沧海，吞若震泽者八九于其胸中，洵可为吾国文化之导源矣。而我辈所谓见而知之者，幸托青云以施于后世，其当兴起为何如也！时维旃蒙大渊献涂月。及门诸弟子恭记。

（钱仲联《茹经堂碑记》）

赖有堂堂一老存，独将绝学正乾坤。湖边漫问清风价，海内争瞻白发尊。桃李三千咸绕室，峰峦七二恰当门。频年绛帐何人共，立雪情怀待尔论。

（王先献《茹经堂前和山萝韵》，见《国专月刊》第 4 卷第 5 期）

按：此诗又见《中国出版月刊》第 6 卷第 4 期，题作《茹经堂落成纪盛并寿茹经尚书》，文字与上引有所不同。

同日　晚，先生在家设宴款待诸同学。因家祠门未关，所藏之《罗念庵先生文要》等书、物被窃。

是年冬七月，余七十初度，同学胡端行粹士、傅焕光志章等，筹建茹经堂于锡邑宝界山，以为寿，固辞不获。至丙子正月四日，行落成礼。是晚余设宴西溪寒舍，款待诸同学，祠门未扃，是书（按：指《罗念庵先生文要》）被窃去。子妇庆棠并失去狐裘暨摄影具二事。余叹曰："嗟乎！志不可满，乐不可极，非分之福。余志满乐极矣,小惩大戒,天人消息之必然,得不为之悚惕乎!"顾爱书成性,旦夕不能忘。

（唐文治《罗念庵先生文要跋》,见《茹经堂文集四编》卷六）

按：上文所记被窃之《罗念庵先生文要》后来又失而复得,见本书 1937 年事中。

又按：上文中"至丙子正月四日,行落成礼",用的是公历日期,因茹经堂落成典礼的日期是在公历 1936 年 1 月 4 日。

1 月 31 日（正月初八日）　因原属江苏省管辖的嵊泗列岛划归浙江管辖,先生等江苏士绅致电国民政府,要求仍照旧制,免予变更。

自嵊泗列岛划归浙省管辖后,苏省人民反对颇力,推派代表分向京省请愿。南通等三十一县渔会及水产界学术团体,均纷电力争。苏绅韩国钧等亦起而响应。兹探录原电如次：

南京分送中央党部主席胡、政治委员会主席汪、国民政府主席林、行政院长蒋、内政部长蒋、实业部长吴钧鉴：长江口外嵊泗列岛,系金、奉、川、南各县之屏障,前清为苏镇汛地,有总兵驻崇明,故地属崇辖。近苏省注重县区行政,嵊泗为崇明第五区设施,甫有端绪,渔业正赖维持。忽传划归浙治,国钧等未敢赞同,应请仍照旧制,免予变更。韩国钧、陈陶遗、张仲仁、冷遹、唐文治、王清穆、陆养浩。世叩。

（《苏绅韩国钧等电中央力争嵊泗》,见《申报》1936 年 2 月 3 日第 12 版）

按：据郭振民《嵊泗渔业史话》记,1932—1936 年,江浙两省之间为嵊泗列岛的归属和治辖权曾发生一场持久的争论。主要有四种主张和论派：一为"维持苏治派"；二为"划归浙治派"；三主张将嵊泗列岛划为中央直辖之海上特区,开辟成为全国性海洋渔业发展根据地；四将大小黄龙岛全部划归浙江省管辖,滩许山、白山划归江苏省管辖,其余苏浙两省沿海各岛屿界限,一律依照陆军测量局制定之军用地图原定之界限为准。上引《申报》之报道,即代表"维持苏治派"之主张。1936 年 10 月 13 日,时任国民政府行政院院长的蒋介石签发《行政院训令》（字第 6010 号）,决定"应维持现状,归苏省管辖",这场论证乃告终止。

又按：在代日韵目中,"世"为 31 日。

1 月（乙亥年十二月）　《私立无锡国学专修学校图书馆目录（旧书之部）》出版,先生为之作序。

本校图书馆成立于民国十八年,初仅有图书一万余册。厥后广事搜集,迄今达三万余册,其新书及杂志报章亦有一万八千余册,别有善本书百数十种,则辟善本室以贮之。宋本既罕,后者遂珍,虽元明所刊,亦有足观者焉。爰嘱馆员分别整理编目,旧书则略仿前例,概以四部;新书则参照杜威氏分类法,间采各家著述,而以旧书目录先行付印。

[唐文治《私立无锡国学专修学校图书馆目录(旧书之部)序》,见《私立无锡国学专修学校图书馆目录(旧书之部)》卷首]

按:《私立无锡国学专修学校图书馆目录(旧书之部)》,无锡国学专修学校出版,无锡民生印书馆印刷。该目录按经、史、子、集四部分类编排,每部又分不同的小类,计载图书 2 807 种 42 912 卷 16 357 册,另有不分卷者 372 种。先生序中说"以旧书目录先行付印","新书则参照杜威氏分类法,间采各家著述",但"新书之部"的目录似未见刊行。

又按:顾实曾在《十五年来之目录学》(见《私立无锡国学专修学校十五周纪念册》)一文中将无锡国专图书馆旧书部与涵芬楼(张元济所创建的商务印书馆上海时期的藏书楼)旧书部的藏书作过一番比较,说:"然则十五年来之国专藏书,与旧涵芬楼藏书相伯仲矣。涵芬楼者,张菊生(元济)先生所经营,商务印书馆编译所三十余年之积储(约止于民国六年),而国专十五年来所藏,略足相当,不可不谓为长足进步矣。"

2月(正月) 友人徐兆玮以《常熟艺文、金石志》一部寄先生。

(1936 年)二月二十日。丙子正月二十八日壬申,晨起,视积雪在地,未几尽融。午后时露日光。以杨寿文寄蠹青叔。前以《常熟艺文、金石志》一部寄唐蔚之,今日复致一札。

(徐兆玮著,李向东、包岐峰、苏醒等标点《徐兆玮日记》)

同月 先生所著《尚书大义》作为《无锡国学专修学校丛书》之十二出版。

是年,余为诸生讲《尚书》,编《尚书大义》内外篇成。外篇考今古文源流,内篇发挥每篇精义,多有先儒未经道者。

(冯)振谨案:《尚书大义》分内外二篇,外篇叙今古文源流,采择精博,断制谨严,撷江、段、王、孙诸家之菁华。内篇分《尧典》《皋陶谟》《洪范》《康诰》《召诰》《立政》六篇为政治学,《汤誓》《盘庚》《西伯戡黎》《微子》《金滕》《大诰》《洛诰》《无逸》《君奭》《多方》《吕刑》《费誓》《文侯之命》《秦誓》十四篇为政鉴,于禅继大义、著作本源、阐发无遗。尤精者如论《洪范》八政、《吕刑》刑法、《费誓》军纪与周秦二代盛衰存亡之故,均足以昭示来兹,振兴世运。附《尚书》应读书目表,则分专门书、专篇书、参考书三类焉。

(唐文治《茹经先生自订年谱·戊辰六十四岁》)

按:《尚书大义》,无锡国学专修学校 1936 年 2 月出版。

同月 无锡国专教授叶长青编《国魂集》出版，先生为之作序。

闽县叶生长青编《国魂集》，选录古来忠臣义士有关志节诗文，都若干首，激励人心，极有裨于世道。余仿《庄子·秋水》篇，为撰序一首，自问诙诡之文，不作久矣，放笔为之，颇觉光茫四射，较旧作《说龙》《释气》二篇为胜，深自喜也。

（唐文治著，唐庆诒补《茹经先生年谱续编·乙亥七十一岁》）

造化真宰，际温蠖世，混沌莫名。渌水沸腾，恍见百灵。罔两肆虐，倏为汉魃。石言蛇斗，万怪惶惑。鬼伯当门，攫拿以食。或有叫者，嘻嘻出出，跳踉吸骨。予求予怃，昏垫回通。黔首其咨，国载营魂，能无浇漓。黄帝告司命曰："有国在下，魂魄离散，汝筮予之。"司命对曰："请以质大通、抱一二子。"爰摄国魄、追国魂，会于古嘉魂之府、保魄之乡。国魂曰："嗟！吾离矣！若之何？"国魄曰："噫！吾落矣！若之何？"司命曰："合莫神山，有返魂术焉。"乃相与促武缩气，展转翾翾，以访于大通子。大通子曰："吾语汝！吾国有国性，仁义礼智信是也。有国情，恻隐羞恶辞让是非是也。有国纪，君臣父子夫妇昆弟朋友是也。有国宝，《易象》《诗》《书》《礼》《乐》《春秋》是也。有国器，临冲钩援、蔺石渠答、轮舆飞舶是也。之数者，或有形，或无形，谁其尸之？魂实主之。唐虞之时，魂寄于尧舜。三代之时，魂寄于禹、汤、文、武。春秋战国之时，魂寄于孔孟。唐之时，魂寄于张、许、颜、陆、韩。宋之时，魂寄于周、程、张、朱、文、陆。明之时，魂寄于薛、王、左、史。清之时，魂寄于顾、陆、胡、曾、左。乾坤不息，国魂亦一日不息。若夫不仁不智，戕其魂者也。无礼无义，役其魂者也。椎孝糅弟，寡廉鲜耻，傎倒其魂者也。"……问招国魂者谁？八闽叶长青也。序其书者谁？三吴唐茹经也。其时维何？柔兆困敦孟陬之月。将易其柔而苏其困者，句芒之神也。

（唐文治《国魂集序》，见该书卷首，又见《茹经堂文集五编》卷五）

按：《国魂集》，无锡民生印书馆印刷，无锡国学专修学校图书馆总寄售，1936年2月出版。书前有陈衍、唐文治、刘通和无锡国专学生沈讱的序。全书以历史时期为序，共选录"古来忠臣义士有关志节诗文"106篇。

本年上学期开学前，钱基博向先生辞去无锡国专校务主任之职，先生商请由教授叶长青接任。

本校校务主任钱子泉先生，前因操劳过度，精神渐衰，曾于去岁屡请辞去校务主任职；嗣因继任无人，未能允其所请。本学期开学前，钱先生复以身体多病，光华大学院务繁剧，不能兼顾本校事务，向校长一再坚辞，遗职商请教授叶长青先生兼任,已得同意,于开学日,由校长正式布告周知。叶主任曾任各大学教授,并曾长福建福安等县,学识丰富,办事认真,接任伊始,于校务前途,多所建白与改进,同学咸庆得人云。

（《校闻·叶长卿教授兼任校务主任》,见《国专月刊》第 3 卷第 1 号,1936年 2 月 15 日）

同月 孙女唐孝贞生,四子唐庆永出。(据《茹经先生年谱续编·丙子七十二岁》)

4 月 7 日(三月十六日) 上海交通大学举行第八次总理纪念周,先生应校长黎照寰邀请出席并致辞。

四月七日乙组总理纪念周,黎校长敦请唐前校长蔚芝先生驾临致训。唐先生讲救国之基本方法,需先教人立德立功立言,并引王阳明先生知行合一之学说,用以证实当今国人一般之缺点,又勉励同学以曾、左、彭为人做事之精神……

（《记母校第八次总理纪念周:潘公展唐蔚芝福开森三氏出席演讲》,见《南洋友声》1936 年第 42 期）

又讯:黎校长以本周纪念母校,于星期一上午特请第一任监院福开森博士,任职校长最久之唐文治太史,及本市教育局长潘公展氏莅校演讲。诸氏均希望各师生能以人格精神救时报国,福开森博士且以三代同堂为可庆幸,以本人代表该校创立时期,唐太史代表中兴时期,黎校长代表新兴时期。在座闻之鼓掌大笑。继由黎校长报告,际兹国步维艰、库藏支绌,大规模之庆祝为环境所未许,谋为该校树立久远之基础、立百年之大计起见,时分函各地校友,请捐赠奖金,以为永久纪念云。

（《交通大学今日举行四十周纪念会》,见《申报》1936 年 4 月 8 日第 12 版）

本日 蔡元培复先生函,就先生来信中请求其向中华教育文化基金会申请建筑费一事,答应尽力为之。

蔚芝先生大鉴:大函奉悉。国学专修学校添筑新屋,具见校务发达,曷胜欣羡。向中华教育文化基金会请求建筑费一节,在开会讨论时,弟自当尽力。先此奉复,诸希察照。顺颂台绥。蔡元培敬启。四月七日。

（蔡元培复唐文治函,见《蔡元培全集》第 14 卷）

按:先生致蔡元培信未见。

4 月 8 日(三月十七日) 上海交通大学举行四十周年纪念大会。先生未出席,由上海交通大学机械工程学院院长胡端行代先生宣读纪念文。

粤维民国二十有五年四月八日,忻逢我交通大学四十周纪念良辰,四方君子济济焉,莘莘焉,咸萃於斯,懿欤盛哉!是校创设于盛杏荪尚书,维时主持之者，为武进何梅生先生、美国福开森博士，筚路蓝缕，建设权舆，厥功非鲜。其地则襟带申江，绾毂吴会，遂成东南第一学府。余于清光绪三十三年秋来掌斯校，迄民国十年解职，凡十四载，所有土木、电机、管理三科，犕具规模，稍资引锴。而二十周与二十五周纪念，余先后承乏其间，惟以格于经济，少有苟完，内心滋疚。洎今校长黎曜生先生主校，又得孙院长哲生先生匡助指导，于是各院各系次第成立，器械精良，千辟万灌，艺学罗抉，觚觚兼呈，爰有今日之盛，中外称誉，聿无间然。余维古者大同之治，其精谊曰：修礼以耕之，陈义以种之，讲学以耨之，本仁以聚之，播乐以安之。夫工艺用也，道德体也，诸生于以上五者既涵濡中和之化，而又发扬工业，利用厚生，异时六府孔修，庶土交正，救民利国，非吾校其谁属？而曜生先生之功，于是益宏远矣。抑余更有进焉，《易》言利用为大作，又言有孚惠心富有之谓大业，日新之谓盛德，此非一人之力所几也。曜生先生虚怀毅力，博采众长，其所经画，悉系久大之模，则凡中外同志，举当竭其知能，匡所不逮，辅之翼之，从而振德之，俾我校日新又新，与国家同臻自强不息之效。他时五十纪念、百年纪念，其兴盛当复何如！是则余所厚望也夫。并为颂曰：

　　柔兆余月，清明扇和。肖乎学府，工业先河。形上形下，格致静专。阴阳橐钥，理化精研。牢笼宇宙，枇被山川。观雷观火，坎离位焉。祁祁多士，鹏翮高搴。标新领异，灌输八埏。孰懋厥功，番禺崇宣。天有四时，乾有四德。元亨利贞，健行不息。以时考之，为泰为益。云龙风虎，其道大光。于万斯年，麻美无疆。唐文治。

　　　　　（唐文治《交通大学四十周纪念颂词》，见《交通大学四十周纪念刊》）

按：本年 5、6 月间，先生在答《旅行杂志》记者吴德明采访时说曰："前月（按：指本年 4 月）尝至浏河扫墓，道经上海，适值交通大学四十周纪念。回忆我离该校已十五年矣。当承今校长黎照寰邀请，演讲一次，匆匆返锡。"（见吴德明《唐蔚芝先生访问记》）这里的"演讲一次"指 4 月 7 日在上海交通大学举行第八次总理纪念周时的演讲。因演讲后即"匆匆回锡"，故未参加第二天（4 月 8 日）的上海交通大学四十周年纪念大会。据《交通大学四十周纪念刊》中《四十周纪念会盛况纪略》一文载，纪念大会上由"机械工程学院胡（端行）院长代表唐前校长蔚芝宣读纪念会文"，这里的"纪念会文"即上录的《交通大学四十周纪念颂词》。

4 月 13 日（三月二十二日）　教育部本年度特派专员陈泮藻、郭有守到无锡国专进行视察，到校后与先生略谈有顷，随即进行视察。

　　教育部本年度特派专员视察京沪各专科以上学校。本月十三日视察专员陈泮藻、郭有守二氏,莅临视察。由本邑教育学院院长高阳、教务长陈澧江、教授俞庆棠陪同来校。与唐校长略谈有顷,随偕本校冯教务主任至各教学室、图书馆陈列室、阅览室、各办公室巡视一周,详加指示,对于本校校风之淳朴深为嘉许云。

（《校闻·教育部专员来校视察》,见《国专月刊》第 3 卷第 3 号,1936 年 4 月 15 日）

4 月 22 日（闰三月初二日）　先生呈函国民政府主席林森及行政院院长蒋介石,请求拨助经费,用于建筑无锡国专新校舍。

呈林主席、蒋院长:

呈为本校建筑经费绌请提倡补助为呈请俯赐捐助建筑校舍经费。

复兴文化事业,窃维立国之本在正人心;而正人心之本根于道德。先总理尝谓道德为民族精神,此种精神不但要保存,并且要发扬光大,然后民族地位可以恢复。近年蒋院长提倡"新生活运动",于礼仪[义]廉耻诸大端特谆谆告诫,风行草偃,薄海同钦。文治办理私立无锡国学专修学校已届十五载,仰维先总理遗教并蒋院长建国鸿猷,壹以躬行道德、发扬文化为宗旨,而于世界知识、尚武精神并极注重。现在本校学生人数二百四十余人,学籍占十六省,前后毕业者总数三百余人,校舍自赁屋,开学逐渐改建,图书庋藏四万册,刊印本校丛书达十余种。上年钧部派员莅校视察,奉令称"该校校风质朴,堪用嘉许,并命提高学生程度"等因,奉此,本校除提高学生程度外,并拟添设高中国文师资科,增设讲座,广购图书,以宏造就。惟是本校校址在无锡孔庙之东,地基有限,无由开拓,窃思本校乃专研国学学府,四方就学日众,徒以校舍偏窄,向隅不少,往往仰望门墙,懊丧而去。文治仰体政府培植人才、推广文化之至意,爰就逐年经费节省所余,在无锡太湖之滨购地五十余亩,山水清嘉,是为人文会萃之地,拟即从事建筑。惟关系中外观瞻及将来逐渐推广之计,规模不宜过隘,预算需费约十万元。目下经济困难,筹措非易,伏念钧席、钧长提倡道德、策励人心,不遗余力,而复兴本国文化,尤为刻不容缓之图。除申请教育部讲座费及图书二万七千元外,所有关于建筑经费,谨呈请钧座赐予提倡,转行教育部,准如所请拨款补助,以利进行,赐捐巨款,以为首倡。俾得早日蒇工,曷胜屏营待命之至。谨呈国民政府主席林、国民政府行政院院长蒋。私立无锡国学专修学校校长唐印。中华民国二十五年四月二十二日。

（《唐校长呈林主席、蒋院长函文》,见陈国安等编《无锡国专史料选辑》）

约同时,先生呈函又国民政府教育部部长王世杰,请求赐拨图书费二万元、讲座费一万四千元。

呈为遵章申请补助经费事。

　　窃维立国之本在正人心，而正人心之本根于道德。先总理尝谓道德为民族精神，此种精神不但要保存，且要发扬光大，然后民族地位可以恢复。近年蒋院长提倡"新生活运动"，于礼义廉耻诸大端谆谆告诫，风行草偃，薄海同钦。文治办理私立无锡国学专修学校已届十五载，仰维先总理遗教并蒋院长建国鸿猷，壹以躬行道德、发扬文化为宗旨，而于世界知识、军训精神并极注重。上年钧部派员莅校视察。旋奉部会开：该校校风质朴，堪用嘉许，并命提高学生程度。仰敬指导，易〔曷〕胜感佩。丞拟遵令提高程度，增设高中国文师资科、史地法政等科，参照中央大学课程增设讲座，广购图书，以宏造就。

　　旋于本年三月间奉钧部高壹二一第三七一六号训令，开"凡申请补助之私立专科以上学校，须具申请补助书，遵依教育部制定之项目，详确填载送部"等因。奉此，谨道〔遵〕依补助章程照填申请书表，呈请钧部核准赐拨图书费二万元、讲座费一万四千元，以为复兴本国文化之基础，并将申请书表油印十六份，一并呈送钧部，俯赐批准，实为公便。谨呈教育部部长王。（附申请书表油印十六份）

　　　　（《唐校长呈教育部王部长函文》，见陈国安等编《无锡国专史料选辑》）

　　按：5 月 21 日，行政院院长蒋介石和教育部王世杰联署批文；5 月 28 日，国民政府行政院文官处致函先生（均见《无锡国专史料选辑》），均称按教育部《补助费分配办法大纲》之有关规定，"对于私立学校校舍之建筑，尚无给予补助之规定"。

4 月 25 日（闰三月初五日）　广州学海书院副院长钟介民至无锡参观国学专修学校，并拜会先生，双方商定合作方法。学海书院的创办人陈济棠并为无锡国专筹建新校舍捐资千元。

　　广州学海书院，原为仪征阮文达公所手创。民国以来，书院制废，去岁始由陈伯南氏倡议复兴。鉴于国内学界素乏联络，最近委该院副院长钟介民氏，北上参观苏州章氏讲学会及无锡国学专修学校，以资借镜。钟氏在苏参观后，即于本月二十五日，由章太炎夫人汤国梨女士陪同来锡，晋见国专校长唐蔚芝氏，考察该校一过，极表赞佩。又以该校与章氏讲学会乃研究国学最高学府，掌教者咸为一时宏硕，当即商定合作办法，嗣后介绍该院高材生分赴苏锡两地，藉资观摩。并闻陈伯南氏对于国专筹建新校舍一事，认为复兴中国文化基础，已慨捐千元云。

　　　　（《广州学海书院与吾锡国专文化合作》，见《新无锡》1936 年 4 月 28 日第 2 版）

　　按：《申报》1936 年 4 月 29 日第 13 版有相同报道，题为《广州学海书院与无锡国专文化合作》。

又按：学海书院建于 1935 年，是在民国时期粤系军阀领袖陈济棠（字伯南）的支持下创办的。该学院的宗旨，是要恢复传统书院制度下的人格与德性教育，以弥补现代大学教育的缺失。1936 年夏天，陈与桂系联合，以"抗日救国军"名义反对蒋介石，即所谓"两广事变"，终遭失败，学海书院亦被封。因为书院被封发生于钟介民访问无锡国专之后不久，故拟议中的合作计划似未及实现。

4 月 27 日（闰三月初七日）　本年度上学期国文竞赛（国文大会考）成绩公布，得奖者由先生各奖书籍数种。

本届全校国文竞赛会考成绩已于上月廿七日公布，三年级总分数最多，获得锦标。同学成绩在九十分以上者十三人，计吴竟成、武宗灿、黄敦、王先献、马茂元、黄光焘、陈其郊、俞学祖、虞以道、赵恩寿、徐毓梅、徐缙瑞、虞亘，各由校长授奖书籍数种云。

（《校闻·全校国文竞赛会考揭晓》，见《国专月刊》第 3 卷第 4 号，1936 年 5 月 15 日）

约 4、5 月间（约闰三月间）　先生等人向社会发布《私立无锡国学专修学校募捐建筑经费启》。

盖闻"立国要本于人心，善俗必基于正学"。聿维东林之里，实为南纪之纲，教泽旁流，余风未沫。我国学专修学校肇立于民国十年春，初设惠山之麓。嗣经锡绅孙鹤卿先生出资，就泮官旧址别营讲舍，即于是年秋迁入。文治等承乏其间，忝居讲座，当世局元黄之会、民生憔悴之时，礼乐崩坏，黉序荆芜，孰为大雅之扶轮，深冀中流之砥柱。某等障澜乏术，济溺有心，雅慕鹅湖之论道，缅怀鹿洞之传经，载赓芹藻之章，庶革鸥鹭之响。区区愚忱，惟期于正人心、兴礼义两端，树国家根本之图，为世界壤流之助。盖自立校迄今，十有五载矣。中经匪乱，旋幸恢复。十七年呈准教育部立案，先后添辟校舍，负笈来者益众，卒业者三百有四人，学籍占十六省。僻邑边隅、海外华侨不辞数千里而来。而校宇狭窄，后至莫容，至有徘徊墙之外，仰止涕泣而去者。拓地之谋，急不容缓。爰购地于五里湖滨，得五十亩，惟以中外观瞻，规模不宜过隘。玉虹万丈，下饮波涛，宝界一峰，式瞻云日。当春诵夏弦之暇，宜浴沂风雩之游。就辟大库，实称得地。惟营建所需约十万元之谱。敢请当代伟人、各界鸿彦登高一呼，众力共举，恢兹广厦，惠我诸生。

我校为宣扬国粹之学府，推崇文化之枢机，诸君子卫道情殷，当仁不让。倘蒙慷慨输囊，从容集腋，凡惠捐二万元以上者，建堂铸像；一万元以上者，勒碑纪勋；募集得以上数目者，亦为相当之酬报；一千元以上者，一体刻石镌名，金石腾辉，河山并寿，曷胜馨香祝之。谨启。发起人：傅焕光、金其堡、朱家骅、王震、陈衍、王清穆、张嘉璈、薛桂轮、荣宗铨、蔡文鑫、杨寿楣、周毓莘、顾倬、杨寿枏、荣宗敬、华士巽、唐滋镇、侯鸿鉴、孙家复、曹铨、冯振、陈鼎忠、惠美珊、高阳、陈柱、叶长青、唐文治等同启。

（《私立无锡国学专修学校募捐建筑经费启》，见陈国安等编《无锡国专史料选辑》）

5 月 15 日（闰三月二十五日） 先生所著《性理学大义》作为《无锡国学专修学校丛书》之十三出版。

校长所著《性理大义》一书，取材于宋五子，剖析精微，一纸风行，销售早罄。复因四方购索者踵至，特重付手民，并刻入本校丛书，以便嘉惠来学云。

（《校闻·本校丛书新编——〈性理大义〉——问世》，见《国专月刊》第 3 卷第 5 号，1936 年 6 月 15 日）

按：《性理学大义》，无锡国学专修学校发行，无锡民生印书馆印刷。全书共二册，分《周子大义》二卷、《二程子大义》二卷、《张子大义》四卷、《洛学传授大义》一卷、《朱子大义》八卷。

约 5、6 月间（约闰三月、四月间） 某日，先生在无锡国专校内接受《旅行杂志》记者吴德明的采访。在回答记者的提问时，先生再一次强调了其所一贯提倡的"教育除灌输知识而外，尤当注重人格教育"的思想。

经师人师太仓唐蔚芝先生，学宗孔孟，追源程朱，躬行实践，笃信谨守，与茸城钱复初先生并称为当代理学大师。行年七十有二，致力于教育事业凡三十年：初长邮传部南洋公学十四年，现长无锡国学专修学校亦已十五年，门徒之众，达半万人。以提倡人格教育名于时，举世翕从，誉为大教育家。壮年二度派遣出国，遍历世界名都，英美法日比诸大国。晚年息影梁溪，以著述讲学自娱。记者素所崇敬先生，爰于星期五日专程赴锡晋谒。

无锡原为江南名胜之区，山有惠山、锡山之青翠，园有蠡园、梅园之幽静，水有东大池之秀丽，三万六千顷太湖之窈渺，天然景物，旖旎风光，隐迹其间，固不啻桃源胜境。谚称上有天堂，下有苏杭，然而两地之胜，犹不若无锡以生动逸秀之为足引人留恋也。

晨乘京沪早车出发，十时许抵锡，下车后，探悉先生刻在校授课，乃驱车至学前国学专修学校，贤关圣域，庄严气象，肃穆雍和。该校位于圣庙东偏，辟文昌阁为会客室。入门投刺，先由庶务张君款入办公室，略询先生近日生活及校中情况。张君谓先生现值无课，半小时后，在三年级授《易经》。遂由张君引导，急趋校长室。室在尊经阁之东偏，方可数丈；四壁遍悬名人手迹、纪念照片等。先生南向坐，态度端庄，望之俨然。旁坐秘书陆景周先生，正处理案件。当记者晋谒时，由陆秘书代为通知。先生宽衣大褂，和蔼谦恭。目虽不复见，而听觉极聪；银髯飘忽，精神矍铄，望之犹如五十许也。

记者晋见后，略致渴仰道候之意。先生备极欢迎，春风满面，时露笑容，答问至为详尽，并略述救国基本原则。兹并志如下：

问：先生近来生活若何？

答：不过如此。清晨起身，即到校办公。下午略作午睡，三时延见宾客，四时处理积件；入晚与家人叙话，或与幼孙讲述孝道，以坚童心。

问：先生是否每日到校办公？

答：除星期日外，每晨七时到校，十一时半离校。除处理一切校务外，间亦讲授经学、理学等重要课程。

问：近将暑假，校务想见倍形忙碌。

答：还好。比平常略忙。一则暑假将举行十五周纪念，现正积极筹备；二因筹建新校舍问题，亦在次第进行中。

问：十五周纪念预备何时举行，有无仪式？

答：大概总在半月底，暑假前，但日期尚未确定。想拣一星期日，俾来宾可抽空参加。在此国难时期，亦不过事铺张，届时拟邀请名流学者，莅临演讲。

问：筹建新校舍之计划可得闻欤？

答：本校地位狭窄，而学生日增，前后左右，几无法发展。现择定太湖边宝界桥新校址。风景天然，堪为进修学业处所。预定两年内竣工。

问：闻先生新近落成之茹经堂亦在该处附近，相距几何？

答：前后相望，相去不过数武耳。

问：茹经堂建筑若何？

答：多承各位同学弟之厚意，集资庆祝七十寿辰，堂为宫殿式，容积不大；背山临水，风景绝佳。

问：先生曩尝游历欧美，近年亦尝出外闲游否？

答：前月尝至浏河扫墓，道经上海，适值交通大学四十周纪念。回忆我离该校已十五年矣。当承今校长黎照寰邀请，演讲一次，匆匆返锡。

问：先生对于游兴有何感想？

答：近来难得出外，即游亦不出苏省，无所谓感觉。如问游兴，本校陈石遗教授，年逾八十，而游兴不衰。每隔几月，必游历一次。去年曾游华山，又到过香港、两广，足迹遍全国。

问：石遗先生近在校否？

答：现在苏州，住胭脂桥，星期一始来校授课。

谈约二十分钟，忽闻军号声，知为第二课散课，学生鱼贯自教室中出，预料距上课时间不远，因再作教育问题讨论。

问：先生对于教育本位，应以何者先入手？

答：教育是承先启后一件重要任务。教育除灌输知识而外，尤当注重人格教育。盖教育本意，无非是培养天良，消灭恶念。正心诚意，做一个堂堂正正之人。本此善良心术，然后可做轰轰烈烈事业。若人心术不正，虽有经天纬地之才，适足以殃民而祸国。明乎人格教育之旨，始可与语教育矣。

问：举世滔滔，先生将以何术挽救之？

答：挽救风气，绝非一人之力所能成效，尤非在野之人所可转移。顾我当亦尽我能力以挽救之。一则训导学生，诰诫亲友，广为传布。一则著书立说，申儆当世，并示后昆。故我办学宗旨，即以此为第一义。最近我新刊《性理救世书》，阐发性理之学，以为救世之准绳。诚能人人循是以行，庶可达到移风易俗之微旨云尔。

先生言毕，随手检出一部奉赠，记者称谢不遑。事后细加研读，该书共分三卷：救心大本第一，畅言政治之良窳，视人之心术为断，故救世之要，先救心术。学派大同第二，自来程朱陆王之学，聚讼不休，先生独能溶化一炉，倡学派大同之旨。读书大路第三，搜罗昔贤读书之法，指示学者读书门径，析理精微，洞见奥妙，固足人手一篇。惟是书含义甚深，恐非中学程度所能领略也。

最后记者声明拟作访问记，乞赐像片，俾便刊登。先生以未备辞，并允日后检出寄来。后果由顾君增贤专函附寄。兹特刊布于上，以与读者共览焉。

（吴德明《唐蔚芝先生访问记》）

按：此访问记的作者吴德明是无锡国专第十一届毕业生。

6 月 20 日（五月初二日）　《私立无锡国学专修学校十五周纪念册》出版，先生为之作弁言。

今兹世界一大战国也。火器日精，千辟万灌，一遇战事，杀人盈野，人命若草芥。悲乎哉！天地之大德曰生，生理灭，乾坤几乎息矣。昔子舆氏目睹善战之惨，大声疾呼曰："人皆有不忍人之心。"不忍者，生理也。欲拯民命，先救人心；欲救人心，先明正学。正学明而后人各安其分，各得其所，此古今中外之常经，莫能外焉者也。文治束发读书，受父师训。弱冠潜研经训性理，志闲先圣之道。壮岁服官,游历欧美,自愧无裨于世。强仕后,奉先妣讳回籍,掌上海南洋大学,淬厉工业,日省而月试之,尤兢兢焉以道德礼义为根本。民国十年解职,遂于无锡创办国学专修馆,嗣易名学校,迄今十有五年矣。此十五年中,拮据卒瘏,一经齐卢之战,再经匪人之侵凌,三经中日沪上之衅。道途梗阻,黉舍飘摇。然风雨如晦,鸡鸣不已,庋图书则自数百册增至四万余册,修屋宇则自十数幢增至七十余幢,核学额则自三十名增至二百七十名。至于救时之志,更无日不申儆诸生,相与朝乾而夕惕若也……爰于太湖之滨,购地数十亩,将悉力经营,建兹广厦,俾文人学士之来游兹土者,观感兴起,动读经尊孔之思。而吾校生徒,春诵夏弦,更得怡情高旷,袪鄙吝而涤烦襟。圣人所谓智动仁静,《礼记》所谓藏修息游,吾中国文化,或藉此为权舆,其复见天地之心乎?……善教者使人继其志,则夫开鹿洞,表鹅湖,绍龙场之心传,与夫正人心、救民命之事业,当吾校三十周纪念,必有发扬而光大之者。愿吾校同人、诸同学暨海内同志,视兹弁言,以为息壤。若夫提倡辅助斯校,董其成者,与是编之惠锡南针者,凡我师生,咸感激不去于怀也。

（唐文治《私立无锡国学专修学校十五周纪念册弁言》,见《私立无锡国学专修学校十五周纪念册》卷首;又见《茹经堂文集五编》卷五,题作《国学专修馆十五周纪念刊序》）

按:《私立无锡国学专修学校十五周纪念册》,无锡国学专修学校发行,无锡民生印书馆印刷。该纪念册的主要内容有:插图、统计图表(有《历年经济状况比较表》《现在经济状况支配表》《历年学生人数比较表》《历届毕业学生人数比较表》《现在学生籍贯统计表》《历届毕业生出路统计表》《图书馆现有图书统计表》)、校歌、校史概略、校历(二十四年度——二十五年度)、论文(计有陈钟凡《十五年来我国之国故整理》、钱萼孙《十五年来之诗学》、杨铁夫《十五年来之词学》、顾惕生《十五年来之目录学》、叶长青《十五年来之校雠学》、唐兰《十五年来之文字学》等六篇)、章则(有《私立无锡国学专修学校组织大纲》《私立无锡国学专修学校行政组织系统表》《校董会章程》《校务会议规程》《教务会议规程》《办事规程》《教训军合一委员会规程》《招生委员会规程》《毕业考试委员会规程》《刊印本校丛书规程》《各学年学程学分及纲要表》《学则》《规则》等)、《校董名录》《职员名录》《教员名录》《毕业学生名录》《在校学生名录》《本校出版物目录》《本校历届毕业论文目录》),是研究无锡国专前15年历史的重要文献。

6月21日(五月初三日) 举行无锡国专十五周年纪念暨第十五届毕业典礼。先生于典礼上做报告,云"本校宗旨,素主实事求是,不尚浮光掠影……至于十五年来经过情形,则艰难困苦,风雨飘摇,惟一念保存中国文化,故一息尚存,此念始终不懈。愿爱护本国文化者,加以爱护。本校至百五十年纪念时,庶几中国文化普及于全世界"。

本年为本校十五周纪念,先期向各处征文,印纪念册简鉴,并印新校舍计划图暨礼堂图。于五月杪,择日行纪念并毕业礼。是日到者,南菁旧同学钮君惕生、专员臧君启芳、县长陇君体要等数十人,颇极一时之盛。毕业生六十三名。

（唐文治著,唐庆诒补《茹经先生年谱续编·丙子七十二岁》）

本城学前街国学专修学校举行十五周纪念暨十五届毕业典礼,筹备情形已志昨报,兹将昨日一切详情撮记如下:

布置一览

该校大门架一彩牌,上悬白布横额,书"无锡国专十五周纪念暨十五周毕业典礼",旁悬一联曰:"入则孝,出则弟,守先王之教,以待后学;诵其诗,读其书,友天下之士,尚论古人"。并在校之附近密置警卫,由该校学生担任,背负大刀,勇武异常。入门各处,皆悬红绿灯纱,礼堂三大门各横匾额。正门一联,句曰:"东林讲学以来,必有名世;中国豪杰之士,于兹为群"。堂内满挂各机关团体所赐联轴,并陈列鲜花银盾礼品。此外长官休息室、校长休息室、来宾休息室,莫不美观辉煌。

到会来宾

到会来宾有考试院副院长钮惕生,中央政校主任孟伯洪,前两路局长苏绅任筱珊,交通大学主任陈柱尊,及臧专员、陇县长、李委员,教育学院高院长,竞志侯校长,纲南钱校长,启明廉校长,邑绅钱基博、荣德生、蒋遇春、蔡其标、唐星海诸氏,不下数百人。

校长报告

上午九时开会,唐校长主席,陆秘书长司仪,由平民习艺所乐队奏乐,雍雍穆穆,行礼如仪。首由唐校长蔚芝先生报告,略谓:本校宗旨,素主实事求是,不尚浮光掠影。本届毕业同学六十三人,虽经三年之攻读,已能小有著述,而尚望砥品砺行,继续努力。至于(十)五年来经过情形,则艰难困苦,风雨飘摇,惟一念保存中国文化,故一息尚存,此志始终不懈。愿爱护本国文化者,加以爱护。本校至百五十年纪念时,庶几中国文化普及于全世界云云。次由教务主任冯振心氏,报告本届人数及成绩,同时授给文凭。

名人训词

嗣由考试院副院长钮惕生致训。略谓:"兄弟与校长,乃南菁书院先后同学。辛亥革命之际，受教于校长者极多，故得免谬误。既承明命，不敢不略致数言。窃谓当今之世，欲奠定天下，使生民享太平之福者，环顾世界，惟我国人口、土地、物产、种族为最有资格。英俄亦未尝无此资格，而历代传统思想及国民性多以侵略为当然之事。独中国则不然，立国之精神纯受孔孟之影响。故惟中国而强，世界和平始保障。此责任皆在研究国学之士，则本校所负使命之重大可知矣。至于创办之初，艰难困苦，乃必然之事。其始愈艰苦，则其后根基愈稳定。国术馆初成立时，众皆轻视之，及一二八之役，发挥其威力，今渐普遍于闾巷之间矣，国学亦犹是也。"末复以军训体育生计三点勉同学，辞甚恳切。

学生致答

次由臧专员、陇县长致词。大意为精神文明，乃物质文明之根本，必有义理、考据、词章而后，一切不[有]所附丽。国专之学，根本之学也；济济多士，必有名士者矣。次由孟伯洪氏致词，略谓立国之要，土地、人民、主权而外，尚有武力与文化二点。而指挥武力者，必以文化为基础，所谓民族意识、一切教育，皆以为最后之目的。而国专尤独以此为唯一之任务。其发扬光大，可预卜矣。次由钱子泉氏致词。末由毕业学生代表答词而散。

作品展览

各种作品展览，计分艺术及成绩两种。艺术展览室内，分摄影书画，名作如林，美不胜收。摄影如华筱箴之玉羽，任家梁之花枝招展，陶钟秀之怡[颐]和园雨霁，张正灵之破浪；书洪[法]如叶炜白之楷联，神似黑衣，崔龙之隶联，孙易草轴，虞玉之篆联，戴传安立轴，板桥结体，蒲[潇]洒出尘，最为一般人欣赏；此外国画吴雨苍之长卷等，均名贵非凡。钮院长叹赏不止。成绩展览室，内分教授著作、本校丛书及各种出版物、学生毕业论文共三百五十余种，洋洋大观，可以代表中国文化之伟大，允可贡献全世界。钮院长除表示满意外，将请教育部考核奖励。午后三时，学生开始表演国技，刀光剑影，演来节节精彩，四座掌声雷动。该校学生允文允武，观者莫不称赏。晚间并放映教育电影云。

（《学前街国专学校十五周纪念盛况》，见《新无锡》1936年6月22日第3版）

国民政府考试院副院长钮永建，应邀参加无锡国专十五周年纪念暨十五届毕业典礼，离锡前向《新无锡》记者发表谈话，云"文化为立国之大本，国专为唐蔚芝先生艰难缔造，在风雨飘摇中，奋斗已十五年，国家未予注意，深为抱歉。该校学风之淳朴，恐非国内大学所能企及，即牛津、剑桥，或亦瞠乎后矣。详阅此次毕业论文，国学造就，殊为可惊"，"本人此次回京，当报告中央，命教部加以扶助，决于最短时期内,使太湖新校舍落成"。

考试院副院长钮永建氏,昨日清晨三时五十六分由京乘夜特快车抵锡,出席本邑国专十五届毕业典礼。中午十一时五十三分,即搭乘京闸通车离锡赴沪。钮氏对国专校内设施印象极佳。临行向本报记者发表谈话,略云:文化为立国之大本,国专为唐蔚芝先生艰难缔造,在风雨飘摇中,奋斗已十五年。国家未予注意,深为抱歉。该校学风之淳朴,恐非国内大学所能企及,即牛津、剑桥,或亦瞠乎后矣。详阅此次毕业论文,国学造就,殊为可惊。最可注意者,唐蔚老所揭讲学宗旨,曰正人心、救民命,何等伟大。即音乐一层,该校所奏,亦雍雍穆穆,可以代表中国民族性。本人此次回京,当报告中央,命教部加以扶助,决于最短期内,使太湖新校舍落成云。

(《考试院副院长钮永建昨莅锡》,见《新无锡》1936 年 6 月 22 日第 2 版)

按:在前文引述的文献资料中,有蔡元培致先生信,信中涉及先生曾致函蔡元培,请求其向中华教育文化基金会申请建筑费一事;有向国民政府主席林森、行政院院长蒋介石及教育部部长王世杰呈文,请求拨助经费事;有向社会发布募捐建筑经费启事;有广州学海书院创办人陈济棠为无锡国专筹建新校舍而"慨捐千元"一事;有筹办无锡国专十五周年纪念时"印新校舍计划图暨礼堂图"一事;此处又载钮永建承诺"本人此次回京,当报告中央,命教部加以扶助,决于最短时期内,使太湖新校舍落成",将以上数事合而观之,可见无锡国专自在太湖之滨、宝界桥畔购置新校基地以来的不长的时间内,一直在为筹措经费、筹建新校舍做着积极的努力和准备。但到了 1937 年抗战爆发后,无锡国专开始了长达八年的迁徙流离,此事遂告中辍。

6 月 20—22 日(五月初二—初四日) 《新无锡》分三次在第 4 版上刊载了先生所写的《国学专修学校十五周过去与将来》。文中描述了无锡国专办校十五年来"飘摇风雨,拮据卒瘏",尤其是作为一所私立学校,在经济上屡陷艰难困窘之境的情状,反映了先生"忧虑无时可释"的悲凉凄怆的心情。在此备极艰辛的情况下,先生意志不改,文中对无锡国专日后的发展作了擘画。

故友孙鹤卿曰:"办学者在往时为美名,在今日则成罪状。"痛哉言乎! 夫今之世界,一争夺相挤之世界也,人心谲诈,杀机充盈,民命若草芥。于斯时也,乃以救人心、拯民命与复兴本国文化之说提倡其间,何怪凿枘而不相入乎! 余办理无锡国学专修学校十有五年矣。此十五年中,飘摇风雨,拮据卒瘏,静焉思之,有怆然而陨涕者。本年六月将开会纪念,爰略述如左。

光绪丁未岁,余初掌南洋大学,淬厉工业,尤兢兢专以道德礼义为本原,他人迂笑之不顾也。民国九年解职，会施省之、陆勤之两君议办国学专修馆，延余主持其事，且假余十三经圈点精本镌刻之。乃于民国十年一月赁屋于惠山之麓山货公所，湫隘嚣尘，招生三十名，隐居讲贯其中，人鲜知之者，余亦不求人知也。是年十月，锡绅孙君鹤卿就金匮县训导公署旧址重建尊经阁，营造校宇，召集十七乡会议，公决呈县立案，函请本馆迁入，此孙君之功不可没者。于是施君告退，孙君以一人任校董。

......

若夫经济之艰窘，有更难仆数者。开办时为施君所担任，孙君继之。因商业不振，庚癸频呼，岁杪仰屋，屡濒于危。十七年夏，孙君归道山，更形棘手。幸赖同邑蔡君兼三、华君绎之、唐君保谦倡议除聘请教育校董十人外，更请定经济校董十人，每年集得五千元，又呈请省款补助，每年得三千元，藉资挹注。又因同学来者每岁加增，近年达二百五六十人，收费较多。撙节谨慎，由是图书自四百册增至四万余册，屋宇自十数幢增至七十余幢。盖自十七年冬大学院批准立案，十九年奉部令改名学校后，渐有向荣之象。惟经济校董，定期三年满任，本校对于蔡、华、唐三君实已竭忠尽欢，切感靡既，而新聘校董暨孙君鹤卿哲嗣钟海，虽尽力维持，而缺额几近半数，应聘无人，且学生人数多寡难以预定，未便滥收，加以骈支意外之款，往往溢出预算，根基未固，来日大难，忧虑无时可释也。

虽然，《论语》有言知其不可而为之，窃谓吾国人皆宜有此精神，自无不成之事。吾校之既往，纵极艰辛，而余于将来则颇多奢望。今世界各国莫不自爱其文化，且力谋以己之文化扩而充之于他邦。吾国文化，讵可让人？若长此抱残守缺，不为发扬光大之谋，恐吾国学终至沦灭。本校既为国中所仅有，同志之士，更宜尽力襄理，藉以继往开来。爰述未来计划如左。

训教合一宜力求进步。吾校以文行交修为本原，即以文武兼资为宗旨。凡一切训练管理当益加严格。昔有孙夏峰先生之讲学，而后有汤文正；有罗忠节公之讲学，而后有李忠武、王壮武。规范非遥，不宜自薄。下学期拟增设高中国文师资科，添置讲座，厚植国文根柢。希望各处高中国文程度蒸蒸日上。嗣后再续设史地、经济及一切武略应用诸科，扩充世界知识，道在实事求是，不务空谈。若夫恪守道德礼义，以正人心，激励民族精神，矫正社会风气，皆当与诸同学朝乾而夕惕若也。

至于建筑规划更急不容缓。历年虽陆续添建房屋，惟同学日众，实不能容。投考遗才，至有徘徊门墙之外仰止懊丧而去者。同人公议，佥谓长此跼踬，难期发展。租借校外宿舍，照料难周；且所租邻近操场，转瞬满期，终非久计。爰相地于太湖之滨宝界桥畔，就校董捐赀及近数年节省之款，购地数十亩，将纠合同志，广为劝募，悉力经营，宏兹广厦。委托本邑建筑公司设计，所有礼堂、办公厅、图书馆、教室、宿舍等，均应一切完备。图书拟自现有之四万册扩充至十万册。运动拟辟田径赛场，及购置各项运动器具。他如健身房、游泳池、养病室等亦俱应增设。计费自七八万元至十万元为度。其地山水清嘉，春秋佳日，文人学士来游兹土者，庶几观感奋发，动读经尊孔之思；而吾校诸生，亦得怡情高旷，消涤烦襟，裨益非浅。或曰："斯举也，非其时而程功远，不亦难乎？"余曰："然。"昔孔子论为山曰："止吾止，进吾往。"天下事惟精诚所至而已。善教者使人继其志，愿与诸同人同学共勉之。

　　（唐文治《国学专修学校十五周过去与将来》，见《新无锡》1936 年 6 月 20—22 日第 4 版）

放暑假后，先生携夫人赴茹经堂避暑。

　　放假后携内子赴茹经堂避暑。依山临水，兼有长桥之胜，风景极佳，惜蚊蚋甚多，起居饮食亦稍有不便，住半月后回城。

　　（唐文治著，唐庆诒补《茹经先生年谱续编·丙子七十二岁》）

6 月 26 日（五月初八日）　《星华》第 1 卷第 5 期出版，刊载了苣村的文章《宝界山下一耆老：太仓唐蔚芝先生》。

　　当今提倡保存国粹，而主张读经救国声中，蛰居无锡的太仓唐茹经先生是值得介绍大家知道的。唐先生名文治，字蔚芝，号茹经，年七十二岁，中等身材，生成一副绅士脸孔，洁白的美髯须，风神奕奕。无锡国学专修学校是他一手创办的，长校已历十五六年。虽然他老人家双目失明已经多年，行走时，由家人领路，把手扶在家人的袖上，但他不能看书阅报，故有秘书陆修祜君担任朗读的职司。唐先生是以耳代目的，上课时，先由秘书把书读一遍，而后唐先生加以解释。然唐先生对于重要经籍类能背诵，读诗文之声调铿锵，尤为擅长。尝听其读诸葛孔明《出师表》及欧阳永叔《泷冈阡表》等忠孝之文时，真是声泪俱下。

　　唐先生办教育，三十年如一日。于私生活，则起居以时。早晨六时即起床，无论天气好否，必于八时以前，坐着玻璃蓝呢轿到校，端正庄严地坐在校长室，听取校务之报告，及处分一切。自从授课以来，未尝见其有倦容，精神之矍铄，殊可敬佩。训诲学生谆谆不倦，以尚气节、爱国家相劝勉。其校中膳堂铭曰："世界龙战，我惧沦亡。生聚教训，尝胆越王。允文允武，阳明继光。明耻教战，每饭不忘。"今年,以见于国难日益严重,为唤起学生爱国情绪起见,乃搜集古今民族忠义之诗文,编为《国魂集》,规定为必修之学科,盖所以"招国魂"云。

（苎村《宝界山下一耆老:太仓唐蔚芝先生》,见《星华》1936年第1卷第5期）

按:《国魂集》是由叶长青编,先生作序。

6、7月间(五、六月间) 杨荫榆在苏州创办二乐女子学术研究社,先生等为赞助人。（据《申报》1936年7月3日第15版《苏州二乐女子学术研究社征求社员》）

7月(六月) 先生就遵部令改正军事管理办法各点,呈文教育部部长王世杰。

为呈复事

案奉钧部将陆/第九二一六号指令,开"为遵填特种教育实施步骤及详细计划表格,并附现行军事管理办法,请鉴核令遵由。呈件均悉。除军事训练队、军事管理办法应照另单开列,修改各点再行呈核外,表填教授字样均应改为教员。国防常识已列入特别讲演范围,不应再作为特种教学科目。经费一项,据称请款补助,应另行核夺。其余大致无罣不合,仰即就该款经费可能范围内尽量实施。件存。此令"等因。附钞单一份,补校章,此遵将军事训练队、军事管理办法应行修改各点,一律改正合行,缮呈鉴核,赐予备案。再表填"教授"二字,已均改为教员。特种教学科目内国防常识一项,遵即芟去,合并呈明。谨呈教育部部长王(附呈改正军事管理办法)。校长唐印。中华民国二十五年七月。

[《唐校长呈教育部文(呈为遵令改正军事管理办法各点请赐鉴核备案由)》,见陈国安等编《无锡国专史料选辑》]

8月(七月) 先生反复诵读《诗经·小雅·蓼莪》,追念已弃养之父母,悲从中来,作长歌《蓼莪纪念歌》。

孟秋节届,白露将零。追念先大夫弃养已十三年,先太夫人弃养已三十年矣。三复《蓼莪》之篇,悲从中来,不能自已,爰拟长歌,聊以代哭。效屈、荀体,不求工也。丙子七月唐文治记。

吾父兮生我,吾母兮鞠我。暂离我兮还顾我,出入周旋兮提抱我。恩斯勤斯兮,常恐失其所。呜呼!欲报之德兮,仰昊天而罔极。

渴谁与饮兮,饥谁与食?笑谁与怜兮,啼谁与惜?儿如遘厉兮,父母心焦裂。求医访药兮,吁天挥涕泣。伏将死之子兮,如救民之水深与火热。礼重报施兮,父母之忧惟其疾。冬谁温床兮,夏谁凉席?出告反面兮,谁有常而有业?儿能孝兮亲心悦,儿不孝兮亲心郁。亲心悦兮年岁可登百,亲心郁兮形神顿消灭。呜呼!儿生多忤逆兮,追思徒呜咽。

吾家贫困兮，赁屋数椽。风雨凄其兮，环堵萧然。研经读史兮，吾父课精严。吾母慈训兮，幼子毋谎志希贤。千里求学兮一书传，吾父谆谆慰勉兮，吾母肝疾正缠绵。旧衣补缀兮，吾亲汗血苦难宣。呜呼！人生庇荫兮，惟堂上之椿萱。良知一点兮，无昧本源。万事皆可追补兮，不可追者父母之年。

青年易逝兮，风烛残生。一朝弃养兮，祈祷无灵。哭声声，唤声声，儿之声兮亲惯听，如何亲不应？千山万水兮随吾亲，千辛万苦兮累吾亲。吾亲行将入土兮，岂能化土附吾亲？千秋墓木兮寸寸儿心。呜呼！丰筵祭墓兮，不如菽水之逮存。

教子孙，良知醒，毋若吾生悔无门。吾将上天兮省吾亲，慈乌何处招亲魂？吾将入地兮从吾亲，西方净土空杳冥。早岁求功名，功名奚足荣吾亲？壮岁学为文，文章讵足显吾亲？惟有积善兮洗心，学道兮敦躬行。爱民兮救国性，存吾顺事兮殁吾宁。三复《蓼莪》经，哀哀痛鲜民。呜呼！告世人良知醒，人生惟孝为根本。孝悌之至通神明，视无形兮听无声。手舞足蹈兮乐始生，天地大德兮惟始生。太和元气兮，永保我太平。

（唐文治《蓼莪纪念歌》，见《国专月刊》第 4 卷第 3 号，1936 年 11 月 25 日）

下学期　先生聘请陈鼎忠、李源澄及无锡国专第七届毕业生魏守谟三人为无锡国专教授。三人中，陈鼎忠为再度受聘来无锡国专任教。

七月初旬开学，新旧生到者二百三十五名。教师广东杨君铁夫辞职，湖南陈君天倪复来任教，并添聘四川李君后[浚]清、安徽魏生建猷为教师。

（唐文治著，唐庆诒补《茹经先生年谱续编·丙子七十二岁》）

本学期新聘教授，有陈天倪先生、李浚清先生、魏守谟先生。陈先生经史文章，淹濡博雅。昔曾掌教本校，深得同学之亲敬，于民廿二年赴粤任中山大学史学系主任职。今岁应校长之敦聘，复来本校，主讲三年级史通、经学概论、经世文选，二年级文化史等课，同学无不以为欣幸云。李先生尝私淑于今文家廖季平先生之门，又从朴学大师章太炎先生与佛学大师欧阳竟无先生游，著作甚夥，本学期教授散文与国学概论等课。魏先生本校第七届毕业，曾在燕京大学图书馆服务，后东渡，毕业于日本中央大学研究所，于史学有深湛之造就，本学期来校教授史学概论、通史，课外并设日文补习班云。

（《校闻·本学期新聘教授》，见《国专月刊》第 4 卷第 1 号，1936 年 9 月 15 日）

一九三六年夏，陈先生给学生的信中表示非常怀念在国专的岁月。唐校长去信敦聘。秋季开学，陈天倪先生再度到国专授课。

（黄汉文《记唐文治先生》）

一九三九年六月,魏建猷离开日本回国,到无锡拜访了唐文治先生。受唐先生的聘请,于八月开始在无锡国专任教……补习班学生共四十四人,魏建猷还是补习班的级任导师。

(周有民《风雨八十载——魏建猷传》)

浏河医生陶文奎,因被人诬告贩卖红丸而收监,经先生设法营救而被释放。

浏河陶文奎者,医生也,忽被人诬告贩卖红丸,为公安局逮捕,既押太仓监狱,已五阅月。其妻及子女号哭无措,行将槁饿。黄君颂声来函,乞为营救。余于官场鲜通往来,姑致函太仓温县长,据覆已转无锡专员公署,乃托叶生长卿向公署询问。经科长崔君提讯,确系被诬,仍羁留四十余日,始释放。举家庆更生。颂声函称陶文奎将来锡叩谢,余亟阻之。

(唐文治著,唐庆诒补《茹经先生年谱续编·丙子七十二岁》)

下学期　先生为补习班讲《孝经》,编成《孝经救世编》。

本学期,余为补习班讲《孝经》,觉其经文广大精深,初学颇难领会,爰摘其要端,别编讲义,分十五类,曰:《孝德宏纲篇》《不敢毁伤篇》《立身扬名篇》《良知爱敬篇》《法服言行篇》《居则致敬篇》《养则致乐篇》《病则致忧篇》《丧则致哀篇》《祭则致严篇》《移孝作忠篇》《兄弟友恭篇》《扩充不忍篇》《大同盛治篇》《不孝严刑篇》。共分三卷,每篇中皆摘录群经中有关孝道者为纲,附以浅说。初拟名《孝经翼》,后因明代辛复元先生已有此名,爰改名《孝经救世篇》。惟因为初学讲解,随讲随编,如朱子所谓急迫之意多,沉潜之味少。质诸谱弟曹君叔彦,复云:"凡立教,有为万世者,有救一时者,君之书殆救一时者也。"余深愧其言。

(唐文治著,唐庆诒补《茹经先生年谱续编·丙子七十二岁》)

12月5日(十月二十二日)前后　先生应江阴祝丹卿之邀,赴江阴陶社一游,后又在江阴征存中学、南菁中学讲学。返锡途中,赴江阴尚任中学讲学,并作《尚仁中学校歌》。

十月中旬,江阴祝君丹卿招赴陶社一游,即祝君与诸同人所设诗社也。余因南菁书院本为旧时肄业之所,光绪之季改为学校,爰携及门王桐荪、张尊五往游。祝君殷勤款待,邀赴征存、南菁二中学讲学。至南菁,则规模迥与前异,不胜沧桑之感。住祝氏花园一日,即返归。余应王生绍曾之请,赴塘头桥尚仁中学讲学。在征存讲《孟子》"不忍人之心"三章,南菁、尚仁兼讲《读文阴阳刚柔大义》。征存教师、及门钱一如记录讲义颇详。

(唐文治著,唐庆诒补《茹经先生年谱续编·丙子七十二岁》)

1936 年 12 月 5 日，唐老夫子应祝丹卿先生邀请，由王桐荪、张尊五学长陪同，来到江阴南菁中学（原南菁书院）、征存中学讲学，讲题是《孟子不忍人之心》。当时我正在征存中学执教，由我作了听讲记录。这件事距今已 60 年了，可是老夫子讲学时的神态语调，仍然历历在目。现在记录还在，因而回忆起来，老夫子讲学内容，还是完整无缺的。

唐老夫子说：人之本在心，人人都有天赋的恻隐之心，即不忍人之心，此乃良知。老夫子接着便指出："孟子曰人皆有不忍人之心，此章要旨乃教人做人"，"余今请以六字赠诸君，曰正人心，救民命"。正人心，便是消除虚伪变诈的恶心，而养其诚实善良、互助友爱的善心。救民命则是提倡善良风尚，推行善政。

老夫子进一步阐述道："为善之方有二，曰取人为善，曰与人为善。子路人告之以有过则喜，禹闻善言则拜，取人为善也。大舜之舍己从人，乐取于人以为善，与人为善也。"

取人为善，与人为善，并非空言，而应见之行动，应作为日常功课。"须日日计之，自省一日之中，取人为善者有某事，与人为善者有某事，行之既久，则人格自高尚矣"。此种切实功夫，在学生时代，便可做起。"吾希望诸君亦能行如是功夫，同学中品行学问之优者，吾效法之，即取人为善也。有功课稍逊者，吾扶助之，即与人为善也。他日更从而推广之，则德业无穷焉"。又说："诸君欲为善，尤非自孝弟入手不为功，世断无不孝之人而能取人为善者，更断无不孝之人而能与人为善者，诸君可以知之矣。"

最后，老夫子作了讲述此章之结束语："故欲善谋强国，必先养国性，如人人能取人为善，与人为善，人民互相亲爱，如手足，如同胞，如父子，合力以御外侮，国安有不强者乎？故此章实救国救世之学也。"

"不忍人之心"三章之中心思想，至此已完全揭出，但讲辞并未结束。"余又望诸君于牢记'正人心，救民命'六字外，更能研究阳明先生学说，时时注意致良知。回家后，孝于父母；在学校，尊敬师长，扶助同学，随时随处莫非良知之作用也"。这部分讲得很精很细。明代捍卫社稷建大功者，首推阳明先生。"阳明一生功业，烂然可观，为历史上罕见者，此盖得力于致良知之功也"，并举出阳明先生举兵讨宸濠时，在军事倥偬之际，不废讲学。尝一日之中，连得探报三次，无论前锋是危急，是转败为胜，阳明先生均从容自若。这是由于主静之功。"静则此心虚灵不昧，凡万物之来，虽毫末之变，察之弥精矣"。又举王阳明"杀山中贼易，除心中贼难"、戚继光"克一敌城易，克一私欲难"之名言,可知成大功业者,首须敦品力学,身心纯洁,铲除私念,才能处事公平合理,受人尊敬和拥护而事业可成。于此可知,老夫子所期望于青年一代者,已远非寻常干部,而是可以独当大任,可以力挽狂澜之名世之材。纵观历史,每当风雨飘摇、国步艰难之际,常有挽回危局、旋乾转坤的豪杰应运而出。这种英雄豪杰并非平白地自天而降,而是长年严格治身养心,并博学多识所致。

（钱一如《回忆唐老夫子在征存中学的一次讲学》,见《国学之声》1995 年第 4 期）

按:此次讲学的完整的记录稿,见《唐蔚芝先生赴征存中学校讲学纪辞》(《学术世界》1937 年第 2 卷第 5 期)。

君山峦苍苍,澄江波洋洋,教泽何人大吾乡。广厦千万间,宏辟东胶庠,莘莘学子来趋跄。

（唐文治《江阴尚仁中学校歌》）

按:上文见《国学之声》1995 年第 4 期《唐文治先生亲拟的三首校歌歌辞》,文后有编者注曰:"江阴尚仁中学为上海大中华橡胶厂经理薛福基所创办,校友王绍曾时任该校校长。1936 年(农历)十月唐老夫子到母校南菁中学(前称南菁书院)讲学,返锡时顺道到尚仁中学讲学,并兴致勃勃地为该校写了此首校歌。"

12 月 9 日(十月二十六日) 无锡国专经济董事长唐保谦逝世,学校开追悼会,先生作《宗弟保谦家传》。

十一月,宗弟保谦辞世,本校经济董事长也。平生乐善不倦,惠鲜鳏寡,凡遇赈灾,皆躬先倡导,而敛藏韬晦,不使人知。惜未克臻上寿,孔子有言:"善人吾不得而见之矣。"本校为开追悼会,余为作传一篇。

（唐文治著,唐庆诒补《茹经先生年谱续编·丙子七十二岁》）

岁躔丙子冬十月二十六日,宗弟保谦君以疾卒于里第,余往哭诸寝门之外……无锡国学专修学校自校董孙君鹤卿逝世,飘摇风雨。君慨然曰:"方今圣道陵夷,可使学子读书失所乎?"遂董厥事而校基固。呜呼!凡人有志者无力,有力者未必宏胞与之怀。若君之见义勇为,且暗然不求人知,岂非厚于仁者耶?

（唐文治《宗弟保谦家传》,见《茹经堂文集四编》卷七）

12 月 20 日(十一月初七日) 姐夫许沐镳病逝,先生作《许君弼丞墓志铭》。

姊婿许君弼臣患中风病四年,于十月间殁于北京。追维戚谊交情,痛悼之至。外甥鸿逵来乞铭,为作墓志铭一篇。

（唐文治著,唐庆诒补《茹经先生年谱续编·丙子七十二岁》）

民国二十有五年，岁躔丙子，十一月七日，许君弼丞以中风疾卒。君为余姊婿，情若昆季。讣至，惊悼擎涕，不怡者数日……君生于清同治三年十月二十二日，享寿七十有三。

　　　　　　（唐文治《许君弼丞墓志铭》，见《茹经堂文集四编》卷八）

12 月 26 日（十一月十三日）　蒋介石抵达南京，"西安事变"和平解决。当晚，先生及无锡国专全体教职员、学生致电蒋介石，贺其"出险"。

蒋委员长西安脱险回京，全国同胞热烈庆祝。本校全体师生特于十二月二十六日晚间举行聚宴，并有音乐余兴，以示庆祝。同日驰电行政院庆贺。兹录去电及二十八日蒋院长复电于下：

本校去电："南京行政院蒋院长安鉴：天降大任，多难兴邦。钧座吉人天相，履险如夷，全国庆幸，肃电驰贺，谨祝健康。无锡国学专修学校校长唐文治暨全体教职员、学生同叩。宥。"

蒋院长复电："国学专校唐校长：宥电诵悉，抵京安善，承注感铭，特复。蒋中正。俭。"

　　　　　　（《校闻·本校庆祝蒋委员长出险》，见《国专月刊》第 4 卷第 5 号）

按：在代日韵目中，"宥"为 26 日，"俭"为 28 日。

本年　先生邀陈衍往茹经堂一游，陈衍题七律一首。

唐蔚芝先生筑茹经堂于太湖之滨，载酒招游，请赋诗落之，题七律一首。

（陈声暨编，王真续编，叶长卿补编《侯官陈石遗先生年谱》，见陈衍撰，陈步编《陈石遗集》）

片席名山枕菲余，门生儿子笋舆扶。三层楼阁追弘景，万顷波澜挹具区。添架枣梨数百卷，看栽桃李几千株（堂外购地百十亩，以辟国学馆）。薛庐寂寞俞园废，似此醇醪满载无（是日所饮乃十余年陈酒）。

（陈衍《茹经同年筑堂于太湖之滨，载酒招游，请为诗落之，得五十六字》，见《国闻周报》1937 年第 14 卷第 11 期）

本年　值谱弟曹元弼七十寿诞，先生作《谱弟曹君叔彦七十双寿序》。

岁躔丙子，月正吉日，为我谱弟曹君叔彦暨王夫人七秩双寿之辰。先期，君戒家人勿称觞，告亲友勿祝嘏。余谓："际兹俭德辟难之世，理固宜然，箕子陈畴，言福言寿，而《周易》经传独不言寿，岂不以圣人明忧患与？故其寿当在天下，在后世，不在一身乎。惟念吾两人交谊历五十余年，亟欲效古人赠言之义，表受祉介福之鬷。"君又贻书戒之曰："子宜规吾过，不宜颂吾德。"余维圣人五十学《易》，可以无大过；贤人之过，君子不能知，焉能得所规乎？无已，请举平日读《易》之一得，为君诵之……

（唐文治《谱弟曹君叔彦七十双寿序》，见《茹经堂文集四编》卷五）

按：《唐文治致曹元弼书札编年校录》中有多封信札涉及先生为曹元弼作寿序一事，如书札九十三："拙拟大寿序言班门弄斧，备荷奖饰，惶愧无已。"书札九十四："前拟奉之寿序稿，不免持布鼓过雷门，乃荷赞美逾恒，未指疵累，愧悚之至。兄自问《易》学愿受业张、姚二先生，理学愿受业汤、陆二公，文学愿受业韩、欧二子，皆恐不许收录。柳子厚所谓黔驴技止此，时用自恨，惟望耄而好学，寡过修业。吾二人交相勉励，或可有进境耳……寿序裱手卷应由兄办理，但不识字样大小如何合式？既承尊命，遵当缓办，惟其中尚有应改数处，谨缮于后，请吾弟照改，俟裱好后请即饬交四小儿带锡盖章为盼。"书札九十五："昨布一函并拊寿文改正数条，谅邀荃察。'兹考姚仲虞先生生于乾隆时，卒于道光二十四年'，拟改云'先生生嘉道时'，下'道咸《易》'应改'道光《易》'。缮写时敬请改正为荷。"书札九十六："拙拟大寿序言，值兹日丽风和、黄华献瑞，谅松乔侄必着手挥毫，制成巨帙，至以为念。"录以备参。

1937 年(丁丑 民国二十六年) 73 岁

1 月 24 日(丙子年十二月十二日) 下午,无锡县商会、无锡国专等八团体在无锡国专礼堂内举行唐保谦追悼大会。先生为追悼大会主祭者之一,并在演说中介绍唐保谦历次参与赈灾经过。又无锡溥仁慈善会代表在演说中叙及,唐保谦曾于溥仁慈善会内发起创办养正学校,并敦请先生为校长,先生慨然允诺。

邑人唐保谦先生,一生功业,彪炳人间,不幸于去年十二月九日作古。其哲嗣星海、晔如等,谨遵先生生不庆寿、死不开丧之志,定于本月二十六日下午家奠,二十七日举殡。本邑县商会、国学专修学院等十余机关团体,特发起于二十四日下午二时,假学前街国专礼堂开追悼大会。昨届开会之期,记者亦往参加,开会情形如次。

联幛花圈 悬无隙地

保谦先生追悼会筹备处、县商会先期收到本外埠各界所送祭文、挽联、诗词、花圈、银盾、银鼎等,不下数千件,其中尤以挽联居其多。偌大一座国专学院,四壁张挂,如走廊、长弄为来宾所经行者,但见密密层层,毫无隙地。对于先生一生事迹以及赈灾等情,无不颂扬备至。第一室正中有两个大花圈,外有木框,分列左右,左为蒋委员长和蒋夫人宋美龄女士所赠,右为孔祥熙副院长和孔夫人宋蔼龄女士所赠,其上款均为"保谦姻伯千古"。此外为京沪汉各埠以及本邑政绅商学各界所赠,布置煞费苦心。会场设该院大礼堂,昨日虽阴雨连绵,而本外埠来宾莅会参加者奚止千人。礼堂上竟至不敷容纳,盛况可称空前。

编秩序单 推主席团

礼堂上,上为党国旗及总理遗像,正中为先生遗像,上有一匾曰"山高水长",联为"桐叶肇荣封,千秋事业荆川派;甘棠怀旧德,一幅流民郑侠图"。预定秩序:一、奏哀乐,开会。二、全体唱党歌。三、对党国旗及总理遗像行最敬礼。四、恭读总理遗嘱。五、静默。六、行公祭礼。主祭人就位,襄祭人就位,执事人就位,三上香,三献爵,献花圈。七、读祭文。八、全体肃立行三鞠躬礼。九、静默致哀。十、主祭致开会辞。十一、主祭人报告唐先生事略。

十二、演说。十三、家属致谢辞。十四、家属致谢各团体及来宾。十五、礼成摄影。主祭为陇体要、杨翰西、华艺三、唐蔚之、荣德生、赵子新、蔡兼三、钱子泉、程敬堂、陈湛如等，襄祭为各团体代表，司仪王韵楼，司香吴溉亭，献花各团体代表，读祭文陆景周。

来宾演说　各有警句

钟鸣二时，追悼会开始。司仪按照秩序单，依次报告仪式，肃穆隆重。至第十节，由主席团杨翰西致开会辞，要而不烦。次为华艺三报告先生事略。华君当将先生一生所办事业及振灾等情，总其大纲，报告一下。次谓方今蒋委员长提倡新生活运动，要民众注意忠信孝悌礼义廉耻之八德，躬行实践此八德，惟先生足以当之。并将先生之八德逐一加以诠释，听者无不肃然起敬。来宾演说：一、陇县长。颂扬先生，策励后嗣，甚为得体。二、国专院长唐蔚老。演述先生对于太仓川桥之水灾、"一二八"一役、浏河遭遇兵灾，先生均捐巨款赈济，当地民众感其德，欲建一亭以志，先生力辞，尤为人所难能。三、上海棉业统制委员会代表李升伯，以南通张四先生（季直）利用其地位来创办实业，唐先生则无地位可以凭借，故唐先生实较张四先生为过之。并以实业建设和心理建设为题要，推重备至。四、清华同学会及仁社代表施博群。五、薛明剑。六、冯云初。七、钱钟亮。措词均甚精警，掌声雷动。

慈会代表　演述大意

八、溥仁慈善会代表卫质文，报告先生致力于慈善事业之经过，大意是：甲、养济会，使寡妇月支银米，可以抚孤成人。乙、养正学校。先生又鉴一般孤儿因家贫失学，发起创办养正学校于溥仁慈善会内，并由先生敦请唐蔚老为校长。蒙蔚老慨然允诺。迄今毕业者，已不在少数。丙、稳贫会。先生鉴于一般寒士家境清贫，但表面还不能不顾，眼泪只可咽入肚中，真是穷无所告。经先生商得几位同志之同意，暗中周济之。丁、引利局。先生以人非生而为盗贼者，必定因为无衣无食，遂铤而走险，爰又发起设立引利局，贷款与小本营生者，俾有衣食可图。戊、□□□□□□□无力医治者，不收诊金。最后希望慈善家及先生之后人，能协助和继承先生所办以上各项事业，永远勿替，勿使贫苦民众失望。

（《无锡八团体昨日追悼唐保谦先生》，见《新无锡》1937年1月25日第3版）

按：先生担任养正学校校长一事，暂未见其他资料记载。

2月3日（丙子年十二月二十二日）　召开无锡国专校董会会议，讨论收支预决算、购置宝界桥新校基地、校董会成员改选调整以及呈请教育部增加本年度补助费等事。其中在宝界桥购置的新校基地，"计地肆拾三亩零捌厘，实价壹万零壹百拾陆元零伍分"。（据《无锡国学专修学校校董会议纪录·民国二十六年二月三日会议》）

　　十二月，开校董会，报告本校下学期宿舍内一律改用二层铁床，每间容十六人。另辟自修室，编号人数与宿舍同。又购宝界桥旁新校基地，共费一万一千余元，得地四十三亩有奇。

　　　　　　　　（唐文治著，唐庆诒补《茹经先生年谱续编·丙子七十二岁》）

2 月 8 日（丙子年十二月二十七日）　先生呈函国民政府行政院长蒋介石，因无锡国专办学经费严重不足，请求"自二十六年一月起每月赐拨经常费四千元，并请一次赐拨临时费三万元"。

　　窃维立国之本，教育为先。东西各邦莫不重视本国文化，以为化民成俗之基。敝校创立于民国十年，以正人心、保国粹为宗旨。初赁屋于无锡惠山之麓，继迁于城内孔庙之旁。经费来源系由校董孙鸣圻、唐滋镇等每年贴费五十〔千〕元，筚路蓝缕，艰难迈进。迨十六年九月，蒙教育部批准立案，勉力筹建图书馆暨宿舍等房屋四幢，共五十余间。学额数自三十余人增至二百余人。二十四年五月，教育部派参事陈泮藻到校视察，有"学风质朴"之评语。敝校规模虽逐年扩充，但各校董因商业疲滞，贴费渐形短促，近年减至二千元。现在核计全年经常岁入只有二万九千零四十元，岁出共需七万七千六百四十元。收支相抵，不敷四万八千六百元左右。历年亏欠之数，均由文治私人维持，借贷罗掘，计穷力绌，窘困万状。加以目下军训教合一，诸事布置不容苟简，如体育场购买基地、添办器械以及卫生设备等之临时费预计需款三万元，亦毫无着落，仰屋兴嗟，至深焦灼。上年曾蒙教育部补助经费三千元，此款系指定添购图书，并非用于学校经常方面。窃念敝校专修国学，为国内仅有之学府，经费困难，停顿堪虞。迩来政府提倡人格教育，推广文化不遗余力，敝校道德教育夙所注重，昌明正学，挽救人心，有俾治道，关系非细。为此呈请钧院俯赐维持。拟恳转令财政部准于教育补助费项下，即自二十六年一月起每月赐拨经常费四千元，并请一次赐拨临时费三万元，俾敝校事业得以继续维持，藉图发展，实为稳便。所有预算书三种各五份一并附呈。谨呈行政院院长蒋。校长唐文治。二十六年二月八日呈。

　　〔《唐校长呈行政院长函文（呈为呈请令行财政部给发教育补助费以宏作育事）》，见《无锡国专史料选辑》〕

　　按：《无锡国专史料选辑》又载本年 2 月 25 日由行政院秘书长翁文灏署名的《行政院复函文》，内称："奉院长谕，查前据私立无锡国学专修学校呈请拨款，以资维持一案到院,经交教育部核办在案。兹据该部复称,查该校业经本部于本年度补助费项下,按月给予补助,下年度可仍照《私立专科以上学校补助分配办法大纲》之规定,继续向部申请,此外别无款项可拨。"

2 月 23 日(正月十三日) 湖南省主席何键至无锡国专参观。并应先生之邀,在国专大礼堂演讲,讲题为《我对于研究国学及缔造大同之意见》。

湘主席何芸樵(何键),此次来京出席三中全会。闭幕后,因仰我邑唐蔚芝先生为国学泰斗,顺道来锡拜访,于昨日上午乘京沪特快车抵锡。当即乘汽车进城,到国专与唐氏见面后。晤谈甚欢。稍事休息,即在该校午餐。下午应唐氏之敦请,即在该校演讲,大抵为国学上之问题。至下午二时半,乘自备汽车离锡赴沪。何氏此次来锡,同行者湘民政厅长曹伯闻氏、省府秘书张博言氏。因纯系学术上之拜访,故轻车简从,外界知之甚鲜。

(《湖南省主席何芸樵来锡访唐》,见《新无锡》1937 年 2 月 24 日第 3 版)

湘主席何芸樵先生,年来提倡国学,不遗余力,曾在长沙创办湖南国学专修院,其保存国粹、培植人才之殷切可见。因素闻本校办理有年,且慕唐校长经学盛名,乃假出席三中全会闪[闭]幕之便,特于二月二十三日由京来校参观。先生对本校设施,赞叹不置,寻复应校长请,在大礼堂演讲,历一时余,讲题为《我对于研究国家[学]及缔造大同之意见》。先生研究国学见解既精,而于缔造大同之意尤多阐发,同学聆讲之下,受裨匪鲜云。

(《校闻·何芸樵先生莅校演讲》,见《国专月刊》第 5 卷第 1 期,1937 年 2 月 25 日)

本人今天承唐蔚芝老先生之约,得来贵校参观,与诸君聚会一堂,非常荣幸。唐老先生谓我既冒雨而来,自须与诸位谈话,以留纪念。自维学识短浅,不敢放言。不过本人素来赞成国学,且在长沙亦办有国学专科学校,彼此志同道合,目标无二。就这机会,将区区对于中国文化之管见,简单的陈说一下,以就正于唐老先生及诸位先生之前,那是本人之幸,也就是湖南国学界之幸了。

(何键《我对于研究国学及缔造大同之意见》,见《国专月刊》第 5 卷第 1 期,1937 年 2 月 25 日)

按:在此次演讲中,何键认为:"时代日益不同,环境日益改变,吾人所须要于学术者,当然不能不随之变通。况研究学术的目的,在于增加解决人生问题的智识……检验四部,感觉到最有益于世道人心,最便利在修身治事,而又易知易行,为人生日用所必不可离者,四部之中,莫如孔子之经典,不仅是中国文化之重心,而实在又是中国文化之总和,所谓诸子百家,无一不包括在内。"

又按：本次演讲由无锡国专学生吴方圻记录整理。在《国专月刊》所刊的演讲记录稿后，并有吴方圻的一段跋语云："丁丑春，湘主席何公莅校讲演，宏词既刊，蔚师命缀数语于文末，谨应曰：'唯唯。'呜呼，诸夏之微，不能自振也久矣！既厄于欧风美雨，复困于南海新学，遂致艺苑之圃，荒葛冒途；著作之林，荆榛满目。士不悦学，天下皆原伯鲁之子矣。然而风气之转移，系乎一二人之倡导。今何公秉旄钺之重，膺封疆之寄，值百家簧鼓之会，六经束阁之余，筚辂推轮，涂径渐辟，翦除荒秽，折衷群淆。大道不隳，其在兹乎。吴方圻谨志。"

3月8日(正月二十六日)　先生邀请立法委员刘通来无锡国专演讲《三民主义之哲学基础》。

立法委员刘通前日来锡探梅。昨日下午，因慕无锡国学专门学校为本国文化之学府，特往参观，并进谒校长唐蔚老。嗣经蔚老之邀请，于午前九时，在该校礼堂演讲，讲题为《三民主义之哲学基础》。演讲后，闻即乘特快车返京。

(《立委刘通昨在国专演讲》，见《新无锡》1937 年 3 月 9 日第 3 版)

按：《国专月刊》第 5 卷第 3 期的"校闻"中有类似报道，题为《刘伯寅先生来校演讲》。

3月24日(二月十二日)　无锡国专全体学生赴五里湖滨新校址举行植树礼。先生作颂词，词曰："十年树木，百年树人。人才蔚起，中国太平。"

二月十二日花朝日，宝界桥新校址行植树礼。适值大风雨雪，余先至茹经堂。午初刻，诸同人、同学均会集。餐后，雨略止，即赴对岸植树，约共四百株，半桃半柳，皆傅生焕光所赠。余作颂词，诸君兴致甚高。雨雪更大，不得已雇汽油船归。途中风烈，颇危险。

(唐文治著，唐庆诒补《茹经先生年谱续编·丁丑七十三岁》)

本校五里湖滨新址，风景幽雅，地址宽敞(详载本刊第三卷第二号)，近正在积极规划建筑中。爰于三月二十三日，召集全校同学赴新址行植树礼。是日斜风密雨，继之以霰，且寒气骤增，殊非春衫所能御，而同学迈进之忱，迄未少懈。举行典礼时，仪式隆重，气象雍容，校长且为之辞曰："十年树木，百年树人。人才蔚起，中国太平。"礼毕聚餐，尽欢而散。他日春风桃李，黉舍嵯峨，宝界桥边之盛，可预卜也。

(《校闻·本校新址行植树礼》，见《国专月刊》第 5 卷第 3 期，1937 年 3 月 15 日)

按：3 月 23 日为农历二月十一日，与《茹经先生年谱续编》中所记之农历二月十二日相差一天，此从《茹经先生年谱续编》。

一九三七年花朝(农历二月十二，俗称"百花生日")，全校学生以行军方式徒步三十里到宝界桥茹经堂及新校址植树。时春寒料峭,雨霰交加,校长亦冲寒而至,众大激励。国专规定每年举行一次作文比赛,这一学期比赛的文题中,有一题为《花朝新校址植树记》,盖即以此鼓舞学生奋发习劳,重视体育锻炼。

(张尊五《三十年代的无锡国专》)

3月(二月) 无锡国专于学校仪门中央,增设巨镜一座,上镌先生所撰、陈衍所书镜铭一则:"照尔形,明尔心,必恭敬,必温文,毋不肃不整,不洁不清,致失吾面目之本真。"

本校东西两庑,凤已双悬明镜,以为整肃衣冠之指视,近复推本新生活原旨,于仪门中央,增设巨镜一座,务俾同学出入,咸克威仪秩秩。厥额镌有陈石遗先生书铭一则,其辞为校长唐先生所作。铭云:"照尔形,明尔心,必恭敬,必温文,毋不肃不整,不洁不清,致失吾面目之本真。"镜考功深,殊有裨教益。

(《校闻·本校仪门增设巨镜》,见《国专月刊》第5卷第3期,1937年3月15日)

春 先生托冯振访得袁昶评点《经史百家杂钞》,作《袁评经史百家杂钞后序》。

庚子十月,长白世丈绍侍郎英越千,购得《经史百家杂钞》评本,以示文治,曰:"此殆袁太常手笔耶?"审视果然。公上代有讳纪者,皆标圈,尤其明证。绍丈欲见赠,辞之。丁未南归,从丈假得,属门人李联珪、沈炳焘别临一帙。壬子入京,将原本璧绍丈。逾数年,丈殁,余念此书不置。丁丑春,及门冯振赴河北,托访是书,绍丈哲嗣世杰竹铭曰:"吾家昔年遭回禄,书籍半毁于火。幸此书无恙,即赠唐君。"冯生携归无锡。竹铭善承先志,可感极矣。开卷展玩,墨迹如新,回溯前尘,不胜黍离麦秀之痛。呜呼!"人之云亡,邦国殄瘁","天实为之,谓之何哉!"公笃好桴亭先生之学,读《新蒲绿》诗,沾余襟之浪浪矣。

(唐文治《袁评经史百家杂钞后序》,见《茹经堂文集四编》卷六)

4月6日(二月二十五日) 南京遗族学校学生旅行团来无锡国专参观,并请先生演讲,讲题为《经学与文学之概论》。

南京遗族学校学生旅行团于四月六日来本校参观,并请校长唐先生演讲。其讲题为《经学与文学之概论》,此外对于孝弟忠信礼义廉耻尤多发挥。盖正人心、救民命,为校长之素抱也。

(《校闻·本校校长对遗族学校演讲》,见《国专月刊》第5卷第3期,1937年3月15日)

4月(三月) 先生以前家中被窃之《罗念庵先生文要》失而复得。

越丁丑三月,国学专修学校同人吴君养涵、顾生增贤之苏州文学山房购书,书贾偶述某处有《念庵文要》寄售,索值二十金。吴君喜,许以十二金,书贾诺之。阅数日,寄书来,顾生曰:"此帙得毋即先生所失乎?"检视卷首,果茹经堂印,亟持以告余。余喜极而叹曰:"嗟乎,失得之报,成兹离合之迹,抑何迩且奇乎? 岂此书有灵,天下无识者,故仍从旧主乎? 吾不能知其数,亦可推知其理矣。"

(唐文治《罗念庵先生文要跋》,见《茹经堂文集四编》卷六)

5 月 10 日(四月初一日)　下午,上海文献展览会在上海八仙桥青年会召开发起人会议,会上推定先生等人为名誉理事。(据《申报》1937 年 5 月 11 日第 11 版《上海文献展览会昨召开发起人会议》)

6 月 4 日(四月二十六日)　《新无锡》刊先生《蜀黔豫甘四省乞赈诗》。

前接上海华洋义振会来函云"蜀黔豫甘四省旱灾,死亡载道,其幸而生存者,多食野草槐叶。迨掘食既尽,乃吞食观音粉,每日中毒死者不计其数。至于卖男鬻女,号泣之声,更属惨不忍闻"云云,闻之至为痛心。窃思吾苏人,幸尚未为灾民耳。杼柚久空,一遇水旱偏灾,景象亦复如是,恐有更甚于此者。今日救人,他日方有人救我。宋朱子为同安主簿,作《放赈诗》云:"阡陌纵横不可寻(时同安遭洪水灾),死伤狼藉正悲吟(吟,呻吟也)。若知赤子原无罪,合有人间父母心(言长官当学道爱民,万勿竭民膏血)。"读之辄为下泪。敬步朱子原韵二首,以哀吁当世之仁人善长,幸垂鉴焉:

昔日繁荣何处寻,流离载道痛呻吟。若思吾辈遭逢此,合有怆然恻隐心。

沟壑填尸无可寻,卖男鬻女更悲吟。敢为九死灾黎请,共发慈悲救济心。

(唐文治《蜀黔豫甘四省乞赈诗》,见《新无锡》1937 年 6 月 4 日第 2 版)

6 月 8 日(四月三十日)　《新无锡》刊胡介昌《昨读唐蔚老蜀黔豫甘四省之乞赈诗,凄惨欲绝,因踵其韵,续代哀吁》。

天上仁人不易寻,吾乡祭酒作诗吟。毫端写尽灾黎相,铁石人闻也动心。

一拂先生(即郑监门侠)何处寻,唐公无画把诗吟。吟诗唤醒多财士,共展慈悲佛子心。

次日复咏:

蜀黔豫甘四省多,灾区广大可如何? 仁人君子齐援手,莫诿鞭长一任他。

暂停衣饰屏壶觞,撙节微资去拯荒。似较烧香多把握,舟车劳顿礼空王。

拯饥拯溺为同胞,利世何妨拔一毛。有德如陵今日积,试看福荫到儿曹。

恓怜救祸道通天,行道由来福自绵。巨室号多贤淑女,敢求慷慨拔钗钿。

(胡介昌《昨读唐蔚老蜀黔豫甘四省之乞赈诗,凄惨欲绝,因踵其韵,续代哀吁》,见《新无锡》1937 年 6 月 8 日第 4 版)

6月20日(五月十二日) 无锡国专举行十六届毕业典礼,先生于典礼上作报告。

吾邑之有国学专修学校,尚在二十年前,为国学泰斗唐蔚芝先生联合入门弟子暨地方父老等创办。本年六月二十日,举行十六届毕业典礼,余与居停德生先生均被邀往观礼。惟因厂务羁身,到校已在校长唐蔚老报告后。兹特摘记会场见闻于下:

(一)国专男女学生服装,素以简朴称于邑。此次五十余人毕业者,非特全身布服,是穿皮鞋者不足三之一,余均布履,绝无大学生习气。回忆"一二八"前,余曾参加沪上数大学集会,考其服装用具,莫不竞尚奢华,一若非用舶来品,不足以示阔大者。一日某处集会,余尝以滑稽口吻演说云:"近已漏卮已达八万万,数目虽然巨,然以我国四万万人平均之,仅合二元之微,试以诸君随身论之,西装也、革履也,以及金表、金笔,加以平日之洋纸西餐,平均所耗,当在二十元以上,恭喜各位已胜贫民十倍之享荣矣。"盖有感乎学校教育普及全国国民时,即不亡于弱,亦必亡于贫也。今观国专学生简朴,不胜敬佩矣。

(二)参加来宾二十六人,服西装者两人,服制服者三人,余均衣长衫,丝质者占半数,棉质者占二成,毛质者占三成,质料除染色之颜料外,似均国货,斯亦整个社会之可喜事也。

(三)毕业典礼秩序与普通略同,惟唱党歌外,因其为国学专校,尚有唱孔子纪念一节,为他校所不只见者。孙师长代表周君致训时,提及三次领袖与委员长,忙煞学生起立致敬,惟来宾席之实行者,尚属少数,恐尚未明此种意义之故。孙师长代表周君文质彬彬,颇有儒者气;施专员代表王君戎装革履,精神抖擞,颇有军人气,说者谓今日武官已斯文化,文官已武术化,文武共熔于一炉,实可喜也。

(四)是日演说者,颇多警惕语。若周代表云唐校长为国学之领袖,等于蒋委员长之为国家领袖,并云畴昔大学生目标在乎做官,近由领袖导之于服务农村,大可一扫畴昔毕业即失业之讥。王代表力戒旧日大学生终身仰慕西洋物质文明之优美,往往不位本国之事事物物,一若中国无一是合理之不是,实获我心。教育学院高院长所述教育与成人,援引古人子路闻过则喜,及薛福成、唐继尧之好学,证明成人求学之必要,尤为动听。

(薛明剑《国学专修学校十六届毕业典礼志盛》,见《人报》1937年6月21日第4版)

本届学生中的王先献、卞敬业、李钊、李光九、吴常焘(孟复)、陈光汉、张广生、黄敦、魏恒葆和戴双倩等十人，毕业时出版了诗稿合集《惠麓同声集》，先生为之作序。

自圣门有为己为人之辨，后代之讲学者，辄以标榜为嫌。余谓为己为人，在乎心术，而不在乎形迹。《伐木》之诗曰："嘤其鸣矣，求其友声。相彼鸟矣，犹求友声。矧伊人矣，不求友生?"是以《易·兑》象有朋友讲习之箴，岂得谓之标榜乎? 曾子言："君子以文会友，以友辅仁"，岂得谓之标榜乎? 宋代大儒，名山都讲，著述满家，不可胜数。往者闻吾乡娄东陆、陈、江、盛诸先生，考德问业，日有记而月有会。及居无锡，闻东林高、顾诸先生，讲学之风，犹有存者，为之奋然兴起，不能自已，甚矣，取友之必贤，而友声之宜急也。同学陈生光汉等十人，将届毕业，裒平日所为诗文，名曰《惠麓同声集》，来问序于余，且求一言以为终身之诵。余维先圣释《易》飞龙之象曰："同声相应，同气相求。"至《系辞传》之释同声，则取中孚九二之象曰："君子居其室，出其言善，则千里之外应之。居其室，出其言不善，则千里之外违之。"其释同气，则取同人九五之象曰："同心之言，其臭如兰。"此圣人之微旨也。余向以正人心、拯民命之学说倡导同学。夫正人心，必慎言行，以动天地；拯民命，必合同志，以救号咷。然则所谓同声同气者，固在性情心术之微。将为往圣继绝学，为万世开太平，岂在区区文字间乎? 苟或不然，则标榜而已矣。诚伪之界，不过几希，诸生其谨而勉之哉。民国二十六年四月，蔚芝唐文治序于无锡国学专修学校。

（唐文治《〈惠麓同声集〉序》，见《惠麓同声集》卷首，又见《国专月刊》第5卷第3期）

按：《惠麓同声集》，无锡国学专修学校1937年出版。集中收王先献《咏琴轩诗稿》、卞敬业《勤生诗稿》、李钊《覆瓿诗稿》、李光九《焚余诗稿》、吴常焘《伯鲁近稿》、陈光汉《慈竹平安馆诗稿》、张广生《蟾蜍滴露轩诗稿》、黄敦《鄹颀近稿》、魏恒葆《块然室诗稿》、戴双倩《顽石斋诗稿》等十部诗稿。

7月7日（五月二十九日）　日本侵略军向北平（今北京）西南卢沟桥发动进攻，是为"卢沟桥事变"。

7月8日（六月初一日）　原无锡国专特约讲师陈衍因病去世，先生作《陈石遗先生墓志铭》。

陈石遗先生忽于本月初旬患疝气病遽卒。闻讣电，哀痛之至。后应其孙光度之请，为撰墓志铭。

（唐文治著，唐庆诒补《茹经先生年谱续编·丁丑七十三岁》）

陈先生石遗，侯官诗文学大名家，与余乡试同年，长余九岁，尊之曰先生。光绪中叶，相识于嘉兴沈子培先师座中，其气刚以直，其言辨以皙，其品高峻不可方物,余心折之,然踪迹犹疏。迨辛未岁,门人叶长青介先生来无锡佐余,主国学专修学校讲席,欢然道故,聚首七年。丁丑四月去之闽,无离别可怜色。乃七月得耗,先生死矣,惊怛欲哭而无泪。逾月,其孙光度来稽首请铭。呜呼!余虽不忍铭先生,然后死之责,不容不铭……先生生于清咸丰丙辰四月八日,民国二十六年七月八日卒,享寿八十有二。

(唐文治《陈石遗先生墓志铭》,见《茹经堂文集四编》卷八)

8月13日(七月初八日) "八一三"淞沪会战开始时无锡接近战区,因战事迫近,常有驻地部队军官到无锡国专、竞志女子中学、江苏省立教育学院、江苏省立无锡师范学校、辅仁中学、无锡中学、职业中学等校来勘察校舍,商量借用。

9月12日(八月初八日) 先生联合以上各校校长,致函国民政府教育部部长,要求"先尽学生居住。倘有余屋,当就近告知驻军长官,酌量支配"。

南京教育部王部长勋鉴:窃惟教育为国家根本,人才尤元气所系。案奉令开"《总动员时督导教育工作办法纲领》内载第一条,战争发生时,全国各地各级学校暨其他文化机关,力持镇静,以就地维持课务为原则,又比较安全区域内之学校,尽可能范围内设法扩充容量,收容战区学生"等因,奉此,仰见政府维持教育、造就人才之根本计画。当此国难严重之秋,可以牺牲人民生命财产,而不可以牺牲人民德慧术智。即如从前欧洲一千九百十四年大战,地亘欧亚,时延五年,其酷烈为亘古所无,然英、法、德、奥诸国,僵仆随属,而学校未尝辍业。而美国派遣大兵援欧,以士兵多大学青年志愿应征,军队所至,学校随之而立,以免失学,播为美谈,是白刃可蹈,而学术不可废也。锡邑为淞沪战争后方,淞沪各大中学摧毁,仅存不满半数,仓皇补葺,亦未能按时开课。案奉钧部令颁《临时借读办法》,内开"公立学校均应尽量收受借读生,私立学校由主管教育行政机关考核其办理成绩及一切设备,经指定后就可能范围收受之。又公立学校及经指定之私立学校,如各级学额已满,或教室不能容纳时,应酌量租用学校附近房屋,或建盖临时房屋,暂作教室及宿舍"等因,奉此,文治等服务教育,恪遵功令,按期开学,固属当然,尤不敢不仰承钧部颁布借读办法,尽量收容战区借读学生,以宏造就而重学业。如校舍或有不敷,钧部且以租用学校附近房屋或建盖临时房屋相督勉。实以此次东人摧残我文化、毁坏我学校不在少数,而锡邑为畿辅要地,文化又较发达,借读学生势必不少,原有学校万不敷用也。近以战事方殷,时有军官来勘校舍,商量借用。文治等同属国民,苟校舍有余,敢不通融设法?惟原有校舍本仅敷用,如遵令收容借读,势必另行扩充。万一通融借作军用,即不能恪遵部令,维持课务。然不予借用,又非文治等同仇敌忾之所愿出现。方遵令筹备开办所有校舍，为维持课务，收容借读。似不得不先尽学生居住，倘有余屋，当就近告知驻军长官，酌量支配。是否有当，侯示遵办，谨此电呈。无锡国学专修学校校长唐文治、竞志女子中学校长侯鸿鉴、江苏省立教育学院院长高阳、江苏省立无锡师范学校校长周毓苹、辅仁中学校长杨四箴、无锡中学校长周朴纲、职业中学校长钱殷之。文。

（《无锡国学专修学校等代电一件》，见《私立无锡国学专修学校、武昌文华图书馆专科学校迁校及校舍建筑等问题的文件》）

按：在代日韵目中，"文"为 12 日。

沪战开始后，先生三子唐庆增自锡返沪。

八月十三日，沪战突起，三儿庆增自锡仓皇返沪。时锡沪车路已断，绕道嘉兴，途中极为危险。

（唐文治著，唐庆诒补《茹经先生年谱续编·丁丑七十三岁》）

9 月 20 日（八月十六日）　本年下学期开学。学生陆续报到上课者有 71 人，其余大半学生因道路梗阻、战局危急而暂时请假。开学后，按照教育部的要求，在学校附近建造防空地屋三处，可容 200 余人，并准备防毒急救药品等。

九月中旬开学，时日机屡经锡地，往袭南京。人心惶惧，学生到者仅五十人。

（唐文治著，唐庆诒补《茹经先生年谱续编·丁丑七十三岁》）

按奉钧部壹二第一六八三号训令，开"该校现在战区以内，本学期能否开学？及如何准备开学？迅即呈报来部，并将留校及可以到校之职教员学生人数，分别呈报，合行令即遵照，此令"等因，奉此，现在本校遵令于九月二十日准期开学，业经通告各生家属在案。所有教员现在留校者计十人，职员留校者七人。其余教员尚有四人，职员尚有二人，当可陆续到校。至学生人数，因籍居之地远近不一，究竟实到若干，须俟上课后续行呈报复钧部赐察，实为公便。谨呈教育部部长王。私立无锡国学专修学校校长唐文治。中华民国二十六年九月十七日。

（唐文治《呈报本校准九月二十日开学并职教员人数请赐察由》，民国二十六年九月十七日，见《私立无锡国学专修学校校务行政计划、工作报告和在沪复课员生名册及有关文书》）

本校前经遵令于九月二十日开学，业经于九月十七日呈报钧部赐察在案。现值非常时期，所有布置避难，如防空壕建筑及防毒急救药品等，已先后遵奉钧部篠、灰二密代电实施：计造防空地屋三处，可容二百余人，由无锡建筑公司计划，颇为巩固。一面维持课务，一面尽可能范围避免损害，冀副钧部保护学生之至意。查月前本校学生报到上课者计七十一人,余因道路梗阻,兼涉危险,大半暂时请假。

(唐文治《呈报本校维持上课状况请赐察由》,见《私立无锡国学专修学校、武昌文华图书馆专科学校迁校及校舍建筑等问题的文件》)

按:上引两则文献中,一说"学生到者仅五十人",一说"学生报到上课者计七十一人",此以后者为准。

9月(八月) 先生致电教育部部长王世杰,请示淞沪各大学中国文学系学生有来请求借读者,无锡国专是否在指定之列。

案奉钧部令颁借读办法,内开"公立学校均应尽量收容,私立学校由主管教育行政机关考核其办理成绩及一切设备,经指定后,就可能范围收受之"等因,奉此,本校为钧部核准立案之专修学校,办理十余年,迭经钧部及江苏省教育厅派员视察,颇蒙嘉奖,先后拨款补助在案。现在遵令于九月二十日开学。淞沪各大学中国文(学)系学生有来请求借读者,本校是否在指定之列。虽本颁借读办法,未敢擅便,合行请示办理。再本校系国学专修学校,惟大学中国文学系学生有相当学程,可予借读。其他各系碍难收受。合并呈明。谨呈教育部部长王。校长唐文治印。中华民国二十六年九月。

[《唐校长呈教育部电文(呈请本校可否收受中国文学系借读生,请赐请遵由)》,见陈国安等编《无锡国专史料选辑》]

按:9月28日,民国政府教育部部长王世杰致电无锡国学专修学校,电文称"查该校课程与大学中国文学系性质程度均不相同,中国文学系学生向该校请求借读,应不予收受"(见陈国安等编《无锡国专史料选辑》)。

同月 先生亲友多人自太仓来无锡避难。

是月,表姐吴作年夫人、表外甥王露华夫妇及静芝弟、祥伯侄、吴君也庵、王慧言世弟等,均因太仓秩序混乱,挈眷避难来锡,余告以此次战事非"九一八"可比,无锡恐亦不免。静芝弟等遂借居乡间,惟吴家表姐、露华夫妇住居余家。

(唐文治著,唐庆诒补《茹经先生年谱续编·丁丑七十三岁》)

10月6日(九月初三日) 自本日起,日机连日对无锡进行轰炸,无锡人民的生命财产遭受惨重损失。茹经堂亦遭轰炸,却未被击中。而看守茹经堂的工友夫妇和一个儿子,在避入山谷后被炸死,先生闻知后十分悲悯,嘱人妥为安葬。

至十月六日,而无锡车站及其附近工运桥一带被炸,有一洋式堆栈名德新者,新建,被毁,燃烧竟夜。十三日,而戚墅堰电厂被炸,锡城内外电灯一时均告断火。未几，庆丰、丽新各厂亦屡被炸，光复门外亦炸……自十一月起，无锡城内亦屡被炸。余宅在西门内，门前有李氏宅，亦炸。前街、学前一带被炸尤甚，文庙明伦堂及省立第三师范学校均被毁。

（钱基厚《孙庵私乘·民国二十六年》）

1937 年秋天，淞沪之战我方失利，锡城岌岌可危，日机连日不断滥肆轰炸。如苏锡公路、高子水居、宝界桥等都被炸毁，唐先生的"茹经堂"亦遭轰炸。因有汉奸向日军报告，说冯玉祥将军在"茹经堂"开会，所以日军特地派机前来轰炸。当时看守"茹经堂"的工友夫妇和一个儿子，看到有日机前来轰炸，急忙避入山谷中，结果都被炸死；但"茹经堂"却未被击中。先生闻知此事十分悲悯，特叫我买三口棺材，为之安葬。后来，前西溪唐宅左右邻舍都被敌机炸毁，而唐宅却安然无恙，亦大幸矣。

（许岱云《唐文治先生轶事几则》）

10 月 8 日(九月初五日)　先生率部分无锡国专师生转移到先期租定的、离无锡城区十余里的王祥巷(周新镇附近)上课。教务主任冯振、总务主任叶长青率二、三年级部分学生暂时留居城中学习。

惟经本月六日无锡车站马路一带突被敌机轰炸，加以迩来敌机在锡邑近城肆虐，无日无之，在稍有经验之学生，既得校中防空保障，固属安心上课。而年龄较稚之学生，不无胆怯。窃按查钧部八月三日江代电开，本有遇必要时允准学校迁移之规定。爰酌量情形，先期租定距城十余里之周新镇落乡王祥巷房屋两处，即于八日由文治率同教职员，将一部分学生分移，暂作上课之地。近因城中趋势紧张，又有学生多名陆续来乡上课。至愿留城中之学生，间有参与后援会工作关系，仍照常在城上课。即嘱教务主任冯振、总务主任叶长青主持其事，城乡往来，随时商洽。俟时局稍定，即行迁回。合将本校维持上课状况呈报，仰摅矜系，实为公便。再本校教职员，除教员陈鼎忠因事暂回长沙原籍外，早经于开学后陆续到齐。

（唐文治《呈报本校维持上课状况请赐察由》，见《私立无锡国学专修学校、武昌文华图书馆专科学校迁校及校舍建筑等问题的文件》）

余为迁校计，托高君涵叔在南城外王祥巷觅屋一所。而本校旧同学许生岱云来函，欲迎余往居许巷，可感也……十月六日午后，日机轰炸无锡北门车站，并及东门。余举家仓卒避地室内，闻爆炸声隆隆然，日机投弹二十余枚，约二小时始去，孙儿女等在校陆续归，幸皆无恙。傍晚，高君涵叔来探望，余竟夜不能睡，决计避乡间。七日早，宣布迁校，略收拾行李并先人手迹等。次日，叩别家祠,偕内子等赴许巷,寓许生岱云家,并见其弟岱青,厚意殷挚。同时,本校教员龙伯纯、江武子、陆景周、王慧言,职员吴溉亭、吴亦庵等,并学生二十人,迁居王祥巷(冯振心及学生二十余人留城中)。儿媳庆棠率教育院学生迁方桥,相距约二里许。庆诒住许巷,孙儿女等住方桥。

(唐文治著,唐庆诒补《茹经先生年谱续编·丁丑七十三岁》)

九月二十日开学,除陈天倪教授在长沙原籍未能来校外,教员十三人、职员六人全部到校。学生因道路阻梗,报到上课的仅七十一人(上学期三百余人)。十月六日,无锡车站马路一带突被敌机轰炸,人民所受损失比九月二十八日那次轰炸更重。王家巷的房屋既已准备好,就请唐校长先率部分教职员及学生于十月八日到乡间上课。留城上课的学生由冯振心主持教学,有的学生还参加后援会工作。十月二十四日,学校将开学以来的情况呈报教育部时,还希望"俟时局稍定,即行迁回"。想不到此番一别,唐校长再也没有回到学前街来了。以后十多年,他念念不忘他在学前街创建的学校。

(黄汉文《记唐文治先生》)

11 月 14 日(十月十二日) 晚五时,先生率部分师生雇小船数艇,自许巷起程,途经常州、丹阳,一路上"飞机轧轧之声、难民流离之状,震耳骇目,不胜凄惨"。此前,在王祥巷上课期间,日寇飞机时来轰炸周边地区,无锡国专师生"心恒惴惴"。时值湖南籍教师陈鼎忠从长沙来函,建议学校转迁湖南长沙。于是校中同人议决迁校至长沙。

十月杪后,日机时来轰炸附近周泾巷。至十一月十日左右,每日来三四次,在屋顶盘旋。诸生往来上课,心恒惴惴。会教师陈君天倪自长沙来函相招,同人遂议决迁校至长沙。慧言、也庵、静芝等因道远不能往,相对凄然。余西溪房屋托表甥王露华看守。孝纯孙女患伤寒症,住南门内普仁医院,十二日午前,遭日机轰炸,时庆棠亦在医院,同避地室内,震动几至坍塌,急雇小船避至方桥。孝纯经此惊恐,病势愈重,忧虑之至。十四日,雇小船三艇,晚五时自许巷起程,船小人众,几无容足之地,途经常州、丹阳,飞机轧轧之声、难民流离之状,震耳骇目,不胜凄惨。

(唐文治著,唐庆诒补《茹经先生年谱续编·丁丑七十三岁》)

十月十日后,无锡局势更加危殆,只得暂行停课。至十一月后,就雇舟撤退到湖南长沙,我同张尊五君一起协助唐先生办理撤退事宜。撤退时,我送别先生,先生对我说:"我一生俭约,所积蓄的钱大多是用来救灾恤贫的。现囊中极少积贮,只有存款五百元。"说着,并把存折给我看看。最后,还叮嘱我说:

"天下兴亡,匹夫有责,要见义勇为,为国善士。"先生所带行李,只是日常衣服用品,绝无贵重东西。行李箱亦仅是一般的铅皮箱子,可见其平时俭朴节约的程度。

(许岱云《唐文治先生轶事几则》)

最使我感动者,厥惟在抗日时期,吾父(按:指陆修祜)跟随国专师生迁校至桂林。消息传来,家人一时未能理解。吾母慨然谓余曰:"汝父与茹经情谊深厚,犹如家人父子,理应如此。"于是大家释然于怀。

(陆希言《回忆茹经太夫子几件事》)

11 月 17 日(十月十五日)　午后,抵镇江。原留校善后的冯振于 11 月 14 日半夜携全家与国专部分同仁、学生从无锡乡间乘小舟沿运河避难,也于 17 日晚到镇江,于是两支队伍会合在一起。

十七日午后,抵镇江,寓大华旅馆。

(唐文治著,唐庆诒补《茹经先生年谱续编·丁丑七十三岁》)

十一月十四日,半夜全家与国专部分同仁、同学从无锡乡间乘小舟沿运河避日寇难,十七到镇江,乘"德和"轮赴汉口转长沙。

(冯振《自传年表》,见《冯振纪念文集》)

铁鸟盘空瞰不休,相机逃命夜难留。一家八口成孤注,三日兼程局小舟。乘暮车驰如脱兔,夺途军退类奔牛。常州戚墅惊心骨(沿途所见,以常州、戚墅二处被炸最惨),伫待招魂到润州。

(冯振《十一月十四日半夜,与十弟及妻儿自无锡城南王祥巷乘小舟,沿运河避难,十七晚达镇江》,见《自然室诗稿与诗词杂话》)

11 月 19 日(十月十七日)　乘英轮"德和"号溯江而上。

十九日晨,学生陈洵代雇小轮一艘,渡至江心,登"德和"轮船,舟中拥挤,余与孝纯备极周折困难,幸庆棠觅得房舱间。余及内子、庆棠、孝纯勉强同住,振心、长卿家眷及四儿媳、诸孙女等住统舱中,人声嘈杂,浪激风烈,不堪其苦。廿一日晚过芜湖。二更许,舟中人惊相语曰:"日机在桅上盘旋。"于是灯火尽熄,约二时始去。

(唐文治著,唐庆诒补《茹经先生年谱续编·丁丑七十三岁》)

自君(按:指王保謢)别后,余雇小艇四,与眷属、生徒蜷伏其中。道出武进、丹阳,飞鸟之音,照明之弹,吾民号哭流离之状,震耳刿目怵心。抵京口,寓大华旅馆。登英公司"德和"轮船溯江而上,山哀浪咽,离愁万端。过芜湖夜,忽舟中人惊,相语曰:"铁鸟在樯上回旋矣!"于是灯火尽熄,数时始去。抵长沙未旬日,忽同人竞相告曰:京口之大华、英公司之"德和"俱被炸矣,死者二千余人。闻之惶骇。

（唐文治《王君慧言家传》,见《茹经堂文集四编》卷七）

11 月 21 日(十月十九日) 晚过芜湖。(据唐文治著,唐庆诒补《茹经先生年谱续编·丁丑七十三岁》)

11 月 22 日(十月二十日) 晚过九江。(据唐文治著,唐庆诒补《茹经先生年谱续编·丁丑七十三岁》)

11 月 24 日(十月二十二日) 黎明,抵汉口。

廿四日黎明抵汉口,表甥俞仲华为定交通旅馆二间,殷勤招待。

（唐文治著,唐庆诒补《茹经先生年谱续编·丁丑七十三岁》）

当时日寇飞机日夜来无锡骚扰,故师生学习,心恒惴惴!此时有原本校教师陈天倪自长沙来信,建议迁校湖南长沙,唐校长遂决定西撤。十一月二十四日黎明抵汉口,由冯振师尽心照顾。唐师虽长途跋涉,路途艰辛,但仍精神旺盛。在汉口,幸有亲友代订交通旅馆客房三间,由冯振师陪同照顾。到汉口之后,唐师关心师生安全,请冯振师每天到码头等候南京来船。冯师在码头等候两天,才接到随后来的师生。冯师立即陪伴至交通旅馆谒见唐师。唐师甚喜,连呼好极好极,并亲切询问师生沿途生活情况,并予慰问,关切备至!

（杨燕廷《无锡国学专修学校迁校回忆》,见《冯振纪念文集》）

11 月 29 日(十月二十七日) 午后,渡江至武昌,随即登车。

逾二日,四儿庆永来汉,详告离苏州及中途遇飞机危险情状,闻之下泪。即命庆永在旅行社购车票。廿九日午后,乘小轮抵武昌。即行登车。伤兵拥挤争先,秩序混乱已极。

（唐文治著,唐庆诒补《茹经先生年谱续编·丁丑七十三岁》）

11 月 30 日(十月二十八日) 傍晚时分,抵达长沙。

翌日天微雪,经临湘、岳阳、汨罗,晚六时抵长沙。长卿引导住南方旅馆。诸同人惊相告曰:"镇江大华旅馆、英公司'德和'轮船,均遭日机轰炸,死者千余人。"闻之惶骇不置。

（唐文治著,唐庆诒补《茹经先生年谱续编·丁丑七十三岁》）

为呈报事。案查本校因无锡军事严重,曾于十一月十四日将本校迁移长沙情由呈报钧部,赐察在案。溯自十月六日敌机轰炸锡邑,本校因恐发生危险,先在无锡南乡周新镇之落乡王祥巷租定房屋,为迁移授课地点。旋至十一月初旬,敌机在锡邑肆扰不已,王祥巷地近周径巷车站,教室屋顶每天飞机时作盘旋,掠过者数四,前线又复万分吃紧,乡间决难驻足。爰召集合校师生开会决议,遵依钧部令颁于必要时得迁移安全区域之规定,以湖南长沙为目的地,当于十四五日由文治率同教职员、学生等,分雇小舟,由无锡乡间出发。沿途风鹤频惊,历四昼夜始达镇江,候乘"德合"轮船抵汉口,再由粤汉铁路转徙长沙。

　　[唐文治《呈报迁校长沙借定校址上课请赐备案由》(民国二十六年十二月十一日),见《私立无锡国学专修学校、武昌文华图书馆专科学校迁校及校舍建筑等问题的文件》]

在由无锡避地长沙的无锡国专学生中有奚干城。临行前,其姊将金钏一支交干城以作川资,曰:"速随唐师去!"

　　丁丑岁,余挈诸生避地长沙,以达湘乡。闻干城令姊瑞珍以金钏一事交干城,曰:"以此为川资,速随唐师去!"干城因得偕余行,在桂林毕业。

　　　　　　(唐文治《无锡奚文宪先生诗文集序》,见《茹经堂文集六编》卷四)

12 月 8 日(十一月初六日)　　觅定长沙城内黄泥街友于里四十八号作为无锡国专的临时校舍,照常上课。

　　兹已借定长沙城内黄泥街友于里四十八号为临时校舍,照常上课。现第一批同来学生有二十余人,其在战区中固属艰苦万分;即不在战区中者,患难相共,依依不舍,而求学之志,磨练愈坚。惟受兹重大影响,诸生学业自应设法补救。谨遵照部令,将寒假、年假假期一律酌量缩短,以重学业,而免旷废,冀仰副钧部作育人才之至意。

　　[唐文治《呈报迁校长沙借定校址上课请赐备案由》(民国二十六年十二月十一日),见《私立无锡国学专修学校、武昌文华图书馆专科学校迁校及校舍建筑等问题的文件》]

　　十二月八日,长卿觅定黄泥街房屋。时余患感冒,饮食不便,暂时迁往。而长沙伤兵极多,情形如散沙。南洋旧同学谭介甫托其表姊颜畹兰女士在湘乡铜钿湾代觅房屋。

　　　　　　(唐文治著,唐庆诒补《茹经先生年谱续编·丁丑七十三岁》)

抵长沙后,先生得交陈继训、刘善泽等,作《赠刘腴深先生序》。

　　三湘为衡岳灵气所钟,古来人文渊薮。数年前,余掌无锡国学专修学校,请益阳陈君天倪为教授,相得甚欢。丁丑冬,避难长沙,又得交陈君杏簇、刘君腴深,皆有道之士,《礼》所谓合志同方者与。

　　　　　　　　(唐文治《猨庵文草序》,见陈继训著《猨庵文草》卷首)

丁丑冬，余于役三湘，得交浏阳刘腴深先生，盖天下之善士也，深契余言，若针芥之合，殷殷然赠诗相勖。数千里外，患难之余，得一知己，讵非大快事哉？

（唐文治《赠刘腴深先生序》，见《茹经堂文集四编》卷五）

唐公闻海啸，去国傲装轻。家寄春申浦，书留泰伯城。赠言荣黼黻，谋隐弃簪缨。吊屈过湘水，油然古性情。

（刘善泽《唐蔚芝尚书避乱过湘》，见《天隐庐诗集》）

按：刘善泽《天隐庐诗集》中，尚有《唐太仓尚书寄赠所撰诸经大义》《闻唐蔚老健在喜作》《奉寄唐茹经尚书》《寄太仓尚书唐蔚芝先生》《赠唐蔚芝尚书》等诗。

无锡国专在长沙期间，曾向当地招考学生，陈旭麓即于此次考入，但入学不久后即转至当时在贵阳的大夏大学文学院中文系就学。

1937年底1938年初，无锡国学专科学校迁到长沙，这所学校主持人是著名教育家唐文治。这时，先生（按：指陈旭麓）在孔道国专已临近毕业，随之而来的有个文凭价值的问题，因为孔道国专当时在国家教育部并未立案，文凭不吃香，而无锡国专则是立了案的，于是先生决定报考设在长沙的无锡国专。当时共有近五十人前往报考，先生的考分列在前四名。考试主要项目是作文，题目是《易经》上的一句话。先生引经据典，洋洋洒洒，写得相当顺手。唐文治老校长对这位湖南考生很是赏识，特地约他去谈了一次话。先生算是被录取了，由孔道国专学生变成无锡国专学生。谁知，他刚刚在无锡国专上了几天课，另一个机会又向他招手了。这个机会中止了他在长沙的学习生活，影响了他以后一生的命运……大夏大学设在上海，抗日战争爆发后先迁庐山，再迁贵阳，大夏在由庐山迁往贵阳的途中，经过长沙。陈旭麓先生通过湘乡同学的介绍，得识大夏大学的秘书长王毓祥。王毓祥当时是民国政府立法委员，名气很大，他欢迎这位才气横溢的青年到大夏读书。于是，先生毅然决定离开长沙，前往贵阳。1938年春，在王毓祥的支持下，陈旭麓先生成了大夏大学文学院中文系学生。

（熊月之《陈旭麓先生传略》）

按：除上引文字外，无锡国专在长沙招考学生一事，尚未见其他文献的记载。

12月18日（十一月十六日） 晚，先生与国专同人开会，因长沙城中情况极不安定，议定再迁校至湘乡铜钿湾。

十八晚开会，议定余先赴湘乡，后再迁校。既雇定小舟三艇：一为余夫妇及四儿妇等用；一为庆棠、诸孙女等用；一为教育院师生用。

（唐文治著，唐庆诒补《茹经先生年谱续编·丁丑七十三岁》）

12 月 19 日(十一月十七日)　傍晚,先生先率部分无锡国专师生登船,前往湘乡铜钿湾。

次日傍晚登船,湘乡码头有峭壁极高,适天雨泥滑,余坐藤榻扶抬,行半里余始上船,危险之至。同学陈治安扶持,送至船上,可感也。

（唐文治著,唐庆诒补《茹经先生年谱续编·丁丑七十三岁》）

在长沙二十余日,又雇小舟赴湘乡铜钿湾。天雨路滑,坡度又陡,唐先生以藤榻代步,黄氏师母及陆先生以下皆步行。幸有学生挽扶,始达所租民房。

（黄汉文《甘当绿叶衬红花——记陆景周先生》）

12 月 25 日(十一月二十三日)　午后二时,至湘乡铜钿湾。

廿五日午后二时,至湘乡铜钿湾。起岸,余坐藤轿,轿身狭窄,与江南不同,且透风不稳。内子等均步行。时余疲极,形神几若相离矣。

（唐文治著,唐庆诒补《茹经先生年谱续编·丁丑七十三岁》）

戊寅,日寇内衅,余携内子仓皇避难,由鄂而湘而桂林。在湘乡时,一夕大雨如注,庆棠忽追踪至,余夫妇且惊且慰。越二日始去,然犹一步三回首,坚嘱慎护起居,勿惜小费……

（唐文治《冢妇俞氏庆棠墓志铭》,见《俞庆棠女士墓志铭、家传》）

本年底　原无锡国专经济校董蔡文鑫去世,后先生作《蔡君兼三墓志铭》。

辛酉,余创设无锡国学专修学校,邑绅孙君鹤卿任经济校董。孙君殁,君与保谦力助之。余困于学制,尝谓斫丧道德,即系斫丧土地;限制人才,即系限制国力,心灰意沮。君劝慰之,笑语余曰:"君不忆科举时代,父兄为子弟负考篮耶? 其忍耐肩重非一与?"余谢曰:"此克己良箴也。"……君于清同治戊辰九月朔日生,民国二十六年十一月十一日卒,享年七十。

（唐文治《蔡君兼三墓志铭》,见《茹经堂文选四编》卷八）

1938 年(戊寅　民国二十七年)　74 岁

1 月 8 日(丁丑年十二月初七日)　无锡国专教授叶长青到湘乡请示先生,准备将学校解散。此前,先生率无锡国专部分师生迁至湘乡铜钿湾后,叶长青与另一部分师生仍留在长沙。先生只同意疏散一部分学生,其他学生如愿意者可以到湘乡上课。

一月八日,叶生长卿携其弟来云:时局一时不定,拟将本校暂时解散。余告以只可疏散若干人,其有愿来者,可迁校至湘乡,照常授课。

(唐文治著,唐庆诒补《茹经先生年谱续编·戊寅七十四岁》)

他(按:指唐文治)常说:"抗战初期,实乃全校师生护送我西行逃难,说我率师生西迁,愧不敢当。"这话似乎是实情,我以前也是这样想的。但从最近听到的一些当事人谈话中,我深感校长的表率作用。师生在长沙暂时安定了一阵,感到长沙也未必能久留,校长就率领部分师生到湘乡。叶长青到湘乡请示校长,准备将学校解散。校长只同意疏散一部分,愿意到湘乡来的可以到湘乡上课。

(黄汉文《记唐文治先生》)

1 月 12 日(丁丑年十二月十一日)　晚,钱仲联来告,叶长青回长沙后已将学校部分疏散。结果有一部分学生离开了学校,只有小部分学生后来到湘乡归队。经数度周折后,暂时在湘乡铜钿湾上课。

十二日晚,钱生仲联来报告,长卿急于回闽,已将本校部分疏散。余等经数度周折,暂在铜钿湾上课。

(唐文治著,唐庆诒补《茹经先生年谱续编·戊寅七十四岁》)

叶长青回到长沙,突然向学生宣布,学校决定停办,大家各奔前程,学生都被吓呆了。钱仲联先生连忙赶到湘乡去禀校长。唐校长召集师生谈话,说学校没有作过这样的决定,大家还是安下心来上课,如果这里不能再留,我到何地,诸生随我到该处,我有饭吃,诸生也有饭吃。钱先生向长沙的学生传达了校长的指示,学生安定下来了,但已经走掉了几个,据说后来听到学校并未解散,有二三人又寻到湘乡归队……后来在桂校担任过事务主任的王桐苏学长回忆当时在湘桂途中的情况,校长的确实行自己的诺言,邀约与家庭、亲友失去联系的学生与自己同桌吃饭,给予种种慰藉。在湘乡的时候,由无锡同来的师生已经不多了。武术教练侯敬舆(擅中医,曾任无锡中医讲习班教师,无锡国医馆馆长)在武汉时已告辞。到了长沙又有二名学生离开,后来又被叶长青哄走了几个。

(黄汉文《记唐文治先生》)

2 月 1 日(正月初二日) 先生为学生讲授《大学格物定论》。

二月一日为旧历元旦后一日,余为诸生讲《格物定论》。

(唐文治著,唐庆诒补《茹经先生年谱续编·戊寅七十四岁》)

休息数日,夏历正月初二,即陪同唐校长上课,讲稿《大学格物定论》系唐、陆二师路途撰成。

(黄汉文《甘当绿叶衬红花——记陆景周先生》)

按:《大学格物定论》见《茹经堂文集四编》卷四,文末有"唐文治自记"曰:"余前数年作《王心斋格物论》,编入《性理救世书》。但系论体,未可作为讲义。丁丑冬,于役湘乡铜钿湾。戊寅正月二日,为诸生讲《周易》格物学,爰作此篇,属陆生景周笔录。患境蓬心,恐多率略不妥之处,幸大雅君子指正之。"

2 月 8 日(正月初九日) 顾实来与先生谈战局。

八日,顾君惕生来谈,蚌埠失守,徐州颇危急,闻军事消息,敌人或攻沙市,或宜昌,再袭常德,则两湖受其包围,赴川路将断绝,可虑之至。

(唐文治著,唐庆诒补《茹经先生年谱续编·戊寅七十四岁》)

2 月 9 日(正月初十日) 夜,儿媳俞庆棠来告先生,时任广西省政府主席的黄旭初因黄炎培之介绍,诚邀先生率全校师生转迁桂林。

九日夜七时半,雨甚。庆棠自桂林来言:桂省政府主席王[黄]旭初,因黄任之先生介绍,将以大小汽车迎接余等于衡阳,机缘可谓凑泊矣。

(唐文治著,唐庆诒补《茹经先生年谱续编·戊寅七十四岁》)

2 月 17 日(正月十八日) 晨,先生率无锡国专学生启程,于当天傍晚六时半抵达衡阳。

十七日晨起程,四儿媳庆兰送至县政府,庆棠已携俞钿文表甥女先到等候。余等五人登车赴衡阳,一时半近湘潭,正欲渡河,忽闻惊[警]报,即退树林内暂避。约半时许解除,即赴河干候渡。忽有军人自称冯庸部下军官,有紧急公事,争先渡。庆棠云:"如此则公安局定章岂不作废耶?"军人甚怒,立命驱车至岸旁。余命司机人退让,逾时渡河。陆行过株州[洲]、衡山,又渡河一次,六时半抵衡阳,住广东酒店。

(唐文治著,唐庆诒补《茹经先生年谱续编·戊寅七十四岁》)

2月19日(正月二十日) 晨起程赴桂林,于下午五时许抵达。

十八日晨,日机轰炸衡阳,投弹三十余枚,房屋震动。翌晨启程赴桂林,途经祁阳、零陵、全州、兴安等地。五时许抵桂林,住乐群社,省政府招待处也。

(唐文治著,唐庆诒补《茹经先生年谱续编·戊寅七十四岁》)

2月20日(正月二十一日) 雷沛鸿来与先生畅谈时局。

二十日午前,雷宾南先生自徐州回桂,来畅谈。对于时局,洞见本原,语皆扼要。二十三日晚,景周及四儿妇等均抵桂林。

(唐文治著,唐庆诒补《茹经先生年谱续编·戊寅七十四岁》)

抗日战争初期,无锡不幸沦陷,师生举校西迁。敌机狂轰滥炸,一路备尝艰险,加以交通阻塞,师生渐渐散失。行至湖南株州[洲],只剩校长唐文治、教师陆景周、工友高福与学生袁步祺、沈令生、虞念祖、奚干城等数人而已。又值隆冬严寒,唐校长仍[乃]于旷野命学生席地而坐,朗诵《诗经·兕虎》一章。夫子声泪俱下,诸生皆为动容。一旬后,始有广西教育厅长雷沛鸿、江苏教育学院教授俞庆棠驱专车来迎,始得渡过黄沙河,抵达广西桂林,在环湖西路复校。这段历史不能忘怀,故作《湘桂行》以志其事。

(奚干城《湘桂行》,见《无锡国专在广西》;又见《友声诗词选集》)

按:上文中说"朗诵《诗经·兕虎》一章",指《诗经·小雅·何草不黄》中的"匪兕匪虎,率彼旷野。哀我征夫,朝夕不暇"一章。《何草不黄》是一首反映征夫之苦的诗。

民国二十七年,四十一岁……二月下旬,接庆棠来信,称乘省府汽车至衡阳,继往湘潭,渡江至湘乡,途次冰雹交作,备历饥寒。抵湘乡时,天已昏黑,步行泥泞中五六里,始得见堂上。翌日往长沙,领护照后,回湘乡,伴双亲及钏文侄女同赴桂林。

(唐庆诒《忆往录》)

按:无锡国专这次是和同样地处无锡的江苏省立教育学院一起迁桂的。先生之孙女唐孝纯在她写的《人民教育家俞庆棠》一书中,曾对两校为何选择迁校广西的原因有所分析:"学校迁桂之所以能够顺利解决,主要是因为当时广西省地方领导有其独自的主张和做法,他们欢迎贤才进桂工作。有一些知名人士已迁桂林,其中黄炎培、俞襄澄同俞庆棠兄妹三人交往较深,对唐文治十分敬仰,对江苏省立教育学院有一定了解,由他们介绍,广西省政府主席黄旭初对两校迁桂很欢迎……除此原因外,曾几度任广西省教育厅厅长的雷宾南也欢迎两校迁桂。因雷曾在江苏省立教育学院任过教授和研究实验部主任，在其任厅长时，每年都保送几名广西学生到院学习；毕业生中也有被派往广西省工作的。在 1935 年中国社会教育社于广州举行的第四届年会上，总干事俞庆棠作的社务报告中，特别提到广西的国民基础教育和山东的乡村建设成就；雷宾南也作了广西普及国民基础教育研究院研究实验报告。广州年会还决定中国社会教育社组织广西教育考察团，由俞庆棠率领去广西考察国民基础教育，以使各地社员进一步具体了解。由于这些历史渊源，迁校广西就较顺利、自然。"

2 月 24 日（正月二十五日）　先生迁入桂林正阳街租屋。不久，又另租竹园街楼屋三间。

二十四日，余偕内子迁入正阳街租屋，旋另租竹园街楼屋三间。是晚迁往。不意门口茅厕污秽不堪，楼上亦臭气熏人。余戏作一联云：十年有臭，一夜无眠。

（唐文治著，唐庆诒补《茹经先生年谱续编·戊寅七十四岁》）

2 月 25 日（正月二十六日）　先生又迁回正阳街。

二十五日晨，迁回正阳街。接孙甦香君来信，悉无锡家中无恙，甚慰。

（唐文治著，唐庆诒补《茹经先生年谱续编·戊寅七十四岁》）

2 月 26 日（正月二十七日）　无锡国专以租赁的桂林正阳街十七号为临时校址，开始上课。从此开始了无锡国专历史上的"桂校"时期。

为呈报事。按查本校迁移湖南湘乡铜钿湾章氏大厦为临时校址上课情由，业于本年一月二十二日呈报钧部赐察在案。因长沙时有警报，衡阳迭被轰炸，人心不免惶惶。而铜钿湾一带常有兵队来同借住，于静修不宜。爰于本月十八日率同员生等迁移广西桂林，租赁正阳街十七号为临时校址，略事修葺，即于本月二十六日上课。惟租金昂贵，或再迁徙，此后呈请钧部察核备案，实为公便。谨呈教育部部长朱。私立无锡国学专修学校校长唐文治。

（唐文治《呈报本校由湖南湘乡迁移至广西桂林租屋上课请赐察由》，见《私立无锡国学专修学校、武昌文华图书馆专科学校迁校及校舍建筑等问题的文件》）

3 月 20 日（二月十九日）　广西民政厅厅长雷殷来谈。

二十日，雷渭南厅长来谈，赠余《行政概论》，对于公务人员之迁择修养，均洞见本源，可佩。

（唐文治著，唐庆诒补《茹经先生年谱续编·戊寅七十四岁》）

3月21日(二月二十日)　无锡国专学生迁入环湖路十八号房屋上课。

三月间,因正阳街房屋西向,潮热不堪,托关生文俊觅得环湖路十八号房屋,共计十二间,南向。三月廿一日迁入,诸生约二十人,仍照常上课。

（唐文治著,唐庆诒补《茹经先生年谱续编·戊寅七十四岁》）

三月初,冯师为解决校舍问题,托关文俊觅得桂林环湖路十八号楼房十二间。当时唐师表示满意。冯师与陆景周师命我用颜体字写好"无锡国学专修学校"横幅。我校校牌挂出,过路行人争相观看。不久我们即行恢复上课。因学生来校渐多,唐校长指示分为两班上课。当时书籍奇缺,承教育厅长赠与书籍,并处处给予照顾,学校才能顺利开课。

（杨燕廷《无锡国学专修学校迁校回忆》,见《冯振纪念文集》）

4月14日(三月十四日)　因学生来者日多,将其分作两组。

十四日,因学生来者渐多,与振心等会商,分为二组。奈桂林书籍稀少,印刷又不便,仅购得《三通序》作为课本。

（唐文治著,唐庆诒补《茹经先生年谱续编·戊寅七十四岁》）

4月19日(三月十九日)　晚,交大同学在乐群社开欢迎会,先生作演讲。

十九日晚,交大同学在乐群社开欢迎会。到者四十余人。主席吕焕祥君邀余演讲,勉诸同学辨析义利,明君子小人心术之分,以正人心而救中国。

（唐文治著,唐庆诒补《茹经先生年谱续编·戊寅七十四岁》）

5月11日(四月十二日)　先生悉四子唐庆永任成都上海银行分行经理,作《怀古诗》五首寄之。（据唐文治著,唐庆诒补《茹经先生年谱续编·戊寅七十四岁》）

按：《怀古诗》五首未见。

5月29日(五月初一日)　晨,先生赴桂林风洞山访马相伯。

廿九日晨,赴风洞山访马相伯老先生,年九十九矣,精神稍逊。余语之云："君年可比周文王矣。"先生愀然云："人生至此,虽千岁亦复何益。"先生重听,语言由其女公子代传,畅谈时局,相对唏嘘。

（唐文治著,唐庆诒补《茹经先生年谱续编·戊寅七十四岁》）

6月4日(五月初七日)　毕业考试结束,第十七届毕业生有袁步祺、温渊、虞念祖、虞斌麟等四人。（据唐文治著,唐庆诒补《茹经先生年谱续编·戊寅七十四岁》及《私立无锡国学专修学校三十三年夏毕业纪念册·历届毕业同学录》）

先生在桂林期间,恰好友人张鸿也辗转至此,先生曾过访之。

运厄阳九,乾坤变色,君仓皇出走,自苏而鄂,而湘而桂。维时余亦避地桂林,患难班荆,握手慰藉。会君（按：指张鸿）道出汉皋,下楼伤足,不能步,然见余时,谈笑自若,绝不作颓丧态,每日必在病榻阅书十数册,非所谓素位而行者耶……

(唐文治《张君璛隐墓志铭》,见《茹经堂文集四编》卷八)

不意荆蛮地,重温谈笑缘。互惊身健在,相视鬓皤然。啼鸟风筛避,残花雨泪溅。莫嗟垂暮日,犹望中兴年。

孔孟守家范,知公喜不禁(孔孟后裔主祭者,一逃奔四川,一闭门拒敌,志节可敬)。卅年瘏苦口(公于交通大学、国学专修馆亲授圣学者三十余年),千圣续深心。卫道天应鉴,同声世可尊。愿为树木计,百载见森森。

(张鸿《桂林唐蔚芝过访》,见《蛮巢诗词稿》)

按:徐兆玮著,李向东、包岐峰、苏醒等标点《徐兆玮日记》于 1938 年 4 月 19 日中记:"生生携来燕谷老人致予三月廿二日函云:……蔚芝前日亦来,设立国校,依然上课,惟学生只有五人耳。吾邑钱仲联闻亦将来,家乡情形如何,惟难关重重,亦不复求知矣。""燕谷老人"即张鸿。

6 月 26、27 日(五月二十九、三十日)　无锡国专召开校务会议,因先生年迈体弱且水土不服,决定请假回上海治疗,由冯振任代理校长。

廿六日,开会议定请振心代理校务,余即返沪。是晚庆棠回桂林。翌日开会,交振心钤记、存折,并托教育院职员李君友松雇定船只。

(唐文治著,唐庆诒补《茹经先生年谱续编·戊寅七十四岁》)

(1938 年)六月,校长唐蔚芝师回沪,委我代理校长。我送唐师至梧州,顺道回家一行。

(冯振《自传年表》,见《冯振纪念文集》)

一九三八年六月十四日上午,桂林遭空袭,居民纷纷逃避山洞中。为此,唐校长深感年迈,又加双目失明,行动不便,在敌机来临紧急警报时,颇难躲避。又因在长途迁校过程中,身心交瘁。为此,唐师召集会议,请冯振主任代理校务,将学校钤印、存折移交给冯师,决定请假赴上海治疗。

(杨燕廷《无锡国学专修学校迁校回忆》,见《冯振纪念文集》)

为呈报请假事。窃文治自迁校桂林后,现因溽暑郁蒸,水土不服,体中时感不适。兹值学期结束,拟乘暑假内赴港转沪就医,一俟痊愈,即当回校销假。所有本校行政事宜,暂委教务主任冯振代理,钤记一颗即交冯振保管,遇事启用。应否加委代理校长名称,请钧部察核施行,实为公便。谨呈教育部部长陈。私立无锡国学专修学校校长唐文治。中华民国二十七年六月三十日。

教育部指令:

近私立无锡国学专修学校校长唐文治呈一件呈请给假就医由。

呈悉。准予给假就医,校务由教务主任代理,毋另行加委。仰即知照。此令。中华民国二十七年七月十三日。

(唐文治《呈请给假就医由》,民国二十七年六月三十日,见《私立无锡国学专修学校教职员任免、资格审查等有关人事文件》)

按:上引《呈请给假就医由》所署"民国二十七年六月三十日",当是国民政府教育部收到此件的日期。

6月28日(六月初一日) 先生夫妇自桂林启程。

二十八日早六钟,四儿妇挈孙孝威等先起程,临别怅然。十时半,余夫妇动身,景周同行,振心因回北流,亦偕伴送。舟行六塘,每塘十里。

(唐文治著,唐庆诒补《茹经先生年谱续编·戊寅七十四岁》)

1938年6月,唐师夫妇与秘书陆景周师等取道漓江,冯师陪伴送至梧州轮船码头,与唐师亲切握别之后,即转程回原籍广西北流。

(杨燕廷《无锡国学专修学校迁校回忆》,见《冯振纪念文集》)

6月29日(六月初二日) 晨,过阳朔,山水奇特,空气可爱。夜宿平乐。(据唐文治著,唐庆诒补《茹经先生年谱续编·戊寅七十四岁》)

6月30日(六月初三日) 舟行逆流而上,挽舟邪许呼号之声,不绝于耳。晚宿昭平。(据唐文治著,唐庆诒补《茹经先生年谱续编·戊寅七十四岁》)

7月1日(六月初四日) 过雷魄滩、松林峡。夜宿缆水。(据唐文治著,唐庆诒补《茹经先生年谱续编·戊寅七十四岁》)

7月2日(六月初五日) 晚,宿乡村,离梧州六十里。(据唐文治著,唐庆诒补《茹经先生年谱续编·戊寅七十四岁》)

7月3日(六月初六日) 午前抵达梧州。

三日午前抵梧州,午后南洋同学龙纯如及其夫人偕友人郑君师许,及国专旧同学崔生履辰等五六人来迎。余等将行李发交小船,时适起大风,幸龙夫人派人照料,同高福押运。余与内子等亦坐小舟,同登"大兴"轮船,即托龙纯如、郑师许两君发电致香港南洋同学会邵君泉士。是晚大雨,两君匆促登岸,振心将回北流,握手话别,意极惓惓。

(唐文治著,唐庆诒补《茹经先生年谱续编·戊寅七十四岁》)

7月4日(六月初七日) 早晨六点开船,九点抵都城,夜过三水。(据唐文治著,唐庆诒补《茹经先生年谱续编·戊寅七十四岁》)

7月5日(六月初八日) 抵香港,住雪厂街思豪大酒店。

五日晨六钟,过虎门,放零丁洋,颇有风波,诵文文山先生诗,为之凄然。午刻抵香港码头,南洋同学罗锡暄、庄心鼎、邵泉士等十余人,又友人雷宾南均到舟中迎接,闻港埠检查行李甚严,幸有罗君等照料,并无留难。登岸后,住雪厂街思豪大酒店,颇宽畅。罗、庄二君所预定也。

(唐文治著,唐庆诒补《茹经先生年谱续编·戊寅七十四岁》)

滴水猿啼一叶舟,捆经载道尽南游。时危车马悲传舍,岁薄冰薪愧束脩。绥寇大书资后学,过秦新论得先忧。起衰八代追原道,坐久能无念仲由。

(邵泉士《戊寅夏日,蔚师过港赴沪,诸弟子欣获侍座,退呈一律》,见《建设》第 1 卷第 1 期)

7 月 6 日(六月初九日)　在港之南洋大学同学开欢迎会。

六日下午,南洋同学开欢迎会,到四十四人,俞亮、顾谷同、吴清庠、吴达模等均在坐。罗锡暄、庄正鼎主席,演说、摄影,极为热闹。

(唐文治著,唐庆诒补《茹经先生年谱续编·戊寅七十四岁》)

7 月 7 日(六月初十日)　先生赴香港孔道学院演讲。

七日午后,宾南来介绍雷生泽钊执贽受业,慕道情殷,至为可嘉。五时偕宾南赴孔道学院演讲。地在山腰,正鼎为余另备一车,盘旋而上,至则遇国专旧同学许寿平、卢元候于门,亦来听讲。院长朱汝珍,号聘三,壬寅榜眼,款待周至。六钟入坐演讲,一经学,二理学,三文学,四品行,听讲者五六十人,秩序肃然。在坐多粤人,请宾南复译。至八钟始毕,即兴辞归。

(唐文治著,唐庆诒补《茹经先生年谱续编·戊寅七十四岁》)

按:《香港孔道学院演讲录》,见《茹经堂文集五编》卷二。此次演讲"略讲我国学术纲要及求学门径",先生认为,"今欲兴盛我中国,必须求精神上之建设,推广到文化上之建设",主要包括四个方面:一是经学,二是性理学,三是文学,四是品行。

7 月 8 日(六月十一日)　先生偕夫人离开香港。

八日十钟,余偕内子登"康脱浮第"邮船,诸同学及宾南、泽钊均登船送行。

(唐文治著,唐庆诒补《茹经先生年谱续编·戊寅七十四岁》)

7 月 10 日(六月十三日)　先生抵达上海。

十日午刻抵上海。拥挤不堪,人声喧闹。高福扶余走软梯而下,尚不困难。即乘小轮至新关码头,陈柱尊、陆揖文、崔云潜等均在码头迎接。余偕内子赴沧州旅馆暂住。

(唐文治著,唐庆诒补《茹经先生年谱续编·戊寅七十四岁》)

7 月 12 日(六月十五日)　先生借定上海南阳路 44 号。

十二日,借定西摩路南阳路四十四号,计房大小二间,客厅、饭厅公用,每月租金百元。房主人亦唐姓,名文恺,号伯元。夫妇均谦和,意殷勤可感。

十八日午前,接庆棠电云:孝纯孙女等本日由港起程,坐英公司"广东"号船,约二十二日可到。甚慰。

(唐文治著,唐庆诒补《茹经先生年谱续编·戊寅七十四岁》)

余于丁丑岁,避兵长沙湘乡,绕道桂林,历香港归上海。于时道路未靖,僦屋而居,爰访伯兄于西摩路之南阳路,伯兄慨然赁屋数间,俾余夫妇栖止,盛意可感。

(唐文治《伯元宗兄五十寿序》,见《茹经堂文集五编》卷四)

民国二十七年,四十一岁……七月十日,父母亲暨陆景周先生等由桂林取道香港来沪。虽长途跋涉,而身体康健,可喜也。抵沪后,即赁居南阳路四十四号唐君伯源[元]寓。

(唐庆诒《忆往录》)

先生寓上海南阳路,仅朝东卧室一间,光线欠佳。一室三铺,先生、师母、保姆各一铺,很拥挤。先生常言:"知足长乐,较之颜回箪瓢陋巷,我优越多了。一个人学问事业应向高标准看,生活环境应向低标准看。"先生自奉甚俭,每日粗茶淡饭,从不讲究营养。早晨吃粥,吃一个煮鸡蛋,是唯一营养。平时爱吃洋山芋,汝挺曾做洋山芋饼敬先生。值国民党统治时期,乞丐充斥,被抢劫而去,先生闻讯,但问受惊乎,不问洋山芋饼。先生衣着朴素。全身布衣、布袜、布鞋,夏天服夏布,从不穿绸着绢。有馈赠绫罗者,先生怒形于色,拒之门外。客去后,先生曾告汝挺:"那时京朝风气奢侈,我独去奢从俭,提倡着青布长衫,一时间闻风而动,前门大街青布购买一空。我一领青衫,永远服之无敦。"

[陆汝挺《回忆唐文治(蔚芝)先生二三事》]

(一九三八年)七月十三日,戊寅六月十六日丙午,晴热。唐蔚芝仆人高福来,知十日自香港至沪,暂寓西摩路,亦由桂林归也。

(徐兆玮著,李向东、包岐峰、苏醒等标点《徐兆玮日记》)

7月19日(六月二十二日) 向张元济借顾炎武《天下郡国利病书》之原稿本,并附印《年谱》,日读十余页。(据唐文治著,唐庆诒补《茹经先生年谱续编·戊寅七十四岁》)

自先生在上海住定后,表侄朱屺瞻时时往访。

是年(一九三八年)七月,唐文治因避乱由香港转道来沪,寓南阳路四十四号。十年后,复迁居静安寺路一二七四号。先生(按:指朱屺瞻)时时往访,听其讲译《周易消息》与《孟子大义》,及王阳明致良知与知行合一之学,以为此乃正心救国之道也。

（冯其庸，尹光华著《朱屺瞻年谱》）

7 月（六月） 冒广生、金其源过访先生，相与议论诸子校释甚久。

（一九三八年）七月，唐蔚芝由香港辗转上海，暂居爱文义路（今北京西路）。先生同金巨山（名其源）往访，议论诸子校释甚久。

（冒怀苏《冒鹤亭先生年谱》）

8 月 6 日（七月十一日） 先生接长媳俞庆棠来函，函中告以救济避难妇女、儿童状况。先生复书叮嘱其应注意事项。

八月六日，接庆棠汉口航空函云：连日救济避难妇女西行，交通工具缺乏，极为困难，年少者只得步行，难童救出二千余人，现定八日坐轮船赴重庆云。余复难童衣服上应各挂牌子，注明父兄姓名、籍贯及年龄，且须设难童学校，分级教授，此事有关国家将来种族，切宜注意。

（唐文治著，唐庆诒补《茹经先生年谱续编·戊寅七十四岁》）

8 月 20 日（七月二十五日） 先生遣仆人高福回无锡。高福返沪后，向先生报告家中及茹经堂一带受日军破坏损毁状况。

廿日，饬高福回锡。高福返沪，报告家中房屋书籍无恙，衣物损失约十之六七，茹经堂附近宝界桥被轰断，宝界饭店等均炸毁，茹经堂幸无恙，器物损失约十之三，黄宾虹名画、瓷器为日人窃去，寄存许生岱云家各物幸无恙。不胜沧桑之感。

（唐文治著，唐庆诒补《茹经先生年谱续编·戊寅七十四岁》）

9 月 4 日（闰七月十一日） 先生长南洋大学时的学生胡端行持上海交通大学校长黎照寰信来，邀请先生担任特别讲座，每周一次。先生许之。

九月四日，胡生粹士携黎照寰校长信来，谓交大拟设特别讲座，请余每星期讲授一小时，以道德文学大纲为主，许之。

（唐文治著，唐庆诒补《茹经先生年谱续编·戊寅七十四岁》）

9 月 9 日 学校召开第二十四次教务会议。黎校长报告：……本校拟聘唐文治先生担任特约讲座，每周一次。

［上海交通大学校史编纂委员会编《上海交通大学纪事(1896—2005)》］

按： 霍有光、顾利民编著《南洋公学—交通大学年谱》于 1938 年中记："10 月26 日，胡粹士先生携交通大学黎照寰校长信，谓交大拟设特别讲座，邀请唐文治先生每周莅校授课一小时，以道德文学为主。"此条记载据《茹经先生年谱续编》而来，编著者认为"九月四日"是农历，故将其换算成公历 10 月 26 日；但《茹经先生年谱续编》于此时已用公历纪年，所以"9 月 4 日"是公历而非农历。先生在 9 月 4 日接到邀请信后，9月25日便开始了第一次讲座，详下。

9月25日（八月初二日） 先生第一次为上海交大学生进行特别讲座。讲座定于每周日进行。第一次讲座原拟在9月18日进行，因该日适逢"九一八"国耻纪念，校方担心"极易引起误会"，故顺延一周进行。

9月14日 训育部报告每周日定为无锡国学专修馆馆长唐文治先生的特约讲座。本礼拜日适逢"九一八"国耻纪念，租界方面传将特别戒严。唐先生讲授时，众多学生聚于一堂，极易发生误会。经校长讨论，学校被迫公布各班讲授顺延一期。

[上海交通大学校史编纂委员会编《上海交通大学纪事（1896—2005）》]

10月27日（九月初五日） 原无锡国专职员王保諲去世，先生作《王君慧言家传》。

王君慧言，先师王太史文贞公之子。文治受师恩最厚，顾视君犹弟，君亦待余犹兄……越数年，无锡国学专修学校成立，聘君校雠十三经，太湖之滨、惠山之麓，君与同乡朱君叔子、陆君景周，晦明与共，风雨观摩，稽古论今，载酒问字，不知人间世有沧桑事也。无何，江浙阋墙，娄城岌岌，余雇小轮迎君全眷来锡，居校中。又逾年，君膺苏州振华女学校之聘，尝为诸生讲明归震川《先妣事略》，多泣下者，积诚如此。顾以近今文体，俚俗不堪，怏怏不合，复来依余，任国专教职，宽严得宜。丁丑秋，沪战起，余迁校锡邑南郊王祥乡，君挈眷偕来，讲贯不辍。未几，事益急，同人会议迁湘。君潸然曰："湘省道远费巨，吾不能随君行矣。"余亦泫然，执手别。呜呼！孰意遂成永诀耶……君生于清光绪庚寅岁九月十八日，以戊寅岁九月五日卒，享年四十有九。

（唐文治《王君慧言家传》，见《茹经堂文集四编》卷七）

12月10日（十月十九日） 先生与国专桂校代理校长冯振联名呈告国民政府教育部部长：因武汉、广州相继失守，桂林吃紧，随之长沙在大火中几成焦墟，从沦陷区迁来的大批机关团体纷纷向黔、滇、川各省大转移。经反复研究，无锡国专由桂林迁往冯振的家乡——广西北流县山围村。

窃本校迁桂已十阅月，以桂林渐成军事要冲，城市尤易受敌机威胁。急谋另择安全地点迁移，而交通车辆缺乏异常，远迁滇、贵，势难实现。不得已，暂定北流乡间为迁校之所，赶速进行。经于上月养日以航快代电呈报钧部在案，兹已在北流山围乡择定临时校址，加紧布置。教职员、学生亦已次第到达，日内即可继续上课。理合将迁校情形呈报钧部察核备案，实为公便。谨呈教育部部长陈。私立无锡国学专修学校校长唐文治（假） 教务主任、代理校长冯振。中华民国二十七年十二月十日。

（唐文治、冯振《呈报本校由桂林迁移北流山围乡继续上课由》，民国二十七年十二月十日，见《私立无锡国学专修学校、武昌文华图书馆专科学校迁校及校舍建筑等问题的文件》）

12 月(十月)　近冬至节时，先生患病，至年底渐愈。

十一月近冬至节，余患病，热度一百零三度，请表侄朱继莘诊治。打针后，热势渐退，惟因避难奔波，困顿过甚，兼发劳伤，疲惫不能起床，至年底渐就痊。

（唐文治著，唐庆诒补《茹经先生年谱续编·戊寅七十四岁》）

约同月　为纪念不久前去世的原南洋公学监院福开森夫人韦美瑞，先生等人发起募集奖学基金。

美国福开森博士 Dr John C. Ferguson，壮岁来华，致力教育，春风广被，盖数十年。其德配韦美瑞夫人，赞裹协助，亦著勤劳，且秉性慈祥，素好施与，允为国人称道不衰。不幸今岁十月六日夫人寿终北平寄寓，闻者莫不悼惜。兹闻各界名流唐文治、张元济、汪伯奇、曾宗鉴、秦汾、黎照寰等，为纪念夫人计，已发起募集奖学基金。凡博士之旧友与其及门，有愿赞助者，可将捐款送交下列各银行代收。收款处：（一）上海浙江兴业银行；（二）香港中国银行；（三）重庆浙江兴业银行；（四）北平浙江兴业银行；（五）天津浙江兴业银行。

（《为福开森夫人募集奖学基金》，见《申报》1938 年 12 月 31 日第 9 版）

1939 年(己卯 民国二十八年) 75 岁

1 月 10 日(戊寅年十一月二十日) 《申报》刊出《学校概况·无锡中学》,报道因抗战爆发而暂时解散的无锡中学,与先生等人商量,已迁沪复校。

无锡中学创办于民国九年,系由教育家高践四奉其尊翁秋荃遗命,捐赀五万所经始。当由校董会聘请前上海南洋大学校长唐蔚芝为校长,在职十年,擘画经营,规模宏大。民国十六年,即呈准苏教厅立案。嗣复经历任校长之努力、社会人士之赞助,设备日臻完善,在苏省负有相当声誉。校内课程以衔接交通大学课程为标的,历届毕业生大部升入交大及国内其他著名大学,人才辈出,造就至巨。前冬锡地沦陷,该校暂时解散。今夏,该校校长周真伯氏,徇学生家长之要求,商承钱孙卿、唐蔚芝、高践四诸校董,迁沪复校,赁定北京路江西路四五一号大厦为临时校舍。同时呈报教厅,旋奉准字第四九八九号指令,核准备案。现全校共分高初中六级,学生二百余人。所聘教师如沈鸿、盛书舟、吴溉亭、沈醉风、章启馥、郭今阳、陆仁波、钱钟汉、高乃安、王耀德、吴友梅、蒋文华、张元白等,均系饱学之士。校内一切设施,仍本教育主旨及该校过去精神,教管切实,课务认真。高中各级,每周实授三十小时;初中各级,实授二十八小时,适合部颁标准。学费每学期高中为三十二元,初中为二十八元。最近本埠林熙生、丁厚卿以该校历史悠久、声誉卓著,自下学期起,特核定在该校设置助学金学额十八名。助学金额,高中学生每学期每名三十五元,初中学生每学期每名二十五元。凡该校新旧学生,家境清寒、品学兼优者,均有获得该项助学金之希望。同时校内亦增设免费学额六名,以示奖励。他若仪器之设备、图书之购置,亦莫不力求充实,以利学子。一俟运输稍便,并拟将存锡仪器图书运沪,藉资应用。

(《学校概况·无锡中学》,见《申报》1939 年 1 月 10 日第 13 版)

1 月 11 日(戊寅年十一月二十一日) 《申报》刊出《学校汇讯》,报道上海学界人士创办正义中学。此校之创办曾得先生等人之赞助。

上海学界名流陆高谊、陈柱尊,最近纠合教育界人士韦悫、陈瑀、崔龙等,创办正义中学,以提倡人格教育、注意实用科学为宗旨,深为国民政府教育当局推许,闻立案即可批准。并得海上耆宿王清穆、沈恩孚、唐文治等之赞助,已聘王清穆及林康厚、季龙图、朱诵韩、傅式说、严独鹤、唐庆诏为校董,并推陆高谊为董事长、陈柱尊为校长,校舍暂租博物院路广学会大楼。该校负责人言,该校为一贯计划,先以中学为基础,将来尚须继办大学、小学、幼儿园。

(《学校汇讯》,见《申报》1939 年 1 月 11 日第 14 版)

2 月(正月)　先生与陆修祜及卢景纯等人商议无锡国专在上海复校之事宜,议定借康脑脱路(今上海康定路)通州中学作为校址。通州中学上午上课,国专下午二时后上课。学校确定聘请王蘧常为教务主任、卢景纯为事务主任、陆修祜任秘书兼助教、沈苏儒为教务助理、姜谋生为缮务;教师有先生及王蘧常、陆修祜、张世禄、郝昺衡等人。卢景纯等人在康脑脱路的旦华学校内租了办公室着手筹备工作,包括复学学生的登记和招收新生等。

正月初旬,甫能出见客,家人以为幸而不死。余谓际兹国变,不幸而不死耳。

去冬通州旧同学卢生景纯,议兴复国学专修学校。方余病时,常来与陆君景周商酌。至二月间议定,借康脑脱路通州中学作为校址。通校午前上课,吾校下午二钟后上课,乃聘嘉兴旧同学王生瑗仲为教务主任,景纯充事务主任,景周仍充秘书兼助教,并请嘉兴沈君苏儒助理教务,昆山姜君谋生仍来充缮务。

(唐文治著,唐庆诏补《茹经先生年谱续编·己卯七十五岁》)

次年二月,唐先生以水土不服,年迈多病,返沪治疗。鉴于江浙学生纷请复课,遂改名"私立国学专修馆",沿用私塾形式,避免向敌伪登记。校舍先暂借上海康脑脱路(今康定路)通州中学。

(杨廷福、陈左高《无锡国专杂忆》)

唐先生在上海南阳路定居,身体也逐渐恢复……校友和因战乱失学的国专学生到南阳路寓所探望校长。学生希望国专复校,继续求学。当时苏浙一带的大、中学,在旧租界赁屋上课的已经很多。也有新办的院校,以文科而言,就有章太炎夫人汤国梨等办的太炎文学院。唐先生与校友们研究,教授的问题容易解决,专任教授虽然聘不到,各种课程的兼任教授是可以聘到的。最大困难是没有校舍。校友卢景纯(南通人)说,自己在教育界熟人多,同乡多,租几个教室还是可以的,文科性质的学校,大多数课可以在下午或星期日上。现在不但大学如此,中学也有半天上课、半天各人回家自学的。只要校长同意变通一些,借一二间基本教室,大多数课可放在别校学生散学以后上。学生们认为在抗战期间,只要能读书,条件艰苦些也要坚持。唐校长同意了卢景纯的建议,并指定他负责租屋及一切准备工作。卢景纯等在康脑脱路(今康定路)的旦华学校内租了办公室着手筹备,复学学生的登记就是在那里办的;一面与通州中学联系,暂借教室,那怕只借一学期也好。唐校长嘱陆景周备文呈报远在重庆的教育部,在沪复校,以便学生复学。教育部同意设立"上海补习部"。在筹备复课时,感到即使只有少数复学学生,行政各部门还是要配备一定数量的职员的,不如招一班一年级新生。这时,唐校长已聘请王蘧常教授担任教务主任,将招收新生的打算呈报教育部,也得到批准。国专沪校就在二月中旬招考新生,定期在通州中学上课。这时各校都已开学,而且是春季招生,所以报考者并不多。教师有唐校长、王蘧常、陆景周、张世禄、夏承焘、郝立权等八人,学生有五十九人。

(黄汉文《记唐文治先生》)

按:夏承焘并非是在国专沪校刚开校时就受邀任教于该校,而是要到本年4月间。详后。

无锡国学专修学校创办于民国九年,专研究中国学术、发扬固有道德之唯一最高学府。校长唐蔚芝(文治)为前南洋大学校长,道德文章,海内共仰。民十七年呈准教部立案,廿年自建新校舍于无锡学前街,校务日益发达,男女学生共有三百余人,毕业生十余届,共达二千余人。如现任大夏、光华、之江大学教授王蘧常(庆[瑗]仲),清华、南开大学教授吴其昌,燕京、北平、中法、辅仁大学教授侯堮,北京大学教授唐兰,北师大教授周天游,国府秘书赵云长等,皆一时知名之士。该学[校]平时教学注重实际,管理极为严格,历年并就研究所得,出版书籍五十余种。抗战以还,该校初迁长沙,继复迁至桂林,在沪同学则分别借读光华、大夏诸校。本学期因桂林遭受轰炸,同学纷纷请求在沪复课。爰决迁回上海,赁定小沙渡路海防路口八百五十号大厦为校舍,约三月初旬迁入。现暂假康脑脱路小沙渡路口五百二十号通州中学内办公。已聘王瑗仲为教务主任,卢景纯为事务主任。教授除原有者外,有交大国文主任陈柱尊、光华大学史学系主任吕思勉、法学博士王绍唐等。所授课程有散文选、韵文选、国学概论、中国文化史、音韵学及其它经史子集等数十种。该校近定二月二十六日招考新生,高中毕业或有同等学力者皆可投考。学费本学期减收三十四元,并备有寄宿舍。

(《无锡国学专修学校》,见《申报》1939年2月10日第13版)

3月3日(正月十三日) 国专沪校正式上课,从此开始了无锡国专历史上"桂校"与"沪校"并立的时期。先生为学生讲授《诗经》《论语》两门课程。

三月三日，正式上课。同学约五十余人，余讲授《诗经》《论语》二课。

（唐文治著，唐庆诒补《茹经先生年谱续编·己卯七十五岁》）

按：夏承焘《天风阁学词日记》一书，曾记作者于 3 月、4 月间，三次去国专沪校听唐文治讲《论语》："三月六日……午后，一帆、心叔来，同过无锡国专，听唐蔚芝先生讲论语，已七十五岁，双目尽盲，犹扶持来讲学，诚所谓以身教者。五时归，辄觉即事多欣。久不闻义理之言，沉涵于琐碎考证中，得此激醒，无殊天国乐土也"，"三月十三日，心叔夫妇来，同往无锡国专，听唐蔚芝先生讲论语"，"四月三日……天五来，约一帆来，同过无锡国专，听唐蔚芝先生讲论语"。

3 月 20 日（正月三十日）　先生就国专沪校复课事向国民政府教育部呈文请求核准。教育部不久批复，以上海国专作为"补习部"，而国专桂校作为其本部的地位不变。

私立无锡国学专修学校呈为救济青年失学在沪复课事。窃本校长自上年七月间在桂林暑期结束，因请假回沪，呈蒙钧部核准在案。兹据教务主任冯振函称：自桂林局势紧张，业经迁避北流山围，呈报钧部备案。而本校南中各地旧生失学、旅居沪上者为数不少。屡经环请，在沪复课，以资救济。爰再三审度情形，北流方面情势至为严重，所有旧生无法前往，而沪上如光华、复旦、大夏等学校，内地及上海两地同时上课。因商同校董议定，租借上海公共租界小沙渡路八百五十号为临时校址，业经于三月三日正式复课。现有新旧学生四十八人，另有通函在途续来者。一面并知照北流迁校照常维持。一俟时局敉平，再行合并办理。除学生履历名册续行呈报外，谨将在沪复课缘由先行呈报钧部，赐予备案，实为公便。再本校钤记留在广西，兹刻图记应用，合并呈明。谨呈教育部部长陈。私立无锡国学专修学校校长唐文治。中华民国二十八年三月二十日。

（唐文治《呈为救济青年失学在沪复课请赐予备案由》，民国二十八年三月二十日，见《私立无锡国学专修学校、武昌文华图书馆专科学校迁校及校舍建筑等问题的文件》）

按：教育部批示云："拟准仿复旦、大夏例，以上海分部为补习部分。"无锡国专在上海复校后所用的校名，上引杨廷福、陈左高《无锡国专杂忆》文中说是"私立国学专修馆"，对此黄汉文《〈无锡国专杂忆〉补正》文中已予以辨正。教育部的批复中规定以无锡国专的上海部分为"补习部"，但在《茹经先生年谱续编》及国专师生后来的文章中，极少见到使用这个称呼，一般都称其为"无锡国专沪校""无锡国专上海分校"，或仍径称为"无锡国专"。

4月9日（二月二十日） 胡朴安应先生邀请至国专沪校演讲，讲题为《儒家学说之缘起及其完成与变迁》。

我在脑溢血前十余日前，尚有一事足记者：四月九日，唐蔚芝先生所办的国学专修馆请我演讲是也。我的讲题是《儒家学说之缘起及其完成与变迁》，即今年所印的《儒道墨学说》中儒家学说之缩影，本拟讲二小时，讲一小时半，觉胃内不宁，渐渐如欲呕吐，匆匆结束。途中即忍耐不住，呕吐狼藉。到家寒热交作。延医诊视，寒热愈而神气极疲倦，十余日脑溢血而病废矣。所以演讲稿由国学专修馆送来时，竟不能修改也。

（胡朴安《病废闭门记》）

按：上文中说"《儒家学说之缘起及其完成与变迁》，即今年所印的《儒道墨学说》中儒家学说之缩影"，作者的《儒道墨学说》一书，开首的三篇即为《儒家学说之缘起》《儒家学说之完成》《儒家之变迁》。

4月18日（二月二十九日） 先生等为其师沈曾植九十冥诞发起公祭。

沈子培先生为近代著名经史文学家，别署寐叟，书法奇佳，得其墨宝者，珍如拱璧。寐叟在逊清曾任藩司，屡主学政，并为南洋大学监督（即今之上海交通大学）。名人唐文治、关炯之、史久绍、经乾堃等均为其及门弟子。明日（十八日）为寐叟九十冥诞，唐文治、关炯之等特邀集其门生故旧，于明日正午十二时，假静安寺路静安寺设祭，以资追思。

（《唐文治、关炯之等公祭沈寐叟》，见《申报》1939年4月17日第10版）

4月（二月） 先生赴私立大夏大学演讲。

四月，赴大夏大学演讲，余讲王阳明先生致良知及知行合一之学，可以正心救国。听者至为肃静。有学生唐敬德记录颇详，在报章发表。

（唐文治著，唐庆诒补《茹经先生年谱续编·己卯七十五岁》）

按：此次演讲稿，以《论阳明学为今时救国之本》为题，刊于《大夏半月刊》第2卷第1期。

5月25日（四月初七日） 先生向国民政府教育部部长陈立夫呈文，言明当遵照部令，刊刻"私立无锡国学专修学校补习部"图记，并随呈文附报《私立无锡国学专修学校在沪复课教职员履历表》和《私立无锡国学专修学校在沪复课学生名册》。

为呈报事。案钧部吴司长于四月二十五日自香港寄来第九四〇五号函，开"本校一部分在上海复课，部中已姑准备案，惟上海部分应称为补习部，另刻补习部图记报部备查"等因，奉此，即当遵照刊刻，文曰：私立无锡国学专修学校补习部。图记合行呈报备案。再本校在沪复课教职员履历及新旧学生名册呈报钧部察核，实为公便。谨呈教育部部长陈。私立无锡国学专修学校校长唐文治。

（唐文治《呈为遵令刊刻图记呈报备查并呈送教职员履历表暨新旧学生名册请赐察备案由》，见《私立无锡国学专修学校校务行政计划、工作报告和在沪复课员生名册》）

按：据《私立无锡国学专修学校在沪复课教职员履历表》（见《私立无锡国学专修学校校务行政计划、工作报告和在沪复课员生名册》），当时国专沪校教职员计有唐文治、王蘧常、陆修祜、卢景纯、李续川、王绍唐、郝立权、张世禄、杨鸿烈、张惠衣、沈诩、崔龙、沈苏儒、黄钟岳、姜谋孙等人。又据《私立无锡国学专修学校在沪复课学生名册》，当时国专沪校的在读学生有钱咏秋、龚其华、钱韵兰、朱毅、胡一德、郭文衡、闵世基、杨向时、吴文殊、唐志轩、张怀民、黄惟恭、李德峻、夏寿铭（以上为三年级）、周宇澄、王璧、邓蕙、孟同、缪杰、金悉经、何祖述、柳义南、谢伯康、周企任、秦履直（以上为二年级）、陆心国、徐韫珍、赵承甲、胡希文、匡汉拯、袁鉴清、孔庆延、钱继祖、宗元、严古津、陈树奇、李兆熙、林殷、叶彩祺、袁炳坤、张庆、彭家杰、李承之、陈三百、卢晓德、秦翊、倪南龙、曾松年、石乐山、管毓德、吴润仙、何祚忻、吴雯、朱人琰、于秀芳、张惠民、顾菀若、陈俊（以上为一年级）等人。

5 月 29 日（四月十一日） 无锡国专第十五届毕业生、时在国专沪校任职的崔龙与第十六届毕业生、无锡国专前教授陈柱的侄女陈荔英结为夫妻。崔龙出文 50 篇，陈荔英出诗 50 首，由同学史渭南、钱君白、韩宝荣、戴传安、洪长佳将其合刊为《潜励斋初稿》，以为"嘉礼告成之纪念"。先生为作《潜励斋初稿题辞》。

岁躔己卯，孟夏吉日，武进崔生云潜与北流陈生励行行合卺礼于沪之滨。崔生出文五十篇，陈生出诗五十首，合印作纪念，来征弁言。二生均受经于余，爰说葩经以为贺：《关雎》人伦之始，寤寐求之，云潜既赋之矣。而《关雎》之三为《卷耳》篇，励行之自桂来沪也，间关数千里，跋涉艰难。"嗟我怀人"之什，不为励行赋，转为云励赋；"酌彼金罍，惟以不永伤"，非关雎之不伤乎？励行文学通雅，采蘩采蘋，用昭忠信，有斋寄女，当为励行赋矣。《既醉》之五章曰："威仪孔时，君子有孝子"，云潜足以当之。其八章曰："厘尔女士，从以孙子"，郑君谓女而有士行者，当生贤智子孙以随之，励行无愧士行，他年子孙其逢，寖炽寖昌，未可量也。"凤皇于飞，和鸣锵锵"，"琴瑟在御，莫不静好"。敬摘吉语，用作贺辞。茹经唐文治谨题。

（唐文治《潜励斋初稿题辞》，见该书卷首）

按:《潜励斋初稿》,1939年排印本,正文前分别有崔龙自记、沈恩孚和先生题辞及史渭南序。全书收崔龙文50篇和陈荔英诗50首。在崔龙的50篇文章中,像《常熟徐先生墓志铭》《唐茹经先生政治学自序》《先师太仓朱先生诗评手迹跋》《太仓唐先生万言疏稿手迹跋》《陈柱尊先生藏太仓唐先生试卷手迹跋》和《太仓唐先生万言疏稿手迹重跋》等,都是研究无锡国专及先生的文献资料。

武进崔蓝稔氏长公子云潜,与广西北流陈柱尊教授侄媛荔英女士,于今日假瀚洲饭店结婚。崔、陈毕业于无锡国学专校,俱属唐蔚老及门高足,崔君少年英发,现掌教于本市无锡国专,著作颇多,蜚声士林,名流交相推誉。陈女士曾任广西省立浔州中学教员,擅长诗文。兹由钱琳叔、胡粹士两君介绍,唐蔚芝、沈信卿两老证明,结为伉俪。以时值非常,概从俭约。友人为刊诗文稿以资纪念。

（《崔陈喜讯》,见《申报》1939年5月29日第12版）

5月下旬(四月上旬) 江苏省救济分会及非常时期难民救济委员会改组为江苏省振济会,先生等人被聘为该会委员。(据《申报》1939年5月25日第7版《江苏省振济会成立 韩德勤兼主任委员》)

6月下旬(五月上旬) 放暑假。国专沪校设立暑期班,唐文治为学生教授读文法。(据唐文治著,唐庆诒补《茹经先生年谱续编·己卯七十五岁》)

7月1日(五月十五日) 上海旦华学院举行高初中及小学毕业典礼,先生出席并演讲。(据《申报》1939年7月2日第13版《各校行毕业礼》)

秋 国专沪校迁到上海戈登路(今江宁路)三百三十六号,借用稽山中学上课。除原有教师外,又聘请周予同、葛绥成等为兼课教授。周予同讲授经学概论,葛绥成讲授中国地理。有家长写信给先生,认为像国专那样的学校,不能容忍周予同在课堂上"大放厥词"。先生经了解情况后表示:"我们学校正需要周予同先生这样的教授。"

一九三九年秋又迁到戈登路(今江宁路)三百三十六号,借用稽山中学上课。

（黄汉文《〈无锡国专杂忆〉补正》）

一九三九年秋沪校迁在戈登路(今江宁路)三百六十号上课,这时又聘了几位兼课教授。教我们一年级的,除了唐校长自己教《论语》研究外,周予同先生教经学概论,张世禄先生教文字学,葛绥成先生教中国地理,郝立权先生教中国文学史,几位都是我慕名已久的名教授……周予同先生是很受学生欢迎的教授,高年级同学常到我们班上来旁听。周先生要我们买四本参考书,其中一本他自己写的《经学概论》。但他并没有照书本讲课,而是先讲两个导言:一、经学与现代中国文化的关系;二、经学与其他学科。他讲现代中国的社会属性时，列举了"次殖民地""半殖民地""资本主义""半封建半殖民地"四种说法，然后下结论："最后一种说法最恰当。"他评介孔子在历史上的地位时非常风趣地说：孔子在政治上是失败了，但在文化史上留下了宝贵的业绩。作为一个政治家太老实了，所以所遇不合；但他却是不老实的历史家，他的《春秋》（假如传下来的《春秋》真是他的原本）是一本政书，不是一个信史。他又说："章学成[诚]说'六经皆史'，我不能完全赞同，还是作一些修改的好，就说'六经皆史料'吧。"他分析了当代的汉宋今古文学派，又讲了这几派对现代学术界的影响。有一同学问周先生自己属哪一派，他说自己是"非汉、非宋、非古、非今的'超经典派'，属于新史学范畴"。我进入国专，第一堂课没有听到"中国传统文明"，而是打开了眼界。以后对新事物比较容易接受，应该归功于周先生这一年中的教导。我相信很多听过他课的同学，都有此同感。后来听陆景周先生谈起，当时曾有两位学生家长写信给唐校长，认为像国专那样的学校，不能容忍周某在课堂上"大放厥词"。他奉校长之命，有意无意地向同学们了解几位新教授的讲课情况，对于周先生的情况问得特别仔细。唐校长听了他的汇报，毅然表示："我们学校正需要周予同先生这样的教授。"

（黄汉文《记唐文治先生》）

按：上引黄汉文两文中一云戈登路 336 号，一云戈登路 360 号，据上海档案馆所藏资料，应为 336 号。

予同先生博学多闻，敦善不息，恂恂乎君子人也。曩岁在国学专修学校教授诸生，宗旨壹出于纯正，与余心心相印。而其识见之卓越群伦，广博无津涯，远出余上。

（唐文治《送周予同先生赴台湾序》，见《茹经堂文集六编》卷三）

12 月 23 日（十一月十三日）　国专沪校举行作文竞赛给奖礼。此前，曾由教务主任王蘧常选择优良文卷，请先生评阅。（据《申报》1939 年 12 月 24 日第 12 版《教育消息》）

本年　先生共在上海交通大学演讲 24 次。交通大学将先生在该校的演讲汇集成《唐蔚芝先生演讲录》初、二集出版。

余在交通大学逢星期日演讲，已两学期，校中为印讲演初、二集。

（唐文治著，唐庆诒补《茹经先生年谱续编·己卯七十五岁》）

上学期唐蔚芝先生演讲十二次，下学期演讲十二次，于道德文学，诸生甚多兴趣，校外人士来听讲者亦甚为踊跃……本年春间，举行国文大会一次，各卷由本校国文教员评阅后，仍请唐蔚芝先生评定等第……《唐蔚芝先生演讲录》第一、二集，已由学校印行，拟列为国文课本之一。

（陈柱《中国文学系二十七年度报告》，见《交通大学校史资料选编》第二卷）

本年　王保諲妻、先生表妹陈景懿手抄《理学宗传辨正》寄先生，先生作《理学宗传辨正钞本跋》。

《理学宗传辨正》为刘虞卿先生延诏撰……忆光绪壬午，文治应省试，先师镇洋王紫翔先生命购此书，得之金陵书局中，昕夕批读不忍释。洎壬辰岁，服官京师，携以自随。丁酉，世兄温州黄仲弢学士典试湖北，属拟理学策题，将此书假去，迄未归赵。追忆是书，不能去怀。屡于他处觅购不能得。盖理学久为世所废弃，矧是书能读者尠，书版久毁，寥寥天壤，殆所存无几帙矣。乙卯，避地沪壖，拟于先师府中借钞，而世兄慧言已逝世，其德配陈氏佩萱，余表妹也，精通翰墨，复曰："是书寒舍亦散失矣，惟吾娄图书馆中尚有之。"当即自任借钞三册，余三册，即浼馆员凌君琢如暨诸友分钞，请友人李君惠农详校，数月蒇事，寄余，可感也。

（唐文治《理学宗传辨正钞本跋》，见《茹经堂文集四编》卷六）

本年　王保諲妻、先生表妹陈景懿整理王祖畬、王保諲父子历年藏书，辟王文贞公遗书室。先生作《镇洋王文贞公遗书室记》。

呜呼！此镇洋王文贞公遗书室也，其门人唐文治谨为之记曰：

先师自幼为学，聪颖迈伦。尝自谓：吾读书虽不能一目十行，亦能一目五六行。其居本邑时，虽日间酬应纷繁，而向晦读书至少以一册为度，非涉猎也，盖躬行心得之，要皆能揭其奥窔矣。生平痛恶功利之习，于君子小人之界，辨别綦严，游其门者，靡不束身自好。自癸未通籍、壬辰散馆后，出任河南汤阴中牟令，其政绩载行状及年谱中。晚年主讲徐州、宿迁、崇明、瀛洲及本邑娄东、遵道、安道各书院，受业者不下二三千人，士林矜式，肃肃如、雍雍如也。其府第藏书，约近万卷。先师殁后，哲嗣慧言继先志，益扩而充之。丁丑岁，中日战事起，慧言挈眷避难溧阳，其长子鸿揆极聪慧，不幸先卒，次子鸿朴继卒，三子鸿材避难溧阳西黄仑，猝中流弹，死非命。慧言妇陈氏景懿，文治中表妹也，夫妇痛愤，俱不欲生。戊寅四月，辗转流离，始回太仓。慧言抑郁，于九月五日卒。景懿欲自裁屡矣，文治移书劝告，冀其为王氏功臣，不必作烈妇。景懿固通晓大义，遂不萌死志，而从事于立孤。迩闻嗣孙已定有人，名曰福承，戚友及诸同门共相慰藉，谓明德必有后也。兹景懿整理书目，分经史子集各部，都凡若干种，惧日后散佚，特刊"文贞公遗书"图记，俾垂久远，并以书来，属文治为记。

（唐文治《镇洋王文贞公遗书室记》，见《茹经堂文集四编》卷七）

1940年(庚辰　民国二十九年)　76岁

1月1日(己卯年十一月二十二日)　钱仲联应先生之招,从广西萝村出发,一路辗转,抵达上海。随身携来教育部补助学校经费两千元。钱仲联自此改在国专沪校任教。

　　钱生仲联自桂林回沪,并携来教部补助校费二千元,欢然道故,即请其担任教课。

　　　　　　　(唐文治著,唐庆诒补《茹经先生年谱续编·己卯七十五岁》)

　　1939年(民国二十八年己卯),32岁……唐校长至上海后,在租界赁校舍,办国专分校,专任教师乏人,来信命我回上海任教。农历十一月一日,我全家自萝村出发,课务由吕方子先生代理,时经陆川、廉江,至广州湾,由海道至香港,过圣诞节,乘海轮北上,值新历元旦抵达上海。夏承焘时亦在国专分校任教,特至旅馆访候。同乡张鸿、杨无恙、庞树阶亦都在上海,相晤面。腊月,回常熟,见母兄度旧岁……农历元月六日一身至上海。住入国专分校校舍,从事教课。陈柱师、陆景周教务主任、王蘧常等重聚首。新在分校任课的郝立权、周予同、胡宛春、姚鹏图、吴丕绩等缔新交。

　　　　　　　(马亚中编《学海图南录——文学史家钱仲联·学术年表》)

　　1939年底,唐文治校长自上海来函,因国专分校缺乏专任教授(当时周予同、夏承焘、张世禄诸教授均系兼任,主持教务的王蘧常教授亦在他校兼课),召我赴沪。我遂将课务交由吕方子先生代理,于农历十一月初一日举家北归。历经陆丰、廉江,渡广州湾至香港过圣诞节,复乘海轮北上,于1940年元旦抵达上海……彼时彼地,我没有一般游子归来的喜悦欣慰,有的只是忧国哀时的沉痛愤懑。唯有一事差可称幸,那就是和阔别的师友唐文治、金天翮、张鸿、夏敬观、李宣龚、陆景周、陈柱、王蘧常、杨无恙、庞树阶、瞿凤起诸先生重逢聚首,与神交多年的夏承焘、周予同、郝立权、胡宛春、姚鹏图、吴丕绩、邓散木诸先生缔结新交,诗酒酬唱,稍纾胸怀。

　　　　　　　　　　　　(钱仲联著,周秦整理《钱仲联学述》)

1月2日(己卯年十一月二十三日)　先生于上海清华同学会招待国专沪校

同仁。

（1940 年）1 月 2 日。夜，唐蔚芝先生招饮清华同学会。到国学专修学校同事廿余人。钱仲联新自北流归，渴慕十年，方得握手。谈在桂林为夫己氏所侮事甚详。仲联与予皆新遭亲丧，其弟又为日人所戕，自北流奔丧归，共费千余金。

[夏承焘《天风阁学词日记（二）》]

2 月（正月）　国专沪校开学，先生为学生讲授宋元哲学及读文法。逢星期日上午仍赴交通大学演讲经学、文学。

正月开学，同学九十余人，合旁听生共一百零四人，余授宋元哲学及读文法二课。逢星期日上午，仍赴交通大学演讲经学、文学。经学讲孟子分类，文学讲余自作文数篇，以救民命为宗旨，内以《说雪哀民》《慈幼保种》二篇最为诚挚感人。

（唐文治著，唐庆诒补《茹经先生年谱续编·庚辰七十六岁》）

春　上海交通大学举行全校国文会考，先生为前三名优秀者作评点。

夏，据中国文学系报送《二十八年度计划实施情形》，称：教学照计划实施，每周日请前校长唐文治演讲，提倡人格，教育学生操行颇有成效，学生作文亦颇有进步。春间举行全校国文会考，选出前三名优秀者：第一名，土三级周履；第二名，土一级王灿钟；第三名，土三级黄同荫。第一名题为《墨子贵兼孔子贵化论》。唐先生评："文气磅礴，有浩乎沛然之观"；第二名题为《论知足与知不足》，唐先生评："百家腾耀出其腕下，略去微瑕即成大器"；第三名题为《论知足与知不足》，唐先生评："文有内心，足微[征]品行纯粹"。

[上海交通大学校史编纂委员会编《上海交通大学纪事（1896—2005）》]

春　先生表妹陈景懿辑录其父陈宝书之诗作为《梦湘盦劫余诗》，先生作《梦湘盦劫余诗序》。

《梦湘盦劫余诗》，为其女公子景懿所辑录。今春以书来，请曰："痛乎！先人遗著，惟此厪存。表兄文向为先人深佩，谓得韩、曾二家嗣响。感乞一言，以垂不朽。"余深愧其言。然追维在集义堂读书时，数十年来戚谊交情之厚，与夫先生（按：指陈宝书）晚年经纶之否塞、身世之屯邅，俯仰盯衡，不禁潸焉流涕也。谨序以归之，聊慰景懿孝思。至先生诗细腻风光，雅近大历才子，余纂《乙亥志稿》中已略述之，开卷循诵，益用怃然。

（唐文治《梦湘盦劫余诗序》，见《茹经堂文集四编》卷六）

春　作《越勾践志叙》。此前，先生在陆修祜、王蘧常、周振甫之协助下，编成

《越勾践志》一书。

　　呜呼！当春秋战国之交，兵祸极矣，而吾独志越勾践者，不相谋而相感也。夫越吴壤地相接，互为仇雠，其兴败存亡之繇、忍辱负重之志、艰苦卓绝之行、君臣谋议之略，以及子贡之教、五臣之规，治弧矢之利，则假才于楚人；谋富国之方，则营心积著。式蛙以作士气，使民有致死之心；九术以豢强吴，使敌无虞我之略。其人其事，岂非畏天者所宜取法哉？至若文种主败亡之国，而不营其私；范蠡为石室之虏，而不夺其节，以视石晋之割地媚外，耻百世而难湔；伪齐之窃号自娱，国未亡而先叛者，其贤不肖相去何如也！下而女知爱国，何苦作歌？士秉义程，不闻溃乱，以视商女之唱，隔江犹闻，豪暴之侵，乱离愈酷者，不尤重可慨欤！爰比次旧文，别标新目，择其言尤雅驯、事无抵迕者著于篇。其或一事数见，而各记不同，则参稽前后，折衷一当（如勾践入臣事，《左传》《史记》均不载，而《国语》《吴越春秋》则载之。考诸《史记》，大夫种慰越王之言，有汤系夏台、文王囚羑里语。使无入臣事，大夫种乌得称引此二事乎？又有越王勾践反国之文，使无入臣事，则不当云反国也。而入臣之事，稽诸吴越二语，前后相符，故从之。又如《史记·仲尼弟子列传》载子贡说越之辞，而谓子胥以强谏死。《吴越春秋》《越绝书》并同。然据《史记·吴越世家》《国语·吴语》《越语》及《左传》，定子胥死于吴伐齐以后等是）。又或事有详略，语有精芜，则舍略取长（如入臣事，《吴越春秋》详于《国语》，则取《吴越春秋》；伐吴事《史记》《国语》各有详略，则各取其详），删芜仍要（《越绝书》《吴越春秋》之文，瑕瑜互见，颇多芜杂，故所引均加刊削。又子贡游说事，采《史记》而不用《越绝书》《吴越春秋》者，以《史记》文最胜也），而微意所存，均发之于总论，其有随文生感者若干则，别为余论附于末。善乎卫武公之诗曰："听用我谋，庶无大悔"，"取譬不远，昊天不忒"。是志总论余论，于深沈畏天，不惮辞费，匪手携之，言示之事也。卫武老矣，后之君子，必将有取于兹书。佐余成者，王、周二生，而周生辛勤尤著云。庚辰春正茹经识。

　　　　　　　　　　（唐文治《越勾践志叙》，见《越勾践志》卷首）

　　按：上文中的"王、周二生"，指王蘧常和周振甫（名麟瑞）。据黄汉文《甘当绿叶衬红花——记陆景周先生》一文中记："陆（修祐）写作很勤，但都是协助唐先生成书，他自己没有一本专著。抗战后期，我看到他在拟写《越勾践志》，他说这是校长授意写的，以期鼓励国人'卧薪尝胆，报仇雪耻'。又说校长鼓励他博采古籍，完成此书，用他的名字印行。校长的心意，自己心领了，每节写成，仍请校长指正，写就后当仍用校长的名义印行。我这时住在奉贤故乡，难得到上海。后来日本无条件投降,事过境迁,竟没有问过他这本书有没有完稿。"据此,则陆修祜也参与了编纂此书的工作。

又按:王桐荪、胡邦彦、冯俊森等选注的《唐文治文选》,于《越勾践志叙》的"本篇介绍"中说:"本篇成于 1940 年春,时日本军阀,践踏我国土,残杀我人民,半壁河山,惨遭踩躏,是书之作,盖具深意。参加编纂的周振甫学长于后跋中写道:'茹经夫子之创意为《勾践志》也,盖以显言不足以避患,故托古明义;空言不足以取信,故见之于行事。'就清楚地说明纂辑的真正意图。"

6月1日(四月二十六日) 《宇宙风》(乙刊)第 25 期出版,本期刊载薛好捷《记唐文治先生父子》一文。

近代生理学上,有所谓缺陷补偿说,就是说生理上的残缺,有时反可以促进智慧上的造就。这一学说,古今中外都不乏先例。即就艺术一界而论,缺陷属于耳的,在西洋有老年的裴多芬、作曲家的思孟特纳(F.Smetana);缺陷属于口的,有为人们所周知的口吃的散文作家兰姆(Lamb);至于缺陷属于"目"的,却似乎更多了,远之有薰目的师旷,近之,在西洋则有到过北平的爱罗先珂,在中国则有治古文得名的宿儒唐文治先生和治西文的其子唐谋伯先生。父子二人,一则在国学衰落之时,力创国学专修馆,成一代宿儒,弟子门人遍于天下;一则执教于国立大学,埋头于西文的著述,在其早岁,又且扬名于美利坚,在太平洋的"彼岸"留下了至今不为人忘的事情。但正如爱罗先珂一样,夫子二人却都是目盲的。

笔者和唐氏父子二人都很熟悉,且有乡谊,所以知之亦特详。记得我的初识文治先生,乃是在八九年前,这时国学专修馆已创立在无锡了,我之与先生相识,就在该馆。无锡原称江南胜地,东滨太湖,北临长江,惠泉山的泉水又称天下第一[二]泉,风景的优美,确很适宜于一般读书人的。而该馆的馆址,又设于幽静之所,的确得地理之秀。当时,文治先生给我的印象是朴素诚恳,身材中等,微胖,身穿布衣,布鞋,头戴瓜皮帽,说话的声音似很轻,而读书的声音,则朗朗然有节奏之美,而且自成一格,其弟子多有仿之者,称曰"唐调"。

先生治学甚严,上课时,由一仆人挽扶上堂,随身又带一助教。先生自坐于讲台前,讲述经史,口有所说,即有助教记之于黑板上。课台前,置一戒木,学生有不守规则或不学者,即以此戒之,有时年岁已长的学生亦不免于打手心,以为警戒。所以凡在该校就学者,莫不专心学习,不敢荒怠。在现代的教育原理观之,先生的方法或不免太旧,但身受的学生,却得益于此甚多。先生于学生课程非常关心,每次学生课卷,都由助教在先生前朗读,先生聆得其疵,则口述修正之句，由助教正之，每文批语亦皆由先生口述。

因着先生治学之专，"国专"竟能日趋兴盛，一时名士如陈石遗、黄季刚、陈柱尊等都在该校执教。每当有人从"国专"经过，必能听到朗朗的书声，敬之者称曰国学砥柱，毁之者称曰"私塾"。然而不论毁誉，"国专"的声名已在一般人的心中留下了深刻的印象，是无可非议的了。后生小子对先生的敬仰固不待说，即宿儒如章太炎、钱自严辈，亦常对先生屡有好评。

先生的双目原本明朗，仅有一些近视罢了。及后渐入老年，目中生出一种膜，视度便日渐加深，先则加深眼镜的深度，后则同时戴两付深度的眼镜，先前还能清楚地视物，以后逐渐地迷糊，终至由只能辨昼夜，而变化为昼夜不辨，成为全盲。此时先生的年岁已过不惑，暮年失明，虽甚不乐，但所幸学问已成，虽盲亦无大损失了。

先生的原籍为江苏太仓，其助教陆先生（轶其名）即太仓名流陆希贤先生的令尊。陆先生的造诣颇深，但不习世事，在太仓一地，留下了很多的轶闻，这大概是因为太"专心于学"所使其然的吧！

"八一三"战争一起，无锡不免于浩劫，随友人流荡到上海的时候，我竟又遇见了这两位先生。不久后，又见"国专"在孤岛上复活了。"所至之处，弦歌随之"，先生真可以自豪了。

先生之子谋伯先生，现正执教于交通大学。现在也近四十岁了。谋伯先生仪容秀颖，神态风流潇洒，而修身甚严。当他求学于哥伦比亚大学的时候，某年适举行全美大学生演讲比赛，每校由校方选拔代表与赛，谋伯先生也当选为代表之一。此次比赛，参加者何止数百人，全美各大学的演说家都已出席了，除谋伯先生一人为黑发的华人外，都是碧眼黄发的异邦人。然而比赛的结果，这唯一与赛的中国人，竟能压倒群雄，得占第二名，当时全美为之震动，各大小报记者都往访先生，把先生的照片刊于报端，题之曰"中国之秀"。所以无怪先生回国后，要叹息曰："中国除林语堂外，能真正懂英文者没有几人"了。

谋伯先生既习英国文学，又习外交术，曩年曾随王正廷等出使各国，历任要职，为前辈外交家称为后起之秀。但正在日趋发展之时，因遗传关系，双目竟如乃父一样地模糊了。于是渡重洋求医割治，可是针石无效，不久也就全盲了。当时年纪尚轻，一怒之下，传说曾思投河捐生，但为人所救。于是退出宦海，专治学术，其学问大胜于昔，著作颇多。正是所谓塞翁失马，安知非福呢！

谋伯先生服洋装，面白皙如洋人，语言颇多太仓乡音，双目乍视一如常人，但不能转动。上课时，由校役扶入，又强于记忆，讲授时即以口述讲义，无一字误。在平时,每日由助教取英美各报章杂志文,在面前诵读,以广智识,待人的和蔼可亲亦一如乃父。

"目盲"原无所奇,治学而成功,其实亦无所奇,然而唐氏父子同盲而同成为"名学者",却的确是在古今中外所希有的了。

[薛妤捷《记唐文治先生父子》,见《宇宙风(乙刊)》1940 年第 25 期]

6 月 13 日(五月初八日) 先生与友人徐兆玮等宴聚,席间谈及抗战爆发后避难之苦。

(1940 年)六月十三日,庚辰五月初八日丁亥,阴……王子扬来,与予趁二十二路公共汽车至八仙桥,雇人力车至大三星酒店。主人王锦裳先到,唐蔚之亦到,与予谈避难之苦,回忆至虞山住燕园情景,恍如隔世……

(徐兆玮著,李向东、包岐峰、苏醒等标点《徐兆玮日记》)

约 8、9 月间(约七、八月间) 原无锡国专教授陈柱出任汪伪政权治下的南京中央大学教授和中文系主任,先生曾口授学生陆汝挺写促返函而无回音。

北流陈柱尊研究诸子百家,著述甚富,辞去国专教学,投奔敌伪。先生曾口授汝挺写促返函而杳无回信。后闻陈柱尊悔不当初,长歌当哭,泣下沾襟。先生悲其处境,慨然叹曰:"斯人也,有才而无德,惜哉!"

[陆汝挺《回忆唐文治(蔚芝)先生二、三事》]

(陈柱)1940 年被汪伪特务挟持到南京,南京汪伪政府委他为文物委员兼博物委员会(博物馆)主任委员等职,其不到任,只应南京中央大学之聘担任教授、中文系主任。

(黎其强《古典文学专家陈柱》)

按:1940 年汪伪政府成立后,接受其"教育部长"赵正平的建议,"恢复"中央大学。新成立的南京中央大学于本年 8 月底开学,陈柱受聘担任教授和中文系主任。据《南大百年实录——中央大学史料选》引《国立中央大学复校第二届(医学院第二届)毕业纪念刊》载,1941 年秋,陈柱任南京中央大学文学院院长;1943 年 10 月,陈柱被委任为南京中央大学校长,次年 1 月辞职。

又按:陈柱前往南京中央大学任职时,冯振也曾去函阻止而未果。夏承焘《天风阁学词日记》1947 年 4 月 5 日条下记:"早,冯振心来……留振心午饭,谈陈柱尊往事。谓柱尊未往宁时,振心屡以函电止之,竟不听。入宁以后,遂不通讯。"

9 月上旬(八月上旬) 招考开学,新旧学生共有 125 人。又嘉定人高介人在其 60 岁生日时,招免费生一班,共 30 人,作为生日纪念,同时也借以周济贫寒子弟。暑期时,来与先生商议,归入国专沪校,所有一切费用仍由高介人担任。但因所招学生是初中程度,不能与国专沪校衔接,故允其附于沪校,另设课堂。

九月初旬,招考开学,新旧学生一百二十五人,嘉定同乡高君介人在其六十初度时,招免费生一班,共卅名,作为纪念,藉以周济贫寒子弟,诚善举也。暑期时来商归入本校,所有一切费用,仍由高君担任。惜系初中程度,未能与本校衔接,允其附于本校,另设课堂,请何生云孙主持其事。

（唐文治著,唐庆诒补《茹经先生年谱续编·庚辰七十六岁》）

抗战期间,无锡国专受嘉定高介人的委托,附设高氏初级中学,招收清寒的小学毕业生免费上学。唐先生兼任校长,他宣布办学的原则是:国文课必须加强,数、理、化和英语等课程也应同样重视。所聘教师必须学识丰富,教导有方,尤足为学生表率者。

（黄汉文《唐文治办学文理并重》）

同乡高价人先生花甲初度,特捐赀设立高氏中学,培植孤寒,免收学费,寓寿考作人之意,德至厚也。先聘太仓郁君梅阁为教授兼管理;郁君辞退,后复聘常熟何君芸孙继之。郁、何二君俱殚精教务,训迪修身立品大要,作文务期理法清真。故诸生皆能循循规矩,斐然成章。人咸曰:美哉,高君之教思功德为无量也。高先生与余有同气相求之雅,嘱何君率诸生来附属于无锡国学专修学校。

（唐文治《高氏中学成绩录序》,见《茹经堂文集五编》卷五）

按: 1941 年印有《无锡国学专修学校附设高氏初中免费班毕业纪念刊》,未见。

9 月（八月）　上海交通大学将先生在该校的演讲汇集成《唐蔚芝先生演讲录》三、四集出版。

本月（9 月）　唐文治先生莅校的演讲内容,日前由本校汇集成《唐文治演讲三集、四集》编印出版。

［上海交通大学校史编纂委员会编《上海交通大学纪事(1896—2005)》］

同月　国民政府教育部授予先生及陆修祜二人二等服务奖状,又授予冯振三等服务奖状。

令私立无锡国学专修学校

查各级学校教员连续在同一学校长期服务,不特于教学效能之促进有至大之贡献,即其服务精神之坚卓,亦至堪嘉尚。本部为激励此项长期服务之学校教员起见,特于本年四月,颁发教员服务奖励规则,并分令全国各专科以上学校,将服务满规定年资之专任教员名单报部核奖。兹第一批报部核奖之十三院校,业经分别核定,并由部于八月二十七日教师节公布。该校唐文治、陆修祜二员已连续服务十五年以上,应授予二等服务奖状,冯振一员已连续服务满十年以上,应授予三等服务奖状。该项奖状三件随令颁发,仰即照上开名单,查明转发为要。此令(附发二等服务奖状二件,三等服务奖状一件)。部长陈立夫。

[《教育部训令(奖拾肆第 33273 号,中华民国二十九年九月七日发)》,见《私立无锡国学专修学校关于教员服务奖状、奖助金、久任教员奖金的呈件》]

秋 朱大可应邀到国专沪校兼课。朱大可年轻时曾应考无锡国学专修馆,限于名额没有被录取。他到国专沪校兼课后,先生曾就此事向其致歉。

朱先生是 1940 年秋季到无锡国专沪校兼课的,开的是经今古文研究。

(黄汉文《缅怀朱大可先生》,见《国学之声》总第 20、21 期)

(无锡国专第一次招生,)名书法家、诗人朱大可当时也曾应考,限于名额没有被录取。后来朱大可先生在国专教基本国文等课,在一次座谈会上讲起往事。唐先生祝贺他学有所成,并致歉意,还风趣地说:"昔人谓'试官无目',何况本人本属瞽叟,幸先生谅之。考试虽能选拔一般人才,而未必能得真才。入选者究属少数,向隅者多。采用考试,不得已也。然而,自学很不容易。"当他知道了朱先生是名书法刘玉介(别号天台山农)的外甥,诗文、书法皆曾得到舅父的指导,又曾从闽人郑某学习诗文后,就面对在座的学生说:"为学须有师承,更需勤奋,食古而不泥古,有师承而不囿于师说。诸生闻朱先生之言,可以悟为学之途,应知自勉。"

(黄汉文《记唐文治先生》)

12 月 1 日(十一月初三日) 《申报》刊出《专家教授七弦古琴》,由先生等人联名为吴景略教授七弦琴作推介。

虞山箫声琴韵室主吴子景略,胸怀高旷,志虑纯洁,有古君子风,尤精于琴,为虞山正宗。某等既聆吴子之雅奏,感古乐之凌夷,亟宜从事流播,以广其传,敦劝讲授,当蒙首肯。庶几太和元音,复臻炽盛,其于世道人心,宁无裨益?凡有志此道者,幸勿失此良机。沈恩孚、闻兰亭、王清穆、唐文治、张元济、张一鹏、沈心工、张鸿同启。报名处:爱多亚路浦东大厦五一七号,简章函索即奉。授课处:白克路大通路口金业学校。

(《专家教授七弦古琴》,见《申报》1940 年 12 月 1 日第 12 版)

12 月 昔日弟子王蘧常家庭负担沉重,先生等为代订鬻字文例。

嘉兴王瑗仲教授,为沈子培、唐蔚芝两尚书弟子,著作等身,专精史学,历任海上各大学及无锡国专教授,近专任之江大学讲席,余事为诗文书法,著有《明两庐文召》,什九为表扬忠义之作。陈守玄教授在《中国四十年来之文学》

一文中，称其沈酣汉魏。孙益庵德谦临卒，必欲得其文铭墓，其为前辈推重如此。书法淹有北碑之胜，章草尤怪伟。近由唐蔚芝、张咏霓、姚虞琴、沈淇泉诸老怂恿鬻文字，为代订润例，各大笺扇庄闻告可代收件云。

（《教育汇讯》，见《申报》1940 年 12 月 19 日第 7 版）

按：王运天《王蘧常教授学谱》于 1942 年中录有"唐文治、张寿镛、姚景瀛、沈卫同代订"的《王瑗仲教授鬻字文例》，即为上引《申报》所报道的先生等为其"代订"的"润例"。著者记此事缘起云："沦陷时期，国破家亡，老师（按：指王蘧常）为沉重的家庭负担，压得喘不过气。时唐文治、张寿镛、姚景瀛、沈卫为代订鬻字文例，以补生活之艰。"著者又云："文例虽无具体时间，从序文判断，事情应该是在是年前后，故置此。"但据上引《申报》之报道，此事应在 1940 年 12 月。

1941 年(辛巳　民国三十年)　77 岁

1 月 1 日(庚辰年十二月初四日)　由先生及蒋维乔、金松岑发起,召集旅沪南菁同学在绍耕庐聚餐、摄影。

江苏江阴县旧有南菁书院,为大江南北人材荟萃之区。逊清之末,改为学堂以后,风流云散,文献无征。近闻唐蔚芝、金天翮、蒋竹庄等,在阳历元旦发起南菁同学聚餐会,商量旧学,探讨新知。届时必有一番盛况。会员年龄,率皆七十以上老翁,最幼者亦年逾耳顺,可称今日之耆英会。并希望同学之在沪者,踊跃加入。

(《南菁同学会元旦聚餐》,见《申报》1940 年 12 月 24 日第 9 版)

一月一日,唐蔚芝、蒋竹庄、金松岑三君发起,召集旅沪南菁同学在绍耕庐聚餐、摄影。到者十一人。以齿为序:唐蔚芝七十六,朱香晚七十二,雷君曜七十一,吴汀鹭七十一,钱自严七十一,蔡松如六十九,金松岑六十八,蒋竹庄六十八,丁仲祜六十七,单束笙六十五,庄翔声六十二。合计七百六十岁(均按农历计算)。

(单镇《桂阴居自订年谱·民国三十年辛巳》)

1 月 8 日(庚辰年十二月十一日)　先生致函教育部部长陈立夫。无锡国专原由财政部每月拨发补助费二千元,因战事发生,随减发为每月一千二百六十元,且由沪、桂两校平分此数,沪校每月仅得数百元,致使国专沪校经济支绌,教职员生活困难。先生信中要求能照原规定之每月二千元按月十足发出。后教育部批示"碍难照准"。

私立无锡国学专修学校

为呈请事。窃按查本校前因经费支绌,呈蒙钧部转咨财政部准予拨给补助费,按月具领在案,阖校感戴。惟是目下物价飞涨,生活增高,各教职员等环请,谓照目前待遇,对于家庭事畜,实苦无法维持,应请校方急予救济,庶得安心服务等语。文治详加考虑,窃谓各教职员沥诚请愿,委系实情,仰屋而嗟,计无所出,焦灼万分。谨按查财政部给予补助费,本规定每月金额二千元,因战事发生,随减发每月一千二百六十元。际兹生活程度如是艰难,为始计所不料,而沪、桂两校平分此数,沪校每月仅得数百元之谱。除各教职员不敷补助外,其余各项开支,亦均无法筹垫。再四思维,惟有仰恳钧部俯念艰辛,转咨财政部,请自本年一月起,按照原定金额二千元十足发给,俾各教职员赖以生活,免致本校前途有停滞之虞。窃念此事不过原案请免折扣,并非额外请求,敬恳钧部洞烛苦情,赐予照准,实为德便。谨呈教育部部长陈。私立无锡国学专修学校校长唐文治。中华民国三十年一月八日。

（唐文治《呈为本校各教职员生活艰辛恳请俯准转咨财政部赐照原案规定补助费金额二千元按月十足发给由》,民国三十年一月八日,见《私立无锡国学专修学校有关经费文表》）

2 月 26 日(二月初一日)　南洋模范中小学举行四十周纪念会,邀请先生演讲,先生讲《孝经大义》。

余昔年长南洋大学,原设附属小学,请沈君叔逵主持。迨余与叔逵辞退后,崇明沈君同益接办,扩充为南洋模范中小学。本年二月二十六日,举行四十周纪念会,请余演讲。余为讲《孝经大义》,诸生鼓掌雷动,旋在校午餐。孝威孙在是校肆业,有成绩陈列,并作校诞记,文理条达,可喜也。

（唐文治著,唐庆诒补《茹经先生年谱续编·辛巳七十七岁》）

3 月底(二月底)　先生与张寿镛、冯炳南、蒋维乔、聂云台、李登辉、赵志游、丁福保等上海市"学术界权威"发起系列公开学术讲座。

本市学术界权威张寿镛、冯炳南、唐文治、蒋维乔、聂云台、李登辉、赵志游、丁福保等,为提倡学术,从事心理建设,发起学术讲座,聘请中外专家举行公开学术演讲,此诚为一般好学青年之绝好机会。兹将缘起及规约分录于后:

(一)缘起。窃惟我中华民族,立国东亚五千余年。凡值道丧文弊之时,必有先觉先知提倡讲学,以挽回末俗,改正人心。征诸汉隋宋明历史,事迹昭然。同人等怀家国之颠危,悼民生之陷溺,以为心理建设,是急务所□;学术昌明,乃树人之本。不揣冒昧,发起学术讲座,聘请中外硕德高贤,各就专长担任讲演,站在中国文化本位,采取世界学说精华。期以岁时,蔚成风气,救国救民,于是焉在,凡我同志,盍兴乎来。

(二)规约。一、本讲座纯以学术为中心,作专门系统之演讲,绝不涉及政治。二、本讲座每次演讲以二小时为度,每讲为一专题之发挥。如演讲内容太长,一次不能完毕,可以继续演讲。三、每次演讲,本讲座请速记员记录讲词。将速记稿送请讲师校正,以备专册刊行。如讲师撰稿付刊者,尤所欢迎。四、讲演地点及时间,于开讲前临时发布之。

（《本市学术界权威发起学术讲座》,见《申报》1941 年 3 月 31 日第 8 版）

3 月(二月) 国民政府教育部加授先生及陆修祜一等服务奖状。

三十年一月十日呈一件《呈请照章授予教员晋等服务奖状由》呈悉。查该校校长唐文治、教员陆修祜均已连续服务满二十年以上,准各加给一等服务奖状。兹检发该奖状二件,仰即转发收执为要,此令(附发唐文治、陆修祜一等服务奖状各一件)。部长陈立夫。

[《教育部指令(高字第 08397 号,中华民国三十年三月五日发)》,见《私立无锡国学专修学校关于教员服务奖状、奖助金、久任教员奖金的呈件》]

按: 国民政府教育部 1940 年 4 月 29 日发布了《教员服务奖励规则》,其中的"给与标准"是:"一、在同一学校连续服务十年以上十五年未满者,授予三等服务奖状;二、在同一学校连续服务十五年以上二十年未满者,授予二等服务奖状;三、在同一学校连续服务二十年以上,授予一等服务奖状。"1940 年 9 月,先生和陆修祜因在国专任教尚未满 20 年,故被授予二等服务奖状。至 1941 年,二人因已符合一等奖规定的相关服务年限,故各加授一等。

同月 先生因牙齿脱落,请邓法言医师诊治。

余因牙齿脱落,请邓法言医师诊治。邓医将上排齿拔去,仅留二枚,颇觉痛苦,且精神体魄亦觉损伤,乃知老年人拔齿,实非所宜。饮食只能进流质,迫装好后,虽能食略硬之物,然终觉不便也。

(唐文治著,唐庆诒补《茹经先生年谱续编·辛巳七十七岁》)

6 月 1 日(五月初七日) 先生参加旅沪南菁同学第二次聚餐。

六月一日,南菁同学第二次在绍耕庐聚餐,旋赴福煦路周氏花园摄影。以农历计,唐蔚芝七十七,朱香晚七十三,吴汀鹭七十二,蔡松如七十,蒋竹庄六十九,季景范六十九,金松岑六十九,丁仲祜六十八,单東笙六十六,徐益修六十五,庄翔声六十三。仍十一人,合计七百六十一岁。每人叙述在院时事略一页,存查。北平新出《中和杂志》第 2 卷第 3 期载赵剑秋先生所著《覃研斋师友小记》,叙述南菁源流颇详,余购存一册,以备流览。

(单镇《桂阴居自订年谱·民国三十年辛巳》)

按: 据《桂阴居自订年谱》记,本年 11 月 16 日旅沪南菁同学有第三次聚餐,先生因感冒未到。

6 月 8 日(五月十四日) 先生为上海系列公开学术讲座第五次演讲主讲"知行合一"学说。

上海学界八老发起之学术讲座,昨为第五次演讲,仍在璇宫剧场举行。此次主讲者,为该讲座主席唐文治氏,讲题为明朝学术大家王阳明之"知行合一"

学说。先由朱璠如君报告唐氏为近代学术界耆宿，今日欣逢主讲，实为一般青年研究学术之良好机会。继即唐氏步上讲台，神采奕奕，老而弥健，讲来透彻备至。全场六百余人，莫不凝神注视。兹经大华社记者探志演词如次：

救心救国

今日欲救民救国，必以救心为急，救心必以致良知为本。余中年游欧美各国，以列邦之国性与吾国之国性相较，乃知盛衰兴废。知致良知之学，决然可以救国；知行合一之说，断然可以强国。吾国民所以泯灭其良知者，有三端：一曰贪鄙心，二曰昏昧心，三曰间隔心。因贪鄙而昏昧，因昏昧而间隔，有己无人，而国性乃日益漓。阳明之教，首以拔本塞源，祛人之贪鄙，更复激励气节，唤醒人心。且良知者放之则弥六合，卷之则退藏于密。自其内心而言之，良知顺人之性，则无作好作恶之私，扩然而大公；属于外心者，良知发于家庭则为爱敬，达之天下即为仁义，安有所谓贪鄙昏昧而间隔？如是乃关以善我国，乃可以善我国性，是谓大同。至知行合一之说，可以强国。因吾国民习性又有二端：一曰急惰性，二曰因循迟缓性。每办一事，今日调查，明日调查；今日预备，明日预备。凡事濡滞不决，隳坏于无形之中。而阳明之教，曰知之真切，笃实处即是行；行之明觉精察处即是知。知行工夫，本不可离。真知即所以为行，不行不足谓之知。又曰人有欲行之心，然后知路，欲行之心即意，意即行之始，诚能坐而言者立即起而行，办事如疾风之扫箨，如雷出地，国民之急惰性、因循迟缓性，即可一扫而空之。吾国议论之人多，力行之士少，言不顾行，行不顾言，文告之繁，累可盈尺，鲜有能见诸实行者。又如为孝弟之言，其言俨然孝弟，而所行适与孝弟相反；讲廉耻之言，其言俨然廉耻，而所行适与廉耻相违。色厉内荏，口是心非，遂至相尚以欺，相率以诈，上下蒙蔽，百姓怨咨。或曰谨慎小心，古人所贵，其实不然。夫所谓谨慎小心者，谓行之之时，非谓迂缓而不行。以余平日之经历验之，凡勇者任事，其能成者十之六七，其偾事者十之三四，然尚可补救。若游移不定，则无一事能办。吾特大声疾呼，正告国民，知而不行，即非真知；言而不行，不必空言。物耻何以振之，国耻何以兴之，当学阳明之知行合一。

慈幼保种

一家而无子孙，谓之绝嗣；一国而无子孙，得不谓之绝种？大兵之后，户口凋丧，君子引为大忧，曰吾国民种将奈何？且夫天下之最可哀怜而宝贵者，莫幼稚若。越勾践之沼吴，十年生聚，十年教训，尝载稻与脂以行，国之孺子出游者，无不哺，无不歠，必问其名，其慈幼若是。而西人遇水火兵灾之厄，凡争救之者,必先儿童。非特哀而怜之,人种攸关,即国种攸关,不忍绝亦不容绝也。今兹惨遭烽烟,遇炮火炸弹流弹,流离于道路者皆难民,而其尤可哀者为难童,中路失其怙恃,问其姓不知,问其名不明,览其形状,饥饿而垂毙;聆其言语,哀痛而迫切。吾今不救则必死,此收容难童院之不可不急设,教养难童法不可不急讲。人之子孙,犹我之子孙也。孟子曰:"杀人之父兄,人亦杀其父兄。"推而言之,杀人之子孙,即杀己之子孙;反而言之,救人之子孙,即救己之子孙。杀一人之身,绝一人之种;绝一人之种,绝一家之种,积之即绝一国之种。救一人之身,救一人之种,救一家之种,积之即救一国之种。人人存此心,而后吾国之人种庶几可保。他年户口之殷繁、民族之兴盛,胥根荄于此。吾愿当道者爱我黎民,如爱护己之子孙,而后吾国人种,可以常存云。

(《唐文治昨讲"知行合一"说》,见《申报》1941 年 6 月 9 日第 9 版)

6 月 9 日(五月十五日) 国民政府教育部复函上海交通大学校长黎照寰,对该校请求将校名改成私立文治大学一事,指示可作此准备,但"非至情形万分困难,非经电呈核准后不可采用"。

(1941 年)6 月 9 日 教育部对交大为应付环境成立董事会改名为私立文治大学给黎校长电文:一、校董会规程及章程已悉,章程及校董名单可先予备案;二、校名改私立文治大学可作此准备,非至情形万分困难,非经电呈核准后不可采用,希特别慎重。

[上海交通大学校史编纂委员会编《上海交通大学纪事(1896—2005)》]

6 月 17 日(五月二十三日) 先生谱兄王清穆卒。6 月 19 日,在槟榔路中央殡仪馆大殓,先生作挽联:"忧国忧民忧乡,碧血乾坤留恨史;同谱同心同德,白头昆季哭忠魂"。后又作《王文恪公行状》一篇。

清初,苏省设太仓直隶州,其属四县,曰镇洋、嘉定、宝山、崇明。而崇明地处海滨,乾坤清淑之气,旁薄扶舆,郁积二百余年,笃生巨儒长德,曰王公丹揆。公之生也,人仰望之,以为苍生霖雨之寄,乃不幸未竟厥施。其殁也,乡邦震悼,涕泣相告,群请撰行状,曰:"寥寥天壤,知公者惟君,请毋固辞。"余曰:"维公行诣,宜列诸国史,垂诸天下后世,余与公辱在知交,允宜阐发幽光,用俟来者……"公忧国忧民忧乡之念,郁结于中不得发,至而病作矣。始外证于面部,旋蔓延各处,内病亦作,遽于辛巳岁六月某日卒。余于四五月间,两梦公检理行装,若将远去,心窃恶之。洎闻公病,急驰往,则已疾革,但拱手向余称谢。越日而讣至。伤哉!痛哉!

(唐文治《王文恪公行状》,见《茹经堂文集四编》卷七)

六月十九日阅报,惊悉其(按:指王清穆)已于十七日去世。是日下午,在槟榔路中央殡仪馆大殓,故午膳后即赶往。前年八十大庆时所摄之半身照片,自题韵语曰"由耄而耋,忽忽十年。学知不足,老弥悔焉。斗薮精神,勿为物牵。心依于仁,所以事天",已高悬礼堂中,好学不倦,品行高洁,于此可见。桌上供五古鼎、六素菜,以白缎所制之位上书"显祖考丹揆公讳清穆之位",十一字系篆文,甚工细。左右两花圈系富安纺织公司与大同商业银行所赠,其他花圈数十只则排列两行,堆于桌旁,上有"高山仰止"四字横额,诚明文学院全体校董、师生所挽,因先生系该院校董会董事长也。旁有联曰:"忧国忧民忧乡,碧血乾坤留痕[恨]史,同谱同心同德,白头昆季哭忠魂。"系唐蔚芝先生手笔。盖唐先生(太仓人,名文治)与其生而同郡,且同是前清进士,同司农曹,同官译署,同迁商部,同奉母讳而去官,现在又同居孤岛,安贫乐道,同著书立说以挽世运而救人心,遭际同,志节同,最莫逆而连谱,知其为人简而文,温而有理,暗然而日章,深佩其为人,故语颇剀切而悲痛。

(孙福基《王丹揆先生盖棺记》,见《江浙同乡聚餐会三周纪念刊》)

按:本年9月14日,上海三十余公共团体于浦东同乡会六楼大礼堂举行追悼王清穆大会,事详后文。王炳章、王毓侨、王达章《忧国忧民忧乡的王清穆》一文云:"各界人士借座浦东同乡会大楼举行公祭,会场挽联祭幛甚多。唐文治蔚芝先生所写挽联为:忧国忧民忧乡,碧血丹心留恨史;同心同德同谱,白头昆季哭忠魂。"此文所记先生所撰挽联,与上引《王丹揆先生盖棺记》所记之先生挽联,文字略有不同。又先生所制挽联,《王丹揆先生盖棺记》云是用于在大殓仪式上,《忧国忧民忧乡的王清穆》一文云是用于追悼(公祭)大会上,录以备考。

7月1日(六月初七日)　上海交通大学校长黎照寰致函国民政府教育部,再次请求于三十年度学年开学时对外一切即用私立文治大学名称。

(1941年)7月1日　黎照寰校长函呈教育部。函述:学校改名,设董事会均已呈报教育部备案,学校改名为"私立文治大学";教育部认为非到情形万分困难时,不可采用,自应遵照;然上海环境日趋恶劣,为谋本校安全计,请准予三十年度学年开始时对外一切即用私立文治大学名称,早做准备易于应付,当否请示。

[上海交通大学校史编纂委员会编《上海交通大学纪事(1896—2005)》]

暑假前　上海《正言报》借对高中毕业生进行升学指导,在报上称"无锡国专在上海只有补习部,没有什么分校";先生指示由王蘧常起草,致函该报,历叙沪校筹办经过及招收新生的合法。《正言报》后以"来函照登"的方式登载。暑假中,报考国专沪校的生源大增,共招新生两个班。

　　一九四一年暑假以前,沪校已发展至二百多学生,三青团在旧租界办的报纸《正言报》,发现沪校有的教授在课上指责国民党的消极抗日和揭露三青团的本质,就在报上和国专捣蛋。《正言报》假借对高中毕业生进行升学指导,在答复他们的问题中公然说:"无锡国专在上海只有补习部,没有什么分校。"《正言报》诬指国专为补习性质,激起了同学们的公愤,想向各报社投稿加以驳斥。校长传话:"现值抗战期间,我们的敌人是日寇,是汉奸,何必与报社打笔墨官司。学校当致函该报,促其更正。"遂由王蘧常教授起草,校长审定,致函该报,历叙沪校筹办经过及招收新生的合法。《正言报》自知理亏,只好用"来函照登"的方式登载。这年暑假,考生大增。秋季开学,一年级分两班上课。《正言报》的捣蛋,反而替沪校作了"义务宣传"。

　　　　　　　　　　　　　　　　　　　　　　(黄汉文《记唐文治先生》)

8月13日(闰六月二十一日)　因同乡编撰《太仓先贤像传》,先生托单镇访顾廷龙,欲向上海合众图书馆借《吴郡名贤图赞》《清代学者像传》两书,未果。

　　(1941年8月13日)单镇来,述唐文治受同乡之托,编撰《太仓先贤像传》,拟向"合众"借《吴郡名贤图赞》《清代学者像传》两书,适皆未备。

　　　　　　　　　　　　　　　　　　　　　　(沈津编著《顾廷龙年谱》)

　　按: 先生本年作有《太仓先哲遗像册序》(见《茹经堂文集五编》卷五),文中记:"及门凌生祖诒以书来,告曰:'吾邑地处海滨,夙为礼让之乡。自宋元迄今,代有闻人,志乘不绝书。祖诒承乏本邑图书馆,时兢兢焉,以表扬前贤为天职。谨自宋代始,历元明,迄清光、宣时止,蒐采先哲遗像,装绘裱制,附以传略,预定百页,先拓印第一集问世。夫考典型而资矜式,亦吾师之志也。敢请一言以为序。'"上引文中记先生向合众图书馆借《吴郡名贤图赞》《清代学者像传》两书,当即是为门生凌祖诒欲编《太仓先哲遗像册》而借。

　　8月20日(闰六月二十八日)　先生与国专桂校代理校长冯振联名致呈国民政府教育部部长,告知无锡国专桂校由北流萝村迁至桂林穿山。

　　私立无锡国学专修学校呈教育部部长陈:

　　案查本校自二十七年冬,因桂林疏散人口,迁来北流,租赁民房赓续上课,迄今将及三年。虽正常发展,惟力是视。但以僻处一隅,交通不便,聘请教员、购置图籍、招收新生、增加设备种种俱极困难。不得不在桂林附近谋建校舍,以作永久基础。于七月十日以山字第零一一四号公文呈报钧部在案。兹桂林校舍将告完成,亟须迁往开学上课。现拟日内即自北流开始向桂林迁移。以后钧部训令、指令、明密电报均请迳寄桂林穿山本校。理合备文,呈请察核备案,实为公便。谨呈。私立无锡国学专修学校校长唐文治(假) 教务主任、代理校长冯振。(中华民国三十年八月二十日发)

[唐文治、冯振《呈报本校已在桂林穿山建筑校舍,自本学期起即迁桂林上课请赐察核备案由》,见《私立无锡国学专修学校、武昌文华图书馆专科学校迁校及校舍建筑等问题的文件(1937—1947)》]

8 月 27 日(七月初五日) 黎照寰致函国民政府教育部,请求辞去交通大学校长一职,并建议交大沪校校长职务由先生代行。

(1941 年)8 月 27 日 黎照寰致函教育部、交通部,陈述:一、七月七日因病请辞,未获批复,经暑假休养,仍无转机,校长一职请派员接替;二、校长人选可由唐文治、吴俊升代行。重庆分校由吴俊升就近代行,沪校职务由唐文治代行,维因环境关系,切不可公布;三、学校易名之事,请速核定,以资应付。

[上海交通大学校史编纂委员会编《上海交通大学纪事(1896—2005)》]

9 月 14 日(七月二十三日) 先生出席由上海三十余公共团体举行的王清穆追悼大会,会上宣读的祭文亦由先生所撰。

江浙耆绅王丹揆先生,凤为海内敬崇,卒于本年农历五月二十三日,享年八十二岁。生前知友景崇硕德,爰由江浙同乡会、世界红卍字会等三十余团体发起追悼,以志哀思。自经筹备以还,均告就绪,特于昨日下午二时假座浦东同乡会六楼大礼堂举行追悼大会,计到袁希洛、黄警顽、金其源等一千五百余人。

追悼盛况

公推闻兰亭、沈淇泉、唐文治、沈信卿、张云抟等为主席团。礼堂布置简洁肃穆,正中悬王氏遗像,虽年已耄耋,精神奕奕。两旁分悬各界所赠素色挽联,灵台上置鲜花数束及清酌蔬果,并燃素烛,台前则置花圈数只。二时正即奏哀乐,首由闻兰亭致开会词,旋即举行追悼礼。全体肃立,由主席上香献爵献花,全体行三鞠躬礼。及读祭文,陆拙乔报告王氏生前事略,内分:(一)家世;(二)学术;(三)志行;(四)在朝政绩;(五)在野事功;(六)科名;(七)官阶;(八)著述;(九)年寿;(十)子孙。姚明辉、蒋竹庄、唐谋伯、张澜平等致挽词;松太同乡会,世界红卍字会,江浙同乡会,诚明文学院,通、如、崇、海、启同乡会,崇明同乡会等团体,分班致祭,末由王氏家属王毓乔致谢词,并恭奉私谥为文恪公。直至五时始告礼成散会。

唐氏祭文

维中华民国三十年岁躔辛巳九月十四日,寓沪松太回乡沈恩孚、唐文治、沈周、夏曰璈、戴思恭、黄蕴深、闵珊、朱得傅、袁希洛、郁钟棠、陆修祜、高燮、戴克宽、金承望、张志鹤、金其源、贾丰臻、李士龙、姚明辉、夏本立、吴邦珍、项镇方、倪光耀、胡端行、张尔延、潘光禼、程豪、沈思期、施同人、葛存恕、孙德余、周承馨，谨致奠于王先生丹揆之灵曰：

呜呼！溯都阃之世泽兮，本源远而流长。钟扶与之问气兮，羌玉韫而珍藏。维先生敦行孝弟兮，博闻强识而允臧。矧恭敬而温文兮，寡言笑而齐庄。忆蚤岁掇巍科兮，何天衢而腾骧。儵虿雾之障天兮，慨棘目夫挽枪。奉亲而窜宝坻兮，复只身旋都而弼庙廊。占剥复之循环兮，摅经世之鸿猷。膺异数而鸣驺兮，布商政之优优。创商会而通商情兮，达梯航而暨退陬。绾南洋之侨胞兮，谓得吾公可以解忧。聿报最而隆倚畀兮，奈萋斐而贝锦。况陟屺而伤怀兮，折言流漱而石枕。维先生廉正公明兮，期霖雨夫来稔。监两浙之财赋兮，实弊绝而风清。繄抗议乎路政兮，痛梗塞夫夷庚。烛先几于隐微兮，果堤决崖崩。呜呼！嗟东山之不出兮，其何以慰苍生。澹洪水之怀襄兮，策导淮之先声。乃乘橇而乘撵兮，几灭顶乎中泓。会震泽之淤垫兮，复竭虑而殚精。维先生乐善不倦兮，宏灾振于梓桑。扶病榻而呻吟兮，仍输将之不遑。痛国步之艰难兮，衷耿耿而不能忘。日仰天而挥涕兮，晞寰宇之清明。虽知藏而瘵在兮，惟吁救我四方。哲人共萎兮，矜式谁为？于千百年兮，悠悠我思。呜呼尚飨！

（唐文治撰）

（《本市卅余公团昨追悼王丹揆》，见《申报》1941 年 9 月 15 日第 7 版）

（一九四一年六月）十七日，农历五月二十三日，王丹揆先生清穆卒……（九月）十四日，江浙耆绅暨各团体为王丹揆先生开追悼会，约余参加。宣读各公团祭文，并全体议决，恭上谥为文恪先生。余撰祭文一篇、挽联一副，藉申景仰之思。

（单镇《桂阴居自订年谱》）

9 月 16 日（七月二十五日） 交通大学沪校成立以先生等 11 人组成的学校董事会，正式提出改校名为"私立南洋大学"，仍由黎照寰任校长。

（1941 年）9 月 16 日 为了保护学校不被日伪接管，沪校成立以唐文治、福开森、章宗元、吴在章、才尔孟、朱鹤翔、黎照寰、胡诒觳、孙谋等 11 人组成的学校董事会，正式提出改校名为"私立南洋大学"，仍由黎照寰任校长。

［上海交通大学校史编纂委员会编《上海交通大学纪事（1896—2005）》］

9 月 23 日（八月初三日） 上海交通大学改名为私立南洋大学后，召开第一次董事会议，先生等 10 人出席。［据上海交通大学校史编纂委员会编《上海交通大学纪事

(1896—2005)》]

9 月(八月) 本年下学期开学后,因年老体衰且地址较远,先生为交通大学开设的国学讲座,改在国专沪校所在地——上海爱文义路乐群中学(今北京西路 947 号)内进行。

九月间开学上课。余因交通大学地址较远,星期日上午改在本校演讲。交大及他校诸生均可入坐听讲。本校礼堂较狭窄,用扩音机传播,附近教室及廊檐下亦可传达,听众约三百余人。

(唐文治著,唐庆诒补《茹经先生年谱续编·辛巳七十七岁》)

按:上引《茹经先生年谱续编》记原为交通大学开设的国学讲座,至本年下学期开学后,改在国专沪校进行。原国专沪校毕业生陈以鸿 2012 年致刘桂秋函中云:"……年谱所述确实如此,但我于 1941 年暑假后进入交大,逢星期日上午听老校长演讲,都是在交大校舍即法租界震旦大学内,至少 12 月 8 日前是如此。1942 年暑假后进入国专,始在国专校舍即北京西路九百七十号乐群中学礼堂听校长演讲。"录以备考。

秋 国专沪校第一次开设英语选修课,先生"认为既然开设英语,就应聘请学识和教法很好的老师",乃先后请许国璋和张仲礼担任授课教师。

一九四一年秋,沪校第一次开英语选修课。唐校长认为既然开设英语,就应聘请学识和教法很好的老师。当时是请的许国璋先生,后来由会计主任张仲礼担任。

(黄汉文《记唐文治先生》)

10 月 2 日(八月十二日) 黎照寰致函国民政府教育部部长陈立夫,呈报学校将对外改名为私立南洋大学,拟推先生为名誉校长。

(1941 年)10 月 2 日,教育部电函黎照寰校长。对 8 月 27 日再次请示及 9 月 16 日学校改名的复电:一、在时势艰难,希黎"勉为其难,毋再言辞";二、关于学校易名之事,前已电复,准于必要时先对外改名为私立南洋大学,惟文凭可仍用交大名义。

同日,黎校长致函陈立夫部长,呈报:一、学校对外沿用私立南洋大学名称,即日遵办;二、于九月二十三日召开了第一次校董会,根据章程第五条,推福开森为董事长,章宗元为副董事长,唐文治为名誉校长,吴在章为会计,张廷金为书记;三、目前上海教育界表面尚称安定,然而教职员多年未加薪,生活清苦,拟从本年七月起追加二千五百元,以资应付;四、上海各级学校人数大增,惟师资补充困难,美籍教员回国补充不易,只有就避难来沪之犹太人士择优充任。

[上海交通大学校史编纂委员会编《上海交通大学纪事(1896—2005)》]

按：日军侵占上海后，上海交通大学迁入法租界内，但学校随时面临着被敌伪接管的存亡危机。至1940年，德国已在欧洲挑起大战，日本与英美等国开战不可避免，这种危机就更为严重。如上文所记，本年中，先是拟请改校名为私立文治大学，后又拟改私立南洋大学，都是为避免学校被敌伪接管。据《三个世纪的跨越——从南洋公学到上海交通大学》一书载，至本年10月，"国民政府教育部终于同意交大在必要时对外改为私立大学。经多次与教育部密商后，学校于1941年9月成立由前校长唐文治、黎照寰、张廷金等11人组成的董事会，唐文治任董事长，正式对外改名'私立南洋大学'。仍由黎照寰任校长，暗中主持校务，经费由重庆政府继续暗中汇来，毕业生仍发交通大学文凭，由交通部、资源委员会等单位安排工作。这样，无校区的大学连校名'交通大学'的牌子也挂不出来了。然而，'换名改姓'后的私立南洋大学勉力维持大半年后，在日军的淫威和经费告绝的情况下陷入绝境"。

10月7日(八月十七日)　先生为闵瑞、丰克静婚礼证婚并致词。

云间耆绅闵瑞芝老先生，以六十八高龄，与宝山望族丰克静女士结缡。续弦嘉礼，于前日(七日)假浦东大厦举行。名宿耆硕，济济一堂，白发朱衣，交相辉映，洵沪上罕有之盛礼。爰就礼堂闻见所及，分述花絮于次：

新郎别署冷禅老人，禅心未冷，老兴弥高，精神矍铄，无殊少年。是日周旋于宾客间，谈吐风生，毫无倦态。宾客之一谓老人近服补剂，故容光焕发，精神健旺，准备应付新婚乐事。滑稽突梯，匪夷所思，引得哄堂笑声。

新娘丰克静女士，小新郎二十七岁，身裁娇小，仅及新郎之肩，而容姿丰腴，步履得静中之美，克如其芳名。

当婚礼进行时，红烛高烧，华堂瑞满，观者无不喜溢眉梢，争觑此一对老年新婚夫妇。婚礼执事为"燃烛员"高吹万、戴伯寅，"介绍人"金巨山、施文才，"证婚人"沈信老、唐蔚老，"乾宅主婚人"陈陶老，"坤宅主婚人"丰子老。在场除证婚人已年登耄耋外，余亦多为六十以上之长者。连同新郎，适成九老之数，众老齐集，盛极一时。

婚礼采新仪式，新夫妇相对鞠躬时，角度为九十，尽合标准，足见老辈风仪。证婚人沈恩孚老先生首先致词，引周易"男正位乎外，女正位乎内"，以证男女婚后大道。继而词锋一转，引渠尊府之谐语曰："女老而嫁，可做现成祖母，是天下最便宜事。"又引□龙门旧友谐语曰："老人续娶，是为孙子添叔父。"

盖预祝冷禅老人弄璋。谐趣之余,尽善颂善祷之能事。唐文治老先生继起致词,叙述旧谊,含祝贺意,态固较庄,词亦较简。陈陶遗老先生语音最清越,誉老人之婚姻为神仙姻缘,而措词适合主婚及代表来宾二种身份。礼毕摄影,新郎故态复萌,屡捻其须,见者为之忍俊不禁。

(《一堂八老共证良缘 冷禅老人婚礼速写》,见《申报》1941 年 10 月 9 日第 7 版)

12 月 1 日(十月十三日) 张元济受先生之托,致函叶景葵,询问能否将先生师王祖畲生前所藏《宋史记》售与合众图书馆。

> 揆初吾兄有道:久未晤谈,伏想起居安吉为颂。前日获晤唐君蔚芝,出示其师门王君(名祖畲,太仓人,癸未庶常)所藏钞校本明季王惟俭所撰《宋史记》,察系道咸年间旧抄旧校。此书从未刊行,共八十册,完全无阙。据称其师王君早殁,仅存孀媳童孙,乱后家产荡然,无以为生,欲贷此书以资度日,属弟代为觅售。索值千元,唐君代定八折,不知合众图书馆能否购藏?今先将所刊序跋、凡例一册呈览。如有意,当再索呈样本。合用再与谐价,何如?敬祈示复为幸。弟张元济顿首。十二月一日。

(张元济《致叶景葵》,见《张元济全集》第一卷《书信》)

12 月 10 日(十月二十二日) 先生就学生对日军可能会强迫国专沪校登记的忧虑表示:"唐某决不妥协!"

> 一九四一年十二月八日,日军侵入旧租界。第二天,我们宿舍旁的暨南大学就被日军查抄,整整一天门口有日军站岗。十日上午,我和祁文才到校长家,请示进止。唐校长说:"学校继续上课,我观日军不可能干预上海这许多学校。"我问了一句:"日军会不会强迫学校登记?"唐校长说:"唐某决不妥协!"

(黄汉文《记唐文治先生》)

冬 因前年在太仓所设积善会开办的施粥厂经费支绌,先生向无锡诸同乡募得十万元,交钱诗棣等散放。

> 前年,余在太仓纠合钱君诵三等诸同志,设积善会,开办施粥厂,至今冬经费支绌,向无锡诸同乡募捐,约得十万元,汇交钱君等散放,每天约费五百元。别有住居南门纯阳庙中鳏寡孤独废疾者共二十一人,皆系隐贫。此外尚有妇孺不能出门者,均须送米送粥前往。钱君暨诸同志热心任事,同乡颇沾实惠。

(唐文治著,唐庆诒补《茹经先生年谱续编·辛巳七十七岁》)

本年 表侄朱圯瞻装裱成"忠节""贰臣"两扇册(又名《明人扇面书画集》),先生为之题跋。

> 天地之间正气与邪气,迭为消长而已。正气盛,则国治且兴;邪气炽,则国

弱且亡。《周易》泰、否二卦消息，一则小往大来，一则大往小来。君子小人之消长，古今治乱之大原也。危乎微乎，岂不大可惧乎？及门朱生屺瞻，余表侄也，笃志嗜古，富于搜罗。一日，持其所藏明季忠节、贰臣便面见示，共数十叶，属为题辞。夫屺瞻之志，岂第好搜藏而已哉？晚近以来，士大夫品诣不修，名节不讲，脂韦软媚，随俗迁移，而世道人心，遂如江河之日下。夫气骨者，立身之根本也。其处也，有气骨自立于宇宙之中；其出也，乃能立国于世界之内。宋文信国所谓地维赖以立，天柱赖以尊是也。屺瞻之辨别薰莸，意在斯乎！意在斯乎！

（唐文治《明季忠节贰臣字迹跋》，见《茹经堂文集五编》卷五）

按：《朱屺瞻艺术研究文选》收录此文，题作《题明人扇面书画集》。

而朱屺瞻在这一时期目睹日军暴行，深感个人节操实为民族精神之灵魂所在，于是见明末遗民及抗清英烈之书画墨迹，因敬其人而重其书，皆不惜重金购买，如史可法、黄道周、归庄、傅山、八大山人等书画扇页一百二十帧，于1940年将其精装为六大册，名曰《忠节扇册》。另外，朱屺瞻还把历年收藏的如钱谦益、吴梅村等虽有艺术价值但作者气节有污的扇面，装裱两册，名曰《贰臣扇集》。唐文治欣然为忠节、贰臣扇册题跋……

（凌微年《唐文治对朱屺瞻的教益》）

本年 表妹陈景懿钞成《娄水琴人集》八巨册，先生为作《娄水琴人集后序》。文中希望陈景懿能广为搜辑太仓诗人之可传之作，辑为《续琴人集》，为桑梓增光。

《娄水琴人集》为吾娄徐秋士、陆杏庄、王研云三先生先后编纂，而周亦泉先生为付剞劂……世变沧桑，元黄递嬗，迄于今日，无可言者。表妹王陈敬[景]懿，字佩萱，先师王文贞公之贤息，其哲嗣慧言世兄之德配也。先师为诗雄健古质，而佩萱厥考玉森先表母舅，亦工于诗，乃佩萱自丁丑避难后，三子先后卒，慧言亦逝世。盖闺秀中德行文学，未有过于佩萱者；而遭遇之困厄屯邅，亦未有酷于佩萱者。呜呼！天之报施善人其何如哉！虽然，先天而天弗违，造命者也；后天而奉天时，安命者也。佩萱虽际厄于一时，而抚其嗣孙福承，以珍硕果于一线，则他日之寖炽寖昌，当可操券而致。孔子曰："岁寒然后知松柏之后凋。"余常惧佩萱之抑郁而成疾也，辄请其钞写章什，藉资排遣。佩萱既为余钞《理学宗传辨正》六巨册，又为余钞《琴人集》八巨册，纸笔之费，绝不齿及，余视同拱璧，不知所以为报，爰叙其涯略，邮寄佩萱，附录简末，聊摅感激之怀。抑更有献议于佩萱者，秋士先生言："专集之传，不如总集。"自道咸以来，吾乡诗人可传之作几如恒河沙数，而先师与先表母舅及先大夫，皆仅有专集，佩萱于挥毫珠泻之余，傥能广加搜集，辑为《续琴人集》一编，灿朝华于未披，启夕秀于将振，庶几乎广陵嗣响，桑梓荣光也夫。

（唐文治《〈娄水琴人集〉后序》，见《茹经堂文集四编》卷六）

本年　变风诗社成员的诗词选集《变风社诗录》印行，先生为诗录题辞。

锡山蔼蔼一儒宫，诗道犹存有变风。正赖师资得人杰，相将砥柱横流中。

（唐文治《题变风社诸生诗录》，见《变风社诗录》卷首）

予入无锡国学专修学校之明年，钱师仲联自桂林归，授以诗学。同学柳君子依、林君子渊、金君悉经谓予曰："校中不乏吟侣，吾侪盍组织诗社以相观摩可乎？"涉秋开学，子依毕业去，子渊道阻不得来，乃由金君悉经、吴君予闻、江君文忠、王君之雄、皇甫君权、何君祖述、张君庆及余发起同学，参加者四十四人。于是请名于王师瑗仲。师曰："不亦善乎！此世道陵夷、海水群飞之日，名之曰'变风'可。"并指示组织之方法而促成之。社既立，群议敦请王师瑗仲为顾问，郝师晶衡、钱师仲联、朱师大可为导师，干事则张君庆、皇甫君权、王君之雄、周君企任、江君文忠、秦君翔，而予亦与焉。社事之推进，秦君翔、江君文忠之力最多。凡征诗四次，分呈诸导师评改，得二百余首，又请瑗师审定，行将付梓。瑗师命予书其经过，敬述其大略如此。民国三十年一月二十日无锡严古津跋于沧浪吟馆。

（严古津《变风社诗录跋》，见《变风社诗录》卷末）

按：《变风社诗录》，无版权页。据严古津跋，此书当刊于 1941 年。集中共收录变风诗社成员五言古诗、七言古诗、七言律诗、五言绝句、七言绝句、词共 158 题，正文前有王蘧常序和唐文治、夏敬观、夏承焘、姚德凤、钱任远、钱萼孙、朱大可题辞及鲍鼎弁言，书后有严古津和秦翔的跋语。

1942 年(壬午　民国三十一年)　78 岁

1 月 12 日(辛巳年十一月二十六日) 《申报》刊登真金《唐蔚芝先生读文听讲记》。

太仓唐蔚芝先生是当代大儒,手创无锡国学专修学校,提倡国学,不遗余力。笔者久仰唐老先生学问德行的高超,尤其爱慕他对于读国文的方法。前日在该校公开演讲读文法,机会难得,于是趋车欣然而往。一方面藉此得瞻丰采,一方面更可亲聆他读文的声调,无怪慕名而往者纷至沓来。离开演讲时间还有三刻钟,小小的礼堂早已塞得满坑满谷了。钟鸣十下,始见唐老先生为人扶持而来,白须飘然,步履坦坦,在人丛中走向讲台去。听讲者都起立致敬,并报以热烈的掌声,他老人家含着微笑点头频频。上了讲台,既坐定,空气肃穆得连一声咳嗽的声音都没有,个个人准备谛听他的宏论。

此次他读的文章,共有四篇,依照曾文正公手定分为太阳、少阳、太阴、少阴四类,各举一例:太阳气势的举贾生《过秦论》,少阳趣味的举范希文《岳阳楼记》,太阴识度的举韩退之《送李愿归盘谷序》,少阴情韵的举欧阳永叔《五代史伶官传序》。所谓太阳气势是含有一种喷薄跌宕之势,少阳趣味是含有一种诙谐闲适之趣,所谓太阴识度是含有一种闳括含蓄之度,少阴情韵含有一种沉雄凄恻之韵。所以在唐老先生读来是各有千秋的了。关于这读文的方法,既定于曾文正,传之于桐城吴挚甫,唐老先生就是受业于吴挚甫的,一脉相仍,弥觉珍贵。现在他双目失明,年事又高,我们真有点后继不知何人的感叹。

他在未读文之前,先说明作文章的要道,他就提出必须心地纯正,从养性养气着手,这真是一针见血之谈。我们想一个卑污奸恶的人,怎能写出万世不朽的文章呢?即使写出来的,也不过是替主子歌功颂德,为奴才吹牛拍马,有谁去相信他们?我们看此番选读范希文的《岳阳楼记》中"先天下之忧而忧,后天下之乐而乐",欧阳永叔的《伶官传序》中"忧劳可以兴国,逸豫可以亡身",唐老先生用恳挚热情的声调,朗朗而诵,不禁使我们沉浸在一股浩然正气之中。

唐老先生读贾生《过秦论》,因为是太阳气势,音调是这样雄伟,铮铮琮琮,读至激昂高扬之处,令人指发;接读《岳阳楼记》,少阳趣味,就觉得虽不失雄伟,却没有太阳之文的刚强了,听了似乎吃了一支雪茄、尝了几杯醇酒那么兴奋。到要读第三篇《送李愿归盘谷序》,他老先生似乎已经精力不继,呷了口开水,命旁站的一位先生代读了,读来虽也能疾徐中节,总觉得好像失之于急躁,没有唐老先生的宽宏,发自丹田之气。最后的《伶官传序》,唐老先生再接再厉,贾其余勇,读来是一唱三叹,少阴之文,以委婉舒徐的音调出之,真是绝倒。最后他更抄一段读文要诀,作为结束:"凡读文每篇以三十遍为度,先十遍学炼气法,次十遍观布局用意法,次十遍研选辞法。读文抑扬迟速,既得门径,则作文进步自然迅速。"

　　散会,见扶老携幼,名士淑媛,相继离去,笔者也带着满足的心情,踏上归途。总计听众不下五百人,这盛况正是显出大家对国学的重视,不负唐老先生一番提创之意了。

　　（真金《唐蔚芝先生读文听讲记》,见《申报》1942 年 1 月 12 日第 7 版）

同日　曹元忠《笺经室遗集》由王欣夫编订成书,先生出资一百元,以助此书之印行。

　　一月十二日,曹君直先生《笺经室遗集》二十卷,由王欣夫兄编订成书,集赀印行。余为募得吴子深、秉彝昆仲四百元,唐蔚老一百元。余以三十元购存一部,以备流览。

　　（单镇《桂阴居自订年谱·民国三十一年壬午》）

1 月 22 日(辛巳年十二月初六日)　国民政府两广监察使刘侯武亲笔致信教育部部长陈立夫。此前,国专桂校代理校长冯振曾于 1941 年 11 月以航快代电,请求教育部赐拨临时补助费八万元;自 1942 年度起,每月补助二万元作为经常费。刘侯武在此信中提及:"该校以保存国粹、复兴绝学为职志。自民国九年在无锡创办,惨澹经营,十余年间,已具规模。民国廿六年无锡沦陷,唐校长率员生数十人,转徙湘桂,备历艰辛而讲诵不辍。"

　　立夫部长吾兄勋鉴:年底因汉民中学经费支绌,函请吾兄酌予补助。荷蒙本月十二日惠书,告以业由贵部补助三万元,备见吾兄关切,至所感纫,惟不知该三万元已全数拨发否? 为念。桂林穿山村汉民中学附近,尚有无锡国学专修学校,盛誉不减汉民中学,而经费支绌过之。该校以保存国粹、复兴绝学为职志。自民国九年在无锡创办,惨澹经营,十余年间,已具规模。民国廿六年无锡沦陷,唐校长率员生数十人,转徙湘桂,备历艰辛而讲诵不辍。几番经播迁之后,至去年乃建板屋于桂林穿山村,圈地四十余亩,学生一百九十五人,寝寝乎不让无锡当年矣。不意桂林物价突然飞涨,一年之间,十倍于前,于是该校顿感经费支绌,殊难维持。查该校在无锡时,除国库补助外,尚有江苏教育厅及校董之补助。现江苏教厅及校董之补助久已断绝,所仰惟国库补助而已。虽无物价飞涨影响,国库补助尚需增加,况现有物价飞涨之严重影响乎?据该校代理校长冯振先生来言,尝于去年十一月养日以航快代电,请求贵部赐拨临时补助费八万元,以救眉急;自三十一年度起,每月补助二万元作为经常费。近奉贵部覆电,三十年临时补助费已核发二万元,于原请八万元之数相去尚远;三十一年经常费则尚未核定等语。窃以吾国固有文化必须保持,民族精神尤须振发。该校专修国学,于保持固有文化、振发民族精神不为无功。当兹国族存亡之际,该校不惮万里播迁,多年辛苦,用以统绪不坠,规模渐宏,实属难能,弥足珍惜。吾兄司教邦家,对该校之爱护必更在一般人之上,当无疑也。今该校实困于经费,至于将不能维持,非有大力援助不可。贵部如对于所请临时补助费已不便增加,则对于每月经常补助费必须力求绰裕,恳请吾兄从速核定,俾该校有恃无恐,安心讲诵,至所盼切。如何之处,并希惠示为荷。专此,祗颂勋绥。弟刘侯武谨上。

[刘侯武致陈立夫函(民国三十一年一月二十二日),见《私立无锡国学专修学校有关经费文表》]

按:由教育部属员代拟的陈立夫复刘侯武函中称:"无锡国学专修学校经费困难,历经本部拨款补助有案。本届当俟支配三十一年度省私立专科以上学校补助费时酌量拨给。"

1月(辛巳年十二月)   黎照寰迭次敦请先生任"私立南洋大学"校长,为先生所坚辞。

(1942年)1月10日   黎照寰校长化名李耀寰电函吴俊升司长。函称:环境困难,为校产保存,提出下列要求:一、请准予辞去校长职务,由唐文治先生接替或代理,使学校改为私立,以便应付。

[上海交通大学校史编纂委员会编《上海交通大学纪事(1896—2005)》]

民国三十一年,四十五岁。一月,交通大学黎校长为应付环境计,拟将学校改为私立南洋大学,迭次敦请吾父为校长。惟上海私立学校常受南京伪政府节制,且有被接收之虞。余与庆棠劝吾父勿冒此险。余并屡次在教务会议表示反对。一月秒,吾父函黎校长及校董会,坚辞校长职,此事遂告一段落。

(唐庆诒《忆往录》)

2月24日(正月初十日)   上海举行五教书局发起人会议。先生为此书局发起人之一。

本市五教名流闻兰亭、沈信卿、唐文治、蒋竹庄、丁福保、金鼎勋、陈葆初、江易园等，发起筹备之五教书局，于昨日假华龙路融五讲经堂举行发起人会议，出席人数百余人，由沈信卿主席，丁福保报告，并有中教道义会陈惠一演说。当席黄警顽提议定今年为五教年。

（《本市五教名流发起筹备五教书局》，见《申报》1942 年 2 月 25 日第 4 版）

2 月(正月)　无锡国专沪校开学，先生任《诗经》《论语》课各一节。

正月开学，新旧同学共一百十余人。上海生计日艰，米价腾贵，来学不易，可叹！余仍照旧演讲，并在本校任《诗经》《论语》课各一节，均用余自编大义本。

（唐文治著，唐庆诒补《茹经先生年谱续编·壬午七十八岁》）

3 月 1 日(正月十五日)　先生长南洋大学时之弟子傅焕光拜黄炎培为师。傅焕光对黄炎培言及先生及门薛桂轮、廖世承、孟宪承、凌鸿勋、薛次莘、王志莘及傅焕光等，"诸人皆于社会有贡献，教育为正人心、救民命六字"。

（1942 年 3 月）一日，星期日。夜，傅志章备束拜余为师，设席为礼……志章说：唐蔚芝先生及门为薛桂轮、廖世承、孟宪承、凌鸿勋、薛次莘、王志莘及志章，独张宏祥、曹丽明物故，诸人皆于社会有贡献，教育为正人心、救民命六字。

[黄炎培《黄炎培日记》（第七卷）]

4 月 12 日(二月二十七日)　友人单镇约同人设席公贺先生。本年为先生科考中举六十周年的"重晏鹿鸣之期"。

四月十二日，唐蔚老系光绪壬午科举人，本年重宴鹿鸣。余约同人设席公贺。到者：丹徒许鲁山汝棻八十，吴县沈信卿恩孚七十九，淮安田鲁玙毓璠七十九，太仓唐蔚芝文治七十八，南通孙敬人傲七十六，嘉定戴伯寅思恭七十，华亭闵瑞芝瑺六十九，吴县单束笙镇六十七，太仓陆景周修祜六十七，赣榆许鹤丞鼎年六十六，金山高吹万燮六十五，宝山金巨山其源六十三，上海姚孟埙明辉六十二，丹徒柳贡禾肇嘉五十九，太仓胡粹士端行五十五，宝山潘孟翘光乔四十九，宝山施文冉同人四十六，嘉定周舜轩承瞥四十一。宾主十八人，共一千一百七十一岁。觥筹交错，畅谈文艺，至日晡，宾主尽欢而散。

（单镇《桂阴居自订年谱·民国三十一年壬午》）

5 月 17 日(四月初三日)　先生长子唐庆诒一家从南阳路 44 号迁至霞飞路 1285 弄 75 号，先生仍留居南阳路原寓。

民国三十一年，四十五岁……南阳路四十四号寓所，因二房东唐君伯源欲收回一部分,余等所用客厅及卧室均须让出。庆棠日夜奔走,寻觅房屋。后经王君志莘伉俪介绍,赁霞飞路一二八五弄七五号楼下房屋二间,每月租金四百元。五月十七日,余与庆棠及诸儿迁入新屋,堂上仍留南阳路原寓。

(唐庆诒《忆往录》)

5 月 26 日(四月十二日) 先生与国专桂校代理校长冯振联名复电教育部,报送国专桂校文书专修科计划及课程纲要。

私立无锡国学专修学校呈

桂字第六六号(民国三十一年五月二十六日)

教育部:案奉钧部本年四月十八日(高字第一四五一一号)训令,开"本部为培养文书应用人才录原文送部备核"等因,奉此,兹谨遵令,拟具计划及课程纲要乙份,呈请察核备案,实为公便。谨呈(附呈文书专修科计划及课程纲要一份)。私立无锡国学专修学校校长唐文治(假) 教务主任、代理校长冯振。

[唐文治、冯振《复教育(部)电文(为遵令拟具文书专修科计划及课程纲要,呈请备核由)》,见陈国安等编《无锡国专史料选辑》]

6 月 19 日(五月初六日) 徐治应先生之请,致函教育部部长陈立夫,请求对国专沪校予以经费接济,函中称及"唐校长耄年讲学,不惮艰辛,风雨鸡鸣,扶持正气"。

部长钧鉴:本年二月间,职在沪时晤无锡国学专修学校校长唐文治,据称"该校三十年度每月只由财政部迳拨补助费六百元,已深感竭蹶。太平洋战起,经费中断,而该校犹继续开办,以符部长作育人才之盛意。本学期学生因环境关系提先到校者只四十余人,函称已在途者百五十余人,教职员仍为十余人。而经费枯竭,来日大难,恳代呈部长乞于汇拨上海各校经费时惠予巨款接济,不胜感幸"云云。以职所知,唐校长耄年讲学,不惮艰辛,风雨鸡鸣,扶持正气。所请一节,敬乞钧裁。肃此代呈,虔颂钧安。职徐治谨上。卅一、六月十九日。

[徐治致陈立夫函(民国三十一年六月十九日),见《私立无锡国学专修学校有关经费文表》]

按: 教育部训令云"查该校本年经常补助费已由部拨叁万元,应在此款内酌量匀拨若干,汇该校上海补习部"。又此件上方注"此件寄桂林"。

6 月(五月) 先生门生胡端行之子、时任昆叙铁路副工程师的胡敬侃死于征战印缅战场的中国远征军撤回国内的途中。后先生作《胡生敬侃哀辞》《胡生敬侃衣冠墓记》。

　　腊月初旬，忽得及门粹士丧子凶问，耿兰之报，信而有征；时值固阴沍寒，凄惋者数日。

　　胡生敬侃，江苏太仓沙溪镇人，余及门弟子粹士之令嗣也。幼聪颖，翠竹碧梧，鸾鹤停峙。初毕业于交通大学，得机械工程学士，前赴苏格兰北英铁路公司实习两载；期满，又赴比国考克列而机车厂实习，旋取道法国至安南，入昆明，奉部派往叙昆路任工程师。壬午三月，又奉令赴缅甸接收路务。六月间，军事仓卒，窜身丛薄，饥渴颠踣，蒙犯瘴疠，竟病殁于缅印途次某山之巅，年仅三十有三。悲夫，悲夫！《礼》曰："天地之大也，人犹有所憾。"是以往者曾文正有《求阙斋记》，见天地间不能无缺憾，乃人事之常，莫可如何者也。以孔子大圣，尚遭伯鱼之变，气数之惨黩，又遑论其他乎！余既悲敬侃因公殒其身，而欲慰纯［粹］士西河之痛也，爰为辞以释其哀曰：

　　风云骕砀兮，惊世变之苍黄；猿鹤虫沙兮，又何论乎彭殇。昔延陵葬子嬴博兮，哀魂气往来而凄怆；叹王事之靡盬兮，乃于役于蛮疆。纪忠荩而垂志乘兮，庶名誉之有光。有子后来继述兮，愿生者其毋永伤。

　　　　　　　　（唐文治《胡生敬侃哀辞》，见《茹经堂文集四编》卷八）

　　民国三十二年夏五，余及门弟子胡生端行，持厥子敬侃被难状与《哭儿记》，垂涕来言曰："生家庭不幸，遭丧子之痛，迩者得友人孙君嘉禄来书，痛悉亡儿遗骸未埋，未由收骨，天地间愁惨事，无逾于此。八旬老母在堂，迄未将凶问告知。而九龄天畏孙知其事，则泣对生曰：'阿父尸棺不还乡，春秋扫墓将何之？'乡人闻之酸鼻，佥谓亡儿早岁就学之所，在本邑沙溪前第二高小学校故址隙地，盍筑衣冠墓以彰死绩。生然其言，拟他日藏其事，敢请夫子一言。"遂于邑不成声。余曰："止，子毋伤。曩者余作哀辞，以慰死者，兹复当作记以张之。"

　　　　　　　　（唐文治《胡生敬侃衣冠墓记》，见《茹经堂文集五编》卷六）

7 月 5 日（五月二十二日）　先生与国专桂校代理校长冯振联名上呈国民政府教育部部长，请求为由上海逃至国专桂校就读的两名学生赐发补助费。

私立无锡国学专修学校呈

　　教育部部长陈：按奉钧部三十一年渝字第○一一七号代电，内开"凡自港沪退出之学生，一律准许借读，免收各费，并列册报部，由部酌给补助"等因，奉此，查本校本期先后有由沪退出学生徐占馨、张公衍等二名到校借读。该生等间关万里，逃至后方，目前经济困乏异常，情殊可悯，除免费收容外，谨造具名册一份，呈报钧部，敬祈察核，并赐发补助费，以资救济，实为公便。谨呈。私立无锡国学专修学校校长唐文治(假) 教务主任、代理校长冯振。

[唐文治、冯振《呈报本校由沪退出学生徐占馨、张公衍等二人名册一份敬祈察核并赐发补助费由》,见《私立无锡国学专修学校有关经费文表(1937—1949)》]

按:教育部指令云"兹查该校仅收容二人,所请发给补助费,未便照准。"

又按:黄汉文《缅怀朱大可先生》(见《国学之声》总第 20、21 期)对徐占馨、张公衍转至国专桂校就读后的情况曾有所记载:"国专对每学期的全校作文竞赛非常重视。1940 秋季的冠军是江西来的一年级新生徐占馨同学。钱仲联先生曾以此激励二、三年级同学,并在办公室说,应归功一年级的教师。朱先生(按:指朱大可)表示,这位同学到校仅二月,我看还是应归功于他的中学老师,应为本校'后起有人'贺。我因校对《变风社诗录》,在办公室一隅,亲闻此言。日军侵入旧租界后,徐占馨与张公衍历尽艰辛到广西,在桂校毕业。"

7月下旬(六月中旬) 先生等人发起公祝丁福保六秩晋九寿辰,并定纪念办法。

八月三日为丁福保先生六秩晋九寿辰。先生一生,从不做寿,同人知之甚稔。丁兹时艰,尤当拥护其主张,为世楷式。惟念先生道德文章,举世共仰,年来致力救济事业,慈祥恺恻,尤为社会称颂。值兹古稀之年,实不能无所纪念,用特发起公祝。为贯彻先生不做寿之主张,特定纪念办法如下:(一)不做寿;(二)不发柬;(三)不设筵;(四)先生年来对于扶植青年,教养孤幼,最为致力,凡景仰先生、参加公祝者,寿仪一律请用现金,以便完全捐助《申报》读者助学金、《新闻报》贷学金及上海福幼院,藉宏先生愿力,而为诸公造福;(五)凡参加公祝者,概赠先生所著《怎样创造我的健康生活》一书。是书为先生五十年著述生活纪念,凡关于医学、文学、佛学之著述生活,及一切摄生与健康方法,均言之甚详。于先生不做寿之纪念中,得此纪念物,亦可为诸公欲致健康之一助,倘亦不背先生自寿寿人之意兴。代收助学金及捐款处:三马路望平街《申报》馆。发起人:唐文治、徐乾麟、闻兰亭、林康侯、沈恩孚、胡朴安、蒋竹庄、袁履登、陈春华、殷焕之、徐叔承、叶效良、娄观潮、张元甫、叶良让、施蕙亭、汪炳炎、董炳、黄警顽、钱齐灵、荣柏云、濮文彬、傅兴泉、聂云台、祝匡明、陈贵生、周瑞华、宁思宏、曹培灵、冯树锦、朱铭新、戴光化同启。

(《丁福保先生六秩晋九寿辰纪念启事》,见《申报》1942 年 7 月 26 日第 1 版)

按:《申报》1942 年 7 月 29 日第 4 版《丁福保氏寿辰贺仪报告》载先生致送贺仪一百元。

7 月（六月）　先生参加"私立南洋大学"第六次董事会议。

（1942 年）本月（7 月）　在敌伪压迫、经济断绝的危急下，学校召开第六次董事会会议。董事会主席唐文治、校长黎照寰及张廷金等董事到会。会议议决：学校不关门，校产要保全，在不被改组、不改变学校制度、保存办学宗旨的精神下，可以与汪伪教育部联系，继续办学。经费要有着落。讨论经费是否拒收，董事们认为这个钱不是汪伪方的，实系人民的钱，以人民的钱办人民的教学似无不可。学校也需要经费支撑。会议推举张廷金以代校长身份出面周旋，进行消极抵抗。

［上海交通大学校史编纂委员会编《上海交通大学纪事（1896—2005）》］

同月　无锡国专沪校民国三十年度第二学期毕业生毕业。其中陆汝挺毕业后，遵先生命，留在国专沪校秘书处工作。

先生（按：指唐文治）因秘书陆景周先生年迈，需培养接班人，汝挺国专毕业后，先生命留在秘书处工作。想当年，汝挺侍坐先生，深感先生年事虽高，但富有民主作风。常言："先民有言，询于刍荛。"办事遇问题，提出个人意见后，经常征询景周师和汝挺意见，最后作出决定。景周师谓先生从善如流，汝挺亦有同感。汝挺在先生培养和教育下，逐步能明辨是非，增长胆识。先生日常工作，常按事件缓急，开纪事单，办了一件，在事件上打一个圈；已办未了的加一点。先生有条不紊的工作方法曾传授给汝挺，汝挺奉为圭臬，终身受用无穷。来往公文、信件、文章、慈善事业，均分门别类，立簿本，留底稿，标年、月、日，以便查考。

［陆汝挺《回忆唐文治（蔚芝）先生二三事》］

8 月（七月）　宝山金巨山介绍孙寿熙、孙寿征、顾丽江、缪振董、高垣、费穆等来从先生受业。

八月间，宝山金君巨山介绍纱号孙君煜峰名寿熙、孙君邦瑞名寿征、采办事物所顾君丽江、缪君天行名振董、高君君藩名垣（高君吹万之哲嗣）、电影界费君敬庐名穆（孝行纯笃）来受业，每星期课以《论语大义》及《诗经大义》各一节，先朝掌故一节。

（唐文治著，唐庆诒补《茹经先生年谱续编·壬午七十八岁》）

父亲（按：指费穆）对于中国的诗词、古典文学作品特别喜爱，并且深有研究，虽然他的丰富学识大部分是由自学、自修而得来，但是有两位曾由父亲正式跪拜并执弟子礼的前辈对他影响极大。一位老先生原籍福州，可惜姓名已不可考，只知他根据自己同窗挚友林畏庐（即中国翻译名家林语堂的号）为父亲取名"敬庐";一位是原籍无锡、曾任上海交通大学校长的唐文治先生。据说父亲自幼就爱看书,每天晚上读到深夜,等床头的油灯烧干为止。

(费明仪《怀念父亲》,见《大公报》1983 年 8 月 12、13 日)

按:"林畏庐"非为林语堂,而是林纾。

同月 汪伪南京政府"教育部"强行接管上海交通大学,改名为"国立交通大学"。汪伪南京政府"教育部"派人劝说先生出任伪交大董事长(一说是就任校长),并要挟他签字同意,先生从容作答:"行年七八十,此字可不签矣!"抗战期间曾在国专沪校任教的夏承焘于 1975 年闻知此事后,为赋《南乡子》一阕,以颂赞先生的节行。

当时敌伪曾派人劝说先生(按:指唐文治)长伪交大,先生坚持民族气节,不为威逼利诱所动,严词拒绝。

[陆汝挺《回忆唐文治(蔚芝)先生二三事》]

然而先生(按:指唐文治)之政治表现更有不可及者……上海沦陷,交大迁渝,逆伪谋树沪校为幌子,请先生出任董事长。初先生并不悉其内幕,及来运动者一发言,先生即洞悉其狡计,不待高福扶持,起而离席,并以峻语斥之。建国以后,周予同先生以此见告,且描模其状。1954 年万国殡仪馆开吊,弟与朱东润先生同献花圈致敬,乃环视挽章,无有及其事者,朱翁深为诧异。1975 年夏承焘先生见访于北图,夏在 40 年代中期兼任国专教席,夫人似即为当时弟子,弟复以此事语之,夏乃为赋《南乡子》一阕……

(《鲍正鹄致王桐荪书》,见《国学之声》总第 12 期)

敌伪知道先生当时生活极为困难,企图利用他的资望,以威逼利诱的方法,要他出任上海伪交通大学校长;并故意散播空气,促他就范。当时,我风闻这种传说,曾约了在锡的几位同学徐友三、周达泉等具禀询问。先生接到我们的信,立即复书说:"确有人来诱说,余已婉言拒绝之。余虽贫困,岂求升斗之水,以效涸辙之鲋乎?望汝等持吾书以告无锡诸生。"

(许岱云《唐文治先生轶事几则》)

乙卯秋,遇鲍正鹄君于北京,承告唐茹经翁节行:抗战时日军占上海,欲激翁出任交通大学伪董事长,胁翁签字。翁生计方窘,顾从容答曰:"行年七八十,此字可不签矣!"拂袖不顾。余因忆希腊西塞罗语:凯撒欲杀一老人,老人不屈,问其何倚何恃,曰:倚我年老。余因名此阕曰《倚老吟》。

龙血战玄黄,初见江楼鬓已苍(龙血玄黄:《易经》:"龙战于野,其血玄黄。"江楼句:茹经翁在上海创办无锡国学专修学校,聘作者为兼任教师)。摸索能知

· 1020 ·

人几许，仓皇，别语匆匆未敢忘（摸索句：茹经翁久失明）。　晚节挺风霜，饘粥生涯歌慨慷。惊倒胡儿三两语，光芒！合向坟头篆数行。

（夏承焘《南乡子》，见《夏承焘词集》）

秋　无锡国专沪校事务主任卢景纯辞职，聘请教务主任王蘧常兼任。聘请陈养浩为训育员。又会计员王友乾辞职，聘请张仲礼继任。（据唐文治著，唐庆诒补《茹经先生年谱续编·壬午七十八岁》）

我从中学毕业开始，经常晚上工作到很晚。白天教中学，大学毕业以后大学也教，像打浦桥那里的上海法政学院，我曾经去教过英文。有的时候一天要教三个地方的课，从早晨、下午一直到晚上，回到家里就是睡睡觉，连吃饭也在外面。我自己买了一辆自行车。没有自行车，一天要跑三个地方上课根本来不及。你想，我住在虹口，市西中学在愚园路，上海法政学院在打浦桥，育才、格致在石门二路。那么多的路啊。当时是非常时期，像格致、育才两个学堂并在一起上课，所以我有这个条件，上午在这个学校教，下午在另外一个学校教。时间排得很满，中午没有午休。有的时候，我中午还要到无锡国专去，就是我院历史所汤志钧读过的学校。我帮他们管账，管会计。那个时候，后来复旦的胡曲园啦，蔡尚思啦，都在那边教书，他们的工资都是我开的。我一般都是中午到那边去，一边吃饭，一边做账，做得很快，那个时候做账简单。他们学校另外有一个事务员。如果我不在校的时候教职员工要领工资，我就托他把钱发给他们。

（张仲礼口述，施扣柱整理《张仲礼先生回忆录》）

秋　为先生"重晏鹿鸣之期"，先生作《辞贺重宴鹿鸣文》以告诸执友："曷若移称庆之举，为任恤之方乎。"诸执友皆通函或赋诗道贺。先生则将友人作为贺礼的棉衣票二十五套散发太仓，救济贫民。

本年秋，为余重晏鹿鸣之期，诸执友皆通函或赋诗道贺。西安友人王幼农兄亦寄诗来，厚意可感。而浏河张君纶卿赠余棉衣票二十五套，作为贺礼。散发太仓，救济贫民，当即请钱君诵三遣人来沪运太，仁德热心，尤可钦佩。

（唐文治著，唐庆诒补《茹经先生年谱续编·壬午七十八岁》）

文治蒙先人余荫，忝窃科第，光绪八年壬午，随先大夫赴金陵省试，即幸获售，时年十八，忽忽六十年。届重宴鹿鸣之期，诸执友相与称贺，佥谓：吾乡惟王藻儒相国曾邀此典，后无闻焉。爰举以相况，且集赀，为悬匾于明伦堂，以表纪念。嗟乎！相国晚年虽失意，然值康熙全盛之时，闾阎康乐，百姓雍熙，行此礼宜也。今科举废弃久矣，鸿嗷中野，鱼潜深渊，极目数千里，道殣相望。于斯时而称贺，私心弥抱不安矣。无以，有一言为知己告：先大夫常训文治曰："凡一身一家，无历二三十年而不变者，然变而衰落者居多。惟有积善，可以永久。"文治谨宝斯言，兢兢惕厉。兹者世变多故，正为善不可失之时机。《诗》曰："维桑与梓，必恭敬止。"吾邑太仓素称瘠苦之区，自丁丑以来，飞鸟以凶，民居如毁，父母冻饿，兄弟妻子离散，城区可见者如此，推诸各乡，其苦更不知何；一邑如此，推诸全省、全国，其苦更不知何。言念及此，不禁悄然以悲，清焉以泣。曷若移称庆之举，为任恤之方乎？幸哉，邑中有善士钱诵三诸君，设立粥厂，自庚辰冬迄辛巳、壬午，中无间断。其始回乡饥民就食约五百人，至今岁夏增至七百三十余人。文治忝与劝募之列，惟劝募有时而绌。倘时局不定，则今岁冬赈之能办与否，尚在不可知之数。区区此心，日夜焦灼。惟愿我积善会诸同人相与匡扶，一面分途募款，集腋成裘，一面选择饥民中力能工作者，为筹生计，庶几治本治标，两得其道。功德之隆，不较优于典礼乎？

（唐文治《辞贺重宴鹿鸣文》，见《茹经堂文集五编》卷二）

天笃鸿儒事大难，斯人奚止振文坛。硬黄报帖寻常极，遂作卿云纠缦观。
人伦师表老尚书，弱岁曾赓苹野初。六十年来天地闭，题名今更重璠瑜。
我本疏狂非世情，卅年前已薄科名。对兹不敢轻相视，中有传经汉伏生。
藏得登科捷报音，旧家安定我尤钦。蔼然能见承平象，此是先朝掌故林。

（高燮《唐茹经先生于今秋鹿鸣重宴，其门下士胡君端行出旧藏光绪壬午先生乡举报帖征题，敬赋四绝》，见《高燮集》）

弇山之秀，娄水之祥。笃生名世，邦家之光。觥觥夫子，华胄晋阳。世家荆川，庭训义方。桴亭绍宗，文贞心传。十六采芹，黉舍声宣。十八攀桂，棘闱称贤。南菁誉满，瑞安钻坚。南宫报捷，农曹赞新。早掇巍科，雷雨经纶。历跻卿贰，师儒名臣。英轺随使，列国咨询。超擢京堂，倜傥英姿。职兼译署，润色摛辞。浡升侍尚，云路驱驰。不爱一钱，天语心知。商会奏立，德行置邮。中枢倚畀，克壮厥猷。都讲上庠，四方从游。一十五年，竹箭尽收。掌教国学，已越廿载。卫道尊经，多士津逮。东林嗣音，风雨如晦。杏坛承徽，儒林泰岱。思乐重赓，美谈早迈。重宴鹿鸣，更播佳话。娄历明清，盛所未届。孝友传家，洛闽学派。仁心仁术，邦国矜式。泛粟输金，鸿嗷戢翼。涑水汾阳，媲美无极。聪明寿考，好是懿德。小子无似，门墙忝列。欣逢盛典，爵跃情烈。桂树冬荣，黄花晚节。谨贡芜词，同庆心结。转眴杖朝，寿觞再献。重宴琼林，伏生晋健。松柏长春，芝兰馨畹。载庆眉寿，嘉乐宪宪。

（何芸孙《唐蔚芝夫子壬午重宴鹿鸣颂词》，见《小说月报》第29期）

冯陈不作朱王逝（老友梦华、散原、古微、聘三，皆壬午乡举），鹿宴重逢尚有君。留得江南书种子,始知天未丧斯文。

忙过槐黄造榜天,后先同上孝廉船(余乙亥得举,先君七年)。蟾官织就登科记,庚蟀匆匆六十年。

帖子泥金认墨痕,捷书夜到重师门。寻常一纸球图贵,科举虽停故实存。

(陈夔龙《蔚芝仁兄重赋鹿鸣,当年报帖犹存,诗以志美》,见《大众》1943年第 8 期)

卅年前已坐春风,吾道相期在大同。不薄小康三代近,独研精义五经穷。愿为尧舜人皆可,宁让耶回教日隆。余事科名如拾芥,是翁未壮早称雄。

[沈恩孚《唐蔚芝(文治)与宴鹿鸣后周一花甲矣,赋此致贺》,见《沈信卿先生文集》]

11 月 25 日(十月十八日) 约在 10 月、11 月间先生患摄护腺(按:前列腺旧称)炎,本日动手术。

十月初,余忽患癃闭症。始而小便不通,继则点滴流出。表侄朱继莘介绍泌尿科专家陈君邦典来诊治。邦典为嘉定同乡仲达先生之世兄,谓系膀胱炎,遂入体仁医院,内子陪往。陈君谓须割去摄护腺,惟恐流血过多,老年不能支持,乃施用小手术,使小便改道。住医院一月回寓,虽无大痛苦,然改道后皮管不能离身,诸多不便,亦无可如何也。

(唐文治著,唐庆诒补《茹经先生年谱续编·壬午七十八岁》)

回忆壬午之冬,余患膀胱炎证,君(按:指张大诚)在济生会为余恳切祈祷。泊余渐愈出医院,君喜形于色,余感激不去怀。

(唐文治《太仓张君纶卿家传》,见《茹经堂文集五编》卷六)

按:先生尚有《壬午九月患膀胱证自述(附陈邦典医师治疗方法)》(见《茹经堂文集五编》卷一)详记其事。

民国三十一年,四十五岁……十一月初旬,吾父身体不适。初胸膈间剧痛,后转入腹部,小便不能收束,并略有寒热。朱继莘表兄介绍陈邦典医生诊视,断定为摄护腺炎,膀胱内积尿有二磅之多,若不抽出,恐将中毒。

十一月十二日,吾父进体仁医院,抽尿数次。陈医生云:倘将摄护腺取去,恐年老体力不支,不如改道为宜。二十五日,陈医生施用手术,在脐下开一孔,用橡皮管通入膀胱,使小便改道,经过情形颇佳。惟此后每日须洗涤膀胱,每半月须换皮管一次,行动不便,亦老年苦况也。

(唐庆诒《忆往录》)

本年 太仓粥厂改施粥为放米,略为节省,同乡报告口碑颇佳。先生并托人分

赴浏河、浮桥、杨林、七鸦各处散放冬赈。(据唐文治著,唐庆诒补《茹经先生年谱续编·壬午七十八岁》)

本年　金松岑作《海上七君子诗》,其咏先生之一首,颂赞先生"蒙难矢坚贞,义利森巨防"。

道学性矜严,夫子独清旷。儒门守家法,斯人老恢宕。南菁弟子籍,子颜谁当抗?匪缘齿爵高,气志老弥王。我来迟十秩,与子绝辈行。制诏特科开,轺车荐牍贶。朝政有反覆,吾行绝倚傍。考古无成业,论兵气犹壮。百里同讲学,三度梁溪访。劝子广门庭,恢拓大儒量。子工大觚饮,冯陈亦奔放。酒令新意多,高歌自引吭。奇思虽满腹,两目困瞖障。妖氛海上来,东南气凋丧。扶掖窜江湖,万里归无恙。豪饮不如前,须鬓仍旧状。闵乱纷涕洟,讲道设帷帐。蒙难矢坚贞,义利森巨防。可惜游杨徒,屈节负时谤。子里儒先多,桴亭式瞻望。卜宅傍东林,风骨老犹兀。

[金天羽《海上七君子诗·太仓唐蔚芝(文治)》,见《天放楼诗文集·天放楼诗集》卷二十]

按:《天放楼诗集》中此诗置于壬午年,即1942年,《天放楼诗文集》之附录五《金松岑先生年谱简编》亦于1942年中记:"此年,先生有《海上七君子诗》,怀唐文治、钟天静、冒广生、高燮、吕思勉、邓散木、胡嘉言。"冒怀苏编著《冒鹤亭先生年谱》将此事系于1945年,误。

1943年(癸未　民国三十二年)　79岁

2月21日(正月十七日)　蒋介石以侍秘字第16118号代电致教育部部长陈立夫,因先生"毕生办学,晚节清高","已去电慰问,并致救济费叁万元交该部转汇"。同时指示教育部,"所请资送该沪分校师生内移一节,即希核办"。

> 教育部陈部长:据转呈国立编译馆编审侯塝等签呈,悉唐蔚芝先生毕生办学,晚节清高,良堪矜式。除已去电慰问,并致救济费叁万元交该部转汇外,所请资送该沪分校师生内移一节,即希核办为要。中正。丑箇侍秘。中华民国三十二年二月二十二日发。

> [《国民政府军事委员会代电》(侍秘字第16118号,中华民国三十二年二月二十二日),见《私立无锡国学专科[修]学校教职员任免、资格审查等人事文件(1938—1944)》]

2月(正月)　无锡国专沪校开学,为学生讲授《论语》与读文、作文法。孙寿熙等人仍来听讲,每星期二节。

> 本年岁朝立春,且在子正交春,极为难得,太平其有望乎。正月开学,学生实到者百余人,余仍授《论语》与读文作文法。孙君煜峰等仍来听讲,每星期二节。余为编《读易入门》,接讲《周易消息大义》。其中《学易反身录》于修己治人之道最为切近,不可不熟读也。

> (唐文治著,唐庆诒补《茹经先生年谱续编·癸未七十九岁》)

3月6日(二月初一日)　先生与国专桂校代理校长冯振联名备文呈报教育部部长陈立夫,因该校文书专修科需要扩充,请求增拨扩充经费十四万四千六百十元,后教育部指令"本年该专修科无庸扩充招生"。

私立无锡国学专修学校呈

> 教育部部长陈:按查本校于三十一年四月奉钧部高字第一四五一一号训令,设置二年制文书专修科,以养成应用人才。业经遵令,拟具计划书及课程纲要,呈准于三十一年秋季招收新生一班在案。创办以来,各界人士或致函称誉,或莅校嘉许,咸认部令本校培养此项人才,最切合当前社会需要,应急谋扩充,以供需求。爰经校务会议议决,呈请钧部,准予继续招收新生,衔接班次。

惟本校现有校舍,仅敷目前应用;续招新生,自需添建校舍,购置用具,增聘教职员。计除钧部原已核定文书专修科一班每年补助费伍万伍仟元,已因物价腾涨,超出预算甚巨外,盖以扩充之需,总计全年不足之数壹拾肆万肆仟陆伯壹拾元。以目前本校经费之奇绌,实无余力负担。然既不愿违钧部培养应用人才之旨,又不欲负各界人民期许之意,用特拟具扩充文书专修科计划书一份,呈送钧部,敬祈察核,赐予增拨扩充文书科经费壹拾肆万肆仟陆伯壹拾元,以利进行,实为公便。谨呈。私立无锡国学专修学校校长唐文治　教务主任、代理校长冯振。中华民国三十二年三月六日发。

[唐文治,冯振《呈为恳予增拨文书专修科经费壹拾肆万肆仟陆伯壹拾元以资扩充由》(民国三十二年三月六日),见《私立无锡国学专修学校有关经费文表》]

按:此件后附《私立无锡国学专修学校文书专修科扩充计划书(三十一年三月)》一份。后教育部指令云:"本年该专修科无庸扩充招生。"

4月7日(三月初三日)　先生与国专桂校代理校长冯振联名备文呈报教育部部长陈立夫,称将于教育部核定国专桂校扩充文书专修科计划并增拨经费后"始行编造预算"。

私立无锡国学专修学校呈教育部部长陈:按奉钧部本年三月十日高字一一三三四号代电,内开"兹支配该校附设文书专修科一班经费四万五千元,除函请财政部饬库迳行拨款外,合行电仰知照,并应编造预算七份呈报核转"等因,奉此,本应即行遵办,惟本校关于文书专修科之设,因各方人士纷函嘉许,促谋扩充,以应急需。业经拟具扩充文书专修科计划书一份,于本年三月六日以桂字第一九八号呈文呈送钧部在案,拟俟指令核定该项计划、增拨经费后,始行编造预算。理合具文呈明,敬祈察核。谨呈。私立无锡国学专修学校校长唐文治(假)　教务主任、代理校长冯振。民国三十二年四月七日发。

[唐文治,冯振《呈请准予钧部核定扩充文书专修科计划增拨经费后始行编造预算由》,见《私立无锡国学专修学校有关经费文表(1937—1949)》]

按:教育部指令云:"仍仰照前令办理,并编造预算呈核。"

同日　为上巳节。先生应金其源之召,赴海滨修禊雅集,并摄影留念。因照片上70岁以上者有9人,故题为《海滨九老图》。后先生作《海滨禊修图记》。

甲申七月,炎暑初消,野马尘埃,烦襟尽涤。宝山同乡巨山金先生以《海滨修禊图》并题咏见示,盖癸未上巳良辰摄影,旋倩画师邹慕康先生为之布景者。巨山而外,有若俞寿田、许鲁山、沈信卿、田鲁渔、孙沧叟、冒鹤亭、戴伯寅、闵瑞之、高吹万、陈葆初诸先生，或精刚道德，或扬厉政治，或闳富文章，皆一时杰出之士也。余以樗材，滥厕其列，滋足愧焉……同人佥曰：知己欢聚，不啻家庭乐事。于是葆初先生文郎鲁生、瑞之先生文孙云龙、巨山先生文孙广平，亦倩画师加入，可谓佳话矣。余维晋陶靖节先生与唐白香山先生均有香火社，宋文潞公有耆英会，明季吾娄有陆尊道、陈安道十老会，尚巳兹图，步武前贤，而并有家庭祖孙父子之乐，令人孝弟友爱之心，油然自生，则又别开生面者也。余愧不能诗，谨缀记言，附诸卷末，数十年后必有展是图而兴起者，非第为一时掌故而已也。

（唐文治《海滨修禊图记》，见《茹经堂文集五编》卷六）

　　二月，金巨山招同俞寿田等九人宴饮，先生（按：指冒广生）赴之。后先生作《癸未上巳，金巨山招同俞寿田、许鲁山、田鲁渔、沈信卿、唐蔚芝、孙沧叟、戴伯寅、闵瑞之宴集沪江别墅，皆年在七十外者。作海滨九老图，巨山首成五古，依韵奉和，并柬在座高吹万、陈葆初两公》，高吹万作《癸未上巳，海滨修禊雅集摄影，为金巨山所邀集，而陈君葆初及余亦荷招陪末座。主人金君赋诗为倡，已得冒叟疚斋、田叟鲁渔依元韵和之，余亦效颦，奉次一首》。按：俞寿田年八十一、许鲁山年八十一、沈信卿年八十、田鲁渔年八十、唐蔚芝年七十九、孙沧叟年七十七、先生年七十一、戴伯寅年七十一、闵瑞之年七十，是为《海滨九老图》（摄影）。

（冒怀苏编著《冒鹤亭先生年谱·癸未七十一岁》）

　　昔岁聿在丁，我来自胥浦。忽忽仅六年，念之等上古。河山半破碎，借问谁为主。修禊蹉三三，望治期五五。笔老足扛鼎，谁言非孔武。并力乃得九，无重不可取。矧复一座中，英彦之所府。岂惟风雅宗，茶经与酒谱。或为人中龙，或为文中虎。且共威风游，勿遽怒蛙鼓。何妨静待时，抱膝吟梁父。爱客遇仁山，大老群集沪。矞云起海滨，知是寿星聚。九老尽故人，我愿为夹辅。仲举亦旧交，合傍中流柱。香山邦国型，兰亭翰墨祖。维兹图中叟，挥毫五色吐。若云被不祥，即代柯与鈇。

（高燮《癸未上巳，海滨修禊雅集摄影，为金巨山所邀集，而陈君葆初及余亦荷招陪末座。主人金君赋诗为倡，已得冒叟疚斋、田叟鲁渔依元韵和之，余亦效颦，奉次一首，按此摄影共十二人，内七十以上者九人，故名九老图》，见《高燮集》）

　　按： 高燮还作有《题九老图，仿杜工部饮中八仙歌体》，其中写先生之一绝云："茹经尚书今丘明，神光内照心不盲。著书讲学排酒兵，豪情突过双莹晴。"

5 月 2 日(三月二十八日) 先生等人发起公祝沈恩孚八十寿辰筹备会,并决定将寿仪移充鸿英图书馆经费。

国历六月一日,为教界耆宿、吴县沈信卿先生八秩寿辰,本市各界名流唐蔚芝、陈陶遗、钱名山、蒋竹庄、丁福保、林康侯、冯炳南、闻兰亭、袁履登、叶贡山、江上达、张一鹏、陈彬龢、潘仰尧、朱吟江、许秋帆、吴蕴斋、徐寄庼、叶扶霄等八十余人,以先生道德文章,举世共仰,生平致力教育文化事业,值兹八十大年,不能无所纪念。特发起公祝,昨日下午于鸿英图书馆开公祝沈寿筹备会,公推蒋竹庄、林康侯、陈彬龢、朱吟江、张一鹏为筹备主任。佥以先生生平不祝寿,而近年所萦心者,惟鸿英图书馆之维持,爰以先生之志为志,将寿仪移充馆费。闻代收寿仪处为:金城、上海、四行储蓄会,新华、大华各银行。兹录其恭祝沈信卿先生八十大寿启于后:

中华民国三十二年六月一日,为沈信卿先生八秩览揆之辰,同人等相与谋所以为先生寿者。窃以先生平生伟业,厥维教育。当甲午以还,国中先觉咸知蠥国大原在于无学。先生虽膺乡荐,弗乐仕进,通经术以蕲致用,议时务而为俊杰,一时言论丰采,士林仰望。会清廷下诏兴学,乃倡议以凤所藏修之龙门书院改设学堂,同志联□奉派东游,考察既归,师节遂立。盖四十年前名满海内之苏松太道立龙门师范学校者,先生实其间创造之一人,而第一任之监督也。洎国体变更,先生初则入赞督幕,主司民政,澄清吏治,规画实业,于全省学校,更督科整理,厘定等级,尽分性质,省县公私系统秩然,教育行政绩冠各省。嗣选任省教育会专职,主干会务,致力研究各科讲座,岁必一举,乃至再三,全省学界,仰如斗山,教育当涂,奉为圭臬,如是者有年。甲子年,先生与知友数人,创设人文图书馆,故闽绅叶鸿英先生见而大赏之,特捐助基金,乃改今名。教育上之地望,盖与学校并重焉。而馆中之特色,允在广罗报章杂志,凡朝章国故、政教号令、兵刑礼乐、水利农田,罔不分别部居,加以裁剪,牙签万轴,若网在纲,下供学人□考之资,上备史氏采录之选。先生久长馆事,每日从公,虽风雨寒暑,亦无少间,即战事既起,亦一仍旧贯,督厉所属,程工不辍。先生尝有友自内地贻书云:吾知公近日体力较逊,不欲与公多谈馆事,而吾公来书辄语馆事不休,是则先生之于馆,其用心其致力可见一斑矣。顾先生体力虽逊,而精神独强,爱国雄心,老而弥笃,□□世事,绝不悲观,或见之谈论,或发为诗篇,不知者以为犹有童心,其知者以为不知老至。自储备券以二折一而基金减其半,先生于馆事,乃日以增加经费为希望,而心愈热矣。迨来畏天命、闵人穷,复创设融五讲经社及孔圣学会,意在融通五教,共进大同,究天人相与之

际，明治乱消长之由，苦口谆谆，听者神王。盖先生之心，不徒以教育救国，且
欲以教育救世，针砭末俗，深切著明，固非遁迹于希微者所可同日语也。今先
生年八十矣，同人等既有介寿之意，先生则以生平不祝寿为辞。佥曰："先生之
心力，既属鸿英图书馆，则馆务之发扬光大，先生之志也。曷不以先生之志为
志，藉南极之辉光，增百城之声价，移嘉宾之觞酒，助后学之津梁？以此多仪藉
充馆费，俾馆事赖以维持，寿□寿人，长留纪念。"敬□此议，婉陈于先生之前，
乃蒙先生之首肯焉。爰由同人先行筹备，恭疏短引，略述原由，奉告并世贤达，
其有敬仰先生□热心教育文化者，谅必乐予赞同，□弗吝赐教也钦。

（《祝沈信卿先生八秩寿辰》，见《申报》1943 年 5 月 3 日第 4 版）

5 月 5 日（四月初二日）　先生与国专桂校代理校长冯振联名致呈教育部部长
陈立夫，报送《私立专科以上学校补助费案设施计划》等表册三份。

私立无锡国学专修学校呈

教育部部长陈：按奉钧部本年四月高字第一六二八四号令，略开"查三十
二年度私立专科以上学校补助费总额，经奉行政院核定，业由本部召开审查委
员会审议，分配该校本年度补助费数额，经核定计四万元，应依照规定表式，拟
具详细设施计划呈报"等因，奉此，兹谨造具本校三十二年度补助费案设施计
划及添置设备清册、教职员生活津贴清册共三份，呈报钧部，敬祈察核，谨呈。
私立无锡国学专修学校校长唐文治（假）　教务主任、代理校长冯振。民国三
十二年五月五日发。

[唐文治、冯振《呈报三十二年度本校补助费案设施计划及添置设备清册、
教职员生活津贴清册敬祈察核由》，见《私立无锡国学专修学校有关经费文表
（1937—1949）》]

按：教育部指令云"准予备查"。此件后附有《私立专科以上学校补助费案设
施计划》《私立无锡国学专修学校补助费添置设备清册》（三十二年度）、《私立无锡
国学专修学校补助费教职员生活津贴清册》（三十二年度）三表。

5 月 13 日（四月初十日）　先生与无锡国专桂校代校长冯振联名呈文教育部
部长陈立夫，"呈复本校补习部师生情形并拟恳拨十万元，由校派员赴沪资助内
迁"，并拟派人到国专沪校商议具体内迁办法。教育部接呈文后指令，支持上海"补
习部"内迁并"拟准拨该校沪分校员生内迁费五万元"。但此事后来未能实行。

私立无锡国学专修学校呈

教育部部长陈：按奉钧部三十二年三月二十日高字一三七九八训令，内
开"本部前据侯墭、张寿贤等签请核给该校校长唐蔚芝救济费一案，经将原呈

转呈蒋兼院长核办。顷奉蒋兼院长三十二年二月廿一日侍秘字第一六一一八号代电,内开'据转呈国立编译馆编审侯墀等签呈悉,唐蔚芝先生毕生办学,晚节清高,良堪矜式。除已去电慰问,并致救济费三万元交该部转汇外,所请资送该沪分校师生内移一节,即希核办为要'等因,奉此,并附三万元支票一份到部。除呈复并饬原签呈人张寿贤领款设法转给外,合令仰查明该沪分校师生情形,并拟具内移办法呈部,以凭核办,此令"等因,奉此,查本校上海补习部据三十年十月函告,有教职员三十人,学生百八十人。自太平洋事变后,消息时断时续,员生多少,因敌伪检查邮电甚严,致未能于函件中获知明确数字。惟据可靠方面消息,现有教职员约二十人,学生约八十人。虽生活清苦,仍能坚持清操,弦诵不辍。至内移办法:(一)本校拟于最短期内派员间道赴沪调查实况,办理内迁事宜;(二)内迁费用,教职员每人暂以三千元计,学生以千五百元计,估计实能内迁之教职员为十人,学生为四十人计,需款九万元之谱;加以派员一人赴沪,往还旅费及临时特别费用约一万元,拟恳钧部暂时赐拨国币十万元,以资应用。待办理竣事后,据实报销。如有不足,仍请钧部酌量补发。是否可行,敬祈指令示遵。谨呈。私立无锡国学专修学校校长唐文治(假)教务主任、代理校长冯振(民国三十二年五月十三日发)。

[唐文治、冯振《呈覆本校上海补习部师生情形并拟恳拨款十万元由校派员赴沪资助内迁由》(民国三十二年五月十三日),见《私立无锡国学专修学校有关经费文表》]

按:教育部指令:"准拨伍万元,为该校上海补习部师生内迁补助费,即以此款为限,酌定内迁人数,款到仰补据报覆。"

太平洋战争爆发,日本进入租界后,国专沪校直接面对汪伪的纠缠,唐文治自己甚至受到日伪的威逼利诱,要他出任伪交通大学董事长,唐文治坚决予以拒绝。为了更好地保护学校和教职员工,唐文治曾有过将沪校迁移出上海的打算,为此特向重庆教育部报告并请求经费等支持。由于沪校处于汪伪政府的严密监视之下,来往文书都由桂校代递,冯振在1943年5月13日呈文教育部,"呈覆本校补习部师生情形并拟恳拨十万元由校派员赴沪资助内迁",并拟派人到国专沪校商议具体内迁办法。而教育部指令,支持上海"补习部"内迁,并准予"拟准拨该校沪分校员生内迁费五万元"。估计后来由于战争形势较为复杂、交通不畅之因,沪校内迁遂作罢。

(吴湉南《无锡国专与现代国学教育》)

计划内迁既未果,不久,国专沪校决定将校名恢复为最初的"国学专修馆"的名称。

本校仍复名国学专修馆,仍请王生瑗仲为教务主任,陈君养浩为训育员,张君仲礼为会计员。惟经费拮据,幸金城银行吴蕴斋先生为补助一万元,可感之至。

(唐文治著,唐庆诒补《茹经先生年谱续编·癸未七十九岁》)

汪伪时期,先生和王蘧常教务长在上海主持的无锡国学专修学校改为私塾,用旧国学专修馆名义,避免向敌伪登记,拒不接受伪教育部经费。靠学费收入,支撑十分艰巨,但先生撙节开支,使学校始终弦歌不辍。

[陆汝挺《回忆唐文治(蔚芝)先生二三事》]

按: 据吴湉南《无锡国专与现代国学教育》载:"从有关档案看,在日军尚未侵入租界前,汪伪政府教育部已开始着手调查租界内的所有学校数目了。1939 年一直到 1945 年,汪伪当局一直在为如何能够让租界内的学校,尤其是专科以上学校备案而头痛。"如前所述,国专沪校复名为"国学专修馆",就是为了避免向敌伪登记。至"一九四四年三月,经过几年周折,汪伪政府教育部的学校立案登记工作总算取得了一定'成效',相关档案显示,上海租界的私立大专院校向其登记立案的有'震旦大学等十三校,未填报者尚有十一校'"。而在这十一所未登记立案的学校中就有国专沪校。

5 月 24 日(四月二十一日)　蒋介石以侍秘字第 17625 号代电致教育部部长陈立夫,内云:"查该校自唐蔚芝先生创办以来,已往尚有相当成绩,希即由部特予设法维持为要。"

　　教育部陈部长:据私立无锡国学专科学校校董会董事长李济深呈,略称"本校现于桂林附郭建筑校舍,拟请本发扬国学恢弘儒术之旨,赐予提倡,锡以巨款,俾资扩充,则垂绝国学得庆重光,教育前途至深利赖"等语。查该校自唐蔚芝先生创办以来,已往尚有相当成绩,希即由部特予设法维持为要。中正。辰敬侍秘。中华民国三十二年五月二十四日。

[《代电》,见《私立无锡国学专修学校有关经费文表(1937—1949)》]

按: 陈立夫复函云:"至该校建筑校舍,请再拨款补助一节,拟俟该校将建筑计划及图样呈送到部后,再作核办。"

5 月 28 日(四月二十五日)　先生与国专桂校代理校长冯振联名呈电教育部部长陈立夫,请求准予续招国专桂校文书专修科新生,以应社会需用。

私立无锡国学专修学校呈(桂字第二五一号)

　　教育部部长陈:案奉钧部本年五月八日(高字二二八三六号)指令,略开"查本部于上年度指定该校设置文书专修科,训练学生五十名。经核定开办,经常费四万元,嗣准追加一万元。本年度请核定该专修科经常费四万五千元,业经列入预算,无从增加。本年该专修科无庸扩充招生,仰即遵照,此令"等因,奉此,原应遵办。始本校自奉令设置文书专修科以来,各界人士或致函嘉许,或莅校参观,莫不以秉承钧部之旨培养实用人才、改良文书之责相勉,以故本校现照多方计划,务得充实图书,广延师资,谋逐步之改进。如本年即行停止招生,非特无以应社会之需求,即班级中断,原有学生程度较低,此亦无法出降留用。特函呈钧部,敬恳准予继续招生。至经费一项,拟将本年度文书专修科新生与国学专修科生同样征收学米,聊资挹注等,不足之数,本年度仍恳钧部量予补助,至三十三年度,再请列入预算,是否可行,尚祈指令示遵。谨呈。校长唐文治(假) 教务主任、代理校长冯振。中华民国三十二年五月二十八日。

　　[唐文治、冯振《呈教育部电文(呈恳准予续招文书专修科新生以应社会需用由)》,见陈国安等编《无锡国专史料选辑》]

5月(四月) 先生应邀为无锡私立怀仁中学校题"博爱"二字为校训。

　　1943年,请原清末农工商部(署理)尚书、无锡国学专修馆馆长唐文治题"博爱"两字为校训。

　　　　　　　　　　　　　　　　　　　　　　(怀仁中学校史展)

　　按:怀仁中学校史展中有一"蔚芝唐文治识、名山钱振锽书"的"博爱"匾额,"博爱"两字后并有一段先生所撰跋语:"锡邑北乡怀仁中学,创办有年。癸未孟夏,校长陈伯瑜介严生古津来征题。余维君子体仁足以长人,校名怀仁,任重道远。韩子云:'博爱之谓仁。'诸生其谨守之哉。"

8月16日(七月十六日) 先生与冯振联名致呈教育部部长陈立夫,报送文书专修科预算书,并请求将文书专修科全年经费之不足之数如数续拨。

私立无锡国学专修学校呈

　　教育部部长陈:按奉本年三月十日高字一一三三四号代电,内开"兹支配该校附设文书专修科一班全年经费四万伍千元,除函请财政部饬库迳行拨款外,合行电仰知照,并应编造预算七份呈报核转",嗣奉钧部高字三○二二五号指令,内开"三十二年四月七日桂字第二一五号呈一件,为呈请准予俟钧部核定扩充文书专修科计划增拨经费后,始行编造预算由。呈悉。查此案前据该校来呈,业于本年五月八日以高字第二二八三六号指令,饬本年无庸续招文书专修科新生在案,仍仰遵照前令办理,并编造预算呈核,此令"等因,奉此,兹谨编造本年度文书专修科预算书七份呈核。惟近来物价激增,一二月中竟涨至数倍。所造预算，均属最低数额，省无可省。但除已准拨四万五千元外，尚不足捌万玖仟肆佰元，仍恳钧部体恤艰困，将不足之数捌万玖仟肆佰元如数赐拨，以资维持而利教育，无任感祷。谨呈。私立无锡国学专修学校校长唐文治（假） 教务主任、代理校长冯振。民国三十二年八月十六日发。

[唐文治、冯振《呈报文书专修科预算书敬恳体恤艰困续拨不足之数捌万玖仟肆佰元以资维持由》，见《私立无锡国学专修学校有关经费文表（1937—1949）》]

按：教育部指令"准予备查"。

8 月 29 日（七月二十九日） 先生与国专桂校代理校长冯振联名致呈教育部部长陈立夫，请求增拨常年补助费二十万元。

私立无锡国学专修学校呈

教育部部长陈：按查钧部三十一年四月十八日高字第一四五〇号训令，本校三十一年度经常补助费，经行政院核定为三万元，又钧部于同年月日高字第一四五一号训令，本校文书专修科全年经费核定为四万元，后又增加壹万五仟元，全校共八万五仟元。又查钧部三十二年四月高字第一六二八四号训令，本校本年度经常补助费，经行政院核定为四万元。又钧部于同月十日高字第一一三三四号训令，本校文书专修科全年经费核定为四万五千元，合计仍为八万五仟元。自去春迄今，物价已激增至五倍以上。目下各物仍呈继涨之势，而钧部补助一如去年，出入相衡，不足甚巨。倘不赐予救济，今后计划之实施、教职员之生活，俱将无法维持。除文书专修科经费已另电呈请增拨外，经常补助费一项，敬恳增拨二十万元，俾资维持而利教育，不胜感祷。谨呈。私立无锡国学专修学校校长唐文治（假） 教务主任、代理校长冯振。民国三十二年八月二十九日发。

[唐文治、冯振《呈为物价腾涨恳请赐予增拨本校本年度补助费俾资维持由》，见《私立无锡国学专修学校有关经费文表（1937—1949）》]

按：教育部就上引两项呈文一并指令云："查本年度经费及补助费已分配无余，所请增拨文书专修科经费及本年度补助费一节，未便照准。"

8 月（七月） 国专沪校开学，先生为学生授课两节，一为《孝经大义》，一为《国文大义》。（据唐文治著，唐庆诒补《茹经先生年谱续编·癸未七十九岁》）

仲秋 先生为国专沪校学生黄汉文家藏明代名臣杨继盛五绝诗手迹作《明杨椒山先生手迹跋》，"用以自励，并勖汉文与后来学者养浩然正气，以擎天柱而张地维"。

呜呼！正气之在天下，曷尝一日息哉！自孔子作《易·坤卦·文言传》揭正直之训,孟子发明浩然之气,至大至刚,配义与道,于是气节之士,史不绝书。宋文文山先生作《正气歌》,立万世纲常名教大防,千载下为之歌泣。明杨椒山先生遥承信国,气壮山河,开左忠毅、史忠正诸公之先。读《乾坤正气集》,廉顽立懦,岂非圣贤所谓"成仁""取义"者哉!余少时应春明试赴京师,住球芝巷太仓会馆,恭谒椒山先生祠,与郡馆密迩,仅隔一街,登谏草堂,瞻仰石刻疏稿,劾严嵩二十四大罪,字迹勃勃有生气。又见先生撰书"铁肩担道义,辣手著文章"石刻对联,肃然起敬。张夫人栗主祔祠于后,救夫疏稿石刻亦嵌壁间。闻吾师浙江黄漱兰先生与南皮张香涛制军、宗室宝竹坡学士、名儒何来寿太守居北京时,逢每月朔望,必肃衣冠拜先生祠,以崇正克邪相誓勉。迄今六七十年,殆无有能道之者矣。既读先生集,载先生当廷杖时,有人赠蚺蛇丹以壮之。先生曰:"椒山自有胆,何必蚺蛇哉!"呜呼!汤文正有言:"天下抑邪与[兴]正之心,虽当昏乱之世,不容尽泯。"益见正气不绝于人心,惟赖气节之士相与维持于无形之中。明代当万历时,摧残正气,动辄廷杖大臣,窃怪其待士大夫愈酷,而正人义士转接踵而起者,何哉?正气弥纶,而人心不死也。然自是厥后,宦焰日炽,明社遂屋。痛乎哉!君子小人之进退,而国脉兴替随之,可不慎哉!癸未仲秋,及门黄生汉文将家藏先生手迹五绝诗属为跋。读其诗,有潇洒出尘之概。文治何幸,得附名简末。谨跋数语,用以自励,并勖汉文与后来学者养浩然之气,以擎天柱而张地维云。

(唐文治《明杨椒山先生手迹跋》,见《茹经堂文集五编》卷五)

我家藏有一轴杨继盛(椒山)的书法,一九四三年初夏,偶与唐先生谈起,唐先生说:"杨椒山先生我所崇敬,在无锡时,曾翻刻他的'铁肩担道义,辣手著文章'对联挂在膳堂,欲诸生每饭不忘。你藏有他的墨宝,我当为之撰文。"我当时认为大概只是写篇短文,他对同学们家藏的名贤手迹,大都如是。想不到他老人家竟撰了一篇《题杨椒山先生手迹跋》的长文章,以"养浩然正气自勉,兼勖汉文与诸弟子"。在日本帝国主义统治下的沦陷区,深感唐先生对炎黄子孙的期望。他的秘书陆景周先生是我读一年级时的老师,也曾教过我《孟子》研究、《左传》研究等,他诚挚地对我说:"这篇文章,唐校长撰作时特别认真,你不但应该读熟,更应身体力行。"我从唐家出来,到鸿英图书馆看书。馆长沈恩孚先生(字信卿,比唐先生大一岁),看到这篇文章,赞不绝口,说道:"令师为你撰此鸿文,我亦当题诗一首。"约三天后,沈老已把诗题好,是一首五言绝句:"椒山自有胆,朱明一代雄。浩然刚正气,何人能与同!"

(黄汉文《记唐文治先生》)

本年 先生与国专桂校代理校长冯振联名致呈教育部部长陈立夫，报送学校有关文表，并请求拨发筹建校舍所需之经费。

私立无锡国学专修学校呈

教育部部长陈：按奉钧部三十二年七月廿四日第三六〇五三号令，开"案查，前奉国民政府军事委员会三十二年五月廿四日侍密字第一七六二五号代电，以据该校校董会呈请，现于桂林附近建筑校舍，请锡巨款，俾资扩充一案，饬由部核办等因，经电复，俟该校将建筑计划及图样呈送到部，再行核办在案。兹奉国民政府军事委员会三十二年六月十二日侍密字一七九四六号代电，饬转知该校等因，奉此，合行令仰该校遵办"等因，奉此，谨将本校建筑图书馆、学生宿舍、教职员宿舍及全校校舍分布图、建筑工程详细图样暨工作说明书、估价单、合同式样等各四份送呈察核，并祈早颁巨款，俾利进行，不胜感祷之至。谨呈。校长唐文治（假） 代理校长冯振。

［唐文治、冯振《呈送本校建筑图书馆、学生宿舍、教职员宿舍及全校校舍分布图、建筑工程详细图暨工作说明书、估价单、合同式样等各四份，敬祈核办由》，见《私立无锡国学专修学校、武昌文华图书馆专科学校迁校及校舍建筑等问题的文件（1937—1947）》］

按：教育部指令云："查本年度国库支绌，本部经管各费，为数有限。该校筹建校舍，需款过巨，无法筹措。"

又：上引呈文未标明日期，但从内容看，应为 1943 年之事。

本年 先生之《茹经堂文集四编》印成。

孙君煜峰为余印《茹经堂四集》，闻排印费甚昂，深为可感。

（唐文治著，唐庆诒补《茹经先生年谱续编·甲申八十岁》）

今岁癸未，及门江阴孙君煜峰等为余印文集四编，陆君景周及武进女弟子陆汝挺襄理校雠之役。维时工价奇昂，纸价亦复腾贵。孙君不惜重费，得以竣工。

（唐文治《茹经堂文集四编跋》）

按：《茹经先生年谱续编》中将此事系于甲申年，即 1944 年，但上引《茹经堂文集四编跋》云印此书时间在癸未年，即 1943 年，实际印成时间也是在 1943 年。

1944 年(甲申　民国三十三年)　80 岁

1月6日(癸未年十二月一十一日)　先生与国专桂校代理校长冯振联名呈文教育部部长陈立夫,报送国专桂校文书专修科全年度预算书。

私立无锡国学专修学校呈(桂字第四二一号,民国三十三年一月六日发)

教育部部长陈:案查本校文书专修科经费原定额数实不足支配,因迩来物价激增,兹谨拟具三十三年全年度预算书送呈察核。敬祈赐准,即行拨发。为祷。谨呈。校长唐文治(假)　代理校长冯振。

[唐文治、冯振《呈送教育部文(呈送本校文书专科三十三年全年度支出预算书敬祈核准赐拨由)》,见陈国安等编《无锡国专史料选辑》]

2月29日(二月初六日)　先生与国专桂校代理校长冯振联名向教育部备文,呈请教育部按照各国立专科以上学校教员研究补助费办法,拨发国专桂校教员研究补助费。后教育部指令云"未便照准"。

案查钧部自三十二年度起定有专科以上学校教员研究补助费,各国立学校闻早已按月颁发。钧部于已立案各私立以上学校各项补助,如战区学生膳贷金、故林主席中正奖学金以及久任教员奖助金等,向与各国立学校同等待遇;即教员资格之核定,亦与各国立学校同受审查。惟于本校教员研究补助费一项,独异于国立各校院,迟迟未蒙赐发,似非钧部对于服务教育人员一视同仁之意。当此米珠薪桂之时,教员生活尤感困难,敬恳钧部案照各国立专科以上学校教员研究补助费办法,迅速赐予核发本校教员补助费,俾资激劝,教育幸甚,本校幸甚。谨呈。校长唐文治(假)　代理校长冯振。中华民国三十三年二月二十九日。

[唐文治、冯振《呈请教育部迅予赐发本校教员研究补助费以资激励由》(民国三十三年二月二十九日),见《私立无锡国学专修学校教职员任免、资格审查等有关人事文件》]

按:教育部指令云:"查本部发给专科以上学校教员学术研究补助费,规定以国立各院校专任教员其资格已经核定者为限。省、私立各校教员暂不在发给之列。所请发给该校教员研究补助费一节,未便照准。"

2月(正月)　国专沪校开学,学生及旁听生百余人。先生每逢星期二到校,为

学生讲授读文法一节。(据唐文治著,唐庆诒补《茹经先生年谱续编·甲申八十岁》)

3 月 15 日(二月二十一日)　先生与国专桂校代理校长冯振联名致呈财政部部长孔祥熙。呈文中指出,由于物价上涨,而无锡国专所得补助尚不及应得的百分之二,请求财政部"俯念迫切之情,赐予增拨补助至二十倍之数,每月四万元,全年四十八万元"。财政部曾致函教育部,"拟请贵部在主管私立专科以上学校补助费原预算内再予酌量增加",教育部则在给财政部的复函中称"现在该项补助专款已分配无余,无法再予增拨"。

私立无锡国学专修学校呈

财政部部长孔:案查本校于二十六年以前,钧部每月经常补助二千元,全年补助二万四千元。按现时一般物价统计,与战前相较平均为二百五十倍,若依此指数计之,是本校补助费每月应为五十万元,全年应为六百万元。而本校蒙钧部之补助费,仍为全年二万四千元(去年尚欠八千八百元),合教育部补助费四万元,另文书专修科四万五千元,总计全年共得壹拾万零玖仟元。以去年物价较战前增加一百倍计之,尚不及百分之五。若以目前物价计之,更不及百分之二。而本校七八年来,初则播迁不定,后于卅年在桂购地筹建校舍,增迁[添]各种设备,现已有校址三百余亩,校舍十六七座,一切均已粗具规模,学生亦已增加至二百八十余人。在此艰难困苦中所以能有此建设,一方面赖社会人士之热心帮助,一方面则为在校同人艰苦努力、节衣缩食之所致。今抗战胜利日益接近,而生活之指数亦与日俱增。所望于社会人士之资助,实难继续持久。本校同人为培养国家元气,作育有用人才尽其天职,在此抗战期间,固多甘愿艰苦度日。然时至今日,早已约之又约、节无可节,且均有营养不足,或操劳过度、转趋衰颓之势。今后更将因物价之高涨而日益加甚,不特未成之才难以培养,即已成才之教员亦将无以保存。今国家财政困难,谁不深知?即本校同人,亦非敢过存奢望,希冀依照二百五十倍或一百倍之指数,增加补助至数百万元。然今低至不及战前五倍之数,实属无法维持。钧部素于本校爱护备至,敬祈本过去提倡文化、扶植教育之旨,俯念迫切之情,赐予增拨补助至二十倍之数,每月四万元,全年四十八万元,俾资维持,则不独本校感德,教育前途,实深利赖。谨呈。校长唐文治、代理校长冯振。

[唐文治、冯振《私立无锡国学专修学校呈财政部部长孔》(卅三年三月十五日),见《私立无锡国学专修学校有关经费文表(1937—1949)》]

5 月 19 日(四月二十七日)　先生与国专桂校代理校长冯振联名呈文教育部,请求至少增拨该校文书专修科全年补助费十万元;"倘因预算已定,无法增拨,则请准予在下学期招收文书科新生时,照三年制及五年制国学专修科,各生一律征收学费"。后教育部指令称:准于建设费六万元内移用二万元作文书专修科经常补助费,但"所请准予征求学费一节,应毋庸议"。

私立无锡国学专修学校呈

教育部部长陈:按奉钧部五月初四日高字二一○八四号训令,内开"案查本部前令该校自三十一学年起,附设文书专修科一班,至本年暑假修业期满,下学期仍应续招设一班。兹核拨本年度全年补助费六万元,另补助该校建设费六万元,共十二万元。除呈请行政院转令财政部,饬国库署于五月及十月分两次迳拨外,合行令仰知照"等因。奉此,查全年补助费六万元,平均每月不过五千元,按照目前生活,仅可聘请教授一人,实属万难维持。敬恳赐予至少增拨补助费十万元。倘因预算已定,无法增拨,则请准予下学期招收文书科新生时,照三年制及五年制国学专修科,各生一律征收学费,俾资维持,而利进行。是否有当,敬祈察核示遵。谨呈。校长唐文治(假)、代理校长冯振。民国三十三年五月十九日发。

[唐文治、冯振《呈请增拨本校三十三年度文书专修科目补助费或准予征收学费敬祈察核示遵由》(民国三十三年五月十九日),见《私立无锡国学专修学校有关经费文表》]

按:教育部指令云:"该校文书专修科经常补助费陆万元,如确系不敷,姑准于建设费陆万元内移用贰万元,所请准予征求学费一节,应毋庸议。"

7月28日(六月初九日) 先生与国专桂校代理校长冯振联名呈文教育部,再次请求增拨补助费。后教育部指令云"所请一节,碍难照准"。

私立无锡国学专修学校呈

教育部部长陈:按奉钧部七月十一日高字第三三四七二号指令,内开"该校文书专修科经常补助费陆万元,如确系不敷,姑准在建设费陆万元内移用贰万元。所请准予征收学费一节,应毋庸议。仰即知照"等因,奉此,关于不准征收学费一节,足见钧部提倡文书之意,本校自当遵从。惟查前年奉令开办文书专修科时,核定经费为四万五千元,以物价增加十倍计,便需要四十五万元。以现时物价与前年相较,实早已超过十倍。乃钧部欲令本校以十二万元继续开办,即令此十二万元全部作为聘请教员之用,平均每月不过壹万元。照目前最低薪津,仅敷聘一教授、一助教之费;若以八万元计,则平均每月不过六千余元,仅可聘一教授。本校经费原已支绌万分,实无其它款项可以移用弥补。钧部既不准征收学费,又不允增加补助,本校欲仰遵钧令,则无米之炊,巧妇不能。欲停止招生，则既违钧令，亦非本校为社会服务之意，进退两难，实为狼狈。敬恳钧部俯察下情，赐予增拨补助，俾获勉强维持，继续开办。教育幸甚，本校幸甚。谨呈。校长唐文治（假）、代理校长冯振。民国三十三年七月二十八日发。

　　［唐文治、冯振《呈为重行呈请文书专修科经常补助费无法维持敬祈赐予增拨以资继续开办由》（民国三十三年七月二十八日），见《私立无锡国学专修学校有关经费文表》］

按： 教育部指令云"所请一节，碍难照准"。

10 月 1 日（八月十五日）　原无锡国专教授陈柱因中风病逝于上海。后先生作《广西北流陈君柱尊墓志铭》。

　　君讳柱，字柱尊，晚年别号守玄……余于国学专修学校设特别讲座，月必讲演二次，间出新义，听者多倾倒悦服。好饮酒，能引数巨觥。与余同席，辄歌诗诵文，余戏以陈惊座呼之……甲申岁四月得中风证……遂以十月一日卒……

　　　　（唐文治《广西北流陈君柱尊墓志铭》，见《茹经堂文集六编》卷六）

10 月 25 日（九月初九日）　　张元济致先生长子唐庆诒书，回复先生所询有关堂幅润资之问题。

　　（1944 年）10 月 25 日　致唐庆诒书。谓："昨晚得南阳路府上电话……电言有张某乞尊翁（按：唐文治）大人撰文，脱稿后拟属元济写一堂幅，约五百字，询需润资几何。当答查明托吾兄转陈。敝处润例于本月一日重订，增加甚多。堂幅四尺者一千六百元，六尺者二千元；但至多不过百字。今字数五百，则字体甚小，必须画格作正楷。则照碑计算，每字二十元，再加墨费一成。五百字需一万二千元矣。为数似甚巨，其实不过五担柴钱耳。一笑。附呈润例一张，趋庭时乞代达，并叱名上叩堂上福安。"（《全集》第三卷，第 146 页）

　　　　　　　　　　（张人凤、柳和城编著《张元济年谱长编》）

10 月（九月）　　为纪念先生八十寿辰，凌鸿勋撰成《八十年来之中国铁路——为纪念唐蔚芝先生八十寿而作》一文。文中称先生任职商部时期，"对于铁路之经营计划，大有焕新气象"，"世人但知先生经学湛深，为一代宗师，致先生于铁路建设初期之经营擘画，反为文名所掩有如是者"。

　　民国三十三年十月，为吾师太仓唐蔚芝先生八十寿辰，同门诸君子谋所以为先生寿者。金以先生八十年来，正值吾国内忧外患、存亡绝续之秋，又正维新、革命、抗战、建国，国运上发生剧烈转变之会。先生在此时期所躬与之政治、外交、文化、教育、实业、交通诸大政,与其所提倡勤俭敬信躬行实践之风,出处进退辞受取与之辨,施于当时而垂于后世者至为重大。因议辑录八十年来中国各项学术与事业演进之概况,由同门分任其事,汇为先生八十纪念专刊,而将铁路一题属于鸿勋。窃以自髫龄即幸列先生之门墙,虽于先生之道德文章未能窥其万一,然于此又焉能辞?

先生诞生于同治四年,其时太平军之乱将息,举国上下,渐知物质建设之足以强国。适英人史蒂芬孙氏来华,大倡建筑铁路之议,在沪之欧西人士亦提议修筑上海至苏州之铁路,遂于同治五年有淞沪铁路之创设。其后虽经拆毁,非复今日之淞沪铁路,然此实为中国有铁路之始,而其诞生则几与先生同时,不可谓非巧也。

光绪二十九年,清廷设立商部,铁路事务归商部主管。先生自设部起即任右丞,后转左丞,补左侍郎,署理尚书。其时对于铁路之经营计画,大有焕新气象,曾编纂全国路产表,有铁路总表、月计表之公布。而厘订轨制之议、通筹路线之议、遴派路务议员之议,暨张弼士之请办三水佛山铁路、张煜南之请办潮州汕头铁路,以及合兴公司粤汉之废约、苏杭甬铁路之力争,皆在此时期。先生驳复北洋大臣袁世凯及对路务议员办事章程一折,传诵于一时。陈石遗先生撰先生全书总叙,谓此折为必传之作者也。世人但知先生经学湛深,为一代宗师,致先生于铁路建设初期之经营擘画,反为文名所掩有如是者。

先生于光绪三十二年丁内艰后,即绝意仕进。翌年应邮传部之聘,为上海高等实业学堂监督,嗣则迭经改组,历称校长,即今之交通大学也。先生在任历十四年,此十四年间,扩充土木工程科,创办电机工程科及铁路管理科,并一度兼办船政科,执江左教育界之牛耳,其所成就之路电航政人才至著,而以铁路一门为尤多。近三十年来,我国铁路高中级干部,或属工程,或属运输与会计,多出于先生之门。今先生虽已隐居,而一部铁路史与先生生平之关系实至深且远也。

溯自铁路输入我国,八十年以来,事事均与政治外交军事有关,对于我中国大局遂有不可分离之象,而自孙中山先生发表建国方略,提倡铁路政策,举国上下方知此为建设国家首要之所在。近年铁路事业在国策上始渐纳于正轨。今铁路虽已备受暴敌之摧残,然胜利之券已操于吾人之手,否极泰来,为期不远,除旧布新之实现,自可拭目以待,他日举行我国铁路百年纪念,亦即先生期颐同祝时也。

　　……

综观我国之有铁路，自同治五年沪淞铁路创始起，达八十年，计距英美始有铁路不过四十余年，距法比德俄荷奥之有铁路约在三十年左右，距西班牙不足二十年，瑞典十年，义大利六年，日本乃距淞沪设轨后四年而始有铁路，是吾国铁路之产生，在与各国比较之下，原不为过迟。而自开平煤矿铁路发轫之时起，至民国十六年止，此四十八年间，总计完成路线仅八千三百五十公里，平均每年建筑一百七十四公里，则较之欧西诸国瞠乎后矣。自民十七国府特设铁道部之后，截至民二十九年止，此十三年间完成通车之路线，共增长五千九百八十公里，平均每年建筑四百四十五公里，视首四十八年间，其速率已超过两倍。近四年来，以海疆封馈，外料未能输入，筑路计画自难积极推行，惟抗战胜利已在目前，蒋委员长于其所著《中国之命运》一书，已揭示战后十年内必须建筑铁路二万公里，良以铁路交通为一国生存命脉所系，前此八十年间，已在艰难困苦中稍具基础，今后铁路之复兴与建设，定为整个国家经济建设之中心工作，自无疑义。而我唐先生及门诸君子所以寿先生者，益各致力于所学所司以应时代之要求，庶可使先生对于我国铁路建设初期之经营擘画，益显著于今后。爰不揣愚昧，于宝天铁路赶工之顷，将八十年来之中国铁路，就所知者拉杂叙述，深期及门诸君子有以教之，更愿与诸君子共勉之。

（凌鸿勋《八十年来之中国铁路——为纪念唐蔚芝先生八十寿而作》，见《交大土木》1944 年第 2 期，又《宝天路刊》1944 年第 3 卷第 4 期）

按：此文甚长。上所引者，为开头与结尾与先生直接有关之部分。中间部分，叙述中国铁路 80 年间的建设历程，其中又分作三个阶段：一、"满清时代之铁路"；二、"民国初年之铁路"；三、"国府成立后之铁路"（分抗战以前和抗战以后）。

11 月 20 日（十月初五日） 由先生等发起筹建的中国美术馆开幕。

我国艺术文化，发源最早，数千年来，文物灿然，民族精神，实寄于此。只以国内向少有组织之研究工作，遂致历代遗留之宝贵文物非流入异邦，即锢藏于私家之手，公众不易一见，影响艺术文化之进展，实至重大。海上名流唐文治、赵叔孺、胡朴安、丁福保、徐朗西、吴震修、李思浩、林康侯、袁俞俦、陈彬龢等，有鉴于此，特筹设中国美术馆，保存古物，公开研究，发扬艺术，提高文化，兹定于明日上午十时开幕。该馆向海上各大收藏家所征集之历代名瓷，为我国最富艺术价值之古物，亦将于开幕期内作有系统之陈列，洵为空前盛举。入场券不收，惟为限制人数起见，每人请捐助《申报》助学金及中国保健协会经费各五十元，嘉惠清寒学子，普及公共健康，观摩先民遗制，扬我民族精神，诚为大众精神之食粮，欣赏古代艺术之良机。并希望各学校各机关集团前往参观

云。(馆址在静安寺路九九六号美琪大厦)

（《中国美术馆明日开幕》，见《申报》1944 年 11 月 19 日第 1 版）

(1944 年)11 月 20 日，唐文治等发起筹建的中国美术馆开馆。

[熊月之主编《上海通史》第 15 卷《附录·一　大事记》]

中国美术馆定于今日上午十时，由林康侯、赵叔儒两氏揭幕，陈列我国历代名瓷，颇多稀世珍品，巧夺天工，洵为欣赏古代艺术、获致精神食粮之罕有良机。并印有精美特刊，备载陈列品目录，详述国瓷源流，附铜图二十余帧，用铜版纸精印，为研究我国瓷器之参考。希望各界予以提倡，并录致各学校公函如下：

致各学校公函

各学校校长先生公鉴：谨启者，本馆为适应时代需要，陈列我国最富艺术之历代名瓷，以供公众观摩与研究，藉作精神之食粮，尚希予以提倡。并欢迎贵校师生职员等集团参观，不仅可觇我国历代艺术文化演进之史实，抑可藉此孕育心灵之美感，裨益教学，当非浅鲜。参观不收门券，团体凭校函入场，每人请捐助《申报》助学金及中国保健协会经费各十元；个人凭学校证章，每人请捐各二十元，观摩先民遗制，欣赏古代艺术，提高文化水平，普及公共健康，一举数善，定蒙乐予倡导也。此颂诲安。中国美术馆谨启(为节约起见，不再另函分发)。

发起人：唐文治、李思浩、袁俞佺、庞莱臣、叶恭绰、袁履登、赵叔孺、林康侯、潘仰尧、丁福保、徐朗西、陈彬龢、胡朴安、吴蕴斋、张葱玉、蒋竹庄、吴震修、丁惠康

（《中国美术馆今日开幕》，见《申报》1944 年 11 月 20 日第 2 版）

12 月 1 日(十月十六日)　为先生八十初度，各亲友致贺者络绎。

各亲友因余八十初度，致贺者络绎。至十月，谱弟曹君叔彦赠寿序，以道义相勉；北京张君新吾等亦赠寿序，叙述昔年在商部时苦心维持各事，均极可感。

（唐文治著，唐庆诒补《茹经先生年谱续编·甲申八十岁》）

冬　先生为表侄朱屺瞻之《朱氏传家乐善图》作跋，又为其所画太仓十二古迹作《太仓十二古迹记》。

人之所以为人者，伦而已矣；而人伦之本，孝而已矣。诗曰："永言孝思，思维则。"汉延叔坚《仁孝论》曰："仁人之于孝，犹手足之有腹心，枝叶之有根本也。"孝之为义大矣哉。及门表侄浏河朱生屺瞻，精研绘事，可称名画家。甲申

之冬，出其所绘先德湘舟表伯逮其尊人厚庵表兄行善诸大端，约举之有数事：曰助宾兴，曰设刘湄文社，曰创建集善堂，曰修七义祠，曰恤嫠，曰救生，曰新镇故居纪念。若夫厚庵表兄遗迹，曰设习善义塾，曰集雅客赏荷。至于兰为国香，又扩充先人泽兰书屋，而庋藏家训、书画、遗墨于其中，裒集装潢，慇慇持示。余不禁起敬，曰："斯非特雅人深致，益可见朱生孝思之不匮矣。"古训有之："孝子壹举足，壹出言，不敢忘祖考父母。"朱生其得斯意欤？郑康成先生《六艺论》曰："孔子以六艺题目不同，指意殊别，故作《孝经》以总汇之。"余谓览斯图者，感于朱生之孝思，皆当熟读《孝经》。孝行充塞乎乾坤，则天下和平，灾害不生矣。窃愿朱氏子孙勉旃，后之有志于世道人心者共勉旃。又是图未有标题，窃拟之曰《刘湄朱氏传家乐善图》，未知有当未也？

（唐文治《朱氏传家乐善图跋》，见《茹经堂文集五编》卷五）

表侄朱君屺瞻，工绘事，以所画太仓十二古迹见示，曰刘河阅兵台，曰淮云寺，曰沧江风月楼，曰报本寺，曰血凝百璧碑，曰南园，曰刘家河，曰四先生祠，曰尊道书院，曰沈即山先生祠，曰安道书院，曰弇山园旧址。凡兹十二事，均附详记。嗟乎！屺瞻之绘是图，岂第保存古迹而已哉！有子曰君子务本，孟子言论世必先知人。方今缀学之士，于宇宙间历史地理，广博闳通；而于乡土掌故，或懵焉不察，非务本之道也。吾乡自陆、陈、江、盛诸先贤讲学以来，桴亭先生以理学名儒，所造广大精微，遂得从祀文庙，实为吾乡特色。而当时之析疑问难，飙举云从者，类皆一时杰出之士。迄今过桴亭先生故址及淮云寺者，相与远瞩高瞻，抒高山景行之慕，岂非敦本之谊，良知不泯者乎？奋乎百世之上，百世之下，闻者莫不兴起。惟望后之阅是图者，学诸先贤之学，行诸先贤之行，体用具备，文武兼资，异日为公侯干城之选，则古今人何遽不相及哉！余嘉屺瞻之绘是图有深意也，爰作记以表章之。

（唐文治《太仓十二古迹记》，见《茹经堂文集五编》卷六）

本年　孙寿熙等五六人仍来听讲，每星期授课两节，一《周易消息大义》，一《孟子大义》。（据唐文治著，唐庆诒补《茹经先生年谱续编·甲申八十岁》）

1945 年(乙酉　民国三十四年)　81 岁

3 月 16 日(二月初三日)　无锡国专第三届毕业生、时任国民党中央执行委员会秘书处秘书的张寿贤致函教育部部长朱家骅,敦请拨发无锡国专特别救济费三十万元,并请对先生"致电嘉慰,存问近况,以示关怀宗匠,礼尊河汾"。

> 骝公部长钧鉴:敬肃者,无锡国学专修学校系唐蔚芝先生手创,廿六年寇难猝发时,唐先生率全校师生辗转迁桂,历尽艰苦,弦歌未辍。其后唐先生因目疾加剧,返沪疗养,八十衰翁,屡受困厄,身滞沪滨,贫病交加。前年曾蒙总裁特电慰问,并致送生活费叁万元,笃念耆宿,令人感奋。桂林经七年来之悉心擘画,虽经费艰窘,而规模粗具。去年桂、柳失陷,消息中断,旅渝校友极为焦念。近由广西银行转来一电,悉现迁金秀复校,交通隔绝,炊烟屡断。曾电请钧部及教授补助金委员会即汇卅三年度下期经补费及教补金,并恳发特别救济费三十万元等语。情词迫急,殊难坐观……请发卅三年度下期经费及教补金,似系应发之款,因战事及一再播迁关系而未能收到者。拟请钧座饬烦详查,如已汇发,请示知汇往地点、汇出年月及承汇银行,以便分别查询转汇。如尚未汇出,则请速予汇发,以资维持。至所请拨发特别救济费一节,去年湘桂之战,受损各校,均有巨款救济,该校主持人员,均未脱书生本色,与各方素无往还,校友间亦鲜通音问,只知埋头苦干,不敢率请呼吁,各校均有分润,该校独未沾溉。拟恳钧座体念实情,准予特拨卅万元,以资救济。再唐先生为当代经学大师,灵光巍存,屡受敌伪诱胁,迄未稍动,大节芬芳,凛然正气,拟恳钧座致电嘉慰,存问近况,以示关怀宗匠,礼尊河汾,海内闻风,知所趋向。以上数事,谨特肃函驰闻,幸维察示。不任主臣。此敏崇安。晚张寿贤谨上。(民国三十四年)三月十六日。

> [张寿贤致朱家骅函(民国三十四年三月十六日),见《私立无锡国学专修学校有关经费文表》]

按: 由教育部属员代拟的朱家骅复张寿贤函中称:"私立无锡国学专修学校请拨特别救济费,已由部一次补助贰拾万元,并电知该校款汇广西省政府。唐蔚芝先生处另电致慰。"

5 月 25 日（四月十四日）　张元济致先生书，答复为人书寿屏之润格问题。

（1945 年）5 月 25 日，致唐文治书。谓："知蒙介绍属书陈氏寿屏，并取去新印润例一纸。弟因迩来币价锐落，生计殊艰，已将润格增甚巨。陈氏寿屏依幅数计算需二十万元，另加墨费，为数甚巨。当属祥保往晤谋伯世嫂，陈明系奉谆命，免去墨费，正价亦可酌减……郭君要求核减，当属告知减去四分之一，净取十五万元，为数殊属下廉，其实仅值八斗米价。以战前米价计之，仍不过七八元，可谓大廉价。一笑。"

（张人凤、柳和城编著《张元济年谱长编》）

7 月 23、24 日（六月十五、十六日）　美国飞机轰炸上海，三马路惠中旅馆亦被波及，虹口居民纷纷入市区避难。先生家颇受虚惊，先生力求镇定，处理校务如常。（据唐文治著，唐庆诒补《茹经先生年谱续编·乙酉八十一岁》）

8 月 15 日（七月初八日）　日本正式宣布无条件投降。

8 月 25 日（七月十八日）　黄炎培等人代电先生等人，对先生等人在八年抗战中扶持正气、维系人心的志节表示钦敬。

公代电上海陈陶遗、徐采丞并转唐蔚芝、张菊生、聂云台、蒋竹庄、朱吟江、徐静仁、李耆卿、刘厚生、汤定之、金松岑、陆规亮、贾季英、毛子坚、仇亮卿、袁仲濂、袁傲畬、黄伯樵、钱舜卿、庞甸材、金巨山、张伯初及同社诸君子：苦战八年，倖乃败敌。诸公羁滞陷区，以湛冥之姿态，扶持正气，维系人心，其处境之艰，用心之苦，无日不在同人怀念与钦敬之中。今者失土全收，还乡在即，追思死者，岂可复生？握手有期，惟有相抱痛哭耳。特先驰贡诚敬，凡诸旧好，幸致倦倦，恕不一一。卫玉、问渔、佛如同具名。

［黄炎培《黄炎培日记》（第九卷）］

下学期　下学期开学后，国专沪校仍称无锡国学专修学校，添聘国专第一届毕业生唐景升为总务主任。先生仍为学生讲授读文法一节。（据唐文治著，唐庆诒补《茹经先生年谱续编·乙酉八十一岁》）

抗战胜利后，国专沪校原先的一些兼职教授离校，又先后聘请了黄云眉、胡曲园、王佩诤、刘文兴等人来校任教。

我于抗战胜利后复学，老的兼课教授离校了，又来了好多位新的。我选读过黄云眉教授的中古史，胡曲园教授的伦理学，王佩诤教授的中国学术史。胡曲园先生教同学们作定义的方法，举的是作"人"的定义的例子，他用"人是会制造工具的动物"来说明。解放后才知道他是老共产党员。唐先生常说："经师易遇，人师难逢。"他选教师注重师德，重于业务。刘文兴从北方来了，唐校长叫他兼任元明清戏剧、小说课。刘文兴一上课堂就对每个学生作个短揖（心与口之间），然后说："《窦娥冤》里的楚州大守桃杌向告状人下跪，说是他的'衣食父母'，各位选我的课，使我有收入，赏我饭吃，就向各位作个揖吧！"事为唐校长所知，又发生在校友身上，又不便立即发作，很生气。一九四六年的秋天，上海的戏剧界很活跃。我在欣赏梅兰芳、程砚秋、小彩舞（骆玉笙的艺名）等的戏曲时，都曾发现刘文兴（那时还互不相识）在剧场里高谈阔论。我那时在无锡母校工作过一段时间，已离校他去。有一次刘文兴在母校见到了我，彼此觉得"似曾相识"，就在办公室谈起戏来了。唐校长正在礼堂（借用乐群中学的）对全体同学讲学，他讲完课约我明天到他家里去。我如约而往，他问我怎么会认识刘文兴的，昨天谈些什么。我如实对他讲。他说："我正要找个人带口信给他。你们是忘年交了，请你转告他，课堂上不能模仿小丑，不要认为我们这里少不了他。再这样胡闹，我可以学期中途将他解聘。"我因刘是老学长（比我大十余岁），不便答应，老校长有些怒意了，又说："还不止这些，他住在河滨大楼，每月要多少开支？请你转告他，应注意俭朴两字。孔子说过益者三友，损者三友，你们初交，谈得这样投机，应该做一个'直谅'之友，何况这是我的意见，你只是转告。"我在剧场里找到了刘文兴，他有些讪讪，强笑道："老夫子就是喜欢教训人，我又不是小孩子了。"后来听说他在课上再也不这样轻浮了。

（黄汉文《记唐文治先生》）

按：刘文兴，江苏宝应人，是清代学者、《论语正义》的著者刘宝楠的族人，他的父亲刘启瑞（字翰臣）也是唐门弟子。据黄汉文《记唐文治先生》一文记，刘文兴是无锡国专的早期学生，"幼而慧，有些恃才而傲"，有一次听一位教师讲课，"他提出不同的看法，相持不下。唐先生找他谈话，说他态度不好。因为是对'小门生'，态度也不象对别的学生那样注意，说了一句你不向教师认错，只有叫你走。刘文兴说：'走就走吧！'其实唐校长是很欣赏刘文兴的才学的，只是想纠正他的骄气"。刘兴文后来毕业于北京大学研究所国学门，抗战胜利后由北方到上海，在国专沪校兼课。

9月19日（八月十四日）　无锡国专创办人之一施肇曾病逝。后先生作《钱塘施公省之墓志铭》。

公讳肇曾，字省之，浙江钱塘人……辛酉、壬戌之交，公在锡山创设国学专修馆，延余主讲，培植髦士，并商讨余藏十三经评点善本，寿诸梨枣，饷遗来学；名山事业，永足千秋……公以清同治某年某月某日生，民国三十五年某月某日卒，享寿八十。

（唐文治《钱塘施公省之墓志铭》，见《茹经堂文集六编》卷六）

按：上引文中说施肇曾"民国三十五年某月某日卒"，但施嘉远、周毅平《施肇曾事略》一文中说"施肇曾在上海觉园家内安度晚年，1945 年 9 月 19 日病逝，终年 81 岁"，此从后者。

9 月 27 日（八月二十二日）　先生呈文重庆教育部，称国专沪校将"召集旧时生徒，并招新生若干名，恢复旧时校名"，呈请教育部核准，先行备案。后教育部复函云："现抗战胜利，该校应即筹画复员事宜，所请在沪招生复校一节，俟该校复员后再行报核。"

呈为呈报复校上课事：窃属校于民国十七年成立，曾经呈奉钧部准予立案。自民国二十七年，日人犯境以后，文治将属校由长沙辗转迁至桂林。当时有一部分教职员及学生随往。越一年，文治因水土不服患病，请假回沪。适有一部分学生勤学自修，流落南中，未能回籍，纷纷请求在沪开课。文治为维持该生等学业起见，爰设立补习部，养晦读书，与外界隔绝。曾呈奉钧部高等教育司于民国二十八年四月二十五日第九四〇五号函核准在案。兹幸值大难戡平，普天同庆，属校召集旧时生徒，并招新生若干名，恢复旧时校名，先在上海爱文义路九百七十号开学上课，俟日后斟酌情形，或迁回无锡旧址，再行呈报外，谨先备文呈报复校情形，敬祈钧部鉴核，先行备案，实为德便。再，前在桂林设立之国学专修学校，文治回沪时，饬教员北流冯振主持办理，迩来音问梗阻，合并呈明。谨呈教育部部长朱。私立无锡国学专修学校校长唐文治。中华民国三十四年九月二十七日。

〔唐文治《为呈报在沪复校上课请赐备案由》（民国三十四年九月二十七日），见《私立无锡国学专修学校、武昌文华图书馆专科学校迁校及校舍建筑等问题的文件》〕

按：上文中说"窃属校于民国十七年成立"，此应是从无锡国专于 1928 年被批准立案时算起。

又按：教育部复函中云："查该校现已迁至广西北流，由冯代校长振主持办理。本部历年并予补助经费有案。现抗战胜利，该校应即筹画复员事宜，所请在沪招生复校一节，俟该校复员后再行报核。"

1945 年 8 月，国专沪校向重庆教育部发函，告知仍恢复"无锡国学专修学校"之称……这又是唐文治"先斩后奏"的老方法，不管教育部是否同意，国专已经以此招生开学了。但是从档案看来，教育部在如何处理这件事情上，颇费了一番周折。档案中起草的电文就有两份，而且涂改得都很厉害……从上面两份颇费思量的代电看来，教育部对于唐文治"先斩后奏"的行为着实没有办法。电文涂改多次,可以反映出教育部的真实主张:一是要求维持原先备案,仍认定桂校为其本部,而不赞成国专沪校直接用"无锡国学专修学校"的名义招生;一是希望沪校国专能切实进行复员无锡的工作,积极做返回无锡的准备。按照以后教育部的态度看,其更希望沪校与桂校都能尽快复员无锡最好。

(吴湉南《无锡国专与现代国学教育》)

秋　上海物价飞涨,工薪阶层已成涸泽之鱼,先生于衣食家用,力求撙节,尚能勉强维持,处困顿之境,惟有俭以养廉而已。(据唐文治著、唐庆诒补《茹经先生年谱续编·乙酉八十一岁》)

11 月 28 日(十月二十四日)　先生致函国民政府教育部,请将应分配的教职员福利金汇至国专沪校。

重庆教育部钧鉴:按奉本年十一月廿二日总字第五九二三三号快邮代电,敬悉美国援华会拨补我国专科以上学校教职员福利金,职校应得分配款一八〇〇〇〇〇元,款恳请径由重庆中央银行汇交上海爱文义路九七〇号私立无锡国学专修学校具领,至感。私立无锡国学专修学校校长唐文治。俭。中华民国三十四年十一月廿八日。

[唐文治《分配本校教员福利金请由重庆中央银行汇交由》,见《私立无锡国学专修学校教职员任免、资格审查等有关人事文件(1938—1944)》]

按:在代日韵目中,"俭"为二十八日。

12 月(十一月)　先生表侄朱屺瞻与同乡陆博泉倡办大学贷金及中学生助学金,先生深嘉此举,于劝募启上领衔倡导,并以卖文所得二万元赞助之。

是年(1945 年)十二月,于上海国强中学任教之旅沪同乡顾仲超、陆遵望、顾江山等发起成立以"拥护民主,提倡科学,砥砺气节,发扬正义"为主旨之"新大众社",欲为"全县老百姓谋福利","将贫穷和愚昧的太仓,改造成一个充满朝气的,具有新生命的太仓"。先生(按:指朱屺瞻)旋即参加,并与同乡陆博泉倡办大学贷金及中学生助学金,自捐巨款十万元以促成之。唐文治深嘉此举,于劝募启上领衔倡导,并以卖文所得二万元赞助之。

(冯其庸、尹光华著《朱屺瞻年谱》)

冬　先生嘱王蘧常赴无锡,筹备国专在无锡复校事宜。

冬,嘱王生瑗仲赴锡,筹备复校事宜,并筹设附属中学。共取本部及附中新生三百余人,聘定教职人员二十余人。

(唐文治著、唐庆诒补《茹经先生年谱续编·乙酉八十一岁》)

同年八月,日本帝国主义投降,因桂林校舍已全部焚毁,于是决定翌年初春复校回锡，并先在无锡组织复校委员会，聘请在锡校友许岱云、李尧春、陈寄畅等为复校委员会委员，积极筹备复校工作。

（陈其昌《无锡国学专修学校简史》）

国专在学前街复校时，无锡的校友们是作出贡献的。他们向停办了的正风中学收回原有校舍，将多年没有大修的房屋予以修葺，招了一班本科一年级生，两班五年制专修科（初中毕业入学）学生，附属高中一、二年级学生各两班。等到一九四九年阴历元旦以后，我随王蘧常主任到无锡，复校工作已安排就绪，就等着开学了。其中许岱云校友尤为尽力。

（黄汉文《记唐文治先生》）

本年末 先生为《王蘧常文集》作序，在序中表彰了王蘧常抗战时期的"志节激昂"，并在文中揭橥了"人生当世，气节而已矣。士大夫所负之责任，激励气节而已"的旨意。

人生当世，气节而已矣。士大夫所负之责任，激励气节而已矣。气节者，气骨也。骨强则能揹撑负重，而坚立于天地之间；否则骨抱体柔，遇事如烟之销，如火之灭，轻浮飘荡，社会随之浮沉，国家亦因以机陧。《论语》曰："执德不宏，信道不笃，焉能为有？焉能为亡？"天地间亦何贵乎有此等人哉！何以矫之？惟有气节。

嘉兴王君瑗仲，于庚申年承先师沈子培先生之教，来无锡国学专修学校肄业。察其貌，温温然；聆其言，蔼蔼然；把其度，渊渊然；知其为君子人也。丁丑之岁，日人入寇，东南一隅，不幸沦陷，王君志节激昂，不平之鸣，时露于楮墨间。顾其时日寇检查密，王君则以诗文稿藏于地板之下。乙酉岁，日寇降，河山复故，宇宙重光，而君诗文乃显于世。本年季冬，殷勤来请序于余，余喜甚。爰为之序曰：

天地正大之气，虽当昏乱之时，不容稍有泯灭。昔孟子论养浩然之气曰："至大至刚，塞于天地之间。"又曰："其为气也，配义与道。"宋文山先生宗之，作《正气歌》曰："天地有正气，杂然赋流形。于人曰浩然，沛乎塞苍冥。"后之人读其歌，觉其浩气充满于乾坤，穷天地，亘万世，成仁取义者，皆奉为矜式。今王君始虽险遭不测，而即值升平，俯仰身世，亦云幸矣。然其际遇虽较古人为幸，而其责任则非较古人为轻。宋张横渠先生有言："为天地立心，为生民立命。"立心立命，惟主持气节者足以任之。吾知王君自兹以往，必能以气节倡率天下，不以皓皓之白，蒙世之温蠖。俾顽者廉，懦者立，举近世贪鄙庸劣、卑污龌龊之习一扫而空之，如拨云雾，如涤尘埃。此实国家之庆，岂第吾门之光哉！

昔姚姬传先生答鲁絜非书,谓:"接其人,知为君子矣,读其文,非君子不能也。"盖文行合一,先儒所重。王君之行,清矫拔俗,懔然如不可犯,读其文者,当知其为君子人也。余常勉人为君子,世皆笑以为迂,而余不顾。盖君子教育始于周文,而大昌于孔孟。读《论》《孟》二经,即可知其宗旨所在。今时惟有奉君子为法,提倡君子教育,吾国其有豸乎!世有同志者,读王君之文,自当钦其为人,而勉入于君子之林。《鹿鸣》之诗曰:"视民不恌,君子是则是效。"《卷阿》之诗曰:"岂弟君子,四方为则。"吾知王君必益勉之,而为当世君子之楷模也。

（唐文治《嘉兴王君瑗仲文集序》,见《茹经堂文集六编》卷四）

按:《王蘧常文集》后来未能刊行。王运天编著的《王蘧常教授学谱·王蘧常教授主要著作目录》在"成书未付印"一类中记有"《王蘧常文集》十二卷,尽毁于十年浩劫中"。

1946 年（丙戌　民国三十五年）　82 岁

1 月 23 日（乙酉年十二月二十一日）　《江苏民报》刊登先生应无锡县长范惕生之请所撰写之《无锡胜利碑记》。

本邑范县长以抗战胜利，天日重光，寇氛一举肃清，生民同登衽席，阖邑人士，于欢欣鼓舞之余，不可以无纪念。当经决定，将公园中沦陷时期之伪县主事杨高百纪念碑，改建为无锡胜利碑。日前范县长在沪时，曾访本邑旅沪宿儒、无锡国学专修学校校长唐文治（蔚芝）先生，请其撰著碑记。该文兹已由唐氏撰就，爰探录其原文如次：

无锡自民国丁丑以后，日人入寇，横被蹂躏，蚩雾障天，戈铤满地。吾乡人民受其惨毒者，七八年于兹矣。前岁国军克捷，倭寇乞降，寰宇澄清，河山壮采。乙酉季冬，邑长范惕生先生殷勤来访曰："今兹战胜光荣，胥赖主座蒋公介石之丰功伟烈，为前史所未有。而吾民出水火、登衽席，比户腾欢。请一言以垂不朽。"余乃聚而记之曰：

人生天地之间，气节而已矣。士大夫所负之责任，提倡气节而已矣。吾邑自前明高忠宪、顾端文两公讲学东林书院，激励名节，一时士大夫飙举云从，謇謇谔谔，百折不挠，逆阉气焰，为之销息。推及于太仓之复社、松江之几社，亦遥相应和，东林繇是名震天下。而明季士林气节，屹然迈越前代，震古铄今。孟子论浩气曰："至大至刚，配义与道。"宋文信国《正气歌》曰："天地有正气，杂然赋流形。地维赖以立，天柱赖以尊。"然则正气之所钟，扶舆磅礴，万古常新。寓于举世之人心，而不容稍有汨□，翱翔乎礼义之林，沐浴乎诗书之泽，涵养有素，非一朝夕之故也。余昔年读高忠宪遗书暨顾端（文）《小心斋札记》，尝服膺其主静之学，以为可作救世清凉散，委琐龌龊之人读之，可一消其鄙吝之念，裨益世道，迨非鲜浅。回忆吾邑沦陷之时，或杀身成仁而不渝，或隐居潜伏而不出，可见高顾讲学之功，渐渍于乡人心理之中，虽磨而不磷，虽涅而不淄，一点良知，虽历经劫运，靡所亏缺。然则邑长之属为记文，非弟庆战事之胜利也，实庆吾邑之心，由剥而复、由否而泰之一大转机也。邑长恂恂儒者，将与吾邑人士磨厉气节，以遥承高顾之薪传，其用意所谓至隆，而于事尤为极盛。余故乐为之记,质诸吾乡之通人达士焉。邑人茹经唐文治谨记。

(《〈无锡胜利碑记〉——国专校长唐文治先生撰》,见《江苏民报》1946年1月23日第3版)

1月(乙酉年十二月) 无锡国专沪校民国三十四年度第一学期毕业生毕业。(据《私立无锡国学专修学校毕业生历年成绩表、名册·私立无锡国学专科学校补报三十四年度第一学期毕业生名册》)本届毕业生中的秦和鸣,是国专沪校共产党地下组织的负责人,一面读书,一面组织开展党的活动。毕业后,曾由先生介绍到上海圣芳济中学任教。

无锡国专上海分校校友秦和鸣同志,一面就读于国专,一面又在上海大夏大学学习,大夏毕业后留校。秦和鸣同志很早参加中国共产党,在大夏时即从事地下工作。客观形势逼人,在大夏不能立足,嘱汝挺转请先生介绍至中学任教,先生一诺无辞。随命汝挺代笔,致函上海圣劳济中学,介绍秦和鸣同志前往任教。过一时期,秦和鸣同志在圣芳济又引人注目,要求先生介绍门馆。先生不避风险,正在考虑推荐时,秦和鸣同志来国专和汝挺话别,言将赴常州,嘱汝挺代禀先生。先生当时在白色恐怖的上海,除掩护地下工作者外,对进步学生也尽力掩护。

[陆汝挺《回忆唐文治(蔚芝)先生二三事》]

2月13日(正月十二日) 下午四时,国民政府主席蒋介石偕夫人宋美龄于上海台拉斯脱路(今太原路)举行茶会,招待本市耆绅。先生也在被邀之列,但"因病未克参加"。(据《申报》1946年2月14日第1版《主席夫妇招待耆绅 恳切慰问并垂询八年情形》)

2月(正月) 《快活林》周报本年第3号刊载天游《八二老人唐蔚芝之治学》。

太仓唐文治先生,字蔚芝,今人皆知其为"古文家",今年已八十有二岁矣。唐先生为清季进士,曾官商部左侍郎,嗣任上海南洋公学(即交通部工业专门学校)校长,凡十数年,澹于功名,与崇明之王清修[穆]并称为"江南二贤"。唐先生事父甚孝,仆幼年在南洋公学肄业时,亲见唐先生为其尊翁扶杖游校园,栽花放鱼以为乐。唐先生好治古文,倡刚柔阴阳之说,以为古文中不外二大派别,刚强者为阳性,柔和者为阴性。如庄、孟、司马迁之文,雄健浩瀚,均为刚性;欧阳修、苏轼之文,温婉畅达,近于柔姓[性];左氏则有刚有柔。惟各大家之文,往往刚柔互见,未可一概而论。故唐氏之自选古文,有于每篇之下,注明"太阳""少阳""太阴""少阴"者,学者骤见之以为怪,或且以为唐氏之"自创一格",要之亦为文学家研究有得之一种经验,非心体意会者不解也。唐先生提倡儒家仁义礼智孝弟忠信之说，数十年如一日，人皆知其为"诚意""力行"之士，而非同于虚伪。盖惟至诚足以感人，有唐先生之"人格"及"自身修养"而后乃可以偿[倡]"道学"也。唐先生年逾耄耋，两目失明，每作文则口授，其徒记之而后成篇。如唐先生者，不仅为近世之学者，国学界泰斗，诚可谓代表东方文化之"典型的道学家"，固不仅以文章名矣。

（天游《八二老人唐蔚芝之治学》，见《快活林》1946 年第 3 号）

同月　《海风》周报第 13 期刊载欧阳文华《盲目国学家唐文治》。

当代国学大师唐文治，今年已到八十二岁的高龄。我在二十年前，曾听到过他的一次演讲。记得那天所讲的是劝人读经，大意是这样说："做一个中国的国民，应该要去读经。从前有一个英国来华大使朱尔典，和中国的博士严几道是很好的朋友。严很忧愁中国的危亡。朱就对他说：中国绝不会亡的。严问其故何在？朱说：中国有着孔孟的经书，这是无穷尽的宝藏。发而读之，能够深入人心，国运必昌，安有灭亡的道理？我认为这话，是很对的。因为中国的经书，读了不但可以固结民心，且可以涵养民性，和平民气，启发民智。所以今日要救中国，非读经不可。"

上面的话，虽然因着时代的不同而有差异了。可是说到唐先生的治学精神，却很使人可佩！听说他现在目已盲了，而且有着半身不遂的毛病，这样的高年，每天还是孜孜不倦的教训子弟，从早晨起来，一直到夜，规定工作，很少有空闲的时间。

唐先生字蔚芝，无锡人。他是清朝进士出身，足迹很广，遍及欧美、日本各国，所到的地方，必考察其政治。曾任交通部要职多年，颇有政声，办理南洋公学，尤著成绩，学生很多，遍于国内。著作有《茹经堂全书》等多种，都为国学要籍，在故里无锡办有国学专修学校，每年造就了人材很多。

现在，唐文治可谓过去的人物了。我个人对他尊敬钦慕之心并不因此而改，他是一个典型的中国读书人，一个有品有行的文士，不朝三暮四，一个有操守的老头子！

（欧阳文华《盲目国学家唐文治》，见《海风》1946 年第 13 期）

3 月（二月）　上海交通大学同学会开会议决，于交通大学五十周年校庆时，建筑新文治堂。

正月开学，余任课如前。二月下旬，南洋同学会开会议决，于交通大学五十周年校庆时，建立新文治堂，主持此事者为赵生祖康、赵生振钰等。

（唐文治著，唐庆诒补《茹经先生年谱续编·丙戌八十二岁》）

　　本月(3月)　交大同学会开会,鉴于原文治堂"颓旧窄隘",仅能容纳五百人,决定于交大五十周年校庆时重建文治堂,推举赵祖康、赵曾钰主其事。

　　[上海交通大学校史编纂委员会编《上海交通大学纪事(1895—2005)》]

　　按:交大同学会开会决定建筑新文治堂的时间从《上海交通大学纪事(1895—2005)》。

　　同月　先生等人发起联署《丁氏文化复兴社宣言》。

　　抗战胜利,建设开始。惟在抗战期内破坏最大而恢复最难者,当以文化建设为最甚。盖其他一切,属于物质文明之建设,以我国之地大物博,人口众多,政府苟能集中全国人力、物力、财力,统筹运用,不难渐复旧观,或竟过之。惟属于精神文明之文化建设,则思想之肃正、学术之归趋、典籍之整理,非朝野一致倡导,通力合作,难期宏效。我国在抗战期间,典籍损毁,文化备受摧残。胜利以还,国家迈入建设复兴之途,百端待举,其于文化建设,自必深切期待吾侪从事文化人之协力。无锡丁福保先生,平生致力于文化事业,著述等身,历年捐书于各图书馆者达数十万卷,嘉惠学人,沾溉无穷,今虽年逾古稀,犹孜孜不倦。其门人为纪念先生一生致力文化事业之功绩,特设立一丁氏文化复兴社,而先生亦发其老当益壮,拟完成大规模整理国故、辅助政府复兴文化之宏愿。先出其私人藏书贡献于社,并由其哲嗣惠康博士捐助基金,以为之倡;次及其友好与门人辈之输将,犹恐愿宏力薄,而窃冀社会热心文化人士作同情之助,共襄其事。同人等对于先生学问道德素所敬仰,又备悉其分工合作、复兴文化之宗旨,以为全国各地多创学校,广设图书馆,普及教育,启发民智,此非政府之力不为功。而翻译国外名著,沟通中外文化,介绍科学工艺,振兴国家实业,以及补充学校教材,提倡正当文艺,适合时代之需要,此可由各出版机关各尽其力而为之。至若整理国故,编辑各种研究学术上需要参考之工具书等,以期造成各种学术专门人才,籍承先哲之遗绪,而维国学之不堕,使我国固有文化绵延不绝者,实最宜于私人之组织,就其所好,而贡其一得,自可于经济、时间大事节省,不致浪费。此实关系于国家文化前途者綦巨,而应共同努力者也。此种组织,既由丁氏门人首为之倡,则他日闻风而起者,自属多多益善,其于国学之振兴,所裨当非浅鲜。兹将丁氏友好子弟辈已编有稿本、建立初步之基础者约略介绍于后:

　　一、对于人名传记之整理,有《中国现代名人列传》《中国近代名人列传》(并丁氏编)、《历代名人传记索引》(张逸萍编,已在大同文化事业公司排印中)、《中国著作家大辞典》(丁惠康编)、《历代名人编年考》(过养默编)、《中国人名大辞典补正》（黄肇平编）等。

二、对于书名目录之整理，有四部、丛书、方志三种总录（并周云青编，《四部总录》已在商务印书馆排印中）、《中国图书总目》书名及著者二索引（并丁氏及周云青合编）、《丛书子目人名辞典》（王君复编）、《中国见存易学书目》（唐文治编）、《诗经学书目》（高燮编）、《语文学书目》（胡朴安编）、《丛书书目》（周必成编）、《中国文学书目大辞典》（郑振铎编）、《易学书目汇考》（蒋维乔编）、《诗经学书目汇考》（高燮编）、《小学书目汇考》（马叙伦编）、《中国目录学书提要》（沈乾一编）、《古今文学家辞典》（朱正则编）等。

三、对于训诂学辞典之整理，有《尔雅》《群雅》《方言》《释名》四种诂林（并丁氏编，均在开明书局排印中）、《清代三大类书索引》（周云青编）、《民国三大辞典解释汇校》（黄肇平编）、《佩文韵府补编》（丁惠康编）、《国学大辞典》（丁氏及周云青合编，已成经子文史札记索引、经典释文、诸史文选音义及一切经音义索引）等。

以上所举三项，皆为研究学术上所常遇而深感纷扰之问题。若无完备之工具书，则往往检查匪易，疑难莫释，对于吾人研究学术上应具有之求知欲大为阻碍，而使精神上感受莫大之苦闷。今其书虽由丁氏及友好子弟多人费数十年之光阴，苦心规画，节缩经营，集合而成，然多为未完成之稿本。虽经此次国难未遭牺牲，然若不努力续成，则所有已成之庞大稿本，难免不为鼠啮蠹蚀，而尽弃前功。此同人等所以不得不代作将伯之呼，期于一年之内，能将各书逐步编辑完成，以待出版。海内不乏同志，有愿与合作编辑，列名于著作之林，亦所欢迎。同人等窃念国家文化，经此暴敌之摧残，几频[濒]破产，若不群策群力，急谋建设，则复兴文化之效必难预期。而振兴学术，若不先事整理，完其工具，又势必重蹈过去一般学者研究学术漫无系统、模糊影响、耗费极大经济与时间之弊病。以是益觉丁氏门人所倡议之文化复兴社，拟藉群众同好之力，非特助成国家复兴文化之伟业，抑亦为将来学人开辟自由发挥学术思想之园地。爰述其宗旨，倘亦为邦人君子所乐予共襄其成者欤。

发起人：吴稚晖先生、唐蔚芝先生、蒋竹庄先生、李石曾先生、胡朴安先生、高吹万先生、朱家骅先生、张菊生先生、王君复先生

[《丁氏文化复兴社宣言》，见《胡朴安友朋尺牍（一）》]

春　已在无锡复校的无锡国专开学上课，担任国专沪校教务长的王蘧常及无锡国专第四届毕业生许岱云奉先生命，经常往来于沪锡之间，处理国专无锡本部的一些事务。

抗战胜利了。唐校长在沪授权王瑗仲教授就近规划在无锡复校。冯先生也准备率桂校师生复员。1946年春,无锡已招生上课,桂校广大师生因交通阻滞尚在途中。桂校的蒋廷荣先生先期抵无锡,暂时主持工作。

(无锡国专南京校友会《怀念冯振心先生》,见《冯振纪念文集》)

抗战胜利后,国专从广西回锡复校,唐先生曾要我协助他处理无锡国专校务。我再三辞让,不敢接受,卒以师命难却,虽不担任名义,而实从旁全力襄助,并经常赴沪向唐先生请示、汇报工作。

(许岱云《唐文治先生轶事几则》)

4月4日(三月初三日) 《东南风》本年第3期刊出黄华《唐文治的古文测验法》。

太仓唐蔚芝先生,谁都知道他是一位古文大家。据他自己说,就他所作《送唐先生南归序》一篇而论,和曾文正公只差上了三年程度。而在近代的许多古文家中,他所最为服膺的,也只有曾文正公一人。

他既是爱好古文的,当然也希望学生能写古文。但他测验学生的方法,却很是特别。他以为,凭文字以分高下,还在其次,第一桩要紧事,却在聆听读古文时的音节如何。倘是对古文素有研究,能深知个中奥突的人,不论拿那[哪]篇古文给他读,一定能于抑扬顿挫之间、高下疾徐之处,无不中节合拍,读起来自是铿锵动听。反是,该高者不高,该低者不低,该疾者不疾,该徐者不徐,无所谓抑扬,无所谓顿挫,像这般的滥读瞎读,也就可测知他程度的低下了。所以,他教授国文,第一也就注重在读,每当他上讲堂时,只听他提高了嗓音,拉起了调子,先读了起来。一众学生也在下面跟随着,书声琅琅,和成一片,真是好听之至。换句话说,也是热闹之至。据他说,曾文正公的高足张某人,第一次去见曾文正公时,就是翻出了一篇《出师表》叫他读,因为读得十分合节,方把他录在门下的。

照此看来,注重读法或者正是研究古文的唯一妙诀吧?

(黄华《唐文治的古文测验法》,见《东南风》1946年第3期)

4月(三月) 《万象》本年第1期刊载含凉《唐蔚芝诲人不倦》。

无锡的国学专修馆造就了许多学校的国文教师,这是有口皆碑的了。创办人唐蔚芝先生,自从辞去南洋大学(即今日的国立交通大学)以后,就到他的第二故乡——无锡,实事求是地主办这个专科性质的学校。在抗战前两年,章太炎先生到了苏州,也应聘而去讲学。抗战期内,移沪开学,改称无锡国学专修学校,每星期总是到爱文义路大华路口的临时学舍里讲经学。他的两眼早已失明,而且还患着肾病,小溲舍正道不由,用一根皮管子接在膀胱上的。这样的不健康,却还是诲人不倦,风雨无阻,真是教授群中的祭酒,经师人师的模范。可是他用着故乡太仓的口音,说着不纯熟的国语,实在使听者费力,而且他的教授法,也是输入式,不会启发,想着什么说什么,说到那里是那里。所以非已得国学门径,而能从沙里淘金的,不容易受益。在前三年,为了临时校舍房东要收回,涉讼有半年之久。唐老先生总是派代表出席折冲,始终抱息事宁人之旨。他说只要房东让我们办学,学生不致无地可容,什么都可以商量的。见得他如何爱护这学校了。为了他这样的困苦艰难,所以在那里教书的,尽管待遇菲薄,绝不肯告辞,其精诚感应如此。

(含凉《唐蔚芝诲人不倦》,见《万象》1946 年第 1 期)

同月 《星光》周报第 3 期刊载"阿拉记者"之《唐文治推行唱高调》。

国学大师无锡唐文治先生为海上著名宿儒之一,历任光华、交通、无锡国学专修馆等讲师,门墙桃李遍天下。先生早年因勤于攻读,致双目失明,聘有侍者一位,专司讲读文字之职,故教育界人尝为老人题一雅号为"中国爱罗先诃"。爱罗先诃为俄罗斯著名盲诗人,双目固亦失明也。

先生对于国学造诣之深,不但海上无敌,即全国亦可称顶尖儿。据其一位高足周君语我,老人平日讲授子弟,有一种颇风趣的习惯,那便是特别看重于朗诵,此种"朗诵法",即一般弟子呼其为"唐派高调"者是也。我们的唐大师,他有着一只动听底嗓子,虽不及金少山之宏亮、梅兰芳之细研,然而一曲妙奏,实大有娓娓然动人心弦之妙,尤其是读《满江红》《出师表》一类慷慨激昂之词。老人之"国文朗诵法"且更有各种不同的调子,如诗有诗调,词有词调,文有文调,赋有赋调,各各不一,凡是他的弟子多会这一套。关于老人朗诵法之动听,这儿尚有一只颇为发噱的故事。有一次,唐氏据说有一位弟子自无锡回上海公干,在火车上因闲着无聊,于是便拿了一册诗来轻轻朗诵,但不料那种声,竟引起了一位旁坐西洋旅客的注意。他似乎听得颇有味,等到这"唐门弟子"朗诵完毕,那位知音便马上跑过来移樽求教。他问这是中国什么歌曲,为什么那么动听?唐氏的弟子答他道,这并非是歌曲,是我们中国读诗文的一种调子,先生如果以为动听的话,我可以再念几首给你听听。外国朋友表示极愿领教,便坐在旁侧洗耳恭聆了。那位唐氏弟子便念了各种唐派"朗诵法"给他听,听得那位外国知音连称妙不至[止]。

(阿拉记者《唐文治推行唱高调》,见《星光》1946 年第 3 期)

5、6 月间(四、五月间) 无锡国专桂校师生共 100 多人,经国民政府教育部指定搭乘招商局轮船,分两批取海路到达上海,晋谒先生。代理校长冯振并将原校校印奉缴先生接收。

五、六两月,始分批赴沪,复员无锡。

(冯振《自传年表》,见《冯振纪念文集》)

一九四六年夏,冯振代校长率领师生一百多人从广州乘轮船去上海转赴无锡原校复课。

(谢庭芳、萧德浩、陈国定、唐树人《桂林穿山无锡国专散记》,见《无锡国专在广西》)

夏,嘱王生瑗仲赴锡视察锡校,并欢迎桂校复员,三处生徒合计达五百余人。

(唐文治著,唐庆诒补《茹经先生年谱续编·丙戌八十二岁》)

6月初,桂校师生先后到沪,晋谒唐校长。冯先生将校印呈缴唐校长,率学生赴无锡开课。在无锡的师生热烈欢迎远道回归的同行。遵照校长的指示,无锡的教职工对桂校师生安排得很恰当,把伙食送到桂校教师的宿舍。数天后,有家眷的教师自办伙食,有的仍在宿舍进膳。冯先生的妻儿留在广西,他坚持和教职员同桌进食,而且不准添菜。他治学很勤,只有在晚饭后较短的时间内与教师们在宿舍聊天,或到别人的宿舍访问,年轻教师向他请教,他总是予以解答。学生的夜自修开始了,他也开始阅读、著述了。

(无锡国专南京校友会《怀念冯振心先生》,见《冯振纪念文集》)

6月24日(五月二十五日) 冯振以无锡国专前代理校长的名义呈文教育部部长朱家骅,谓"今奉令复员,所有迁桂本校员生现经抵达无锡原校。校铃一颗并经奉缴唐校长接收"。

为呈报事,案查:属校于民国二十七年暑假,唐校长因病请假,离桂回沪,委托振以教务主任代理校长职务,呈报钧部在案。八年以来,兢兢惟恐陨越。去岁抗战胜利,今奉令复员,所有迁桂本校员生现经抵达无锡原校。校铃一颗并经奉缴唐校长接收。由唐校长呈报外,理合备文呈报钧部赐察,实为公便。谨呈教育部部长朱。私立无锡国学专修学校前代理校长冯振。中华民国三十五年六月二十四日。

[冯振《呈报本校复员员生业经抵达无锡并将校铃奉缴唐校长接收由》(民国三十五年六月二十四日),见《私立无锡国学专修学校、武昌文华图书馆专科学校迁校及校舍建筑等问题的文件》]

6月29日(六月初一日) 《江苏民报》第3版刊载钱基博文章《唐文治先生创

设国学专门学校之宗旨》，对先生及冯振等人在抗战八年中率无锡国专师生迁徙流离、苦难备尝而坚韧卓绝、弦诵不废的精神作了高度评价。

天相中国，抗战胜利，然多难古有兴邦，殷忧今未启圣，放僻邪侈，人将相食，不惟人心日坏，而抚寸衷，亦茫无所措！因思明之亡也，顾亭林先生太息而言："有亡国，有亡天下。易姓改号，谓之亡国；仁义充塞而至于率兽食人，谓之亡天下。"而在今日，博则以为民族不能自卫，降志辱身，而失其抵抗以受异族之统治者，谓之亡国；人心不能自主，反道败德，而无所操持以成民族之堕落者，谓之亡民族。有民族之训齐有素，而国虽暂亡，必能藉其民族以维系不亡者，吾之敌人日本及德国是也。有民族之风纪尽荡，而国幸不亡，无不随其民族以沦胥俱尽者，吾中国是也。顾亭林言："知保天下，然后知保其国。保国者，其君其臣肉食者谋之；保天下者，匹夫之贱，与有责焉耳矣！"而在今日，则知保民族，然后能保其国。唐先生则以保国之大任，国之元首，责无旁贷；而保天下、保民族，则奋以自任，而欲以转任之诸生，教泽所沛，引一世而偕之大道。此国学专门学校之所以创设也。然则诸生谭何容易以无忝为国学专门学校之一学生！

唐先生之学，以孔孟为教，而以"仁义"二字提撕人心。博追随唐先生以主任校务者亦且五年，而谓诸生负笈以来，必先明何谓"国学"。"学"之为言觉也；夫"国学"所以牖启国性之自觉；而"学生"必以表现自觉之生活！国于天地，必有与立；争民施夺，其何能国！生乎今之世，由今之道，必先自觉人生之异于物竞，而后能居仁由义以相维于不敝！"仁"之为言人也，"义"之为言宜也。由消极而言，"行一不义，杀一不辜，而得天下不为"！而见世之所谓民族英雄，则行尽天下不义，杀尽天下不辜，而得擅政当国，则为之；此革命之所以常为中国病，而不应天顺人也！以积极言之，"禹思天下有溺者，由己溺之也；稷思天下有饥者，由己饥之也"。"由己"之言责无旁贷，而不必如注家之作"犹"字解；几见天下无不死溺，而禹获免于鱼鳖；天下无不死于饥，而稷独餍其口腹者！顾目论者皮傅欧化，而以争民施夺为天演之自然，其大弊在以人生为物竞！英国哲学家达尔文氏昌言天演，征见物竞，优胜劣败，适者生存；而顾致瞀于人生之不可蔑弃道德，其持论以谓："道德之原，实起于亲子之有爱；扩而充之，则为同族同类之兼相爱，斯称为动物之群性，而于动物之自利性，如车之有两轮，如鸟之有双翼，并偕有生以俱来。天演物竞，自然淘汰，此群性之于人类，乃日继长增高以有缉熙于光明者，此何以故，盖坏国丧家，必由营私；专欲难成，多助得顺，故群性之发展，亦为适者资格之一。就一国家一社会之个人而言，忠信笃敬，仁人良士之子孙，角智争雄，较之贪夫败类、诈伪桀黠者之子孙，孰为胜利，虽未可必；而以团体竞争言，则多数忠敬笃信，仁人良士之个人所构成之国家之社会，必较诸多数贪夫败类、诈伪桀黠之个人所构成之国家之社会，为繁荣而强固。何者？盖营私自利，坏国丧家，人道或几乎息，宁我之能独存？"此孟子之所以言"仁人心也"！则人生之不动物竞，达尔文固明箸之，而赫胥黎之论天演，则谓："自禽兽以至为人，其间物竞之用，固无时或休，而所以与万物并存战胜而种盛者，中有最宜者在也。是最宜云何？曰自营而已！夫自营为私；然私之一言，乃无始来斯人种子，由禽兽得此渐以为人，直至今日而根株仍在者也！是故凡属生人，莫不有欲；莫不求遂其欲；其始能战胜万物而为天之所择以此；其后用以相贼而为天之所择亦以此！何则？自营甚者必侈于自由，自由侈则侵，侵则争，争则群涣，群涣则人道所恃以为存者云，而人种灭矣。"此孟子所以言"仁义充塞，而率兽食人，人且相食"；而顾亭林以致惧于天下之亡也！观于今日之吾人，乘机射利；胜利未临，则居奇走私以发国难财；胜利既临，则巧取豪夺以发胜利财；幸灾乐祸，上下交征利，莫不利国家之多难以为一己之乐利，自营之甚而仁义充塞，争民施夺，几何其不为人之相食！如人而不嫌于相食，充类至尽，吾国四万万人，自相吞噬以至于无孑遗！亡国灭种，何必待敌国外患之至！然吾国人之未受教于唐先生，而负笈以来国学专门学校者，宜其不知仁义充塞之必人将相食；倘国学专门学校之学生，而不自觉居仁由义之为人生，则唐先生之志荒矣！

独念二十六年十月，唐先生以寇之涉吾地，青年心理纯洁之如一片白纸，未可以染；自忘其老，而以七十高龄，跋涉山川，护送诸生以移汉口，转湘入桂，遂以委重于冯振心先生而责以代理校长。冯振心先生受命危难，当仁不让，始则辟北流之家园以开讲舍；继则得广西省政府之协助以移桂林，建校舍于穿山，罗名师于四方！然而私立之校，不同国立学院专校经费之资国帑挹注，诸生无公费，学校无经费，冯先生困心衡虑以力拄艰危，诸生忍饥耐寒以相从危难！及三十三年十二月，寇深国危而桂林亦陷，穿山新建之校舍，付之一炬；冯先生则率诸生以入瑶山，戎马转徙，未尝一日废弦诵；艰苦同尝，而无一人出怨言。此其坚贞蒙难，咸有一德，仁之至，义之尽，岂惟延唐先生之斯文一脉于西南，而实以续如缕不绝之国命！及穷寇纳命，河山重光，而冯先生率诸生以归命于唐先生。然而复员之经费未发，道涂之跋涉倍艰，在广州则候船三月，及上船则忍饥数日。然则险阻艰难之备尝，诸生倍甚于他校。然而吾不为诸生慰，而为诸生幸者，幸得与全国四万万人共其苦难也！倘全国四万万人无不水深火热，而我一人焉独席丰履厚以恣情享乐，则是我幸灾乐祸以负众生之债！苟全国四万万人无不酒池肉林，而我一人焉独啼饥号寒以不得生活，则是众生般乐怠敖以负债于我！孰为心安理得，可不待辨而自明。此中得失，博校之已熟！独念天未厌乱，人不悔祸，丧乱未平，而灾害并至，此后之忧患或且甚于今日；凡我共学，体念时艰，发心与四万万人共忧患，此仁之所以为人心也！设法与四万万人共忧患，此义之所以为人路也！操心虑危，弗震弗悫！犹忆民国五年，英使朱尔典回国，而侯官严又陵先生往送行，与谈中国之无望，不觉老泪如绠！朱尔典慰之曰："君毋然！吾观中国四千余年柢固根深之教化，不至归于无效！天之待国殆犹人，眼前颠沛流离，即复甚苦；然放开眼光看去，未必非所以玉成之也，君其勿悲。"旁观者清，而吾中国四千余年柢固根深之教化，舍仁义何求！苟非我国学专修学校之问学思辨以牅启国性之自觉，必不能以维持民族以不敝。皮之不存，毛将焉附！民族之亡，国以何保！而必自来学诸生居仁由义以无负唐先生之教，而表现自觉之生活，然后有以树人纪，而吾中国四千余年根深柢固之教化，乃不终归于无效！张子不云乎："为天地立极，为生民立命，为万世开太平。"此则唐先生之所以创设国学专门学校也！百尔来学，共勉之矣！

（钱基博《唐文治先生创设国学专门学校之宗旨》，见《江苏民报》1946 年 6 月 29 日）

7 月 5 日（六月初七日）　先生呈文教育部部长朱家骅，谓"现在该员生等业经全部抵达无锡原校，校铃一颗，已由前冯代校长交还"。

为呈报事。案查属校自民国廿七年暑假，属校长因病请假，离桂回沪，委托教务主任冯振代理校长职务，呈报钧部在案。去年抗战胜利，今春奉令复员，所有迁桂本校员生，因航行梗阻，淹滞广州达三月之久。现在该员生等业经全部抵达无锡原校，校铃一颗，已由前冯代校长交还。除前冯代校长呈报外，理合备文呈报钧部，实为公便。谨呈教育部部长朱。私立无锡国学专修学校校长唐文治。中华民国三十五年七月五日。

［唐文治《呈报本校复员员生业经抵达无锡并将校铃缴还由》（民国三十五年七月五日），见《私立无锡国学专修学校、武昌文华图书馆专科学校迁校及校舍建筑等问题的文件》］

7 月 8 日（六月初十日）　上午，交通大学举行第四十六届毕业典礼，校长吴保丰邀先生到校演讲。先生以敦人品、励气节为中国领袖人才勖勉诸生。（据唐文治著，唐庆诒补《茹经先生年谱续编·丙戌八十二岁》）

8月8日(七月十二日) 包括先生在内之上海各大学校长、教授64人,致电美国总统杜鲁门等,期望美国政府继续援助中国国民政府。

(中央社本市讯)上海各大学校长、教授六十四人,昨(八日)电美总统杜鲁门、国务卿贝尔纳斯、参众两院议长、参议院外交委员会主席康纳利及美国各大学校长、教授,原电云:

同人等对于贵国政府及人民过去协助中国之和平统一,极为感佩,兹竭诚期望贵国对中国国民政府继续予以协助,藉使民主与统一之中国早日奠定基础。最近安平事件之发生,殊为不幸,而其企图,决非中国国民之公意,当不致影响贵国一贯政策也。

署名校长:吴保丰(交通大学)、李寿雍(暨南大学)、章益(复旦大学)、董洗凡(同济大学)、凌宪扬(沪江大学)、刁信德(圣约翰大学)、盛振为(东吴大学)、李培恩(之江大学)、胡文耀(震旦大学)、胡敦复(大同大学)、欧元怀(大夏大学)、周均时(商船学校)、朱国璋(上海商学院)、戴粹伦(国立音专)、褚辅成(上海法学院)、刘海粟(上海美专)、颜文梁(苏州美专)、余文灿(税专)、顾毓琦(同德医学院)、郭琦元(东南医学院)、张渊扬(南通学院)、蒋维乔(诚明学院)、唐文治(无锡国专)、宋梧生(中法药专)、杨叔艺(市立工专)、陈高佣(新闻专校)。

教授:吴南轩、应成一、伍蠡甫、孙绳曾、胡继纯、何德鹤、李熙谋、鲁继曾、裘维裕、陈石英、钟伟成、柴志明、刘大杰、刘咸、潘璞、梁灿英、郭绍虞、蒋益生、胡志远、赵修鸿、林卓然、郑章成、李浩然、郑世察、章苍萍、潘抑强、沈衔书、钱素君、陈又新、伍裕万、王蘧常、李鸿寿、丁光燮、卢锡荼、韩可吾、褚凤仪、宋寿昌、陈楚善。

(《沪各大学校长暨教授请美国继续助华 六十四人联电杜鲁门等》,见《申报》1946年8月9日第1版)

8月25日(七月二十九日) 先生等无锡士绅致函无锡县长徐渊若,请求"拨东林原有之田租,修东林就颓之讲舍"。

本邑东林书院为邑先贤高攀龙、顾宪成讲学之所。现该院旧址,充作中一镇第一中心国民学校校舍。近由该校长顾希炯及中一镇镇长等发起募款修葺,国学大师唐文治、钱基博等,以东林管有旧锡、金两县义租田一千二百九十七亩,前经收归县有,今如能拨东林原有之田租,作修葺费用,实名正言顺,且可无须募捐,特联名致函徐县长,贡献意见。原函云:

渊若县长先生台鉴:迳启者,窃闻风土之美恶,视乎人才;人才之消长,视乎世教。前有美盛而弗彰,后欲观感而无地,司世教者必病之。诚以高山景行,发人深省,非苟焉而已也。文治等自童蒙时即慕东林之名,虽不识所谓学,而心窃向往之。嗣后稍读书诗,固知道南之教泽实弘,而东林之渊源远且长也。闲曾考之东林讲学,倡自宋儒杨龟山先生,以迄于元,讲筵屡辍而不废,最后及明之中叶,顾端文公购地鸠工,大兴讲席,海内学者,云集响应,东林书院遂与白鹿、紫阳相鼎足,而先后左右主其事集其成者,高忠宪公也。公为儒者之宗,修证双绝,不幸罹难。迄今豪杰之士,以顾高二公气节相砥砺,而程门立雪传为千古美谈。乃自丧乱频仍,宗尚失所,而东林辍讲,道南废祀,败垣残壁,时虞倾圮,诚非所以树观感、厉风教之意也。窃查光绪七年,修无锡、金匮县志,载东林书院管有锡、金两邑义租田共一千二百九十七亩,额征米九百七十三石、麦一百七十三石,专备俎豆修葺之需,早经收归县产。而今年久失修,县经费尽困难,而拨东林原有之田租,修东林就颓之讲舍,名正言顺,理之当然。似宜拨出岁租之一部,专款存储,列入预算,不作他用。假定照拨,志载原额租五分之一,亦可得二百余石,以便逐年修葺。再中央明令实施国民教育,筹集基金,颁有规程,而今中一镇第一中心国民学校,实承东林小学,以用书院旧讲舍,如用东林书院旧管义租,拨作该国民学校基金,则不待募集而已足。合并声明。伏维国于天地,必有与立,而东林名贤讲学之地,尤为观感所系,风教攸关。文治等敬恭桑梓,未敢默尔,应请县长主持风教,交参议会核议,定为成案,以垂永久,地方幸甚,教育幸甚。专此布达,顺颂公绥。唐文治、钱基博、顾宝琛、杨建时、高涵叔、杨郁初、高昌运、秦执中同启。

(《唐文治、钱基博函县　请拨义租修东林》,见《锡报》1946年8月26日)

按:此函亦见《修葺东林书院收支报告》,题作《致徐县长请拨义租修葺东林书院函》,文末署8月25日。

同时,先生等无锡士绅又就修葺东林书院,向社会各界发出募捐公启。

明自太祖驱逐胡元,禹域重光,传十世而至神宗,极炽以敝。自江陵张文忠公之敝政万历,而明朝无政治、无赏罚。自吾锡顾端文、高忠宪两公之讲学东林,而明朝有学术、有是非。呜呼,学术者,所以维政治之坏而不坏;是非者,所以救赏罚之穷而不穷。于世为硕果之不食,其人则朝阳之鸣凤。清议所存,吾德不孤,风雨如晦,鸡鸣不已,此明之所以亡而不亡、道之所以剥而必复也。惟东林书院为名贤讲学旧地,自宋杨龟山先生得程子之传,南来开宗,以迄于元,讲筵久辍,而儒者以干禄为问学,以势力为是非,遂及万历,学之不修、德之不讲久矣。顾端文、忠清兄弟崛起吾邑,有慨于阳明之凿空,而欲归之于龟山之蹈实,谓近时学者乐趋便易,冒认自然,所以不思不勉,当下即是,何可不究其源头,果是性命上透得来耶？勘其关头,果是境界上打得过耶？而阳明倡无善无恶一语,教法之坏,实自此始。而以声势奔走天下,从风而靡,尤为干禄开一倖门。是故宋之道学,在节义之中;今之道学,在节义之外。然宋之道学,在功名富贵之外;今之道学,在功名富贵之中。在节义之外,则其据弥巧;在功名富贵之中,则其就弥下,无惑乎学之为世诟也。乃因龟山讲学故址,作东林精舍,重绍宗风,柬约同志高忠宪等四五人讲学,以厉世磨钝。然君子和而不同,忠宪亦不嫌自抒所见,以谓泾阳先生始作东林精舍,大得朋友讲习之功,徐而验之,终不可无端居静定之力。盖各人病痛不同,大圣贤必有大精神,其主静只在寻常日用中。学者神短气浮,便须数十年静力,方得厚聚深结。于是学者乃知鞭辟入里,以无见小欲速,向风慕义,海内景从,无不以升依庸堂得与末座为幸。而人心渐而不灭,士习弛而不靡。数百年来,流风未沫,贤士大夫莫不以顾高诸公讲学东林,砥砺名教,灿然自足于千古。乃自爱新觉罗盗有诸夏,而东林之讲学亦废,书院之虚名仅存。既而改名小学,蒙以养正。然东林既为名贤讲学旧地,而道南古祠,官墙密迩。登其堂、游其地者,莫不低回景行,知所仰止。此其有系于世教之大、人心之正,岂仅一邑兴替之所系哉！乃自丧乱频仍,吾道晦蒙,正气内虚,而外邪乘之。东人作慝,几以不国,而天相诸夏,转败为功。然多难古有兴邦,殷忧今几启圣,人心渐而渐灭,士习弛而渐靡。瞻讲舍之日圮,欲展拜以无从。神灵失依,何言景行？甚非所以树观感、资兴起、维风教之意也。同人经恭桑梓,目睹凋残,苟默尔无以言,恫后生之何仰？独念学术所以救政治之坏,是非所以济赏罚之穷,既有征于明季,岂今兹而有异？今上无道揆,下无法守,纲纪阙败,耻尚失所。苟非发人心思古之幽,何以挽江河日下之势？所望当世明达,慷慨捐输,以资同人得事修葺,庶几四方来观化者,忻然怀古,景仰无已。而东林之气节,重振于今日,不独为一邑人士怀旧凭吊,慨然向慕于无穷也。此启。发起人：吴稚晖、唐文治、华文川、钱基博、钱基厚、顾型、孙肇圻、杨建时、杨少棠、许伯翔、裘维裕、华士巽、唐星海、荣鸿元、薛明剑、薛育津、丁裕泉、华洪涛、陶达三、辛干、李干、杨荫溥、张竞显、秦权、秦鉴源、杨郁初、高文海、高昌运、顾宝琛、顾希炯谨启。

(《重修东林书院募捐启》,见《修葺东林书院收支报告》)

9月24日(八月二十九日)　无锡国专校友会代表张寿贤、唐兰、侯堮、王蘧常、蒋天枢、金仞千、蒋庭曜、王震、陈千钧、严济宽、张敦品等11人,联名呈文教育部部长朱家骅,请求将私立无锡国学专修学校改为国立国学院,内设中国文学系、史学系、哲学系,附设专修各科,以"发扬我国固有之文化,树植学术特立之风声"。后教育部批示云"所请应毋庸议"。

　　谨呈者:案查私立无锡国学专修学校为海内耆宿、前南洋大学校长唐文治先生所创办,迄今已二十六年,人才辈出,成绩卓著。抗战军兴,曾迁至广西,在桂林自建校舍,广招学生,对于开发西南文化,发扬国学精粹,苦心孤诣,厥功尤伟。我国历史悠久,先哲所讲修身致治之本、体国经野之道,不特为中华民族精神之所寄,实亦世界人类命脉之所系。此固非一人之私言,乃为各国学者所公认。惜因提倡不力,研究乏人,遂使国丧其故步,以致道德沦胥,人心陷溺。有识之士,所为殷忧。本校自三十三年日寇入桂时,桂林校舍全部被毁。胜利之后,复员返锡,原有校舍,多所残破,但力加修葺,尚堪应用。惟是迭遭变乱,经费奇绌,改进有志,扩展无力。唐先生耆年硕德,矜式群伦,一生讲学,老而弥笃。其平日主张重道德,崇礼仪,维人心于不死;贯古今,通中外,跻世界于大同,所以振绝学而救时弊者,用意至切。当兹国土重光、声威揆张之时,本会同人以为建国伊始,大本须昭,用敢不揣冒昧,敬恳准予将私立无锡国学专修学校改设国立国学院,内设中国文学系、史学系、哲学系,附设专修各科,本唐先生一贯之主张,发扬我国固有之文化,树植学术特立之风声,民族光荣,人类幸福,实利赖之。谨呈教育部部长朱。私立无锡国学专修学校校友会代表:中国国民党中央执行委员会秘书处秘书张寿贤、国立西南联大史学系主任唐兰、国立西北大学文学院院长侯堮、国立交通大学教授王蘧常、国立复旦大学教授蒋天枢、中国国民党江苏党部执行委员金仞千、私立无锡国学专修学校总务主任蒋庭曜、私立无锡国学专修学校教授王震、私立无锡国学专修学校教授陈千钧、教育部训育委员会专任委员严济宽、委员长西昌行辕政治部主任张敦品。中华民国三十五年九月二十四日。

　　[张寿贤等《呈请准改私立无锡国学专修学校为国立国学院以便发扬中国文化由》(民国三十五年九月二十四日),见《私立无锡国学专修学校、武昌文华图书馆专科学校迁校及校舍建筑等问题的文件》]

按:教育部批示"所请应毋庸议"。

11月24日(十一月初一日)　国专沪校全体教职员及学生赠送先生一根红木手杖。上午十时,举行献杖仪式,先生致答谢辞。

　　十月廿六日,国专全体教职员同学赠余红木手杖,上镌"天寿平格"四字。上午十时举行献杖仪式。王生瑷仲致辞,余答谢,并勉同人作中流砥柱云。

　　　　　　　(唐文治著,唐庆诒补《茹经先生年谱续编·丙戌八十二岁》)

　　无锡国学专修馆校友会,为将其母校校长唐文治表示敬意起见,特于昨日上午十时,在该校举行献杖典礼。王教务长蘧常报告校友会复会经过后,校友贺仙小姐在热烈的掌声中,晋献手杖。杖为红木制成,系以彩绸,上篆"天寿平格"四字。唐校长欣然接受,并致答词,语多警惕。

　　(《无锡国专校友会昨向唐校长献杖》,见《申报》1946 年 11 月 25 日第 8 版)

　　按:《申报》报道中所云"昨日"为 11 月 24 日(十一月初一日),与《茹经先生年谱续编》中所记时间不同。此用《申报》说。

12 月 17、18 日(十一月二十四、二十五日)　《江苏民报》刊出《国专访问记》,介绍无锡国专的历史和近况。文中称先生"了解教育的真谛,悉心为教育而服务,领导纯洁而迷惘的青年,非但是他本身的成功,也是学术界的成功"。

　　学前街好像是一条文化街,儒家鼻祖的孔庙就建筑在这静穆的街上,终年受着人民的虔诚顶礼,"状元""进士"的牌坊矗巍林立,象征着科举学术的归宿。时代是进步了,新生活泼的气氛,替代着古老的陈腐,国学专修学校似乎更能发挥这种优秀精神。

　　一般中年以上的长者,在苍老的心中,决磨灭不了对国专的影象,它非但发扬中国固有旧文学的精华,配合新时代的需要,随潮流而前进(的)青年学子们,受着古朴渊源的知识,决不懂憬陈旧的事迹,或俱[具]有顽固的思想。他们知道落后时代,就是自取堕落,更受历史的警惕而勉励,挣[争]取时间,迈步向前。

　　普通许多青年总认为研究旧文学是年迈老者的玩意儿,而国专的学生,一定带有"道学"气派,迂阔的典型,或者是彬彬沉默的青年,其实这是错误的成见。受着新潮流的洗礼,他们每天有一定的活动,与任何学校活泼矜持的青年并没有分别。

　　在终朝读古书而要造成学生有[又]跟着时代前进的思想,并不是偶然的,有它一定的因素,这完全是校长唐文治先生的功绩。唐氏已是八十二高龄的长者,为前清进士,曾任农工商部侍郎,况且又是一个盲者,谁都认为他仅是一个年高德隆的学者,过着清闲的生活。但是并不如一般人所想象,他关心着政治及中国前途的趋势,致力于学术的改革,诲人不倦。长交通大学十三[四]年期间,眼睛已失明,并不气馁,且于民国十年返锡创办国专,了解教育的真谛,悉心为教育而服务,领导纯洁而迷惘的青年,非但是他本身的成功,也是学术界的成功。

　　但是唐校长究竟是年迈体衰的人,眼睛又失却作用,校务的推进常心有余而力不足,所以教务长冯振先生的协助,也有不可磨灭的功绩。冯氏是广西人，在交大时与唐校长有师生之谊。脱离交大后虽在各大学执教，而在民国十六年即入国专任教务长，至今未易，这也不是偶然的。冯先生今年五十岁，鬓发花白而精神矍铄，与唐校长有相当深厚的交谊。秉承唐校长的意旨，阐扬不懈，虽然是"教务长"，但一切校中任务都由他一人主持。

廿六年抗战军兴，苏省沦陷，各地教育机关皆遭摧残，国专亦不能幸免，即全部撤退至湖南长沙，继续办理，弦歌不辍。廿七年，又移广西桂林，境遇愈恶，而师生皆不折不挠，向恶环境奋斗。四方问学者益形加多。迨三十四年夏，胜利的爆竹声震彻了艰苦中每个同学的心弦。不久就很快的万里跋涉，全校学生复员来锡。

该校校舍因过去并未遭到残酷的摧毁，一切复员工作也并未遭到任何的挫折。当一般［班］原来的老师们踏入那阔别八年的校园，也发生今昔之感，喟然暗叹。学生们仅感到新奇，在内地简陋的设备下，生活了如许时候，另走入这仍旧完整的园地，倒反感到满足。

现在国专共有学生二百余人，分十八班，虽然学科不分。五年制（初中毕业资格投考）有五级，三年制（高中毕业资格投考）有三级。教育部并委设立文书科一级，因春秋季都招收新生，故每级有春秋二班。

因为该校由广西复员而返，故广西籍学生颇占相当数目。本省学生悉系去冬以及今年所招之新生。同学虽然是陌生而且乡地不同，而感情却相当融洽，对于学术的研究亦很认真，只要看壁报的繁多，就可明了了。

国专于上海更设有分校，在爱文义路乐群中学内，学生亦有一百余人，因为唐校长患有尿病，行动不便，学生每天不厌的走到唐校长家中请求讲解。而唐校长永远是诲人不倦的。

去年复校的时候，曾设附属中学招收新生，而于上学期突告解散，各同学皆感惶恐，对学校发生恶感。而据冯振先生表示：办学校是唐校长的职责。在失学问题严重的状况下，决不忍心使各学生陷于彷徨歧途，徘徊于学校门口。实因为校舍狭窄，经济窘迫，不能顾全周到。假若不能健全，徒使学生糜费，负有教育的罪责，宁可解散，以免误人子弟。这也可表示唐氏对教育的重视了。

国专本有名教授五六位，本学期又聘请中央大学教授朱东润，以及社教学院的名教授来锡教导，学生皆得益非浅。

抗战前，唐校长本预备将该校舍迁移至□临五里湖的宝界桥畔，风景秀丽，为读书的优美地方，但却受炮火所打消。现在虽有如是的预算，但需要十亿元始能办到。十亿元是多么巨大的数目！这理想在最近期内似乎不能实现，实在是件很遗憾的事情。

（关云骧《国专访问记》，见《江苏民报》1946 年 12 月 17、18 日第 4 版）

12 月 29 日（十二月初七日）　无锡《人报》刊登点玉所撰《唐文治素描》。

本邑国学大师唐文治，系清进士出身，任工部尚书郎，翰林院编修，复任南洋大学校长，共十五[四]年，至民九至本邑惠山之麓，创办"无锡国学专修学校"，次年移址于学前街（即今之国专）。廿六年因事变内迁桂林，惟唐校长因水土不服，重还上海蛰居。廿八年二月，因江浙学生环请复课，于是暗立门墙，照常招生，含辛茹苦，不辞劳瘁。此位老夫子之精神可想见矣。今岁桂校复员来锡，沪校亦将归并，当为吾邑放一文化异彩。

唐先生今年已八十二岁了，在中年双目失明，近来身体尚健，身材并不高而甚胖，现寓上海南阳路。每星期至国专（沪校）讲学一次，风雨无阻，临时雇人力车到校，发音甚低，且颤抖，这是因年老的关系。但是他还同年青人一样地自告坚强，精神之伟大，不能不使我们拜倒。记得他的秘书陆景周先生告诉我说：他屡以年老为由，向校长辞职，而校长回答他说："我的年龄较汝大上十多年，尚不敢言老，而汝竟敢称老矣。"这一点又显他的"老当益壮"的姿态了。

讲书的时候，虽目不能视，但比看了书更熟，源源背出，差不多十三经都如此，确是奇才。呼同学为"君子"，而学生尊之以"老夫子"。有礼必答，万分谦虚，孔子之"温良恭俭让"，他足以当之无愧。

"正人心，救民命"，这二句在每一次的讲辞中，都能听到，可以说就是他的主义，是他的口号！

他平生最崇尚的人物，据说是曾国藩。时常劝我们这辈后生小子，学学这位文正公的为人与品行，并且希望每一个人都能做到圣贤的地步，这一点未免太不合时。幸亏他的眼睛已看不见，否则他看到现时代的一切，不要说气死，也要吓坏罢。

很欢迎学生到他家去向他讨论学术上的问题，一踏进他家的大门，就觉得一团和气袭在你的周围，一切的物具都很简朴，足见他在官场上没有大括。他常诰戒我们说："唯利是图者，非我徒也。"

不吸烟，更不喝酒，很暖的天气，也戴上一顶瓜皮帽，黑马褂，布长衫，布袜，一望而知是位节俭朴实的国学大师。

处理学生品行很为严厉，在过去男女同学之间，直似路人，近年来此风渐开，已略染上时代色彩了。

（点玉《唐文治素描》，见《人报》1946 年 12 月 29 日第 4 版）

1947 年（丁亥　民国三十六年）　83 岁

1 月 15 日（丙戌年十二月二十四日）　上海交通大学新文治堂举行奠基礼。校长吴保丰与裘维裕教授迎接先生参加。奠基礼上，凌鸿勋代读先生致词，希望学子们以气节为本，不随风气转移。

（1947 年）2 月 15 日　新文治堂举行奠基礼。校长吴保丰与裘维裕教授专程拜望唐文治先生，行学生礼。3 月，中央机械公司为重建新文治堂捐赠钢筋二吨；中国农业机械公司、大中砖瓦公司或按成本、或以廉价为重建文治堂提供煤炭、钢材、砖瓦等基建材料。文治堂根据实际到款数，设计固定座位一千八百座。

[上海交通大学校史编纂委员会编《上海交通大学纪事（1896—2005）》]

按：上引文中的"2 月 15 日"应为"1 月 15 日"。

余前在京师任农工商部署理部长职，旋丁内艰去官。服阕后即不复出山，隐居沪上，任交通大学校长（原名南洋大学）凡十三[四]年。在任之时，每于星期日集诸生讲经，并修身立品大要。无如目眚日甚，先后辞职至十次，于民国十年九月始邀部准。接任者为广东凌君鸿勋，字竹铭，即本校高才生，余最器赏者，为深喜曰："吾校得人矣。"嗣凌君就管理铁路职，继之者为广东黎先生照寰，字曜生，勤慎缘督，不辞劳瘁。又继之者为昆山吴君保丰，亦本校高才生，被服儒素，学贯中西。丙戌岁，诸同人与同学集议，拟建文治堂于校之西南隅，占地约十余亩，于民国三十六年一月十五日行奠基礼。是日，校长吴君保丰与旧同学裘君维裕字次丰先乘车前来迓余，至午初刻行礼。嗣复由凌君竹铭宣述余从前讲学宗旨，谓"学问之道，首重品行，人格须居第一等。不为圣贤，即为豪杰。吾校中人因笃守唐师之训，是以品谐纯，无下达者"云云。继请余致训，余愧不敢当，乃进而昌言曰：

今日之礼，可谓隆矣；诸君之谊，可谓厚矣。余承乏于兹，历有年所，乌可以无辞。昔孟子生战国之世，著七篇之书，首以提倡仁义、斥绝贪利为惟一根本。其言曰："后义先利，不夺不餍。"又曰"未有仁而遗其亲"，是孝也；"未有义而后其君"，是忠也。人生大节，岂有外于忠孝者哉！此外又言舜跖之分，在利与善之间。去利怀仁,义以相接,未有不王。然则今世求学者,为孟子学而已矣。今日世界,一大战国也。孟子学以何为要,救民于水火而已矣。且余更有进者,古人讲学植品,惟以气节为擎天柱地之本。近代士夫,或不免好实无厌,浸至脂韦成俗,学者入社会之中,习洟涊之情状,无待洪炉,早已销骨。如是而欲其屹然特立,不随风气为转移,非所谓南辕而北辙者乎! 余尝作楹联云:"人生惟有廉节重;世界须凭气骨撑"。诸生既尊崇余言,务宜以圣贤豪杰自励,其勉之哉!

吴校长暨诸同人、诸同学佥曰:"善哉! 此楹联即当悬诸于文治堂,以为永久矜式。"余见诸生之鼓舞奋兴,深有感于心也,爰饬不律,记之于是堂。

（唐文治《上海交通大学文治堂行奠基礼记》,见《茹经堂文集》六编卷五）

（民国）三十六年同学集资建"新文治堂"行奠基礼,校长吴保丰复亲迎先生莅校致辞。"新文治堂"奠基时,先生离校已近三十年,目早失明,年且八十有三,况一般观念,习人文者重伦理,乃此重理工学校之毕业同学,对离职校长三十年仍信仰弗衰,敬礼有加,在此师道陵夷、群相咨嗟之际,不亦大可省察乎! 当"新文治堂"奠基礼时,先生致词有云:"古人讲学植品,惟以气节为擎天柱地之本。近代士夫或不免好实无厌,浸至脂韦成俗,学者入社会之中,习洟涊之情状,无待洪炉,早已销骨。如是而欲其屹然特立,不随风气为转移,非所谓南辕而北辙者乎! 余尝作楹联云:'人生惟有廉节重;世界须凭骨气[气骨]撑'。诸生既尊崇余言,务宜以圣贤豪杰自励!"

[《〈茹经堂文集〉后记》(台湾文海出版社有限公司本)]

2月18日(正月二十八日)　唐文治致函教育部部长朱家骅,根据教育部要求,呈报无锡国专的英译名为"The College of Chinese Culture"。

南京教育部朱部长钧鉴:奉高字第○○一四九号代电,开"兹为规定本部所属专科以上学校英译名称,仰将该校沿用英译名,迅予具报为要"等因,奉此,遵将属校英译名谨另纸缮呈,请赐备案。私立无锡国学专修学校校长唐文治。巧。(附呈英译校名一纸)

[唐文治《快邮代电》(民国三十六年二月十八日),见《私立无锡国学专修学校、武昌文华图书馆专科学校迁校及校舍建筑等问题的文件》]

按:在代电韵目中,"巧"为18日。

又按:随此信有"附呈英译校名一纸",其"无锡国学专修学校"的英译名为"The College of Chinese Culture"。

1947年无锡国学专修学校上报教育部的英译名为"the College of

Chinese Culture"，译成汉语便是"中国文化学院"。应当说，这正是唐文治办学所要达到的心愿：对外代表中国文化，对内以振兴国学、弘扬传统文化为己任，以达"正人心、救民命"之宗旨。

（吴湉南《无锡国专与现代国学教育》）

2 月（正月）　国专沪校开课，先生仍为学生开设读文法课。（据唐文治著，唐庆诒补《茹经先生年谱续编·丁亥八十三岁》）

同月　无锡东林书院修葺完竣。先生撰《重修无锡东林书院碑记》，并勒石刻碑，置于书院中。

> 呜呼，人生当世，气节而已矣！有气节而后可以擎天柱地，维人心世道于不敝。乾坤正气，弥纶宇宙间，无形之中，为万事万物之桢干，岂不至重且大哉！自宣圣崇直道、孟子养浩气，洎乎东汉崇尚气节，唐张睢阳、宋文信国，绵绵延延，以迄于明之无锡东林书院，实为一脉之传。书院旧址，为高忠宪、顾端文两公讲学之地。方是时，名儒硕彦，风起云从，研求正学，四方响应。而有明一代之气节，遂彪炳于寰区。厥后，太仓之复社，复东林也；松江之几社，几东林也。然则东林之气节，岂非千古不朽者哉？而吾谓气节之萌柢，实本于理学。《易传》言："穷理尽性。"又言："顺性命之理，是为性理学之权舆。"余尝谓理学兴则国家兴，理学废则国家废，非虚语也。近代以来，艺林之士，鄙理学为陈腐，不讲久矣。士人气骨，苶然脆弱，入社会之中，无待烘炉，早已销化。欲求其特立独行，正一心以正一身，正一身以正万事，岂不难哉！故吾谓欲维今日之人心世道，惟在讲明气节；而激励气节，必师法东林诸贤。间尝过锡山，访水居，徘徊昔贤讲学之地，景仰流连，不能自已。奋乎百世之上、百世之下，莫不兴起，而况近居其地者乎！东林讲舍自前清顺治至乾隆年间，先后凡四修。自乾隆年迄今，先后修葺又若干次。兹者，同乡诸君子，慨念先贤祠宇岁久失修，集议规复旧观。于是，发起重修者，有吴敬恒、华文川、钱基博、钱基厚、顾宝琛等三十人，督修者陶达三、辛干、顾希炯、杨郁初等，捐资者荣鸿元等。维月某日，工告讫功，同人等属文治作记，爰发明性理之根源，并略述书院建置始末。惟愿我乡邦人士，景仰前徽，保气节于将坠。庶几乾坤正气，磅礴扶与，有以永久于无疆矣夫。

（唐文治《重修无锡东林书院碑记》，见《茹经堂文集六编》卷七）

按：《重修无锡东林书院碑记》原石今仍嵌置于东林书院丽泽堂前廊壁间，文字与《茹经堂文集六编》中所收录者有所不同。文末且刻有发起人姓名：吴敬恒、唐文治、华文川、钱基博、钱基厚、顾型、孙肇圻、杨建时、裘维裕、许伯翔、杨少棠、陶守恒、辛干、唐星海、华士巽、荣鸿元、薛明剑、秦权、薛毓津、李干、杨荫溥、华洪涛、秦鉴源、张经轩、丁裕泉、杨郁初、高文海、顾宝琛、高昌运、顾希炯。

3月1日(二月初九日) 先生致函教育部部长朱家骅,呈报国专沪校五年制学生已于本年寒假中悉数迁回无锡;三年制学生之迁锡,也在积极准备中。但因上海为人文荟萃之区,选聘文书科师资较便利,故请求"将本校二年制文书科借地上海,切实办理"。

骝公部长勋鉴:曩岁驺从莅沪,特蒙枉驾慰劳,感不去怀。辰维勋祉凝厘,式符心祝。弟自前年患膀胱炎后,至今未能脱离医师,不克即时回锡。而上海部分复员方面,本年寒假已将五年制学生悉数迁回无锡,与北流迁锡学生合并上课。至三年制学生,亦继续在积极准备中,俟暑假告一段落,即可一并迁回。特据实陈明,敬祈垂察为感。抑弟窃有请者,上海为人文荟萃之区,文书科师资在沪选聘实为便利,可否将本校二年制文书科借地上海,切实办理,以广栽成。倘荷俯准,弟一面可在沪讲学,一面遥领锡校校务,仰副钧部广植人才之意,统祈赐察是幸。专肃,祗颂钧绥。弟唐文治拜启。(中华民国三十六年)三月一日。

[《致朱家骅函》(民国三十六年三月一日),见《私立无锡国学专修学校、武昌文华图书馆专科学校迁校及校舍建筑等问题的文件》]

按: 由教育部属员代拟的朱家骅复唐文治函中称:"惟嘱准将二年制文书科借地上海办理一节,以限于规定,且恐他校援例,歉难遵办。"

3月16日(二月二十四日) 先生以"私立无锡国学专修学校校长"名义,向教育部发公函,仍申"可否将本校二年制文书科借地上海,切实办理"之意。后教育部指令:"本关通案,未便照准。"

为遵令呈报事:案奉钧部高字第〇八五四六号代电,开"据报,该校现在上海开课等情。查该校前呈员生已到无锡,业经令准备在案,何以仍在上海上课?仰迅申复即迁无锡,具报为要"等因,奉此,窃文治贱体自前年患膀胱炎后,至今尚未能脱离医师,前荷钧长枉驾敝寓慰劳,已将此意面陈,未能即时到锡,职是之故。查上年七月间呈报员生已到无锡,系指北流迁回无锡而言;至上海部分复员方面,本年寒假已将五年制学生迁回无锡,与北流迁锡学生合并上课,正拟呈报。所有三年制学生,亦继续在积极整备中,俟暑假告一段落,即可一并迁回。谨据实陈明,呈报钧部赐察。再目下文书人才缺乏,于事实极为需要,前年奉令委托办理二年级文书科,实为应时之急。查上海为人文荟萃之区,文书科师资在沪选聘实为便利,可否将本校二年制文书科借地上海,切实办理,以副钧部广植人才之意,并祈赐察备案,实为公便。谨呈教育部部长朱。私立无锡国学专修学校校长唐文治。中华民国三十六年三月十六日。

[唐文治《呈报本校五年制业经复员无锡,三年制继续整备迁回,所有文书科因事实需要拟请借地上海办理,敬祈赐准备案由》(民国三十六年三月十六日),见《私立无锡国学专修学校、武昌文华图书馆专科学校迁校及校舍建筑等问题的文件》]

但唐文治似乎并未理会国民党教育部的指令,国专沪校仍在上海开课。一向知礼守礼的唐文治为何会在这种时候置教育部的指令于不顾?而且,朱家骅及教育部的理由,不可谓不充足。究其原因,我以为"上海为人文荟萃之区,文书科师资在沪选聘实为方便",它对于国专的招生、选聘师资,以及经费流转等办学条件都会比较有利些,这固然是一个考虑的因素。但另一方面,恐怕也与唐文治个人当时的境况和心情有关。唐文治一向爱校爱教育甚于生命,此时已八十三岁,年老体衰,疾病缠身,自膀胱炎手术后,小便改道至皮管中,更加重了其出行的困难。事实上,其身体状况已无法离开上海,更无法在上海、无锡之间来回奔波。但即便是这样,他依然支撑着给学生授课,一直坚持到上海解放,沪校迁回无锡止。他深知,国专沪校一旦全部迁回无锡,便意味着他教学生命的结束,他深爱学校、深爱学生、深爱他的国学教育事业……明乎此,我们才能对这位八十多岁的老人在其生命的最后几年,拖着重病仍然不愿离开讲台的行为有更多的理解、更多的敬意!

(吴湉南《无锡国专与现代国学教育》)

3 月(二月)　先生辑成《修葺东林书院收支报告》。

按:《修葺东林书院收支报告》为油印本,内收:吴稚晖、唐文治等《重修东林书院募捐启》,唐文治等《致徐县长请拨义租修葺东林书院记》、唐文治《重修东林书院碑记》、钱基博《重修东林书院后记》及《杨氏捐款》《上海捐款》《无锡捐款清单》《修葺东林书院收支总表》和修葺书院内各处所用之材料、金额清单。此次东林书院修缮,共募得社会各界捐款计国币两千三百九十六万元,支出金额计两千五百四十九万四千一百五十元。

春　国专沪校五年制班先行合并至无锡本部,三年制班及二年制班仍然留在上海。

惟在沪补习部因种种关系,于三十六年春,先将五年制合并至锡,三、二年制仍留一部在沪。

(《无锡国学专修学校卅七年度毕业纪念刊·无锡国专校史》)

春 无锡国专校友会在无锡举行大会。先生因在上海,虽未能出席,仍作《无锡国专校友会春季大会训辞》。文中强调"自古圣贤所以承继而不绝者,惟在精神而已",以此来勖勉学生。

今日欣逢本校校友会春季大会,鄙人未能到会出席,歉仄之余,弥深神往。诸君均系吾门杰出人才,以后建功立业,未可限量。须知传嬗鄙人学说,实系传嬗鄙人精神。自古圣贤所以承继而不绝者,惟在精神而已……若吾一身一心,精神不能振作,一家一国,精神亦不能振作,或用之匪正,立见危亡矣。故今日诸君,欲传嬗鄙人之精神,请将鄙人所撰《孝经》《论语》《孟子》"大义"及《孝经》《孟子》"救世编"详细为学者讲授,则精神充周本校,且远及于一乡一邑一国矣。更有进者,读文一事,虽属小道,实可以涵养性情,激厉气节。近时诸同学为鄙人读文灌音,本月杪可出版问世。诸同学注意读文,则精神教育即在于是。他日家弦户诵,扩充文化,为文明教育最盛之邦,其责任实在于我诸同学。鄙人窃昕夕望之,馨香祝之。又闻诸同学开会后,即赴茹经堂观察,益征厚谊,具见师弟契合之精神,沆瀣无间。

(唐文治《无锡国专校友会春季大会训辞》,见台湾文海出版社有限公司本《茹经堂文集六编》卷一)

4月8日(闰二月十七日) 上海交通大学举行五十一周年校庆活动,先生作训辞。

4月8日,隆重举行建校五十一周年庆祝大会。唐文治为校庆节发表"训辞"。

(霍有光、顾利民编著《南洋公学—交通大学年谱》)

鄙人自丁未年起至庚申年止,历任本校校长,凡十四年。自辞去本校后,时时以诸生品行学业为念。兹忻逢本校五十一周校庆节,校长吴君暨诸同人,谆谆训辞,爰进而昌言曰:

鄙人讲学,向以正人心、救民命为宗旨。正人心以何为要?读经而已矣。近时以读经为难,遂有废经不读者,此实根本错误。余从前遍游欧美各国,考察民风,大都兢兢业业,以保存其本国国粹为宗旨。《四书》《孝经》,吾中国之国粹也。蔑弃国粹,人心因而好利,人格因之日堕。于是见利趋之若鹜,廉耻斁丧,实由于此;而民命之流离痛苦,遂不忍言矣。故今日欲救国家,先救人心;而欲救人心,先崇廉耻。余近日牖启青年,教以立心、立身、立家、立国之大本,惟以立气节为先务之急。凡人有气节,而后可以擎天柱地,作中流之砥柱,挽既倒之狂澜。诸生须知利害二字,实相联属,利之所在,即害之所在。譬诸刀列于旁,未有不杀人转而自杀者。余主持此义五十余年,虽有人笑余为迂阔，耸余以危辞，皆所不顾。诸生诸生！毋逐利而忘义，毋屈己而求人。修养气节，训导国民，宋张子所谓"为天地立心，为生民立命，为往圣继绝学，为万世开太平"，虽不敢遽以自期，然不可不以此立志。诸生诸生！务望切记吾言。

（唐文治《五十一周校庆节训辞》，见《交大友声》1947 年第 2 期）

本日　《交大电机》创刊号刊登李熙谋《唐前校长蔚芝与电机工程系》。文中称"唐先生以经学大师出长交大……而竭力提倡新学，既创办铁路工程系，复设立电机工程系，为国家建设，作育多士，亦可见唐先生识见之远大"。

本校电机工程系第一届毕业生，远在前清宣统三年，时校长为唐蔚芝先生。唐先生以经学大师出长交大（当时校名为邮传部高等实业学堂，一般社会人士都称之为南洋公学），而竭力提倡新学，既创办铁路工程系（当时称科），复设立电机工程系，为国家建设，作育多士，亦可见唐先生识见之远大。时国内尚少工程专门学者，故工程专门学科教师都为西人，如谢而顿（Sheridon）、汤姆生（Thompson）皆电机系创办时之名教授也。

电机工程系自开办到现在，已有四十年之历史，在全国各大学中亦以本校电机系之历史最为悠久。在南洋公学及邮传部高等实业学堂时代，本校经常费用向由上海电报局及京沪路局按月发给；毕业学生亦由部分发各路局及电报局等机关实习，成绩优异者并派遣出洋留学。交通部（当时为邮传部）之对交大，自前清末年到现在，维持爱护，可谓特殊优厚；而交大毕业校友在学术上之造诣与事业上之成就，亦未辜负交通部之善意。在抗战八年中，后方交通公路铁路之建设维持、电信事业之发展，以及化工、钢铁、采矿、电力、机械制造等，直接与军事运输物资供应有密切之关系者，我交大校友均站在岗位上，尽了最大之努力。本校在九龙坡时，一日，资源委员会钱昌照先生来校演讲。他说："资委会电力及电器制造事业之主管人员与工程技术之负责者，交大毕业校友占百分之七十以上。"交通部之电信事业，我交大校友所居之地位亦复如是。胜利复原以来，建国事业开始，我交大校友所能贡献者，其重要性必更大。语云："百年树人。"唐先生在四十年前创立电机工程系之时，岂料想到四十年后，校友在抗战建国中之成就。而社会国家，亦只称道交大校友在抗战建国之贡献，未必饮水思源，归功予唐先生创立时之苦心。老子云"功成不居"，唐先生有焉！

社会在不断前进，学术无止境地在发扬。我交大有已往光辉历史，然子孙好托庇祖宗余荫，往往足以败家丧业。瞻望前程，最高学府应具何种气象与规模，方可当之无愧。今日交大最可虑者，为缺少学术研究空气与循循善诱风度。所谓大学者,绝不以训练千数百毕业学生为满足;必须思想上与实验科学上有不断研究成就与发现,然后足以领导群伦,万流景仰,成为一国学术思想之中心!今后交大必须以此为目标,长步迈进,方足以继唐先生之志,亦所以体念国家作育人才之意而无愧焉。

（李熙谋《唐前校长蔚芝与电机工程系》,见《交大电机》1947年创刊号）

4月14日(闰二月二十三日) 先生致电教育部长朱家骅,呈报无锡国专文书专修科办理情形之有关表格。

私立无锡国学专修学院代电(学第○三六号)

教育部朱部长钧鉴:案奉钧部本年四月三日(高学一八二六四号)训令,饬报本校文书专修科办理情形,兹遵将在校学生数、班次及已毕业学生班数、人数、服务状况等,列一简表附呈,敬祈核备为祷。私立无锡国学专修学院校长唐文治叩。卯寒钤。中华民国卅六年四月十四日。

［唐文治《呈教育部电文(电送本校文书专修科在校学生数、班次、已毕业学生班数、人数、服务状况等表,敬祈核备由)》,见陈国安等编《无锡国专史料选辑》］

5月14日(三月二十四日) 举行无锡国专无锡校友会成立大会,先生在会上即席训话。

无锡国学专修学校在抗战时期随政府西迁,胜利后即行回锡复校。二年来经校长唐蔚芝苦心擘画,已渐复旧观。现京、沪、镇、锡各地校友,纷纷发起组织校友会,期联络感情,发扬国粹。本邑校友会于昨日在该校举行成立大会,当由唐校长即席训话,语多中肯。继即选举,结果蒋庭曜、王震、许岱云、倪铁如、李耀春五人当选理事,章鹏若、王绍曾、张维明当选为候补理事,冯振心、钱钟夏、王桐荪三人当选为监事,徐玉成、张可元当选候补监事。会毕举行叙餐,情绪异常热烈云。

（《国专校友会昨正式成立》,见《江苏民报》1947年5月15日第2版）

按:抗战结束后,先生一直居住在上海,上文记"本邑校友会于昨日在该校举行成立大会,当由唐校长即席训话",似其时先生曾有回锡之举,备考。

6月3日(四月十五日) 先生与张元济、陈叔通、叶景葵、陈汉第、李拔可、张国淦、胡焕、钱崇威、项藻馨等十人联名致函上海市市长吴国桢和淞沪警备司令宣铁吾,呼吁释放在"五二○"运动中被捕的学生。

今岁,上海学潮蜂起,各大中学校学生纷纷罢课,高呼反内战口号。学生集会常被军警拘捕,群情愤慨。四月十五日,余与张君菊生、陈君叔通等十人,联名致函当局，大意谓学潮近因，不过学校内部问题，亦有因生活高涨痛至切肤，而推源于内战。政府派兵调警，殴打、逮捕，甚至有公开将逮捕之学生送往中共区域之言，似非政府爱民之旨，应请将被捕学生释放，由学校自行开导。其呼吁并不悖于理者，亦宜虚衷采纳，则教育前途幸甚。书上不报。

（唐文治著，唐庆诒补《茹经先生年谱续编·丁亥八十三岁》）

一九四七至一九四八年间，国民党反动派疯狂镇压学生运动。先生面对法西斯暴行，义愤填膺，积极支持上海爱国学生运动。交大老校长张元济先生来访先生，共同拟稿，联名发表致国民党上海市市长的公开信，仗义执言，斥责镇压爱国学生运动的罪行，要求立即释放被捕学生。老校长告辞后，先生谓汝挺曰："张元济先生，字菊生，余换帖兄弟，与余志同道合，品端学湛。"

［陆汝挺《回忆唐文治（蔚芝）先生二三事》］

吴市长、宣司令同鉴：某某等蛰居本市，不问外事。顾学潮汹涌，愈演愈惨。谁非父母？谁无子弟？心所不忍，实有不能已于言者。学潮有远因，有近因。远因至为复杂，姑置不论。近因则不过学校以内问题，亦有因生活高涨，痛至切肤，而推源于内战，此要为尽人所同情。政府调兵派警，如临大敌，更有非兵非警，参杂其间，忽而殴打，忽而逮捕，甚至有公开将逮捕之学生送往中共区域之言，此诚为某等所未解。学生亦人民也，人民犯罪，有法庭在，不出于此，而于法外任意处置，似非政府爱民之旨。况中共区域已入战争状态，不知派何人以何种交通工具送往？外间纷纷传说，以前失踪之人，实已置之死地，送往中共区域之说，某等未敢轻信。然办法离奇，令人骇悸。伏望恺恻慈祥，处以镇静，先将被捕学生速行释放，由学校自行开导。其呼吁无悖于理者，亦宜虚衷采纳，则教育前途幸甚！地方幸甚！

（唐文治《与张元济等联名致吴市长宣司令公开信》，见《唐文治教育文选》）

按：张人凤、柳和城编著《张元济年谱长编》一书中，对张元济与先生等十人联名致函吴国桢、宣铁吾及设法营救被捕学生一事之经过，记载甚详："6 月 2 日，（张元济）与陈叔通起草致上海市市长吴国桢、警备司令宣铁吾书，抗议当局派警特镇压学生。送请唐文治领衔，唐当日复信同意"，"6 月 3 日，与陈叔通联名致胡藻青、张乾若、李拔可、陈仲恕、叶葵初、钱自严、项兰生书，谓'兹有事关大局，拟与当轴公信，两函由敬第具稿，元济缮正，谨呈台阅。极欲借重大名，倘蒙许可，即祈于第三叶签署盖章，交还来使，依次呈送。再昨已函复商唐蔚芝兄，请其领衔，复信许可，并将信稿略加修正，属勿登报'"，"同日，递呈十老致吴国桢、宣铁吾书"，"同日，递呈十老致行政院长张群书，内容同上"，"6 月 5 日，朱经农复先生书，谓'经农修养不足,每当国事艰危之际,不能自制其忧郁之情,致时患失眠之症。抗战期间如此,近来尤甚。唯有从宗教信仰中求安慰,一切听天命而已。连日照常工作,精神尚能勉强支持。营救学生事亦未敢懈怠。现悉彼等在狱,尚蒙优待,惟何时可得释放,尚无把握。市长表示在依法处理以前,先施感化。伊希望能于法外施仁,不经法庭,从宽发落,但需要相当时间,作安全之策划。今晨各校长将再往市政府交涉,请其从速释放。农因事未同去,尚不知结果如何'(原件)","六月七日,朱经农复先生书,谓'……学生保释尚需时日。闻已全部迁入某花园,准其读书,并准家长入园探亲。何时释出,似尚在考虑之中。近来为此事奔走之人颇多。农亦去市府多次,所得结果如此而已'"。在十位老人和各界的营救活动及社会舆论的压力下,本年8月初,当局不得不释放全体被捕学生。

6月(五月) 无锡国专东北隅之原地主将该地另行出卖。得主曹某且于该地堆积大批砖木,即将兴工筑屋。先生乃具呈县府,按照土地征用条例之规定,呈请政院准予依法征用,并要求县府停发曹某之建筑执照,以便制止其施工。

> 本邑学前街国学专修馆东北隅操场,乃于抗战以前向邹姓租得荒地一片改辟而成。兹以业主将该地另行出卖于曹钧良,日前并由得主堆积大批砖木,即将兴工筑屋。国专校长唐文治,以操场被卖,影响教育,特呈县声明,并按照土地征用条例之规定,呈请政院准予依法征用,并要求县府停发曹某之建筑执照,以便制止其施工。

> (《地主出卖荒地 国专操场无着》,见《人报》1947年6月19日第2版)

按: 李立德《纪念冯振教授诞辰一百周年》(见《冯振纪念文集》)一文记1947年放暑假后,有一"资本家"占据无锡国专篮球场,"要兴建一座大厦"。应与上引《人报》报道为同一事。该文中又记,建楼"工程的确进展得快,一个暑假就起到了第三层楼了";开学后,已建的三层楼被无锡国专学生合力拆毁。

8月10日(六月二十四日) 下午3时,在上海新生活俱乐部举行上海市专科以上学校联合会第十一次例会,先生作为无锡国专校长出席。会上决定各校下学期学杂费最低为140万元,最高不得超过200万元。

> 上海市专科以上学校联合会,昨日下午三时假新生活俱乐部举行第十一次例会。到复旦校长章益、交大王之卓、同济董洗凡、大夏欧元怀、圣约翰涂羽卿、沪江林卓然、之江王裕凯、上海法学院诸凤仪、立信会专潘序伦、上海音专戴粹伦、震旦胡文耀、上医谷镜汧、同德医学院顾毓琦、东南医学院陈重臣、中法药科伍裕万、大同胡敦复、国防医学院张建、无锡国专唐文治、上海法政学院郭孝先、中华工商专校沈嗣庄、上海美专刘海粟、诚明文学院蒋维乔、市立工专

杨叔议、中国新专陈高佣、光华沈近国、上海牙专司徒博等二十余人。

主席报告

由章益主席，前报告二点：（一）该会前函请上海市清寒学生助学委员会宽筹资助金额，已获复函表示同意，尽力筹拨。（二）光华大学前提议函请市政府，免征各校房捐及市政建设捐，此项请求函业于上月底发出。嗣即开始讨论下学期学杂费、教授待遇、学生助学金劝募等重要问题。各私校出席代表，就各校收费及教授待遇情形分别报告。

各校意见

立信潘序伦称：该校下学期拟收学费一五〇万元，教授待遇向系依国立学校调整，如收费过低，中途不能增收学费，教授待遇即不能调整。学生方面，私校学生成绩并不低劣，故应尽量设置奖学金，俾清寒学生得以就学。沪江林卓然称：该校学费拟在一五〇万至二百万元之间酌收。大夏欧元怀称，学费高，学生家长不能负担，学生减少；学费低，学校办理困难，教授待遇无法调整，故须在二者兼顾之下，谋致合理解决。圣约翰涂羽卿称，该校与之江东吴两校，已作初步决定，学费拟收一二〇万元，杂费三十万元，较上学期增加三倍。之江王裕凯引用市教育局顾局长目前关于学费问题之发表谈话，教员待遇及学校收费应以米价为标准。上海法政学院郭孝先称，该校上学期获奖学金学生占全校总人数四分之一，如各校奖学金名额增加，当有助于上述各项问题之解决。上法褚凤仪称，希望暂不作硬性规定。

讨论结果

数经详细讨论，结果决定：（一）在学生家长负担能力及教授应有合理待遇之双重兼顾下，作初步决定：各校下学期学杂费最低为一四〇万元，最高不得超过二百万元。（二）各校助学金名额：全免不得少于百分之十，半免不得少于百分之二十。（三）成立永久性之助学金委员会，推进劝募工作，推定复旦、立信、大同、圣约翰、沪江、美专、同济、同德医学院、光华、交大等十一校为委员，由复旦召集，筹划具体进行办法。关于教授待遇问题，暂未作决定。

（《本市专科以上学校学杂费已初步决定》，见《申报》1947年8月11日第6版）

8月22日（七月初七日）《申报》之"读者信箱"刊出"国学大师觅屋困难"，呼吁读者"凡与唐先生有师生之谊，而有余屋愿租与唐氏居住者，请向本栏接洽"。

交通大学创办人唐文治先生，为今日硕果仅存之国学大师，致力教育事业，垂五十年，作育人才，项背相望，近因住处发生问题，觅屋困难。闻唐先生焦急万状，几至寝食俱废。凡与唐先生有师生之谊，而有余屋愿租与唐氏居住者,请向本栏接洽。

(《国学大师觅屋困难》,见《申报》1947 年 8 月 22 日第 9 版)

同日 先生等上海各界知名人士向美国政府特使魏德迈致送备忘录。

(本报南京廿二日电)沪市参会议长潘公展,廿二日下午三时半应邀赴美大使馆,与司徒大使谈话,潘氏并面递致魏德迈之备忘录一件,请代转交。该备忘录系由沪市参会议长、副议长及工、商、教育、文化各界人士共同具名者。潘氏与司使谈约半小时,始行辞出。

(本市讯)此次魏德迈特使来华调查访问,先后分赴各地视察,曾三度来沪,以时日迫促,均来去匆匆,致有多数知名之士未有机会与之接触,未由陈述所见。现魏特使任务将毕,返国有期,本市文化、教育、金融、工商各界一部分领导人士爰特自动集合,联名致送一备忘书函于魏特使,有所表示。该备忘录有中文、英文本各一份,前晚由市参议会议长潘公展氏携京。昨日潘氏亲访司徒雷登大使,当将该书函递交司使,请烦转致魏特使。兹探录其全文如次:

魏德迈将军暨考查团诸先生公鉴:诸君远涉重洋,莅临敝国,日暑奔波,转瞬一月,其周咨博访,殷勤恳挚之情,令人回味贵我袍泽骈肩印缅战场之当年。同人等执业于敝国政治、经济、文化中心之上海,或其邻近,包括文化、教育、经济、金融、工、商、宗教各界主要人士,对年来敝国国事之症结、民生之疾苦,知之较切。原拟于诸君莅沪之日,稍事陈述,并备咨询,乃因驺从匆匆,时期有限,或则仅陪宴席,或竟未聆雅教,咫尺天涯,均以未获倾吐衷曲为憾。兹值诸君访求云毕,草拟报告,即将离华之际,同人等愿贡三事,敬请注意。

吾人今日检讨中美邦交,必不忘贵国故大总统麦金莱阁下之功德。盖国际间济困扶危,终有善果,四十年中美邦交之历久益深,即可作一有力之证明。何况大战以来,中美两国谊属盟友,曾共患难,原与普通邦交不同,而视日本之与贵国其亲善与否,更不可同日而语。是则敝国于疮痍未复之今日,对贵国作缓急相助之呼吁,自为常情所应有,而亦在贵国朝野上下预计之中。诸公经四星期之亲身访查以后,当更能谅解此项呼吁之正当与迫切,如何体察敝国实际之需要、人民之愿望,作当仁不让之决策,斯为诸君当前之主要课题。同人等深信息公好义之贵国人民,于在华通商、传教兴学之外,必仍确保故总统麦金莱阁下之收获,更从而光大其前徽,而为他日两国继续携手,以安定远东大局,奠立其基础,则诸君此行乃为不虚。此应请注意者一。

其次,敝国此次蒙受战祸,为时最久,牺牲之巨,创痛之深,当为世所共鉴。胜利以后,方拟稍苏喘息,不幸国内战乱又起,继之则边疆警讯频传,诸君亲莅

· 1080 ·

东北蒙疆,谅已有所闻见。凡此种种,吾人痛加检讨,固不容讳言人谋之未臧,而蛛丝马迹,尤不可否认国际之因素。盖自雅尔塔会议以后,国际间强权与正义、奴役与民主之争衡,似已另有其边际。前例既创,则今日若干国家之动荡局面,几为不可避免之后果,敝国不幸亲受其害,变本加厉,此乃自然之演变,而亦正确之事实。中苏条约承雅尔塔会议之余绪,为贵国故总统罗斯福阁下与敝国蒋主席爱好和平委屈求全之信念所寄托,敝国纵有所牺牲,亦当信守不渝。惟东九省为中国之领土,主权之行使,绝不容许在任何形式与名义之下有所阻碍与侵害,否则中国人民抗战之血无异白流。倘苏联因任何条约以外之借口,即可故意延缓履行或违反中苏条约,则条约之尊严不存,今后任何国际间条约以至对前敌国和约之签订,宁非多事? 而国际信义之不克维系,与此一条约实有直接或间接之关系,显皆非贵国故总统罗斯福阁下始料所及。亡羊补牢,将何以善其后? 在贵国亦有道义上之责任,而外传不妨放弃东北、划疆而治之荒谬建议,断非中国人民所能忍受。此应请注意者二。

复次,同人等认为中西文明传统各异,政治素养不同,拘泥于政党形式之任何"联合政府"之政治体制,未必即为应付敝国当前危机最良之方策。诸君当亦知代表敝国多数人民之耕读阶层,乃为真正自由份子之中心势力所在。此一阶层,当非任何党派、任何职业政治家所能代表。此一阶层之大众,固曾与革命党人合作,推翻满清及洪宪之帝制;固曾参加民国十五六年之国民革命,扫除军阀及贪污官僚,开拓敝国民主政治之先路;固曾不惜牺牲一切,一致奋起,以与吾美英诸国盟友骈肩作战以获致胜利,但诸君当亦知"君子耻言利禄""君子群而不党",迄仍为敝国大众信守之古训,贵国朝野人士心目中之"中国联合政府",其意似为由各党(政党制度已发达至相当程度之政党)共同组织一"联合政府",以为如此,即可解决一切困难。然今日敝国之政党政治,犹在培育阶段,其确具远大眼光及政纲政策,足以充当重任克服难关者,殆如凤毛麟角,因此类政党仍大率囿于现实,徒知纵横捭阖,而未必各有其截然不同之政纲以资信守,若以此类政党组织"联合政府",自不足即称为代表多数之民众。倘诸君仍墨守西方政党政治之常轨,忽视敝国大多数自由份子之意见与努力,误信任何徒重形式之"联合政府",而不从如何可以促使政府获致敝国大多数善良人民之拥护,则其于解决敝国之迫切问题,诸君或将犹有遗憾。此应请注意者三。

同人等深信诸君此行,必有成就,以中美关系之密切,则诸君返国提供事实报告以后,必能大有助于敝国政府及人民应付当前危机与奠定复兴基础之努力;同人等深信世界繁荣与世界安全,均为不可分割者,敝国人民今日迫切之努力,实与贵国人民对我之希望完全相同,即:(一)安定币值;(二)复兴农村;(三)繁荣经济及国际贸易;(四)恢复交通及地方秩序;以及(五)足以维护世界集体安全及条约神圣义务之保证。凡此一切,皆将有望于诸君及贵国政府与人民之同情与助力。同人等深知敝国复兴建国之经济政策,决趋向于符合民生主义之自由经济制度,此不仅为我亲善之盟邦人士所期待,尤为我全国人民历史传统之愿望,我政府固亦曾一再郑重声明,竭诚欢迎国际投资,当为中外人士所共见共闻。年来英美在华商人,或因其本身业务上偶然遭遇之困难,遂不免发生若干反感,同人等以为此种不平滑状态之存在,自须假以时日,分别改正:第一,必须一般社会经济现状有所改进,则若干之管制,自可逐渐取消(此种管制实中外人士一律同感不便者),最近外汇市场之酌量开放,即其一例;第二,必须双方各自检讨,自动纠正,敝国政府与人民当能贯彻自由经济制度之精神,尽量清除一切障碍,而我美英等各盟邦在华经商人士,亦须放弃百年来若干传统观念,正视敝国复兴建国之需要,本于不平等条约取消后应有之认识,以与中国工商界通商互惠。同人等深信在不久将来,敝国必能力图革新,而有一确能代表人民意志之坚定而强有力之政府,以忠实执行此符合国家及人民需要之民生主义自由经济政策。

抑尤有须为诸君告者:国际贸易,必须彼此货物互市,方可永久畅通,而交受其益,若来华经营之外商,只知在华推销洋货,而不从事于援助敝国增进其出口贸易之数额,则日积月累之入超,势必因敝国之缺乏"美元",阻塞中外通商之门户,其受害者又岂独敝国而已?要之,诸君任何建议,贵国政府或人民任何技术的、经济的、财政的或精神的援助,倘不忽视前陈三事,而又能尊重中国主权为前提,同人等深信必易获致敝国最多数人民之欢迎与合作。临别贡陈,敬请鉴择,顺祝诸公使命成功,并请于返抵贵国之日,代同人等及上海市民向贵国杜鲁门总统、马歇尔国务卿、国会诸先生暨贵国人民,敬致谢忱。

上海市参议会议长、申报馆社长潘公展,上海市参议会副议长、上海市商会理事长徐寄庼,世界社理事蔡周峻(前北大校长蔡孑民先生夫人),前南洋大学校长唐文治,上海大同大学校长、上海私立专科以上学校联合会代理主席胡敦复,中国数理学会理事长、复旦大学教授范会国,全国工业协会理事长吴蕴初,上海律师公会常务理事江一平,全国会计师公会联合会常务理事奚玉书,中国工商协会秘书长王祖廉,全国银行公会联合会秘书长李轫哉,全国教育人员联合会理事、交通大学教授汤彦颐,全国西书业联合会理事、前北京大学教

授沈溯明，前台湾教育厅长、立法委员赵乃传，全国学生救济委员会主席、全国
银行业联合会常务理事徐国懋，中国炼糖公司总经理刘拓，震旦大学校长胡文
耀，全国民营纱厂联合会常务理事李升伯，中国农村服务社执行董事徐韫知，
前西北大学校长赖琏等。

　　（《上海各界知名人士向魏使致送备忘录　由潘议长携京面托司使转交》，
见《申报》1947 年 8 月 23 日第 1、2 版）

8 月 30 日（七月十五日）　杜月笙在上海泰兴路丽都花园招待来宾，庆祝花甲
寿辰。包括先生等一批各界社会人士向其赠送寿序诗文。（据《申报》1947 年 8 月 30
日第 4 版《杜月笙花甲寿辰　今日在丽都祝嘏》）

10 月 3 日（八月十九日）　先生夫妇由南阳路 44 号迁居静安寺路 1274 号。

　　八月十九日，余与内子迁居静安寺路一二七四号。房屋三间，较南阳路故
居略宽敞，空气亦佳。

　　（唐文治著，唐庆诒补《茹经先生年谱续编·丁亥八十三岁》）

　　按：周树慈《忆旧二事》（见《国学之声》1995 年第 4 期）一文云："先师（按：指
唐文治）从南阳路迁西康路松寿里，时予在庆丰总公司任文书，知先师将觅新居，因
通知高福，可以事实告诉总经理唐星海先生，后得迁居庆丰宿舍，有四间屋及电话，
每月送二石无锡白粳，直到先师谢世。"据此，先生此次迁居曾得唐星海之助。但文
中说先生由"从南阳路迁西康路松寿里"，与《茹经先生年谱续编》中所记迁居静安
寺路 1247 号不同。录以备考。

　　10 月 11 日（八月二十七日）　表甥俞庆尧在苏州逝世，先生于追悼会上挽以
"廉行劲骨"横幅。

　　十月杪，俞甥颂华在苏州逝世。颂华为隶云兄次子，尚气节，有父风。廿
五日，上海各界在静安寺举行追悼会，长媳庆棠哭之甚痛。余挽以"廉行劲骨"
横幅。

　　（唐文治著，唐庆诒补《茹经先生年谱续编·丁亥八十三岁》）

　　按：据葛思恩《俞颂华》（见《中华民国史资料丛稿·人物传记》第十辑）一文
记，俞庆尧 1947 年 10 月 11 日因肺病在苏州逝世。

　　约 10、11 月（约八、九月）　先生与曲学家王季烈等发起成立正俗曲社。

　　十月二十七日，王季烈复先生（按：指张元济）书，言收到《刍荛之言》。又
告以与唐文治谈及发起正俗曲社，拟请先生亦同列发起。

　　（张树年主编，柳和城、张人凤、陈梦熊编著《张元济年谱》）

　　去秋，耆宿唐蔚芝、王君九两先生发起正俗曲社，请张紫东、徐凌云、居逸

鸿、管际安诸君提倡。时入社者数十人,余亦得参与其列。

(李廷燮《茹经劝善小说、人兽鉴传奇谱合刊本跋》)

按:正俗曲社为苏州业余昆曲社,王季烈等人发起。成立此社之初衷,欲就清人所撰剧作精选百折,自制歌谱,总题为《正俗曲谱》,分作十二卷次第出版。但印行《正俗曲谱》的"子辑"和"丑辑"后,因财力不济而中辍。1949年春,王季烈写成《人兽鉴》传奇八出,与先生的《茹经劝善小说》合刊,由正俗曲社出版。详本书该年事中。

11月9日(九月二十七日) 先生应南洋大学旧同学之请作演讲,阐发"气节"与"为善"之旨。

按:《茹经堂文集六编》卷一收录此次演讲稿,题作《南洋大学演说稿》;又《苏讯》第84—86期刊载此文,题作《气节与为善——丁亥九月二十七日南洋大学诸旧同学来请演讲》。

12月29日(十一月十八日) 先生呈复教育部部长朱家骅,称"寒假后迁回无锡"。

案奉本年十二月十九日高字第六三五八号钧部训令,开"据王秉彝十一月廿八日呈称该校非法勒索学费,请依法制止等情,是否属实?实合亟钞发原呈,令仰复申备核。又该校上海分校,应迁返无锡,合并办理,已迭另在案,并仰遵办具报,此令"等因,并附钞原呈一件。奉此,查本校收费,向来依法办理,该生王秉彝将空头支票二纸冒充学费,存心欺诈,有犯校规,已将该生开除学籍。所有空头支票二张,倘钧部令饬呈验,当呈送不误。再本校迁回无锡一节,前奉钧部指令,亟应遵办,旋因在沪学生环求俟寒假后迁锡,当经决定,寒假后迁回无锡,以符部令。合并呈明。谨呈教育部部长朱。私立无锡国学专修学校校长唐文治。中华民国三十六年十二月二十九日。

[唐文治《呈复本校并无非法勒索学费等情并呈明于寒假后迁回无锡由》(中华民国三十六年十二月二十九日),见《私立无锡国学专修学校、武昌文华图书馆专科学校迁校及校舍建筑等问题的文件》]

1948 年(戊子 民国三十七年) 84 岁

2月(正月) 由先生弟子薛桂轮、谢绍祖、周树慈、陆修祜、陆汝挺、冯振及先生长子唐庆诒等发起为先生读文灌制唱片,由薛桂轮总其成。灌音唱片为上海大中华唱片厂所制,正集10张,每张收先生所读文两篇。又发行通用集5张,每张亦两篇。

正月,沪校开学,余任课如前。是月,有及门诸弟子薛志伊名桂轮、谢仲显名绍祖、周志仁名树慈、陆景周名修祜、陆汝挺女士、冯振心名振及长子庆诒等发起余读文灌音片之举,由薛生志伊总其成。灌音片正集凡十张,每张二篇,预约出售,颇风行一时。薛生志伊等为宣扬吾国文化起见,复议定发行通用集五张,每张亦二篇,内有中英文对照,英文译文为庆诒所撰,冀可流传海外。灌音片为大中华唱片厂所制,主其事者,范君式正也。

(唐文治著,唐庆诒补《茹经先生年谱续编·戊子八十四岁》)

国学泰斗唐蔚芝先生,道德文章,冠盖当世,巍然如鲁殿灵光,士林瞻仰。先生历主南洋大学、国学专修学校及太属中学、无锡中学等校,讲学数十年,著作等身。今虽耄年,犹讲述不辍。自西学昌明,国学日渐式微,世教未免衰替。先生戚然忧之,以兴复国学为己任,涵养正气以励世,风雨如晦,砥柱中流。今我国国粹之尚能绵延不绝者,实赖于斯。先生立身,严义利之辨,治学淹贯汉宋,融通经史百家,于古文辞阴阳刚柔之理、经纬贯通之义,靡所不该。而于读文一道,尤有深切体味。溯厥渊源,其读法实得自桐城吴挚甫先生,而挚甫先生之读法,传自湘乡曾文正公。盖古文非藉熟读朗诵,不足以领会,韩子所谓含英咀华,始克发其精微,动于古合。同人等曩日恭聆先生读文,凝神炼气,悉出丹田,黄钟大吕,如协宫商。疾则如长江大河,奔腾澎湃;徐则若峰回路转,曲折迂旋。若发抒性情之文,更如怨如慕,如泣如诉。性情教育,实萌柢于斯。回忆数年以前,先生有鉴我国读文法将趋绝响,得陈其均、唐星海两先生之助,诵读诗文,灌制成片。其中如《诗经》"卷阿""鸨羽"等篇,首明伦常之义,他如《左传》《史记》、韩欧之文,要皆有关文章义法而系世道人心之作。并撰《读文法》一卷,纲举目张,详于叙释,奉为指针。惟时寇氛方张,莫由翻制。寒暑数易，什袭保藏。及国土重光，以绌于器械制作之材，屡谋翻制未果。近大中华唱片厂范式正先生，仰副先生保存国学之意，欣然从事流传。约四月底可以问世。惟以成本所关，复制片数，并不为多。同人等服膺先生，历有年所，既稔其原委，爰敢联名征求预约。邦人君子，不乏闳通之士，保存国粹，必有同情。倘荷广为介绍预约，则问万[世]之日，行见家弦户诵，鸣盛和声，文以载道，诗以言志，振聋发聩，顽廉懦立，不特裨益国学，抑亦有功世教。所望公私学校、图书馆团体及广播电台协力赞成，用资倡导，庶我国数千年来之文化，赖以不坠。随附预约办法及预约单各一份，倘荷惠订，幸填明预约单，备款交江西路三九一号建安公司吴绘贤君掣取收据，先事记登，俟翻制竣事，再行通知凭据领片。有志国学者，盍兴乎来！是为启。

荣德生、王志莘、李慕运、孙伯亮、傅焕光、谢绍佐、蒋石渠、许岱云、孙寿熙、唐松源、凌鸿勋、廖世承、李伯涵、王企华、裘维裕、陆修祜、周树慈、王震、缪天行、唐熊源、李熙谋、赵祖康、秦润卿、朱诵韩、薛次莘、冯振、吴德明、朱继新、项镇方、唐文寿、赵曾珏、陈祖祥、李廷燮、孙昌煊、薛桂轮、王蘧常、周振甫、黄迻修、唐炳源、陆汝挺、陈祖光、金其源、陈传德、沈良骅、吴拯寰、朱世溱、唐景升、瞿西华、唐煜源、俞庆棠

（《国学大师唐蔚芝先生读文灌音片征求预约启》，见《交大友声》1948 年第 2 卷第 1 期）

读文法随文体而不同。按先生所读，大致可分为四类。第一类是《诗经》《楚辞》和五七言诗歌。这类文体句法整齐，结构前后重复，读法主要在表达出韵味来。第二类是长短句，在诗歌读法的基础上，随词体不同而变化。第三类是上古散文，以经书为主，因写法古朴，读法也比较庄重而拘谨。第四类是先秦诸子以次的历代散文和骈文，以及一部分韵文，随着文体的蓬勃发展，不仅句法变化多，文章结构变化亦多，相应地读法也错综复杂起来。先生读文法的博大精深，特别体现在这一类文章中。

先生读文法的最大特色是它的音乐性。这是往日所学习的以及后来所听到的其他读法都无与伦比的。40 年代中，上海大中华唱片公司曾请先生录制读文灌音片一套，共十片，内容包括《诗经·鸤鸠》《卷阿》《常棣》《谷风》《伐木》，《楚辞·云中君》《湘夫人》，《左传·吕相绝秦》《史记·屈原列传》，诸葛亮《前出师表》，韩愈《送李愿归盘谷序》，李华《吊古战场文》，欧阳修《秋声赋》《丰乐亭记》《五代史·伶官传序》《泷冈阡表》，范仲淹《岳阳楼记》，苏轼《水调歌头》，岳飞《满江红》，唐若钦公《送春诗》《迎春诗》，昆曲《长生殿·小宴》，其中

除昆曲有现成曲谱外，《诗经》《楚辞》和两首诗属上述第一类，《水调歌头》《满江红》属第二类，《吕相绝秦》属第三类，余皆属第四类。这一套灌音片，保存了先生所读各种体裁、各种风格的古典文学作品，弥足珍贵。惜为当时录音和制片技术所限，唱片又不耐久藏，今日听来，已有模糊和失真之处，较之昔日亲炙时的感受，逊色多了。

茹经先生读文法，除随文体不同而异其调外，并随文章性质而改变音调及节奏。所谓文章性质，首分阴阳，即柔性与刚性，进一步分为太阳气势、太阴识度、少阳趣味、少阴情韵四种。先生之言曰："读法有急读、缓读、极急读、极缓读、平读五种。大抵气势文急读、极急读，而其音高。识度文缓读、极缓读，而其音低。趣味情韵文平读，而其音平。然情韵文亦有愈读愈高者，未可拘泥。"谨就粗浅的实际体会来说：太阳气势文汪洋恣肆，雄劲奔放，读时要求高亢急骤，酣畅淋漓，如长江大河，一泻千里。反之，少阴情韵文宛转缠绵，感人肺腑，读时要求曼声柔气，一唱三叹，达曲曲传情之旨。少阳趣味文从容闲适，读时须舒展自如，不慢不急。最难读的是太阴识度文，因其大都重在说理，潜气内转，锋芒收敛，读时既不宜图快，又不可使力量减弱，必须掌握高下疾徐的分寸，将文章的深刻内容通过优美的声腔表达出来。

先生读文法传自桐城吴挚甫先生。但桐城与先生原籍太仓方言相去甚远，读法肯定不会完全一样。因此可以说茹经先生读文法是具有创造性的。可惜的是，吴先生如何读文，已不可得而闻知。茹经先生读文时，神完气足，感情充沛。虽届耄耋之年，仍旧声若洪钟，苍劲有力。先生传人之中，哲嗣谋伯先生神情酷肖，但醇厚有余，而老练不足；陆景周师温文尔雅，宜于读上古经文，得古朴庄重之意，其他则有未逮；唐尧夫师嗓音得天独厚，高亢洪亮，尤其在读太阳气势文时，响遏行云，铿锵悦耳，或如鹰隼盘空，忽又飞流直下，教学效果甚佳。

（陈以鸿《茹经先生读文法管窥》，见《唐文治先生学术思想讨论会论文集》）

3 月 26 日（二月十六日） 无锡国专创办人之一陆起病逝，先生作《太仓陆勤之先生家传》。

岁次戊子，二月十六日，太仓姻世执友陆勤之先生以舌癌证卒于里第。先生性仁慈乐善，施与不倦，乡人被其泽者，相与奔走巷哭。余闻噩耗，亦不禁恸心挥泪，曰：失一师资矣……惟时余与省之先生创办国学专修学校，延先生为总干事，缔造艰辛，倚畀益重。

（唐文治《太仓陆勤之先生家传》，见《茹经堂文集六编》卷五）

4月11日（三月初三日）　为上巳节,先生与金其源、高燮等十四人继1943年之后,再起海滨修禊雅集。后先生作《海滨续修禊图记》。

岁次戊子,三月上巳良辰,本社诸人联袂采兰,赓续修禊,余亦忝附其列。维时春日载阳,和风习习,芳草绿缛,好鸟嘤鸣,极声应气求之雅,特绘图以张其盛。宝山金巨山先生赋诗示余,并属为记。溯癸未上巳,已留鸿雪之迹;今更有斯雅集,洵盛举也。昔明季吾娄有十老会之聚,吴门高士张永晖为之图,陆尊道、陈安道、江孝友、盛贞介,德星咸萃,于以提倡宗风,匡扶大道。今诸同人修禊之举,其亦寓景仰前贤、阐明正学之意欤? 夫今日之世何世也? 相彼小民,流离琐尾,仁人君子,咸思有以安集之。《小雅》之诗曰:"鸿雁于飞,集于中泽""虽则劬劳,其究安宅?"今诸同人之志,其将拯救民生、俾之得所欤? 然则今日之一觞一咏,岂徒畅叙幽情欤? 盖转剥为复、转否为泰之机于是焉。在昔范文正登岳阳楼,有把酒临风、其喜洋洋之乐,今诸同人,亦有先忧后乐之旨欤? 是日参与雅会者:南通孙敬人、泰兴杨静子、嘉定戴伯行、华亭闵瑞之、丹徒李耆卿、上海郁志甘、金山高吹万、丹徒吴眉孙、淮阴朱德轩、如皋缪镛楼、上海赵晋卿、善化瞿兑之、宝山金巨山、太仓唐蔚芝,凡十四人云。

（唐文治《海滨续修禊图记》,见《茹经堂文集》六编卷五）

5月15日（四月初七日）　《江苏民报》刊出《教育院电台广播唐蔚芝读文唱片》,报道设在无锡的江苏教育学院的广播电台,拟于每日晚播送先生读文唱片。

国学大师唐蔚芝氏读文片现已出版。本邑教育学院广播电台拟于每日晚六时播送该片,每片反复播送两遍,播时一遍。

该读文片内容,均系古文中颇为著名者,计有李华《吊古战场文》,欧阳修《秋声赋》《丰乐亭记》《泷冈阡表》《五代史·伶官传序》,范仲淹《岳阳楼记》,《史记·屈原列传》,诸葛亮《前出师表》,韩愈《送李愿归盘谷序》,《诗经·常棣》《谷风》《伐木》,岳飞《满江红》,《楚辞·九歌·云中君》《湘夫人》,苏轼《水调歌头》,《左传·吕相绝秦》,唐若钦《送春诗》《迎春诗》。

电台于本月十七日至二十二日,每晚播送唐李华著《吊古战场文》,备有收音机者,可按时收听。

（《教育院电台广播唐蔚芝读文唱片》,见《江苏民报》1948年5月15日）

6月1日（四月二十四日）　上午,交通大学民国初年老学生24人集体拜候先生。

民初老学生王孟钟等二十四人,于六月一日上午集体拜候唐老校长,并致送赞敬物品等共计三亿元。唐先生再三辞谢,方始勉受。旋与各同学絮絮话旧,慰勉有加,并开听读文灌片,一如当年大礼堂上,为学生朗诵诗文之情景。时将近午,始告别而返。是日参加者姓名如左:王孟钟、郏鼎锡、唐虞忠、陈璋、唐榕赓、唐有源、汪禧成、李鸿儒、虞顺懋、杨天择、顾光实、罗锡喧、陶庭耀、陶庭辉、曾增祥、陈雨田、庄曾鼎、周家麒、李大深、李大裕、邵鹏、阮神铎、卓观潮、陈琸。

    (《老同学拜候唐校长起居》,见《交大友声》1948 年第 2 卷第 3、4 期)

6月11日(五月初五日)　下午,先生出席上海市专科学校校长座谈会。

    (本报讯)上海市专科学校校长座谈会于昨日下午三时,假新生活俱乐部举行,出席各校校长潘序伦、唐文治、王裕凯、陈高佣、宋梧生、颜文梁、周承裕、司徒博、陈梦渔等十余人。由王裕凯主席。首由各校长报告学校近况,并交换意见,对于处理行政上之共通性问题有所讨论。继决定暑期招生,在七月底或八月初举行。下次会议推立信会专为召集人。

    (《沪专科校长昨开座谈会　处理行政上共通性问题》,见《申报》1948 年 6 月 12 日第 6 版)

6月21日(五月十五日)　先生与张元济发表致市长吴国桢公开信,针对其要上海交大学生自治会答复有关参加"反美扶日游行"一事提出的质问,和"若回答不满意,即令警局传讯"的威胁,指出学生游行是爱国行为,应善为利导,加以保全不能传讯。

    (本刊讯)上海大中学校一部分学生于六月五日在外滩举行"反扶日游行"。本校同学未出校门参加,详情已志上期本刊。事后吴市长函请程校长查询有关此项游行之七点,由学生自治会逐一答复。吴市长认为不能满意,再提质问八点,限期重作答复,如答复仍认不满意,即令警局传询。本校前校长唐文治、张元济两氏于此极为关怀,特联名致吴市长公开信,有所表示。兹录该信于后:

    市长台鉴:敬启者,报载阁下对于六月五日为学生反对美国扶日游行事,向交通大学学生提出八项问题,责令逐项答复,又认答复不满意时,即令警局传讯。查美之扶植日本,在军事与经济各方面,实属危害我国家民族之生存,此为举国所忧愤,身经抗战苦痛如阁下者,应已具有同情。学生以纯洁爱国心,欲藉游行为表示,亦尚未出校门,各校佥同,不独交大一校。工商各界亦先后响应,足见人心之未死。阁下正宜善为利导,并以保全善类,免致滋生事端,勿再传讯。文治、元济与交大在四十年前忝长南洋公学,尤不无三宿之感。子舆氏有言:"今夫水,搏而跃之,可使过颡;激而行之,可使在山。"是岂水之性哉？其势则然也。深望阁下垂察焉。专此，祗颂公绥，诸惟谅察。唐文治、张元济谨启。六月廿一日。

[《唐张两前校长联名致吴市长公开信》，见《交大周刊》第 28、29 期合刊，1948 年 6 月 25 日；又见《交通大学校史资料选编》（第二卷）]

按：据《张元济年谱长编》，本年 7 月 1 日，张元济有复张国淦书，谓："交大学生与市府纠纷，承示已挽人从中疏解，嗣与唐蔚芝同年致市长公函，中间经历殊多曲折，曾托陈叔通兄代陈，计蒙察及。"录以备参。

6 月 28 日（五月二十二日）　无锡国专无锡本部举行三年制第廿七届、五年制第五届毕业典礼。典礼上由冯振代为宣读先生所撰之训辞。

母校本期定六月廿三日起举行学期考试，六月廿八日举行毕业及结业典礼，唐校长并有训辞。

（《母校新闻》，见《国专校友》1948 年第 5 期）

今日为本校三年制第廿七届、五年制第五届举行毕业礼之期。诸同学前程远大，忻贺忻贺。特略致训辞，请冯主任先生宣读。鄙人向来讲学宗旨，在读经救国。而经书中最须急读者，尤在《论语》《孟子》。《论语》最重者在君子教育。二十篇中，自首章"不亦君子乎"起，至末章"无以为君子"止，共一百有四处言君子。其最切近者，曰"君子喻于义，小人喻于利"，又曰"君子上达，小人下达"。义者天理之宜，裁判万事之根本。利字从禾从刀，《周易》"元亨利贞"四字，分配春夏秋冬，秋时刈禾，为农民之利。故《文言传》曰："美利利天下。"然若私其利于一己，而不公之于人，则是以刀置于心，始而杀百姓，继而自杀，并杀其子孙矣，可痛哉！故充喻义之心，廉洁高尚，则上达而进于圣贤；极喻利之心，则卑鄙贪污，下达而沦于禽兽。《孟子》曰："欲知舜与跖之分，无他，利与善之间。"宋程子云："间者，言相去不远，所争毫末耳。"故吾人立品，偶有失足，即下达无底止，不能自拔。切望学者勉为君子，勿为小人。凡在青年，皆当自爱。至嘱至嘱。

至在今日要务，尤在为善。而善念所以不能常存、善机所以不能畅达者，惟在人己之间隔。鄙人常谓圣人舍己以从人，贤者推己以及人；愚不肖有己而无人。舍己从人，虞舜之取人为善、与人为善是也。曾文正勉学者，以取人为善、与人为善八字书诸日记，列为课程，每日晚间常以此自省。学者常能反躬自省，自能逐渐向善矣。推己及人，即《论语》所谓"己欲立而立人，己欲达而达人"是也。我欲自立，而阻他人之自立；我欲发达，而忘他人之发达，此天道人事所不容也。若夫有己无人，尤为心术之大患，专制自是，訑訑之声音颜色，拒人于千里之外,则虽有善者,亦无如之何矣。故今日欲救吾国之危局,惟存喻义而戒喻利,力去有己无人之见,庶几昏浊之气可以扫除,正大之气可以稍伸乎。清初大儒、河南睢州汤文正公(讳斌,字潜庵)尝谓学者常以孟子"今人乍见孺子将入于井,皆有怵惕恻隐之心"二语,常存诸于心,即可上达天德,可谓名言。夫百姓皆我孺子也,其流离惨酷之状、呼号悲痛之声,岂止入井而已。倘有怵惕恻隐之心,则救人决不容缓矣。夫救人非必财力也,吾力能救一命,推而至于数十人、数十[百]人之命。人人同怀此心,则功德已不小矣。鄙人近撰一联云:"老吾老及人老,幼吾幼及人幼;天下溺犹己溺,天下饥犹己饥"。力量有限,志愿无穷。惟望诸同学传嬗吾学说,自一乡一邑,推而至于一国,俾善气弥纶而无间,保合太和,消除劫运。《易》曰:"善不积,不足以成名。"诸同学皆负维持道统、兼善天下之责,勉之,勉之!

　　(唐文治《民国卅七年夏季三年制第廿七届、五年制第五届毕业典礼训辞》,见《国专校友》1948年第5期)

11月4日(十月初四日)　因通货膨胀、粮价暴涨,国专无锡本部学生面临断炊之虞,先生致函无锡县县长周明馨,向无锡县政府等商借食米。

　　急!无锡县政府周县长勋鉴:粮价陡涨,无法购买。学生三百余人,嗷嗷待哺,群情惶恐;决议请愿,劝止无效。请迅予救济,并示办法。无锡国学专修学校校长唐文治。戊支钤

　　[唐文治《致无锡县县长周明馨函》(1948年11月4日),见《无锡县经济方面来往公文》]

按:除上函外,同一日尚由无锡国专学生代表刘则文等人致函首都卫戍司令部无锡指挥所指挥官,并由无锡国专致函无锡县政府,向无锡县政府等商借食米。后由无锡县政府协调,于"总检查封存米内"借出五十石,才使国专学生暂时渡过了眼前的难关。

11月17日(十月十七日)　《交大周刊》刊发先生对学生自治会之训辞。

　　戊子孟冬,交大自治会以新旧更替,定本月十一日接事,同学李菊女士来请训辞。余告之曰:鄙人平素讲学宗旨,在正人心、救民命六字;而时至今日,尤以救人命为急。或言救人命非可托诸空言,无实力将奈何?又告之曰:既无实力,惟尽吾心,竭力讲明正学,亦属有功世道。兹者鸿嗷遍野,鱼潜在渊,哀我小民,无所得食,惟有集体见有垂危之人,既救一垂危之命。向者余闻苏州曹氏设立贫民饭店,出铜元十枚,即尽给一饱。余在散乡太仓,往年设立粥厂,只因柴火太贵,改为给衣施衣。兹上海不乏大善人君子,惟有劝其隐行善

事。但着手之方，极非容易，且富人或有远去者，只得尽力鼓吹，见一命，救一命。倘闻吾言者，十人中有一二善士，则百人中即可有十余大善士，听吾言而感动，则救活者已不鲜矣。先哲有言："圣人抚垂绝之民，不啻慈母伏其将死之子。"朱子《放赈诗》云："若知赤子原无罪，合有人间父母心。"其语绝疼。清汤文正公(讳斌，字潜庵)尝有学说云："吾人能以孟子今人乍见孺子将入于井二语，常存于心，则可上达天德。"何者？《易传》有言："天地之大德曰生"，学者能保其恻隐之心，扩而充之，即天地生生之德也，生理生机，善因善果，随在皆是。圣人有言："见善如不及。"深愿诸同学勉之。至于进德修业之方，余向者曾撰《紫阳学术发微》《阳明学术发微》二书；窃惟救世之方，以阳明学为尤要。阳明宗旨在致良知三字，一点良知，万古不泯。吾人以之涵养本心，即得存心养性之法，以之办理事业，即收物来顺应之功。孟子言："孳孳为善者，舜之徒。"又言："仁义忠信，乐善不倦，此天爵也。"今自治会同学新接任事，惟望日新又新，新吾心以自治，新吾心以为学，新吾心以善民救民，新吾心以善国救国。《尚书》曰"作新民"，非吾同学之责任而谁归？异日救民而新国者，皆吾同学之选。敬以此为训语，即以此为颂词。冬至前十日，太仓唐文治。

（《前校长唐蔚芝先生对学生自治会训辞》，见《交大周刊》第 42 期，1948 年 11 月 17 日）

本年　国专沪校因政府停发经费，陷入极度困难。乃由先生出面，请求上海著名书画家帮助，举行书画义卖活动，筹款以解燃眉之急。后义展在上海成都路中国画苑成功举行。

记得 1948 年，学校因政府停发经费，陷入极度困难。学生们建议由唐校长出面，请求上海著名书画家帮助，办一书画义卖，筹款以解燃眉之急。我和同学拿着唐校长盖章的信函，登门拜访了当时第一流的书画家，有张大千、吴湖帆、冯超然、吴子深、贺天健、樊少云、马公愚、沈尹默、王福庵、王季迁、朱梅邨、陆抑非、唐云、白蕉、石伽、樊伯炎、庞左玉、吴青霞、应野平等八十余人，无一拒绝，有的还当场挥毫交卷。义展在上海成都路中国画苑举行，非常成功。事隔二十多年，当年的教务长王蘧常教授还对我说："这就是唐老夫子的人格力量！"接着又问："你还记得那封征求书画的信是怎么写的吗？"我答："记不清了，只记得唐老夫子口授了一句：俾膏火之资得继，束脩之奉无缺。这是点睛之笔。"王先生闻言怃然。

（范敬宜《校长的人格魅力》）

1949年（己丑）　85岁

1月（戊子年十二月）　国专无锡本部放寒假,冯振辞职回广西北流。先生任命蒋庭曜担任无锡国专教务主任,冯励青担任总务主任。

（一九四九年）一月四日,由无锡携眷至杭州……二月四日,回北流山围……

（冯振《自传年表》,见《冯振纪念文集》）

一九四九年一月放寒假,老师（按:指冯振）照例回到广西老家过农历年,但开学后就没再回无锡,听说是改去南宁师范学院任教了。

（王翌群《终身受用的教益——忆冯振老师》,见《冯振纪念文集》）

一九四九年,冯振因病返广西。唐校长命他（按:指蒋庭曜）接任教务,总务主任由冯励青担任（冯已参加中国共产党）。

（蒋庭铨、蒋劭《蒋庭曜生平事略》）

2月18日（正月二十一日）　《人报》刊登赵苕狂《唐蔚芝师之近况》。

唐师蔚芝长交通大学时,余尝从之受古文辞。及出校后,每遇雅集,余又追随于酒阵间,称大弟子,故于蔚师实有二重师谊也。然以人事碌碌,已有二十年未修进谒之礼矣。

顷者,闻铭三学兄自都来,曾约余同往谒蔚师于其沪上之寓庐。讵至期余以病而爽约,仅铭兄一人往,归来为余述师之近况如次:

蔚师双目失明已有年矣。近复以大小便之阻隔而不通,经医师动手术,为之出其肠于两侧,而承之以瓶,有人追随左右,专司其责。当谈话时,铭兄尝偷窥瓶中,见溲便已及其半矣。

然蔚师精神殊矍铄,声尤如洪钟,与之谈旧,娓娓焉且一二小时而不绝。并闻仍日在著述,辄口授人而书之,且记忆力特强,经史之属,仍能背诵无讹。蔚师春秋今已八十有六矣,以状卜之,期颐上寿,固可如操左券耳。

蔚师设教锡山有年,桃李一时称盛,想对之关心者,定大有人在,因录之以为告。

（赵苕狂《唐蔚芝师之近况》,见《人报》1949年2月18日第4版）

2月（正月）　无锡国专沪校开课。（据唐文治著,唐庆诒补《茹经先生年谱续编·己

丑八十五岁》)

3月31日（三月初三日） 为上巳节,先生邀友于宅中雅集。

荆川八十居吴淞,有似太公隐于渭。咸同诸老吾遍识,独与先生谋面未。何期上巳展一旬,顿使私衷今日遂。岿然当代鲁灵光,河岳英灵国元气。香山九老俄成图,不烦画工楮墨费。蚕豆登盘樱笋肥,午筵饶有书生味。吾侪一醉可无名,上巳重阳告朔饩。

（江庸《展上巳日集唐蔚之宅,分韵得"气"字》,见《江庸诗选》）

4月初（三月初） 先生为准备交通大学五十三周年校庆致辞,命时任秘书工作的陆汝挺拟稿《谈谈诚伪之辨》。

一九四九年,上海交通大学五十(三)周年校庆,请先生致辞。先生命汝挺拟稿《谈谈诚伪之辨》。汝挺聆命,惶恐万状,先生仅此一言,交大情况又不熟悉,时间如此局促,先生交下任务,又非完成不可。翌日缴卷,景周师读给先生过耳,先生闻之欣然。全文仅更动五六字,随时口授景周师在原稿上加评:"此稿本原心术,推极理要,语语从至诚中流出,文亦大气磅礴,凡人能奉为圭臬,庶几历劫不磨。嘉美之至,喜赏之至。乙[己]丑暮春三月蔚芝评。"并加盖印章。景周师写完口授评语,国专教务长王蘧常老师来,援笔直书:"一气挥洒,神明师法,欣赏无已。蘧常。"十年浩劫,汝挺书籍荡然无存,独此稿无恙,先生和蘧常教务长评语弥足珍贵。

[陆汝挺《回忆唐文治(蔚芝)先生二三事》]

按:《上海交通大学纪事(1896—2005)》:"4月8日,学校举行五十三周年校庆。上午九时半,首先在体育馆举行纪念典礼。会议主席王之卓校长报告了交大五十三年校史,特别是战后四年的历史……接着校友会理事长茅以升致词,前校长张元济、著名物理学家吴有训作了热情讲话。"据此,似先生准备好的致辞并未在校庆纪念典礼上实际宣读。

4月8日（三月十一日） 《交大周刊》第60期刊发先生之《己丑校庆特刊序》。

岁躔四月,吾校诸同人同学,将有校庆特刊之举,来请曰:本校向有周刊贡献社会,今校庆期将届,曩者先生综理校政,先后历十四年,愿得一言,发扬既往,垂示将来。余维吾校历史可分三时期:创始之初,实惟毗陵盛先生,延名宿何梅生先生主其事。先生经纬万端,训迪多士,本以储经济特科之选,不幸以身殉职,艺林靡不痛惜,此第一时期也。旋改高等实业学堂,隶属农工商部,前清光绪三十二年丙午,余居忧,来长是校,其时已改隶邮传部,只设测量科,爰改为铁路科,又增设电机科、管理科、机械科,正购机扩地添屋,规模㮣具，而余目疾日甚，家大人春秋高，促归者屡，遂辞职亟返锡山，此第二时期也。余解职后，继任者为同学凌君竹铭，执友黎先生曜生，同学吴君保丰、程君孝刚，现任者王君之卓，均能萧规曹随，扩充进展，日异月新，此第三时期也。余所企望于后来者，惟在诸同学敦品励行，光扬校誉。往者余尝有言：世界无论如何晦盲，吾心必须光明；世界无论如何震撼，吾心必须定静。余现主国学专修学校，尝题明代王阳明先生"致良知"三字为校训，盖救国必先读经，而治心基于讲学。宋儒性理，实权舆于易传，穷尽性理之旨，朱紫阳之居敬明理，功效较缓，不若阳明之教［致］一点良知，万古不昧。操而存之，保而养之，救心救身，救国救世之道，胥括于是矣。切望诸同学笃守斯旨，身体力行，他日均成国家栋梁之选，令闻令望，炳耀寰区，跂予望之矣。

（唐文治《己丑校庆特刊序》，见《交大周刊》第 60 期，1949 年 4 月 8 日）

同日　《交大周刊》第 60 期刊发王蘧常《本校国文课程脞谈》，文中称"本校注重国文，盖自唐蔚芝先生文治校长时始"，并对先生主持及教授交通大学国文课程的事迹进行介绍。

今岁四月八日，为本大学校庆节。有校庆之刊，来征文于余，为述国文课程掌故，聊资谈麈。余授课本大学，凡历三时期。第一时期为民国二十三年夏间，为人庖代，不足一月。第二时期为二十九年秋至三十一年春。第三时期为胜利复员以后。兹略述各时期所知大概，并益以前时旧闻。

本校注重国文，盖自唐蔚芝先生文治校长时始，然沈子培先生曾植任监督，为时虽暂，已中西兼重。故沈先生植其干，而唐先生崇其墉。两先生皆余本师，尝备闻绪论。沈先生殚见洽闻，并世无害［两］，然教人一秉平实有用，应世之文，喜陆敬舆、汪浮溪。尝附设东文班，海宁王静安征君国维曾在旁听之列。唐先生任事最久，每星期必自课经史数小时，阖校皆集听。论文以气情才志理为根源，而尤重于气，养气为上，其次炼气，其次运气。运气之法，当一笔数十行下，不得，则下而求之于一笔十数行下，或一笔数行下。作文所以能运气者，要在读文之时，先能运气。所著《国文大义》，即作始于此时。当时教师，为朱叔子、李颂韩、黄虞孙诸先生。朱李皆余所尝奉手。所编教本，亦以气势为主。每学期举行竞赛一次，先生必高坐堂皇，程限极严，务期明豁迅速，学者每不敢属草。于是昔之腐豪莫下者，此后无不挥洒自如矣。故出学以后，类能应世而不致于扞格。每次某君为《原孝》一文，枕经菲史，气如一风发泉涌，先生大激赏，置第一，阖校传诵。余时尚少，友人钞示，望之如景星鸣凤焉。唐先生既以目眚去，继之者仍旧贯勿替……二十九年秋，教授他去，余承其乏。时抗战累年,海上尚依外力苟安,学子多扶义内渡,转入重庆本校,原址久为寇踞,仅税舍于震旦大学,虽在危疑震撼之秋,犹能从容弦诵。唐先生时方养晦海滨,每星期必莅校演讲一小时,半小时为经学,半小时为读文法。经学选讲《易》《诗》《书》《礼》,文法则取诸所著《国文经纬贯通六[大]义》中,凡四十八法,每期尽一法。文章缄秘,开发无遗,闻者往往忘倦,一时辟地老宿,多来听讲。震旦大讲堂中,无不满座。所述皆汇印,前后至六册,比之成国交州,盖犹过之焉。竞赛仍能按时举行,由唐先生最后评定发布。课程篇目,仍依前与陈先生所商定者。

（王蘧常《本校国文课程脞谈》,见《交大周刊》第 60 期,1949 年 4 月 8 日）

同日　先生致函国民政府教育部部长杭立武,要求增拨国专沪校本年度补助费。

教育部部长杭:查本校去年受战事影响,一部分陷区暨远道学生因救济断绝,交通阻隔,校方当不能坐视断炊。除向地方当局借拨一部分食米外,余均由校方筹措。本校既受市面金圆贬值影响,又须筹陷区暨远道学生膳食,致本校经济陷入万分困境;加以本学期开学,因局势关系,学生减少三分之二,而一切支出仍须照常,实属无法维持。敬祈钧部赐予增拨补助费,俾资救济而利教育。谨呈。校长唐文治。中华民国三十八年四月八日。

[唐文治《呈请增加本年度补助费俾资维持由》（民国三十八年四月八日）,见《私立无锡国学专修学校有关经费文表》]

按:此件上有批语:“该校近况不明,此件拟存查。”

4 月 18 日(三月二十一日)　先生再次致电教育部部长杭立武,要求拨发本年度国专沪校文书专修科特别补助费三亿元,国学专修科特别补助费二亿元。

教育部杭部长钧鉴:查本校学生大都来自远方,尤以皖北徐属为众。去年限价突破,金圆券贬值,员生不能维持,曾向当地粮商借米五十余石,以济眉急。今岁又受时局影响,学生人数锐减,经常开支尚难筹措,而所借之米又不能不如数清偿,经济枯竭,已陷绝境。窃念文书专修科为钧部所指办,向拨有专款,用特电请钧座赐拨文书专修科特别补助费三亿元,国学专修科二亿元,以救危急。员生幸甚,教育幸甚。私立无锡国学专修学校校长唐文治叩。印卯。中华民国三十八年四月十八日发。

[唐文治《电请赐拨文书专修科特别补助费三亿元国学专修科二亿元由》（民国三十八年四月十八日）,见《私立无锡国学专修学校有关经费文表》]

按:此件上有批语:“该校近况不明,此件拟存查。”

4 月 23 日(三月二十六日)　无锡解放。

4 月（三月）　先生所作《茹经劝善小说》与王季烈《人兽鉴传奇谱》合刊出版。

近数十年，人皆喜新厌故，薄相传因果之说，以为愚陋，于是杀机大开，生灵涂炭，迄今益烈，未始非一果也。茹经先生以儒林丈人，为人伦师表，怒焉忧之，撰有劝善小说八则。吾友蟫庐，与先生同具拯民水火之深心，精南北曲，著述甚富，以为声音之道，感人最深；移风易俗，莫善于乐。拟选昔贤提倡忠孝节义之曲百折，谱以行世，名曰《正俗曲谱》，分为十二辑，月刊一辑。乃甫印两册，因病中辍。茹经先生闻而惜之，谋藉众擎之力，续成斯举；更嘱蟫庐撰《人兽鉴》传奇八折，载入谱中，为世人修身养心之助……谋将小说八折及《人兽鉴》八折合刊行世，杀青将竟，蟫庐来属弁言。

（颜惠庆《茹经劝善小说、人兽鉴传奇谱合刊序》，见《茹经劝善小说、人兽鉴传奇谱合刊本》卷首）

居今之世，为善而已矣。为善当具实力，不易几也，惟有劝善而已矣。人间世善机善因善果，随在皆是，交臂而失之者，何可胜道。诚欲以善行达诸万事，必先敛之于一心。孟子言："人之放其良心，牿之反复，违禽兽不远。"《曲礼篇》曰："今人而无礼，虽能言，不亦禽兽之心乎！"扬子《法言·修身篇》云："天下有三门：由于情欲，入自禽门；由于礼义，入自人门；由于独智，入自圣门。"此三门者，所以警醒人心、昭示后学，最为深切。吴门王君九世兄，好善士也，尝大声疾呼，作《原人》一篇，谱诸法曲；又著《人兽鉴》一卷，今春来书，请作弁言。余维孟子言人之所以异于禽兽者几希，庶民去之，君子存之，引舜、禹、汤、文、周公为证。夫圣门未易进也，惟取法乎上，仅得其中，亦可勉为君子人尔。叔季之世，俗尚浇漓，心术变诈。众生芸芸，接之俨然人也；而考其行，则有近于禽兽者矣。唐昌黎韩子《杂说》第三篇云："昔之圣者，其首有若牛者，其形有若蛇者，其喙有若鸟者，其貌有若蒙俱者，彼皆貌似而心不同焉，可谓之非人耶？即有平胁曼肤，颜如渥丹，美而狠者，貌则人，其心则禽兽，又恶可谓之人耶？"《周礼》云：国有鸟兽行，则狝之。人既无异于禽兽，造物乃以草薙禽狝之法处之；而民生之历劫运，乃靡有已时，惨乎痛乎！今君九兄《人兽鉴》之作，其挽回劫运之苦心乎？昔刘蕺山先生作《人谱》，其门人张考夫先生复作《近代见闻录》以羽翼之。君九兄此书，其体例虽与《人谱》略异，而其救世苦心则一也。深愿家置一编，庶几出禽门而进人门，由人门而进圣门已夫！己丑仲春，太仓唐文治敬序。

（唐文治《人兽鉴弁言》，见《茹经劝善小说、人兽鉴传奇谱合刊本》卷首）

去秋，耆宿唐蔚芝、王君九两先生发起正俗曲社，请张紫东、徐凌云、居逸鸿、管际安诸君提倡。时入社者数十人，余亦得参与其列。冬间，君九先生又数度来沪,携有所著《正俗曲谱》已刊子、丑两辑,其余十辑,意欲续为编印。并出示新撰《人兽鉴传奇》,谱词佳妙,不愧为曲坛祭酒。同时,蔚芝先生亦以其近作《茹经劝善小说》见示,苦心孤诣,尤非寻常小说可比。两书于今春方始杀青,倩屈伯刚君缮写石印。今者,两先生以节衣缩食之资刊书行世,诸同志亦复热忱赞助。虽工料日昂,尚能蒇事。按两书均以匡正人心、挽救时艰为旨,寓义深远,有功世道。合成一编,相得益彰。但愿流传日广,于人心风俗,有所裨益,此余所馨香祷祝也夫。中华民国三十八年四月吴县李廷燮伯涵谨跋。

　　(李廷燮《茹经劝善小说、人兽鉴传奇谱合刊本跋》,见《茹经劝善小说、人兽鉴传奇谱合刊本》卷末)

按:《茹经劝善小说、人兽鉴传奇谱合刊本》,唐蔚芝、王君九编著,正俗曲社1949年春出版。其中《茹经劝善小说》由《孝德本原》《崇孝兴廉》《焚楼大善》《天日共鉴》《保全节孝》《苦节回甘》《狐裘节义》《昭雪冤狱》等八则笔记组成,《人兽鉴传奇谱》由《原人》《著书》《解愠》《说法》《救世》《去私》《劝善》和《大同》等八个单折短剧构成,后者是近代最后几部依昆曲曲律谱写成的剧作之一。

5月27日(四月三十日)　　上海解放,先生额手称庆。

　　四月十三日,闻炮声隆隆然,与雷声相和。盖共军渡江后,即攻克南京,分兵东下,如疾风扫箨,方与国民党残敌激战于上海西郊也。廿八日解放军进入上海市区,居民安堵。

　　(唐文治著,唐庆诒补《茹经先生年谱续编·己丑八十五岁》)

　　一九四九年上海解放,先生喜形于色,额手称庆,谓:"万民出水火而登衽席,可以重见天日矣!"陈毅市长敬老尊贤,招待上海耆年文人,对先生道德文章颇为推崇,殷勤存问,备极关怀。

　　[陆汝挺《回忆唐文治(蔚芝)先生二三事》]

6月15日(五月十九日)　　上海市市长陈毅邀宴先生等上海耆老,并举行座谈。先生因病未能亲自参加,由王蘧常代表出席。

　　六月十五日下午,陈毅市长邀宴张元济、颜惠庆、唐文治、吴有训、竺可桢、陶孟和、陈望道、茅以升、俞澄寰[寰澄]及蔡元培夫人等。并就发展生产、改革教育诸端举行座谈。愚亦被邀,因病未能亲自参加,请王君瑗仲代表出席。

　　(苏州大学校史办公室编《唐文治年谱》)

按:据《唐文治年谱》书前之"重印说明",该书系将《茹经先生自订年谱》及《茹经先生年谱续编》"合为一编",但《茹经先生年谱续编》中并无上条记录。

　　六月十五日……下午四时,与饶漱石邀集上海各界耆老、名流张元济、颜惠庆、唐文治、周峻（蔡元培夫人）、俞寰澄、吴有训、竺可桢、陶孟和、陈望道、茅以升等举行座谈会（颜、唐因病未到）。与会诸老对于发展工业生产，并兼顾农业开垦荒地、疏浚河道、发展水利、恢复交通，从而组织并救济上海失业的人到内地去参加工农业生产，同时对当时上海的治安与教育改造问题，都提了宝贵意见。陈毅起立表示谢意，并风趣地称此会是"耆老策杖观太平之集会"，他说各位提出的许多宝贵意见可供上海做实际工作的同志参考。

（刘树发主编《陈毅年谱》）

约 6 月（约五月）　先生为朱屺瞻《艸堂讲学图》作序。

（1949 年）是月（6 月），撰《题朱屺瞻画逸我文艺社〈艸堂讲学图卷〉》。云："朱子屺瞻为逸我文艺社绘《艸堂讲学图》成，余友唐蔚芝同年为之序。序以画理阐明政治学术，可为名言。余尝读世界史，欧洲当中古之世，国政晦盲，民德颓散。有识之士藉文艺以起其衰，卒成郅治。今我国风气日新，人心震奋，诚有剥极思复之象。社中诸子殷殷讲学，其必能踵欧洲前哲之成轨乎。诗曰：'风雨潇潇，鸡鸣胶胶。'窃愿为诸子颂之。"（抄稿）

（张人凤、柳和城编著《张元济年谱长编》）

按：先生《艸堂讲学图序》未见。

7 月 8 日（六月十三日）　经苏南行政公署准予备案，无锡国学专修学校正式改名为私立无锡中国文学院。私立无锡中国文学院计划将分设文学、史地、哲学三系，由先生任院长，王蘧常为副院长，严济宽为秘书长，钱海岳为教务长。

八月，无锡国学专修学校呈准苏南行署，改为中国文学院，分文学、史地、哲学三系。余任院长，聘王生瑗仲为副院长，严生济宽为秘书长，钱君海岳为教务长，蒋生庭曜、朱生东润、冯生励青等为教授。

（唐文治著，唐庆诒补《茹经先生年谱续编·己丑八十五岁》）

无锡中国文学院的前身，原是无锡国学专修学校。解放后，全体师生一致认为应改革教学内容和教育法及种种的制度，才能赶上新的时代，为新民主主义社会培养建国人才。于是师生自动组织了革新委员会，经师生共同努力下，经本年七月八日苏南行署准予备案，始正式改名为无锡中国文学院。改革后，师生们都热烈参加了锡市的各项社会活动，并组织各种学习小组，参加了暑期研究会，得到了新的知识与锻炼。开学后，全校空气有很大转变，师生团结甚为融洽，为国专有史以来所未有。

（浦耀煌《锡市中国文学院前日补行开学典礼》，见《苏南日报》1949 年 10 月 17 日第 2 版）

按：上引两则文献中，无锡国专经苏南行政公署备案改为私立无锡中国文学院的时间，前者说是"八月"，后者说是"七月八日"，此从后者。

又按：据《私立无锡中国文学院第一届委员会（三十八年度）第一次会议纪录》（见《私立无锡中国文学院院务委员会会议纪录》），该次会议上决议追认改制前最后一次校务会议议决的原有班级归并办法，原有的三年制国学科班级并入文学系，经归并后的班次为：预科甲组、预科乙组、文学系一年级甲组、文学系一年级乙组、文学系二年级甲组、文学系二年级乙组、文学系三年级甲组、文学系三年级乙组。可见无锡国专改名为无锡中国文学院后，虽计划设文学、史地、哲学三系，但当时的已有班级皆属文学系，史地系和哲学系尚未及招收学生，仅具其名。又，该次会议还讨论了原有的二年制文书科学生应如何处理的问题，会议决议：一、自愿转入本院文学系者，准予按照班次插入，并补读必修科目；二、如有请求保留原科者，应俟报请苏南行署核定后办理。

私立无锡中国文学院成立后，先生致函钱孙卿，拟聘其担任无锡中国文学院董事长，主持一切，并乞广为提倡，劝募基金。

> 孙卿先生大鉴：敬启者，吾国学专修学校创办迄今，已届卅年。其间时局变幻，播越纷仍，在艰难困顿之中，勉力支撑，弦诵不辍，是皆诸君子鼎力匡辅维护之所致也。回溯过去，因受环境经济限制，于课程设备等均未克达成原有之期望。解放以来，鉴于时势之需要，革新不容或缓。爰由校务会议议决，改校为院，藉事扩充，已于卅八年七月八日，经苏南行署核定为"私立无锡中国文学院"，先设文学、史地、哲学三系，并附设中学部文、理、农三科。办理伊始，经纬万端。关于课程之革新、师资与设备之充实，在政府精简节约之时下悉力以赴，先求基本条件之具备，再定前途开展之计划。惟本院经费，全恃学费收入维持，在昔日保守状态之下，量入为出，本已竭蹶，于今日事业待展之际，若无的款，更感周章。文治维工作之艰巨，凛职责之重大，夙夜彷徨，不遑宁处，兼以养疴沪渎，精力就衰。曩者负责同仁，大都偏重治学，于诸君子前迄少请益，殊为歉然。先生吾乡斗杓，万流仰镜，对于本院关注逾恒。此次董事会改组，拟聘先生担任中国文学院董事长，主持一切，并乞广为提倡，劝募基金，俾本院基础稳固，前途日趋光明，无忝建设新民主主义新中国之伟大使命。是不第文治一人之幸，即莘莘学子亦永拜嘉惠于靡既矣。附陈计划书一册，敬祈俯允指示见复，曷胜祈祷，专此奉订，祗颂道安。唐文治拜启。
>
> （唐文治《致孙卿先生信》，见陈国安等编《无锡国专史料选辑》）

7月（六月） 国专沪校 1949 年夏届毕业生毕业。先生为该届学生毕业纪念刊作《训辞》，又一次以自作"孟坚人品昭然揭，我辈相期第一流"的诗句和"人生惟有廉节重，世界须凭气骨撑"的联语勉励毕业学生。

　　记得 1949 年筹印乙[己]丑级毕业纪念刊时，师（按：指唐文治）应生徒之请作训辞，述校史，在训辞中又一次以自作"孟坚人品照[昭]然揭，我辈相期第一流"的诗句和"人生惟有廉节重，世界须凭骨气[气骨]撑"的楹联勉励毕业同学。校史结尾又写道："《易》曰：'其亡其亡，系于苞桑。'《诗》曰：'风雨如晦，鸡鸣不已。'剥极而复，其见天地之心乎！"师关心祖国命运，相信黑暗即将过去，黎明即将到来，一个富强的新中国已经在望，并以此激励同学。

　　（许咸汉、金甲《缅怀先师唐文治老校长》，见《唐文治先生学术思想讨论集》）

按：己丑级毕业纪念刊未见。

9 月 16 日（闰七月二十四日）　晚，陈毅到北京六国饭店访问来京参加中国人民政治协商会议的张元济。其间，陈毅述及此前先生及张元济曾为江亢虎请假出狱就医，"因同案人多，有牵涉，甚为难，故未复，兼道欠"。

　　（1949 年 9 月 16 日）　晚，高镇武来谈。陈毅偕梅达君来。"陈询余北京故友存有几个？余言前日访傅沅叔，其同乡也，病瘫痪，口不能言，且贫甚，其所居正房均为人所占。伊问为某军队所占，昔为国民党军，今则不详。渠云当查明，为之设法。余又告以金钱孙近在沪寓被盗，年已八十二，被缚二小时，请其饬下警局严缉。梅在旁即记下姓名、住址。陈又述及唐蔚芝与余前江亢虎请假出狱就医，因同案人多，有牵涉，甚为难，故未复，兼道欠。余答称此本为私交所请托，非分要求，可勿介意。"（《日记》，第 1225 页）

　　（张人凤、柳和城编著《张元济年谱长编》）

按：上文"唐蔚芝与余前江亢虎请假出狱就医"，"唐蔚芝与余前"后疑脱一"为"字。

10 月 1 日（八月初十日）　中华人民共和国成立。

10 月 15 日（八月二十四日）　上午 9 时，无锡中国文学院补行开学典礼，并庆祝改院成功及附中成立。先生因年迈体衰，未能赴锡参加，嘱托王蘧常赴锡，代为主持典礼，并代诵先生所作演讲辞一篇。

　　十一日，嘱王生瑗仲赴锡，代余主持中国文学院改院成立庆祝典礼及补行开学典礼大会。余作演讲辞一篇，由瑗仲在会宣读。当时，自苏南军管会主任管文蔚以次，皆来道贺，极一时之盛云。

　　（唐文治著，唐庆诒补《茹经先生年谱续编·己丑八十五岁》）

　　一、秘书处提：本院开学典礼及庆祝会决定日期及时间案。决议：决定本月十五日(星期六)上午九时举行开学典礼,下午六时举行庆祝会。

　　[《私立无锡中国文学院第一届院务委员会第三次会议纪录》(1949 年 10 月 10 日),见《私立无锡中国文学院院务委员会会议纪录》]

　　锡市学前街中国文学院于十五日补行开学典礼,并庆祝改院成功及附中成立,到各界来宾、校友及全体同学五百余人。仪式于上午九时举行,王瑗仲副院长特自沪赶来代表唐院长主持大会,并特请锡市军管会管主任、苏南行署教育处陶副处长、市委宣传部长陈野苹及市教育局长陈枕白等莅院指示。会上管主任指出:要确定学习方向、学习现实,为大众服务,做一个新型的文学家。陶处长也说:学校革新,要有计划、有步骤,师生合作,和衷共济,把形式的变更,进行到内容的变更。其他各首长也都希望同学,紧紧跟着时代前进,不做时代的落伍者。同学们也表示愿以中华人民共和国新的教育方针及各首长的指示作为学习的准绳,做到理论与实践一致,成为国家建设的有用人才。在师生连日积极筹备下的盛大的迎新晚会,亦于下午六时进行,来宾师生济济一堂,节目精彩非凡。当晚会正在进行时,广州解放消息喜讯传来,会场台上台下的人,都欢呼起来,更替大家增添了兴奋的情绪。

　　(浦耀煌《锡市中国文学院前日补行开学典礼》,见《苏南日报》1949 年 10 月 17 日第 2 版)

　　今日为本院举行开学典礼并庆祝会,严君伯侨及诸同人函招到锡演讲。鄙人因道远,未克亲诣,特属副院长王君瑗仲代表致辞。诸生均系英年好学之士,前途未可限量。前鄙人有赠同学诗句云:"孟坚人表昭然揭,我辈相期第一流。"按古人有三不朽事业,曰立德、立功、立言,即圣门四科之德行、政事、言语、文学四端之义。往者湘乡曾涤笙先生谓立功须乘时会,而立德、立言则修之在我;立德在品行,立言在著作。诸生能熟读鄙人所著《孝经救世编》《孟子救世书》及《紫阳阳明学术发微》,自有会悟。兹特将立品要旨指示如左:

　　立品之要,旨在清廉。近时多有才气过人之彦而不免堕入贪鄙者,实属可惜。须知《论语》言君子喻义,小人喻利,《孟子》言舜跖之分,在利与善之间,善即义也。《周易》乾卦言以美利利天下。盖溥其利于天下,是为美利;敛其利于一己,即为私利。义者,宜也,利物足以和义。利字刃列于旁,若如《大学》所言,以身发财,则必至于自杀,且杀其子孙矣。孟子言杀人之父,人亦杀其父;杀人之兄,人亦杀其兄。吾尝窃补之曰:杀人之子孙,人亦杀其子孙。吁! 可畏哉。往日讲学,必首揭义利之辨,若一涉贪污,譬诸退入于泥,终身无自拔之日矣。故余律己教人,务在廉洁。未有操守不廉而能办大事者也。

次之宜敦谦和之行。《易传》言保合太和,《尚书》言同寅协恭,和衷哉。《诗》言既和且平,礼之用和为贵。大乐与天地同和,和者天地之中气,人受天地之中和以生,凡食五谷之伦,未有不得中气者。和气之反为戾气。和气盛,则致太平;戾气盛,则酿劫运。世未有不能谦和而能与人共事者也。

又进而言之,惟有为善一事。孟子以孳孳为善称舜徒,乐善不倦为天爵。居今之世,强为善而已矣。何以谓之强?凡力量有不足,则强勉以图维之;凡环境困难,则尽力以排除。善机善缘善因善果,随地皆是。余平素最爱《论语》两如不及,一曰学如不及,学问无止境也;一曰见善如不及,善几往而不可复返也。或曰为善须有实力,曰不然。善字从羊从口,羊跪乳,观其情状,而知孝为万善之源也。约之于口者,若无实力,则苦口提倡亦功德也。且居今之世,戈鋋满地,正为善大好机会。孟子曰:“君子莫大乎与人为善。”吾辈而不为善,谁与救人哉。乍见孺子入井,皆有怵惕恻隐之心,清初睢州汤潜庵先生(讳斌)常言能以此二语常存于心,即可上达天德。纵观近世百姓困苦,奚啻孺子入井,安得不动怵惕恻隐之心乎?《礼记》言:“人者,天地之心。”深望好善之士,切实共勉之。

更进而言之,则自新以新民是矣。《大学》引《汤盘》“日新又新”,《康诰》“作新民”。朱注云:振起其自新之民。《论语》《中庸》均言温故而知新。知新有在温故中者,有在温故外者。余尝谓学问事业,不论新旧,惟在实事求是,适用于今世而已。《易传》言进德修业,而扩充之则造于盛德大业,曰富有之谓大业,日新之谓盛德。富有者德行无不周备也,而盛德必归于日新。故又曰刚健笃实辉光,日新其德,圣人以此洗心,洗之俾日新又新也。世界一日不新,则晦蒙而否塞;人心一日不新,则含垢而纳污。人心与世界,相为维系,世界皆人心所造成,此经传中新民主义,幸诸生熟习之。院长唐文治谨识。(印)

（《校长唐文治在中国文学院开学典礼并庆祝会上的训辞》,见《中国文学院关于更改校名、校长训词、聘请校董、接管附中机构、四九年度毕业生名册、统计表、学生处分、苏南行政公署有关文件》）

12 月 5 日(十月十六日)　晨,长媳俞庆棠在北京逝世。后先生作《冢妇俞氏庆棠墓志铭》。

十月十六日,长媳庆棠在京逝世。先是,庆棠自美取道香港回国,参加新政协会议,旋任中央人民政府教育部社会司司长。积劳过甚,骤患剧疾。十六日晨不起,比孝端孙女奔赴省视,则已气绝,号哭呼不应。医生谓是脑充血症。噩耗抵沪,家人匿不以闻。数月后,亲友有传闻者,乃知庆棠死矣。庆棠视教育如性命,一身所办事业甚夥。于家庭之间,常觉依依不舍。乃至是卒死于学,惨痛之至。余为作墓志铭一篇。

（唐文治著,唐庆诒补《茹经先生年谱续编·己丑八十五岁》）

冢妇庆棠既殁,迨半载,其舅文治始以泪和墨,铭于其墓曰:呜呼庆棠,何遽至是耶!……抵北京后,教育部延请充社会教育司司长,供职仅半月,以积劳过甚,骤患剧疾,十月十五日早不起,比仅女孝端随侍,觉有异,急破户入,则已气绝,号哭呼不应,医生谓是脑充血证。噩耗至,举家惶骇痛哭。呜呼,悲哉,悲哉!

（唐文治《冢妇俞氏庆棠墓志铭》,见《俞庆棠女士墓志铭、家传》）

按:上引文中,《茹经先生年谱续编》"十月十六日,长媳庆棠在京逝世",《冢妇俞氏庆棠墓志铭》说俞庆棠"十月十五日早不起",据唐孝纯《人民教育家俞庆棠》一书记,俞庆棠事于12月4日（十月十五日）晚十时半左右就寝,至半夜辞世,则已为12月5日（十月十六日）。故从前者。

12月9日（十月二十日）　黄炎培得先生代电,反映太仓征粮严重,某人投水死,某夫妇同时自缢死,请减征。黄炎培立即面送财长薄一波、财委主任陈云及总理周恩来。周恩来总理收下后亲自处理。（据黄炎培著,中国社会科学院近代史研究所整理《黄炎培日记》）

1950 年（庚寅年） 86 岁

2月5日(己丑年十二月十九日) 为长媳俞庆棠营葬于上海虹桥公墓。

十二月十九日，为长媳庆棠营葬于虹桥公墓。余因年迈未往，由内子代表，孝纯、孝端两孙女自京来沪参加葬礼。

（唐文治著，唐庆诒补《茹经先生年谱续编·己丑八十五岁》）

2月(正月) 奉华东军政委员会教育部令，国专沪校并入无锡中国文学院本部。

正月……本月，沪校奉华东教育部令与锡院合并。自侨沪以来，凡十有二年，先后所聘教授如陆颂裳、吕思勉、郝昺衡、周予同、周谷城、胡曲园、蔡尚志[思]、张世禄、夏承焘、童书业、王佩诤、葛绥成、李长傅、朱大可、鲍扶九诸先生，皆一时之选，毕业达三百余人云。

（唐文治著，唐庆诒补《茹经先生年谱续编·庚寅八十六岁》）

（一）讨论事项：1. 上海国专请迁本院应如何处理案。决议：由上海国专自行办理结束，学生可转入本院……

（《私立无锡中国文学院第一届院务委员会第九次会议纪录》，见《私立无锡中国文学院院务委员会会议纪录》）

4月(约三月) 先生读清传奇《帝女花》，有感于前代兴亡之迹，作《明帝女花乐府题词》。

人生天地间，至情之相结而已。若至不能不破灭其情，而其情更无涯涘者，尤为天地间至恸之事也。自古有自刃其子女者乎？而竟有之，若明崇祯帝于长平公主是已，岂不痛哉！余十四岁习散文，兼好骈文，先君授以《长平公主诔》，为明遗老张先生宸所作。顽丽哀感，悱恻动人，俯仰低回，不能自已。呜呼！文字之感人，有如是哉！

庚寅暮春，侨居海上，执友李伯涵先生假余《帝女花乐府》一书。当江南草长之时，百感交集，沧海横流，如闻呜咽，重哀帝女，能不怆恨！吾娄陆桴亭先生挽常熟瞿忠宣公诗云："兴亡自古恨难平，况复孤臣坐帝京。二祖山河方破碎，两朝门户尚纷争。"明社之屋，在争意气，几若国家可亡，而意气不可不争者。隆庆、万历间,魏珰肆虐,伪义子顺孙辈,勾结朋比,蝇营狗苟,设罟矱陷阱,内外睽隔,上下蒙蔽。忠烈之士,郁勃叫号,赤诚不得上达,慷慨捐躯。若吾苏周忠介公顺昌、高忠宪公攀龙、缪忠介公昌期,余姚若黄忠节以[公]尊素,靡不赴汤蹈火,视死如归。而左忠毅公光斗,罹祸尤为惨酷。读吾娄张天如先生《五人墓碑记》,又方望溪先生《左忠毅公逸事》,及后人《乙丙纪事》诸作,播之管弦,传之天下后世,尤可哀也。吾又常叹国之所以废兴存亡,苟非杀戮忠良,未有至于灭亡者。即如清室末造,苟非诛戮许文肃、袁忠节、徐忠节诸公,亦何至一蹶不振或是哉?明、清二代之亡,皆萌柢于杀忠臣。志士仁人,凭吊唏嘘,而千古柄国者,皆当引为殷鉴者也。明代自杀戮忠臣外,复设廷杖,凡忤朝旨者,举不能免。其待大臣,绝无体制,宇宙元气,斫削殆尽,无怪其灭亡如斯之惨。公主不幸,代前皇遭其厄耳!崇祯帝临终发愤,谓君非亡国之君,臣乃亡国之臣,曾不能追究本原,谬哉!误哉!

余服官京师时,尝欲赴彰义门外,一访公主赐庄故址,而案牍劳形,卒卒未果。或曰:"埋香二百数十年,荒烟蔓草,无可访寻矣。"怅惘至今,不能释也。或曰:"公主一女子耳,而子特表章之,用情毋乃过当欤?"曰:"唐韩子云'事有旷百世而相感者。'余诚不知其何心,苟非今世之所希,曷为欷歔而不能禁?"余阅此册,不胜前代兴亡之感,而于《香天》一出中,公主嘱周附[驸]马之词曰:"白杨青草,莺啼燕吊,还望你做半子儿夫,到清明来祭扫!"洛诵斯言,不觉潸焉出涕。呜呼!古之伤心人渺矣,后之有心人,或将感慨于斯文。

(唐文治《明帝女花乐府题词》,见王桐荪等编选注《唐文治文选》)

按:《明帝女花乐府》,即《帝女花》,传奇名。清黄燮清《倚晴楼七种曲》之一。取材于明末史实,写李自成攻入北京时,崇祯帝用剑砍杀家眷,然后自缢于煤山。其女长平公主被砍倒未死。顺治初年清廷派人找到长平公主和驸马周世显,为他们完婚。

(1952年)9月19日　致李廷燮书。谓:"……附下蔚芝先生□□花乐府题词,情文兼至,读之令人不能无动于中。"(《全集》第2卷,第19页)

(张人凤、柳和城编著《张元济年谱长编》)

按:上引文中之"□□",在《张元济全集》"书信"卷中作"容如",疑当为"帝女"之误。

5月(四月)　无锡中国文学院并入苏南文化教育学院,先生任该学院名誉教授。

五月,锡院同人鉴于一般私校学生锐减,经费支绌,来沪会商,请求政府并入无锡社桥苏南文化教育学院语文系，旋奉令允准。教职员工及学生共一百余人，全部转往，而余任名誉教授，薪水并未裁撤。虚糜廪粟，至为惭恧。

（唐文治著，唐庆诒补《茹经先生年谱续编·庚寅八十六岁》）

解放后，无锡国学专修学校更名为中国文学院，先生任院长。1950 年 5 月，中国文学院将并入苏南文教学院。当时中国文学院的教授、讲师意见不一致。先生闻讯，谓汝挺曰："今天都在共产党领导下，应服从命令，随潮流办事，岂能再有门户之见！"当时汝挺曾奉先生之命，去无锡深入了解中国文学院的具体情况，可见先生之重视调查研究。

[陆汝挺《回忆唐文治（蔚芝）先生二三事》]

按：本年 2 月 26 日，苏南行政公署决定原在苏州的国立社会教育学院和在无锡的省立教育学院合并，改设公立苏南文化教育学院，院址在无锡社桥原省立教育学院。至本年 5 月，中国文学院亦并入其中。1952 年 9 月，全国高等学校院系调整，以苏南文教学院为主组成苏南师范学院（后改称江苏师范学院，即今苏州大学），院址在苏州。

7 月（六月）　因地价税负担太重，先生将无锡西溪家后园地三亩售于蒋某。

六月间，无锡西溪我家房地产，因地价税负担太重，以后园地三亩余售于蒋某。余嘱三媳兰征、四媳庆兰赴锡代余签约。代价白米二百五十石，每石以二十万元计算，后园房屋、围墙、走廊、茅亭作价均在内，得主允筑一字形围墙作界，两家公用。

（唐文治著，唐庆诒补《茹经先生年谱续编·庚寅八十六岁》）

8 月（七月）　先生患重伤风，夫人失眠症亦复发，得表侄朱继莘诊治，获痊。
（据唐文治著，唐庆诒补《茹经先生年谱续编·庚寅八十六岁》）

9 月 27 日（八月十六日）　长孙唐孝宣乘"威尔逊总统"号自美国回国。

八月十六日，长孙孝宣自美乘"威尔逊总统"号返国，于今晨安抵家中，旋随同内子暨三、四儿媳赴锡，布置祠堂，并奉庆棠神主入祠。

（唐文治著，唐庆诒补《茹经先生年谱续编·庚寅八十六岁》）

11 月（十月）　在外交部供职的孙女唐孝端申请参军。获准后即离京赴沈阳，编入陆军部队。（据唐文治著，唐庆诒补《茹经先生年谱续编·庚寅八十六岁》）

本年　先生约请赵景深、胡山源等人至家中，座谈戏曲。

有一天，大约在 1950 年吧，赵景深兄约我到唐文治的家里去，参加一个座谈戏曲的小会。我去了，按着指明的路由，找到了唐宅。宅门口是马路，进去是一个弄堂，又转了两个弯才到客室。坐定后，陆续来了几个人，赵兄之外，还有昆曲界的几个著名的年老"票友"。唐年龄已相当高，双目失明，但精神很好，听觉和言语都和平常人一般。我发见桌子下边有什么东西牵着他，后来才知道，他患有小便失禁的病，经常是用橡皮管连着尿瓶使用的。说的全是戏曲之事。唐曾刊行过《正俗曲本》，他还想扩大这个"正俗"工作，故而找一些人去谈谈。在散会前，他请来者清唱一些曲子，赵兄唱了"小宴"上的"不劳你"这一支北曲，我不敢献丑，没有唱。

（胡山源《文坛管窥：和我有过往来的文人》）

1951 年（辛卯年）　87 岁

约 2、3 月间（约二月）　先生在与张元济通信中言及拟撰《闺范编》。

　　伯涵先生阁下：奉三月三日手教，谨悉。承示《四十述怀》大作，正是所谓言志之诗。《劝世新语》一篇，苦口婆心，洵有关世道人心之作，稍有不合时宜者，弟以为正自无妨也。唐蔚翁近来尝与弟通讯云，近拟撰《闺范编》，弟曾稍有管蠡之见，不知吾兄曾见及否？并求赐教……弟张元济顿首。（一九五一年）三月四日。

　　　　　[张元济致李廷燮（伯涵）函，见《张元济全集》第二卷《书信》]

　　伯涵先生阁下：奉本月十日手教，谨诵悉。赐阅司徒君侨美回忆录，弟先已由本人寄赠一部，尚未及读。承借一册，谨缴还，乞收回为幸。女子夫死再嫁，似与夫在改嫁不同，蔚翁所见有别。弟思再进一言，蔚兄作复不便，拟请吾兄于晤时代告。女子守节，原系美德，蔚兄谓任其自然，自是正论。但数百年来已渐成为定义。弟幼时闻母辈聚谈，言及再醮之妇，辄鄙夷而不屑，故时亲串中孀妇从无一再嫁者，盖为习俗所移久矣。范文正母再适朱氏，人所尽知。先始祖横浦先生继配马太夫人先适吴氏，夫死再适吾祖。一名臣之母，一名儒之妻，何不可以为法？圣贤教人不外人情，习俗所染，遂日远于中和，而日趋于偏宕。蔚兄发此宏愿，思为全国妇女树之规范。蔚兄人伦坊表，全国景仰，故亟欲借其椽笔，挽厥颓风，尤望吾兄为之剀切一言也……弟张元济顿首。（一九五一年）三月十四日。

　　　　　[张元济致李廷燮（伯涵）函，见《张元济全集》第二卷《书信》]

3 月（四月）　宝山金其源介绍潘雨廷受业于先生。

　　四月间，宝山同乡金巨山先生介绍上海浦东潘生光霆来受业。初受《尚书》，既受《国文经纬贯通大义》《孟子救世编》等。潘生笃好国学，除攻读经集外，购余读文灌音片正集及通用集，研习读文法，颇饶兴趣。

　　　　　（唐文治著，唐庆诒补《茹经先生年谱续编·辛卯八十七岁》）

　　问：潘光霆是否笔误？先生（按：指潘雨廷）言："无误，光霆是我家谱中的大名，雨廷是字。因对外一直用雨廷之名，遂沿用。我是唐先生所收的最后一个学生。"

（张文江记述《潘雨廷先生谈话录》）

按：在《潘雨廷先生谈话录》一书中，尚有多处潘雨亭与张文江之谈话，忆及当年受业于先生时之情形，以及对先生思想、学术等方面的评述。如1986年1月18日："先生（按：指潘雨廷，下同）言：出学问、出事业跟忧患环境有关，唐（文治）、熊（十力）、杨（践形）、薛（学潜）皆如此。唐先生（文治）在清末任高官，清亡后很苦闷，乃卜一卦决疑。得乾之讼，初爻、三爻变。乾初曰'潜龙勿用'，三曰'君子终日乾乾，夕惕若，厉无咎'，乃终身奉此二爻为的。讼三曰'食旧德，贞厉，终吉。或从王事，无成'，准此始绝口不谈政治，改堂号为'茹经'。食旧德以发扬本国文化，改办教育，创立无锡国专，一时人才荟萃（此在南方，北方有清华国学院，王国维、梁启超、陈寅恪主持）。然非食古不化，又办今交通大学，吸收西洋文化，取《易》'天地交，万物通'之义。我遇唐先生时相差六十岁，乃晚年入门弟子，其年谱尚有记载。"同年1月31日："先生言：唐先生（文治）言：周情孔思，出于韩愈弟子李汉之说（见《韩昌黎集》序）。但是唐认为李不可能说出，必出于韩的传授。"同年2月15日："先生言：唐先生就有此气质，真是望之俨然，即之也温，听其言也厉。看见他，完全想见当年曾国藩、李鸿章的风采。他们读孔子的书，即以此为榜样，生死以之。到老年自然而然化掉，就到此境界……先生言：《蒹葭》好，故唐先生（文治）称它为'纤介无尘法'。"同年2月26日："先生言：我一生只卜过一次筮，之所以如此，是受唐先生一生只卜一次筮之影响（见1月18日）。"同年3月31日："……又言：唐先生最尊崇王阳明，以为日本得其学尚能明治维新，中国竟亡。但他自己做的却是朱子的事，也是两样矛盾在身上拍拢。我如果写阐发唐师的文章，此为关键。"同年4月21日："先生言：唐先生（文治）就是不知怎样一来，朱、王合一了。"同年5月16日："先生言：唐先生（文治）没有遇见曾国藩，但遇见李鸿章。听李谈过曾一件往事，有一回曾说得李受不住了，跑掉了。一段时间后自思不对，再回去，曾接见之，丝毫无芥蒂。李就此终生佩服之。"1987年2月1日："先生言：唐文治先生为十三经编读本，请印光作序。印光是所谓儒释，但他反对密宗，不必。"录以备参。

10月21日（九月二十一日）　上午，先生缮写信稿时，忽觉头眩气塞，咯痰无数。午后神志少清，旋又患寒热，体气虚弱，延请表侄朱继莘诊治，渐愈。（据唐文治著，唐庆诒补《茹经先生年谱续编·辛卯八十七岁》）

10月27日（九月二十七日）　长子唐庆诒经先生表妹陈佩萱介绍，续娶太仓王廷钰。

　　九月廿七日,长子庆诒承表妹陈佩萱女士介绍,续娶太仓王廷钰女士。女士年卅六岁,为吾娄王藻儒八中堂之后,性情淑慎,治家有法度。过门后,夫妇极相得云。

　　　　　　　(唐文治著,唐庆诒补《茹经先生年谱续编·辛卯八十七岁》)

1952 年（壬辰年）　88 岁

1 月 27 日（正月初一日）　冒广生赴先生及张元济两家贺年，"两君（按：指先生及张元济）皆前壬辰进士"。（据冒怀苏编著《冒鹤亭先生年谱》）

2 月（正月）　美军飞机在朝鲜北部及我国东北各地投掷细菌炸弹，惨无人道。先生闻之，云："近代火器，制造日精，如原子弹、细菌弹、氢气弹皆为杀人利器，荼毒生灵，莫此为甚。倘此种武器不加禁止，人民无噍类矣。"（据唐文治著，唐庆诒补《茹经先生年谱续编·壬辰八十八岁》）

4 月 7 日（三月十三日）　金其源等发起为先生庆祝"重宴琼林"（考中进士六十周年）。

三月十三日，金君巨山、陈君仲达暨朱生贯微等发起为余庆祝重宴琼林。余本以节约为主旨，然因诸君盛意难却，遂允之。金君等茬余寓所小酌志贺，列席者十三人，尽欢而散。

（唐文治著，唐庆诒补《茹经先生年谱续编·壬辰八十八岁》）

同人醵资祝贺唐蔚芝重宴恩荣，并摄一影。

（冒怀苏编著《冒鹤亭先生年谱》）

4 月（三月）　先生无锡西溪家中两次起火。

三月中，连接秦生雨溪自锡来信，报告无锡西溪我家房屋后宅，有人堆积花生壳，投入香烟以致两次起火，烧毁房屋一间，显系有人故意破坏。无锡公安局正在调查中。

（唐文治著，唐庆诒补《茹经先生年谱续编·壬辰八十八岁》）

7 月底（六月初）　先生嘱长子唐庆诒回无锡查看家中情况。

六月杪，庆诒夫妇赴锡查看家中情况。旬日返沪，报告西溪后宅楼下房间已租于苏南行署文教处，琴山茹经堂已于去年划入风景区，无锡建设局未经业主同意，将堂屋拨交公营采石公司使用。余嘱庆诒备函呈江苏省人民政府报告此事，并申请将茹经堂捐献于政府。嗣接覆函，指令茹经堂仍归余为老年修养之用。未几，无锡采石公司即迁出。

（唐文治著，唐庆诒补《茹经先生年谱续编·壬辰八十八岁》）

11 月 27 日(十月十一日)   先生夫人黄氏旧病复发,不能安睡。仆人高福突患中风症。经诊治,黄氏渐愈,而高福瘫痪,一时不能复原。

十月十一日,内子旧病复发,不能安睡。高福突患中风症。亟延继莘表侄诊治。内子渐愈,而高福右臂形成瘫痪,一时不能复原。陈邦典医师介绍吉君祉辉为余洗涤膀胱,并换皮管。因吉君事冗不能常来,旋聘金君调良继任,每日来寓一次。

（唐文治著,唐庆诒补《茹经先生年谱续编·壬辰八十八岁》）

1953 年（癸巳年）　89 岁

春　先生精力日衰。上午勉强起坐进餐，下午卧床休息。

　　本年春，吾父精力日衰。上午勉强起坐进餐，下午卧床休息。朱贯微先生时策杖来问候，可感也。

　　　　　　　　（唐文治著，唐庆诒补《茹经先生年谱续编·癸巳八十九岁》）

按：《茹经先生年谱续编》自本年起改为由先生之子唐庆诒记述。

6 月（五月）　朱诵韩访冒广生，向其告知先生每月尚有照顾经费 130 万元，"则无庸代进行文史馆事"。不久后先生成为上海文史馆馆员。

　　（一九五三年）六月……朱贯微来访，多年未相见，先生（按：指冒鹤亭）喜极。朱告知唐蔚芝每月尚有照顾一百卅万元，先生"则无庸代进行文史馆事矣"。后唐蔚芝始入馆。

　　　　　　　　　　　　　　（冒怀苏编著《冒鹤亭先生年谱》）

9 月（八月）　无锡建设局将茹经堂堂屋租与无锡庆丰纱厂。经迭次磋商，建设局始将茹经堂归还原主，仍租于庆丰纱厂。

　　八月中，茹经堂原经江苏省人民政府指令归吾父作老年休憩之用。近悉无锡建设局又将堂屋租与无锡庆丰纱厂。吾父嘱长媳妇廷钰赴锡了解情况。经迭次磋商，建设局始将茹经堂归还原主，仍租于庆丰纱厂。此事遂告一段落。

　　　　　　　　（唐文治著，唐庆诒补《茹经先生年谱续编·癸巳八十九岁》）

11 月 22 日（十月十六日）　先生八十九岁诞辰。晚间在寓所家宴。（据唐文治著，唐庆诒补《茹经先生年谱续编·癸巳八十九岁》）

1954 年(甲午年)　90 岁

1 月 11 日(癸巳年十二月初七日)　先生小便内发现血水甚多。经延医诊治后流血渐止。

十二月七日晨,吾父小便内发现血水甚多。庆诒、廷钰闻讯,亟往省视。延陈邦典医师诊视,陈医师嘱须勤涤膀胱,使血液不致凝滞。晚四弟妇庆兰暨金君调良每小时为吾父洗膀胱一次,至翌晨流血渐止,尚能安睡。

（唐文治著,唐庆诒补《茹经先生年谱续编·癸巳八十九岁》）

2 月(正月)　先生神智尚清,惟右腿风瘫不能动。(据唐文治著,唐庆诒补《茹经先生年谱续编·甲午九十岁》)

4 月 2 日(二月二十九日)　先生病剧,全身抖动。(据唐文治著,唐庆诒补《茹经先生年谱续编·甲午九十岁》)

先生于病情日趋沉重时,曾就力求恢复无锡国专一事嘱咐门生:"将来条件允许,此校仍应力求恢复,这是关系到保存中国传统文化的长久大计,非一校之存废而已。"

在上海校友会 1985 年年会上,王蘧常学长回忆：1954 年春,唐校长病情日趋沉重,曾语重心长地说:"现在无锡国学专修学校和他校合并,是由于百废待举,政府集中人力财力从事建设之需要,将来条件允许,此校仍应力求恢复,这是关系到保存中国传统文化的长久大计,非一校之存废而已。望转告诸同门,勿忘此旨。"

（《齐心协力　恢复母校》,见《国专校友之声》创刊号）

4 月 9 日(三月七日)　子夜,先生辞世。

三月七日(公历一九五四年四月九日)吾父病势骤增,脉息下沉,呼吸时常停顿,不能言语。晚间全家侍疾,至子夜十二时三刻,竟溘然长逝。呜呼痛哉!庆诒、庆增暨诸儿媳等跪哭良久,勉慰萱堂。黎明奉吾父遗体至万国殡仪馆,并迎吾母迁入交通大学宿舍。

（唐文治著,唐庆诒补《茹经先生年谱续编·甲午九十岁》）

4 月 14 日(三月十二日)　举行大殓。后由张元济等七人发起,为先生举行公祭。

十二日举行大殓,四弟庆永由京奔丧来沪。亲友来吊者,凡二百五十余人,自太仓、无锡来者颇众。此次丧事,由静之叔、子淦叔及薛君桂轮等主持。上海市人民政府统战部、各界人民协商委员会、文史研究馆、交通大学、江苏师范学院等机关均派代表致唁。张菊生、冒鹤亭、姚虞琴、高吹万、金巨山、吴眉孙、朱贯微先生等七人发起公祭,仪式隆重。嗣张菊生、冒鹤亭、金巨山、朱贯微先生等百一十人复议决为吾父行易名礼,私谥文成。高谊均可感也。

(唐文治著,唐庆诒补《茹经先生年谱续编·甲午九十岁》)

(一九五四年四月)唐蔚芝逝世,先生(按:指冒鹤亭)挽以联云:"皓首穷经,乃相忘其显宦;青箱传世,咸属望诸贤郎"。并持挽联小纸亲自送至唐家,晤唐谋伯(名庆诒,失目)、唐叔高(名庆增),嘱为觅人书写挽联。后先生同姚虞琴公祭唐蔚芝……五月,唐谋伯偕其弟叔高来先生寓所谢孝,并送呈《唐文治先生遗稿》及灌音五片。

(冒怀苏编著《冒鹤亭先生年谱》)

牝朝祸起萧墙内,我去君留可奈何。惨送朝衣赴东市,更读丝纶诏失和(余与君同应总理衙门章京之试,无非欲于外交上稍效绵薄。余先到署而君继之。戊戌政变,余以新党罢官,君仍在职。不意时事日非,西后垂帘,揽权信谗,屠戮忠良,中外失和,竟召八国联军之祸。君皆目睹其事,亦惟有徒唤奈何而已)。

梁溪绛帐宏开日,桃李阴阴满及门。网得英才沾化雨,可能大业绍河汾(君辞官后旅居无锡,创设国学专修学校,教育英才,及门甚盛,多一时英隽之士)。

积善人家有余庆,牺经明训久昭彰。岂是近今天道远,宋牛白犊渺何祥(君家世行仁义,按理应享康宁,而君桥梓竟先后丧明。天道难知,可胜慨叹)。

解剖于今常技耳,朋侪同病尽欢痊。怜君独被庸医误,疾痛绵延十四年(余患癃闭,医师为余破腹。先于腹部启一小穴,通至膀胱,引小溲旁溢,并取出肿胀之摄护腺,仅一二旬,即予封闭,病亦霍然。友人数辈均染此病,亦如是治疗而愈。君所延医仅仅启一小穴,未将摄护腺取去,创口未能封闭,致病菌侵入,转成他病。最近出血甚多,体愈疲惫,遂致不起)。

(张元济《挽唐蔚芝同年》,见《张元济全集》第四卷《诗文》)

佩公八岁慕伊尹,季世相逢万绪纷。光禄功勋如敝屣,玉堂清贵亦浮云。南洋创办历风霜,国学专修记梓桑。桃李春风天下遍,名山著作尚珍藏。

迩值高龄臻大耋，犹颂鸿序木瓜投。工商史辑待陈正，望断丹黄难去留。

噩耗惊闻泣暮春，微疴痛失老成人。平生事业传千古，留得西溪话德邻。

科名登翰苑，品秩至尚书，敝屣高官诚卓识；著作充栋梁，桃李满天下，耋龄硕德足千秋。

[薛明剑《挽唐蔚芝先生（诗四首，联一副）》，见《薛明剑文集》]

1954 年，唐文治逝世，陆景周写了祭文，嘱其长子陆希言代表他参加葬礼，为唐文治送行。嗣后，又写了不少纪念诗文，如："我师盲目不盲心，卅六年华教泽深。于锡于申常侍坐，及阶及席惜分阴。今朝参与瞻容典，无限怆怀涕泪零。多少挽章沉痛语，张思刻骨契苔岑。"陆景周对唐文治的情感确实非同寻常。

（凌微年《唐文治》）

5 月 4 日（四月初二日）　奉先生灵柩至上海江湾第一公墓安葬。

四月二日下午，奉吾父灵柩至江湾第一公墓安葬。吴眉孙、葛渔父两先生远道来执绋，吴先生年近八旬矣。公墓面积甚广，小溪环绕，风景清幽。吾父坟地在戾字区，松楸葱郁，穆愉万年。

（唐文治著，唐庆诒补《茹经先生年谱续编·甲午九十岁》）

附录一　唐文治著述编年目录

说明：

一、唐文治先生凡已编入《茹经堂文集》《茹经堂奏疏》等文集中之文章、奏疏，皆已于题目后标明干支年份，本目录即据此编入相应各年中。

二、唐文治先生凡发表于报刊而未编入《茹经堂文集》中之文章，如在文中已标明写作年份者，本目录即据此编入相应各年中。

三、唐文治先生凡发表于报刊而未编入《茹经堂文集》中之文章，如未在文中标明写作年份者，本目录则据其发表年份编入相应各年中。

四、唐文治先生之著作（含自著及编纂者，下同），凡已在《茹经先生自订年谱》及《茹经先生年谱续编》中载明编撰年份者，本目录即据此编入相应各年中。

五、唐文治先生之著作，如未在《茹经先生自订年谱》及《茹经先生年谱续编》中载明编撰年份者，本目录则据其刊印年份编入相应各年中。

六、唐文治先生之著作，如既未在《茹经先生自订年谱》及《茹经先生年谱续编》中载明编撰年份，印行出版时又无版权页、不能确定其编撰和出版年份者，则暂编入"未系年"中。

七、凡公文函牍等，有唐文治先生与他人共同署名者，亦编入本目录，以备稽考。

1878 年　戊寅　14 岁

《咏纸鸢》，唐受祺《浣花庐诗钞》卷一。

按：《浣花庐诗钞》卷一载此诗，于诗题后标明"戊寅，改治儿作"，则此诗为唐文治作、唐受祺改。

1882 年　壬午　18 岁

《子曰："小子何莫学夫〈诗〉？〈诗〉可以兴，可以观，可以群，可以怨。迩之事父，远之事君，多识于鸟兽草木之名。"子谓伯鱼曰："女为〈周南〉〈召南〉矣乎？人而不为〈周南〉〈召南〉，其犹正墙面而立也与？"》，顾廷龙主编《清代朱卷集成》(169)，台北成文出版社有限公司 1992 年版。

《尊贤之等,礼所生也》,顾廷龙主编《清代朱卷集成》(169)。

《命也有性焉,君子不谓命也》,顾廷龙主编《清代朱卷集成》(169)。

《赋得袖中吴郡新诗本(得"新"字,五言八韵)》,顾廷龙主编《清代朱卷集成》(169)。

1884 年　甲申　20 岁

《礼记月令习五戒义》,《茹经堂文集二编》卷一;又《江左校士录》卷三、《南菁讲舍文集》卷二,均题作《月令习五戒解》。

《原情》,《茹经堂文集二编》卷二。

1885 年　乙酉　21 岁

《陆象山言先立乎其大辨》,《茹经堂文集初编》卷三;又《南菁讲舍文集》卷五,题作《读陆象山言先立乎其大说》。

《宋明诸儒说主一辨》,《茹经堂文集初编》卷三。

《乐无大夫士制论》,《茹经堂文集二编》卷一;《南菁讲舍文集》卷二。

1886 年　丙戌　22 岁

《易丰配主夷主义》,《茹经堂文集二编》卷一。

《读焦礼堂孟子正义》,《茹经堂文集二编》卷一;又《南菁讲舍文集》卷三,题作《读焦氏孟子正义》。

1887 年　丁亥　23 岁

《陈同甫与朱子辨论汉唐治法论二篇》,《茹经堂文集初编》卷三;又《南菁讲舍文集》卷五,题作《读陈同甫与朱子论汉唐书》(上、下)。

《易屯二爻辞义》,《茹经堂文集二编》卷一。

《易讼大象传义》,《茹经堂文集二编》卷一。

《易蛊先甲后甲巽先庚后庚义》,《茹经堂文集二编》卷一。

《易升上爻消不息义》,《茹经堂文集二编》卷一。

《易既济东邻西邻义》,《茹经堂文集二编》卷一。

《读书汤誓》,《茹经堂文集二编》卷一;《南菁讲舍文集》卷一。

《礼酬爵奠而不授辨》,《茹经堂文集二编》卷一。

《恶圆篇》,《茹经堂文集二编》卷二。

1888 年　戊子　24 岁

《易师履临大君义》,《茹经堂文集二编》卷一。

《易观六四爻辞义》,《茹经堂文集二编》卷一。

《易坎九五爻辞义》,《茹经堂文集二编》卷一。

《易解朋至斯孚义》,《茹经堂文集二编》卷一。

《易涣涣汗涣血义》,《茹经堂文集二编》卷一。

《诗皇父考》,《茹经堂文集二编》卷一。

《鲁诗有传无传考》,《茹经堂文集二编》卷一。

《礼亲殁不得为人后议》,《茹经堂文集二编》卷一。

《释子云》,《茹经堂文集二编》卷一。

《汉书艺文志尔雅属孝经说》,《茹经堂文集二编》卷二。

《贾生深于礼述》,《茹经堂文集二编》卷二。

《叔孙通所著书考》,《茹经堂文集二编》卷二。

《郑君述汉律考》,《茹经堂文集二编》卷二。

《汲黯论》,《茹经堂文集二编》卷二;又《南菁讲舍文集》卷五。

《南菁书院日记》一册,未刊,手稿藏无锡茹经堂(唐文治先生纪念馆)。

按:此日记记事自 1885 年起,至 1888 年止,王桐荪、胡邦彦、冯俊森等选注《唐文治文选》选刊其中十六则。

1889 年　己丑　25 岁

《思亲诗》。

按:此诗未见,据《茹经先生自订年谱》。

《父母在,不远游》(制义)。

按:此制义未见,据《茹经先生自订年谱》。

1890 年　庚寅　26 岁

《书嘉庆太仓州志后》,《茹经堂文集二编》卷五。

1891 年　辛卯　27 岁

《祭李母王太夫人文》,《茹经堂文集二编》卷九。

《正气集叙》,《协和报》第 2 卷第 36 期、第 37 期(1912 年)。

按:此文文末署"辛卯六月太仓唐文治叙"。

1892 年　壬辰　28 岁

《礼经校释序》,《茹经堂文集二编》卷五。

按：本文题注云："代程序东太夫子作。"

《张海民遗集序》,《茹经堂文集二编》卷五。

《书左传考释后》,《茹经堂文集二编》卷五。

《书翁云樵先生文集后》,《茹经堂文集二编》卷五。

《章丽生先生墓志铭》,《茹经堂文集二编》卷八。

1893 年　癸巳　29 岁

《太镇官绅义勇殉难瘗骨碑》,《茹经堂文集二编》卷八。

1894 年　甲午　30 岁

《请挽大局以维国运折》,《茹经堂奏疏》卷一。

《郁夫人家传》,《茹经堂文集初编》卷五。

按：本文题注云："甲午,庚戌年改正。"

《送嘉定徐季和先生视学浙中序》,《茹经堂文集二编》卷七。

《上翁叔平师边防刍言》,《公牍稿》未刊稿;王桐荪、胡邦彦、冯俊森等选注《唐文治文选》,上海交通大学出版社 2005 年版。

《思辨录札记》一卷,未刊。

1895 年　乙未　31 岁

《与李生颂韩书》,《茹经堂文集二编》卷四。

《王葆卿先生六十寿序》,《茹经堂文集二编》卷七。

《顾廷一先生墓志铭》,《茹经堂文集二编》卷八。

《外舅黄浚之先生诔文》,《茹经堂文集二编》卷九。

《上察院呈》,代汪仲虎等拟,中国第一历史档案馆藏。

按：本文又名《江南省举人汪曾武等为和议窒碍难行请饬改议公呈》。

1896 年　丙申　32 岁

《上沈子培先生书》,《茹经堂文集二编》卷四。

《吴粤生先生六十寿序》,《茹经堂文集二编》卷七。

1897 年　丁酉　33 岁

《刘母郝夫人传》,《茹经堂文集二编》卷六。

《唐文治、绍英致盛宣怀函》,上海图书馆《盛宣怀档案》,档号 094980。

按:此函由唐文治、绍英共同署名。

1898 年　戊戌　34 岁

《高子外集序》二篇,《茹经堂文集初编》卷四。

《谨殚竭血诚以维国脉折》,《茹经堂奏疏》卷一。

《请停止搜括之政片》,《茹经堂奏疏》卷一。

《谨陈管见以固人心折》,《茹经堂奏疏》卷一。

按:本文题注云:"代沈子封师作。"又,在卷首目录中,"谨"作"敬"。

1899 年　己亥　35 岁

《与友人书》,《茹经堂文集二编》卷四。

《整顿圜法条陈》,王桐荪、胡邦彦、冯俊森等选注《唐文治文选》。

《议准停办江北河运疏》,《万国公报》1899 年第 130 期。

按:此疏刊《万国公报》时,署"户部"。唐文治《茹经堂奏疏自序》曾云:"在户部时有《请停止河运疏》……现此稿已散佚不可复得",揆诸内容,《议准停办江北河运疏》当即为《请停止河运疏》。

1900 年　庚子　36 岁

《纪徐桐崇绮事》,《茹经堂文集初编》卷六。

《纪庚子六月冤狱》,《茹经堂文集初编》卷六。

《宝梦莲先生诗集跋》《茹经堂文集二编》卷五;宝琳著《知足知不足斋诗存》卷尾,1901 年刻本。

《致翁之润、翁之廉函》,徐兆玮著,李向东、包岐峰、苏醒等标点《徐兆玮日记》1900 年 11 月 30 日,黄山书社 2013 年版。

《志学录》五册,未刊,手稿藏无锡茹经堂(唐文治先生纪念馆)。

按:《志学录》自 1897 年 9 月起,至 1900 年 8 月止。

1901 年　辛丑　37 岁

《五君咏》,《国专校友会集刊》第 1 集(1931 年)。

按：《茹经先生自订年谱》中记此诗为《五忠诗》。

《奉使日本记(代那大臣作)》，《茹经堂文集初编》卷六。

按：此文为代那桐所作。

《东瀛日记》一卷，随那桐使日本时作，未刊。

《游日光山记》，随那桐使日本时所作，已刊入《国文经纬贯通大义》卷二；又经删节后刊入《英轺日记》卷十二。

《征刻周忠介公烬余集启》，《周忠介公文集》卷末，1903 年刻本。

按：此启由曹元忠、章士荃、陈宝书、顾思义、唐文治等共同署名。

1902 年　壬寅　38 岁

《英轺日记序(代载大臣作)》，《茹经堂文集初编》卷四。

按：此序为代载振所作。

《郑公孙挥能知四国之为论》，《茹经堂文集二编》卷三。

《陶母金夫人传》，《茹经堂文集二编》卷六。

《王紫翔先生六十寿序》，《茹经堂文集二编》卷七。

《月出》，见《英轺杂咏》，《国专校友会集刊》(1931 年)。

《新加坡佘氏花园(一名蔚园)六咏》，见《英轺杂咏》，《国专校友会集刊》第 1 集(1931 年)。

按：六首分别为：《芳塘》《白荷花》《荷叶》《竹门》《树色》《草茵》。

《二十六日抵槟榔屿，有巫来由王附舟同行，观其容貌礼节，迥异寻常，纪之以诗，聊当采风之助》(四首)，见《英轺杂咏》，《国专校友会集刊》第 1 集(1931 年)。

《闻蝉》，见《英轺杂咏》，《国专校友会集刊》(1931 年)。

《格仑坡听涛》，见《英轺杂咏》，《国专校友会集刊》第 1 集(1931 年)。

《四月初三夜雨思亲二首》，见《英轺杂咏》，《国专校友会集刊》第 1 集(1931 年)。

《有所思》(四首)，见《英轺杂咏》，《国专校友会集刊》第 1 集(1931 年)。

《阿丁苦热行》，见《英轺杂咏》，《国专校友会集刊》第 1 集(1931 年)。

《蛙鸣》，见《英轺杂咏》，《国专校友会集刊》第 1 集(1931 年)。

《观西人角戏，一人伏地翘两足，以两手行，后一人以两肘夹前者足，作推车势推之，推较速，前者不觉俛跌，破鼻见血，观者大粲焉》，见《英轺杂咏》，《国专校友会集刊》第 1 集(1931 年)。

《跳舞曲》，见《英轺杂咏》，《国专校友会集刊》第 1 集(1931 年)。

《五月十三日观奥斯福忒学堂,题赠各教习》,见《英轺杂咏》,《国专校友会集刊》(1931 年)。

《五月十六日夜望月》(二首),见《英轺杂咏》,《国专校友会集刊》第 1 集(1931 年)。

《太平洋歌》,见《英轺杂咏》,《国专校友会集刊》第 1 集(1931 年)。

《精养轩感怀》(二首),见《英轺杂咏》,《国专校友会集刊》第 1 集(1931 年)。

《游后乐园》(二首),见《英轺杂咏》,《国专校友会集刊》第 1 集(1931 年)。

《观击剑》(二首),见《英轺杂咏》,《国专校友会集刊》第 1 集(1931 年)。

《观马上打球》(二首),见《英轺杂咏》,《国专校友会集刊》第 1 集(1931 年)。

《游日光山》,见《英轺杂咏》,《国专校友会集刊》第 1 集(1931 年)。

《英轺日记》十二卷,代载振著,上海文明书局 1903 年版;台湾文海出版社 1972 年《近代中国史料丛刊》本;民族出版社 2010 年版;岳麓书社 2016 年 12 月《走向世界丛书》本;凤凰出版社 2017 年 7 月版,题作《英轺日记两种》(另一种为《京话演说英轺日记》)。

《由英回京条陈》。

按:戴逸《唐文治》一文记唐文治随载振出访回国后"写《由英回京条陈》",此条陈为代载振所拟,全文尚未见,但《万国通报》1902 年第 167 期载《政务处外务部覆奏振贝子条陈折》,折中引述了条陈的主要内容。考见本书 1902 年事中。

《请设立勘矿总公司以保主权折》,《茹经堂奏疏》卷三。

按:本年九月,盛宣怀奏上《请设勘矿总公司折》,此折与收入《茹经堂奏疏》卷三的《请设立勘矿总公司以保主权折》内容全同(《茹经堂奏疏》卷三中的《请设立勘矿总公司以保主权折》所署时间为乙巳年,即 1905 年七月,误)。此折当是由盛宣怀上奏朝廷,唐文治或当是其参与了此折的起草或修改的过程,考见本书 1902 年事中。

《请筹拨勘矿总公司官股片》,《茹经堂奏疏》卷三。

按:此片为《请设立勘矿总公司以保主权折》的附片。

1903 年 癸卯 39 岁

《议覆张振勋条陈商务折》,《茹经堂奏疏》卷二。

按:本文题注云:"代载大臣作。"

《拟商部章程折》,《茹经堂奏疏》卷二。

《声明商部办事权限折》,《茹经堂奏疏》卷二。

《重刻周忠介公文集序》,《茹经堂文集初编》卷四。

《二叔母徐孺人墓志铭》,《茹经堂文集初编》卷五。

《正谊堂逸书序》,《茹经堂文集二编》卷五。

1904 年 甲辰 40 岁

《订立商勋折》,《茹经堂奏疏》卷二。

《请设农工路矿各项公司片》,《茹经堂奏疏》卷二。

《请设立商会折》,《茹经堂奏疏》卷二。

《陆庚星遗稿序》,《茹经堂文集二编》卷五。

《于玉峰遗稿序》,《茹经堂文集二编》卷五。

《唐文治、绍英致杨士琦函》,上海图书馆《盛宣怀档案》,档号 027042－6。

1905 年 乙巳 41 岁

《请改定官制折》,《茹经堂奏疏》卷三。

按：此为代载振所拟；又见《广益丛报》1906 年第 90 期,题作《振贝子奏请改官制以专责任折》。

《请立宪折》,《茹经堂奏疏》卷三。

按：此为代载振所拟。

《请饬东三省速举要政折》,王桐荪、胡邦彦、冯俊森等选注《唐文治文选》。

《唐左丞致北京报馆论商部事书》,《申报》1905 年 1 月 23 日第 3 版。

《致上海商务总会》,《申报》1915 年 8 月 29 日第 3 版《上海商务总会接商部唐右丞电(为办理公认美货事)》;《北京日报》第 22 期,题作《商部唐右丞致上海商务总会电》。

《唐文治侍郎致同乡京官函》,《申报》1905 年 12 月 24 日第 3 版。

《唐文治致盛宣怀函》,上海图书馆《盛宣怀档案》,档号 000112。

《唐文治致盛宣怀函》,上海图书馆《盛宣怀档案》,档号 075023。

《省身日录》,未刊,手稿藏无锡茹经堂(唐文治先生纪念馆)。

按：《省身日录》自 1906 年 8 月起,至 1906 年 12 月 7 日止。

《挽翁同龢联》,《茹经先生自订年谱》。

1906 年 丙午 42 岁

《请办商业模范银行折》,《茹经堂奏疏》卷三。

《请调用人员设立储才馆折》,《茹经堂奏疏》卷三。

按：此折或当是唐文治为外务部所改定,考见本书 1906 年事中。

《请遣派学生出洋片》,《茹经堂奏疏》卷三。

按：此折或当是唐文治为外务部所改定,考见本书 1906 年事中。

《请设各省农工商务监督以兴要政折》,《茹经堂奏疏》卷三。

《议覆北洋大臣政务处奏路务议员办事章程不无窒碍折》,《茹经堂奏疏》卷三。

《署农工商部尚书谢恩折》,《茹经堂奏疏》卷三。

《京师劝工陈列所开办演说（唐蔚芝尚书稿）》,《山东官报》第 152 号（1906 年）。

《复日本近卫公函》,《茹经堂公牍》,又王桐荪、胡邦彦、冯俊森等选注《唐文治文选》。

《唐文治致盛宣怀函》,上海图书馆《盛宣怀档案》,档号 038580。

《唐文治致盛宣怀函》,上海图书馆《盛宣怀档案》,档号 038576。

《载振、唐文治、顾肇新致盛宣怀函》,上海图书馆《盛宣怀档案》,档号 038573。

按：此电由载振、唐文治、顾肇新共同署名。

《唐文治致盛宣怀函》,上海图书馆《盛宣怀档案》,档号 038569。

《陆润庠、陆宝忠、唐文治等致吕海寰、盛宣怀函》,上海图书馆《盛宣怀档案》,档号 009763。

《陆宝忠、顾肇新、唐文治致端方电》,上海图书馆《盛宣怀档案》,档号 008635。

《农工商部唐蔚之侍郎来电（光绪三十二年十一月初八日）》,盛宣怀《愚斋存稿》卷七十。

《北京唐尚书文治来电（光绪三十二年十一月初十）》,盛宣怀《愚斋存稿》卷九十八。

《载振、唐文治、顾肇新致瞿鸿机》,《瞿鸿机朋僚书牍选》（上）。

1907 年　丁未　43 岁

《三省楼剩稿跋》,《茹经堂文集二编》卷五。

《刘君葆真传》,《茹经堂文集二编》卷六。

《太仓方烈女传》,《茹经堂文集二编》卷六。

《陆贞烈女碑记》,《茹经堂文集二编》卷八。

《唐文治咨陈将铁道班改为铁路专科》,《交通大学校史资料选编》（第一卷）,西安交通大学出版社 1986 年版;王桐荪、胡邦彦、冯俊森等选注《唐文治文选》,刘露茜、王桐荪编注《唐文治教育文选》,西安交通大学出版社 1995 年版,皆题作《咨陈邮传部将铁道班改为铁路专科》。

《咨邮传部办理学务以筹款为第一要义》,《交通大学校史资料选编》(第一卷)。

《呈邮传部》,见《督宪杨准邮传部咨札上海招商总局补解实业学堂经费文》,《北洋官报》1907 年第 1584 期。

按:此呈系由《督宪杨准邮传部咨札上海招商总局补解实业学堂经费文》中辑出。

《唐文治上某禀》,上海图书馆《盛宣怀档案》,档号 008616。

《唐文治致盛宣怀函》,上海图书馆《盛宣怀档案》,档号 005537。

《唐文治致盛宣怀函》,上海图书馆《盛宣怀档案》,档号 087557。

《唐文治致盛宣怀函》,上海图书馆《盛宣怀档案》,档号 016742。

《唐文治致盛宣怀函》,上海图书馆《盛宣怀档案》,档号 025428。

《唐文治致盛宣怀函》,上海图书馆《盛宣怀档案》,档号 035465。

《唐文治致盛宣怀函》,上海图书馆《盛宣怀档案》,档号 035463。

《蓄艾编》二卷,未刊,手稿藏无锡茹经堂(唐文治先生纪念馆)。

按:王桐荪、胡邦彦、冯俊森等选注《唐文治文选》选载此书的《自叙》并正文六段。

1908 年　戊申　44 岁

《陆文慎公墓志铭》,《茹经堂文集初编》卷六。

《汇刻太仓旧志五种序》,《茹经堂文集二编》卷五。

《知止盦文集序》,《茹经堂文集二编》卷五。

《国粹教科书续编序》,《茹经堂文集二编》卷五。

《女甥俞庆和哀词》,《茹经堂文集二编》卷九。

《咨陈重订章程和宗旨》,《交通大学校史资料选编》(第一卷);王桐荪、胡邦彦、冯俊森等选注《唐文治文选》;刘露茜、王桐荪编注《唐文治教育文选》。

《咨陈增设电机、邮政两专科办法》,《交通大学校史资料选编》(第一卷);王桐荪、胡邦彦、冯俊森等选注《唐文治文选》;刘露茜、王桐荪编注《唐文治教育文选》。

《咨出使美国等大臣请转发留学生章程》,《交通大学校史资料选编》(第一卷)。

《大清国邮传部上海高等实业学堂监督唐聘定洋教员合同条文》,《交通大学校史资料选编》(第一卷)。

《唐文治致盛宣怀函》,上海图书馆《盛宣怀档案》,档号 044862。

《唐文治致盛宣怀函》,上海图书馆《盛宣怀档案》,档号 044630 - 1。

《唐文治致盛宣怀函》,上海图书馆《盛宣怀档案》,档号 044629。

《唐文治致盛宣怀函》,上海图书馆《盛宣怀档案》,档号 103667。

《唐文治致盛宣怀函》,上海图书馆《盛宣怀档案》,档号 026283。

《唐文治致盛宣怀函》,上海图书馆《盛宣怀档案》,档号 019044。

《唐文治致盛宣怀函》,上海图书馆《盛宣怀档案》,档号 026281。

1909 年　己酉　45 岁

《重印文文山先生集序》,《茹经堂文集初编》卷四。

《曾文正公日记序》,《茹经堂文集初编》卷四;《曾文正公手书日记》卷首,上海图书公司石印本,1909 年。

《学校培养人才论》,《茹经堂文集二编》卷三;又《大同报》第 11 卷第 25 期(1909 年),题作《太仓唐蔚芝侍郎文治学堂培养人材说》。

《中学国文读本序》,《茹经堂文集二编》卷五。

《条陈本学堂办法》,《交通大学校史资料选编》(第一卷);刘露茜、王桐荪编注《唐文治教育文选》。

《上海高等实业学校校歌》,《邮传部高等实业学堂附属高等小学堂十周纪念册》。

《约翰大学堂暑假演说》,《约翰声》第 20 卷第 5 期(1909 年)。

《太仓唐侍郎等致王京卿电》(为征银解银事),《申报》1909 年 5 月 15 日第 5 版。

按:此电由唐文治与潘鸿鼎、张应谷、金文翰、夏日琦共同署名。

《苏松常镇太五属绅士致北京电》(为征银解银事),《申报》1909 年 5 月 19 日第 5 版。

按:此电由唐文治与张履谦、姚文楠、狄葆贤、钱以振等共同署名。

《唐蔚之侍郎电请代奏稿》(为征银解银事),《申报》1909 年 5 月 23 日第 5 版。

《拟请议宁属教育改良意见书》,《申报》1909 年 11 月 7 日第 26 版。

《咨邮传部》,见《又奏前侍郎唐文治服满日期片》,《政治官报》1909 年第 587 期。

按:此咨系由《又奏前侍郎唐文治服满日期片》中辑出。

《咨邮传部》,见《本部咨学部上海高等实业学堂毕业试卷业经派员阅竣请即复阅会同请奖文》,《交通官报》1909 年第 2 期。

按：此咨系由《本部咨学部上海高等实业学堂毕业试卷业经派员阅竣请即复阅会同请奖文》中辑出。

《咨邮传部》，见《学部奏会核上海高等实业学堂附属中学毕业试卷分别给奖折》，《浙江教育官报》1909 年第 16 期。

按：此咨系由《学部奏会核上海高等实业学堂附属中学毕业试卷分别给奖折》中辑出。

《咨邮传部》，见《本部咨覆唐侍郎学生王绳善所呈〈飞空考略〉存部备阅至应否派遣出洋俟本科毕业配量办理文》，《交通官报》1910 年第 6 期。

按：此咨系由《本部咨覆唐侍郎学生王绳善所呈〈飞空考略〉存部备阅至应否派遣出洋俟本科毕业配量办理文》中辑出。

《江苏教育总会请议定本省教育费案》，见《江苏咨议局议案（续）》，《申报》1909 年 10 月 30 日第 18、19 版。

按：此案由唐文治、张謇、蒋炳章作为请议者共同署名。

《唐文治致盛宣怀函》，上海图书馆《盛宣怀档案》，档号 003511。

《唐文治致盛宣怀函》，上海图书馆《盛宣怀档案》，档号 044220－1。

《唐文治致盛宣怀函》，上海图书馆《盛宣怀档案》，档号 044219。

《唐文治致盛宣怀函》，上海图书馆《盛宣怀档案》，档号 028844。

《唐文治致盛宣怀函》，上海图书馆《盛宣怀档案》，档号 057752。

《唐文治致盛宣怀函》，上海图书馆《盛宣怀档案》，档号 057751。

《高等国文读本》（又名《高等学堂国文讲义》）八卷，上海文明书局 1909 年版。

《国文大义》二卷，1920 年无锡国学专修馆刊本；复旦大学出版社 2007 年《历代文话》本。

《曾子大义述》八卷，上海文明书局 1909 年版。

按：此书封面题作《高等学堂道德讲谊》。

1910 年　庚戌　46 岁

《孟子大孝终身慕父母论》三篇，《茹经堂文集初编》卷一。

《说龙》，《茹经堂文集初编》卷二。

《箕子论》，《茹经堂文集初编》卷三。

《王考府君事略》，《茹经堂文集初编》卷五。

《先姚胡太夫人事略》，《茹经堂文集初编》卷五。

《归高阳姊氏墓志铭》，《茹经堂文集初编》卷五。

《外祖古愚胡公家传》,《茹经堂文集初编》卷五。

《安雅堂文稿序》,《茹经堂文集二编》卷五;《申报》1910 年 11 月 21 日第 12 版,题作《陈卧子先生安雅堂文稿叙》。

《金竹庭先生传》,《茹经堂文集二编》卷六。

《国文阴阳刚柔大义绪言》,《茹经堂文集三编》卷一

《致曹元弼函》,虞万里、许超杰整理《唐文治致曹元弼书札编年校录》(书札之一)。

《建筑新法序》,张锳绪《建筑新法》卷首,商务印书馆 1910 年版。

《上度支部币制条陈书》,《北洋法政学报》第 140 期(1910 年);又《国风报》第 1 卷第 12 期(1910 年),题作《唐蔚芝侍郎上度支部条陈币制书》。

《咨邮传部》,见《咨邮传部上海高等实业学堂附属中学毕业应照章由提学使覆试文》,《学部官报》1910 年第 117 期。

按：此咨系由《咨邮传部上海高等实业学堂附属中学毕业应照章由提学使覆试文》中辑出。

《咨邮传部》,见《本部咨唐侍郎实业学堂自下学期始各专科酌加时数并本部学生专归本部录用文》,《交通官报》1910 年第 19 期。

按：此咨系由《本部咨唐侍郎实业学堂自下学期始各专科酌加时数并本部学生专归本部录用文》中辑出。

《咨邮传部》,见《总督部堂札筹上海高等实业学堂学生病故恤金文》,《四川教育官报》1910 年第 12 期。

按：此咨系由《总督部堂札筹上海高等实业学堂学生病故恤金文》中辑出。

《咨邮传部文》,见《学部咨复邮传部上海高等实业学堂新设航海专科核准立案文》,《交通官报》第 10 期(1910 年)。

按：此文系从《学部咨复邮传部上海高等实业学堂新设航海专科核准立案文》中辑出。

《唐蔚芝侍郎咨邮传部转咨学部文》,《教育杂志》第 2 卷第 11 期(1910 年);又《国风报》第 1 卷第 27 期(1910 年);《协和报》第 10 期(1910 年),《交通大学校史资料选编》(第一卷);又王桐荪、胡邦彦、冯俊森等选注《唐文治文选》,刘露茜、王桐荪编注《唐文治教育文选》,皆题作《咨邮传部转咨学部文》。

《唐蔚芝侍郎致资政院电》,《教育杂志》第 2 卷第 12 期(1910 年)。

《唐蔚芝广告》,《申报》1909 年 4 月 7 日第 1 版。

按：此广告又刊于 4 月 8 日、9 日、12 日、13 日。

《正课以后拟添设西文补习课》,《交通大学校史资料选编》(第一卷);王桐荪、胡邦彦、冯俊森等选注《唐文治文选》;刘露茜、王桐荪编注《唐文治教育文选》。

《咨出使美国大臣请检寄各大学章程》,《交通大学校史资料选编》(第一卷);刘露茜、王桐荪编注《唐文治教育文选》。

《校训》,《交通大学校史资料选编》(第一卷)。

《呈邮传部(推荐归国留学生吴乃琛)》,上海交通大学校史编纂委员会编《上海交通大学纪事(1896—2005)》,上海交通大学出版社 2006 年版。

《呈邮传部(推荐归国留学生徐恩元)》,上海交通大学校史编纂委员会编《上海交通大学纪事(1896—2005)》。

《唐文治致盛宣怀函》,上海图书馆《盛宣怀档案》,档号 093327。

《唐文治致盛宣怀函》,上海图书馆《盛宣怀档案》,档号 093328。

《唐文治致盛宣怀函》,上海图书馆《盛宣怀档案》,档号 075097 - 1。

《唐文治致盛宣怀函》,上海图书馆《盛宣怀档案》,档号 045016。

《唐文治致盛宣怀函》,上海图书馆《盛宣怀档案》,档号 075113 - 1。

《唐文治致盛宣怀函》,上海图书馆《盛宣怀档案》,档号 057718。

《唐文治致盛宣怀函》,上海图书馆《盛宣怀档案》,档号 045001。

1911 年　辛亥　47 岁

《陆文慎公奏议序》,《茹经堂文集二编》卷五。

《致江督电》,《申报》1911 年 5 月 11 日第 11 版《唐侍郎电请维持咨议局》。

《致苏抚电》,《申报》1911 年 5 月 11 日第 11 版《唐侍郎电请维持咨议局》。

《咨苏抚文》,《申报》1911 年 6 月 16 日第 16 版《唐蔚芝侍郎坚辞存古总教》。

《唐蔚之侍郎致中央教育会说帖》,《申报》1911 年 7 月 18 日—19 日。

《请摄政王逊位电》,《申报》1911 年 11 月 14 日第 6 版《今日可怜之京师》。

按:此电由伍廷芳、张謇、唐文治、温宗尧等共同署名。

《上沪军都督府书》,《民国报》第 2 期(1911 年);又《申报》1911 年 11 月 12 日,题作《唐蔚之等上沪军都督府书》。

按:此书由唐文治、刘树森、雷奋、赵凤昌、庄蕴宽、黄炎培、姚文楠、李联珪、龚杰、陆文麓、杨思湛、沈恩孚、杨廷栋等共同署名。

《公电》,《申报》1911 年 12 月 3 日第 4 版。

按:此电由章炳麟、宋教仁、黄兴、程德全、陈其美、汤寿潜、张謇、唐文治、伍廷芳、赵凤昌、温宗尧、虞和德、李钟珏、朱佩珍、王震、于右任、范鸿仙、郑赞成等共同署名。

《组织全国会议团通告书稿》,《辛亥革命在上海史料选辑》(增订版),上海人民出版社 2011 年版。

按: 此通告书稿由发起人樊云门、宋渔父、于右任、夏剑丞、唐蔚之、张季直、赵竹君、庄思缄、汤寿潜、张鞠生、姚梧冈、江易园、高梦旦、伍秩庸、温钦甫、汤寿彤、程雪楼、王搏沙等共同署名。

《共和统一会意见书》,《申报》1911 年 12 月 24 日第 3 版。

按: 此书由伍廷芳、唐文治、温宗尧、陈其美、钮永建、胡瑛、汪兆铭、赵凤昌、马君武、王宠惠、于右任、朱葆康、景耀月等共同署名。

《致佘勉然为上海军政府募捐函》,孙芸荪《辛亥革命时期上海中华银行的资料》,《文史资料选辑》第 76 辑,中国文史出版社 2009 年版;王桐荪、胡邦彦、冯俊森等选注《唐文治文选》。

《无锡周舜卿先生六秩寿序》,王金中、沈仲明主编《无锡工商先驱周舜卿》,凤凰出版社 2007 年版。

《疫症集说序》,余伯陶著《疫症集说》卷首,1913 年素庵铅印本。

《咨邮传部》,见《本司详覆抚宪奉札饬招考合格学生入沪高等实业学堂肄业现因费绌难以选送呈请鉴核转咨文》,《江西学务官报》1911 年第 26 期。

按: 此咨系由《本司详覆抚宪奉札饬招考合格学生入沪高等实业学堂肄业现因费绌难以选送呈请鉴核转咨文》中辑出。

《咨邮传部》,见《总督部堂行准上海高等实业学堂监督申请饬司收考商船学生文》,《四川教育官报》1911 年辛亥改定第 28 期。

按: 此咨系由《总督部堂行准上海高等实业学堂监督申请饬司收考商船学生文》中辑出。

《唐会长(文治)致各省教育总会代表欢迎词之大略》,朱有瓛、戚名琇、钱曼倩、霍益萍编《中国近代教育史资料汇编——教育行政机构及教育团体》,上海教育出版社 2007 年版。

《呈学部文》,《教育杂志》第 3 卷第 6 期《各省教育总会联合会议决案·议决案甲·呈请学部施行事件》。

按: 此文由唐文治、唐钟元、童扆芳、贺赞元、王讷、陈宝琛、黄忠浩、李时灿等联合署名。

《唐文治致盛宣怀函》,上海图书馆《盛宣怀档案》,档号 057717。

《上海唐蔚芝侍郎来电(正月十四日)》,盛宣怀《愚斋存稿》卷七十六。

《唐蔚芝侍郎来电(二月初六日)》,盛宣怀《愚斋存稿》卷七十六。

《上海唐蔚之侍郎文治来电(二月十八日)》,盛宣怀《愚斋存稿》卷一百。

《唐文治致盛宣怀函》,上海图书馆《盛宣怀档案》,档号 044084。

《唐文治致盛宣怀电》,上海图书馆《盛宣怀档案》,档号 084094。

《唐文治致邮传部列堂电》,上海图书馆《盛宣怀档案》,档号 108312。

《唐文治致盛宣怀电》,上海图书馆《盛宣怀档案》,档号 072289。

《唐蔚之侍郎来电(宣统三年四月二十四日)》,盛宣怀《愚斋存稿》卷七十七。

《上海唐蔚之侍郎来电(宣统三年五月十八日)》,盛宣怀《愚斋存稿》卷七十八。

《上海唐蔚之侍郎来电(宣统三年五月二十日)》,盛宣怀《愚斋存稿》卷七十八。

《上海唐蔚之侍郎来电(宣统三年六月十三日)》,见盛宣怀《愚斋存稿》卷七十八。

《唐文治致盛宣怀电》,上海图书馆《盛宣怀档案》,档号 093290。

《上海唐蔚之侍郎来电(宣统三年六月十四日)》,盛宣怀《愚斋存稿》卷七十九。

《唐文治致盛宣怀函》,上海图书馆《盛宣怀档案》,档号 044862。

《上海唐蔚之侍郎来电(宣统三年七月十三日)》,盛宣怀《愚斋存稿》卷八十一。

《上海唐蔚之侍郎来电(宣统三年七月二十三日)》,盛宣怀《愚斋存稿》卷八十二。

《唐文治致盛宣怀函》,上海图书馆《盛宣怀档案》,档号 100223。

《中国改革建设政体论》,铅印本。

《古人论文大义》二卷,唐文治编纂,湘鄂印刷公司 1920 年版。

《呈文江苏都督府要求刊刻关防》(1911 年 12 月 15 日),西交档:1843,卷名《关于学校改变名称、关防等件》。

1912 年　壬子　48 岁

《四儿孝长字说》,《茹经堂文集二编》卷三。

《陈砚香先生传》,《茹经堂文集二编》卷六。

《朱湘舟先生传》,《茹经堂文集二编》卷六。

《忆苓女侄哀词》,《茹经堂文集二编》卷九;又《俭德储蓄会月刊》第 1 卷第 1 期(1920 年),题作《忆苓女侄家传》。

《宣统三年十一月二十七日开缺两广总督袁树勋等致内阁请代奏电》,《中国近代史资料丛刊·辛亥革命》,上海人民出版社、上海书店出版社 2000 年版。

按:此电由袁树勋、唐文治、丁宝铨、杨文鼎、施肇基等共同署名。

《唐文治致参议院教育部请举行祀孔电》，《协和报》第 2 卷第 47 期(1912 年)。

《上海实业学堂唐监督致邮传部电》，《临时公报》1912 年第 2 卷第 12 期。

《致江苏庄都督书》，《申报》1912 年 2 月 7 日第 7 版《唐蔚芝为民请命》。

《同乡赈济会启》，《申报》1912 年 7 月 3 日第 7 版。

按：此启由李钟珏、唐文治等共同署名。

《为维持礼教事致参议院、教育部电》，《申报》1912 年 8 月 31 日第 6 版。

《缕析本校之中小学不应停办》，《交通大学校史资料选编》(第一卷)；王桐荪、胡邦彦、冯俊森等选注《唐文治文选》；刘露茜、王桐荪编注《唐文治教育文选》。

《致邮传部函请速拨经费》，《交通大学校史资料选编》(第一卷)。

《致教育部总次长函缕陈经费艰窘》，《交通大学校史资料选编》(第一卷)；王桐荪、胡邦彦、冯俊森等选注《唐文治文选》；刘露茜、王桐荪编注《唐文治教育文选》。

《致教育部朱总长函经费支绌要求拨款》，《交通大学校史资料选编》(第一卷)。

《致章太炎书》，《民立报》1912 年 5 月 19 日《唐蔚芝与章太炎》。

《共和党党员报告统一党合并情形》，《申报》1912 年 6 月 2 日第 7 版。

按：此报告由阿穆尔灵圭、唐文治、陆大坊、金还、张元奇、贺良朴、荣勋、那彦图、陆建章、郑源、熊希龄、杨廷栋、宝熙、刘莹泽、张一麐、吕铸、祺诚武、张厚璟、梁建章、梅光羲、薛大可、黄浚、敦汉贝子、治格、恩培、龚焕辰、张弧、曾述棨、许孝绶、黄农、傅良佐、丁世峄、汪荣宝、吴延燮、魏国铨、唐浩镇、王丙坤、乌泽声、祝瀛元、冒广生、陈时利、申钟岳、田骏丰、朱德裳、贺尹东、田明善共同署名。

《致李维格函》，湖北省档案馆编《汉冶萍公司档案史料选编》(上册)。

《唐文治致施肇基函》，上海图书馆《盛宣怀档案》，档号 059558－2。

《致朱启钤函》，王宗光主编《上海交通大学史》(第二卷 1905—1921)，上海交通大学出版社 2016 年版。

《致范源濂函》，王宗光主编《上海交通大学史》(第二卷 1905—1921)。

《函交通部》，霍有光编著《交通大学(西安)百年高等机械工程教育年谱》，中国文史出版社 2014 年版。

《致朱启钤函》，上海交通大学校史编纂委员会编《上海交通大学纪事(1896—2005)》。

《致教育部总、次长函》，上海交通大学校史编纂委员会编《上海交通大学纪事(1896—2005)》。

《致交通部函(为待毕业者补试事)》，上海交通大学校史编纂委员会编《上海交通大学纪事(1896—2005)》。

《致朱启钤函(将有关毕业生之试卷、履历册、分数册等,送部察阅)》,上海交通大学校史编纂委员会编《上海交通大学纪事(1896—2005)》。

《国文阴阳刚柔大义》八卷,湘鄂印刷公司 1920 年版。

《人格》一册,1919 年版;1927 年中华圣道会印本。

1913 年　癸丑　49 岁

《驳学校不祀孔子议》,《茹经堂文集二编》卷二。

《美国公民学序》,见《美国公民学》,群益书社 1913 年版。

《致交通部公函商讨教育宗旨》,《交通大学校史资料选编》(第一卷);王桐荪、胡邦彦、冯俊森等选注《唐文治文选》;刘露茜、王桐荪编注《唐文治教育文选》。

《唐文治致函交通部论国文之重要》,《交通大学校史资料选编》(第一卷);又王桐荪、胡邦彦、冯俊森等选注《唐文治文选》,题作《函交通部送高等国文讲义》;又刘露茜、王桐荪编注《唐文治教育文选》,题作《函交通部致送高等国文讲义》。

《因经费困难唐文治校长要求交通部给他续减半薪》,《交通大学校史资料选编》(第一卷);又刘露茜、王桐荪编注《唐文治教育文选》,题作《因经费困难请续支半薪函》。

《致北京大总统、国务院电》,《申报》1913 年 9 月 6 日第 10 版《苏人请求赈济要电补录》。

按:此电由朱寿镛、冯煦、盛宣怀、丁宝铨、唐文治、林志道、刘钟琳、刘芬、仇继恒、金鼎、魏家骅、傅春官、宗舜年、金世和、罗运经、顾赐书等共同署名。

《致苏州应省长电》,《申报》1913 年 9 月 6 日第 10 版《苏人请求赈济要电补录》。

按:此电由朱寿镛、冯煦、盛宣怀、唐文治、丁宝铨等共同署名。

《拟国歌歌词》,上海交通大学校史编纂委员会编《上海交通大学纪事(1896—2005)》。

《致交通部函(为毕业生出国留学事)》,上海交通大学校史编纂委员会编《上海交通大学纪事(1896—2005)》。

《唐文治致盛宣怀函》,上海图书馆《盛宣怀档案》,档号 039693 - 1。

《唐文治致盛宣怀函》,上海图书馆《盛宣怀档案》,档号 079241 - 1。

《唐文治致盛宣怀函》,上海图书馆《盛宣怀档案》,档号 044947 - 1。

《唐文治致盛宣怀函》,上海图书馆《盛宣怀档案》,档号 045100 - 1。

1914 年　甲寅　50 岁

《与曹君叔彦书》,《茹经堂文集二编》卷四。

《释气》,《茹经堂文集初编》卷二;《交通部上海工业专门学校学生杂志》第 2 卷第 3、4 期合刊号(1918 年);《锡秀》第 3 卷第 1 期(1918 年)。

《工业专门学校国文成绩录序》,《茹经堂文集二编》卷五。

《沈君竹礽传》,《茹经堂文集二编》卷六。

《祭表姊俞母顾太夫人文》,《茹经堂文集二编》卷九。

《唐蔚芝先生中西合宴会演说》,《大同报》第 20 卷 26 期(1914 年)。

《致湖南民政厅长函》,上海交通大学校史编纂委员会编《上海交通大学纪事(1896—2005)》。

《致交通部函(为土木科学生谋职事)》,上海交通大学校史编纂委员会编《上海交通大学纪事(1896—2005)》。

《致交通总长函(为留美电机科学生酌加实习津贴事)》,上海交通大学校史编纂委员会编《上海交通大学纪事(1896—2005)》。

《致交通总长函(为大部录用三名学生事)》,上海交通大学校史编纂委员会编《上海交通大学纪事(1896—2005)》。

《致浦信路局劳局长函(为毕业生工作安排事)》,上海交通大学校史编纂委员会编《上海交通大学纪事(1896—2005)》。

《寰球学生会欢送游美学生演说词》,《申报》1914 年 8 月 5 日第 10 版《寰球学生会欢送游美学生》。

《呈江苏民政厅长》,见《呈大总统,据江苏民政厅长呈,据太仓县绅士唐文治等请将前知事洪锡范奖励等情,恳给勋章,以示鼓励文》,《内务公报》1914 年第 7 期。

按:此呈系从《呈大总统,据江苏民政厅长呈,据太仓县绅士唐文治等请将前知事洪锡范奖励等情,恳给勋章,以示鼓励文》中辑出。

《呈交通部》,见《咨交通部上海工业专门学校附属中学毕业准其备案文》,《教育公报》1914 年第 7 期。

按:此呈系从《咨交通部上海工业专门学校附属中学毕业准其备案文》中辑出。

《唐文治致盛宣怀函》,上海图书馆《盛宣怀档案》,档号 044947－2。

《唐文治致盛宣怀函》,上海图书馆《盛宣怀档案》,档号 019189。

《唐文治致盛宣怀函》,上海图书馆《盛宣怀档案》,档号 019336。

《唐文治致盛宣怀函》,上海图书馆《盛宣怀档案》,档号 044094－1。

《唐文治致盛宣怀函》，上海图书馆《盛宣怀档案》，档号 044944 - 1。

《唐文治致盛宣怀函》，上海图书馆《盛宣怀档案》，档号 044944 - 3。

《唐文治致盛宣怀函》，上海图书馆《盛宣怀档案》，档号 045003 - 1。

《迟鸿轩集序》，见杨岘著《迟鸿轩集》卷首，1913 年吴兴刘氏《吴兴丛书》刻本。

按： 本文文末署"甲寅秋七月，后学太仓唐文治谨序"。

《旅杭测量日记序》，见交通部上海工业专门学校土木科《旅杭测量日记》卷首。

《生活教育设施法序》，见顾树森著《生活教育设施法》卷首，上海中华书局 1914 年刊本。

《南洋公学新国文》四册，唐文治鉴定，苏州振新书社 1914 年版。

1915 年　乙卯　51 岁

《孟子离娄篇大义》，《茹经堂文集初编》卷一。

按： 此文《茹经先生自订年谱》系于本年，《茹经堂文集初编》卷一中未标明年份）

《穀梁传选本跋》，《茹经堂文集二编》卷五。

《哀二薛文》，《茹经堂文集二编》卷九；《交通部上海工业专门学校学生杂志》第 1 卷第 4 期(1916 年)。

《太仓孝贞女陈氏生传》，《茹经堂文集六编》卷五。

《同学会杂志题词》，《南洋》第 1 期(1915 年)。

《上海工业专门学校学生杂志序》，《交通部上海工业专门学校学生杂志》第 1 卷第 1 号(1915 年)。

《论语新读本序》，《交通部上海工业专门学校学生杂志》第 1 卷第 2 号(1915 年)；《大同月报》第 6 期(1916 年)，题作《论语新读本自序》。

《项连生君》，《正志》第 1 卷第 1 期(1915 年)。

《清代外交大事记序》，《小说新报》第 4 期(1915 年)。

《顾端文公元卷真迹跋》，王桐荪、胡邦彦、冯俊森等选注《唐文治文选》。

《唐文治致盛宣怀函》，上海图书馆《盛宣怀档案》，档号 099486。

《致北京政事堂、财政部、南京巡按使公电》，《申报》1915 年 11 月 10 日第 10 版《江苏请免加漕公电》。

按： 此文由唐文治、王清穆、姚文楠、沈恩孚、耿道冲、秦锡田、莫锡纶、吴馨、黄炎培、黄庆澜等共同署名。

《致江苏巡按使、财政厅长公文》，《申报》1915 年 11 月 24 日第 10 版《江苏请免加漕公文》。

按：此文由唐文治、王清穆、潘祖谦、尤先甲、姚文楠、沈恩孚、刘傅福、汪朝模、吴荫培、王同愈、耿道冲、吴本善、蒋炳章、莫锡纶、黄炎培、孔昭晋、吴馨、秦锡田、黄庆澜、杭祖良、丁怀永、吴曾涛、范端信、贝理泰、汪恩锦等共同署名。

《致江苏巡按使函》，《申报》1915年12月10日第11版《补录苏人士续请免加漕价函》。

按：此函由唐文治、姚文楠、王清穆、沈恩孚、耿道冲、莫锡纶、秦锡田、黄炎培、吴馨、黄庆澜、贾丰臻、阮惟和、朱祥绥、潘光泽、胡德望、丁熙咸、朱开甲、陆伯鸿、潘祖谦、刘传福、张志鹤、叶秉衡、陆家骥、汪朝模、尤先甲、吴荫培、王同愈、孔昭晋、蒋炳章、朱庭祺、刘永昌、陈恩梓、杭祖良、贝理泰、吴曾涛、王朝阳、吴本善、范端信、丁怀荣、汪恩锦等共同署名。

《致齐巡按使函》，《申报》1915年12月11日第10版《补录苏人士续请免加漕价函电(二)》。

按：此函电由唐文治、黄炎培、张志鹤、吴荫培、贝理泰、王清穆、黄庆澜、陆家骥、蒋炳章、吴本善、姚文楠、贾丰臻、叶秉衡、孔昭晋、王朝阳、俞钟颖、朱祥绥、潘祖谦、叶寿萱、丁怀荣、邵松年、阮惟和、尤先甲、丁祖荫、范端信、耿道冲、胡德望、杨同楣、朱庭祺、汪恩锦、沈恩孚、潘光泽、翁奎孙、刘永昌、钱泰阶、秦锡田、朱开甲、刘传福、杭祖良、蒋汝坊、莫锡纶、陆伯鸿、汪朝模、陈恩梓、顾聘璜、吴馨、丁熙咸、王同愈、吴会涛、钱诗棣等共同署名。

《致交通部函(为土木科毕业生赴美实习事)》，上海交通大学校史编纂委员会编《上海交通大学纪事(1896—2005)》。

《致交通总长函(为土木科毕业生赴美实习之津贴费事)》，上海交通大学校史编纂委员会编《上海交通大学纪事(1896—2005)》。

《孟子大义》十四卷，1924年吴江施氏醒园《十三经读本》本。

1916年　丙辰　52岁

《中庸通义序》，《茹经堂文集二编》卷五。

《黄君阍伯传》，《茹经堂文集二编》卷六。

《赠陈柱尊序》，《茹经堂文集二编》卷七。

《交通部上海工业专门学校二十周年纪念刊·本校大事记弁言》，《交通部上海工业专门学校二十周年纪念刊》。

《本校创始者盛杏荪先生小传》，《交通部上海工业专门学校(原名南洋公学)二十周纪念》。

《上海工业专门学校呈交通部文》,《交通月刊》1917 年第 2 期。

按: 此呈落款为中华民国五年十月二十二日。

《交通部上海工业专门学校交通会议案》,《交通部上海工业专门学校学生杂志》第 1 卷第 4 号;《交通大学校史资料选编》(第一卷);又王桐荪、胡邦彦、冯俊森等选注《唐文治文选》节录其中一节,题作《拟请增设航海一科》;又刘露茜、王桐荪编注《唐文治教育文选》亦节录此节,题作《请增设航海科提案》。

《周书跋》,上海图书馆历史文献研究所编《历史文献》第 2 辑,上海科技文献出版社 1999 年版。

《二十二省旅沪公民唐绍仪等之宣言》,《申报》1916 年 5 月 19 日第 7 版。

按: 据文末记,在此宣言上署名的,共有包括唐文治在内的 13 971 人。

《大学大义》一卷,唐文治著,1924 年吴江施氏醒园《十三经读本》本。

1917 年　丁巳　53 岁

《书洪范言无党论语言不党论》,《茹经堂文集初编》卷一。

《孟子滕文公篇大义》,《茹经堂文集初编》卷一。

《孟子善战者服上刑论》,《茹经堂文集初编》卷一;《上海工业专门学校学生杂志》第 1 卷第 4 期(1916 年),题作《善战者服上刑论》。

《谒孔陵文》,《茹经堂文集初编》卷二;又《交通部上海工业专门学校学生杂志》第 2 卷第 2 期(1918 年)。

《外舅郁铭轩先生家传》,《茹经堂文集初编》卷五。

《外舅黄浚之先生家传》,《茹经堂文集初编》卷五。

《姨母胡孺人家传》,《茹经堂文集初编》卷五。

《祭和硕庆亲王文》,《茹经堂文集初编》卷六。

《顽潭诗话序》,《茹经堂文集二编》卷五。

《工业专门学校国文成绩录二编序》,《茹经堂文集二编》卷五;《交通部上海工业专门学校新国文二集》。

《与陈生柱尊书》,《茹经堂文集二编》卷四。

《工业专门学校杂志序》,《茹经堂文集二编》卷五。

《许文肃公遗集跋》,《茹经堂文集二编》卷五。

《陆成甫先生传》,《茹经堂文集二编》卷六。

《刘佛卿先生神道碑》,《茹经堂文集二编》卷八。

《内姊郁氏仪贞殉难记》,《茹经堂文集二编》卷八。

《孙君子钧墓志铭》,《茹经堂文集二编》卷八。

《黄君幼亭墓志铭》,《茹经堂文集二编》卷八

《龚君绍康墓志铭》,《茹经堂文集二编》卷八。

《祭尤母赵太夫人文》,《茹经堂文集二编》卷九;《锡秀》第 3 卷第 2 期(1919年),题作《祭尤伯母赵太夫人文》。

《外家纪闻序》,汪曾武《外家纪闻》卷首,1928 年《云在山房丛书》本。

按: 此文文末署年份为"丁巳"。

《拟上大、副总统请提倡本校图书馆捐款呈》,《交通部上海工业专门学校学生杂志》第 2 卷第 1 期(1917 年);又《申报》1917 年 4 月 16 日第 10 版,题作《南洋公学拟建图书馆之呈文》。

《南洋公学二十周纪念图书馆募捐启》,《申报》1917 年 4 月 17 日 11 版。

按: 此启由王清穆、杨士琦、许世英、陈锦涛、范源濂、张元济、蔡元培、尤桐、黄炎培、章宗元、钮永建、李维格、杨廷栋、胡诒毂、陆梦熊、刘成志、林祖潜、徐恩元、傅连生、穆湘瑶、唐文治、沈庆鸿等共同署名。

《唐文治校长在本校廿周纪念会上祝词》,《交通大学校史资料选编》(第一卷);又王桐荪、胡邦彦、冯俊森等选注《唐文治文选》,题作《交通大学廿周年纪念会上祝词》;又刘露茜、王桐荪编注《唐文治教育文选》,题作《上海工业专门学校二十周年纪念会上祝辞》。

《锡秀第二卷第一期序》,《锡秀》第 2 卷第 1 期(1917 年)。

《本校祭至圣先师孔子文》,《锡秀》第 2 卷第 1 期(1917 年)。

《上海工业专门学校呈交通部文》,《交通月刊》1917 年第 5 期。

《国文讲义》,《嘉定小学教育研究录临时月刊》第 1 期、第 2 期、第 3 期(1917 年)。

《唐校长之演词》,《申报》1917 年 4 月 20 日第 10 版《南洋公学建筑图书馆近讯》。

《致交通部函(为选送毕业生赴美实习事)》,《申报》1917 年 9 月 15 日第 10 版。

《中庸大义》不分卷,1924 年吴江施氏醒园《十三经读本》本。

《孝经大义》一卷(《附录》一卷),1924 年吴江施氏醒园《十三经读本》本。

《先儒静坐集说》一卷,未刊。

《近思录札记》一卷,未刊。

1918 年　戊午　54 岁

《唐樊绍述先生附祀西湖白公祠记》,《茹经堂文集初编》卷六。

《祭先师王文贞公文》,《茹经堂文集初编》卷六。

《梦游诗经馆记》,《茹经堂文集二编》卷三;《交通部上海工业专门学校学生杂志》第3卷第1号(1919年);《锡秀》第4卷第1期(1920年)。

《示郁儿书》,《茹经堂文集二编》卷四。

《中学国文新读本序》,《茹经堂文集二编》卷五;《锡秀》第4卷第1期(1918年)。

《读左质疑跋》,《茹经堂文集二编》卷五。

《汪君穰卿传》,《茹经堂文集二编》卷六;《小说月报》第10卷第9期(1919年),题作《汪穰卿先生传》。

《洪君漱霞六十寿序》,《茹经堂文集二编》卷七。

《俞君隶云墓志铭》,《茹经堂文集二编》卷八。

《闽省郑母陈太夫人墓表》,《茹经堂文集六编》卷六。

《上清史馆呈文》,见《文贞王先生行状》)。

按:此呈文由唐文治、黄以霖、何葆麟、毛祖模、姚鹏图、陆增炜、孙雄、卢求古、王康寿、李以炳、陆朝琮、陆庆钊、顾遵儒、汪承修、王乃昌、朱文熊、李联珪、陆起、陆新、徐福墉、汪曾保、王舜成、钱衡璋、朱诵韩、李澍、钱诗楝、钱诗祯、徐如珪、蒋乃均、朱树谟、黄彬琳、唐文栋、季汝梅、季丰、陈猷、闻森桂、陆家克、钱毓槃、李家骐、汪泰符、陆长泰、王邦绥、张承荣、凌溯珏、马启瑞、马启后、张恩同、吴宋鼎、吴敬恒、李文镛、陆修祜、金文梓、赵宗泽、赵墉等人共同署名。

《本校图书馆立础记》,《交通部上海工业专门学校学生杂志》第2卷第3—4期合刊号(1918年);又《锡秀》第3卷第1期(1918年),题作《南洋公学图书馆立础记》;《交通大学校史资料选编》(第一卷);又王桐荪、胡邦彦、冯俊森等选注《唐文治文选》,题作《上海工业专门学校图书馆立础记》。

《孔子圣诞乐章小序》,《交通部上海工业专门学校学生杂志》第2卷第2期(1918年)。

《陆荫亭先生墓志铭》,《锡秀》第2卷第2期(1918年)。

《沪江大学行毕业礼演说稿》,《沪江大学月刊》第7卷第4期(1918年)。

《中学校会议答问》(答问录),《交通大学校史资料选编》(第一卷);王桐荪、胡邦彦、冯俊森等选注《唐文治文选》;刘露茜、王桐荪编注《唐文治教育文选》。

《唐蔚芝致东海电稿》,《申报》1918年9月8日第11版。

《致长沙义赈会任寿国电》(两通),《申报》1918年9月17日第10版《红十字会湘赈部衡山赈务来往电文》)。

按：此二电由沈敦和、唐文治共同署名。

《致长沙红十字分会转魏旭东、武筱航电》，《申报》1918 年 11 月 4 日第 10 版《红十字会纪事三则》。

按：此电由沈敦和、唐文治共同署名。

《致长沙红十字分会医院转武筱航电》，《申报》1918 年 11 月 12 日第 10 版《湘潭火灾之求振》。

按：此电由沈敦和、唐文治共同署名。

《唐蔚芝先生训词》，《同济》第 1 期(1918 年)《工科行毕业礼》。

《易微言》(续作，二篇)，据《茹经先生自订年谱》。

1919 年　己未　55 岁

《论语乡党篇大义》，《茹经堂文集初编》卷一；《交通部上海工业专门学校学生杂志》第 1 卷第 3 号(1916 年)，题作《乡党篇大义》。

《论语微子篇大义》，《茹经堂文集初编》卷一；《交通部上海工业专门学校学生杂志》第 1 卷第 3 号(1916 年)，题作《微子篇大义》。

《论语子张篇大义》，《茹经堂文集初编》卷一。

《大学大义》，《茹经堂文集初编》卷一；又《交通部上海工业专门学校学生杂志》第 2 卷第 3—4 期(1918 年)，《锡秀》第 2 卷第 2 期(1918 年)，皆题作《大学大义序》。

《中庸大义》，《茹经堂文集初编》卷一；《国学论衡》第 3 期(1934 年)，题作《中庸大义自序》。

《许文肃公外集序》，《茹经堂文集初编》卷四。

《瓶社诗录序》，《茹经堂文集初编》卷四。

《七叔寄亭公家传》，《茹经堂文集初编》卷五。

《宜兴蒋孝子碑》，《茹经堂文集初编》卷六；《交通部上海工业专门学校学生杂志》第 3 卷第 2 号(1919 年)。

《记义犬》，《茹经堂文集二编》卷三。又《广益杂志》第 2 期(1919 年)，《交通部上海工业专门学校学生杂志》第 3 卷第 1 号(1919 年)，《锡秀》第 4 卷第 1 期(1920 年)，皆题作《义犬记》。

《与王君慧言书》，《茹经堂文集二编》卷四。

《崇正录序》，《茹经堂文集二编》卷五。

《王君丹揆六十寿序》，《茹经堂文集二编》卷七。

《庄思谦先生祠堂碑记》，《茹经堂文集二编》卷八。

《南游日记弁言》，唐庆诒著《南游日记》卷首，商务印书馆 1919 年版。

《咏松江普照寺内建二陆祠七古十四韵》，《文艺杂志》第 9 期《松江重修二陆草堂题词》(1919 年)。

《荣熙泰先生铜像记》，上海大学、江南大学《乐农史料》整理研究小组选编《荣德生与社会公益事业》，上海古籍出版社 2004 年版。

《两江公学校训题辞》，《申报》1919 年 1 月 15 日第 11 版《各学校消息汇志》。

《刘紫升先生五十寿诗》，《交通部上海工业专门学校学生杂志》第 2 卷第 3—4 期(1919 年)。

《春晖追痛录序》，《交通部上海工业专门学校学生杂志》第 3 卷第 2 号(1919 年)。

《槜李弁言》，《槜李》1919 年第 1 卷第 1 期。

《唐蔚芝寄菲律宾华侨各学校演说稿》，《菲律宾华侨教育丛刊》第 2 期(1919 年)。

《致大总统徐世昌电》，《申报》1919 年 5 月 17 日第 10 版《关于挽留蔡校长之消息》。

《致大总统徐世昌、总理钱能训电》，《申报》1919 年 5 月 22 日第 11 版《唐文治请顾全教育电》；又刘露茜、王桐荪编注《唐文治教育文选》，题作《请顾教育全局电》。

《致北京大总统、国务院、教育部、南京省长、教育厅长电》，《申报》1919 年 5 月 23 日第 10 版《上海各学校之联合请愿》。

按：此电由唐文治、李登辉、胡敦复、阮尚介、江逢治、朱文鑫、黄乃穆、贾丰臻、朱叔源、曹慕、管曾钧、丁熙咸、王植善、朱葆康、苏本铫、朱树翘、郭传治、孙闻远、宋岳等共同署名。

《致江苏省长电》，《申报》1919 年 5 月 23 日第 10 版《唐文治电请省长酌布预算》。

《致黎元洪电》，《申报》1919 年 9 月 28 日第 10 版《关于赈务之函电》。

按：此电由唐文治、王同愈、朱祖谋、沈曾植、朱佩珍、施则敬共同署名。

《上海工业专门学校图书馆落成礼报告》，曹丽顺《图书馆落成志盛》，《交通大学校史资料选编》(第一卷)。

《致北京大总统、国务院电》，《申报》1919 年 10 月 16 日第 10 版《反对八年公债之两电》。

按：此电由唐文治、王清穆、黄以霖、潘盛年等共同署名。

《致仁济善堂函》,《申报》1919 年 11 月 4 日第 11 版《太仓绅士之乞赈函》。

《致太仓旅沪同乡会函》,《申报》1919 年 11 月 30 日第 11 版《太仓旅沪同乡会纪事》。

《致太仓旅沪同乡会函》,《申报》1919 年 12 月 5 日第 11 版《太仓旅沪同乡会纪事》。

按:此电由蒋伯言、唐文治共同署名。

《致晴一、则庭函》,《南洋》第 5 期(1919 年)《特别启事》。

《十三经提纲》十三卷,1924 年吴江施氏醒园《十三经读本》本;《无锡国学专修学校丛书》之五,无锡民生印书馆 1934 年版。

《文贞王先生行状》一卷,1919 年刻本。

《孝经新读本》一册,1919 年版。

《大学新读本》一册,1919 年版。

《论语新读本》一册,1919 年版。

《孟子新读本》七册,1919 年版。

1920 年　庚申　56 岁

《无锡国学专修馆学规》,《茹经堂文集初编》卷二。

《读经救国论序》,《茹经堂文集二编》卷五。

《无锡秦二孝子传序》,《茹经堂文集二编》卷五。

《高君秋荃传》,《茹经堂文集二编》卷六。

《顾母秦太恭人墓志铭》,《茹经堂文集二编》卷八;《南洋友声》第 21 期(1932年),题作《梁溪顾母秦太恭人墓志铭》。

《祭邓母廉太夫人文》,《茹经堂文集二编》卷九。

《陕县曲雅堂先生墓碑铭》,《茹经堂文集五编》卷七。

《全国学校国文成绩大观序》,毕公天选辑《全国学校国文成绩大观》卷首,上海国学书局 1921 年版。

《苦命鸳鸯小说弁言》,《北野杂志》第 1 卷第 4 期(1920 年)。

《感言》,《俭德储蓄会月刊》第 1 卷第 1 期(1920 年)。

《(俭德储蓄会)周年大会颂词》,《俭德储蓄会月刊》第 1 卷第 2 期(1920 年)。

《杨母曹太夫人家传》,《锡秀》第 4 卷第 1 期(1920 年)。

《交通部上海工业专门学校铁路管理科头班纪念册序》,《交通部上海工业专门学校铁路管理科头班纪念册》卷首。

《致交通部电》,《申报》1920 年 4 月 22 日第 14 版《南洋公学校长唐文治辞职书》。

《致各教职员》,《申报》1920 年 4 月 22 日第 14 版《南洋公学校长唐文治辞职书》。

《致本校同学》,《申报》1920 年 4 月 22 日第 14 版《南洋公学校长唐文治辞职书》。

《致大总统电》,《申报》1920 年 5 月 2 日第 11 版《苏浙人请停征漕浚治太湖电》。

按：此电由潘祖谦、吴荫培、曹允源、费树蔚、尤先甲、杨寿楣、王震、周廷弼、庞元济、钱崇威、施则敬、刘锦藻、冯煦、邵松年、唐文治、耿道冲、沈惟贤、储南强、蔡璜、张立、金鸿修、叶向阳、蒋玉麟、徐士焘、钱宗翰、盛邦采、朱景章、金蓉镜、陈其禾、李开福、徐允一等共同署名。

《第二次辞呈》,《友声》第 8 期《唐校长辞职声中之函电》。

《唐校长第三次辞职电》,《申报》1920 年 5 月 7 日第 10 版《南洋公学校长问题之电函》。

《布告》,《申报》1920 年 5 月 7 日第 10 版《南洋公学校长问题之电函》。

《致江苏省长函》,《申报》1920 年 5 月 12 日第 14 版《苏绅请严米禁之函电》。

《致江苏督军、省长函》,《申报》1920 年 5 月 12 日第 14 版《苏绅请严米禁之函电》。

按：此电由唐文治、阮维和等共同署名。

《上海仁济善堂通启》,《申报》1920 年 6 月 19 日第 10 版《仁济善堂发起劝息湘战》。

按：此电由上海红十字总会、中华养振会、上海济生会、佛教慈悲会、仁济善堂及朱葆三、施子英、唐露园、沈仲礼、唐文治、王一亭、徐干、麟治开、陆维镛等共同署名。

《致北京电》,《申报》1920 年 6 月 22 日第 10 版《苏人为湘省谋善后电》。

按：此电由唐文治、王清穆共同署名。

《致北京大总统、国务院电》,《申报》1920 年 9 月 18 日第 10 版《苏社请迅决苏人治苏电》。

按：此电由张謇、唐文治、韩国钧、王清穆、张察、黄以霖、沈恩孚、马士杰、钱崇固、鲍贵藻、孙儆、方还、黄炎培、吴兆曾、张孝若、荣宗铨、周承基、朱际云、陈大猷、刘伯昌、黄守孚、张福增、蔡钧枢、王发蒙、张宏业、朱绍文等共同署名。

《致北京大总统、国务院电》,《申报》1920 年 9 月 19 日第 10 版《苏社临时会议事纪》。

按:此电由张謇、唐文治、韩国钧、王清穆、黄以霖、沈恩孚、马士杰、钱崇固、鲍贵藻、孙傲、孟森、吴兆曾、方还、黄炎培、张孝若、卢殿虎、储南强、穆湘瑶、金天翮、王汝圻、于定一、郑立三、张援、李敏孚、陈大猷、张福增、贾丰臻、朱叔源、金其堡、黄守孚、周承基、蔡钧枢、朱绍文等共同署名。

《致北京庄思缄并转颜骏人等人电》,《申报》1920 年 9 月 19 日第 10 版《苏社临时会议事纪》。

按:此电由张謇、唐文治、韩国钧、王清穆、黄以霖、沈恩孚、马士杰、钱崇固、鲍贵藻、孙傲、孟森、吴兆曾、方还、黄炎培、张孝若、卢殿虎、储南强、穆湘瑶、金天翮、王汝圻、于定一、郑立三、张援、李敏孚、陈大猷、张福增、贾丰臻、朱叔源、金其堡、黄守孚、周承基、蔡钧枢、朱绍文等共同署名。

《呈交通总长文(就电机科毕业生入上海中国电气公司充当练习生事)》,上海交通大学校史编纂委员会编《上海交通大学纪事(1896—2005)》。

《呈交通部辞职文》,《申报》1920 年 10 月 8 日第 10 版《关于南洋校长辞职之来往电》。

《致交通部总、次长电》,《申报》1920 年 10 月 8 日第 10 版《关于南洋校长辞职之来往电》。

《第七次辞呈》,《申报》1920 年 10 月 10 日第 10 版《唐蔚芝坚辞南洋校长文》。

《覆南洋学生函》,《申报》1920 年 10 月 12 日第 10 版《南洋公学校长辞职后之所闻》。

《致江苏省长齐耀琳函》,《新无锡》1920 年 12 月 2 日第 3 版《国学专修馆成立续闻》。

《致无锡县长赵汝梅函》,《新无锡》1920 年 12 月 2 日第 3 版《国学专修馆成立续闻》。

《唐文治致李经方、孙宝琦函》,上海图书馆《盛宣怀档案》,档号 010237。

《茹经堂奏疏》三卷,1927 年刻本;台北文海出版社有限公司 1967 年《近代中国史料丛刊》本。

1921 年　辛酉　57 岁

《黄元同先生学案》,《茹经堂文集初编》卷二。

《施刻十三经序》，《茹经堂文集初编》卷四；《俭德储蓄会月刊》第 3 卷第 3 期
(1921 年)，题作《施刻〈十三经读本〉序》。

《无锡重建尊经阁碑记》，《茹经堂文集初编》卷六；《俭德储蓄会月刊》第 3 卷第
4 期(1921 年)，题作《重建尊经阁碑记》。

《太仓育婴堂征信录序》，《茹经堂文集二编》卷五。

《王文贞公文集跋》，《茹经堂文集二编》卷五。

《宗兄䣙郑墓志铭》，《茹经堂文集二编》卷八。

《昆曲谱弁言》，《俭德储蓄会月刊》第 3 卷第 1 期(1921 年)。

《碧山吟社刻石记》，《秦氏三府君集》。

《无锡周舜卿先生七十寿序》，《无锡周舜卿先生七十寿言汇录》。

《无锡周舜卿先生七十寿联》，《无锡周舜卿先生七十寿言汇录》。

《无锡私立大公图书馆藏书目录序》，《无锡私立大公图书馆藏书目录》卷首，
1921 年铅印本。

《唐文治等呈太仓县知事》，《申报》1921 年 4 月 13 日第 10 版《组织沪太长途汽
车之呈批》。

《苏社理事呈请中央裁减军费》，《申报》1921 年 4 月 15 日第 10 版《苏社请减江
苏军费》。

按：此电由张謇、韩国钧、王清穆、唐文治、张察、黄以霖、沈恩孚、马士杰、黄炎
培、钱崇固、荣宗铨、穆湘瑶、方还、张孝若、孙傲、储南强、吴兆曾、朱绍文等共同
署名。

《唐文治等致省长函》，《申报》1921 年 4 月 18 日第 10 版《唐蔚芝等催办减赋》。

按：此电由唐文治、邵松年、费树蔚等共同署名。

《致外交、内务两部电》，《申报》1921 年 10 月 25 日第 11 版《续电催拨北赈
余款》。

按：此电由费树蔚、唐文治共同署名。

《致北京大总统、国务院电》，《申报》1921 年 10 月 31 日第 10 版《唐蔚芝等电》。

按：此电由唐文治、邵松年、王清穆、宗舜年、丁祖荫、费树蔚等共同署名。

《致北京内务部、财政部电》，《申报》1921 年 11 月 14 日第 14 版《唐文治等请将
奖余振苏电》。

按：此电由唐文治、汪凤瀛、王清穆、邵松年、费树蔚等共同署名。

《私立无锡中学校长布告》，《新无锡》1921 年 7 月 2 日《无锡中学近闻》。

《茹经堂文集》六卷，1926 年刻本，1935 年本；台北文海出版社有限公司 1974

年《近代中国史料丛刊续编》本;上海书店 1996 年《民国丛书》本。

《茹经堂文集二编》九卷,1928 年刻本,1938 年本;台北文海出版社有限公司 1974 年《近代中国史料丛刊续编》本;上海书店 1996 年《民国丛书》本。

《十三经读本评点札记》四十五卷,唐文治辑,1924 年吴江施氏醒园《十三经读本》本。

1922 年　壬戌　58 岁

《守玄阁诗学序》,《茹经堂文集初编》卷四;《国学专刊》第 1 卷第 3 期(1926 年)。

《说文解字释要序》,《茹经堂文集初编》卷四。

《东林学校陶斋记》,《茹经堂文集二编》卷三。

《记黑猫》,《茹经堂文集二编》卷三。

《周易故训订跋》,《茹经堂文集二编》卷五。

《钱安之先生传》,《茹经堂文集二编》卷六。

《孙有卿先生家传》,《茹经堂文集二编》卷六。

《邵孝子传》,《茹经堂文集二编》卷六。

《胡母顾太夫人七十寿序》,《茹经堂文集二编》卷七。

按:正文题目作《胡母顾太夫人六十寿序》。

《黄君公续碑》,《茹经堂文集二编》卷八。

《宗侄肇农哀辞》,《茹经堂文集二编》卷九。

《不忍人之政论》三篇,《茹经堂文集三编》卷二。

《政本审六气论》,《茹经堂文集三编》卷二。

《礼治法治论》二篇,《茹经堂文集三编》卷二。

《交通大学上海学校丙寅级纪念册序》,《交通大学上海学校丙寅级纪念册》(1922 年)。

《南洋大学技击部十周纪念册跋》,《南洋大学技击部十周纪念册》(1922 年)。

《江霄纬先生七十抒怀跋》,江衡《溉斋杂识》卷末。

《致北京交通部高总长电》,《申报》1922 年 6 月 14 日第 13 版《交大学潮之昨讯》。

按:此电由张謇、唐文治共同署名。

《无锡中学奠基礼颂词》,《锡报》1922 年 6 月 26 日第 3 版《无锡中学举行奠基礼之盛况》。

《私立无锡中学秋季始业式训辞》，《申报》1922 年 9 月 6 日第 11 版《无锡中学始业式》。

《致北京大总统、国务总理、内务总长、财政总长电》，《申报》1922 年 10 月 11 日第 14 版《太宝士绅电请拨款筑塘》。

按： 此电由唐文治、袁希涛、洪锡范、张嘉森等共同署名。

《致江苏省长电》，《申报》1922 年 10 月 11 日第 14 版《太宝士绅电请拨款筑塘》。

按： 此电由唐文治、袁希涛、洪锡范、张嘉森等共同署名。

《覆财政部电》，《申报》1922 年 11 月 22 日第 13 版《太宝塘工讨论会近讯》。

《洪范大义》三卷，1924 年吴江施氏醒园《十三经读本》本。

《性理学大义》，《无锡国学专修学校丛书》之十三，民生印书馆 1936 年版；华东师范大学出版社 2016 年 4 月版。

1923 年　癸亥　59 岁

《礼始于男女之别论》，《茹经堂文集初编》卷一。

《周子大义序》，《茹经堂文集初编》卷四。

《二程子大义序》，《茹经堂文集初编》卷四。

《张子大义序》，《茹经堂文集初编》卷四。

《洛学传授大义序》，《茹经堂文集初编》卷四。

《朱子大义序》，《茹经堂文集初编》卷四。

《曹月川先生集序》，《茹经堂文集初编》卷四。

《陆文慎公年谱序》，《茹经堂文集初编》卷四。

《政治学大义序》，《茹经堂文集初编》卷四。

《朱文公文集校释序》，《茹经堂文集二编》卷五。

《无锡国学专修馆文集甲编序》，《茹经堂文集二编》卷五。

《太仓钱氏宁远义庄碑记》，《茹经堂文集二编》卷八。

《章君琴若墓志铭》，《茹经堂文集二编》卷八。

《王君子云墓志铭》，《茹经堂文集二编》卷八。

《亡聘媳钱氏瑞坤哀词》，《茹经堂文集二编》卷九。

《地方自治论》，《茹经堂文集三编》卷二。

《学校论》，《茹经堂文集三编》卷二。

《文化论》，《茹经堂文集三编》卷二。

《选举论》,《茹经堂文集三编》卷二。

《财政论》,《茹经堂文集三编》卷二。

《兵政论》,《茹经堂文集三编》卷二。

《表论》,《茹经堂文集三编》卷二。

《无锡国学专修馆讲演集初编序》,《无锡国学专修馆讲演集初编》卷首。

《南洋大学年刊序》,《南洋大学年刊》(1923年)。

《面圃庐诗草序》,王钟俊《面圃庐诗草》,1923年铅印本。

《国学丛选序》,《国学丛选》第1、2集(1923年)。

《无锡中学校舍落成记》,私立无锡中学(今无锡市第三高级中学)校内刻石。

《致曹元弼函》,虞万里、许超杰整理《唐文治致曹元弼书札编年校录》(书札之二),虞万里主编《经学文献研究集刊》第13辑,上海书店2015年版。

《致曹元弼函》,虞万里、许超杰整理《唐文治致曹元弼书札编年校录》(书札之三)。

《致曹元弼函》,虞万里、许超杰整理《唐文治致曹元弼书札编年校录》(书札之四)。

《致曹元弼函》,虞万里、许超杰整理《唐文治致曹元弼书札编年校录》(书札之五)。

《致曹元弼函》,虞万里、许超杰整理《唐文治致曹元弼书札编年校录》(书札之六)。

《致曹元弼函》,虞万里、许超杰整理《唐文治致曹元弼书札编年校录》(书札之七)。

《致曹元弼函》,虞万里、许超杰整理《唐文治致曹元弼书札编年校录》(书札之八)。

《致曹元弼函》,虞万里、许超杰整理《唐文治致曹元弼书札编年校录》(书札之九)。

《致曹元弼函》,虞万里、许超杰整理《唐文治致曹元弼书札编年校录》(书札之十)。

《致曹元弼函》,虞万里、许超杰整理《唐文治致曹元弼书札编年校录》(书札之十一)。

《致曹元弼函》,虞万里、许超杰整理《唐文治致曹元弼书札编年校录》(书札之十二)。

《致曹元弼函》,虞万里、许超杰整理《唐文治致曹元弼书札编年校录》(书札之十三)。

《致曹元弼函》,虞万里、许超杰整理《唐文治致曹元弼书札编年校录》(书札之十四)。

《致曹元弼函》,虞万里、许超杰整理《唐文治致曹元弼书札编年校录》(书札之十五)。

《致曹元弼函》,虞万里、许超杰整理《唐文治致曹元弼书札编年校录》(书札之十六)。

《唐蔚芝广告》,《新无锡》1923年7月12日第1版。

《致高践四书》,《新无锡》1923 年 7 月 12 日《无锡中学前途之不幸》。

《致无锡各高等小学校长书》,《新无锡》1923 年 8 月 3 日《无锡中学近事记》。

《国学之派别》(演讲,佚),《新无锡》1923 年 9 月 10 日《纪锡中之讲演声》。

《国文分阴阳刚柔之道》(演讲,佚),《新无锡》1923 年 9 月 10 日《纪锡中之讲演声》。

《致北京大总统、国务院电》,《申报》1923 年 2 月 5 日第 13 版《苏社同人拥护韩国钧电》。

按：此电由张謇、段书云、唐文治、王清穆、汪凤瀛、黄以霖、袁希涛、费树蔚、沈恩孚、马士杰等共同署名。

《通报各报馆》,《申报》1923 年 6 月 3 日第 11 版《唐蔚芝请拨使领费》。

《致省巡阅使、检阅使、总司令、督军、督理、省长、都统之通电》,《申报》1923 年 8 月 12 日第 13 版《苏浙耆老呼吁和平之通电》。

按：此通电由冯煦、张謇、唐文治、段书云、黄以霖、仇继恒、魏家骥、邓邦述、高云麟、吴庆坻、朱祖谋、盛炳纬、徐宗溥、沈铭昌、张美翊、吴品珩等共同署名。

《致北京江苏浙江同乡会文》,《申报》1923 年 8 月 12 日第 13 版《苏浙耆老呼吁和平之通电》。

按：此通电由冯煦、张謇、唐文治、段书云、黄以霖、仇继恒、魏家骥、邓邦述、高云麟、吴庆坻、朱祖谋、盛炳纬、徐宗溥、沈铭昌、张美翊、吴品珩等共同署名。

《致南京省长、财长电》,《申报》1923 年 8 月 13 日第 13 版《太仓同乡会致南京之两电》。

《致南京韩省长、严财厅长电》,《申报》1923 年 8 月 17 日第 14 版《太宝代表晋省请列塘公费　唐蔚芝先发咸电呼吁》。

《致韩省长电》,《申报》1923 年 10 月 7 日第 14 版《塘工费列入预算之再电呈请》。

按：此电由唐文治、袁希涛、许铭范、李中一、陆元萃、陆曾燕、王舜成、王钟瓒、洪保婴、朱增元、金其源等共同署名。

《致沪、宁当道电》,《申报》1923 年 11 月 23 日第 13 版《淞沪警厅长问题之昨讯　苏绅推代表向双方调停》。

按：此电由张謇、段书云、汪凤瀛、黄以霖、王清穆、唐文治、沈恩孚、仇继恒、魏家骥、张一麐、马士杰、袁希涛、邓邦述、史量才、方还、黄炎培、陈陶怡、钱崇固、卢殿虎等共同署名。

《致无锡中学校董会校董函》,《无锡新报》1923 年 8 月 24 日第 2 版《无锡中学校董会》。

按：此函由唐文治、高阳共同署名。

《政治学大义》四卷，未刊。

1924年　甲子　60岁

《天命论》三篇,《茹经堂文集初编》卷一。

《书尧典皋陶谟大义》,《茹经堂文集初编》卷一。

《周易孔义序》,《茹经堂文集初编》卷四。

《重刻朱止泉先生朱子圣学考略序》,《茹经堂文集初编》卷四。

《读文法笺注序》,《茹经堂文集初编》卷四。

《纪和硕庆亲王事》,《茹经堂文集初编》卷六。

《纪翁文恭公事》,《茹经堂文集初编》卷六。

《纪王文勤公事》,《茹经堂文集初编》卷六。

《纪陆文端公事》,《茹经堂文集初编》卷六。

《纪庚子遇匪遇盗事》,《茹经堂文集初编》卷六。

《谭叔裕先生墓表》,《茹经堂文集初编》卷六。

《朱止泉先生外集序》,《茹经堂文集二编》卷五。

《书沈即山先生诗文钞后》,《茹经堂文集二编》卷五。

《汪君我庚传》,《茹经堂文集二编》卷六。

《陈忠愍公殉难碑记》,《茹经堂文集二编》卷八。

《陈君干丞墓志铭》,《茹经堂文集二编》卷八;《学术世界》第1卷第8期(1936年);《国学周刊》第74期(1924年),题作《陈干丞先生墓志铭》。

《葛燮生碑铭》,《茹经堂文集二编》卷八;《南洋旬刊》第1卷第6期(1925年),题作《葛季调遇难碑记》。

《天地机论》,《茹经堂文集三编》卷一。

《外姑黄太夫人事略》,《茹经堂文集三编》卷七。

《致徐兆玮函》,徐兆玮著,李向东、包岐峰、苏醒等标点《徐兆玮日记》1924年1月28日。

《致高映川函》,《新无锡》1924年4月17日第2版《国学专修馆之刻书声》。

《致无锡菁莪学校校长钱君函》,《新无锡》1924年12月4日第2版《唐蔚芝奖励小学生》。

《致曹元弼函》,虞万里、许超杰整理《唐文治致曹元弼书札编年校录》(书札之

十七）。

《致曹元弼函》，虞万里、许超杰整理《唐文治致曹元弼书札编年校录》（书札之十八）。

《致曹元弼函》，虞万里、许超杰整理《唐文治致曹元弼书札编年校录》（书札之十九）。

《致曹元弼函》，虞万里、许超杰整理《唐文治致曹元弼书札编年校录》（书札之二十）。

《致曹元弼函》，虞万里、许超杰整理《唐文治致曹元弼书札编年校录》（书札之二十一）。

《公益商业中学校第二届毕业刊弁言》，《公益商业中学校第二届毕业刊》（1924 年）。

《绩成学校五周纪念录序文》，见《陶氏宗谱》（1931 年刊本）卷十二"学校"。

按：此文文末署"甲子五月唐文治谨识"。

《叙文汇编序》，朱烈选辑《叙文汇编》。

《江苏兵灾调查纪实序》，傅焕光编《江苏兵灾调查纪实》，1924 年 12 月 1 日印。

《致省厅电》，《申报》1924 年 3 月 27 日第 13 版《太宝塘工会请截拨经费》。

按：此电由唐文治、袁希涛共同署名。

《唐蔚芝劝阻江浙兵事电》，《申报》1924 年 8 月 23 日第 10 版。

《致南京齐巡阅使电》，《申报》1924 年 9 月 9 日第 14 版《太仓士绅致南京电》。

按：此电由唐文治、陆大坊、毛祖、顾思义、许铭范、陆元荦、项尧仁、吴钟秀、陆宝奎、张大诚等共同署名。

《唐蔚芝致韩省长电》，《无锡新报》1924 年 9 月 1 日第 3 版。

《无锡中学开学招生通告》，《申报》1924 年 9 月 30 日第 1 版。

《致北京国务院并请分送颜总理、顾总长、王总长、黄总长电》，《申报》1924 年 10 月 4 日第 10 版《唐绍仪等请拨海关附税救济兵灾电》。

按：此电由唐绍仪、王同愈、施肇曾、张一麐、唐文治、秦润卿、倪远甫、宋汉章、徐冠南、陆维镛、陆伯鸿、孙仲英等共同署名。

《太仓同乡致马玉仁电》，《申报》1924 年 10 月 21 日第 9 版《上海军事完全结束》。

按：此电文末署"太仓旅沪同乡会唐文治等叩"。

《太仓等六县同乡致韩省长电》，《申报》1924 年 10 月 31 日第 9 版。

按：此电由唐文治、方还、蔡璜、李文彩、项尧仁、朱增元、黄守孚、金文翰、胡景清、金其源、蔡增誉、朱鸿皋、张葆培、朱世瑾、谢同福、金咏榴、戴克宽、蔡钟秀等共同署名。

《苏绅致齐燮元电》,《申报》1924 年 11 月 17 日第 6 版。

按: 此电由汪凤瀛、王清穆、唐文治、赵宽、宗舜年、钱崇固、潘承曜、费树蔚等共同署名。

《致南京韩省长电》,《申报》1924 年 11 月 29 日第 4 版《太仓唐文治等电》。

按: 此电由唐文治、毛祖模、钱诗棣、蒋乃曾、洪保婴、朱增元等共同署名。

《致张作霖电》,《申报》1924 年 12 月 3 日第 9 版《冯梦华等致张作霖电 请以振恤北省灾民者亦振江浙灾民》。

按: 此电由冯煦、孙宝琦、王同愈、唐文治、施肇曾等共同署名。

《致华叔琴函》,《无锡新报》1924 年 12 月 9 日第 2 版《函请补放战区灾赈 唐蔚芝致华叔琴函》。

《读文法》,唐文治评选、邹登泰评注,天一书局 1924 年版。

《论语大义定本》二十卷,唐文治著,1924 年吴江施氏醒园《十三经读本》本。

《十三经读本评点札记》四十五卷,唐文治辑,1924 年吴江施氏醒园《十三经读本》本。

《十三经读本》,唐文治编纂,1924 年吴江施氏醒园刊本;上海人民出版社 2015 年 7 月影印本。

1925 年 乙丑 61 岁

《先考府君事略》,《茹经堂文集初编》卷五。

《家祠藏书谨志》,《茹经堂文集初编》卷五。

《家祠藏救生绳谨志》,《茹经堂文集初编》卷五。

《外祖古愚胡公手迹谨志》,《茹经堂文集初编》卷五。

《华君觉堂墓表》,《茹经堂文集二编》卷八。

《张生光炤哀辞》,《茹经堂文集二编》卷九。

《军箴》,《兵事杂志》第 138 期(1925 年)。

《军箴》(续),《兵事杂志》第 139 期(1925 年)。

《无锡战史题词》,冯天农编纂《无锡战史》,1925 年印本。

《锡山匡氏宗谱序》,《锡山匡氏宗谱》卷首。

按: 此文文末署"民国十四年,岁次乙丑,逊清赐进士出生、农工商部左侍郎署本部尚书唐文治谨撰"。

《诔夏母陶太夫人》,《新无锡》1925 年 6 月 21 日、22 日、23 日第 4 版。

《重兴黄埠墩记》,《锡报》1926 年 3 月 28 日第 4 版。

《上北京段执政电》,《申报》1925 年 1 月 5 日第 7 版《兵灾善后会请阻奉军南下之两电》)。

按:此电由唐文治、蒋乃曾、洪保婴、朱增元、项尧仁、钱诗棣、许铭范等共同署名。

《致北京段执政等电》,《申报》1925 年 3 月 8 日第 10 版《苏绅呼吁实行卢使感电》)。

按:此电由冯煦、王清穆、唐文治、张一麐、董康、邓邦述、黄以霖、陶葆廉、吴荫培、刘锦藻、王同愈、庞元济、彭毅孙、莫永贞、孙泰圻、蔡宝善、蒋炳章、陈陶遗、钱崇固、宗舜年、费树蔚、戴思恭、孟森、潘盛年、顾则范、宋铭勋、钱鼎、宗嘉禄、孔昭晋、方还、毕诒策、潘利毂、庞树典、金天翮等共同署名。

《致江苏省长韩国钧暨赈务处电》,《新无锡》1925 年 3 月 28 日《办理工振之一举两得》)。

按:此电由唐蔚芝、钱孙卿、侯保三、蔡兼三、顾述之、钱镜生、陈湛如、秦执中、高映川、胡一修、荣鄂生、邹同一、吴侍梅、尤叔荃、华少纯、孙克明、辛柏森、孙胝香、秦耐铭、李继曾等二十八人共同署名。

《无锡唐文治等来电》,《申报》1925 年 3 月 29 日第 5 版。

按:此电由唐文治、钱基厚、侯鸿鉴、蔡文鑫、顾倬、秦权、邹家麟、李湘等共同署名。

《致南京郑省长电》,《申报》1925 年 6 月 3 日第 11 版《太宝官绅会议塘工经费情形》)。

按:此电由唐文治、袁希涛、吴仲裔、俞惟珏等共同署名。

《致省署呈》,《申报》1925 年 6 月 18 日第 16 版《太仓士绅呈请速修海塘》)。

按:此呈由袁希涛、唐文治等人共同署名。

《致华艺三函》,《申报》1931 年 12 月 16 日第 13 版《邑绅对兵工筑路之意见》)。

《致南京孙联帅、陈省长电》,《申报》1925 年 12 月 24 日第 7 版《电请平定米价》)。

《致杨翰西函》,《无锡新闻》1925 年 12 月 19 日第 2 版《苏省政治会议消息》)。

《致曹元弼函》,虞万里、许超杰整理《唐文治致曹元弼书札编年校录》(书札之二十二)。

《致曹元弼函》,虞万里、许超杰整理《唐文治致曹元弼书札编年校录》(书札之

二十三）。

《致曹元弼函》，虞万里、许超杰整理《唐文治致曹元弼书札编年校录》（书札之二十四）。

《致曹元弼函》，虞万里、许超杰整理《唐文治致曹元弼书札编年校录》（书札之二十五）。

《致曹元弼函》，虞万里、许超杰整理《唐文治致曹元弼书札编年校录》（书札之二十六）。

《致曹元弼函》，虞万里、许超杰整理《唐文治致曹元弼书札编年校录》（书札之二十七）。

《致曹元弼函》，虞万里、许超杰整理《唐文治致曹元弼书札编年校录》（书札之二十八）。

《致曹元弼函》，虞万里、许超杰整理《唐文治致曹元弼书札编年校录》（书札之二十九）。

《致曹元弼函》，虞万里、许超杰整理《唐文治致曹元弼书札编年校录》（书札之三十）。

《致曹元弼函》，虞万里、许超杰整理《唐文治致曹元弼书札编年校录》（书札之三十一）。

《国文经纬贯通大义》八卷，无锡国学专修馆 1925 年刊本；台北文史哲出版社 1987 年本；复旦大学出版社 2007 年《历代文话》本。

《军箴》五卷，1926 年山东琅琊道尹署刻本；1932 年陇右马福祥重印本。

《蔚蒿哭诗》四十九首，未刊。

《续蔚蒿哭诗》十一首，未刊。

1926 年　丙寅　62 岁

《与曹君叔彦书》，《茹经堂文集二编》卷四。

《柏子俊先生文集序》，《茹经堂文集二编》卷五；柏景伟著《沣西草堂集》卷首，1924 年金陵思过斋刻本。

按：此文署作于"丙寅"即 1926 年，但 1924 年金陵思过斋刻《沣西草堂集》中已收有此序。

《夏文敬公年谱并遗诗后序》，《茹经堂文集二编》卷五。

《刘河纪略跋》，《茹经堂文集二编》卷五。

《满洲二友传》，《茹经堂文集二编》卷六。

《邵君心炯传》，《茹经堂文集二编》卷六。

《张君拙嘉传略》，《茹经堂文集二编》卷六。

《王君彬儒传》，《茹经堂文集二编》卷六。

《姚君柳屏传略》，《茹经堂文集二编》卷六。

《许君稻荪传》，《茹经堂文集二编》卷六。

《李母王恭人传》，《茹经堂文集二编》卷六。

《赠苏寓庸先生序》，《茹经堂文集二编》卷七。

《李君远甫墓表》，《茹经堂文集二编》卷八。

《知觉篇》，《茹经堂文集三编》卷一；《孔会月刊》第 4 期(1929 年)。

《溧阳张氏宗谱序》，《茹经堂文集三编》卷五。

《吴氏宗谱序》，《茹经堂文集三编》卷五。

《一粟诗草序》，《茹经堂文集三编》卷五；《虞社》第 227 期，题作《胡氏二叶诗存序》。

《明刻铜版音论、诗本音跋》，《茹经堂文集三编》卷五。

《蔡子厚先生家传》，《茹经堂文集三编》卷七。

《朱节母陈孺人家传》，《茹经堂文集三编》卷七。

《刘母陶太夫人家传》，《茹经堂文集三编》卷七。

《荣母石恭人家传》，《茹经堂文集三编》卷七。

《顾君伯圭墓志铭》，《茹经堂文集三编》卷八。

《嘉兴王生季闳哀辞》，《茹经堂文集六编》卷六。

《无锡国学专修馆文集二编题辞》，《无锡国学专修馆文集二编》卷首。

《南洋大学卅周纪念征文集序》，《南洋大学卅周年纪念征文集》卷首。

《高子别集谨识》，《高子别集》卷首。

《南洋大学三十周年纪念工业馆募捐启》，《南洋旬刊》第 2 卷第 10 期《工业馆开始募捐》。

按：此启由唐文治、王清穆、叶恭绰、张元济、福开森、王宠惠、蔡元培、陆梦熊、黄炎培、虞和德、章宗元等十一人共同署名。

《挽俞钟銮联》，徐兆玮著，李向东、包岐峰、苏醒等标点《徐兆玮日记》，1927 年 12 月 9 日。

《军箴》(续)，《兵事杂志》第 140 期(1926 年)。

《军箴》(续)，《兵事杂志》第 141 期(1926 年)。

《军箴》(续)，《兵事杂志》第 142 期(1926 年)。

《杨故校主造像歌》,浦东中学校刊(1926 年)。

《唐蔚芝君覆函》,《江苏省教育会月报》(1926 年)。

《第二泉声序》,圣约翰大学无锡同乡会编《第二泉声》(1926 年)。

《无锡国学专修馆同学会〈国学年刊〉弁言》,《国学年刊》。

《唐蔚芝致省长、财厅电》,《申报》1926 年 1 月 7 日第 13 版《太仓忙漕请减三成之代电》。

《致南京联军总司令孙传芳电》,《申报》1926 年 3 月 18 日第 9 版《救济米荒之各方消息》。

《南洋大学三十周纪念颂词》,《申报》1926 年 10 月 13 日第 13 版《南洋大学三十周纪念会之鸿爪》。

《致杨石渔函》,见《新无锡》1926 年 4 月 17 日《来件》。

《致曹元弼函》,虞万里、许超杰整理《唐文治致曹元弼书札编年校录》(书札之三十二)。

《致曹元弼函》,虞万里、许超杰整理《唐文治致曹元弼书札编年校录》(书札之三十三)。

《再续蔚蒿哭诗》十二首,未刊。

《三续蔚蒿哭》二十八首,未刊。

1927 年　丁卯　63 岁

《王文贞先生学案》,《茹经堂文集三编》卷一;《国专校友会集刊》(1931 年);《国专月刊》第 3 卷第 3 期(1936 年);1930 年油印本。

《读朱子仁说》,《茹经堂文集三编》卷一。

《朱柏庐先生〈学庸讲义〉序》,《茹经堂文集三编》卷三。

《读左研究法》,《茹经堂文集三编》卷三;《大上海》第 1 期、第 2 期(1943 年)。

《太昆先哲遗书序》,《茹经堂文集三编》卷五。

《陈子遗书序》,《茹经堂文集三编》卷五

《庄子新义序》,《茹经堂文集三编》卷五。

《许复庵文集序》,《茹经堂文集三编》卷五。

《张毅盦遗文序》,《茹经堂文集三编》卷五。

《太仓胡吟石公传略》,《茹经堂文集三编》卷七。

《汪义门先生家传》,《茹经堂文集三编》卷七。

《汪棣圃先生家传》,《茹经堂文集三编》卷七。

《李颂韩家传》，《茹经堂文集三编》卷七；又《南洋友声》第 14 期（1931 年），题作《李君颂韩传》。

《无锡杨君翰西商团功绩碑》，《茹经堂文集三编》卷八。

《金君巩伯墓志铭》，《茹经堂文集三编》卷八。

《翁君佩孚墓志铭》，《茹经堂文集三编》卷八。

《国民宜守信用说》，《国民快览》第 16 期（1927 年）。

《致张知事函》，《新无锡》1927 年 2 月 19 日第 3 版《国学专修馆改组志闻》。

《桴亭先生集外文跋》，《桴亭先生集外文》，1927 年刻本。

《致曹元弼函》，虞万里、许超杰整理《唐文治致曹元弼书札编年校录》（书札之三十四）。

《挽缪建章联》，《人报》1927 年 11 月 18 日第 3 版《缪建章先生挽联汇录》。

《蔚蒿哀》二卷，已刊，刊印情况不详。

1928 年　戊辰　64 岁

《周易易解序》，《茹经堂文集三编》卷三。

《尚书大义自序》，《茹经堂文集三编》卷三；《国光》第 1 期（1929 年），题作《尚书大义叙》；《国学论衡》第 2 期（1933 年）。

《答胡敬庵书》（两封），《茹经堂文集三编》卷四。

《沈敬亭先生文稿选序》，《茹经堂文集三编》卷五。

《明龚母王太夫人寿诗遗迹序》，《茹经堂文集三编》卷五。

《赵叔宝先生行年纪略后序》，《茹经堂文集三编》卷五。

《休宁程氏六烈妇传序》，《茹经堂文集三编》卷五；《虞社》第 149 期（1929 年）。

《顾辟疆园记》，《茹经堂文集三编》卷六；《申报》1928 年 2 月 19 日；又《南洋友声》第 20 期（1932 年），题作《梁溪顾氏辟疆园记》；《无锡旅刊》第 174 期（1937 年）；杨志濂编《辟疆园诗文汇钞》，民国铅印本。

《华子随先生家传》，《茹经堂文集三编》卷七。

《郁君佩如传略》，《茹经堂文集三编》卷七。

《秦佩鹤先生墓志铭》，《茹经堂文集三编》卷八；又《江苏文献》续一卷第 1—2 期（1944 年），题作《清兵部左侍郎秦公墓志铭》；又《广清碑传集》卷十六，题作《秦公墓志铭》。

《钱祖者先生墓志铭》，《茹经堂文集三编》卷八；又《国光》第 1 期（1929 年），题作《无锡钱祖者先生墓志铭》。

《孙君鹤卿墓志铭》,《茹经堂文集三编》卷八。

《高老愚先生墓志铭》,《茹经堂文集三编》卷八;《国专校友会集刊》(1931 年)。

《殷烈妇熊氏碑铭》,《茹经堂文集三编》卷八;又《国光》第 1 期(1929 年),题作《太仓殷烈妇熊氏碑铭》。

《傅母朱太夫人墓碑》,《茹经堂文集三编》卷八。

《宝山张君润之墓碑铭》,《茹经堂文集五编》卷七。

《无锡美专第一届毕业纪念刊序》,江苏无锡美专第 1 届毕业同学会编《无锡美专第一届毕业纪念刊》(1928 年)。

《爱莲居诗钞跋》,唐景星著《爱莲居诗钞》,1928 年俞氏世德堂《太昆先哲遗书》本。

《浣花庐诗钞跋》,唐受祺著《浣花庐诗钞》,1928 年俞氏世德堂《太昆先哲遗书》本。

按:《〈浣花庐诗钞〉跋》未署写作年月,因《浣花庐诗钞》刊行于 1928 年,故将此跋系于该年,下列各则"诗后小记"亦系于该年。

《唐受祺送春诗后小记》,唐受祺《浣花庐诗钞》卷一。

《唐受祺哭已殇孙男诗后小记》,唐受祺《浣花庐诗钞》卷一。

《唐受祺志禽言诗后小记》,唐受祺《浣花庐诗钞》卷二。

《唐受祺归舟诗后小记》,唐受祺《浣花庐诗钞》卷三。

《唐受祺阴历五月初十日为归河间武陵甥女殁日追悼记此诗后小记》,唐受祺《浣花庐诗钞》卷三。

《浣花庐赋钞跋》,唐受祺著《浣花庐赋钞》,1928 年俞氏世德堂《太昆先哲遗书》本。

《无锡国学专门学院(前名国学专修馆)招收新生》,《新无锡》1928 年 1 月 5 日第 1 版。

按:此由唐文治、钱基博共同署名。

《无锡国学专门学院续招新生》,《新无锡》1928 年 2 月 4 日第 1 版。

按:此由唐文治、钱基博共同署名。

《竢实学堂卅周纪念赠联》,《工商日报》1928 年 6 月 10 日第 4 版。

《新无锡报十五周纪念题辞》,《新无锡》1928 年 9 月 11 日。

《私立无锡国学专门学院院长致无锡县教育局长公函》,陈国安、钱万里、王国平编《无锡国专史料选辑》,苏州大学出版社 2012 年版。

《吟秋遗稿跋》,唐承焘著《吟秋遗稿》,1928 年刊本。

《致曹元弼函》,虞万里、许超杰整理《唐文治致曹元弼书札编年校录》(书札之三十五)。

《致曹元弼函》,虞万里、许超杰整理《唐文治致曹元弼书札编年校录》(书札之三十六)。

《致曹元弼函》,虞万里、许超杰整理《唐文治致曹元弼书札编年校录》(书札之三十七)。

《致曹元弼函》,虞万里、许超杰整理《唐文治致曹元弼书札编年校录》(书札之三十八)。

《尚书大义》内外篇,《无锡国学专修学校丛书》之十二;华东师范大学出版社2016年版。

《家谱》"世系""传状""艺文志",未刊。

1929 年　己巳　65 岁

《诗经大义自序》,《茹经堂文集三编》卷三;《国学论衡》第 2 期(1933 年)。

《诗经伦理学序》,《茹经堂文集三编》卷三。

《诗经性情学序》,《茹经堂文集三编》卷三。

《诗经政治学序》,《茹经堂文集三编》卷三。

《诗经社会学序》,《茹经堂文集三编》卷三。

《诗经农事学序》,《茹经堂文集三编》卷三。

《诗经军事学序》,《茹经堂文集三编》卷三。

《诗经义理学序》,《茹经堂文集三编》卷三。

《诗经修辞学序》,《茹经堂文集三编》卷三。

《娄东孙氏家集序》,《茹经堂文集三编》卷五。

《李颂韩养庐诗文稿序》,《茹经堂文集三编》卷五;又《南洋友声》第 14 期(1931年),题作《养庐诗文稿序》;《虞社》第 227 期(1937 年)。

《勺轩文钞序》,《茹经堂文集三编》卷五。

《杏墩文集序》,《茹经堂文集三编》卷五。

《太仓蟹螯记》,《茹经堂文集三编》卷六;《新无锡》1929 年 5 月 27 日、28 日、29日、30 日第 4 版;《国专校友会集刊》(1931 年);《伉俪》第 1 卷第 3 期(1946 年)。

《孙君华楼家传》,《茹经堂文集三编》卷七。

《胡君劭介家传》,《茹经堂文集三编》卷七。

《钱君复三家传》,《茹经堂文集三编》卷七。

《高母李太孺人家传》,《茹经堂文集三编》卷七。

《陈节妇王孺人家传》,《茹经堂文集三编》卷七。

《陈君善余墓志铭》,《茹经堂文集三编》卷八;《国专校友会集刊》(1931年)。

《黄烈妇李氏碑铭》,《茹经堂文集三编》卷八。

《窦母董夫人墓志铭》,《茹经堂文集三编》卷八。

《王蔚人哀辞》,《茹经堂文集三编》卷八。

《中国学会成立大会颂词》,虞坤林《中国学会始末》。

《国际矿产问题序》,薛桂轮《国际矿产问题》,中国矿冶工程学会1928年版。

《梁溪之光弁言》,苏州萃英中学无锡同学会编《梁溪之光》(1930年)。

按: 此文文末署"民国十八年十二月唐文治谨识"。

《新无锡元旦增刊题辞》,《新无锡》1929年1月5日。

《因果录四集序》,《新无锡》1929年5月21—22日第4版。

《呈教育部》,《私立无锡国学专门学院奉部令改名为私立无锡国学专修学校、对私立学校调查的公函、报表和教育部、省教育厅有关训令、指令、公函、批文》,苏州大学档案馆,全宗号7,案卷号永久3;又陈国安、钱万里、王国平编《无锡国专史料选辑》,题作《唐校长呈教育部改正校名函》,苏州大学出版社2012年版。

《致曹元弼函》,虞万里、许超杰整理《唐文治致曹元弼书札编年校录》(书札之三十九)。

《致曹元弼函》,虞万里、许超杰整理《唐文治致曹元弼书札编年校录》(书札之四十)。

《致曹元弼函》,虞万里、许超杰整理《唐文治致曹元弼书札编年校录》(书札之四十一)。

《致曹元弼函》,虞万里、许超杰整理《唐文治致曹元弼书札编年校录》(书札之四十二)。

《论语大义外篇》一卷,排印本,刊印时间不详。

《家谱》"坟墓志",未刊。

1930年　庚午　66岁

《急救米荒揭》,《茹经堂文集三编》卷一;又《申报》1930年6月23日第9版,题作《唐蔚芝请速救米荒议》。

《上海交通大学第三十届毕业典礼训辞》,《茹经堂文集三编》卷一;又《交大三日刊》第95号,题作《上海交通大学第三十届毕业典礼颂辞》。

《周易探原序》,《茹经堂文集三编》卷三。

按：此据《茹经先生自订年谱》后附冯振、王桐荪、洪长佳《茹经先生著作年表》,该年表并注云："文集无目无文。"

《礼记撷要序》,《茹经堂文集三编》卷三。

《赠闵君采臣序》,《茹经堂文集三编》卷四。

《紫阳学术发微自序》,《茹经堂文集三编》卷五。

《阳明学术发微自序》,《茹经堂文集三编》卷五;《大众》第 3 期(1943 年),题作《阳明学术发微序》。

《锡山秦氏文钞序》,《茹经堂文集三编》卷五。

《沈子培先生年谱序》,《茹经堂文集三编》卷五;《国专校友会集刊》(1931 年),题作《沈寐叟先生年谱序》。

《郁佩如拙尊诗稿序》,《茹经堂文集三编》卷五。

《勤补斋杂著序》,《茹经堂文集三编》卷五。

《施襄臣己巳函关秋赈图序》,《茹经堂文集三编》卷五;《施襄臣先生函关秋赈图题辞集》卷首。

《函关秋赈图颂词》,《施襄臣先生函关秋赈图题辞集》。

《国术进化概论序》,《茹经堂文集三编》卷五。

《桐城吴挚甫先生文评手迹跋》,《茹经堂文集三编》卷五;又《国专校友会集刊》(1931 年),题作《吴挚甫先生文评手迹跋》;《学术世界》第 1 卷第 2 期(1935 年)。

《王紫翔先生文评手迹跋》,《茹经堂文集三编》卷五;又《学术世界》第 1 卷第 2 期(1935 年),题作《镇洋王紫翔先生文评手迹跋》。

《王紫翔先生书函手迹跋》,《茹经堂文集三编》卷五。

《宗伯子良公积善传家记》,《茹经堂文集三编》卷六。

《朱君蓉舫家传》,《茹经堂文集三编》卷七。

《朱秀坤先生家传》,《茹经堂文集三编》卷七;又单印本一册,封面题作《崇明朱秀坤先生家传》。

《傅君耐寒家传》,《茹经堂文集三编》卷七。

《华耀廷先生墓志》,《茹经堂文集三编》卷八。

《俞凤宾墓碑铭》,《茹经堂文集三编》卷八。

《李胞与先生墓志铭》,《茹经堂文集三编》卷八。

《过智修赈灾死事碑铭》,《茹经堂文集三编》卷八。

《薛母施太夫人墓碣铭》,《茹经堂文集三编》卷八。

《太仓九曲镇杨龚氏焦氏暨二女分媛英媛殉难哀辞》,《茹经堂文集三编》卷八。

《朱屺瞻画集序》,《朱屺瞻画集》卷首,艺苑真赏斋 1930 年。

《致陈中凡信》(三通),吴新雷等编纂《清晖山馆友声集——陈中凡友朋书札》,江苏古籍出版社 2001 版。

《近六十年来国政记》,王桐荪、胡邦彦、冯俊森等选注《唐文治文选》。

《与高吹万书》,《国学丛选》第 17、18 集;王桐荪、胡邦彦、冯俊森等选注《唐文治文选》。

《致张元济函》,《张元济全集·书信》。

《呈》,《私立无锡国学专门学院奉部令改名为私立无锡国学专修学校、对私立学校调查的公函、报表和教育部、省教育厅有关训令、指令、公函、批文》,苏州大学档案馆,全宗号 7,案卷号永久 3。

《唐校长呈教育部公函》,陈国安、钱万里、王国平编《无锡国专史料选辑》。

《致学生家属通告》,《新无锡》1930 年 7 月 15 日第 3 版《国专崇尚节约》。

《唐校长为国专学生自治会季刊题辞》,陈国安、钱万里、王国平编《无锡国专史料选辑》。

《致曹元弼函》,虞万里、许超杰整理《唐文治致曹元弼书札编年校录》(书札之四十三)。

《致曹元弼函》,虞万里、许超杰整理《唐文治致曹元弼书札编年校录》(书札之四十四)。

《致曹元弼函》,虞万里、许超杰整理《唐文治致曹元弼书札编年校录》(书札之四十五)。

《致曹元弼函》,虞万里、许超杰整理《唐文治致曹元弼书札编年校录》(书札之四十六)。

《阳明学术发微》七卷,1933 年印本。

《紫阳学术发微》十二卷,1933 年印本;华东师范大学出版社 2014 年版。

1931 年　辛未　67 岁

《废孔为亡国之兆论》,《茹经堂文集三编》卷一。

《克己为治平之本论》,《茹经堂文集三编》卷一。

《急救水灾议》,《茹经堂文集三编》卷一;《商业月刊》第 1 卷第 5 期(1931 年);《新无锡》1931 年 8 月 22 日;又《民智月报》第 3—4 期(1932 年),皆题作《恢复商业中之急救水灾议》。

《续救水灾议》,《茹经堂文集三编》卷一。

《学校当研究水利议》,《茹经堂文集三编》卷一。

《中庸篇大义下》,《茹经堂文集三编》卷三。

《儒行篇大义》,《茹经堂文集三编》卷三。

《答曹叔彦书》,《茹经堂文集三编》卷四;虞万里、许超杰整理《唐文治致曹元弼书札编年校录》(书札之五十二)。

《高忠宪朱子节要后序》,《茹经堂文集三编》卷五。

《读经志疑序》,《茹经堂文集三编》卷五。

《史学钩元序》,《茹经堂文集三编》卷五。

《杏墩札记序》,《茹经堂文集三编》卷五。

《重建安我素先生祠堂记》,《茹经堂文集三编》卷六。

《陆母吴太夫人入祀节孝祠记》,《茹经堂文集三编》卷六。

《清明扫墓记》,《茹经堂文集三编》卷六;又《国专校友会集刊》(1931年),题作《辛未清明扫墓记》。

《王晋蕃先生传》,《茹经堂文集三编》卷七。

《傅君晓渊家传》,《茹经堂文集三编》卷七。

《汪夫人吴氏家传》,《茹经堂文集三编》卷七。

《陕州召公甘棠庙碑》,《茹经堂文集三编》卷八。

《雷君谱同墓志铭》,《茹经堂文集三编》卷八。

《萧君肖甫墓志铭》,《茹经堂文集三编》卷八。

《卢君锦堂墓碑铭》,《茹经堂文集三编》卷八。

《王君霭亭墓碣》,《茹经堂文集三编》卷八。

《乡谥惠毅施君左虚墓碑铭》,《茹经堂文集三编》卷八。

《戴惠苍哀辞》,《茹经堂文集三编》卷八。

《国专校友会集刊序》,《国专校友会集刊》(1931年)。

《论理学首严君子小人之辨》,《国专校友会集刊》(1931年)。

《论理学与文字之关系》,《国专校友会集刊》(1931年)。

《列子御风赋(以"御风而行,泠然善也"为韵,有序)》,《国专校友会集刊》(1931年)。

《无锡国学专修学校校歌》,《国专校友会集刊》(1931年);《无锡国学专修学校十五周纪念册》(1936年)。

《南洋中学建校三十五周年纪念刊序》,《南洋中学卅五周纪念特刊》,1931年印本。

《满江红(半阕)》,《少年》(上海)第 21 卷第 11 期(1931 年);又《军事杂志》第 43 期(1932 年)。

《顾伯康寿言》,杨志濂编《辟疆园诗文汇钞》,民国铅印本。

《顾伯康寿诗》,杨志濂编《辟疆园诗文汇钞》,民国铅印本。

《顾伯康寿联》,杨志濂编《辟疆园诗文汇钞》,民国铅印本。

《挽俞凤宾联》,《申报》1931 年 3 月 20 日 13 版《橘林哀思录》。

《无锡国专膳堂铭》,芗村《宝界山下一耆老:太仓唐蔚芝先生》,《星华》1936 年第 1 卷第 5 期。

《太仓唐蔚芝先生诗文润格》,《国专校友会集刊》(1931 年)。

按: 此诗文润格是由唐文治自订,后附唐文治原启云:"鄙人承不弃,征文者踵相接,实苦应接不暇。不得已,定润笔之费,移作太仓敬节会费及其他善举……"

《请拨款修复曲阜孔庙呈》,《山东民政公报》1935 年第 235 期《历代尊孔记》(续)。

按: 据《历代尊孔记》(续)中记,上呈者为曹元弼、张一麐、费树蔚、唐文治等人。

《代电》,《申报》1931 年 9 月 9 日第 13 版《无锡同乡会救灾消息》。

按: 此代电由唐文治、华艺珊共同署名。

《致无锡旅沪同乡会等电》,《无锡旅刊》1931 年第 150 期《无锡陈县长及水灾筹赈会来电》。

按: 此电由无锡县县长陈传德、水灾筹赈会唐文治、华文川、杨寿楣、钱基厚等共同署名。

《致无锡旅沪同乡会荣宗敬暨诸同乡等电》,《无锡旅刊》1931 年第 151 期《无锡水灾筹赈会致本会代电》。

按: 此电由无锡水灾筹赈会唐文治、华文川、钱基厚共同署名。

《致钱孙卿代电》,《新无锡》1931 年 10 月 12 日《赈灾会挽留钱孙卿》。

按: 此电由唐文治、华文川、杨寿楣、蔡文鑫共同署名。

《苏省耆老致各方电》,《申报》1931 年 12 月 5 日第 13 版《苏省耆老要电》。

按: 此电由马良、张一麐、赵凤昌、王清穆、唐文治、庄蕴宽、李根源、韩国钧、沈恩孚、徐鼎康、穆湘玥、冷遹、朱绍文、黄炎培、姚文楠等共同署名。

《致顾外长电》,《申报》1931 年 12 月 6 日第 13 版《苏省耆老以乡谊劝顾 对损害国权以去就争》。

按: 此电由马良、冯嘉锡、赵凤昌、韩国钧、黄以霖、姚文楠、王清穆、沈恩孚、唐文治、张一麐、庄蕴宽、李根源、徐鼎康、黄炎培、穆湘玥、朱绍文、冷遹等共同署名。

《致北平于孝侯军长、王以哲旅长暨东北各军将领电》,《申报》1932年1月1日第21版《国难会之表示　江苏国难救济会两电》。

按：此电由马良、冯嘉锡、赵凤昌、韩国钧、黄以霖、姚文楠、王清穆、沈恩孚、唐文治、张一麐、马士杰、董康、庄蕴宽、李根源、徐鼎康、秦锡田、沈惟贤、黄庆澜、穆湘玥、陆规亮、朱绍文、贾丰臻、袁希洛等共同署名。

《致南京政府特种外交委员会、外交部电》,《申报》1931年1月1日第21版《国难会之表示　江苏国难救济会两电》。

按：此电由马良、冯嘉锡、赵凤昌、韩国钧、黄以霖、姚文楠、王清穆、沈恩孚、唐文治、张一麐、马士杰、董康、庄蕴宽、李根源、徐鼎康、秦锡田、沈惟贤、黄庆澜、穆湘玥、陆规亮、朱绍文、贾丰臻、袁希洛等共同署名。

《致蒋介石电》,见《锡报》1931年9月30日第2版《学生界·国专电请出兵》。

按：此电署名为"无锡国学专修学校校长唐文治暨全体教职员、全体学生"。

《致汪精卫、唐少川电》,见《锡报》1931年9月30日第2版《学生界·国专电请出兵》。

按：此电署名为"无锡国学专修学校校长唐文治暨全体教职员、全体学生"。

《致曹元弼函》,虞万里、许超杰整理《唐文治致曹元弼书札编年校录》(书札之四十七)。

《致曹元弼函》,虞万里、许超杰整理《唐文治致曹元弼书札编年校录》(书札之四十八)。

《致曹元弼函》,虞万里、许超杰整理《唐文治致曹元弼书札编年校录》(书札之四十九)。

《致曹元弼函》,虞万里、许超杰整理《唐文治致曹元弼书札编年校录》(书札之五十)。

《致曹元弼函》,虞万里、许超杰整理《唐文治致曹元弼书札编年校录》(书札之五十一)。

《致曹元弼函》,虞万里、许超杰整理《唐文治致曹元弼书札编年校录》(书札之五十三)。

《致曹元弼函》,虞万里、许超杰整理《唐文治致曹元弼书札编年校录》(书札之五十四)。

《致曹元弼函》,虞万里、许超杰整理《唐文治致曹元弼书札编年校录》(书札之五十五)。

《致曹元弼函》,虞万里、许超杰整理《唐文治致曹元弼书札编年校录》(书札之五十六)。

《致曹元弼函》,虞万里、许超杰整理《唐文治致曹元弼书札编年校录》(书札之五十七)。

《致曹元弼函》,虞万里、许超杰整理《唐文治致曹元弼书札编年校录》(书札之五十八)。

《致曹元弼函》,虞万里、许超杰整理《唐文治致曹元弼书札编年校录》(书札之五十九)。

《国鉴》一卷,1933 年印本。

1932 年 壬申 68 岁

《八德诠释》,《茹经堂文集三编》卷一;《大众》第 12 期(1943 年);又《大上海》第 7 期(1943 年),题作《八德解》。

《五德箴》,《茹经堂文集三编》卷一;《仁爱月刊》第 1 卷第 4 期(1936 年)。

《答胡敬庵书》,《茹经堂文集三编》卷四。

《治平统鉴序》,《茹经堂文集三编》卷五。

《孔门学史序》,《茹经堂文集三编》卷五。

《壬辰殿试策自跋》,《茹经堂文集三编》卷五。

《上海交通大学工程馆记》,《茹经堂文集三编》卷六;又《交大季刊》第 12 期,题作《工程馆记》。

《壬申遇盗记》,《茹经堂文集三编》卷六。

《烈士尚吉元传》,《茹经堂文集三编》卷七。

《义士美国人萧特传》,《茹经堂文集三编》卷七。

《庐江徐孝子传》,《茹经堂文集三编》卷七。

《马公云亭神道碑铭》,《茹经堂文集三编》卷八。

《王君受尹墓志铭》,《茹经堂文集三编》卷八。

《袁君汝舟墓志铭》,《茹经堂文集三编》卷八。

《弟妇马氏殉国难碑铭》,《茹经堂文集三编》卷八;《军事杂志》第 50 期(1933 年);《申报》1932 年 7 月 9 日第 17 版。

《壬申太仓军民殉难碑记》,《茹经堂文集三编》卷八(有文而无目)。

《项君惠卿家传》,《茹经堂文集四编》卷七。

《宗兄慕潮家传》,《茹经堂文集四编》卷七。

《诗余口业序》,陈夔《诗余口业》卷首,民国刻本。

《新六国论》,《南洋友声》第 17 期(1932 年)。

《荣君宗敬暨德配陈夫人六秩双寿谨序》,《杖乡导游录》(1932 年)。

《杖乡导游录序》,《杖乡导游录》(1932 年)。

《对树书屋丛刻序》,赵诒琛辑印《对树书屋丛刻》,1932 年。

《筹备上海图书馆公启》,马军《一份鲜为人知的联名公启》。

按：此公启由蔡元培、史量才、沈钧儒、唐文治、马相伯、马寅初、黄炎培、舒新城、何炳松、杨杏佛、王云云、王晓籁、徐新六、叶景葵、穆藕初、何德奎、孙科、黄郭等一百二十三人联合署名。

《通电全国国民及各公团》,《申报》1932 年 1 月 7 日第 17 版《江苏耆老等反对外交妥洽》。

按：此通电由马良、冯嘉锡、赵凤昌、韩国钧、黄以霖、姚文楠、王清穆、沈恩孚、唐文治、马士杰、张一麐、董康、庄蕴宽、李根源、徐鼎康、秦锡田、沈惟贤、黄庆澜、陆规亮、穆湘玥、黄炎培、贾丰臻、袁希洛、朱绍文、江恒源、单毓华、瞿钺等共同署名。

《江苏省国难会宣言》,《申报》1932 年 2 月 7 日第 2 版。

按：此宣言由马良、唐文治、赵凤昌、张一麐、沈恩孚、庄蕴宽、董康、黄炎培、穆湘玥、李根源、黄庆澜、徐鼎康、许鼎年、马士杰、袁希洛、蔡璜、赵正平、朱绍文、陆规亮、贾丰臻、冷遹、杨卫玉、王绍鳌、邹秉文、单毓华、赵叔雍、张福增、江恒源等共同署名。

《致国民政府电》,《申报》1932 年 4 月 6 日第 1 版《国难会议沪会员不赴洛　电陈不到会理由》。

按：此电由张耀曾、黄炎培、史量才、张嘉璈、穆湘玥、孙洪伊、温宗尧、狄葆贤、虞和德、李煜堂、刘天予、朱吟江、左舜生、陈启天、张一麐、陈辉德、李璜、许克诚、赵恒惕、沈钧儒、黄金荣、徐新六、张寅、彭允彝、王造时、胡筠、钱永铭、谷钟秀、张子柱、陈锦涛、胡孟嘉、颜福庆、冯少山、刘崇杰、刘鸿生、赵凤昌、卢学溥、程子楷、汪伯奇、陶家瑶、杜镛、吴经熊、李铭、陈彬和、蒋群、陆伯鸿、徐元诰、荣宗敬、赵叔雍、尤列、张元济、胡敦复、欧元怀、金井羊、王云云、章士钊、张九维、董康、夏鹏、黄一欧、曹惠群、俞庆棠、李时蕊、唐文治、冯自由等共同署名。

《致各会局之公函》,《申报》1932 年 6 月 15 日第 9 版《太仓战区委员会之公函　分致各会局等》。

按：此电由唐文治、项尧仁、顾功亮等共同署名。

《致曹元弼函》,虞万里、许超杰整理《唐文治致曹元弼书札编年校录》(书札之

六十）。

《致曹元弼函》，虞万里、许超杰整理《唐文治致曹元弼书札编年校录》（书札之六十一）。

《致曹元弼函》，虞万里、许超杰整理《唐文治致曹元弼书札编年校录》（书札之六十二）。

《致曹元弼函》，虞万里、许超杰整理《唐文治致曹元弼书札编年校录》（书札之六十三）。

《国箴》一卷，刊印情况不详。

1933 年　癸酉　69 岁

《礼记大义自序》，《茹经堂文集三编》卷三；《国学论衡》第 2 期（1933 年）。

《中庸天命章五辨》，《茹经堂文集三编》卷三；《学术世界》第 1 卷第 8 期（1936 年）。

《苏州国学会演讲录》，《茹经堂文集三编》卷三（中分《论语大义》《孟子大义》两篇）；《国学论衡》第 2 期（1933 年）。

按：《国学论衡》题为《唐蔚芝先生演讲录》，内亦分《论语大义》《孟子大义》两篇，并各于题下署王乘六、叶钟英、徐澂记。

《宗嫂吴太夫人七十寿序》，《茹经堂文集三编》卷四。

《黄君伯钧七十寿序》，《茹经堂文集三编》卷四。

《答陈柱尊论格物书》，《茹经堂文集三编》卷四。

《新安讲学会第二集序》，《茹经堂文集三编》卷五。

《风雨勘诗图序》，《茹经堂文集三编》卷五；《新无锡》1933 年 12 月 4 日第 4 版；《学术世界》第 1 卷第 6 期（1935 年）；《交大季刊》第 14 期（1934 年）。

《重印娄东十子诗选跋》，《茹经堂文集三编》卷五。

《重建无锡忠义孝悌祠记》，《茹经堂文集三编》卷六。

《张天如先生遗像记》，《茹经堂文集三编》卷六。

《毕君枕梅传》，《茹经堂文集三编》卷七；《国学论衡》第 4 期（1934 年）；又《交大季刊》第 14 期（1934 年），题作《毕枕梅传》。

《冯母李太孺人家传》，《茹经堂文集三编》卷七。

《林燮轩先生墓表》，《茹经堂文集三编》卷八；又《国学论衡》第 3 期（1934 年），《广清碑传集》卷十三，皆题作《故清进士安徽望江县知县林先生墓表》。

《朱君寿臣墓志铭》，《茹经堂文集四编》卷八；《学术世界》第 1 卷第 4 期

(1935 年)。

《无锡国专第十届毕业刊序》，《无锡国专第十届毕业刊》。

《沈味蔗先生〈宝泽堂遗稿〉序》，《南洋友声》第 25 期(1933 年)。

《七箴》，《国学论衡》第 2 期(1933 年)。

《梁溪顾干臣先生暨德配秦恭人家传》，《南洋友声》第 25 期(1933 年)。

《(无锡县立初级中学)五年概况序》，无锡县立初级中学编《五年概况》，1934年印本。

《致张元济函》，《张元济全集·书信》，商务印书馆 2009 年版。

《玉堂春富贵图题词》，《新无锡》1933 年 6 月 19 日。

《致省府电》，《申报》1933 年 9 月 5 日第 12 版《太、嘉、宝三县请免冬漕加价》。

按：此电由唐文治、黄世祚、汪承修、顾瑞、钱诗桶、顾和澍、吴诗永、赵鼎奎、钱诵盎、潘昌豫、陈祖邕、金成墉、顾公亮、蒋恩鉴、龚宝琳等共同署名。

《致省政府、财政厅、建设厅电》，《申报》1933 年 9 月 5 日第 13 版《电省拨款抢修》。

按：此电由唐文治、朱增元、吴诗永、钱春沂、蒋育仁、洪保婴等共同署名。

《致省府电》，《申报》1933 年 9 月 14 日第 10 版《太仓士绅电请修塘　省府已派员指导》。

按：此电由唐文治、朱增元、吴诗永、钱春沂、蒋育仁、洪保婴等共同署名。

《致省府电》，《申报》1933 年 9 月 21 日第 9 版《唐文治哿电》。

《致国民政府、中央党部、行政院、财政、内政各部长电》，《申报》1933 年 9 月 22日第 9 版《苏州各县耆绅反对永佃契税》。

按：此电由王清穆、唐文治、张一麐等共同署名。

《无锡县公安局年鉴题词》，无锡县公安局年鉴编纂处编《无锡县公安局年鉴》，1933 年 9 月。

《对金仲康谈话》(谈话录)，老祥速记《唐文治先生对金仲康谈话》，《新无锡》1933 年 10 月 27 日第 4 版。

《致曹元弼函》，虞万里、许超杰整理《唐文治致曹元弼书札编年校录》(书札之六十四)。

《致曹元弼函》，虞万里、许超杰整理《唐文治致曹元弼书札编年校录》(书札之六十五)。

《致曹元弼函》，虞万里、许超杰整理《唐文治致曹元弼书札编年校录》(书札之六十六)。

《致曹元弼函》,虞万里、许超杰整理《唐文治致曹元弼书札编年校录》(书札之六十七)。

《致曹元弼函》,虞万里、许超杰整理《唐文治致曹元弼书札编年校录》(书札之六十八)。

《致曹元弼函》,虞万里、许超杰整理《唐文治致曹元弼书札编年校录》(书札之六十九)。

《致曹元弼函》,虞万里、许超杰整理《唐文治致曹元弼书札编年校录》(书札之七十)。

《致曹元弼函》,虞万里、许超杰整理《唐文治致曹元弼书札编年校录》(书札之七十一)。

《致曹元弼函》,虞万里、许超杰整理《唐文治致曹元弼书札编年校录》(书札之七十二)。

《致曹元弼函》,虞万里、许超杰整理《唐文治致曹元弼书札编年校录》(书札之七十三)。

《致曹元弼函》,虞万里、许超杰整理《唐文治致曹元弼书札编年校录》(书札之七十四)。

《诗经大义》九卷,唐文治著,1934 年《范庐丛书》本。

《茹经堂论文》一卷,未刊。

1934 年　甲戌　70 岁

《周易程传纂注序》,《茹经堂文集三编》卷五。

《孙侍御奏议序》,《茹经堂文集三编》卷五。

《张豫泉同年重游泮水诗序》,《茹经堂文集三编》卷五;《正风》第 10 期(1937 年);《学术世界》第 1 卷第 1 期(1935 年)。

《刘河保卫团纪功碑》,《茹经堂文集三编》卷八。

《张子虞先生墓表》,《茹经堂文集三编》卷八;《学术世界》第 1 卷第 1 期(1935 年)。

《蒋君伯言墓志铭》,《茹经堂文集三编》卷八。

《窦生海淳墓碣铭》,《茹经堂文集三编》卷八。

《周君敬甫墓碑铭》,《茹经堂文集三编》卷八。

《朱君叔子墓志铭》,《茹经堂文集三编》卷八;《南洋友声》第 31 期(1934 年);《国学论衡》第 4 期(1934 年);《新无锡》1934 年 5 月 29 日、30 日第 4 版。

《唐母陈夫人墓志铭》,《茹经堂文集三编》卷八。

《凌夫人石氏墓志铭》,《茹经堂文集三编》卷八;《南洋友声》第 31 期(1934 年)。

《孟子大义自序》,《国学论衡》第 3 期(1934 年)。

《葛君海如墓表》,《南洋友声》第 32 期(1934 年)。

《东林学派论》,《国学论衡》第 4 期(1934 年)。

《唐校长呈江苏教育厅函文(毕业试验委员会成立)》,陈国安、钱万里、王国平编《无锡国专史料选辑》。

《交通大学民二三级毕业纪念册题词》,《交通大学民二三级毕业纪念册》。

《徐文定公逝世三百年纪念文汇编题辞》,《徐文定公逝世三百年纪念文汇编》,圣教杂志社 1934 年版。

《重订得一录序》,蔡兼三、杨钟钰编订《得一录》,上海人文印书馆 1934 年版。

《品霞阁诗序》,钮式庚《品霞阁诗存》,1934 年印本。

《致曹元弼函》,虞万里、许超杰整理《唐文治致曹元弼书札编年校录》(书札之七十五)。

《致曹元弼函》,虞万里、许超杰整理《唐文治致曹元弼书札编年校录》(书札之七十六)。

《致曹元弼函》,虞万里、许超杰整理《唐文治致曹元弼书札编年校录》(书札之七十七)。

《致曹元弼函》,虞万里、许超杰整理《唐文治致曹元弼书札编年校录》(书札之七十八)。

《致曹元弼函》,虞万里、许超杰整理《唐文治致曹元弼书札编年校录》(书札之七十九)。

《致曹元弼函》,虞万里、许超杰整理《唐文治致曹元弼书札编年校录》(书札之八十)。

《致曹元弼函》,虞万里、许超杰整理《唐文治致曹元弼书札编年校录》(书札之八十一)。

《致曹元弼函》,虞万里、许超杰整理《唐文治致曹元弼书札编年校录》(书札之八十二)。

《致曹元弼函》,虞万里、许超杰整理《唐文治致曹元弼书札编年校录》(书札之八十三)。

《致曹元弼函》,虞万里、许超杰整理《唐文治致曹元弼书札编年校录》(书札之八十四)。

《致曹元弼函》,虞万里、许超杰整理《唐文治致曹元弼书札编年校录》(书札之八十五)。

《礼记大义》四卷,《无锡国学专修学校丛书》之二,无锡锡成印刷公司 1934 年版。

《周易消息大义》五卷,《无锡国学专修学校丛书》之六,无锡锡成印刷公司 1934 年版;华东师范大学出版社 2012 年版。

《茹经先生自订年谱》,唐文治著,无锡民生印书馆 1935 年版;台北文海出版社 1972 年《近代中国史料丛刊》本。

《国箴自序》,《新无锡》1934 年 3 月 10 日第 4 版。

《国箴·戒时髦箴》,《新无锡》1934 年 3 月 31 日第 4 版。

《国箴·戒声色箴》,《新无锡》1934 年 4 月 1 日第 4 版。

《国箴·恤嫠箴》,《新无锡》1934 年 4 月 3 日第 4 版。

《国箴·育婴箴》,《新无锡》1934 年 4 月 4 日第 4 版。

《救国难箴》,《新无锡》1934 年 7 月 23 日第 4 版。

《礼箴》,《新无锡》1934 年 8 月 16 日第 4 版。

《忠箴》,《新无锡》1934 年 8 月 20 日第 4 版。

《尊孔教箴》,《新无锡》1934 年 9 月 19 日第 4 版。

《孝箴》,《新无锡》1934 年 9 月 21 日第 4 版。

《息内战箴》,《新无锡》1934 年 9 月 30 日第 4 版。

《恶箴》,《新无锡》1934 年 10 月 26 日第 4 版。

《喜箴》,《新无锡》1934 年 10 月 31 日第 4 版。

《欲箴》,《新无锡》1934 年 11 月 5 日第 4 版。

《惧箴》,《新无锡》1934 年 11 月 26 日第 4 版。

《悌箴》,《新无锡》1934 年 12 月 9 日第 4 版。

1935 年　乙亥　71 岁

《沈君蓉汀墓志铭》,《茹经堂文集三编》卷八。

《中庸新义序》,《茹经堂文集四编》卷四。

《胡文忠公语录序》,《茹经堂文集四编》卷六。

《唐荆川先生年谱序》,《茹经堂文集四编》卷六;《浙江图书馆馆刊》第 4 卷第 6 期(1935 年);《学术世界》第 1 卷第 9 期(1936 年)。

《云在山房类稿序》,《茹经堂文集四编》卷六;《国专月刊》第 2 卷第 2 期(1935

年);《学术世界》第 1 卷第 7 期(1935 年)。

《广思辨录序》,《茹经堂文集四编》卷六;《学术世界》第 1 卷第 2 期(1935 年);《国专月刊》第 1 卷第 4 期(1935 年)。

《乙亥志稿序》,《茹经堂文集四编》卷六;又《学术世界》第 1 卷第 12 期(1936年),题作《太仓志稿序》。

《漱寒轩记》,《茹经堂文集四编》卷七。

《侯室丁夫人墓志铭》,《茹经堂文集四编》卷八。

《野园题词序》,《茹经堂文集五编》卷五。

《陆稼书先生学派论》,《国专月刊》第 2 卷第 4 期(1935 年)。

《陈石遗先生全书总序》,《国专月刊》第 1 卷第 1—2 期(1935 年);又《陈石遗集》附录一,题作《〈石遗室丛书〉总序》。

《张孝先先生学派论》,《国专月刊》第 2 卷第 2 期(1935 年)。

《龙溪绪山学派论》,《学术世界》第 1 卷第 4 期(1935 年)。

《陆桴亭先生遗书研究法》,《学术世界》第 1 卷第 1 期(1935 年)。

《讲坛》,《学术世界》第 1 卷第 1 期(1935 年)。

按:此题下共含"韩退之原道篇研究法""原道研究法补""欧阳永叔秋声赋研究法""欧阳永叔五代史一行传叙研究法"等四节。

《欧阳永叔苏氏文集序研究法》,《学术世界》第 1 卷第 4 期(1935 年)。

《李退叔吊古战场文研究法》,《学术世界》第 1 卷第 3 期(1935 年)。

《阳明学为今时救国之本论》,《学术世界》第 1 卷第 3 期(1935 年);《辰光》第 1卷第 3 期(1939 年);又《国专月刊》第 2 卷第 5 期(1936 年),《大夏半月刊》第 2 卷第 1 期(1939 年),皆题作《论阳明学为今时救国之本》。

《心斋格物论》,《学术世界》第 1 卷第 3 期(1935 年);《国学论衡》第 5 期(1935 年)。

《曾涤笙欧阳生文集序研究法》,《学术世界》第 1 卷第 3 期(1935 年)。

《李二曲先生学派论》,《学术世界》第 2 卷第 1 期(1935 年)。

《大程子论性论》,《国学论衡》第 6 期(1935 年)。

《王母谢太夫人诔文》,《振华季刊》第 2 卷第 1 期(1935 年)。

《韩退之原道篇研究法》,《学术世界》第 1 卷第 1 期(1935 年)。

《原道研究法补》,《学术世界》第 1 卷第 1 期(1935 年)。

《颂圣歌》,《新民》第 1 卷第 44—45 期(1935 年)。

《史记伯夷列传研究法》,《学术世界》第 1 卷第 2 期(1935 年)。

《贾谊过秦论研究法》，《学术世界》第 1 卷第 5 期(1935 年)；又《辰光》第 1 卷第 2 期(1939 年)，题作《贾生过秦论上》。

《吕东莱薛艮斋陈止斋叶水心先生学派论》，《学术世界》第 1 卷第 6 期(1935 年)。

《论性理学为孝弟慈之本》，《学术世界》第 1 卷第 6 期(1935 年)。

《夏峰潜庵两先生学派论》，《学术世界》第 1 卷第 7 期(1935 年)。

《欧阳永叔五代史一行传叙研究法》，《学术世界》第 1 卷第 1 期(1935 年)。

《题词》，《南菁学生》第 11 期(1935 年)。

《读文法》，《广播周报》第 19 期(1935 年)。

《祝词(国立中山大学十一周纪念)》，《国立中山大学日报》第 2057 期(1935 年)。

《无锡私立竞志女学三十周纪念刊题词》，竞志女学编《无锡私立竞志女学三十周纪念刊》，1935 年印本。

《女学救国》(演讲记录稿)，竞志女学编《无锡私立竞志女学三十周纪念刊》，1935 年印本。

《乙亥毕业纪念册序》，陈国安、钱万里、王国平编《无锡国专史料选辑》。

《唐茹经先生大学讲记》，《国专月刊》第 2 卷第 1 期。

《唐茹经先生中庸讲记》，《国专月刊》第 2 卷第 4 号。

《庇寒庐诗稿序》，狄懋龄《庇寒庐诗稿》，1935 年印本。

《性理救世书》(原名《性理学发微》)三卷，排印本。

《乙亥志稿》四卷，唐文治、王保譿、钱诗棣纂，1935 年铅印本。

《四事箴》，《新无锡》1935 年 1 月 1 日第 4 版。

《信箴》，《新无锡》1935 年 1 月 15 日第 4 版。

《戒烟箴》，《新无锡》1935 年 1 月 17 日第 4 版。

《怒箴》，《新无锡》1935 年 1 月 18 日第 4 版。

《哀箴》，《新无锡》1935 年 1 月 21 日第 4 版。

《廉箴》，《新无锡》1935 年 1 月 22、23、24、25 日第 4 版。

《温箴》，《新无锡》1935 年 2 月 13 日第 4 版。

《恭箴》，《新无锡》1935 年 3 月 1 日第 4 版。

《戒博箴》，《新无锡》1935 年 3 月 3 日第 4 版。

《戒权位箴》，《新无锡》1935 年 3 月 8 日第 4 版。

《练智勇箴》，《新无锡》1935 年 3 月 18 日第 4 版。

《婚礼箴》，《新无锡》1935 年 3 月 20 日第 4 版。

《救灾箴》,《新无锡》1935 年 3 月 26 日第 4 版;《新无锡》1935 年 10 月 21 日第 4 版。

《训士箴》,《新无锡》1935 年 3 月 27 日第 4 版。

《宣文化箴》,《新无锡》1935 年 4 月 1 日第 4 版。

《丧礼箴》,《新无锡》1935 年 4 月 3 日第 4 版。

《祭礼箴》,《新无锡》1935 年 4 月 15 日第 4 版。

《识字箴》,《新无锡》1935 年 4 月 24 日第 4 版。

《民性九箴序言》,《新无锡》1935 年 5 月 9 日第 4 版。

《致良知》,《新无锡》1935 年 5 月 30 日第 4 版。

《童子教育》,《新无锡》1935 年 6 月 6 日第 4 版。

《救农箴》,《新无锡》1935 年 6 月 14 日第 4 版。

《理财箴》,《新无锡》1935 年 6 月 17 日第 4 版。

《保商箴》,《新无锡》1935 年 6 月 25 日第 4 版。

《用人箴》,《新无锡》1935 年 6 月 27 日第 4 版。

《劝工箴》,《新无锡》1935 年 7 月 8 日第 4 版。

《〈读书管见〉谨识》,《新无锡》1935 年 7 月 11 日。

按:此谨识附于"无锡华堂"《读书管见》一文之末。

《养老箴》,《新无锡》1935 年 9 月 30 日第 4 版。

《戒取巧》,《新无锡》1935 年 11 月 17 日第 4 版。

《致曹元弼函》,虞万里、许超杰整理《唐文治致曹元弼书札编年校录》(书札之八十六)。

《致曹元弼函》,虞万里、许超杰整理《唐文治致曹元弼书札编年校录》(书札之八十七)。

《致曹元弼函》,虞万里、许超杰整理《唐文治致曹元弼书札编年校录》(书札之八十八)。

《致曹元弼函》,虞万里、许超杰整理《唐文治致曹元弼书札编年校录》(书札之八十九)。

1936 年　丙子　72 岁

《王一亭先生七秩寿序》,《茹经堂文集三编》卷四。

《读经条议》,《茹经堂文集四编》卷四;又《教育杂志》25 卷第 5 期全国专家对于读经问题的意见专辑(1935 年),题作《唐文治先生的意见》;又《读书周刊》第 1

卷第 5 期(1935 年),题作《读经问题之商榷:唐文治先生的意见》。

按:《读经条议》收录于《茹经堂文集四编》卷四,于题下署年份为"丙子"即 1936 年,但此文于 1935 年即已分别刊于《教育杂志》和《读书周刊》。

《孟子不忍人三章讲义》,《茹经堂文集四编》卷四。

《谱弟曹君叔彦七秩双寿序》,《茹经堂文集四编》卷五;《国专月刊》第 4 卷第 3 期(1936 年);《学术世界》第 2 卷第 1 期(1936 年)。

《许文肃公年谱序》,《茹经堂文集四编》卷六,《国专月刊》第 4 卷第 4 期(1936 年)。

《蓛园杂记序》,《茹经堂文集四编》卷六;《学术世界》第 2 卷第 2 期(1937 年)。

《尤旭斋先生家传》,《茹经堂文集四编》卷七。

《宗弟保谦家传》,《茹经堂文集四编》卷七;又《新无锡》1937 年 1 月 12 日,题作《国学大师唐蔚老为实业家唐保谦君作传》。

《何君颂三家传》,《茹经堂文集四编》卷七。

《吴粤生先生鞠镇洋冤狱记》,《茹经堂文集四编》卷七。

《夏君应堂墓碑铭》,《茹经堂文集四编》卷八。

《许君弼丞墓志铭》,《茹经堂文集四编》卷八。

《朱节母陈太夫人墓志铭》,《茹经堂文集四编》卷八。

《庐江吴先生墓表》,《茹经堂文集四编》卷八。

《国学专修馆十五周纪念刊序》,《茹经堂文集五编》卷五。

《叶君长青国魂集序》,《茹经堂文集五编》卷五;《学术世界》第 1 卷第 10 期(1935 年),题作《叶氏国魂集序》。

《诗经本事叙》,马振理编纂《诗经本事》卷首,世界书局 1936 年版。

《朱子之精神生活》,《江苏教育》第 5 卷第 9 期(1936 年)。

《朱止泉王白田先生学派论》,《国专月刊》第 2 卷第 5 期(1936 年)。

《陆桴亭陈确庵江药园盛寒溪先生学派论》,《国专月刊》第 3 卷第 1 期(1936 年)。

《私立无锡国学专修学校图书馆目录(旧书之部)序》,《私立无锡国学专修学校图书馆目录(旧书之部)》。

《茹经堂落成典礼演说》(演说记录稿),《新无锡》1936 年 1 月 5 日第 3 版《茹经堂落成典礼》。

《国学专修学校十五周过去与将来》,《新无锡》1936 年 6 月 20 日至 22 日第 4 版。

《尚书·金縢篇研究法》,《国专月刊》第 4 卷第 4 期(1936 年)。

《尚仁中学校歌》,《国学之声》1995 年第 4 期《唐文治先生亲拟的三首校歌歌辞》。

《唐蔚芝先生赴征存中学校讲学纪辞》(演讲记录稿),《学术世界》第 2 卷第 5 期(1937 年)。

按： 唐文治赴江阴征存中学演讲,在 1936 年 12 月 5 日。

《宏农陆夫人墓志铭》,《南洋友声》第 40 期(1936 年)。

《林康侯先生六十寿序》,《南洋友声》第 41 期(1936 年)。

《蓼莪纪念歌》,《国专月刊》第 4 卷第 3 期(1936 年);又《国学之声》1995 年第 2 期。

《钱廉叔先生六十寿序》,《国专月刊》第 4 卷第 2 期(1936 年)。

《明王文成公书矫亭记真迹跋》,《国专月刊》第 4 卷第 3 期(1936 年)。

《题幽篁独坐图》,《长途》第 1 卷第 9 期(1936 年)。

《金刚弥陀经功德灵验序》,《佛学半月刊》第 136 期(1936 年);《弘法刊》第 34 期(1937 年)。

《四维箴》,《新运月刊》第 34 期(1936 年)。

《礼记·乐记篇分章法》,《学术世界》第 1 卷第 8 期(1936 年)。

《礼记·祭义篇分章法》,《学术世界》第 1 卷第 9 期(1936 年)。

《月色夫人画梅见赠诗以谢之》,《学术世界》第 1 卷第 10 期(1936 年)。

《尚书盘庚篇研究法》,《学术世界》第 1 卷第 11 期(1936 年)。

《赠陈松英女士序》,《学术世界》第 1 卷第 11 期(1936 年)。

《募刻张闻远先生丧礼郑氏学启》,《国学论衡》第 8 期(1936 年)。

按： 此启由唐文治、陈衍、曹元弼、张一麐、吴廷锡、刘承干、周钟岳、吴廷燮、王典章、赵椿年、屈燨、高燮、赵诒琛、封文权、金天翮、李根源、王大隆等共同署名。

又按： 1931 年《约翰声》第 42 卷即曾刊登《募刻张闻远先生丧礼郑氏学启》,此次刊登时文末署名者为曹元弼、吴荫培、朱孝臧、李根源、张一麐、汪钟霖、刘承干、赵诒琛、金天翮、费树蔚、高燮、许厚基、封文权、王謇、王大隆,并无唐文治之名,而于题下则署王欣夫(按：即王大隆)之名。备考。

《自订年谱题辞》,《南洋友声》第 36 期(1936 年)。

《送沈生希乾之新加坡序》,《学术世界》第 2 卷第 5 期(1937 年)。

《全国大中小学调查录序》,《全国大中小学调查录》(1937 年)。

《题词》,《振华季刊》第 2 卷第 3 期(1936 年)。

《孝经翼自序》,《学术世界》第 2 卷第 2 期(1936 年);又《国专月刊》第 4 卷第 1 期(1936 年),题作《孝经救世编自序》。

《孝经翼》(卷一孝德宏纲篇),《学术世界》第 2 卷第 2 期(1936 年)。

《孝经救世编》(卷一)(原名《孝经翼》),《国专月刊》第 4 卷第 2 号(1936 年)。

《孝经救世篇》(续上),《国专月刊》第 4 卷第 3 号(1936 年)。

按:以上所载《学术世界》上的《孝经翼卷一》(孝德宏纲篇)及下一年中的《续孝德宏纲篇》与《国专月刊》上的《孝经救世编卷一》(原名《孝经翼》)《孝经救世篇》(续上)内容相同。但《学术世界》与《国专月刊》上每期所载的内容起止不尽相同。

《孝经救世编》(卷二续上),《国专月刊》第 4 卷第 4 号(1936 年)。

《致蒋介石电》,《国专月刊》第 4 卷第 5 号"校闻"《本校庆祝蒋委员长出险》。

按:本电署名"无锡国学专修学校校长唐文治暨全体教职员、学生"。

《七情箴》,《仁爱月刊》1 卷 4 期(1936 年)。

《鹤庐诗稿序》,见陆新《鹤庐诗稿》卷首,1936 年印本。

《吴君濂鸥家传》,《新无锡》1936 年 2 月 23 日第 4 版。

《默禅画系弁言》,《人报》1937 年 5 月 5 日第 3 版。

按:此文文末署:"丙子孟秋,唐文治敬识。"

《答旅行杂志记者问》(答问录),吴德明《唐蔚芝先生访问记》,《旅行杂志》1936 年第 8 号。

《交通大学四十周纪念颂词》,见《交通大学四十周纪念刊》。

《唐校长呈林主席、蒋院长函文》,陈国安、钱万里、王国平编《无锡国专史料选辑》。

《唐校长呈教育部王部长函文》,陈国安、钱万里、王国平编《无锡国专史料选辑》。

《私立无锡国学专修学校请拨准经费补助说略》,陈国安、钱万里、王国平编《无锡国专史料选辑》。

《唐校长呈国民政府林主席、行政院蒋院长函文(呈请赐捐款并指拨英美法庚款为建筑校舍经费复兴文化事业由)》,陈国安、钱万里、王国平编《无锡国专史料选辑》。

《私立无锡国学专修学校募捐建筑经费启》,陈国安、钱万里、王国平编《无锡国专史料选辑》。

按:此电由傅焕光、金其堡、朱家骅、王震、陈衍、王清穆、张嘉璈、薛桂轮、荣宗铨、蔡文鑫、杨寿楣、周毓苹、顾倬、杨寿枏、荣宗敬、华士巽、唐滋镇、侯鸿鉴、孙家复、曹铨、冯振、陈鼎忠、惠美珊、高阳、陈柱、叶长青、唐文治等共同署名。

《唐校长呈教育部文（呈为遵令改正军事管理办法各点请赐鉴核备案由）》，陈国安、钱万里、王国平编《无锡国专史料选辑》。

《致中央党部主席胡、政治委员会主席汪、国民政府主席林、行政院长蒋、内政部长蒋、实业部长吴钧电》，《申报》1936 年 2 月 3 日第 12 版《苏绅韩国钧等电中央力争嵊泗》。

按：此电由韩国钧、陈陶遗、张仲仁、冷遹、唐文治、王清穆、陆养浩等共同署名。

《致曹元弼函》，虞万里、许超杰整理《唐文治致曹元弼书札编年校录》（书札之九十）。

《致曹元弼函》，虞万里、许超杰整理《唐文治致曹元弼书札编年校录》（书札之九十一）。

《致曹元弼函》，虞万里、许超杰整理《唐文治致曹元弼书札编年校录》（书札之九十二）。

《致曹元弼函》，虞万里、许超杰整理《唐文治致曹元弼书札编年校录》（书札之九十三）。

《致曹元弼函》，虞万里、许超杰整理《唐文治致曹元弼书札编年校录》（书札之九十四）。

《致曹元弼函》，虞万里、许超杰整理《唐文治致曹元弼书札编年校录》（书札之九十五）。

1937 年　丁丑　73 岁

《赠刘腴深先生序》，《茹经堂文集四编》卷五。

《答高君二适书》，《茹经堂文集四编》卷五。

《袁评经史百家杂钞后序》，《茹经堂文集四编》卷六。

《农隐庐文集序》，《茹经堂文集四编》卷六。

《张君仲仁文集序》，《茹经堂文集四编》卷六；《学术世界》第 2 卷第 5 期（1937 年）。

《罗念庵先生文要跋》，《茹经堂文集四编》卷六。

《天心鹤闻图跋》，《茹经堂文集四编》卷六。

《薛氏烈妇张嘉卉传》，《茹经堂文集四编》卷七。

《祝氏怡春阁记》，《茹经堂文集四编》卷七；又《国专月刊》第 5 卷第 4 期（1937

年),题作《江阴祝氏怡春阁记》。

《孝烈吴许氏殉姑殉夫记》,《茹经堂文集四编》卷七。

《陈石遗先生墓志铭》,《茹经堂文集四编》卷八。

《宗弟申伯墓志铭》,《茹经堂文集四编》卷八。

《獧庵文草序》,陈继训《獧庵文草》卷首,1937年铅印本。

《论读经》,《学术世界》第2卷第5期(1937年);《国专月刊》第5卷第3期(1937年)(分为二题:《论读经次第支配法》《论读经分类删节法》)。

《论读文法》,《国专月刊》第5卷第5期(1937年)。

《论克己》,《国专月刊》第5卷第3期(1937年);《学术世界》第2卷第5期(1937年)。

《惠麓同声集序》,《国专月刊》第5卷第3期(1937年)。

《续孝德宏纲篇》,《学术世界》第2卷第3期(1937年)。

《豫泉同年重宴鹿鸣次原韵》,《正风》第3期(1937年)。

《曾子辑佚》(太仓唐先生辑,叶长青补注),《国专月刊》第5卷第2—5期(1937年3—6月)。

《胡君企霞家传》,《南洋友声》第46期(1937年)。

《孝经救世篇》,《国专月刊》第4卷第5号(1937年)。

《孝经救世编卷五》(续上),《国专月刊》第5卷第1号(1937年)。

《孝经救世编卷五》(续上),《国专月刊》第5卷第2号(1937年)。

《论早起为人生命脉(校长校训)》,《国专月刊》第5卷第1号。

《镜铭》,见《校闻·本校仪门增设巨镜》,《国专月刊》第5卷第2期(1937年)。

《植树铭》,见《校闻·本校新址行植树礼》,《国专月刊》第5卷第3期(1937年)。

《蜀黔豫甘四省乞赈诗》,《新无锡》1937年6月4日。

《无锡国学专修学校等代电一件》,《私立无锡国学专修学校武昌文华图书馆专科学校迁校及校舍建筑等问题的文件1937—1947》,中国第二历史档案馆,全宗号5,案卷号5456。

按:此电由唐文治与侯鸿鉴、高阳、周毓莘、杨四箴、周朴纲、钱殷之共同著名。

《呈报本校准九月二十日开学并职教员人数请赐察由》,《私立无锡国学专修学校校务行政计划、工作报告和在沪复课员生名册及有关文书(1939—1944)》,中国历史第二档案馆,全宗号5,案卷号5614;又陈国安、钱万里、王国平编《无锡国专史料选辑》,题作《唐校长呈教育部文》。

《呈报本校维持上课状况请赐察由》,《私立无锡国学专修学校武昌文华图书馆专科学校迁校及校舍建筑等问题的文件(1937—1947)》,中国第二历史档案馆,全宗号5,案卷号5456;又陈国安、钱万里、王国平编《无锡国专史料选辑》,题作《唐校长呈教育部文》。

《唐校长呈江苏省教育厅文》,陈国安、钱万里、王国平编《无锡国专史料选辑》。

《唐校长呈覆江苏省教育厅函文》,陈国安、钱万里、王国平编《无锡国专史料选辑》。

《呈报迁校长沙借定校址上课请赐备案由》,《私立无锡国学专修学校武昌文华图书馆专科学校迁校及校舍建筑等问题的文件(1937—1947)》,中国第二历史档案馆,全宗号5,案卷号5456。

《唐校长呈行政院长函文(呈为呈请令行财政部给发教育补助费以宏作育事)》,陈国安、钱万里、王国平编《无锡国专史料选辑》。

《唐校长呈教育部电文(呈请本校可否收受中国文学系借读生请,赐请遵由)》,陈国安、钱万里、王国平编《无锡国专史料选辑》。

《致曹元弼函》,虞万里、许超杰整理《唐文治致曹元弼书札编年校录》(书札之一百)。

1938年 戊寅 74岁

《颜曾思孟四贤宗要》,《茹经堂文集四编》卷二。

《宗颜子法》,《茹经堂文集四编》卷二。

《宗颜子法述录》,《茹经堂文集四编》卷二。

《宗曾子法》,《茹经堂文集四编》卷二。

《宗子思子法》,《茹经堂文集四编》卷二。

《宗子思子法述录》,《茹经堂文集四编》卷二。

《宗孟子法》,《茹经堂文集四编》卷二。

《宗孟子法述录》,《茹经堂文集四编》卷二。

《原仁》,《茹经堂文集四编》卷三。

《原信》,《茹经堂文集四编》卷三。

《原耻》,《茹经堂文集四编》卷三;《明灯》第1卷第9期(1940年)。

《原慈》一,《茹经堂文集四编》卷三;《大众》第18期(1944年)。

《原慈》二,《茹经堂文集四编》卷三;《大众》第19期(1944年)。

《原慈》三,《茹经堂文集四编》卷三;《大众》第20期(1944年)。

《原慈》四,《茹经堂文集四编》卷三;《大众》第 21 期(1944 年)。

《放赈急救条议》,《茹经堂文集四编》卷三;《美商青年》第 1 卷第 10 期(1940 年)。

《饿者言》,《茹经堂文集四编》卷三;《国学通讯》第 6 期(1941 年)。

《大学格物定论》,《茹经堂文集四编》卷四;《中华》第 1 卷第 4 期(1938 年)。

《孟子分类简明读本序》,《茹经堂文集四编》卷四;《中华》第 1 卷第 2—3 期(1938 年)。

《孟子论战学题辞》,《茹经堂文集四编》卷四。

《孟子尊孔学题辞》,《茹经堂文集四编》卷四。

《孟子贵民学题辞》,《茹经堂文集四编》卷四。

《孟子孝弟学题辞》,《茹经堂文集四编》卷四。

《孟子政治学题辞》,《茹经堂文集四编》卷四。

《孟子心性学题辞》,《茹经堂文集四编》卷四。

《孟子教育学题辞》,《茹经堂文集四编》卷四。

《孟子论辨学题辞》,《茹经堂文集四编》卷四。

《孟子气节学题辞》,《茹经堂文集四编》卷四。

《孟子社会学题辞》,《茹经堂文集四编》卷四。

《孟子大同学题辞》,《茹经堂文集四编》卷四。

《孟子通周易学论》,《茹经堂文集四编》卷四。

《朱生贯微癸卯乡试朱卷评语跋》,《茹经堂文集四编》卷六。

《黄省轩先生家传》,《茹经堂文集四编》卷七。

《陆君蓬士家传》,《茹经堂文集四编》卷七。

《王君慧言家传》,《茹经堂文集四编》卷七。

《周君赞尧墓志铭》,《茹经堂文集四编》卷八。

《蔡君兼三墓志铭》,《茹经堂文集四编》卷八。

《论孝道之要》,《茹经堂文集五编》卷二;《娄风》第 1 卷第 1 期(1947 年)。

《论妖孽》,《茹经堂文集五编》卷二。

《俭德菲食约》,《茹经堂文集五编》卷二;《佛学半月刊》第 181 期(1939 年)。

《天问兽言感辞》,《茹经堂文集五编》卷二。

《香港孔道学院演讲录》,《茹经堂文集五编》卷二。

《读文法纲要》,《中华》第 1 卷第 1 期(1938 年)。

《呈报本校由湖南湘乡迁移至广西桂林租屋上课请赐察由》,《私立无锡国学专修学校武昌文华图书馆专科学校迁校及校舍建筑等问题的文件(1937—1947)》,中国第二历史档案馆,全宗号5,案卷号5456。

《呈请给假就医由》,《私立无锡国学专修学校教职员任免、资格审查等有关人事文件(1938—1944)》,中国第二历史档案馆,全宗号5,案卷号2903。

《呈报本校由桂林迁移北流山围乡继续上课由》,《私立无锡国学专修学校武昌文华图书馆专科学校迁校及校舍建筑等问题的文件(1937—1947)》,中国第二历史档案馆,全宗号5,案卷号5456。

按:此呈由唐文治、冯振共同署名。

《怀古》(五首),据《茹经先生自订年谱》。

《茹经堂文集三编》八卷,1938年印本、1942年印本;台北文海出版社有限公司1974年《近代中国史料丛刊续编》本;上海书店1996年《民国丛书》本。

1939年　己卯　75岁

《文周孔三圣宗要》,《茹经堂文集四编》卷一。

《宗孔子法》,《茹经堂文集四编》卷一。

《庸言之信》,《茹经堂文集四编》卷一。

《庸行之谨》,《茹经堂文集四编》卷一。

《仁者不忧》,《茹经堂文集四编》卷一。

《知者不惑》,《茹经堂文集四编》卷一。

《勇者不惧》,《茹经堂文集四编》卷一。

《精义入神》,《茹经堂文集四编》卷一。

《开物成务》,《茹经堂文集四编》卷一。

按:《大众》第13期(1943年)所刊《师孔子之法》,即合上述《宗孔子法》《庸言之信》《庸行之谨》《仁者不忧》《知者不惑》《勇者不惧》《精义入神》《开物成务》而成。

《宗周文王法》,《茹经堂文集四编》卷一;又《大众》第14期(1943年),题作《师文王之法》。

《文王之学在内勘诸心》,《茹经堂文集四编》卷一。

《文王至孝》,《茹经堂文集四编》卷一。

《文王畏天命》,《茹经堂文集四编》卷一。

《文王爱民之大德》,《茹经堂文集四编》卷一。

《文王自述境遇自道心得》,《茹经堂文集四编》卷一。

《孔子宗文王》,《茹经堂文集四编》卷一。

《宗周公法》,《茹经堂文集四编》卷一;又《大众》第 15 期(1944 年),题作《师周公之法》。

《周公敬天命》,《茹经堂文集四编》卷一。

《周公之至孝至弟至性至情》,《茹经堂文集四编》卷一。

《周公勤政爱民树八百年之基业》,《茹经堂文集四编》卷一。

《周公制礼》,《茹经堂文集四编》卷一。

《孔子宗周公》,《茹经堂文集四编》卷一。

按:《大众》第 15 期(1944 年)所刊《师周公之法》,即合上述《宗周公法》《周公敬天命》《周公之至孝至弟至性至情》《周公勤政爱民树八百年之基业》《周公制礼》《孔子宗周公》而成,另多出"周公不有天下"一节。

《崇圣祠急宜修复议》,《茹经堂文集四编》卷三。

《慈幼保种篇》,《茹经堂文集四编》卷三;《大众》第 2 卷第 5 期(1943 年);《伉俪月刊》第 1 卷第 12 期(1947 年)。

《说雪哀民篇》,《茹经堂文集四编》卷三。

《读周易大纲》,《茹经堂文集四编》卷四。

《论周易君子教育》,《茹经堂文集四编》卷四。

《论语分类要旨》,《茹经堂文集四编》卷四。

《娄郡诸生谱序》,《茹经堂文集四编》卷六。

《斗航诗钞序》,《茹经堂文集四编》卷六。

《宋朱子敕书跋》,《茹经堂文集四编》卷六。

《理学宗传辨正钞本跋》,《茹经堂文集四编》卷六。

《邓君星伯家传》,《茹经堂文集四编》卷七。

《镇洋王文贞公遗书室记》,《茹经堂文集四编》卷七。

《甲戌修筑海塘纪绩碑》,《茹经堂文集四编》卷八。

《重建金沈祠碑记》,《茹经堂文集四编》卷八。

《劝惜字文》,《茹经堂文集五编》卷一。

《读书经大纲》,《茹经堂文集五编》卷三。

《盛杏荪先生愚斋存稿序》,《茹经堂文集五编》卷五。

《曹君松乔手钞四书集注序》,《茹经堂文集五编》卷五。

《唐君穗卿遗像跋》,《茹经堂文集五编》卷五。

《陈君干丞林下课孙图跋》,《茹经堂文集五编》卷五。

《严母卢太夫人家传》,《茹经堂文集五编》卷六。

《邓母朱夫人家传》,《茹经堂文集五编》卷六。

《江阴祝君丹卿墓志铭》,《茹经堂文集五编》卷七;又《国学通讯》第 1 期(1940 年)。

《潜励斋初稿题辞》,崔龙、陈荔英著《潜励斋初稿》卷首。

《韩愈送穷文及其研究法》,《辰光》第 1 卷第 2 期(1939 年)。

《欧阳永叔释秘演诗集序研究法》,《辰光》第 1 卷第 3 卷(1939 年)。

《清凉寺静波上人传》,《佛学半月刊》第 219 期(1940 年)。

《挽王一亭先生》(联),《人报》1939 年 1 月 27 日第 2 版。

《呈为救济青年失学在沪复课请赐予备案由》,《私立无锡国学专修学校武昌文华图书馆专科学校迁校及校舍建筑等问题的文件(1937—1947)》,中国第二历史档案馆,全宗号 5,案卷号 5456。

《呈为遵令刊刻图记呈报备查并呈送教职员履历表暨新旧学生名册请赐察备案由》,《私立无锡国学专修学校校务行政计划、工作报告和在沪复课员生名册(1939—1944)》,中国历史第二档案,全宗号 5,案卷号 5614。

《唐蔚芝先生演讲录》(初集),交通大学出版处 1939 年版。

《唐蔚芝先生演讲录》(二集),交通大学出版处 1939 年版。

1940 年　庚辰　76 岁

《读诗经大纲》,《茹经堂文集四编》卷四。

《诗小雅常棣篇讲义》,《茹经堂文集四编》卷四。

《诗小雅蓼莪篇讲义》,《茹经堂文集四编》卷四。

《孝经开宗明义章讲义》,《茹经堂文集四编》卷四。

《梦湘盦劫余诗序》,《茹经堂文集四编》卷六。

《朱生贯微读经笔记序》,《茹经堂文集四编》卷六。

《谢氏咏史诗辑注跋》,《茹经堂文集四编》卷六。

《陈生柱尊临诸家评点韩集后》,《茹经堂文集四编》卷六;《群雅月刊》第 1 卷第 3 期(1940 年)。

《沈思齐先生传》,《茹经堂文集四编》卷七。

《秦砚畦先生家传》,《茹经堂文集四编》卷七。

《项母张太夫人家传》,《茹经堂文集四编》卷七。

《重修唐荆川先生读书处碑》,《茹经堂文集四编》卷八;《国专月刊》第 2 卷第 3 期(1935 年);《学术世界》第 1 卷第 7 期(1935 年);又《江苏研究》第 2 卷第 2 期

(1936 年),题作《重修荆川先生读书处记》。

《朱母赵太夫人墓志铭》,《茹经堂文集四编》卷八。

《闵君之孝八十寿序》,《茹经堂文集五编》卷四。

《松江交通志序》,《茹经堂文集五编》卷五。

《粹芬阁四书读本序》,《茹经堂文集五编》卷五。

《双梧馆秋课图跋》,《茹经堂文集五编》卷五。

《太仓萧孺人殉难记》,《茹经堂文集五编》卷六;《国防月刊》第 1 卷第 3 期 (1946 年)。

《孟子心性学》,《群雅月刊》第 1 卷第 1 期(1940 年)。

《关于"商标局"的掌故》,《宇宙风(乙刊)》第 23 期(1940 年)。

《尔雅提纲》,《佛学半月刊》第 216 期(1940 年)。

《王瑗仲教授鬻字文例》,王运天《王蘧常教授学谱》。

按:此文例由唐文治、张寿镛、姚景瀛、沈卫同共同代订。

《越勾践志》,唐文治著,王蘧常、周麟瑞编,1940 年版。

《唐蔚芝先生演讲录》(第三、四集),交通大学出版处 1940 年版。

1941 年　辛巳　77 岁

《三纲论》,《茹经堂文集四编》卷三。

《朱子学术精神论》,《茹经堂文集四编》卷三。

《精气魂魄神为五宝论》,《茹经堂文集四编》卷三。

《治心在研几论》,《茹经堂文集四编》卷三。

《救济丛谈》,《茹经堂文集四编》卷三。

《王杏塘先生七秩寿序》,《茹经堂文集四编》卷五。

《朱君苏吾五秩双寿序》,《茹经堂文集四编》卷五。

《答谱弟曹君叔彦书》,《茹经堂文集四编》卷五。

《孙氏玉鉴堂先哲遗书目序》,《茹经堂文集四编》卷六。

《娄水琴人集后序》,《茹经堂文集四编》卷六。

《顾晴沙给谏风草图题咏跋》,《茹经堂文集四编》卷六。

《王文恪公行状》,《茹经堂文集四编》卷七;又《申报》1941 年 9 月 2 日、9 月 4 日第 10 版,题作《王丹揆先生传》;《江苏文献》续 1 卷第 5—6 期(1944 年),题作《崇明王丹揆先生传》;单行本一册,题作《崇明王丹揆先生传》,刊印时间不详。

《沈君梦莲传》,《茹经堂文集四编》卷七。

《谢君钟英家传》,《茹经堂文集四编》卷七。

《顾嫂高恭人家传》,《茹经堂文集四编》卷七。

《黄室唐夫人家传》,《茹经堂文集四编》卷七。

《王母沈太孺人二百龄诞辰记》,《茹经堂文集四编》卷七。

《丁恪敏公神道碑铭》,《茹经堂文集四编》卷八。

《钱氏三代墓表》,《茹经堂文集四编》卷八。

《唐永龄先生墓志铭》,《茹经堂文集四编》卷八。

《杨君玉书墓志铭》,《茹经堂文集四编》卷八。

《太仓先哲遗像册序》,《茹经堂文集五编》卷五。

《高氏中学成绩录序》,《茹经堂文集五编》卷五。

《吹万楼文集序》,《茹经堂文集五编》卷五。

《江君武子本国历史地图序》,《茹经堂文集五编》卷五。

《明季忠节贰臣字迹跋》,《茹经堂文集五编》卷五;又朱屺瞻艺术馆《朱屺瞻艺术研究文选》,上海人民美术出版社 2001 版,题作《题明人扇面书画集》。

《武进朱君芷庭家传》,《茹经堂文集五编》卷六。

《沈母徐太夫人家传》,《茹经堂文集五编》卷六。

《嵩山草堂记》,《茹经堂文集五编》卷六。

《致知力行救心救国》,《中央周刊》第 4 卷,第 11—20 期(1941 年)。

《论语大义》,《民意月刊》第 2 卷第 4—5 期(1941 年)。

《论语大义》(续),《民意月刊》第 2 卷第 8—10 期(1941 年)。

《论语大义》(续),《民意月刊》第 3 卷第 3—4 期(1941 年)。

《劝善救民篇》,《国学通讯》第 5 期(1941 年);《大众》第 2 卷第 6 期(1943 年)。

《题变风社诸生诗录》,无锡国学专修学校变风诗社编《变风社诗录》。

《题词》,《无锡旅刊》第 178 期(1941 年)。

《闵之孝先生德配芮夫人八十寿序》,《之江中国文学会集刊》第 6 期(1941 年)。

《祭王丹揆先生文》,《申报》1941 年 9 月 15 日第 7 版《本市卅余公团昨追悼王丹揆》。

《挽王清穆联》,见孙福基《王丹揆先生盖棺记》,《江浙同乡聚餐会三周纪念刊》。

《呈为本校各教职员生活艰辛恳请俯准转咨财政部赐照原案规定补助费金额二千元按月十足发给由》,《私立无锡国学专修学校有关经费文表(1937—1949)》,

中国历史第二档案馆,全宗号 5,案卷号 5225。

《呈报本校已在桂林穿山建筑校舍,自本学期起即迁桂林上课请赐察核备案由》,《私立无锡国学专修学校、武昌文华图书馆专科学校迁校及校舍建筑等问题的文件(1937—1947)》,中国第二历史档案馆,全宗号 5,案卷号 5456。

按: 此呈由唐文治、冯振共同署名。

《王阳明之"知行合一"学说》(演讲记录稿),《申报》1941 年 6 月 9 日第 9 版。

1942 年　壬午　78 岁

《周作民先生六秩双寿序》,《茹经堂文集四编》卷五。

《俞金门先生遗著序》,《茹经堂文集四编》卷六。

《丹华火柴公司历史序》,《茹经堂文集四编》卷六。

《王麓台先生〈艺菊图〉题跋》,《茹经堂文集四编》卷六。

《王梅森先生家传》,《茹经堂文集四编》卷七。

《杨君在田家传》,《茹经堂文集四编》卷七。

《姚君承砚家传》,《茹经堂文集四编》卷七。

《袁燮元先生家传》,《茹经堂文集四编》卷七。

《金君侠闻家传》,《茹经堂文集四编》卷七。

《奉贤朱遯叟先生家传》,《茹经堂文集四编》卷七。

《童君金辉家传》,《茹经堂文集四编》卷七。

《荣熙泰先生家传》,《茹经堂文集四编》卷七。

《陈母凌太夫人家传》,《茹经堂文集四编》卷七。

《翁文端文恭两公墨迹记》,《茹经堂文集四编》卷七;又《永安月刊》第 55 期 (1943 年),题作《常熟翁文端文恭两公墨迹记》。

《重绘娄东十老图后记》,《茹经堂文集四编》卷七。

《松禅图书馆纪念碑》,《茹经堂文集四编》卷八;又 1947 年单印本,题作《常熟松禅图书馆纪念碑》。

《张君璚隐墓志铭》,《茹经堂文集四编》卷八。

《王君选卿墓志铭》,《茹经堂文集四编》卷八。

《王母朱太夫人墓志铭》,《茹经堂文集四编》卷八。

《胡生敬侃哀辞》,《茹经堂文集四编》卷八。

《壬午九月患膀胱证自述》,《茹经堂文集五编》卷一。

《辞贺重宴鹿鸣文》,《茹经堂文集五编》卷二。

《郭晋之先生九十寿序》,《茹经堂文集五编》卷四。

《胡母顾太夫人八十寿序》,《茹经堂文集五编》卷四。

《重印南通张君季直年谱序》,《茹经堂文集五编》卷五。

《嘉定钱氏宗谱序》,《茹经堂文集五编》卷五。

《冯君紫珊七旬纪念刊序》,《茹经堂文集五编》卷五。

《当湖雪映庐画鉴序》,《茹经堂文集五编》卷五。

《李君惠农诗文集序》,《茹经堂文集五编》卷五;李澍《惠安乡农诗文稿》卷首,太仓严瀛 1954 年钞本。

《钱君士青全集序》,《茹经堂文集五编》卷五。

《石刻王阳明先生遗像跋》,《茹经堂文集五编》卷五。

《镇海方君粹彦家传》,《茹经堂文集五编》卷六。

《吴江吴君植如家传》,《茹经堂文集五编》卷六。

《春夜思亲翌日闻周太孺人节孝坊被毁怆怀感赋(用古韵)》,《茹经堂文集六编》卷一。

《阳明先生复古本大学论》,《大众》第 2 期(1942 年)。

《三字经注序》,《江苏文献》第 1 卷第 1—2 期(1942 年)。

《丁福保先生六秩晋九寿辰纪念启事》,《申报》1942 年 7 月 26 日第 1 版。

按:此启事由发起人唐文治、徐乾麟、闻兰亭、林康侯、沈恩孚、胡朴安、蒋竹庄、袁履登、陈春华、殷焕之、徐叔承、叶效良、娄观潮、张元甫、叶良让、施蕙亭、汪炳炎、董炳、黄警顽、钱齐灵、荣柏云、濮文彬、傅兴泉、聂云台、祝匡明、陈贵生、周瑞华、宁思宏、曹培灵、冯树锦、朱铭新、戴光化等共同署名。

《覆教育(部)电文(为遵令拟具文书专修科计划及课程纲要,呈请备核由)》,陈国安等编《无锡国专史料选辑》。

按:此电由唐文治、冯振共同署名。

《呈报本校由沪退出学生徐占馨、张公衍等二人名册一份敬祈察核并赐发补助费由》,《私立无锡国学专修学校有关经费文表(1937—1949)》,中国历史第二档案馆,全宗号 5,案卷号 5225。

按:此电由唐文治、冯振共同署名。

《唐蔚芝先生劝孝编》,崇德善会 1942 年印行。

《唐蔚芝先生演讲录》(第五、六集),私立南洋大学出版处 1942 年版。

按:上海交通大学出版社 2017 年 4 月出版由虞万里导读,张靖伟整理的《唐文治国学演讲录》,将《唐蔚芝先生演讲录》共六集合为一书。

1943 年　癸未　79 岁

《读书管见序》,《茹经堂文集四编》卷六;《苏讯》第 95—96 期(1948 年)。

《憲斋金石考释题跋记序》,《茹经堂文集四编》卷六。

《书谱兄王文恪公铁路痛史后(附录〈铁路痛史〉)》,《茹经堂文集四编》卷六。

《李君季康家传》,《茹经堂文集四编》卷七。

《周君念耕家传》,《茹经堂文集四编》卷七。

《孙君莲初墓志铭》,《茹经堂文集四编》卷八。

《论不忍》,《茹经堂文集五编》卷一。

《述徐杨二太翁行善事》,《茹经堂文集五编》卷一。

《论行善为吾辈之天职》,《茹经堂文集五编》卷一。

《论行善当先人后己》,《茹经堂文集五编》卷一。

《论国家善气恶气关系废兴存亡》,《茹经堂文集五编》卷一。

《续劝善救民篇》,《茹经堂文集五编》卷一。

《古本大学微言》,《茹经堂文集五编》卷三。

《赠缪生天行序》,《茹经堂文集五编》卷四。

《荣君德生七十寿序》,《茹经堂文集五编》卷四。

《张君竹溪七十寿序》,《茹经堂文集五编》卷四。

《伯元宗兄五十寿序》,《茹经堂文集五编》卷四。

《王君次清诗词集序》,《茹经堂文集五编》卷五。

《孙君筹成三十周从戎纪念序》,《茹经堂文集五编》卷五。

《增订古文观止序》,《茹经堂文集五编》卷五。

《明杨椒山先生手迹跋》,《茹经堂文集五编》卷五。

《钱君孙卿私乘跋》,《茹经堂文集五编》卷五。

《太仓张君纶卿家传》,《茹经堂文集五编》卷六。

《无锡高君践四家传》,《茹经堂文集五编》卷六;《江苏民报》1946 年 7 月 6 日第 4 版;又《苏讯》第 69 期(1946 年),题作《高君践四家传》。

《海门董君涤青家传》,《茹经堂文集五编》卷六。

《青浦高君荫嘉家传》,《茹经堂文集五编》卷六。

《重修陆陈江盛四先生祠记》,《茹经堂文集五编》卷六。

《重修沈即山先生祠记》,《茹经堂文集五编》卷六。

《胡生敬侃衣冠墓记》,《茹经堂文集五编》卷六。

《竹径草堂记》,《茹经堂文集五编》卷六。

《南汇唐君向余家传》,《茹经堂文集五编》卷六。

《梅母崔孺人家传》,《茹经堂文集五编》卷六。

《无锡旅沪同乡会记》,《茹经堂文集五编》卷六。

《乐亭马益堂先生纪念碑》,《茹经堂文集五编》卷七。

《三原王幼农先生墓表》,《茹经堂文集五编》卷七。

《唐鸟窠道林禅师碑》,《茹经堂文集五编》卷七。

《祭无锡荣宗敬先生文》,《茹经堂文集五编》卷七。

《无锡溥源宗侄哀辞》,《茹经堂文集五编》卷七。

《无锡颖瑚宗侄女哀辞》,《茹经堂文集五编》卷七。

《海上游春记》,《大众》第 7 期(1943 年)。

《大学新读本叙》,《大众》第 8 期(1943 年)。

《孟子气节学》,《大众》第 10 期(1943 年)。

《克己为治平之本》,《大众》第 11 期(1943 年)。

《孟子大义》(一),《大上海》第 3 期(1943 年)。

《孟子大义》(二),《大上海》第 4 期(1943 年)。

《孟子大义》(三),《大上海》第 5 期(1943 年)。

《孟子大义》(四),《大上海》第 6 期(1943 年)。

《木道人灵异记》,《木铎声》第 2 期(1943 年)。

《顾康伯先生寿联》,《无锡日报》1943 年 11 月 14 日。

《恭祝沈信卿先生八十大寿启》,见《申报》1943 年 5 月 3 日第 4 版《祝沈信卿先生八秩寿辰》。

按：据《祝沈信卿先生八秩寿辰》一文记,此启由"唐蔚芝、陈陶遗、钱名山、蒋竹庄、丁福保、林康侯、冯炳南、闻兰亭、袁履登、叶贡山、江上达、张一鹏、陈彬龢、潘仰尧、朱吟江、许秋帆、吴蕴斋、徐寄顾、叶扶霄等八十余人"共同发起。

《呈为恳予增拨文书专修科经费壹拾肆万肆仟陆佰壹拾元以资扩充由》,《私立无锡国学专修学校有关经费文表》,中国历史第二档案馆,全宗号 5,案卷号 5225。

按：此呈由唐文治、冯振共同署名。

《呈请准予钧部核定扩充文书专修科计划增拨经费后始行编造预算由》,《私立无锡国学专修学校有关经费文表(1937—1949)》,中国历史第二档案馆,全宗号 5,案卷号 5225。

按：此呈由唐文治、冯振共同署名。

《呈报三十二年度本校补助费案设施计划及添置设备清册教职员生活津贴清

册敬祈察核由》,《私立无锡国学专修学校有关经费文表(1937—1949)》,中国历史第二档案馆,全宗号 5,案卷号 5225。

按:此呈由唐文治、冯振共同署名。

《呈覆本校上海补习部师生情形并拟恳拨款十万元由校派员赴沪资助内迁由》,《私立无锡国学专修学校有关经费文表(1937—1949)》,中国历史第二档案馆,全宗号 5,案卷号 5225。

按:此呈由唐文治、冯振共同署名。

《呈报文书专修科预算书敬恳体恤艰困续拨不足之数捌万玖仟肆佰元以资维持由》,《私立无锡国学专修学校有关经费文表(1937—1949)》,中国历史第二档案馆,全宗号 5,案卷号 5225。

按:此呈由唐文治、冯振共同署名。

《呈为物价腾涨恳请赐予增拨本校本年度补助费俾资维持由》,《私立无锡国学专修学校有关经费文表(1937—1949)》,中国历史第二档案馆,全宗号 5,案卷号 5225。

按:此呈由唐文治、冯振共同署名。

《呈送本校建筑图书馆、学生宿舍、教职员宿舍及全校校舍分布图、建筑工程详细图暨工作说明书、估价单、合同式样等各四份,敬祈核办由》,《私立无锡国学专修学校、武昌文华图书馆专科学校迁校及校舍建筑等问题的文件(1937—1947)》,中国第二历史档案馆,全宗号 5,案卷号 5456。

按:此呈由唐文治、冯振共同署名。

《呈教育部电文(呈恳准予续招文书专修科新生以应社会需用由)》,陈国安等编《无锡国专史料选辑》。

按:此呈由唐文治、冯振共同署名。

《茹经堂文集四编》八卷,1943 年印本;台北文海出版社有限公司 1974 年《近代中国史料丛刊续编》本;上海书店 1996 年《民国丛书》本。

《林母史夫人家传》,1943 年自印本。

《广德钱士青先生七秩寿庆谨序》,陈凤章编《钱士青先生年谱》,1943 年铅印本。

《怀仁中学校训(并跋)》,怀仁中学校史展。

1944 年　甲申　80 岁

《追记母病二则》,《茹经堂文集五编》卷一。

《孙君煜峰五子字说》,《茹经堂文集五编》卷二。

《香草居题辞》,《茹经堂文集五编》卷二。

《学易入门录》,《茹经堂文集五编》卷三。

《周君止庵八十寿序》,《茹经堂文集五编》卷四。

《林君菽庄七十寿序》,《茹经堂文集五编》卷四。

《许君润生七十寿序》,《茹经堂文集五编》卷四。

《金君宗城五十寿序》,《茹经堂文集五编》卷四。

《纪云宗弟六十寿序》,《茹经堂文集五编》卷四。

《上海荷溪金氏族谱序》,《茹经堂文集五编》卷五。

《闻孙蓉先生遗诗序》,《茹经堂文集五编》卷五。

《钱君躬行诗存序》,《茹经堂文集五编》卷五。

《唐氏孝友乐善图序》,《茹经堂文集五编》卷五。

《野航吟稿序》,《茹经堂文集五编》卷五。

《陈君征宇诗集序》,《茹经堂文集五编》卷五。

《萧屋泉先生师生画展集序》,《茹经堂文集五编》卷五。

《南郊送别图序》,《茹经堂文集五编》卷五。

《百兰图画册序》,《茹经堂文集五编》卷五。

《缪文贞公会试遗墨跋》,《茹经堂文集五编》卷五。

《娄东十老图跋》,《茹经堂文集五编》卷五。

《朱氏传家乐善图跋》,《茹经堂文集五编》卷五。

《汀州伊峻斋先生家传》,《茹经堂文集五编》卷六。

《南汇盛亮生先生家传》,《茹经堂文集五编》卷六。

《鄞县陆元利先生家传》,《茹经堂文集五编》卷六。

《宝山潘君润芝家传》,《茹经堂文集五编》卷六。

《江阴周君醇葆家传》,《茹经堂文集五编》卷六。

《唐母史太夫人家传》,《茹经堂文集五编》卷六。

《旌表节孝周太孺人石牌坊记》,《茹经堂义集五编》卷六。

《太仓十二古迹记》,《茹经堂文集五编》卷六。

《太仓粥厂图画记》,《茹经堂文集五编》卷六。

《太仓翼雏保婴所记》,《茹经堂文集五编》卷六。

《陆桴亭先生枪法遗闻记》,《茹经堂文集五编》卷六。

《陀罗寿世图记》,《茹经堂文集五编》卷六。

《海滨修褉图记》,《茹经堂文集五编》卷六。

《上海曹豫材先生墓碑铭》,《茹经堂文集五编》卷七。

《太仓钱君诵三墓志铭》,《茹经堂文集五编》卷七。

《如皋顾母徐太孺人墓志铭》,《茹经堂文集五编》卷七。

《同族保谦公孝善遗型图总序》,《茹经堂文集六编》卷四。

《广西北流陈君柱尊墓志铭》,《茹经堂文集六编》卷六。

《太仓陆君彤士墓志铭》,《茹经堂文集六编》卷六。

《军事学当宗孔门》,《大众》第 16 期(1944 年)。

《革新先革心》,《大众》第 17 期(1944 年)。

《原慈·居心之慈》,《大众》第 18 期(1944 年)。

《原慈二·爱民之慈》,《大众》第 19 期(1944 年)。

《孝经讲义·孝经翼(论语论孝)》,《大众》第 20 期(1944 年)。

《原慈四·行军之慈》,《大众》第 21 期(1944 年)。

《孝经讲义》(天子章、诸侯章),《大众》第 23 期(1944 年)。

《孝经讲义》(卿大夫章、士章、庶人章),《大众》第 23 期(1944 年)。

《孝经讲义》(三才章、孝治章),《大众》第 25 期(1944 年)。

《孝经讲义》(圣治章),《大众》第 26 期(1944 年)。

《私立无锡国学专修学校呈财政部部长孔》,《私立无锡国学专修学校有关经费文表(1937—1949)》,中国历史第二档案馆,全宗号 5,案卷号 5225。

按:此呈由唐文治、冯振共同署名。

《呈请教育部迅予赐发本校教员研究补助费,以资激励由》,《私立无锡国学专修学校教职员任免、资格审查等有关人事文件(1938—1944)》,中国第二历史档案馆,全宗号 5,案卷号 2903。

按:此呈由唐文治、冯振共同署名。

《呈请增拨本校三十三年度文书专修科目补助费或准予征收学费敬祈察核示遵由》,《私立无锡国学专修学校有关经费文表(1937—1949)》,中国历史第二档案馆,全宗号 5,案卷号 5225。

按:此呈由唐文治、冯振共同署名。

《呈为重行呈请文书专修科经常补助费无法维持敬祈赐予增拨以资继续开办由》,《私立无锡国学专修学校有关经费文表(1937—1949)》,中国历史第二档案馆,全宗号 5,案卷号 5225。

按:此呈由唐文治、冯振共同署名。

《呈送教育部文(呈送本校文书专科三十三年全年度支出预算书敬祈核准赐拨由)》,陈国安等编《无锡国专史料选辑》。

按：此呈由唐文治、冯振共同署名。

《祭沈信卿先生文》,《申报》1944 年 5 月 21 日第 4 版。

按：据《申报》载,此系由鸿英图书馆、中华职业教育社、申报馆、工商学艺所、孔圣学会、融五诸经社、易学会及沈卫、唐文治、张元济、孙儆、闻兰亭、蒋维乔、陆规亮、许沅等联合致祭。

《致各学校公函》,《申报》1944 年 11 月 20 日第 2 版《中国美术馆今日开幕》。

按：此公函由发起人唐文治、李思浩、袁俞佺、庞莱臣、叶恭绰、袁履登、赵叔孺、林康侯、潘仰尧、丁福保、徐朗西、陈彬龢、胡朴安、吴蕴斋、张葱玉、蒋竹庄、吴震修、丁惠康等共同署名。

1945 年　乙酉　81 岁

《人生三不及论》,《茹经堂文集五编》卷一。

《任琪女士悬壶纪念训辞》,《茹经堂文集五编》卷二。

《孝纯孙女大学毕业训辞》,《茹经堂文集五编》卷二。

《胡君春台收藏先哲书画题辞》,《茹经堂文集五编》卷二。

《弟妇蔡太夫人七十寿序》,《茹经堂文集五编》卷四。

《袁母杨太夫人七十寿序》,《茹经堂文集五编》卷四。

《复旦大学政治学系行政练习序》,《茹经堂文集五编》卷五。

《元历纪年法序》,《茹经堂文集五编》卷五。

《嘉定潘伯申先生家传》,《茹经堂文集五编》卷六。

《嘉定吴氏读经教孝图记》,《茹经堂文集五编》卷六。

《宝山瞿君祥芝墓志铭》,《茹经堂文集五编》卷七。

《嘉定夏君琅云墓志铭》,《茹经堂文集五编》卷七。

《崇明龚母陈夫人墓志铭》,《茹经堂文集五编》卷七。

《无锡张娴女士墓碑铭》,《茹经堂文集五编》卷七。

《论世界之和与战》,《茹经堂文集六编》卷一。

《论定国要策》,《茹经堂文集六编》卷一;又《苏讯》第 175 期(1946 年),题作《论今日治国要策》。

《仁寿鉴》,《茹经堂文集六编》卷一。

《江宁陈亮伯先生墨迹题辞》,《茹经堂文集六编》卷一。

《无锡张娴女士风雨勤斯图题辞》,《茹经堂文集六编》卷一。

《周易天命学》,《茹经堂文集六编》卷二。

《周易保民学一》,《茹经堂文集六编》卷二;《大众》第 9 期(1943 年)。

按: 此文收入《茹经堂文集六编》卷二,于题下标注干支年份为"乙酉"即 1945 年,但 1943 年即刊于《大众》。

《周易保民学二》,《茹经堂文集六编》卷二。

《送周予同先生赴台湾序》,《茹经堂文集六编》卷三。

《滁县杭铭渠先生七十寿序》,《茹经堂文集六编》卷三。

《宝山王鲤庭先生八十寿序》,《茹经堂文集六编》卷三。

《崇明瞿氏诗礼永怀图序》,《茹经堂文集六编》卷四。

《无锡奚文宪先生诗文集序》,《茹经堂文集六编》卷四。

《无锡华艺三先生八十有五寿诗序》,《茹经堂文集六编》卷四。

《嘉兴钱君海一辞辨序》,《茹经堂文集六编》卷四。

《嘉兴王君瑗仲文集序》,《茹经堂文集六编》卷四。

《三民图书公司二十年纪念刊序》,《茹经堂文集六编》卷四。

《嘉定陈仲达先生行政练习序》,《茹经堂文集六编》卷四。

《义马记》,《茹经堂文集六编》卷五;《国防月刊》第 2 卷第 1 期(1947 年)。

《安徽方公佩斋神道碑》,《茹经堂文集六编》卷六。

《泰县陆答山先生墓志铭》,《茹经堂文集六编》卷六。

《历城曹幼珊先生墓志铭》,《茹经堂文集六编》卷六。

《泰县卢母崔太夫人墓志铭》,《茹经堂文集六编》卷六。

《江阴章君子卫哀辞》,《茹经堂文集六编》卷六。

《孝经讲义》(纪孝行章),《大众》第 27 期(1945 年)。

《孝经讲义》(五刑章、感应章),《大众》第 28 期(1945 年)。

《孝经讲义·孝经翼》(论语论孝),《大众》29 期(1945 年)。

《挽王(蘧常)母顾太夫人》(联),《大众》第 30 期(1945 年)。

《孝经讲义·孝经翼》(孟子论孝上),《大众》第 30 期(1945 年)。

《孝经讲义·孝经翼》(孟子论孝下),《大众》第 31 期(1945 年)。

《孝经讲义·孝经翼》(礼记论孝),《大众》第 32 期(1945 年)。

《孝经讲义》(开宗明义章),《大众》第 33 期(1945 年)。

《为呈报在沪复校上课请赐备案由》,《私立无锡国学专修学校、武昌文华图书馆专科学校迁校及校舍建筑等问题的文件(1937—1947)》,中国第二历史档案馆,全宗号 5,案卷号 5456。

《分配本校教员福利金,请由重庆中央银行汇交由》,《私立无锡国学专修学校教职员任免、资格审查等有关人事文件(1938—1944)》,中国第二历史档案馆,全宗号 5,案卷号 2903。

《茹经堂文集五编》七卷,1945 年印本;台北文海出版社有限公司 1974 年《近代中国史料丛刊续编》本;上海书店 1996 年《民国丛书》本。

1946 年　丙戌　82 岁

《穷民叹》,《茹经堂文集六编》卷一。

《劝施衣施米并设施粥厂文》,《茹经堂文集六编》卷一。

《太仓张啸湖先生画像题辞》,《茹经堂文集六编》卷一。

《劝居家勿鞭挞小儿说》,《茹经堂文集六编》卷一。

《赠蔡君伯仑序》,《茹经堂文集六编》卷三。

《慈溪秦润卿先生七十寿序》,《茹经堂文集六编》卷三。

《无锡周氏世谱序》,《茹经堂文集六编》卷四。

《江阴唐氏续修支谱序》,《茹经堂文集六编》卷四。

《太仓修理文庙暨四先生征信录序》,《茹经堂文集六编》卷四。

《太仓季君调卿诗文集序》,《茹经堂文集六编》卷四。

《泰兴丁君素堂曾子学序》,《茹经堂文集六编》卷四。

《平湖赵春培先生家传》,《茹经堂文集六编》卷五。

《江阴徐邦基先生家传》,《茹经堂文集六编》卷五。

《嘉定胡君春台家传》,《茹经堂文集六编》卷五。

《崇明龚母沈太夫人家传》,《茹经堂文集六编》卷五。

《丹阳姜母姚太夫人家传》,《茹经堂文集六编》卷五。

《海门王母杜孺人家传》,《茹经堂文集六编》卷五。

《无锡王剑秋夫妇母女殉难记》,《茹经堂文集六编》卷五;《苏讯》第 68 期(1946 年);《国防月刊》第 2 卷第 2 期(1947 年)。

《无锡二泉桥记》,《茹经堂文集六编》卷五。

《广西平南欧阳谢太宜人家传》,《茹经堂文集六编》卷五。

《浙江王一亭先生功德纪念碑》,《茹经堂文集六编》卷六。

《海门薛雨霖先生墓志铭》,《茹经堂文集六编》卷六。

《太仓胡君粹士墓志铭》,《茹经堂文集六编》卷六。

《长沙黄母杨太夫人墓志铭》,《茹经堂文集六编》卷六。

《钱塘施公省之墓志铭》,《茹经堂文集六编》卷六。

《焚家救难》,《南行》第 1 期(1946 年)。

《斥利》,《苏讯》第 72—73 期(1946 年)。

《为善篇》,《苏讯》第 74 期(1946 年)。

《孝友篇》,《苏讯》第 75—76 期(1946 年)。

《释量》,《导报月刊》第 1 卷第 1 期(1946 年)。

《仁寿鉴》(寿己寿人寿世之方),《苏讯》第 70 期(1946 年)。

《二知斋遗稿序》,孙赞尧《二知斋遗稿》,1946 年印本。

《无锡胜利碑记》,《江苏民报》1946 年 1 月 23 日第 3 版《〈无锡胜利碑记〉——国专校长唐文治先生撰》。

《董伯度诗稿序》,《大锡报》1946 年 4 月 18 日第 4 版。

《丁氏文化复兴社宣言》,见《胡朴安友朋尺牍》(一)。

按: 此宣言由发起人吴稚晖、唐文治、蒋维乔、李石曾、胡朴安、高燮、朱家骅、张元济、王君复等共同署名。

《呈报本校复员员生业经抵达无锡并将校铃缴还由》,《私立无锡国学专修学校、武昌文华图书馆专科学校迁校及校舍建筑等问题的文件(1937—1947)》,中国第二历史档案馆,全宗号 5,案卷号 5456。

《呈为呈覆事》,《民国卅 4 年拾壹月奉领江南奸伪公私立各级文教机关整理要则》,无锡市档案馆,全宗号 ML7,案卷号 118。

《致美总统杜鲁门、国务卿贝尔纳斯、参众两院议长、参议院外交委员会主席康纳利及美国各大学校长、教授电》,《申报》1946 年 8 月 9 日第 1 版《沪各大学校长暨教授请美国继续助　六十四人联电杜鲁门等》)。

按: 此电之署名者:校长:吴保丰(交通大学)、李寿雍(暨南大学)、章益(复旦大学)、董洗凡(同济大学)、凌宪扬(沪江大学)、习信德(圣约翰大学)、盛振为(东吴大学)、李培恩(之江大学)、胡文耀(震旦大学)、胡敦复(大同大学)、欧元怀(大夏大学)、周均时(商船学校)、朱国璋(上海商学院)、戴粹伦(国立音专)、褚辅成(上海法学院)、刘海粟(上海美专)、颜文梁(苏州美专)、余文灿(税专)、顾毓琦(同德医学院)、郭琦元(东南医学院)、张渊扬(南通学院)、蒋维乔(诚明学院)、唐文治(无锡国专)、宋梧生(中法药专)、杨叔艺(市立工专)、陈高佣(新闻专校)。教授:吴南轩、应成一、伍蠡甫、孙绳曾、胡继纯、何德鹤、李熙谋、鲁继曾、裘维裕、陈石英、钟伟成、柴志明、刘大杰、刘咸、潘璞、梁灿英、郭绍虞、蒋益生、胡志远、赵修鸿、林卓然、郑章成、李浩然、郑世察、章苍萍、潘抑强、沈衔书、钱素君、陈又新、伍裕万、王蘧常、李鸿寿、丁光燮、卢锡茶、韩可吾、褚凤仪、宋寿昌、陈楚善。

《致无锡县长徐渊若函》，《江苏民报》1946 年 8 月 26 日《唐文治钱基博函请拨义租修东林》）。

按：此函由唐文治、钱基博、顾宝琛、杨建时、高涵叔、杨郁初、高昌运、秦执中共同署名。

《重修东林书院募捐启》，《修葺东林书院收支报告》）。

按：此启由吴稚晖、唐文治、华文川、钱基博、钱基厚、顾型、孙肇圻、杨建时、杨少棠、许伯翔、裘维裕、华士巽、唐星海、荣鸿元、薛明剑、薛育津、丁裕泉、华洪涛、陶达三、辛干、李干、杨荫溥、张竞显、秦权、秦鉴源、杨郁初、高文海、高昌运、顾宝琛、顾希炯共同署名。

《致钱孙卿函》（四通），原件藏无锡市第三高级中学。

1947 年　丁亥　83 岁

《再记浏河石牌坊被毁文》，《茹经堂文集六编》卷一。

《无锡族伯子良公隐行善事三则》，《茹经堂文集六编》卷一。

《记太仓杨君俊丞自戕殉职事》，《茹经堂文集六编》卷一。

《续劝施衣施粥文》，《茹经堂文集六编》卷一。

《南洋大学演说稿》，《茹经堂文集六编》卷一；又《苏讯》第 84—86 期（1947年），题作《气节与为善——丁亥九月二十七日南洋大学诸旧同学来请演讲》。

《无锡国专校友会春季大会训辞》，《茹经堂文集六编》卷一。

《赠吴生常焘序》，《茹经堂文集六编》卷三。

《无锡杨味云先生八十寿序》，《茹经堂文集六编》卷三。

《武进谢桂堂先生八十寿序》，《茹经堂文集六编》卷三。

《定海刘鸿生先生六十寿序》，《茹经堂文集六编》卷三；《宁波旅沪同乡会会刊》第 15 期（1947 年）。

《无锡宗弟妇华太夫人八十寿序》，《茹经堂文集六编》卷三。

《答冯君振心书》，《茹经堂文集六编》卷三。

《武进张氏族谱序》，《茹经堂文集六编》卷四。

《武进袁氏续修宗谱序》，《茹经堂文集六编》卷四。

《青旸黄氏续修宗谱序》，《茹经堂文集六编》卷四。

《古隍朱氏续修宗谱序》，《茹经堂文集六编》卷四。

《无锡顾氏续修宗谱序》,《茹经堂文集六编》卷四。

《吴县沈信卿先生诗文集序》,《茹经堂文集六编》卷四。

《嘉定陈君仲达先生民国政治文选序》,《茹经堂文集六编》卷四。

《上虞沈思敏颜子传略序》,《茹经堂文集六编》卷四。

《孟子救世编自序》,《茹经堂文集六编》卷四。

《醒狮月刊序》,《茹经堂文集六编》卷四。

《伉俪月刊小序一》,《茹经堂文集六编》卷四。

《伉俪月刊小序二》,《茹经堂文集六编》卷四。

《高君践四传跋》,《茹经堂文集六编》卷四。

《临川黄稚棠先生家传》,《茹经堂文集六编》卷五。

《无锡朱福明先生家传》,《茹经堂文集六编》卷五。

《江阴郁咏唐先生家传》,《茹经堂文集六编》卷五。

《永康吕月轩先生家传》,《茹经堂文集六编》卷五。

《无锡王君翰仙家传》,《茹经堂文集六编》卷五。

《武进沈耀廷先生暨德配汪夫人合传》,《茹经堂文集六编》卷五。

《江阴沈源兴先生暨德配谢夫人合传》,《茹经堂文集六编》卷五。

《上海黄云僧先生生传》,《茹经堂文集六编》卷五。

《武进张惟鲈先生生传》,《茹经堂文集六编》卷五。

《无锡王淑靖孝女割股疗亲奇验记》,《茹经堂文集六编》卷五。

《无锡许氏三畏堂记》,《茹经堂文集六编》卷五。

《上海交通大学文治堂行奠基礼记》,《茹经堂文集六编》卷五。

《上海永康中学增建思齐斋记》,《茹经堂文集六编》卷五。

《无锡辟疆园移置金匮山记》,《茹经堂文集六编》卷五。

《泰县韩公紫石神道碑铭》,《茹经堂文集六编》卷六;《苏讯》第 81—83 期 (1947 年)。

《慈溪宓公庄晓墓表》,《茹经堂文集六编》卷六。

《庐江吴南陔先生墓表》,《茹经堂文集六编》卷六。

《吴兴杨甸侯先生墓志铭》,《茹经堂文集六编》卷六。

《江阴沙君循矩墓志铭》,《茹经堂文集六编》卷六。

《无锡刘母顾夫人墓志铭》,《茹经堂文集六编》卷六。

《重修无锡东林书院碑记》,《茹经堂文集六编》卷七;《修葺东林书院收支报告》;又《苏讯》第 77—78 期(1947 年),题作《重修东林书院碑记》。

《重修太仓隆福寺碑记》，《茹经堂文集六编》卷七。

《重修太仓周烈女凤姑碑记》，《茹经堂文集六编》卷七；《苏讯》第 87—88 期（1948 年）。

《南汇张效良先生哲嗣捐田助学纪念碑记》，《茹经堂文集六编》卷七。

《南翔怀少教育院落成碑记》，《茹经堂文集六编》卷七。

《浙江熊剑东先生殉国碑记》，《茹经堂文集六编》卷七。

《晴翠草堂诗集序》，章以荣《晴翠草堂诗集》卷首，1947 年印本。

《五十一周校庆训辞》，《交大友声》第 2 期（1947 年）；又王桐荪、胡邦彦、冯俊森等选注《唐文治文选》，刘露茜、王桐荪编注《唐文治教育文选》，均题作《上海交通大学五十一周年校庆节训辞》。

《军人爱国歌》，《国防月刊》第 4 卷第 3 期（1947 年）。

《孟子之民主思想辑要》，《地方自治（上海）》第 1 卷第 2 期（1947 年）。

《先贤遗范：清曾文正公》，《国防月刊》第 4 卷第 4 期（1947 年）。

《先贤遗范：明戚武毅公》，《国防月刊》第 4 卷第 4 期（1947 年）。

《先贤遗范：宋岳忠武王》，《国防月刊》第 4 卷第 4 期（1947 年）。

《先贤遗范：汉壮缪侯关夫子》，《国防月刊》第 4 卷第 4 期（1947 年）。

《与张元济等联名致吴市长宣司令公开信》，刘露茜、王桐荪编注《唐文治教育文选》。

按：此公开信由唐文治、张元济、陈叔通、叶景葵、陈汉第、李拔可、张国淦、胡藻青、钱崇威、项藻馨等人共同署名。

《快邮代电》，《私立无锡国学专修学校、武昌文华图书馆专科学校迁校及校舍建筑等问题的文件（1937—1947）》，中国第二历史档案馆，全宗号 5，案卷号 5456。

《致朱家骅函》，《私立无锡国学专修学校、武昌文华图书馆专科学校迁校及校舍建筑等问题的文件（1937—1947）》，中国第二历史档案馆，全宗号 5，案卷号 5456。

《呈报本校五年制业经复员无锡，三年制继续整备迁回，所有文书科因事实需要拟请借地上海办理，敬祈赐准备案由》，《私立无锡国学专修学校、武昌文华图书馆专科学校迁校及校舍建筑等问题的文件（1937—1947）》，中国第二历史档案馆，全宗号 5，案卷号 5456。

《呈覆本校并无非法勒索学费等情，并呈明于寒假后迁回无锡由》，《私立无锡国学专修学校、武昌文华图书馆专科学校迁校及校舍建筑等问题的文件（1937—1947）》，中国第二历史档案馆，全宗号 5，案卷号 5456。

《呈教育部电文（电送本校文书专修科在校学生数、班次、已毕业学生班数、人数、服务状况等表,敬祈核备由)》,陈国安等编《无锡国专史料选辑》。

《致美特使魏德迈之备忘录》,《申报》1947 年 8 月 23 日 1 版《上海各界知名人士向魏使致送备忘录》。

按:此备忘录由潘公展、徐寄庼、蔡周峻、唐文治、胡敦复、范会国、吴蕴初、江一平、奚玉书、王祖廉、李韧哉、汤彦颐、沈溯明、赵乃传、徐国懋、刘拓、胡文耀、李升伯、徐韫知、赖琏等共同署名。

《致钱孙卿函》(一通),原件藏无锡市第三高级中学。

《修葺东林书院收支报告(不分卷)》,唐文治辑,1947 年 3 月油印本,无锡图书馆藏。

1948 年　戊子　84 岁

《政治道德论》,《茹经堂文集六编》卷一;《地方自治》(上海)第 2 卷第 2 期 (1948 年)。

《崇明沈同一先生同畋书屋祝辞》,《茹经堂文集六编》卷一。

《周易积善学》,《茹经堂文集六编》卷二。

《答曹君叔彦书》,《茹经堂文集六编》卷三。

《答黄生光焘书》,《茹经堂文集六编》卷三。

《武进章氏宗谱序》,《茹经堂文集六编》卷四。

《毗陵刘氏宗谱序》,《茹经堂文集六编》卷四。

《崇明沈君汝梅适庐丛稿序》,《茹经堂文集六编》卷四。

《太仓陆勤之先生家传》,《茹经堂文集六编》卷五。

《崇明陆才甫先生家传》,《茹经堂文集六编》卷五。

《无锡戈仲翔先生家传》,《茹经堂文集六编》卷五。

《无锡李晴村先生家传》,《茹经堂文集六编》卷五。

《宜兴陆母吴夫人家传》,《茹经堂文集六编》卷五。

《海滨续修禊图记》,《茹经堂文集六编》卷五。

《美国李克乐先生纪念碑》,《茹经堂文集六编》卷六。

《太仓黄君伯樵墓志铭》,《茹经堂文集六编》卷六。

《吹万楼诗序》,高燮《吹万楼诗》卷首,1947 年袖海堂铅印线装本。

《守勤俭》,《国防月刊》第 3—4 期(1948 年)。

《无锡国学专修学校三十七年度毕业纪念刊序》,《无锡国学专修学校三十七年度毕业纪念刊》。

《民国卅七年夏季三年制第廿七届、五年制第五届毕业典礼训辞》,《国专校友》1948 年第 5 期。

《前校长唐蔚芝先生对学生自治会训辞》,《交大周刊》第 42 期(1948 年)。

《朱静安先生纪念碑》,《吼声》汇刊(1948 年)。

《将材》,《国防月刊》第 7 卷第 1—2 期(1948 年)。

《梅里张氏续修宗谱序》,张金霖纂修《梅里张氏续修宗谱》1948 年印本。

《与张元济联名致吴市长公开信》,刘露茜、王桐荪编注《唐文治教育文选》。

按:此公开信由唐文治与张元济共同署名。

《致无锡县县长周明馨函》,《无锡县经济方面来往公文》,无锡市档案馆,全宗号 ML1,案卷号 496。

《唐文治先生读文法讲辞》,上海大中华唱片厂《唐文治先生读文灌音片说明书》。

《挽蔡松如先生》(联),《苏讯》第 95—96 期(1948 年)。

《茹经堂文集六编》七卷,1948 年印本;台北文海出版社有限公司 1974 年《近代中国史料丛刊续编》本;上海书店 1996 年《民国丛书》本。

1949 年　己丑　85 岁

《己丑校庆特刊序》,《交大周刊》第 60 期(1949 年)。

《槐楼诗钞序》,陈懋鼎《槐楼诗钞》卷首,1949 年印本。

《致孙卿先生信》,陈国安、钱万里、王国平编《无锡国专史料选辑》。

《呈请增加本年度补助费俾资维持由》,《私立无锡国学专修学校有关经费文表(1937—1949)》,中国历史第二档案馆,全宗号 5,案卷号 5225。

《电请赐拨文书专修科特别补助费三亿元国学专修二亿元由》,《私立无锡国学专修学校有关经费文表(1937—1949)》,中国历史第二档案馆,全宗号 5,案卷号 5225。

《无锡国学专修学校更名为中国文学院的函》,《中国文学院关于更改校名、校长训词、聘请校董、接管附中机构、四九年度毕业生名册、统计表、学生处分、苏南行政公署有关文件》,苏州大学档案馆,全宗号 7,案卷号永久 20。

《在中国文学院开学典礼并庆祝会上的训辞》,《中国文学院关于更改校名、校长训词、聘请校董、接管附中机构、四九年度毕业生名册、统计表、学生处分、苏南行政公署有关文件》,苏州大学档案馆,全宗号 7,案卷号永久 20。

《茹经劝善小说、人兽鉴传奇谱合刊本》,唐文治、王季烈编著,正俗曲社 1949 年印本。

按：此为唐文治《茹经劝善小说》和王季烈《人兽鉴传奇谱》的合刊本。

《茹经劝善小说自记》，唐文治、王季烈编著《茹经劝善小说、人兽鉴传奇谱合刊本》。

《人兽鉴弁言》，唐文治、王季烈编著《茹经劝善小说、人兽鉴传奇谱合刊本》。

1950 年　庚寅　86 岁

《明帝女花乐府题词》，王桐荪、胡邦彦、冯俊森等选注《唐文治文选》。

《冢妇俞氏庆棠墓志铭》，《冢妇俞氏庆棠墓志铭、家传》，1950 年印本。

1954 年　甲午　90 岁

《茹经先生年谱续编》，唐文治著、唐庆诒补，1954 年油印本；台湾文海出版社1972 年《近代中国史料丛刊》本。

未系年：

《致陶达三书》（影印件），无锡市档案局（馆）、无锡市史志办公室编《新学教育先驱陶达三》。

《周舜卿先生像赞》（影印件），王金中、沈仲明主编《无锡工商先驱周舜卿》，凤凰出版社 2007 年版。

《题钱武肃王功德史》，钱文选《表忠小志·艺文志》，王国平主编《西湖文献集成》第 25 册，杭州出版社 2004 年版。

《学庸新义序》，张新吾著《学庸新义》卷首，1936 年铅印线装本。

《治病法轨序》，王汝霖著《治病法轨》卷首，上海中医书局 1941 年版。

《公羊微言大义序》，陈柱著《公羊微言大义》卷首，油印本。

《虹月归来图跋》，仲伟行等编著《铁琴铜剑楼研究文献集》，上海古籍出版社1997 年版。

《农曹职思随笔》二册，手抄本，藏中国第一历史档案馆。

《职思随笔》十八册，手抄本，藏中国第一历史档案馆。

《周易忧患九卦大义》一卷，唐文治著，《茹经堂新著》本。

《礼记·内则篇大义》一卷，唐文治著，《茹经堂新著》本。

《礼记·曲礼篇大义》一卷，唐文治著，《茹经堂新著》本。

《礼记·祭义篇大义》一卷，唐文治著，《茹经堂新著》本。

《礼记·儒行篇大义》一卷，唐文治著，《茹经堂新著》本。

《礼记·冠义篇大义》一卷，唐文治著，《茹经堂新著》本。

《大戴礼记·曾子疾病篇讲义》一卷,唐文治著,《茹经堂新著》本。

《茹经堂五训》一册,唐文治讲,刊印情况不详。

《人箴》一册,唐文治撰,刊印情况不详。

《唐文治致盛宣怀函》,上海图书馆《盛宣怀档案》,档号 018747。

《唐文治致盛宣怀函》,上海图书馆《盛宣怀档案》,档号 018750。

《唐文治致盛宣怀函》,上海图书馆《盛宣怀档案》,档号 044078。

《唐文治致盛宣怀函》,上海图书馆《盛宣怀档案》,档号 044094 - 2。

《唐文治致盛宣怀函》,上海图书馆《盛宣怀档案》,档号 082289。

《唐文治致盛宣怀函》,上海图书馆《盛宣怀档案》,档号 082637。

《唐文治致盛宣怀函》,上海图书馆《盛宣怀档案》,档号 090282。

《唐文治致盛宣怀函》,上海图书馆《盛宣怀档案》,档号 090803。

《唐文治致盛宣怀函》,上海图书馆《盛宣怀档案》,档号 094768。

《唐文治致盛宣怀函》,上海图书馆《盛宣怀档案》,档号 094770。

《唐文治致盛宣怀函》,上海图书馆《盛宣怀档案》,档号 106531。

《致曹元弼函》,虞万里、许超杰整理《唐文治致曹元弼书札编年校录》(书札之九十六)。

《致曹元弼函》,虞万里、许超杰整理《唐文治致曹元弼书札编年校录》(书札之九十七)。

《致曹元弼函》,虞万里、许超杰整理《唐文治致曹元弼书札编年校录》(书札之九十八)。

《致曹元弼函》,虞万里、许超杰整理《唐文治致曹元弼书札编年校录》(书札之九十九)。

《致曹元弼函》,虞万里、许超杰整理《唐文治致曹元弼书札编年校录》(书札之一百零一)。

《致曹元弼函》,虞万里、许超杰整理《唐文治致曹元弼书札编年校录》(书札之一百零二)。

《致曹元弼函》,虞万里、许超杰整理《唐文治致曹元弼书札编年校录》(书札之一百零三)。

《致曹元弼函》,虞万里、许超杰整理《唐文治致曹元弼书札编年校录》(书札之一百零四)。

《致曹元弼函》,虞万里、许超杰整理《唐文治致曹元弼书札编年校录》(书札之一百零五)。

附录二 主要征引文献

A

《爱莲居诗钞》,唐景星著,《太昆先哲遗书》,1928 年排印本。

《艾庐遗稿》,邵曾鉴著,清光绪二十三年(1897 年)刻本。

B

《病废闭门记》,胡朴安,《胡朴安学术论著》,浙江人民出版社 1998 年 6 月版。

《北京城市发展史(近代卷)》,袁熹著,燕山出版社 2008 年 6 月版。

C

《陈中凡年谱》,姚柯夫编著,书目文献出版社 1989 年 9 月版。

《陈石遗集》,陈衍撰,陈步编,福建人民出版社 2001 年 6 月版。

《陈石遗先生与无锡国专》,宁友,《文教资料》1986 年第 6 期。

《陈衍的生平与著述》,黄汉文,福建省政协文史资料委员会编《文史资料选编·文化编》第 3 卷,福建人民出版社 2001 年 12 月版。

《陈毅年谱》,刘树发主编,人民出版社 1995 年 12 月版。

《陈旭麓先生传略》,熊月之,《陈旭麓学术文存》,上海人民出版社 1990 年 12 月版。

《曹汝霖一生之回忆》,曹汝霖著,中国大百科全书出版社 2009 年 4 月版。

《崇陵传信录》,恽毓鼎著,《近代史料笔记丛刊》,中华书局 2007 年 6 月版。

《从盛宣怀档案中盛宣怀与唐文治信函看盛唐关系(1907—1914)》,吕成冬,《常州工学院学报(社会科学版)》2010 年第 6 期。

《从〈警醒歌〉到〈为世界之光〉——沈心工与交通大学校歌考》,谷玉梅、李啸,《交响——西安音乐学院学报》2012 年第 31 卷第 1 期。

《苌楚斋随笔 续笔 三笔 四笔 五笔》,刘声木著,中华书局 1998 年 3 月版。

D

《读经有什么用：现代七十二位名家论学生读经之是与非》，龚鹏程主编，上海人民出版社 2008 年 7 月版。

《丹华火柴公司沿革》，张新吾，中国人民政治协商会议全国委员会文史和学习委员会编《文史资料选辑》第 19 辑，中国文史出版社 2009 年 3 月版。

《东京之三年》，章宗祥，中国社会科学院近代史研究所近代史资料编辑组编《近代史资料》总 38 号，中华书局 1979 年 3 月版。

E

《蛾术轩箧存善本书录》，王欣夫著，上海古籍出版社 2002 年 12 月版。

F

《风雨八十载——魏建猷传》，周有民、姜义华主编《史魂——上海十大史学家》，上海辞书出版社 2002 年 4 月版。

《冯振纪念文集》，党玉敏、王杰主编，广西师范大学出版社 2000 年 12 月版。

《封建科举、职官中的"官年"现象——从杨守敬的举人朱卷谈起》，郗志群，《首都师范大学史学研究》第 3 辑，燕山出版社 2005 年 12 月版。

《复庵先生集》，许珏著，《中国近代史料丛刊》，台北文海出版社 1973 年版。

《复庵遗集》，许珏著，1922 年刊印本。

《桴亭先生集外文》，陆世仪著，1927 年刻本。

G

《古红梅阁笔记》，张一麐著，上海书店出版社 1998 年 3 月版。

《甘当绿叶衬红花——记陆景周先生》，黄汉文，政协太仓县文史资料研究委员会编《太仓文史资料辑存》第 6 辑，1989 年 5 月。

《国专月刊》第 1 卷第 1 号至第 5 卷第 5 号，无锡国学专修学校学生自治会出版委员会，无锡民生印书馆印刷，1935 年 3 月—1937 年 6 月。

《国专校友会集刊》（第一集），私立无锡国学专修学校校友会编辑，私立无锡国学专修学校发行，无锡华东印刷厂印刷，1931 年 6 月。

《国专校友之声》（自第六期起改名为《国学之声》）第 1 期至第 31 期，无锡国学专修学校上海校友会编，1987 年 4 月—2005 年 3 月。

《"国专"师友散记》,姚奠中,《姚奠中讲习文集》(五),研究出版社 2006 年 8 月版。

《桂阴居自订年谱》,单镇撰,苏州地方志编纂委员会编《苏州史志资料选辑》第 30 辑,1989 年。

《古典文学专家陈柱》,黎其强,政协广西壮族自治区玉林市委员会文史学习委员会编《玉林文史》第 3 辑,2003 年。

《顾廷龙年谱》,沈津编著,上海古籍出版社 2004 年 10 月版。

《高燮集》,高燮著,高铦、高锌、谷文娟编,中国人民大学出版社 1999 年 8 月版。

《庚子西狩丛谈》,吴永口述,《近代史料笔记丛刊》,中华书局 2009 年 10 月版。

《光绪乙巳(三十一)年交涉要览》《光绪丙午(三十二)年交涉要览》《光绪丁未(三十三)年交涉要览》,沈云龙主编《近代中国史料丛刊续辑》(291—300 册),台北文海出版有限公司 1976 年版。

《光绪朝东华录》,朱寿朋编,张静庐等校点,中华书局 1958 年 12 月版。

《关于清末商部振兴农务、工艺、路务等若干问题》,[日]仓桥正直著,徐鼎新译,池步洲校,《经济学术资料》1983 年第 4 期。

《溉斋诗存》,江衡著,1925 年刊本。

《溉斋杂识》,江衡著,1925 年刊本。

H

《回忆唐文治(蔚芝)先生二三事》,陆汝挺,无锡市政协文史资料研究委员会编《无锡文史资料》第 12 辑,1985 年 11 月。

《回忆沪太长途汽车公司》,项仲川,上海市政协文史资料委员会编《上海文史资料存稿汇编·市政交通》,上海古籍出版社 2001 年 12 月版。

《回忆茹经太夫子几件事》,陆希言,政协太仓县文史资料研究委员会编《太仓文史资料辑存》第 3 辑,1985 年 12 月。

《浣花庐诗钞》,唐受祺著,《太昆先哲遗书》,1928 年排印本。

《寒厓集序》,吴稚晖,孙揆均著《寒厓集》卷首,中华书局 1924 年 2 月版。

《怀念邹云翔教授——一位好学不倦的老学长》,黄汉文,邹燕勤主编《邹云翔学术思想研究选集》,南京大学出版社 1997 年 12 月版。

《怀念钱穆先叔——钱穆宾四先叔逝世十周年忆养育之恩》,钱伟长,《钱伟长文选》第六卷,上海大学出版社 2004 年 4 月版。

《黄侃日记》,黄侃著,江苏教育出版社 2001 年 8 月版。

《黄宾虹年谱》,王中秀编著,上海书画出版社 2005 年 6 月版。

《黄体芳集》,黄体芳著,俞天舒编,《温州文献丛书》,上海社会科学院出版社 2004 年 5 月版。

《黄炎培日记》(一至十六卷),黄炎培著,中国社会科学院近代史研究所整理,华文出版社 2008 年 9 月版。

《黄绍箕集》,俞天舒辑,政协瑞安文史资料委员编《瑞安文史资料》第 17 辑,1998 年 12 月。

《惠麓同声集》,王先献等著,无锡国学专修学校,1937 年版。

《胡厥文回忆录》,胡厥文著,胡世华等整理,中国文史出版社 1994 年 5 月版。

《海内文章仰此公——唐文治诞生一百三十周年纪念》,高锌《留芬集》,上海科技情报所 1997 年 8 月版。

《汉冶萍公司(二)》朱子恩、武曦、朱金元编,陈旭麓、顾廷龙、汪熙主编《盛宣怀档案资料选辑之四》,上海人民出版社 1986 年 11 月版。

《护国军纪事》(第 4 期),中华新报馆 1916 年 10 月版。

J

《记唐文治先生》,黄汉文,《江苏文史资料选辑》第 19 辑,江苏古籍出版社 1987 年 8 月版;苏州大学(原无锡国专)广西校友会主编《无锡国专在广西》,1994 年 7 月版。

《记唐蔚芝先生》,王蘧常,《雄风》第 1 期至第 5 期,1947 年;钱仲联主编《广清碑传集》卷十九,苏州大学出版社 1999 年 2 月版;《唐文治先生学术思想讨论会论文集》,苏州大学 1985 年排印本。

《记私立无锡国学专修学校》,吴溉亭,无锡市史志办公室资料室。

《记庆亲王奕劻和贝子载振》,章宗祥,上海市政协文史资料委员会编《上海文史资料存稿汇编·政治军事》,上海古籍出版社 2001 年 12 月版。

《江苏的"公车上书"》,黄汉文,江苏省文史研究馆编《三吴风采》,上海书店出版社 1993 年 7 月版。

《江苏最早的一条民营公路——沪太长途汽车公司始末记》,项仲川,政协太仓县文史资料研究会编《太仓文史资料辑存》第 1 辑,1984 年。

《江苏民报》,1945 年 9 月至 1949 年 4 月。

《江左校士录》,黄体芳辑,清光绪十一年乙酉(1885 年)刻本。

《江庸诗选》,江庸著,中央文献出版社 2001 年 3 月版。

《近三百年人物年谱知见录》(增订本),来新夏著,中华书局 2010 年 12 月版。

《蒋庭曜生平事略》,蒋庭铨、蒋劭,政协武进委员会文史资料研究委员会编《武进文史资料》第 4 辑,1984 年 12 月。

《交通大学校史(1896—1949)》,《交通大学校史》编写组编,上海教育出版社 1986 年 1 月版。

《交通大学校史资料选编》(第一卷、第二卷),《交通大学校史》撰写组编,西安交通大学出版社 1986 年 5 月版。

《交通大学(西安)百年高等机械工程教育年谱》,霍有光编著,中国文史出版社 2014 年 1 月版。

《交大周刊》,上海交通大学学生会编辑出版,1930—1949 年。

《教育部改进专科以上学校训令汇编(第一辑)》,商务印书馆 1935 年 10 月版。

《旧京文存》,孙雄著,常熟孙氏 1931 年铅印本。

《旧京诗存》,孙雄著,常熟孙氏 1931 年铅印本。

《旧京琐记》,夏仁虎著,北京古籍出版社 1986 年 7 月版。

《笺经室遗集》,曹元忠著,吴县王氏学礼斋 1941 年铅印本。

《经济特科同征录》,叶景葵著、顾廷龙编《卷盦书跋》,古典文学出版社 1957 年 5 月版。

L

《老交大的故事》,黄昌勇、陈华新编著,江苏文艺出版社 1998 年 12 月版。

《刘河镇纪略》,《中国地方志专辑·乡镇志专辑》(九),江苏古籍出版社 1992 年 8 月版。

《柳州府君年谱》,杨曾勖编,《近代中国史料丛刊续编》,台北文海出版社 1975 年 5 月版。

《凌霄一士随笔》,徐凌霄、徐一士著,山西古籍出版社 1997 年 7 月版。

《苓泉居士自订年谱》,杨寿楠著,《无锡文库》,凤凰出版社 2012 年 6 月版。

M

《明清进士题名碑录索引》,朱保炯、谢沛霖编,上海古籍出版社 1980 年 2 月版。

《穆藕初先生年谱(1876—1943)》,穆家修、柳和城、穆伟杰编著,上海古籍出版社 2006 年 5 月版。

《穆藕初年谱长编》,穆家修、柳和城、穆伟杰编著,上海交通大学出版社 2015年 3 月版。

《民族特性与民族卫生》,潘光旦,《寻求中国人位育之道——潘光旦文选》,国际文化出版公司 1997 年 4 月版。

《民国镇洋县志》,王祖畬、钱溯耆等纂修,王祖畬续纂,1919 年刻本。

《民国廿四年私立震旦大学一览》,上海徐家汇土山湾印书馆承印,1935 年版。

《梦苕庵诗文集》,钱仲联著,周秦、刘梦芙编校,黄山书社 2008 年 9 月版。

《梦苕庵诗词》,钱仲联著,北京图书馆出版社 2004 年 8 月版。

《马茂元传略》,吴孟复,陈所巨、杨怀志主编《桐城近世名人传》,1993 年 8 月内部发行本。

《马佳氏宗谱文献汇编》,马熙运编著,1995 年 7 月内部发行本。

《冒鹤亭先生年谱》,冒怀苏编著,学林出版社 1998 年 5 月版。

《蛮巢诗词稿》,张鸿著,《清代诗文集汇编》第 791 册,上海古籍出版社 2010年版。

《墨池杂著》,唐景星著,清光绪十四年(1888 年)刻本。

《漫步巴黎忆恩师》,范敬宜,范敬宜著《敬宜笔记》,文汇出版社 2002 年1 月版。

N

《南菁讲舍文集》,黄以周、缪荃孙选辑,光绪十五年己丑(1889 年)刊本。

《南菁书院的学术研究及其对文化界的贡献》,吴新雷,《南京大学学报》1985年第 2 期。

《南菁书院志》(初稿),赵统编著,2002 年 10 月内刊本。

《南菁书院志》,赵统著,上海书店出版社 2015 年 10 月版。

《南洋公学—交通大学年谱》,霍有光、顾利民编著,陕西人民出版社 2002 年 11月版。

《南大百年实录——中央大学史料选》,《南大百年实录》编辑组编,南京大学出版社 2002 年 5 月版。

《南满洲旅行日记》,魏震等撰,通化市政协文史学习委员会编《东边道经济开发史略》,1998 年 8 月。

《南亭笔记》,李伯元著,薛正兴校点,江苏古籍出版社 2000 年 1 月版。

《那桐日记》,那桐撰,北京市档案馆编,新华出版社 2006 年 3 月版。

《农隐庐文钞》,王清穆著,周惠斌、郭焰点校,上海社会科学院出版社 2015 年
1 月版。

P

《潘雨廷先生谈话录》,张文江记述,复旦大学出版社 2012 年 2 月版。

《萍乡文道希学士事略》,汪曾武,《词学季刊》1934 年第 2 卷第 1 期。

Q

《钱仲联学述》,钱仲联著,周秦整理,浙江人民出版社 1999 年 3 月版。

《钱基博先生传略》,陈其昌,无锡市政协文史资料研究委员会编《无锡文史资料》第 9 辑,1984 年 12 月。

《钱锺书诗〈乡人某属题哭儿记……〉的本事》,刘桂秋,《江南大学学报》2010 年第 6 期。

《八十自述》,钱伟长,《钱伟长文选》第五卷,上海大学出版社 2004 年 4 月版。

《清代朱卷集成》(169),顾廷龙主编,台北成文出版社有限公司 1992 年版。

《清季职官表(上)》,魏秀梅编,《"中央研究院"近代史研究所史料丛刊》(五),台湾"中央研究院"近代史研究所,1977 年版。

《清实录·德宗景皇帝实录》,中华书局 1987 年 6 月版。

《清晖山馆友声集——陈中凡友朋书札》,吴新雷等编纂,江苏古籍出版社 2001 年 1 月版。

《清史编年》第十一卷《光绪朝上》,中国人民大学清史研究所编,潘向明编写,中国人民大学出版社 2000 年 8 月版。

《清史编年》第十二卷《光绪朝下 宣统朝》,中国人民大学清史研究所编,迟云飞编写,中国人民大学出版社 2000 年 8 月版。

《清通鉴》第四册(同治朝、光绪朝、宣统朝),章开沅主编,岳麓书社 2000 年 5 月版。

《清通鉴》,戴逸、李文海主编,陕西人民出版社 2000 年 1 月版。

《清王朝的覆灭》,房德邻著,河南人民出版社 1996 年 4 月版。

《清末民初江苏省教育会研究》,谷秀青著,广西师范大学出版社 2009 年 10 月版。

《清末存古学堂述略》,郭书愚著,四川大学博士论文,2008 年。

《清末商部研究》,王奎著,人民出版社 2008 年 6 月版。

《清末经济特科研究》,何玲著,北京师范大学博士论文,2004 年。

《清末预备立宪研究》,迟云飞著,中国社会科学出版社 2013 年 3 月版。

《清末产业行政的分权化和集权化》,曾田三郎,《近代中国》第 6 辑,立信会计出版社 1996 年 7 月版。

《清朝则例编纂研究》,李永贞,《档案学通讯》2011 年第 1 期。

《覃挈斋师友小记》,赵椿年,《中和月刊》1941 年 3 月第 2 卷第 3 期。

《覃挈斋师友小记》(续),坡邻老人(赵椿年),《中和月刊》1942 年 2 月第 3 卷第 2 期。

《潜励斋初稿》,崔龙、陈荔英著,1939 年排印本。

《七述奇未成稿》,张德彝,《六述奇(附〈七述奇未成稿〉)》,岳麓书社 2016 年 12 月版。

《瞿鸿机朋僚书牍选》(上),中国社会科学院近代史研究所近代史编辑组编《近代史资料》总 108 号,中国社会科学出版社 2004 年 4 月版。

R

《茹经先生自订年谱》,唐文治撰,无锡民生印书馆 1935 年 3 月版。

《茹经先生年谱续编》,唐文治著,唐庆诒补,1956 年油印本。

《茹经堂文集》(全六编),唐文治撰,《民国丛书》第 5 编,上海书店 1996 年版;沈云龙主编《近代中国史料丛刊续编》第 4 辑,台北文海出版社有限公司 1974 年版。

《茹经堂奏疏》,唐文治撰,沈云龙主编《近代中国史料丛刊》第 6 辑,台北文海出版社有限公司 1967 年版。

《茹经劝善小说、人兽鉴传奇谱合刊本》,唐蔚芝、王君九编著,正俗曲社,1949 年刊本。

《茹经堂画记》,陈柱,《学术世界》1937 年第 1 卷第 9 期。

《茹经堂碑记》,钱仲联,《学术世界》1937 年第 1 卷第 9 期。

《人民教育家俞庆棠》,唐孝纯著,《江苏文史资料》编辑部,1998 年 1 月版。

《瑞安五黄先生系年合谱》,孙延钊著,《孙延钊集》,上海社会科学院出版社 2006 年 4 月版。

《荣庆日记》,荣庆著,谢兴尧整理点校注释,西北大学出版社 1986 年 5 月版。

《荣德生文集》,荣德生著,上海古籍出版社 2002 年 7 月版。

《荣德生与社会公益事业》,上海大学、江南大学《乐农史料》整理研究小组选编,上海古籍出版社 2004 年 4 月版。

《人境庐诗草笺注》,黄遵宪著,钱仲联笺注,古典文学出版社 1957 年 9 月版。

S

《绍英日记》,绍英著,国家图书馆出版社 2009 年 3 月版。

《沈曾植年谱长编》,许全胜撰,中华书局 2007 年 8 月版。

《沈信卿先生文集》,沈恩孚著,薛冰整理,凤凰出版社 2015 年 5 月版。

《上海交通大学纪事(1896—2005)》,上海交通大学校史编纂委员会编,上海交通大学出版社 2006 年 3 月版。

《上海交通大学史》,王宗光主编,上海交通大学出版社 2016 年 3 月版。

《上海公路运输史》(第一册　近代部分),上海市交通运输局公路交通史编写委员会主编,上海社会科学院出版社 1988 年 7 月版。

《上海市民地方维持会报告书》,上海市民地方维持会编,1932 年版。

《三个世纪的跨越——从南洋公学到上海交通大学》,盛懿、孙萍、欧七斤编著,上海交通大学出版社 2006 年 3 月版。

《三十年代的无锡国专》,张尊五,政协江苏省暨南京委员会文史资料研究委员会编《江苏文史资料选辑》19 辑,江苏古籍出版社 1987 年 8 月版;苏州大学(原无锡国专)广西校友会主编《无锡国专在广西》,1994 年 7 月。

《三年来之中国文化教育》,柳诒徵,《江苏教育》1935 年 2 月第 4 卷第 1、2 期。

《私立无锡国学专修学校、武昌文华图书馆专修学校迁校及校舍建筑等问题的文件(1937—1947)》,中国第二历史档案馆,全宗号 5,案卷号 5456。

《私立无锡国学专修学校校务行政计划、工作报告和在沪复课员生名册(1939—1944)》,中国第二历史档案馆,全宗号 5,案卷号 5614。

《私立无锡国学专科(修)学校教职员任免、资格审查等人事文件(1938—1944)》,中国第二历史档案馆,全宗号 5,案卷号 2903。

《私立无锡国学专修学校有关经费文表(1937—1949)》,中国第二历史档案馆,全宗号 5,案卷号 5225。

《私立无锡国学专修学校十五周纪念册》,无锡国学专修学校发行,无锡民生印书馆印刷,1936 年 6 月 20 日。

《私立无锡国学专门学院呈请立案的报表、公函和上级准予立案的训令、公函》,苏州大学档案馆,全宗号 7,案卷号永久 2。

《私立无锡国学专门学院奉部令改名为私立无锡国学专修学校、对私立学校调查的公函、报表和教育部、省教育厅有关训令、指令、公函、批文》,苏州大学档案馆,全宗号 7,案卷号永久 3。

《私立无锡国学专修学校关于教员服务奖状、奖助金、久任教员奖金的呈件》,苏州大学档案馆,全宗号 7,案卷号长期 37。

《私立无锡中国文学院院务委员会会议纪录》,苏州大学档案馆,全宗号 7,案卷号永久 19。

《师门五记》,雨窗,政协太仓县文史资料研究委员会编《太仓文史资料辑存》第 3 辑,1987 年 5 月。

《石遗室诗话》,陈衍著,人民文学出版社 2004 年 8 月版。

《孙庵年谱》,钱基厚著,1943 年铅印本。

《孙庵私乘》,钱基厚著,铅印本,出版年代不详。

《嵊泗渔业史话》,郭振民著,海洋出版社 1995 年 5 月版。

《苏南日报》,1949 年 5 月至 1950 年。

《苏州商团档案汇编(下)》,章开沅著,巴蜀书社 2008 年 1 月版。

《盛宣怀年谱长编》,夏东元编著,上海交通大学出版社 2004 年 4 月版。

《盛宣怀遗产分析史料》,丁士华整理,中国社会科学院近代史研究所近代史资料编辑部编《近代史资料》总 111 号,中国社会科学出版社 2005 年 7 月版。

《盛宣怀档案》,上海图书馆藏。

《新政初期的商部创设与商律编订》,史洪智,《中山大学学报》2008 年第 5 期。

《施襄臣先生函关秋赈图题辞集》,无锡施氏 1931 年印本。

《申报》,1884 年至 1948 年。

T

《唐文治文选》,王桐荪、胡邦彦、冯俊森等选注,上海交通大学出版社 2005 年 4 月版。

《唐文治教育文选》,刘露茜、王桐荪编注,西安交通大学出版社 1995 年 6 月版。

《唐文治致曹元弼书札编年校录》,虞万里、许超杰整理,上海交通大学经学文献研究中心编《经学文献研究集刊》第 13 辑,上海书店出版社 2015 年 7 月版。

《唐文治年谱》,苏州大学校史编写办公室编,1984 年 12 月铅印本。

《唐文治年谱》,陆阳著,上海三联书店 2013 年 7 月版。

《唐文治先生学术思想讨论会论文集》,苏州大学,1985 年。

《唐文治办国专与章太炎讲小学》,黄汉文,江苏省文史研究馆编、倪明主编《三吴风采》,上海书店出版社 1993 年 7 月版。

《唐文治支持"一二九"学生运动》,陈其昌,江苏省文史研究馆编、倪明主编《三吴风采》,上海书店出版社 1993 年 7 月版。

《唐文治办学文理并重》,黄汉文,江苏省文史研究馆编、倪明主编《三吴风采》,上海书店出版社 1993 年 7 月版。

《唐文治和陆氏三兄弟》,鼎龄,政协太仓县文史资料研究委员会编《太仓文史》第 19 辑,1985 年。

《唐文治先生事迹简介》,陈有觉整理,政协太仓县文史资料研究委员会《太仓文史资料辑存》第 3 辑,1985 年 12 月。

《唐文治先生轶事几则》,许岱云,政协无锡市文史资料研究委员会编《无锡文史资料》第 12 辑,1985 年 11 月。

《唐文治对朱屺瞻的教益》,凌微年,《钟山风雨》2008 年第 2 期。

《唐文治先生生平事略》,王醒吾,政协上海市文史资料工作委员会编《解放前上海的学校》,《上海文史资料选辑》第 59 辑,上海人民出版社 1988 年 7 月。

《唐文治》,戴逸、罗明、徐彻主编《清代人物传稿》(下编第七卷),辽宁人民出版社 1993 年 3 月版。

《唐蔚芝先生访问记》,吴德明,《旅行杂志》1936 年第 8 号。

《唐封翁手书格言》一卷,唐受祺辑,1926 年影印本。

《天风阁学词日记(二)》,夏承焘著,浙江古籍出版社 1992 年 7 月版。

《天放楼诗文集》,金天羽,上海古籍出版社 2007 年 11 月版。

《天放楼文存》,陶存煦著,绍兴图书馆藏手稿影印本。

《天隐庐诗集》,刘善泽著,湖南大学出版社 1989 年 12 月版。

《天咫偶闻》,震钧著,北京古籍出版社 1982 年 9 月版。

《天津商会档案汇编(1903—1911)》,天津市档案馆、天津社会科学院历史研究所、天津市工商业联合会编,天津人民出版社 1989 年 9 月版。

《太仓县志》,太仓县志编纂委员会编,江苏人民出版社 1991 年 9 月版。

《太仓旅沪同乡会追记》,项仲川、钱荷百,政协太仓县文史资料研究委员会编《太仓文史资料辑存》第 2 辑,1984 年 12 月。

W

《吴虹玉牧师自传》(1915 年口述),朱友渔整理,徐以骅译,丁日初主编《近代中国》第 7 辑,1997 年 8 月版。

《吴淞商船专科学校校史》,吴淞商船专科学校同学会编,1996 年 7 月内部发行本。

《吴山萝诗存》,吴孟复著,黄山书社 2015 年 5 月版。

《吴孟复心目中的钱氏夫子》,纪健生,范旭仑、李洪岩编《钱锺书评论》(卷一),社会科学文献出版社 1996 年 11 月版。

《吴孟复先生学术传略》,纪健生,纪健生主编《安徽文献研究集刊》(第二卷),黄山书社 2006 年 5 月版。

《王先谦自定年谱》,王先谦著,梅季标点《葵园四种》,岳麓书社 1986 年 9 月版。

《王蘧常教授学谱》,王运天编著,2000 年自印本。

《汪康年师友书札》,上海图书馆编,上海古籍出版社 1986 年 2 月版。

《翁同龢日记》,翁同龢著,陈义杰整理,中华书局 1997 年 6 月版。

《伍廷芳集》,丁贤俊、喻作凤编,中华书局 1993 年 8 月版。

《文廷式集》,汪叔子编,中华书局 1993 年 1 月版。

《文坛管窥:和我有过往来的文人》,胡山源著,上海古籍出版社 2000 年 9 月版。

《我的家庭"庆亲王府"片段》,溥铨,全国政协文史资料委员会编《晚清宫廷生活见闻》,中国文史出版社 2000 年 9 月版。

《我的少年时代》,廖世承,《良友》1935 年第 109 期。

《我的父亲张元济》,张树年著,上海出版中心 1997 年 4 月版。

《无锡国学专修馆文集初编》,湘鄂印刷公司印刷,无锡国学专修馆发行,1923 年版。

《无锡国学专修馆演讲集初编》,无锡美文印刷公司印刷,1923 年 12 月。

《无锡国学专修学校概况》(1933 年度),无锡国学专修学校排印本,1933 年版。

《无锡国学专修学校校董会议纪录》,苏州大学档案馆,全宗号 7,案卷号永久 8。

《无锡国专在广西》,苏州大学(原无锡国专)广西校友会主编,1994 年 7 月内部发行本。

《无锡国专编年事辑》,刘桂秋著,中国大百科全书出版社 2011 年 8 月版。

《无锡时期的钱基博与钱锺书》,刘桂秋著,上海社会科学院出版社 2004 年 3 月版。

《无锡国专与现代国学教育》，吴湉南著，安徽教育出版社 2010 年 5 月版。

《无锡国专的教学特点》，钱仲联，政协江苏省委员会文史资料委员会编《江苏文史资料选辑》19 辑，江苏古籍出版社 1987 年 8 月版。

《无锡国专杂忆》，杨廷福、陈左高，《学林漫录》（四集），中华书局 1981 年 10 月版。

《无锡国专杂忆补正》，黄汉文，《学林漫录》（九集），中华书局 1984 年 12 月版。

《无锡国学专修学校三十七年度毕业纪念刊》，无锡国学专修学校卅七年度毕业纪念刊编纂委员会编纂，无锡大成印务局印刷版，1948 年 12 月。

《无锡县经济方面来往公文》，无锡市档案馆，全宗号 ML1，案卷号 496。

《无锡市教育志》，《无锡市教育志》编纂委员会编，上海三联书店 1994 年 3 月版。

《无锡中学校大事记》，铅印本。

《无锡中学校舍落成记》，唐文治，无锡市第三高级中学、无锡国际学校《文治论坛》2010 年 5 月第 16 期。

《晚清学部研究》，关晓红著，广东教育出版社 2000 年 9 月版。

《往事的回忆》，陈其昌，《国学之声》1995 年第 4 期。又《三吴风采》，题为《唐文治支持"一二九"学生运动》。

《为世界之光——交大校史蠡测》，霍有光著，中国文史出版社 2014 年 1 月版。

X

《徐兆玮日记》（一至六册），李向东等标点，黄山书社 2013 年 9 月版。

《许文肃公遗稿》，许景澄著，《浙江文丛·许景澄集》（第一册），浙江古籍出版社 2015 年 8 月版。

《新无锡》，1920 年至 1937 年。

《雪垿自订年谱》，诸祖耿，《文教资料》1999 年第 6 期。

《学府纪闻——国立交通大学》，台北南京出版有限公司 1981 年 10 月版。

《学术世界》第 1 卷第 1 期—第 2 卷第 4 期，陈柱尊主编，上海世界书局，1935 年 6 月—1937 年 4 月。

《夏承焘词集》，吴无闻编，湖南人民出版社 1981 年 3 月版。

《校长的人格魅力》，范敬宜，范敬宜著《敬宜笔记》，文汇出版社 2002 年 1 月版。

《辛亥革命在上海史料选辑》（增订版），上海社会科学院历史研究所编，上海人民出版社 2001 年 8 月版。

《辛亥革命时期上海中华银行的资料》,孙芸荪,中国人民政治协商会议北京市委员会文史资料研究委员会编《文史资料选辑》第 76 辑,文史资料出版社 1981 年8 月版。

《薛明剑文集》,薛明剑著,陈文源主编,当代中国出版社 2005 年 9 月版。

《小溪山农日记》,王保譿著,南京图书馆藏。

《锡报》,1912 至 1949 年。

Y

《俞庆棠女士墓志铭、家传》,唐文治、唐庆诒著,铅印本。

《忆往录》,唐庆诒著,1948 年 12 月铅印本。

《忆辜鸿铭先生》,陈柱,《中华月报》1943 年第 6 卷第 2 期。

《忆无锡》,陈柱,《风雨谈》1943 年第 7 期。

《忆无锡国专和唐文治先生的资料、文章、专刊,修葺恢复"茹经堂"、设立唐文治纪念馆的报告、通知》,苏州大学档案馆,全宗号 7,案卷号永久 25。

《一代鸿儒,掌理私立无锡中学——追忆老教育家高阳、唐文治的一段事迹》,朱若溪,《江苏教育史志资料》1990 年第 1 期。

《一份鲜为人知的联名公启》,马军,《档案与史学》2002 年第 5 期。

《一个世纪后的回答》,范敬宜,《范敬宜作品·新闻作品选》,清华大学出版社2009 年 1 月版。

《养庐诗文稿》,李联珪著,1931 年刊本。

《英轺日记》,载振著(唐文治代),民族出版社 2010 年 9 月版;岳麓书社 2012年 12 月版。

《有关杨翠喜的传闻》,马士良,中国人民政治协商会议北京市委员会文史资料研究委员会编《文史资料选编》第 23 辑,中国文史出版社 1991 年 8 月版。

《忧国忧民忧乡的王清穆》,王炳章、王毓侨、王达章,政协上海市委文史资料工作委员会《上海文史资料选辑》第 70 辑,1992 年 7 月。

《乙亥志稿》,唐文治、王保譿、钱诗棣纂,1935 年铅印本。

《吟秋遗稿》,唐承焘著,1928 年刻本。

《义和团档案史料》,故宫博物院明清档案部编,中华书局 1959 年 5 月版。

《邮传部奏议类编　续编》,《近代中国史料丛刊》第 14 辑,台北文海出版社1967 年 11 月版。

《燕石觚翰》，冯绪承著，大华印刷公司 1929 年版。

《恽毓鼎澄斋日记》(全二册)，恽毓鼎著，史晓风整理，浙江古籍出版社 2004 年 4 月版。

《袁世凯奏议》，天津图书馆、天津社科院历史研究所编，天津古籍出版社 1987 年 3 月版。

《袁世凯天津档案史料选编》，天津古籍出版社 1990 年 12 月版。

《愚斋存稿》(一、二、三、四)，盛宣怀撰，《近代中国史料丛刊续辑》第 14 辑，台北文海出版社 1975 年 3 月版。

《友声诗词选集》，《友声诗词选集》编辑组编，1992 年 2 月。

Z

《中国现代史大事记》，梁寒冰、魏宏运主编，黑龙江人民出版社 1984 年 6 月版。

《中葡关系史(1513—1999)》，黄庆华著，黄山书社 2006 年 3 月版。

《中国文学院关于更改校名、校长训词、聘请校董、接管附中机构、四九年度毕业生名册、统计表、学生处分、苏南行政公署有关文件》，苏州大学档案馆，全宗号 7，案卷号永久 20。

《中国近代教育史资料汇编——教育行政机构及教育团体》，朱有瓛、戚名琇、钱曼倩、霍益萍编，上海教育出版社 1993 年 3 月版。

《中国近代学制史料》(第二辑下册)，朱有瓛主编，华东师范大学出版社 1989 年 4 月版。

《中国近代中央官制改革研究》，鞠方安著，商务印书馆 2014 年 4 月版。

《中国海关密档——赫德、金登干函电汇编》(第七卷)，中国第二历史档案馆、中国社会科学院近代史研究所合编，中华书局 1995 年 11 月版。

《中华民国史 1932—1937(上)》(第八卷)，周天度、郑则民、齐福霖、李义彬等著，中华书局 2011 年 7 月版。

《中国高等航海教育史略(1901—1953)》，王杰、李宝民、邢繁辉等著，大连海事大学出版社 2009 年 5 月版。

《中国昆曲艺术》，吴新雷、朱栋霖主编，江苏教育出版社 2004 年 11 月版。

《正续清经解编纂考》，虞万里，傅杰编《二十世纪中国文史考据文录》(下)，云南人民出版社 2001 年 12 月版。

《知耻斋日记》，王清穆撰，胡坚整理，上海图书馆历史文献研究所编《历史文献》第 12 辑,上海古籍出版社 2008 年 5 月版。

《知耻斋日记》(续),王清穆撰,胡坚整理,上海图书馆历史文献研究所编《历史文献》第 13 辑,上海古籍出版社 2009 年 6 月版。

《知耻斋日记》(续二),王清穆撰,胡坚整理,上海图书馆历史文献研究所编《历史文献》第 14 辑,上海古籍出版社 2010 年 6 月版。

《自然室诗稿与诗词杂话》,冯振著,党玉敏、冯采苹编校点,广西师范大学出版社 1985 年 5 月版。

《自述》,王蘧常,《学术集林》第三卷,上海远东出版社 1995 年 4 月版。

《周振甫学术文化随笔·周振甫年谱》,徐名翚编,中国青年出版社 2000 年 4 月版。

《周忠介公文集》,唐文治重刊本,1903 年。

《章太炎年谱长编》,汤志钧编,中华书局 1979 年 10 月版。

《章太炎无锡讲学活动考述》,刘桂秋,《江南大学学报》2008 年第 3 期。

《尊闻室剩稿》,陈天倪著,中华书局 1997 年 6 月版。

《郑逸梅选集》(第三卷),郑逸梅著,黑龙江人民出版社 1991 年 5 月版。

《郑孝胥日记》,郑孝胥著,劳祖德整理,《中国近代人物日记丛书》,中华书局 1993 年 10 月版。

《曾朴及虞山作家群》,时萌编著,上海文化出版社 2010 年 8 月版。

《朱屺瞻艺术研究文选》,朱屺瞻艺术馆编著,上海人民美术出版社 2004 年 4 月版。

《朱屺瞻年谱》,冯其庸、尹光华著,上海书画出版社 1986 年 5 月版。

《朱东润自传》,朱东润著,人民文学出版社 2009 年 1 月版。

《张元济年谱》,张树年主编,柳和城、张人凤、陈梦熊编著,商务印书馆 1991 年 12 月版。

《张元济年谱长编》,张人凤、柳和城编著,上海交通大学出版社 2010 年 1 月版。

《张元济日记》,张元济著,张人凤整理,河北教育出版社 2001 年 1 月版。

《张元济全集》第一、二卷《书信》,张元济著,商务印书馆 2007 年 9 月版。

《张元济全集》第四、五卷《诗文》,张元济著,商务印书馆 2008 年 12 月版。

《张謇全集》第六卷《日记》,张謇著,张謇研究中心、南通市图书馆编,江苏古籍出版社 1994 年 10 月版。

《张謇全集》二《函电(上)》,张謇著,李明勋、尤世玮主编,上海辞书出版社

2012 年 12 月版。

《张謇全集》三《函电（下）》，张謇著，李明勋、尤世玮主编，上海辞书出版社 2012 年 12 月版。

《张謇全集》八《柳西草堂日记　啬翁自订年谱》，张謇著，李明勋、尤世玮主编，上海辞书出版社 2012 年 12 月版。

《张謇先生年谱》（晚清篇），庄安正著，吉林人民出版社 2002 年 12 月版。

《张仲礼先生回忆录》，张仲礼口述，施扣柱整理，王泠一等编著《智库之宝：张仲礼》，上海社会科学院出版社 2008 年 9 月版。

《张恺帆回忆录》，张恺帆口述，宋霖记录整理，安徽人民出版社 2004 年 10 月版。

《张公权先生年谱初稿》，姚崧龄编著，社会科学文献出版社 2014 年 7 月版。

《邹韬奋传》，沈谦芳撰，山东人民出版社 1984 年 4 月版。

《著名长跑运动员金仲康》，金中元，政协武进文史资料研究委员会编《武进文史资料》第 9 辑，1987 年 10 月。

《赵熙集》，赵熙著，王仲镛编，浙江古籍出版社 2014 年 4 月版。

附录三　人名索引(含字号、生卒年)

H

K

L

T

W

Y

Z

后　记

二十年间，三本书。

2004 年，笔者积数年之力撰写的《无锡时期的钱基博与钱锺书》一书由上海社会科学院出版社出版。钱基博先生是吾邑前贤、现代国学大家，曾经担任无锡国专教授及校务主任，是无锡国专校史上的一个重要人物。因为这一层关系，再加上无锡国专虽然许多年来一直被士林学界所啧啧称道，却一直未见有一部完整的校史问世，所以《无锡时期的钱基博与钱锺书》一书出版后，笔者即开始搜集资料，着手撰写《无锡国专编年事辑》；经过六七年的持续努力，该书于 2011 年由中国大百科全书出版社出版。在写作《无锡国专编年事辑》的过程中，笔者辑集收存了作为无锡国专校长的唐文治先生的许多相关文献资料，所以在《无锡国专编年事辑》出版后不久，就又开始了《唐文治年谱长编》一书的写作。所以说，笔者在近二十年中先后撰写的三本书，内中自有某种逻辑连带关系。

从 2011 年正式开始撰写本书到今天，又是 9 年过去了。点开我电脑上的一个名为"唐文治年谱长编正文"的文件夹，其中的子文件夹从初稿、二稿……一直排列到十一稿、定稿。在我个人的写作史上，这是持续时间最长、付出心力最多的一部书，个中甘苦非三数言所能道尽，非他人所能体会。一旦最终完成，欣慨交并。

此书得以完成并出版，依然要感谢许多师友对我的无私帮助。

首先是陈尚君先生和虞万里先生这两位笔者素所钦敬的著名学人。陈尚君先生当年师从朱东润先生，是唐文治先生的再传弟子。2015 年，《文汇学人》刊发尚君先生的长文《夫子何为者，栖栖一代中——纪念唐文治先生一百五十周年诞辰》，在学林人士中传诵甚广；而现在有幸得尚君先生慨允，将此大文用作拙书的序。2015 年盛夏，笔者去上海图书馆查阅抄录"盛宣怀档案"，其间与虞万里先生两次聚晤，万里先生对《唐文治年谱长编》的撰作之事十分关心，对笔者更是倍加勖勉。等拙稿杀青时，又蒙万里先生专门赐序，精研覃思，斐然华章。对两位先生的隆情高谊，笔者深自铭感。

上海交通大学历史上曾由唐文治先生长校十余年，而上海交通大学出版社近一二十年有《晚清以来人物年谱长编系列》丛书的编纂出版，深得学界好评。《唐文治年谱长编》得以纳入这个系列出版,既深感荣幸,又觉十分相宜。2015 年 11 月,无锡市第三高级中学(其前身为唐文治先生义不受薪兼任过 10 年校长的私立无锡中学)举行唐文治诞辰一百五十周年纪念活动,上海交通大学出版社一行四五人,由编委会主任张天蔚先生带队专程前来,找到我商谈拙稿出版事宜。拙稿的责任编辑是李阳老师,李老师专业素养深厚,为人温润热忱,几年相处下来,李老师和我不仅是编辑和作者的关系,彼此也成了很好的朋友。李老师对拙稿体例的设定、选题的申报、进入编辑流程后反复的审读校改,到最后印行出版,付出的心力尤多。可以说,没有李阳老师严格认真的把关,拙书当会逊色不少。上海交通大学陈业新教授在二审过程中也对书稿提出了不少中肯的意见和建议。

此外,上海交通大学欧七斤先生,太仓张庆兄及周黎霞女士,无锡钱江、朱刚、孟明峰、徐忠宪、史应勇、王星、陆阳、顾群涛、孙铮明等许多师友,都曾或赠我以珍贵资料,或提供有关线索,给予我很大的帮助。其中钱江先生古道热肠,在无锡老报纸及乡邑文献中每看到与我的研究有关的文献资料,便立即摄图,在第一时间发送给我,惠我极多。在此一并向这些师友表示最诚挚的感谢。

刘桂秋

2019 年 12 月于江南大学人文学院